# 2021

# 中国住户调查年鉴

# CHINA YEARBOOK OF HOUSEHOLD SURVEY

国家统计局住户调查司　编

COMPILED BY
Department of Household Surveys
National Bureau of Statistics of China

中国统计出版社
China Statistics Press

图书在版编目（CIP）数据

中国住户调查年鉴 . 2021 / 国家统计局住户调查司编 . -- 北京 : 中国统计出版社 , 2021.11
ISBN 978-7-5037-9482-7

Ⅰ . ①中 … Ⅱ . ①国 … Ⅲ . ①居民家庭收支调查－中国－ 2021 －年鉴 Ⅳ . ① F126.2-54

中国版本图书馆 CIP 数据核字 (2021) 第 215937 号

中国住户调查年鉴—2021

作　　者 / 国家统计局住户调查司
责任编辑 / 冯燕玲
出版发行 / 中国统计出版社有限公司
通信地址 / 北京市丰台区西三环南路甲 6 号　邮政编码 /100073
发行电话 / 邮购（010）63376909 书店（010）68783171
网　　址 / http://www.zgtjcbs.com/
印　　刷 / 河北鑫兆源印刷有限公司
经　　销 / 新华书店
开　　本 / 880×1230 毫米　1/16
字　　数 / 788 千字
印　　张 / 24.75
版　　别 / 2021 年 11 月第 1 版
版　　次 / 2021 年 11 月第 1 次印刷
定　　价 / 248.00 元

# 《中国住户调查年鉴—2021》

# 编 者 说 明

一、《中国住户调查年鉴—2021》是一本全面反映中国城乡居民收支、生产和生活状况的资料性年鉴。该年鉴收录了历年全国及分城乡居民收支与生活状况主要数据，以及分地区、按收入等份分组和按 4 个经济区域分组的住户收支与生活状况主要数据，还包括农村住户固定资产投资情况，以及住户调查其他数据。

二、全书内容分为如下部分，即：综述；（一）全国及分城乡居民收支与生活状况主要数据；（二）分地区居民收支与生活状况主要数据；（三）历年全国居民收支与生活状况主要数据；（四）全国及分地区农村住户固定资产投资情况；（五）住户调查其他数据；住户调查简介。

三、本年鉴数据一般保留一位小数，部分数据合计由于单位取舍不同而产生的计算误差均未作调整。

四、本年鉴各表中对全表的注解均在表上方，对表中部分指标的注解则在表下方。带续表的资料中对部分指标的注解则在最后一张续表的下方。

五、本年鉴的符号使用说明："空格"表示该统计指标数据不详或无该项统计；"#"表示其中的主要项；"*"表示本表下有注解。

编 者

2021 年 11 月

# 目录

## 综　述

2020 年全国住户收支与生活状况调查主要结果综述 …… 3

## 第一部分　全国及分城乡居民收支与生活状况主要数据

### 一、2015-2020 年全国居民收支与生活状况主要数据

1-1-1　全国居民家庭基本情况 …… 9
1-1-2　全国居民可支配收入及构成 …… 10
1-1-3　全国居民现金可支配收入及构成 …… 11
1-1-4　全国居民按收入五等份分组的人均可支配收入 …… 12
1-1-5　全国居民按东、中、西部及东北地区分组的人均可支配收入 …… 12
1-1-6　全国居民消费支出 …… 13
1-1-7　全国居民消费支出构成 …… 14
1-1-8　全国居民现金消费支出 …… 15
1-1-9　全国居民现金消费支出构成 …… 16
1-1-10　全国居民主要食品消费量 …… 17
1-1-11　全国居民年末主要耐用消费品拥有量 …… 17

### 二、2015-2020 年全国城镇居民收支与生活状况主要数据

1-2-1　城镇居民家庭基本情况 …… 18
1-2-2　城镇居民可支配收入及构成 …… 19
1-2-3　城镇居民现金可支配收入及构成 …… 20
1-2-4　城镇居民按收入五等份分组的人均可支配收入 …… 21
1-2-5　城镇居民按东、中、西部及东北地区分组的人均可支配收入 …… 21
1-2-6　城镇居民消费支出 …… 22
1-2-7　城镇居民消费支出构成 …… 23
1-2-8　城镇居民现金消费支出 …… 24
1-2-9　城镇居民现金消费支出构成 …… 25
1-2-10　城镇居民主要食品消费量 …… 26
1-2-11　城镇居民年末主要耐用消费品拥有量 …… 26

### 三、2015-2020 年全国农村居民收支与生活状况主要数据

1-3-1　农村居民家庭基本情况 …… 27
1-3-2　农村居民可支配收入及构成 …… 28
1-3-3　农村居民现金可支配收入及构成 …… 29
1-3-4　农村居民按收入五等份分组的人均可支配收入 …… 30
1-3-5　农村居民按东、中、西部及东北地区分组的人均可支配收入 …… 30
1-3-6　农村居民消费支出 …… 31

1-3-7　农村居民消费支出构成 …… 32
1-3-8　农村居民现金消费支出 …… 33
1-3-9　农村居民现金消费支出构成 …… 34
1-3-10　农村居民主要食品消费量 …… 35
1-3-11　农村居民年末主要耐用消费品拥有量 …… 35
1-3-12　农村居民第一产业生产经营收支情况 …… 36

## 第二部分　分地区居民收支与生活状况主要数据

一、全体居民数据
（一）2015 年分地区全体居民收支主要数据
2-1-1-1　2015 年分地区全体居民可支配收入 …… 39
2-1-1-2　2015 年分地区全体居民可支配收入构成 …… 40
2-1-1-3　2015 年分地区全体居民现金可支配收入 …… 41
2-1-1-4　2015 年分地区全体居民现金可支配收入构成 …… 42
2-1-1-5　2015 年分地区全体居民消费支出 …… 43
2-1-1-6　2015 年分地区全体居民消费支出构成 …… 45
2-1-1-7　2015 年分地区全体居民现金消费支出 …… 47
2-1-1-8　2015 年分地区全体居民现金消费支出构成 …… 49
2-1-1-9　2015 年分地区全体居民家庭主要食品消费量 …… 51
2-1-1-10　2015 年分地区全体居民年末主要耐用消费品拥有量 …… 53
（二）2016 年分地区全体居民收支主要数据
2-1-2-1　2016 年分地区全体居民可支配收入 …… 55
2-1-2-2　2016 年分地区全体居民可支配收入构成 …… 56
2-1-2-3　2016 年分地区全体居民现金可支配收入 …… 57
2-1-2-4　2016 年分地区全体居民现金可支配收入构成 …… 58
2-1-2-5　2016 年分地区全体居民消费支出 …… 59
2-1-2-6　2016 年分地区全体居民消费支出构成 …… 61
2-1-2-7　2016 年分地区全体居民现金消费支出 …… 63
2-1-2-8　2016 年分地区全体居民现金消费支出构成 …… 65
2-1-2-9　2016 年分地区全体居民家庭主要食品消费量 …… 67
2-1-2-10　2016 年分地区全体居民年末主要耐用消费品拥有量 …… 69
（三）2017 年分地区全体居民收支主要数据
2-1-3-1　2017 年分地区全体居民可支配收入 …… 71
2-1-3-2　2017 年分地区全体居民可支配收入构成 …… 72
2-1-3-3　2017 年分地区全体居民现金可支配收入 …… 73
2-1-3-4　2017 年分地区全体居民现金可支配收入构成 …… 74
2-1-3-5　2017 年分地区全体居民消费支出 …… 75
2-1-3-6　2017 年分地区全体居民消费支出构成 …… 77
2-1-3-7　2017 年分地区全体居民现金消费支出 …… 79
2-1-3-8　2017 年分地区全体居民现金消费支出构成 …… 81
2-1-3-9　2017 年分地区全体居民家庭主要食品消费量 …… 83
2-1-3-10　2017 年分地区全体居民年末主要耐用消费品拥有量 …… 85
（四）2018 年分地区全体居民收支主要数据
2-1-4-1　2018 年分地区全体居民可支配收入 …… 87
2-1-4-2　2018 年分地区全体居民可支配收入构成 …… 88
2-1-4-3　2018 年分地区全体居民现金可支配收入 …… 89
2-1-4-4　2018 年分地区全体居民现金可支配收入构成 …… 90
2-1-4-5　2018 年分地区全体居民消费支出 …… 91
2-1-4-6　2018 年分地区全体居民消费支出构成 …… 93
2-1-4-7　2018 年分地区全体居民现金消费支出 …… 95

2-1-4-8　2018 年分地区全体居民现金消费支出构成 …… 97
2-1-4-9　2018 年分地区全体居民家庭主要食品消费量 …… 99
2-1-4-10　2018 年分地区全体居民年末主要耐用消费品拥有量 …… 101
（五）2019 年分地区全体居民收支主要数据
2-1-5-1　2019 年分地区全体居民可支配收入 …… 103
2-1-5-2　2019 年分地区全体居民可支配收入构成 …… 104
2-1-5-3　2019 年分地区全体居民现金可支配收入 …… 105
2-1-5-4　2019 年分地区全体居民现金可支配收入构成 …… 106
2-1-5-5　2019 年分地区全体居民消费支出 …… 107
2-1-5-6　2019 年分地区全体居民消费支出构成 …… 109
2-1-5-7　2019 年分地区全体居民现金消费支出 …… 111
2-1-5-8　2019 年分地区全体居民现金消费支出构成 …… 113
2-1-5-9　2019 年分地区全体居民家庭主要食品消费量 …… 115
2-1-5-10　2019 年分地区全体居民年末主要耐用消费品拥有量 …… 117
（六）2020 年分地区全体居民收支主要数据
2-1-6-1　2020 年分地区全体居民可支配收入 …… 119
2-1-6-2　2020 年分地区全体居民可支配收入构成 …… 120
2-1-6-3　2020 年分地区全体居民现金可支配收入 …… 121
2-1-6-4　2020 年分地区全体居民现金可支配收入构成 …… 122
2-1-6-5　2020 年分地区全体居民消费支出 …… 123
2-1-6-6　2020 年分地区全体居民消费支出构成 …… 125
2-1-6-7　2020 年分地区全体居民现金消费支出 …… 127
2-1-6-8　2020 年分地区全体居民现金消费支出构成 …… 129
2-1-6-9　2020 年分地区全体居民家庭主要食品消费量 …… 131
2-1-6-10　2020 年分地区全体居民年末主要耐用消费品拥有量 …… 133

二、城镇居民数据
（一）2015 年分地区城镇居民收支主要数据
2-2-1-1　2015 年分地区城镇居民可支配收入 …… 135
2-2-1-2　2015 年分地区城镇居民可支配收入构成 …… 136
2-2-1-3　2015 年分地区城镇居民现金可支配收入 …… 137
2-2-1-4　2015 年分地区城镇居民现金可支配收入构成 …… 138
2-2-1-5　2015 年分地区城镇居民消费支出 …… 139
2-2-1-6　2015 年分地区城镇居民消费支出构成 …… 141
2-2-1-7　2015 年分地区城镇居民现金消费支出 …… 143
2-2-1-8　2015 年分地区城镇居民现金消费支出构成 …… 145
2-2-1-9　2015 年分地区城镇居民家庭主要食品消费量 …… 147
2-2-1-10　2015 年分地区城镇居民年末主要耐用消费品拥有量 …… 149
（二）2016 年分地区城镇居民收支主要数据
2-2-2-1　2016 年分地区城镇居民可支配收入 …… 151
2-2-2-2　2016 年分地区城镇居民可支配收入构成 …… 152
2-2-2-3　2016 年分地区城镇居民现金可支配收入 …… 153
2-2-2-4　2016 年分地区城镇居民现金可支配收入构成 …… 154
2-2-2-5　2016 年分地区城镇居民消费支出 …… 155
2-2-2-6　2016 年分地区城镇居民消费支出构成 …… 157
2-2-2-7　2016 年分地区城镇居民现金消费支出 …… 159
2-2-2-8　2016 年分地区城镇居民现金消费支出构成 …… 161
2-2-2-9　2016 年分地区城镇居民家庭主要食品消费量 …… 163
2-2-2-10　2016 年分地区城镇居民年末主要耐用消费品拥有量 …… 165
（三）2017 年分地区城镇居民收支主要数据
2-2-3-1　2017 年分地区城镇居民可支配收入 …… 167

2-2-3-2　2017 年分地区城镇居民可支配收入构成 …… 168
2-2-3-3　2017 年分地区城镇居民现金可支配收入 …… 169
2-2-3-4　2017 年分地区城镇居民现金可支配收入构成 …… 170
2-2-3-5　2017 年分地区城镇居民消费支出 …… 171
2-2-3-6　2017 年分地区城镇居民消费支出构成 …… 173
2-2-3-7　2017 年分地区城镇居民现金消费支出 …… 175
2-2-3-8　2017 年分地区城镇居民现金消费支出构成 …… 177
2-2-3-9　2017 年分地区城镇居民家庭主要食品消费量 …… 179
2-2-3-10　2017 年分地区城镇居民年末主要耐用消费品拥有量 …… 181
（四）2018 年分地区城镇居民收支主要数据
2-2-4-1　2018 年分地区城镇居民可支配收入 …… 183
2-2-4-2　2018 年分地区城镇居民可支配收入构成 …… 184
2-2-4-3　2018 年分地区城镇居民现金可支配收入 …… 185
2-2-4-4　2018 年分地区城镇居民现金可支配收入构成 …… 186
2-2-4-5　2018 年分地区城镇居民消费支出 …… 187
2-2-4-6　2018 年分地区城镇居民消费支出构成 …… 189
2-2-4-7　2018 年分地区城镇居民现金消费支出 …… 191
2-2-4-8　2018 年分地区城镇居民现金消费支出构成 …… 193
2-2-4-9　2018 年分地区城镇居民家庭主要食品消费量 …… 195
2-2-4-10　2018 年分地区城镇居民年末主要耐用消费品拥有量 …… 197
（五）2019 年分地区城镇居民收支主要数据
2-2-5-1　2019 年分地区城镇居民可支配收入 …… 199
2-2-5-2　2019 年分地区城镇居民可支配收入构成 …… 200
2-2-5-3　2019 年分地区城镇居民现金可支配收入 …… 201
2-2-5-4　2019 年分地区城镇居民现金可支配收入构成 …… 202
2-2-5-5　2019 年分地区城镇居民消费支出 …… 203
2-2-5-6　2019 年分地区城镇居民消费支出构成 …… 205
2-2-5-7　2019 年分地区城镇居民现金消费支出 …… 207
2-2-5-8　2019 年分地区城镇居民现金消费支出构成 …… 209
2-2-5-9　2019 年分地区城镇居民家庭主要食品消费量 …… 211
2-2-5-10　2019 年分地区城镇居民年末主要耐用消费品拥有量 …… 213
（六）2020 年分地区城镇居民收支主要数据
2-2-6-1　2020 年分地区城镇居民可支配收入 …… 215
2-2-6-2　2020 年分地区城镇居民可支配收入构成 …… 216
2-2-6-3　2020 年分地区城镇居民现金可支配收入 …… 217
2-2-6-4　2020 年分地区城镇居民现金可支配收入构成 …… 218
2-2-6-5　2020 年分地区城镇居民消费支出 …… 219
2-2-6-6　2020 年分地区城镇居民消费支出构成 …… 221
2-2-6-7　2020 年分地区城镇居民现金消费支出 …… 223
2-2-6-8　2020 年分地区城镇居民现金消费支出构成 …… 225
2-2-6-9　2020 年分地区城镇居民家庭主要食品消费量 …… 227
2-2-6-10　2020 年分地区城镇居民年末主要耐用消费品拥有量 …… 229

三、农村居民数据
（一）2015 年分地区农村居民收支主要数据
2-3-1-1　2015 年分地区农村居民可支配收入 …… 231
2-3-1-2　2015 年分地区农村居民可支配收入构成 …… 232
2-3-1-3　2015 年分地区农村居民现金可支配收入 …… 233
2-3-1-4　2015 年分地区农村居民现金可支配收入构成 …… 234
2-3-1-5　2015 年分地区农村居民消费支出 …… 235
2-3-1-6　2015 年分地区农村居民消费支出构成 …… 237

2-3-1-7　2015 年分地区农村居民现金消费支出 …… 239
2-3-1-8　2015 年分地区农村居民现金消费支出构成 …… 241
2-3-1-9　2015 年分地区农村居民家庭主要食品消费量 …… 243
2-3-1-10　2015 年分地区农村居民年末主要耐用消费品拥有量 …… 245
（二）2016 年分地区农村居民收支主要数据
2-3-2-1　2016 年分地区农村居民可支配收入 …… 247
2-3-2-2　2016 年分地区农村居民可支配收入构成 …… 248
2-3-2-3　2016 年分地区农村居民现金可支配收入 …… 249
2-3-2-4　2016 年分地区农村居民现金可支配收入构成 …… 250
2-3-2-5　2016 年分地区农村居民消费支出 …… 251
2-3-2-6　2016 年分地区农村居民消费支出构成 …… 253
2-3-2-7　2016 年分地区农村居民现金消费支出 …… 255
2-3-2-8　2016 年分地区农村居民现金消费支出构成 …… 257
2-3-2-9　2016 年分地区农村居民家庭主要食品消费量 …… 259
2-3-2-10　2016 年分地区农村居民年末主要耐用消费品拥有量 …… 261
（三）2017 年分地区农村居民收支主要数据
2-3-3-1　2017 年分地区农村居民可支配收入 …… 263
2-3-3-2　2017 年分地区农村居民可支配收入构成 …… 264
2-3-3-3　2017 年分地区农村居民现金可支配收入 …… 265
2-3-3-4　2017 年分地区农村居民现金可支配收入构成 …… 266
2-3-3-5　2017 年分地区农村居民消费支出 …… 267
2-3-3-6　2017 年分地区农村居民消费支出构成 …… 269
2-3-3-7　2017 年分地区农村居民现金消费支出 …… 271
2-3-3-8　2017 年分地区农村居民现金消费支出构成 …… 273
2-3-3-9　2017 年分地区农村居民家庭主要食品消费量 …… 275
2-3-3-10　2017 年分地区农村居民年末主要耐用消费品拥有量 …… 277
（四）2018 年分地区农村居民收支主要数据
2-3-4-1　2018 年分地区农村居民可支配收入 …… 279
2-3-4-2　2018 年分地区农村居民可支配收入构成 …… 280
2-3-4-3　2018 年分地区农村居民现金可支配收入 …… 281
2-3-4-4　2018 年分地区农村居民现金可支配收入构成 …… 282
2-3-4-5　2018 年分地区农村居民消费支出 …… 283
2-3-4-6　2018 年分地区农村居民消费支出构成 …… 285
2-3-4-7　2018 年分地区农村居民现金消费支出 …… 287
2-3-4-8　2018 年分地区农村居民现金消费支出构成 …… 289
2-3-4-9　2018 年分地区农村居民家庭主要食品消费量 …… 291
2-3-4-10　2018 年分地区农村居民年末主要耐用消费品拥有量 …… 293
（五）2019 年分地区农村居民收支主要数据
2-3-5-1　2019 年分地区农村居民可支配收入 …… 295
2-3-5-2　2019 年分地区农村居民可支配收入构成 …… 296
2-3-5-3　2019 年分地区农村居民现金可支配收入 …… 297
2-3-5-4　2019 年分地区农村居民现金可支配收入构成 …… 298
2-3-5-5　2019 年分地区农村居民消费支出 …… 299
2-3-5-6　2019 年分地区农村居民消费支出构成 …… 301
2-3-5-7　2019 年分地区农村居民现金消费支出 …… 303
2-3-5-8　2019 年分地区农村居民现金消费支出构成 …… 305
2-3-5-9　2019 年分地区农村居民家庭主要食品消费量 …… 307
2-3-5-10　2019 年分地区农村居民年末主要耐用消费品拥有量 …… 309
（六）2020 年分地区农村居民收支主要数据
2-3-6-1　2020 年分地区农村居民可支配收入 …… 311
2-3-6-2　2020 年分地区农村居民可支配收入构成 …… 312

2-3-6-3 2020 年分地区农村居民现金可支配收入 …… 313
2-3-6-4 2020 年分地区农村居民现金可支配收入构成 …… 314
2-3-6-5 2020 年分地区农村居民消费支出 …… 315
2-3-6-6 2020 年分地区农村居民消费支出构成 …… 317
2-3-6-7 2020 年分地区农村居民现金消费支出 …… 319
2-3-6-8 2020 年分地区农村居民现金消费支出构成 …… 321
2-3-6-9 2020 年分地区农村居民家庭主要食品消费量 …… 323
2-3-6-10 2020 年分地区农村居民年末主要耐用消费品拥有量 …… 325

## 第三部分 历年全国居民收支与生活状况主要数据

3-1-1 1978-2020 年全体居民人均可支配收入增长情况 …… 329
3-1-2 1978-2020 年城镇居民人均可支配收入增长情况 …… 330
3-1-3 1978-2020 年农村居民人均可支配收入增长情况 …… 331
3-1-4 1998-2020 年全体居民可支配收入 …… 332
3-1-5 1998-2020 年城镇居民可支配收入 …… 333
3-1-6 1998-2020 年农村居民可支配收入 …… 334
3-1-7 不同时期城乡居民人均可支配收入增速 …… 335
3-1-8 1978-2020 年全体居民人均消费支出增长情况 …… 336
3-1-9 1978-2020 年城镇居民人均消费支出增长情况 …… 337
3-1-10 1978-2020 年农村居民人均消费支出增长情况 …… 338
3-1-11 1998-2020 年全体居民消费支出 …… 339
3-1-12 1998-2020 年城镇居民消费支出 …… 341
3-1-13 1998-2020 年农村居民消费支出 …… 343

## 第四部分 全国及分地区农村住户固定资产投资情况

### 一、农村住户固定资产投资和结构

4-1-1 2015-2020 年全国农村住户固定资产投资情况 …… 347
4-1-2 2015 年分地区农村住户固定资产投资结构情况 …… 348
4-1-3 2016 年分地区农村住户固定资产投资结构情况 …… 349
4-1-4 2017 年分地区农村住户固定资产投资结构情况 …… 350
4-1-5 2018 年分地区农村住户固定资产投资结构情况 …… 351
4-1-6 2019 年分地区农村住户固定资产投资结构情况 …… 352
4-1-7 2020 年分地区农村住户固定资产投资结构情况 …… 353

### 二、农村住户固定资产投资和投向

4-2-1 2015-2020 年分地区农村住户固定资产投资完成额 …… 354
4-2-2 2015 年分地区农村住户固定资产投资投向情况 …… 355
4-2-3 2016 年分地区农村住户固定资产投资投向情况 …… 356
4-2-4 2017 年分地区农村住户固定资产投资投向情况 …… 357
4-2-5 2018 年分地区农村住户固定资产投资投向情况 …… 358
4-2-6 2019 年分地区农村住户固定资产投资投向情况 …… 359
4-2-7 2020 年分地区农村住户固定资产投资投向情况 …… 360

### 三、农村住户固定资产投资和建房

4-3-1 1985-2020 年全国农村住户固定资产投资和建房情况 …… 361
4-3-2 2015 年分地区农村住户固定资产投资和建房情况 …… 362
4-3-3 2016 年分地区农村住户固定资产投资和建房情况 …… 363
4-3-4 2017 年分地区农村住户固定资产投资和建房情况 …… 364

4-3-5　2018 年分地区农村住户固定资产投资和建房情况…… 365
4-3-6　2019 年分地区农村住户固定资产投资和建房情况…… 366
4-3-7　2020 年分地区农村住户固定资产投资和建房情况…… 367

## 第五部分　住户调查其他数据

5-1　全国居民人均可支配收入基尼系数 …… 371
5-2　农村贫困状况 …… 372
5-3　分地区农村贫困人口 …… 373
5-4　农民工数量及收入水平 …… 374

## 住户调查简介

1　住户收支与生活状况调查简介 …… 377
2　住户调查主要收支指标解释 …… 380

# 综　述

# 2020 年全国住户收支与生活状况调查主要结果综述

2020 年，面对严峻复杂的国内外环境特别是新冠肺炎疫情的严重冲击，在以习近平同志为核心的党中央坚强领导下，各地区各部门扎实做好“六稳”工作，全面落实“六保”任务，统筹疫情防控和经济社会发展取得重大成果，全国居民人均收入实现正增长，基本民生得到有力保障。据国家统计局对全国 31 个省（自治区、直辖市）16 万户居民家庭开展的住户收支与生活状况调查，2020 年全国居民人均可支配收入实际增长 2.1%，比 2010 年增加一倍，城乡和地区间居民收入相对差距继续缩小。受疫情影响，2020 年全国居民人均消费支出实际下降 4.0%。现行标准下农村贫困人口全部脱贫，如期完成了消除绝对贫困的艰巨任务。

## 一、2020 年全国居民人均可支配收入实际增长 2.1%

2020 年，全国居民人均可支配收入 32189 元，比上年名义增长 4.7%，扣除价格因素影响，实际增长 2.1%，居民收入实际增速与人均 GDP 增长基本同步。但受新冠肺炎疫情冲击影响，居民收入名义增速和实际增速分别比上年回落 4.2 和 3.7 个百分点。分城乡看，农村居民收入增长继续快于城镇居民。城镇居民人均可支配收入 43834 元，名义增长 3.5%，实际增长 1.2%；农村居民人均可支配收入 17131 元，名义增长 6.9%，实际增长 3.8%。农村居民人均可支配收入名义增速和实际增速分别快于城镇居民 3.4 和 2.6 个百分点。全国居民人均可支配收入增长的主要情况如下：

### （一）工资性收入增长[①]4.3%。2020 年，全国居民人均工资性收入 17917 元，增长 4.3%

2020 年全国居民人均工资性收入 17917 元，增长 4.3%。主要是党中央、国务院及时出台减税降费、稳岗补贴、以工代训等各项政策措施，多措并举保居民就业、保市场主体，全国就业形势总体稳定，全国就业形势继续保持稳定。2020 年城镇居民人均工资性收入 26381 元，增长 3.2%，增速比上年回落 4.3 个百分点，占人均可支配收入的比重为 60.2%，比上年下降 0.2 个百分点。

2020 年，农村居民人均工资性收入 6974 元，增长 5.9%，增速比上年回落 3.9 个百分点。主要是农民工月均收入水平增长 2.8%，农村本地非农从业人员增加较多，共同带动农村居民工资性收入增长。农村居民人均工资性收入占人均可支配收入的比重为 40.7%，比上年下降 0.4 个百分点；对农村居民增收的贡献率为 35.2%，比上年下降 6.6 个百分点。工资性收入仍为农村居民增收的第一推动力，但增收贡献率有所下降。

### （二）经营净收入增长 1.1%。2020 年，全国居民人均经营净收入 5307 元，增长 1.1%

2020 年，城镇居民人均经营净收入 4711 元，下降 2.7%，增速比上年回落 11.7 个百分点，占人均可支配收入的比重为 10.7%，比上年下降 0.7 个百分点。随着疫情防控的常态化，城镇居民经营活动逐步好转，经营净收入降幅逐季收窄。但住宿、餐饮、租赁和商业服务业等第三产业经营状况仍未完全恢复，导致城镇居民人均经营净收入增速仍然下降。

2020 年，农村居民人均经营净收入 6077 元，增长 5.5%，增速比上年回落 2.0 个百分点；占人均可支配收入的比重为 35.5%，比上年下降 0.5 个百分点；对农村居民增收的贡献率为 28.4%，比上年下降 0.4 个百分点。农村居民经营净收入呈现一产稳定增长、二三产增速回落的特点。一产经营净收入稳定增长。农村居民人均第一产业经营净收入 3978 元，增长 6.6%，拉动人均经营净收入增长 4.3 个百分点，有力支撑农村居民经营净收入的增长。其中：人均种植业净收入增长 5.4%，比上年加快 0.3 个百分点；人均牧业净收入增长 14.8%，比上年加快 0.5 个百分点。主要是粮食产量再获丰收，2020 年粮食总产量增长 0.9%，生猪出栏加快恢复，

[①] 以下如无特别说明，均为比上年名义增长。

以及玉米、猪牛羊等部分农牧产品价格高位运行，都拉动了农村居民经营净收入的增长。农村居民人均二、三产业经营净收入2099元，增长3.3%，增速比上年回落5.4个百分点。

（三）财产净收入增长6.6%。2020年，全国居民人均财产净收入2791元，增长6.6%

2020年，城镇居民人均财产净收入4627元，增长5.4%，增速比上年回落3.6个百分点，占人均可支配收入的比重为10.6%，比上年提升了0.2个百分点。受疫情影响，房屋出租市场活跃程度下降，城镇居民人均出租房屋收入比上年下降1.4%，使得城镇居民财产净收入同比增速回落。

2020年，农村居民人均财产净收入419元，增长11.0%，增速比上年加快0.7个百分点。其中，受返乡创业人员增多、土地流转力度加大影响，人均转让承包土地经营权租金净收入增长12.0%，人均红利收入增长9.7%，人均出租房屋净收入增长5.9%。农村居民人均财产净收入占人均可支配收入的比重为2.4%，与上年持平；对农村居民增收的贡献率为3.7%，比上年提高1.2个百分点。

（四）转移净收入增长8.7%。2020年，全国居民人均转移净收入6173元，增长8.7%

2020年，全国居民人均转移净收入6173元，增长8.7%，快于全国居民人均收入4.0个百分点，对稳定居民收入增长基本盘发挥了重要的“稳定器”作用。2020年，城镇居民人均转移净收入8116元，增长7.3%，增速比上年回落0.9个百分点，占人均可支配收入的比重为18.5%，比上年提升0.6个百分点。多地调高养老金和离退休金发放标准并及时发放，人均养老金或离退休金增长6.6%。政府加大转移支付力度，增加对各类群体尤其是困难群众的生活补贴、价格补助等民生保障，城镇居民获得更多实惠。城镇居民人均社会救济和补助收入增长17.5%，人均政策性补贴收入增长12.2%。

2020年，农村居民人均转移净收入3661元，增长11.0%，增速比上年回落1.9个百分点。主要是居民基础养老金标准继续上调，养老保险覆盖面持续扩大，人均养老金和离退休金增长11.0%；各地持续加大对低收入困难群体保障力度，人均社会救济和补助、政策性生活补贴分别增长20.3%和13.4%。农村居民人均转移净收入占人均可支配收入的比重为21.4%，比上年提高0.8个百分点；对农村居民增收的贡献率为32.7%，比上年提高5.8个百分点。转移净收入稳定增长，占比不断提高、贡献率明显提升，对农村居民持续增收发挥重要作用。

## 二、2020年居民收入分配状况

（一）城乡收入相对差距缩小

2020年，农村居民人均可支配收入比上年名义增长6.9%，实际增长3.8%，名义增速和实际增速分别快于城镇居民3.4和2.6个百分点。城乡居民收入相对差距继续缩小，城乡居民人均可支配收入比为2.56，比上年下降0.08，是党的十八大以来下降最快的一年。

（二）地区间居民收入相对差距缩小

分区域看，东部地区居民人均可支配收入比上年增长4.6%，中部地区居民人均收入增长4.3%，西部地区居民人均收入增长6.0%，东北地区居民人均收入增长3.3%。西部地区增速分别快于东部地区、中部地区和东北地区1.4、1.7和2.7个百分点。以西部地区为1，东部与西部地区居民人均可支配收入之比由上年的1.64缩小至1.62，下降0.02，地区间居民收入相对差距缩小。

（三）低收入组居民收入增长较快

按人均可支配收入从低到高进行五等份分组，全国居民低收入组人均可支配收入比上年增长6.6%，高收入组人均可支配收入增长5.1%，增速分别快于全国居民人均收入增速1.9和0.4个百分点。中间偏下、中间和中间偏上收入组居民人均可支配收入分别增长4.2%、4.8%和4.9%，增速慢于低收入组和高收入组。

---

① 东部地区：北京、天津、河北、上海、江苏、浙江、福建、山东、广东、海南；
中部地区：山西、安徽、江西、河南、湖北、湖南；
西部地区：内蒙古、广西、重庆、四川、贵州、云南、西藏、陕西、甘肃、青海、宁夏、新疆；
东北地区：辽宁、吉林、黑龙江。

（四）全国居民收入中位数增速慢于平均数增速

2020年，全国居民人均可支配收入中位数为27540元，比上年名义增长3.8%，慢于全国居民收入平均数名义增速0.9个百分点。2020年全国居民人均可支配收入中位数水平为全国居民收入平均数的85.6%，比上年下降0.7个百分点。

## 三、2020年全国居民人均收入比2010年增加一倍

按现价看，2020年全国居民人均可支配收入32189元，是2010年的2.57倍。扣除价格因素影响，2011-2020年全国居民人均可支配收入实际增速分别为10.3%、10.6%、8.1%、8.0%、7.4%、6.3%、7.3%、6.5%、5.8%和2.1%，十年累计实际增长100.8%，即全国居民人均可支配收入比2010年增加了一倍。

## 四、2020年全国居民人均消费支出实际下降4.0%

2020年全国居民人均消费支出21210元，比上年下降1.6%；扣除价格因素，实际下降4.0%。随着党中央国务院统筹疫情防控和经济社会发展取得重大战略成果，居民消费支出降幅逐季收窄，呈现持续恢复态势。分城乡看，农村居民消费支出增速快于城镇居民。农村居民人均消费支出13713元，名义增长2.9%，实际下降0.1%；城镇居民人均消费支出27007元，名义下降3.8%，实际下降6.0%。

（一）食品烟酒支出增长5.1%

2020年，全国居民人均食品烟酒支出6397元，增长5.1%，基本生活得到有力保障。由于教育文化娱乐、衣着、交通等支出下降导致居民总消费支出减少以及食品等基本生活消费保持刚性增长，全国居民恩格尔系数达到30.2%，比上年提高2.0个百分点。其中，人均商品性食品烟酒消费支出增长11.8%；受疫情影响，人均饮食服务消费支出下降17.4%。分城乡看，城镇居民人均食品烟酒支出7881元，增长1.9%；农村居民人均食品烟酒支出4479元，增长12.0%。

（二）衣着支出下降7.5%

2020年，全国居民人均衣着支出1238元，下降7.5%。受疫情影响，城乡居民外出活动减少，衣着消费需求下降。城镇居民人均衣着支出1645元，下降10.2%；农村居民人均衣着支出713元，下降0.1%，基本恢复到去年水平。

（三）居住支出增长3.2%

2020年，全国居民人均居住支出5215元，增长3.2%。受疫情影响，城乡居民居家时间增多，居住支出增加。其中，人均水电燃料及其他支出增长4.1%。分城乡看，城镇居民人均居住支出6958元，增长2.6%；农村居民人均居住支出2962元，增长3.2%。

（四）生活用品及服务支出下降1.7%

2020年，全国居民人均生活用品及服务支出1260元，下降1.7%。受居家时间增加带动，人均家庭日用杂品支出增长4.3%，人均个人用品支出增长3.4%。分城乡看，城镇居民人均生活用品及服务支出1640元，下降2.9%；农村居民人均生活用品及服务支出768元，增长0.5%。

（五）交通通信支出下降3.5%

2020年，全国居民人均交通通信支出2762元，下降3.5%。疫情防控期间居民出行减少，人均交通支出下降6.9%。但受汽车消费放宽限购和购置补贴带动，人均交通工具支出比上年增长0.8%。受疫情影响，居民对通信产品和服务的需求增加，人均通信支出增长7.3%，增速比上年同期加快10.2个百分点。分城乡看，城镇居民人均交通通信支出3474元，下降5.4%；农村居民人均交通通信支出1841元，增长0.2%。

（六）教育文化娱乐支出下降19.1%

2020年，全国居民人均教育文化娱乐支出2032元，下降19.1%，是受疫情影响最大的消费类别。教育培训、文娱健身、旅游等接触型、聚集型服务消费活动受到限制，人均教育支出下降12.1%，人均文化娱乐支出大幅下降32.9%。分城乡看，城镇居民人均教育文化娱乐支出2592元，下降22.1%；农村居民人均教育文化娱乐支出1309元，下降11.7%。

（七）医疗保健支出下降3.1%

2020年，全国居民人均医疗保健支出1843元，下降3.1%。受疫情影响，居民更加注重健康防护，外出就医活动有所减少。其中，人均医疗器具与药

品支出增长 3.8%，人均医疗服务支出下降 5.6%。分城乡看，城镇居民人均医疗保健支出 2172 元，下降 4.8%；农村居民人均医疗保健支出 1418 元，下降 0.2%。

（八）其他用品及服务支出下降 11.8%

2020 年，全国居民人均其他用品及服务支出 462 元，下降 11.8%。其中，包括旅馆住宿、美容美发等在内的人均其他服务支出下降 8.6%。分城乡看，城镇居民人均其他用品及服务支出 646 元，下降 13.5%；农村居民人均其他用品及服务支出 224 元，下降 7.1%。

## 五、现行标准下农村贫困人口全部脱贫

党的十八大以来，近 1 亿农村贫困人口实现脱贫。经过八年持续攻坚，到 2020 年末，现行标准下农村贫困人口全部实现脱贫。根据全国住户收支与生活状况调查测算，党的十八大以来，全国农村贫困人口累计减少 9899 万人，年均减贫 1237 万人，贫困发生率年均下降 1.3 个百分点。其中，2013-2019 年我国农村减贫人数分别为 1650 万人、1232 万人、1442 万人、1240 万人、1289 万人、1386 万人和 1109 万人，每年减贫人数均在 1000 万人以上。

2020 年，面对疫情灾情带来的风险挑战，各地区各部门按照党中央、国务院决策部署，组织贫困劳动力外出务工、开展消费扶贫等一系列活动，将受影响的贫困人口及时纳入监测进行帮扶，疫情对脱贫攻坚的影响得到有效克服，2020 年年初剩余的 551 万农村贫困人口全部脱贫，如期完成了消除绝对贫困的艰巨任务，创造了又一个彪炳史册的人间奇迹。

1

# 全国及分城乡居民收支与生活状况主要数据

## 一、2015-2020年全国居民收支与生活状况主要数据

# 1-1-1 全国居民家庭基本情况

| 指　　标 | 单 位 | 2015年 | 2016年 | 2017年 | 2018年 | 2019年 | 2020年 |
|---|---|---|---|---|---|---|---|
| **一、基本情况** | | | | | | | |
| 户均常住人口 | 人/户 | 3.0 | 3.0 | 3.0 | 3.1 | 3.0 | 3.0 |
| 户均常住从业人口 | 人/户 | 1.8 | 1.7 | 1.7 | 1.7 | 1.6 | 1.6 |
| 平均每户家庭从业人口比重 | % | 57.6 | 56.9 | 56.5 | 54.0 | 53.1 | 51.3 |
| 平均每一从业人口负担人数(包括从业者本人) | 人 | 1.7 | 1.8 | 1.8 | 1.9 | 1.9 | 1.9 |
| **二、户主文化程度** | | | | | | | |
| (一)未上过学 | % | 2.4 | 2.0 | 2.0 | 2.3 | 2.1 | 2.1 |
| (二)小学 | % | 19.1 | 18.2 | 18.0 | 20.5 | 20.2 | 20.0 |
| (三)初中 | % | 42.5 | 43.3 | 43.3 | 40.9 | 41.3 | 41.4 |
| (四)高中 | % | 20.3 | 20.3 | 20.4 | 18.3 | 18.5 | 18.6 |
| (五)大学专科 | % | 9.2 | 9.5 | 9.6 | 10.0 | 9.9 | 9.9 |
| (六)大学本科及以上 | % | 6.6 | 6.8 | 6.8 | 8.1 | 7.9 | 7.9 |
| **三、常住从业人员就业类型** | | | | | | | |
| (一)雇主 | % | 1.3 | 1.1 | 0.9 | 1.0 | 0.8 | 0.6 |
| (二)公职人员 | % | 2.9 | 2.8 | 2.8 | 2.5 | 2.5 | 2.1 |
| (三)事业单位人员 | % | 6.0 | 6.2 | 6.2 | 6.0 | 6.0 | 5.4 |
| (四)国有企业雇员 | % | 4.9 | 4.9 | 4.8 | 4.1 | 4.0 | 3.6 |
| (五)其他雇员 | % | 42.5 | 43.4 | 45.1 | 46.9 | 49.2 | 51.4 |
| (六)农业自营 | % | 32.9 | 31.5 | 30.0 | 29.4 | 27.4 | 26.3 |
| (七)非农自营 | % | 9.5 | 10.1 | 10.1 | 9.9 | 10.2 | 10.6 |
| **四、常住从业人员从事主要行业** | | | | | | | |
| (一)第一产业 | % | 33.9 | 32.7 | 31.3 | 30.8 | 29.1 | 28.3 |
| (二)第二产业 | % | 23.2 | 22.9 | 23.2 | 22.5 | 22.8 | 23.0 |
| (三)第三产业 | % | 42.9 | 44.4 | 45.5 | 46.7 | 48.2 | 48.7 |
| **五、居民收入与支出情况** | | | | | | | |
| 居民人均可支配收入 | 元/人 | 21966.2 | 23821.0 | 25973.8 | 28228.0 | 30732.8 | 32188.8 |
| 居民人均可支配收入中位数 | 元/人 | 19281.1 | 20882.9 | 22408.0 | 24336.4 | 26523.2 | 27540.5 |
| 居民人均现金可支配收入 | 元/人 | 20424.3 | 22204.5 | 24201.9 | 26291.4 | 28612.1 | 29918.7 |
| 现金可支配收入占可支配收入比重 | % | 93.0 | 93.2 | 93.2 | 93.1 | 93.1 | 92.9 |
| 居民人均消费支出 | 元/人 | 15712.4 | 17110.7 | 18322.1 | 19853.1 | 21558.9 | 21209.9 |
| 居民人均现金消费支出 | 元/人 | 12988.7 | 14142.0 | 15122.3 | 16174.8 | 17526.0 | 16994.7 |
| 现金消费支出占消费支出比重 | % | 82.7 | 82.6 | 82.5 | 81.5 | 81.3 | 80.1 |

注：①从2013年度起，国家统计局开展了住户收支与生活状况抽样调查，本年鉴中的2013年及以后年份数据来源于此调查，与2012年及以前的分城镇和农村住户抽样调查的调查范围、调查方法、指标口径有所不同。
②表1-1-1到2-3-6-10数据来源于实施城乡一体化调查后的住户收支与生活状况抽样调查。

# 1-1-2　全国居民可支配收入及构成

| 指　　标 | 2015年 | 2016年 | 2017年 | 2018年 | 2019年 | 2020年 |
|---|---|---|---|---|---|---|
| **可支配收入　(元/人)** | **21966.2** | **23821.0** | **25973.8** | **28228.0** | **30732.8** | **32188.8** |
| 一、工资性收入 | 12459.0 | 13455.2 | 14620.3 | 15829.0 | 17186.2 | 17917.4 |
| 二、经营净收入 | 3955.6 | 4217.7 | 4501.8 | 4852.4 | 5247.3 | 5306.8 |
| (一)第一产业经营净收入 | 1627.5 | 1673.2 | 1715.2 | 1797.7 | 1891.9 | 1982.0 |
| 1.农业 | 1233.6 | 1237.3 | 1261.4 | 1327.7 | 1382.0 | 1434.3 |
| 2.林业 | 85.6 | 81.1 | 84.3 | 94.4 | 98.8 | 89.1 |
| 3.牧业 | 254.4 | 295.7 | 300.4 | 298.7 | 335.0 | 366.2 |
| 4.渔业 | 54.0 | 59.1 | 69.1 | 76.9 | 76.0 | 92.3 |
| (二)第二产业经营净收入 | 391.2 | 402.5 | 434.9 | 503.9 | 573.4 | 571.1 |
| (三)第三产业经营净收入 | 1937.0 | 2142.0 | 2351.7 | 2550.9 | 2782.1 | 2753.7 |
| 三、财产净收入 | 1739.6 | 1889.0 | 2107.4 | 2378.5 | 2619.1 | 2791.5 |
| 四、转移净收入 | 3811.9 | 4259.1 | 4744.3 | 5168.1 | 5680.3 | 6173.2 |
| (一)转移性收入 | 4959.1 | 5570.1 | 6171.2 | 6693.4 | 7322.7 | 7867.2 |
| (二)转移性支出 | 1147.1 | 1311.0 | 1426.9 | 1525.4 | 1642.4 | 1694.0 |
| **可支配收入构成　(%)** | **100.0** | **100.0** | **100.0** | **100.0** | **100.0** | **100.0** |
| 一、工资性收入 | 56.7 | 56.5 | 56.3 | 56.1 | 55.9 | 55.7 |
| 二、经营净收入 | 18.0 | 17.7 | 17.3 | 17.2 | 17.1 | 16.5 |
| (一)第一产业经营净收入 | 7.4 | 7.0 | 6.6 | 6.4 | 6.2 | 6.2 |
| 1.农业 | 5.6 | 5.2 | 4.9 | 4.7 | 4.5 | 4.5 |
| 2.林业 | 0.4 | 0.3 | 0.3 | 0.3 | 0.3 | 0.3 |
| 3.牧业 | 1.2 | 1.2 | 1.2 | 1.1 | 1.1 | 1.1 |
| 4.渔业 | 0.2 | 0.2 | 0.3 | 0.3 | 0.2 | 0.3 |
| (二)第二产业经营净收入 | 1.8 | 1.7 | 1.7 | 1.8 | 1.9 | 1.8 |
| (三)第三产业经营净收入 | 8.8 | 9.0 | 9.1 | 9.0 | 9.1 | 8.6 |
| 三、财产净收入 | 7.9 | 7.9 | 8.1 | 8.4 | 8.5 | 8.7 |
| 四、转移净收入 | 17.4 | 17.9 | 18.3 | 18.3 | 18.5 | 19.2 |
| (一)转移性收入 | 22.6 | 23.4 | 23.8 | 23.7 | 23.8 | 24.4 |
| (二)转移性支出 | 5.2 | 5.5 | 5.5 | 5.4 | 5.3 | 5.3 |

# 1-1-3 全国居民现金可支配收入及构成

| 指　　标 | 2015年 | 2016年 | 2017年 | 2018年 | 2019年 | 2020年 |
|---|---|---|---|---|---|---|
| **现金可支配收入　（元/人）** | **20424.3** | **22204.5** | **24201.9** | **26291.4** | **28612.1** | **29918.7** |
| 一、现金工资性收入 | 12386.2 | 13379.0 | 14537.8 | 15746.4 | 17096.9 | 17817.6 |
| 二、现金经营净收入 | 3782.7 | 4111.4 | 4424.1 | 4880.3 | 5269.7 | 5307.1 |
| (一)第一产业经营净收入 | 1239.8 | 1337.1 | 1405.1 | 1531.6 | 1622.0 | 1727.3 |
| 1.农业 | 859.8 | 912.6 | 960.6 | 1060.7 | 1119.9 | 1189.8 |
| 2.林业 | 54.1 | 56.0 | 60.4 | 66.4 | 68.9 | 65.4 |
| 3.牧业 | 269.3 | 307.6 | 314.0 | 326.0 | 353.4 | 377.5 |
| 4.渔业 | 56.6 | 61.0 | 70.1 | 78.5 | 79.8 | 94.6 |
| (二)第二产业经营净收入 | 439.3 | 458.7 | 492.1 | 582.5 | 644.6 | 634.8 |
| (三)第三产业经营净收入 | 2103.7 | 2315.7 | 2526.8 | 2766.1 | 3003.1 | 2945.0 |
| 三、现金财产净收入 | 689.5 | 739.8 | 811.5 | 877.8 | 1001.5 | 1067.5 |
| 四、现金转移净收入 | 3565.9 | 3974.3 | 4428.6 | 4786.9 | 5244.0 | 5726.4 |
| (一)现金转移性收入 | 4712.8 | 5285.3 | 5855.5 | 6312.3 | 6886.4 | 7420.5 |
| (二)现金转移性支出 | 1146.9 | 1311.0 | 1426.9 | 1525.4 | 1642.4 | 1694.0 |
| **现金可支配收入构成　(%)** | **100.0** | **100.0** | **100.0** | **100.0** | **100.0** | **100.0** |
| 一、现金工资性收入 | 60.6 | 60.3 | 60.1 | 59.9 | 59.8 | 59.6 |
| 二、现金经营净收入 | 18.5 | 18.5 | 18.3 | 18.6 | 18.4 | 17.7 |
| (一)第一产业经营净收入 | 6.1 | 6.0 | 5.8 | 5.8 | 5.7 | 5.8 |
| 1.农业 | 4.2 | 4.1 | 4.0 | 4.0 | 3.9 | 4.0 |
| 2.林业 | 0.3 | 0.3 | 0.2 | 0.3 | 0.2 | 0.2 |
| 3.牧业 | 1.3 | 1.4 | 1.3 | 1.2 | 1.2 | 1.3 |
| 4.渔业 | 0.3 | 0.3 | 0.3 | 0.3 | 0.3 | 0.3 |
| (二)第二产业经营净收入 | 2.2 | 2.1 | 2.0 | 2.2 | 2.3 | 2.1 |
| (三)第三产业经营净收入 | 10.3 | 10.4 | 10.4 | 10.5 | 10.5 | 9.8 |
| 三、现金财产净收入 | 3.4 | 3.3 | 3.4 | 3.3 | 3.5 | 3.6 |
| 四、现金转移净收入 | 17.5 | 17.9 | 18.3 | 18.2 | 18.3 | 19.1 |
| (一)现金转移性收入 | 23.1 | 23.8 | 24.2 | 24.0 | 24.1 | 24.8 |
| (二)现金转移性支出 | 5.6 | 5.9 | 5.9 | 5.8 | 5.7 | 5.7 |

## 1-1-4　全国居民按收入五等份分组的人均可支配收入

单位：元/人

| 组　别 | 2015年 | 2016年 | 2017年 | 2018年 | 2019年 | 2020年 |
|---|---|---|---|---|---|---|
| 20%低收入组家庭人均可支配收入 | 5221.2 | 5528.7 | 5958.4 | 6440.5 | 7380.4 | 7868.8 |
| 20%中间偏下收入组家庭人均可支配收入 | 11894.0 | 12898.9 | 13842.8 | 14360.5 | 15777.0 | 16442.7 |
| 20%中间收入组家庭人均可支配收入 | 19320.1 | 20924.4 | 22495.3 | 23188.9 | 25034.7 | 26248.9 |
| 20%中间偏上收入组家庭人均可支配收入 | 29437.6 | 31990.4 | 34546.8 | 36471.4 | 39230.5 | 41171.7 |
| 20%高收入组家庭人均可支配收入 | 54543.5 | 59259.5 | 64934.0 | 70639.5 | 76400.7 | 80293.8 |

注：全国居民按收入五等份分组是指将所有调查户按人均可支配收入水平从低到高顺序排列，平均分为五个等份，处于最低20%的收入群体为低收入组，依此类推依次为中间偏下收入组、中间收入组、中间偏上收入组、高收入组。本表数据为不同分组家庭的人均可支配收入。表1-2-4、1-3-4与此相同。

## 1-1-5　全国居民按东、中、西部及东北地区分组的人均可支配收入

单位：元/人

| 组　别 | 2015年 | 2016年 | 2017年 | 2018年 | 2019年 | 2020年 |
|---|---|---|---|---|---|---|
| 东部地区 | 28223.3 | 30654.7 | 33414.0 | 36298.2 | 39438.9 | 41239.7 |
| 中部地区 | 18442.1 | 20006.2 | 21833.6 | 23798.3 | 26025.3 | 27152.4 |
| 西部地区 | 16868.1 | 18406.8 | 20130.3 | 21935.8 | 23986.1 | 25416.0 |
| 东北地区 | 21008.4 | 22351.5 | 23900.5 | 25543.2 | 27370.6 | 28266.2 |

# 1-1-6 全国居民消费支出

单位：元/人

| 指 标 | 2015年 | 2016年 | 2017年 | 2018年 | 2019年 | 2020年 |
|---|---|---|---|---|---|---|
| **消费支出** | **15712.4** | **17110.7** | **18322.1** | **19853.1** | **21558.9** | **21209.9** |
| #服务性消费支出 | 6459.7 | 7156.6 | 7802.6 | 8780.8 | 9886.0 | 9037.3 |
| (一)食品烟酒 | 4814.0 | 5151.0 | 5373.6 | 5631.1 | 6084.2 | 6397.3 |
| 1.食品 | 3414.4 | 3657.8 | 3745.3 | 3761.1 | 3964.9 | 4519.7 |
| 2.烟酒 | 480.7 | 499.5 | 529.7 | 559.8 | 600.2 | 598.3 |
| 3.饮料 | 104.6 | 108.9 | 118.4 | 117.2 | 131.6 | 133.0 |
| 4.饮食服务 | 814.4 | 884.8 | 980.2 | 1192.9 | 1387.5 | 1146.3 |
| (二)衣着 | 1164.1 | 1202.7 | 1237.6 | 1288.9 | 1338.1 | 1238.4 |
| 1.衣类 | 895.5 | 929.5 | 962.1 | 1038.6 | 1076.0 | 993.0 |
| 2.鞋类 | 268.6 | 273.3 | 275.5 | 250.3 | 262.2 | 245.4 |
| (三)居住 | 3419.2 | 3746.4 | 4106.9 | 4646.6 | 5054.8 | 5215.3 |
| 1.租赁房房租 | 149.1 | 155.4 | 166.9 | 223.3 | 236.4 | 218.1 |
| 2.住房维修及管理 | 419.0 | 469.0 | 571.5 | 587.2 | 691.6 | 686.5 |
| 3.水、电、燃料及其他 | 724.7 | 773.0 | 815.2 | 845.1 | 870.1 | 906.0 |
| 4.自有住房折算租金 | 2126.4 | 2349.0 | 2553.3 | 2991.0 | 3256.7 | 3404.7 |
| (四)生活用品及服务 | 951.4 | 1043.7 | 1120.7 | 1222.7 | 1280.9 | 1259.5 |
| 1.家具及室内装饰品 | 161.8 | 168.2 | 190.5 | 206.6 | 220.8 | 205.9 |
| 2.家用器具 | 237.2 | 265.2 | 289.1 | 320.1 | 327.3 | 309.4 |
| 3.家用纺织品 | 84.7 | 91.5 | 93.5 | 97.2 | 101.8 | 95.4 |
| 4.家庭日用杂品 | 277.3 | 296.3 | 300.1 | 293.8 | 292.8 | 305.5 |
| 5.个人护理用品 | 146.2 | 170.7 | 192.9 | 232.9 | 266.9 | 276.0 |
| 6.家庭服务 | 44.1 | 51.8 | 54.6 | 72.1 | 71.2 | 67.3 |
| (五)交通通信 | 2086.9 | 2337.8 | 2498.9 | 2675.4 | 2861.6 | 2761.8 |
| 1.交通 | 1409.3 | 1619.8 | 1774.4 | 1971.6 | 2178.1 | 2028.5 |
| 2.通信 | 677.5 | 718.0 | 724.5 | 703.8 | 683.5 | 733.4 |
| (六)教育文化娱乐 | 1723.1 | 1915.3 | 2086.2 | 2225.7 | 2513.1 | 2032.2 |
| 1.教育 | 963.0 | 1115.3 | 1236.7 | 1398.3 | 1664.5 | 1463.2 |
| 2.文化和娱乐 | 760.1 | 800.0 | 849.6 | 827.4 | 848.6 | 569.0 |
| (七)医疗保健 | 1164.5 | 1307.5 | 1451.2 | 1685.2 | 1902.3 | 1843.1 |
| 1.医疗器具及药品 | 405.0 | 448.5 | 489.2 | 524.7 | 512.0 | 531.3 |
| 2.医疗服务 | 759.5 | 858.9 | 962.1 | 1160.5 | 1390.3 | 1311.8 |
| (八)其他用品及服务 | 389.2 | 406.3 | 447.0 | 477.5 | 524.0 | 462.2 |
| 1.其他用品 | 226.5 | 220.5 | 243.0 | 244.9 | 265.5 | 223.9 |
| 2.其他服务 | 162.7 | 185.9 | 204.0 | 232.6 | 258.4 | 238.3 |

# 1-1-7 全国居民消费支出构成

单位：%

| 指　标 | 2015年 | 2016年 | 2017年 | 2018年 | 2019年 | 2020年 |
|---|---|---|---|---|---|---|
| **消费支出构成** | **100.0** | **100.0** | **100.0** | **100.0** | **100.0** | **100.0** |
| #服务性消费支出 | 41.1 | 41.8 | 42.6 | 44.2 | 45.9 | 42.6 |
| (一)食品烟酒 | 30.6 | 30.1 | 29.3 | 28.4 | 28.2 | 30.2 |
| 1.食品 | 21.7 | 21.4 | 20.4 | 18.9 | 18.4 | 21.3 |
| 2.烟酒 | 3.1 | 2.9 | 2.9 | 2.8 | 2.8 | 2.8 |
| 3.饮料 | 0.7 | 0.6 | 0.6 | 0.6 | 0.6 | 0.6 |
| 4.饮食服务 | 5.2 | 5.2 | 5.3 | 6.0 | 6.4 | 5.4 |
| (二)衣着 | 7.4 | 7.0 | 6.8 | 6.5 | 6.2 | 5.8 |
| 1.衣类 | 5.7 | 5.4 | 5.3 | 5.2 | 5.0 | 4.7 |
| 2.鞋类 | 1.7 | 1.6 | 1.5 | 1.3 | 1.2 | 1.2 |
| (三)居住 | 21.8 | 21.9 | 22.4 | 23.4 | 23.4 | 24.6 |
| 1.租赁房房租 | 0.9 | 0.9 | 0.9 | 1.1 | 1.1 | 1.0 |
| 2.住房维修及管理 | 2.7 | 2.7 | 3.1 | 3.0 | 3.2 | 3.2 |
| 3.水、电、燃料及其他 | 4.6 | 4.5 | 4.4 | 4.3 | 4.0 | 4.3 |
| 4.自有住房折算租金 | 13.5 | 13.7 | 13.9 | 15.1 | 15.1 | 16.1 |
| (四)生活用品及服务 | 6.1 | 6.1 | 6.1 | 6.2 | 5.9 | 5.9 |
| 1.家具及室内装饰品 | 1.0 | 1.0 | 1.0 | 1.0 | 1.0 | 1.0 |
| 2.家用器具 | 1.5 | 1.5 | 1.6 | 1.6 | 1.5 | 1.5 |
| 3.家用纺织品 | 0.5 | 0.5 | 0.5 | 0.5 | 0.5 | 0.4 |
| 4.家庭日用杂品 | 1.8 | 1.7 | 1.6 | 1.5 | 1.4 | 1.4 |
| 5.个人护理用品 | 0.9 | 1.0 | 1.1 | 1.2 | 1.2 | 1.3 |
| 6.家庭服务 | 0.3 | 0.3 | 0.3 | 0.4 | 0.3 | 0.3 |
| (五)交通通信 | 13.3 | 13.7 | 13.6 | 13.5 | 13.3 | 13.0 |
| 1.交通 | 9.0 | 9.5 | 9.7 | 9.9 | 10.1 | 9.6 |
| 2.通信 | 4.3 | 4.2 | 4.0 | 3.5 | 3.2 | 3.5 |
| (六)教育文化娱乐 | 11.0 | 11.2 | 11.4 | 11.2 | 11.7 | 9.6 |
| 1.教育 | 6.1 | 6.5 | 6.7 | 7.0 | 7.7 | 6.9 |
| 2.文化和娱乐 | 4.8 | 4.7 | 4.6 | 4.2 | 3.9 | 2.7 |
| (七)医疗保健 | 7.4 | 7.6 | 7.9 | 8.5 | 8.8 | 8.7 |
| 1.医疗器具及药品 | 2.6 | 2.6 | 2.7 | 2.6 | 2.4 | 2.5 |
| 2.医疗服务 | 4.8 | 5.0 | 5.3 | 5.8 | 6.4 | 6.2 |
| (八)其他用品及服务 | 2.5 | 2.4 | 2.4 | 2.4 | 2.4 | 2.2 |
| 1.其他用品 | 1.4 | 1.3 | 1.3 | 1.2 | 1.2 | 1.1 |
| 2.其他服务 | 1.0 | 1.1 | 1.1 | 1.2 | 1.2 | 1.1 |

# 1-1-8 全国居民现金消费支出

单位：元/人

| 指　　标 | 2015年 | 2016年 | 2017年 | 2018年 | 2019年 | 2020年 |
|---|---|---|---|---|---|---|
| **现金消费支出** | **12988.7** | **14142.0** | **15122.3** | **16174.8** | **17526.0** | **16994.7** |
| (一)食品烟酒 | 4505.0 | 4846.7 | 5073.0 | 5366.2 | 5798.1 | 6068.0 |
| 1.食品 | 3149.4 | 3399.7 | 3496.3 | 3540.8 | 3729.9 | 4251.4 |
| 2.烟酒 | 480.6 | 499.4 | 529.6 | 559.8 | 600.2 | 598.2 |
| 3.饮料 | 104.2 | 108.7 | 118.2 | 117.0 | 131.2 | 132.5 |
| 4.饮食服务 | 770.8 | 838.9 | 928.8 | 1148.6 | 1336.7 | 1086.0 |
| (二)衣着 | 1163.5 | 1202.2 | 1237.0 | 1288.3 | 1337.6 | 1237.9 |
| 1.衣类 | 894.9 | 928.9 | 961.5 | 1038.0 | 1075.4 | 992.5 |
| 2.鞋类 | 268.6 | 273.3 | 275.5 | 250.3 | 262.2 | 245.4 |
| (三)居住 | 1251.9 | 1359.8 | 1519.0 | 1615.1 | 1755.7 | 1774.3 |
| 1.租赁房房租 | 149.1 | 155.4 | 166.9 | 223.3 | 236.4 | 218.1 |
| 2.住房维修及管理 | 419.0 | 469.0 | 571.5 | 587.2 | 691.6 | 686.5 |
| 3.水、电、燃料及其他 | 683.9 | 735.4 | 780.6 | 804.6 | 827.8 | 869.7 |
| (四)生活用品及服务 | 943.8 | 1036.1 | 1110.8 | 1211.0 | 1266.9 | 1245.8 |
| 1.家具及室内装饰品 | 160.6 | 167.7 | 189.7 | 205.9 | 220.4 | 205.3 |
| 2.家用器具 | 237.2 | 265.2 | 289.1 | 320.1 | 327.3 | 309.4 |
| 3.家用纺织品 | 84.7 | 91.5 | 93.5 | 97.2 | 101.8 | 95.4 |
| 4.家庭日用杂品 | 271.0 | 289.2 | 290.9 | 282.9 | 279.3 | 292.5 |
| 5.个人护理用品 | 146.2 | 170.7 | 192.9 | 232.9 | 266.9 | 276.0 |
| 6.家庭服务 | 44.1 | 51.8 | 54.6 | 72.1 | 71.2 | 67.3 |
| (五)交通通信 | 2083.7 | 2332.9 | 2495.3 | 2669.1 | 2857.4 | 2758.2 |
| 1.交通 | 1406.1 | 1614.9 | 1770.8 | 1965.3 | 2173.9 | 2024.9 |
| 2.通信 | 677.5 | 718.0 | 724.5 | 703.8 | 683.5 | 733.4 |
| (六)教育文化娱乐 | 1722.0 | 1914.3 | 2085.3 | 2224.1 | 2511.7 | 2031.5 |
| 1.教育 | 963.0 | 1115.2 | 1236.6 | 1398.3 | 1664.5 | 1463.1 |
| 2.文化和娱乐 | 759.0 | 799.1 | 848.7 | 825.9 | 847.2 | 568.4 |
| (七)医疗保健 | 933.3 | 1048.5 | 1160.7 | 1332.6 | 1482.4 | 1426.0 |
| 1.医疗器具及药品 | 404.1 | 447.9 | 488.7 | 523.8 | 511.6 | 529.6 |
| 2.医疗服务 | 529.2 | 600.6 | 672.0 | 808.8 | 970.7 | 896.3 |
| (八)其他用品及服务 | 385.6 | 401.5 | 441.2 | 468.4 | 516.2 | 452.9 |
| 1.其他用品 | 224.9 | 218.7 | 240.4 | 242.3 | 263.3 | 221.7 |
| 2.其他服务 | 160.7 | 182.8 | 200.8 | 226.0 | 252.9 | 231.2 |

# 1-1-9 全国居民现金消费支出构成

单位：%

| 指　　标 | 2015年 | 2016年 | 2017年 | 2018年 | 2019年 | 2020年 |
|---|---|---|---|---|---|---|
| **现金消费支出构成** | **100.0** | **100.0** | **100.0** | **100.0** | **100.0** | **100.0** |
| (一)食品烟酒 | 34.7 | 34.3 | 33.5 | 33.2 | 33.1 | 35.7 |
| 1.食品 | 24.2 | 24.0 | 23.1 | 21.9 | 21.3 | 25.0 |
| 2.烟酒 | 3.7 | 3.5 | 3.5 | 3.5 | 3.4 | 3.5 |
| 3.饮料 | 0.8 | 0.8 | 0.8 | 0.7 | 0.7 | 0.8 |
| 4.饮食服务 | 5.9 | 5.9 | 6.1 | 7.1 | 7.6 | 6.4 |
| (二)衣着 | 9.0 | 8.5 | 8.2 | 8.0 | 7.6 | 7.3 |
| 1.衣类 | 6.9 | 6.6 | 6.4 | 6.4 | 6.1 | 5.8 |
| 2.鞋类 | 2.1 | 1.9 | 1.8 | 1.5 | 1.5 | 1.4 |
| (三)居住 | 9.6 | 9.6 | 10.0 | 10.0 | 10.0 | 10.4 |
| 1.租赁房房租 | 1.1 | 1.1 | 1.1 | 1.4 | 1.3 | 1.3 |
| 2.住房维修及管理 | 3.2 | 3.3 | 3.8 | 3.6 | 3.9 | 4.0 |
| 3.水、电、燃料及其他 | 5.3 | 5.2 | 5.2 | 5.0 | 4.7 | 5.1 |
| (四)生活用品及服务 | 7.3 | 7.3 | 7.3 | 7.5 | 7.2 | 7.3 |
| 1.家具及室内装饰品 | 1.2 | 1.2 | 1.3 | 1.3 | 1.3 | 1.2 |
| 2.家用器具 | 1.8 | 1.9 | 1.9 | 2.0 | 1.9 | 1.8 |
| 3.家用纺织品 | 0.7 | 0.6 | 0.6 | 0.6 | 0.6 | 0.6 |
| 4.家庭日用杂品 | 2.1 | 2.0 | 1.9 | 1.7 | 1.6 | 1.7 |
| 5.个人护理用品 | 1.1 | 1.2 | 1.3 | 1.4 | 1.5 | 1.6 |
| 6.家庭服务 | 0.3 | 0.4 | 0.4 | 0.4 | 0.4 | 0.4 |
| (五)交通通信 | 16.0 | 16.5 | 16.5 | 16.5 | 16.3 | 16.2 |
| 1.交通 | 10.8 | 11.4 | 11.7 | 12.2 | 12.4 | 11.9 |
| 2.通信 | 5.2 | 5.1 | 4.8 | 4.4 | 3.9 | 4.3 |
| (六)教育文化娱乐 | 13.3 | 13.5 | 13.8 | 13.8 | 14.3 | 12.0 |
| 1.教育 | 7.4 | 7.9 | 8.2 | 8.6 | 9.5 | 8.6 |
| 2.文化和娱乐 | 5.8 | 5.7 | 5.6 | 5.1 | 4.8 | 3.3 |
| (七)医疗保健 | 7.2 | 7.4 | 7.7 | 8.2 | 8.5 | 8.4 |
| 1.医疗器具及药品 | 3.1 | 3.2 | 3.2 | 3.2 | 2.9 | 3.1 |
| 2.医疗服务 | 4.1 | 4.2 | 4.4 | 5.0 | 5.5 | 5.3 |
| (八)其他用品及服务 | 3.0 | 2.8 | 2.9 | 2.9 | 2.9 | 2.7 |
| 1.其他用品 | 1.7 | 1.5 | 1.6 | 1.5 | 1.5 | 1.3 |
| 2.其他服务 | 1.2 | 1.3 | 1.3 | 1.4 | 1.4 | 1.4 |

# 1-1-10 全国居民主要食品消费量

单位：公斤/人

| 指 标 | 2015年 | 2016年 | 2017年 | 2018年 | 2019年 | 2020年 |
|---|---|---|---|---|---|---|
| 一、粮食(原粮) | 134.5 | 132.8 | 130.1 | 127.2 | 130.1 | 141.2 |
| (一)谷物 | 124.3 | 122.0 | 119.6 | 116.3 | 117.9 | 128.1 |
| (二)薯类 | 2.4 | 2.6 | 2.5 | 2.6 | 2.9 | 3.1 |
| (三)豆类 | 7.8 | 8.3 | 8.0 | 8.3 | 9.3 | 10.0 |
| 二、食用油 | 10.6 | 10.6 | 10.4 | 9.6 | 9.5 | 10.4 |
| #食用植物油 | 10.0 | 10.0 | 9.8 | 8.9 | 8.9 | 9.8 |
| 三、蔬菜及食用菌 | 97.8 | 100.1 | 99.2 | 96.1 | 98.6 | 103.7 |
| #鲜菜 | 94.9 | 96.9 | 96.1 | 93.0 | 95.2 | 100.2 |
| 四、肉类 | 26.2 | 26.1 | 26.7 | 29.5 | 26.9 | 24.8 |
| #猪肉 | 20.1 | 19.6 | 20.1 | 22.8 | 20.3 | 18.2 |
| 牛肉 | 1.6 | 1.8 | 1.9 | 2.0 | 2.2 | 2.3 |
| 羊肉 | 1.2 | 1.5 | 1.3 | 1.3 | 1.2 | 1.2 |
| 五、禽类 | 8.4 | 9.1 | 8.9 | 9.0 | 10.8 | 12.7 |
| 六、水产品 | 11.2 | 11.4 | 11.5 | 11.4 | 13.6 | 13.9 |
| 七、蛋类 | 9.5 | 9.7 | 10.0 | 9.7 | 10.7 | 12.8 |
| 八、奶类 | 12.1 | 12.0 | 12.1 | 12.2 | 12.5 | 13.0 |
| 九、干鲜瓜果类 | 44.5 | 48.3 | 50.1 | 52.1 | 56.4 | 56.3 |
| #鲜瓜果 | 40.5 | 43.9 | 45.6 | 47.4 | 51.4 | 51.3 |
| 坚果类 | 3.1 | 3.4 | 3.5 | 3.5 | 3.8 | 3.7 |
| 十、食糖 | 1.3 | 1.3 | 1.3 | 1.3 | 1.3 | 1.3 |

# 1-1-11 全国居民年末主要耐用消费品拥有量

单位：平均每百户

| 指 标 | 单 位 | 2015年 | 2016年 | 2017年 | 2018年 | 2019年 | 2020年 |
|---|---|---|---|---|---|---|---|
| 家用汽车 | 辆 | 22.7 | 27.7 | 29.7 | 33.0 | 35.3 | 37.1 |
| 摩托车 | 辆 | 42.2 | 40.0 | 39.3 | 35.7 | 34.2 | 33.1 |
| 电动助力车 | 辆 | 47.6 | 53.2 | 56.5 | 59.2 | 63.9 | 66.7 |
| 洗衣机 | 台 | 86.4 | 89.8 | 91.7 | 93.8 | 96.0 | 96.7 |
| 电冰箱(柜) | 台 | 89.0 | 93.5 | 95.3 | 98.8 | 100.9 | 101.8 |
| 微波炉 | 台 | 36.9 | 38.4 | 40.0 | 39.2 | 40.1 | 41.0 |
| 彩色电视机 | 台 | 119.9 | 120.8 | 122.2 | 119.3 | 120.6 | 120.8 |
| 空调 | 台 | 81.5 | 90.9 | 96.1 | 109.3 | 115.6 | 117.7 |
| 热水器 | 台 | 71.2 | 76.2 | 78.6 | 85.0 | 86.9 | 90.4 |
| 排油烟机 | 台 | 45.7 | 48.6 | 51.0 | 56.4 | 59.3 | 60.9 |
| 移动电话 | 部 | 224.8 | 235.4 | 240.0 | 249.1 | 253.2 | 253.8 |
| 计算机 | 台 | 55.5 | 57.5 | 58.7 | 53.4 | 53.2 | 54.2 |
| 照相机 | 台 | 20.4 | 17.7 | 18.4 | 12.6 | 12.2 | 12.1 |

## 二、2015-2020年全国城镇居民收支与生活状况主要数据

# 1-2-1　城镇居民家庭基本情况

| 指　　标 | 单 位 | 2015年 | 2016年 | 2017年 | 2018年 | 2019年 | 2020年 |
|---|---|---|---|---|---|---|---|
| **一、基本情况** | | | | | | | |
| 户均常住人口 | 人/户 | 2.9 | 2.9 | 2.9 | 3.0 | 3.0 | 3.0 |
| 户均常住从业人口 | 人/户 | 1.5 | 1.5 | 1.5 | 1.5 | 1.5 | 1.4 |
| 平均每户家庭从业人口比重 | % | 53.6 | 53.0 | 52.6 | 50.8 | 50.3 | 48.5 |
| 平均每一从业人口负担人数(包括从业者本人) | 人 | 1.9 | 1.9 | 1.9 | 2.0 | 2.0 | 2.1 |
| **二、户主文化程度** | | | | | | | |
| (一)未上过学 | % | 1.3 | 1.1 | 1.0 | 1.1 | 1.1 | 1.1 |
| (二)小学 | % | 10.1 | 9.4 | 9.2 | 11.3 | 11.1 | 11.1 |
| (三)初中 | % | 34.2 | 34.7 | 34.8 | 33.8 | 34.4 | 34.3 |
| (四)高中 | % | 27.4 | 27.5 | 27.5 | 23.6 | 23.8 | 24.0 |
| (五)大学专科 | % | 15.5 | 15.7 | 15.7 | 16.3 | 16.0 | 16.0 |
| (六)大学本科及以上 | % | 11.5 | 11.7 | 11.7 | 13.9 | 13.6 | 13.5 |
| **三、常住从业人员就业类型** | | | | | | | |
| (一)雇主 | % | 1.9 | 1.5 | 1.2 | 1.4 | 1.2 | 0.9 |
| (二)公职人员 | % | 5.5 | 5.3 | 5.2 | 4.4 | 4.3 | 3.6 |
| (三)事业单位人员 | % | 11.2 | 11.5 | 11.3 | 10.7 | 10.4 | 9.6 |
| (四)国有企业雇员 | % | 9.5 | 9.3 | 9.0 | 7.6 | 7.2 | 6.6 |
| (五)其他雇员 | % | 55.6 | 55.8 | 57.0 | 58.1 | 59.4 | 62.1 |
| (六)农业自营 | % | 5.0 | 4.8 | 4.5 | 6.5 | 6.1 | 5.6 |
| (七)非农自营 | % | 11.4 | 11.8 | 11.8 | 11.2 | 11.3 | 11.6 |
| **四、常住从业人员从事主要行业** | | | | | | | |
| (一)第一产业 | % | 5.9 | 5.9 | 5.5 | 7.7 | 7.2 | 6.8 |
| (二)第二产业 | % | 26.2 | 25.2 | 25.1 | 23.9 | 23.8 | 24.1 |
| (三)第三产业 | % | 67.9 | 68.9 | 69.3 | 68.5 | 69.0 | 69.2 |
| **五、居民收入与支出情况** | | | | | | | |
| 居民人均可支配收入 | 元/人 | 31194.8 | 33616.2 | 36396.2 | 39250.8 | 42358.8 | 43833.8 |
| 居民人均可支配收入中位数 | 元/人 | 29128.7 | 31554.5 | 33833.7 | 36412.8 | 39244.0 | 40377.5 |
| 居民人均现金可支配收入 | 元/人 | 29042.0 | 31270.0 | 33757.3 | 36316.2 | 39147.6 | 40377.8 |
| 现金可支配收入占可支配收入比重 | % | 93.1 | 93.0 | 92.7 | 92.5 | 92.4 | 92.1 |
| 居民人均消费支出 | 元/人 | 21392.4 | 23078.9 | 24445.0 | 26112.3 | 28063.4 | 27007.4 |
| 居民人均现金消费支出 | 元/人 | 17887.0 | 19284.1 | 20329.4 | 21287.1 | 22798.0 | 21555.6 |
| 现金消费支出占消费支出比重 | % | 83.6 | 83.6 | 83.2 | 81.5 | 81.2 | 79.8 |

# 1-2-2 城镇居民可支配收入及构成

| 指　标 | 2015年 | 2016年 | 2017年 | 2018年 | 2019年 | 2020年 |
|---|---|---|---|---|---|---|
| **可支配收入（元/人）** | **31194.8** | **33616.2** | **36396.2** | **39250.8** | **42358.8** | **43833.8** |
| 一、工资性收入 | 19337.1 | 20665.0 | 22200.9 | 23792.2 | 25564.8 | 26380.7 |
| 二、经营净收入 | 3476.1 | 3770.1 | 4064.7 | 4442.6 | 4840.4 | 4710.8 |
| (一)第一产业经营净收入 | 291.7 | 308.4 | 322.6 | 427.6 | 439.2 | 438.2 |
| (二)第二产业经营净收入 | 491.9 | 500.5 | 531.4 | 605.4 | 699.8 | 679.8 |
| (三)第三产业经营净收入 | 2692.5 | 2961.2 | 3210.8 | 3409.6 | 3701.5 | 3592.8 |
| 三、财产净收入 | 3041.9 | 3271.3 | 3606.9 | 4027.7 | 4390.6 | 4626.5 |
| 四、转移净收入 | 5339.7 | 5909.8 | 6523.6 | 6988.3 | 7563.0 | 8115.8 |
| (一)转移性收入 | 7159.2 | 7983.2 | 8752.5 | 9293.3 | 10012.3 | 10632.6 |
| (二)转移性支出 | 1819.5 | 2073.4 | 2228.9 | 2305.0 | 2449.2 | 2516.8 |
| **可支配收入构成（%）** | **100.0** | **100.0** | **100.0** | **100.0** | **100.0** | **100.0** |
| 一、工资性收入 | 62.0 | 61.5 | 61.0 | 60.6 | 60.4 | 60.2 |
| 二、经营净收入 | 11.1 | 11.2 | 11.2 | 11.3 | 11.4 | 10.7 |
| (一)第一产业经营净收入 | 0.9 | 0.9 | 0.9 | 1.1 | 1.0 | 1.0 |
| (二)第二产业经营净收入 | 1.6 | 1.5 | 1.5 | 1.5 | 1.7 | 1.6 |
| (三)第三产业经营净收入 | 8.6 | 8.8 | 8.8 | 8.7 | 8.7 | 8.2 |
| 三、财产净收入 | 9.8 | 9.7 | 9.9 | 10.3 | 10.4 | 10.6 |
| 四、转移净收入 | 17.1 | 17.6 | 17.9 | 17.8 | 17.9 | 18.5 |
| (一)转移性收入 | 22.9 | 23.7 | 24.0 | 23.7 | 23.6 | 24.3 |
| (二)转移性支出 | 5.8 | 6.2 | 6.1 | 5.9 | 5.8 | 5.7 |

# 1-2-3 城镇居民现金可支配收入及构成

| 指　　标 | 2015年 | 2016年 | 2017年 | 2018年 | 2019年 | 2020年 |
|---|---|---|---|---|---|---|
| **现金可支配收入 （元/人）** | **29042.0** | **31270.0** | **33757.3** | **36316.2** | **39147.6** | **40377.8** |
| 一、现金工资性收入 | 19214.8 | 20541.7 | 22072.7 | 23670.9 | 25439.1 | 26240.5 |
| 二、现金经营净收入 | 3714.0 | 4032.3 | 4321.9 | 4808.0 | 5180.9 | 4987.5 |
| (一)第一产业经营净收入 | 244.3 | 269.4 | 285.4 | 414.6 | 404.1 | 400.0 |
| (二)第二产业经营净收入 | 554.6 | 573.7 | 605.4 | 702.9 | 793.0 | 758.7 |
| (三)第三产业经营净收入 | 2915.1 | 3189.2 | 3431.1 | 3690.5 | 3983.8 | 3828.8 |
| 三、现金财产净收入 | 1072.8 | 1139.6 | 1234.1 | 1311.6 | 1494.7 | 1569.3 |
| 四、现金转移净收入 | 5040.4 | 5556.4 | 6128.5 | 6525.7 | 7032.9 | 7580.6 |
| (一)现金转移性收入 | 6859.4 | 7629.7 | 8357.4 | 8830.7 | 9482.1 | 10097.4 |
| (二)现金转移性支出 | 1819.1 | 2073.4 | 2228.9 | 2305.0 | 2449.2 | 2516.8 |
| **现金可支配收入构成 （%）** | **100.0** | **100.0** | **100.0** | **100.0** | **100.0** | **100.0** |
| 一、现金工资性收入 | 66.2 | 65.7 | 65.4 | 65.2 | 65.0 | 65.0 |
| 二、现金经营净收入 | 12.8 | 12.9 | 12.8 | 13.2 | 13.2 | 12.4 |
| (一)第一产业经营净收入 | 0.8 | 0.9 | 0.8 | 1.1 | 1.0 | 1.0 |
| (二)第二产业经营净收入 | 1.9 | 1.8 | 1.8 | 1.9 | 2.0 | 1.9 |
| (三)第三产业经营净收入 | 10.0 | 10.2 | 10.2 | 10.2 | 10.2 | 9.5 |
| 三、现金财产净收入 | 3.7 | 3.6 | 3.7 | 3.6 | 3.8 | 3.9 |
| 四、现金转移净收入 | 17.4 | 17.8 | 18.2 | 18.0 | 18.0 | 18.8 |
| (一)现金转移性收入 | 23.6 | 24.4 | 24.8 | 24.3 | 24.2 | 25.0 |
| (二)现金转移性支出 | 6.3 | 6.6 | 6.6 | 6.3 | 6.3 | 6.2 |

## 1-2-4 城镇居民按收入五等份分组的人均可支配收入

单位：元/人

| 组　别 | 2015年 | 2016年 | 2017年 | 2018年 | 2019年 | 2020年 |
|---|---|---|---|---|---|---|
| 20%低收入组家庭人均可支配收入 | 12230.9 | 13004.1 | 13723.1 | 14386.9 | 15549.4 | 15597.7 |
| 20%中间偏下收入组家庭人均可支配收入 | 21446.2 | 23054.9 | 24550.1 | 24856.5 | 26783.7 | 27501.1 |
| 20%中间收入组家庭人均可支配收入 | 29105.2 | 31521.8 | 33781.3 | 35196.1 | 37875.8 | 39278.2 |
| 20%中间偏上收入组家庭人均可支配收入 | 38572.4 | 41805.6 | 45163.4 | 49173.5 | 52907.3 | 54910.1 |
| 20%高收入组家庭人均可支配收入 | 65082.2 | 70347.8 | 77097.2 | 84907.1 | 91682.6 | 96061.6 |

## 1-2-5 城镇居民按东、中、西部及东北地区分组的人均可支配收入

单位：元/人

| 组　别 | 2015年 | 2016年 | 2017年 | 2018年 | 2019年 | 2020年 |
|---|---|---|---|---|---|---|
| 东部地区 | 36691.3 | 39651.0 | 42989.8 | 46432.6 | 50145.4 | 52027.1 |
| 中部地区 | 26809.6 | 28879.3 | 31293.8 | 33803.2 | 36607.5 | 37658.2 |
| 西部地区 | 26473.1 | 28609.7 | 30986.9 | 33388.6 | 36040.6 | 37548.1 |
| 东北地区 | 27399.6 | 29045.1 | 30959.5 | 32993.7 | 35130.3 | 35700.1 |

# 1-2-6 城镇居民消费支出

单位：元/人

| 指　　标 | 2015年 | 2016年 | 2017年 | 2018年 | 2019年 | 2020年 |
|---|---|---|---|---|---|---|
| **消费支出** | **21392.4** | **23078.9** | **24445.0** | **26112.3** | **28063.4** | **27007.4** |
| #服务性消费支出 | 9192.4 | 10068.1 | 10854.5 | 12130.4 | 13517.7 | 12012.8 |
| (一)食品烟酒 | 6359.7 | 6762.4 | 7001.0 | 7239.0 | 7732.6 | 7880.5 |
| 1.食品 | 4361.5 | 4639.8 | 4713.8 | 4630.9 | 4818.5 | 5413.8 |
| 2.烟酒 | 551.0 | 568.9 | 598.4 | 619.7 | 652.6 | 633.9 |
| 3.饮料 | 136.1 | 140.3 | 150.7 | 148.7 | 164.0 | 165.3 |
| 4.饮食服务 | 1311.0 | 1413.4 | 1538.1 | 1839.7 | 2097.4 | 1667.5 |
| (二)衣着 | 1701.1 | 1739.0 | 1757.9 | 1808.2 | 1831.9 | 1644.8 |
| 1.衣类 | 1320.0 | 1356.4 | 1381.6 | 1473.4 | 1489.7 | 1335.1 |
| 2.鞋类 | 381.1 | 382.6 | 376.4 | 334.8 | 342.2 | 309.7 |
| (三)居住 | 4726.0 | 5113.7 | 5564.0 | 6255.0 | 6780.2 | 6957.7 |
| 1.租赁房房租 | 256.4 | 261.5 | 275.7 | 360.7 | 369.2 | 331.9 |
| 2.住房维修及管理 | 489.1 | 568.8 | 701.9 | 668.3 | 815.4 | 806.5 |
| 3.水、电、燃料及其他 | 941.0 | 1001.8 | 1029.3 | 1037.0 | 1058.5 | 1102.3 |
| 4.自有住房折算租金 | 3039.5 | 3281.6 | 3557.1 | 4189.0 | 4537.2 | 4717.1 |
| (四)生活用品及服务 | 1306.5 | 1426.8 | 1525.0 | 1629.4 | 1689.3 | 1640.0 |
| 1.家具及室内装饰品 | 216.1 | 227.2 | 261.3 | 269.2 | 284.4 | 270.6 |
| 2.家用器具 | 317.4 | 349.6 | 378.0 | 412.9 | 425.6 | 391.7 |
| 3.家用纺织品 | 116.6 | 127.0 | 131.4 | 131.4 | 137.5 | 126.7 |
| 4.家庭日用杂品 | 359.5 | 382.1 | 381.9 | 359.6 | 350.3 | 365.7 |
| 5.个人护理用品 | 226.9 | 257.8 | 285.0 | 342.3 | 382.1 | 382.6 |
| 6.家庭服务 | 70.0 | 83.0 | 87.5 | 114.0 | 109.5 | 102.7 |
| (五)交通通信 | 2895.4 | 3173.9 | 3321.5 | 3473.5 | 3671.3 | 3474.3 |
| 1.交通 | 1966.0 | 2217.0 | 2380.0 | 2580.0 | 2826.5 | 2586.3 |
| 2.通信 | 929.4 | 956.9 | 941.6 | 893.5 | 844.9 | 888.0 |
| (六)教育文化娱乐 | 2382.8 | 2637.6 | 2846.6 | 2974.1 | 3328.0 | 2591.7 |
| 1.教育 | 1166.7 | 1368.9 | 1508.0 | 1703.4 | 2037.3 | 1769.9 |
| 2.文化和娱乐 | 1216.1 | 1268.7 | 1338.7 | 1270.7 | 1290.6 | 821.8 |
| (七)医疗保健 | 1443.4 | 1630.8 | 1777.4 | 2045.7 | 2282.7 | 2172.2 |
| 1.医疗器具及药品 | 550.5 | 608.9 | 652.9 | 660.4 | 633.6 | 665.5 |
| 2.医疗服务 | 892.9 | 1021.8 | 1124.4 | 1385.2 | 1649.1 | 1506.7 |
| (八)其他用品及服务 | 577.5 | 594.7 | 651.5 | 687.4 | 747.2 | 646.2 |
| 1.其他用品 | 327.1 | 310.7 | 343.5 | 339.6 | 366.7 | 303.5 |
| 2.其他服务 | 250.4 | 283.9 | 308.0 | 347.8 | 380.5 | 342.7 |

# 1-2-7 城镇居民消费支出构成

单位: %

| 指　　标 | 2015年 | 2016年 | 2017年 | 2018年 | 2019年 | 2020年 |
|---|---|---|---|---|---|---|
| **消费支出构成** | **100.0** | **100.0** | **100.0** | **100.0** | **100.0** | **100.0** |
| #服务性消费支出 | 43.0 | 43.6 | 44.4 | 46.5 | 48.2 | 44.5 |
| (一)食品烟酒 | 29.7 | 29.3 | 28.6 | 27.7 | 27.6 | 29.2 |
| 1.食品 | 20.4 | 20.1 | 19.3 | 17.7 | 17.2 | 20.0 |
| 2.烟酒 | 2.6 | 2.5 | 2.4 | 2.4 | 2.3 | 2.3 |
| 3.饮料 | 0.6 | 0.6 | 0.6 | 0.6 | 0.6 | 0.6 |
| 4.饮食服务 | 6.1 | 6.1 | 6.3 | 7.0 | 7.5 | 6.2 |
| (二)衣着 | 8.0 | 7.5 | 7.2 | 6.9 | 6.5 | 6.1 |
| 1.衣类 | 6.2 | 5.9 | 5.7 | 5.6 | 5.3 | 4.9 |
| 2.鞋类 | 1.8 | 1.7 | 1.5 | 1.3 | 1.2 | 1.1 |
| (三)居住 | 22.1 | 22.2 | 22.8 | 24.0 | 24.2 | 25.8 |
| 1.租赁房房租 | 1.2 | 1.1 | 1.1 | 1.4 | 1.3 | 1.2 |
| 2.住房维修及管理 | 2.3 | 2.5 | 2.9 | 2.6 | 2.9 | 3.0 |
| 3.水、电、燃料及其他 | 4.4 | 4.3 | 4.2 | 4.0 | 3.8 | 4.1 |
| 4.自有住房折算租金 | 14.2 | 14.2 | 14.6 | 16.0 | 16.2 | 17.5 |
| (四)生活用品及服务 | 6.1 | 6.2 | 6.2 | 6.2 | 6.0 | 6.1 |
| 1.家具及室内装饰品 | 1.0 | 1.0 | 1.1 | 1.0 | 1.0 | 1.0 |
| 2.家用器具 | 1.5 | 1.5 | 1.5 | 1.6 | 1.5 | 1.5 |
| 3.家用纺织品 | 0.5 | 0.6 | 0.5 | 0.5 | 0.5 | 0.5 |
| 4.家庭日用杂品 | 1.7 | 1.7 | 1.6 | 1.4 | 1.2 | 1.4 |
| 5.个人护理用品 | 1.1 | 1.1 | 1.2 | 1.3 | 1.4 | 1.4 |
| 6.家庭服务 | 0.3 | 0.4 | 0.4 | 0.4 | 0.4 | 0.4 |
| (五)交通通信 | 13.5 | 13.8 | 13.6 | 13.3 | 13.1 | 12.9 |
| 1.交通 | 9.2 | 9.6 | 9.7 | 9.9 | 10.1 | 9.6 |
| 2.通信 | 4.3 | 4.1 | 3.9 | 3.4 | 3.0 | 3.3 |
| (六)教育文化娱乐 | 11.1 | 11.4 | 11.6 | 11.4 | 11.9 | 9.6 |
| 1.教育 | 5.5 | 5.9 | 6.2 | 6.5 | 7.3 | 6.6 |
| 2.文化和娱乐 | 5.7 | 5.5 | 5.5 | 4.9 | 4.6 | 3.0 |
| (七)医疗保健 | 6.7 | 7.1 | 7.3 | 7.8 | 8.1 | 8.0 |
| 1.医疗器具及药品 | 2.6 | 2.6 | 2.7 | 2.5 | 2.3 | 2.5 |
| 2.医疗服务 | 4.2 | 4.4 | 4.6 | 5.3 | 5.9 | 5.6 |
| (八)其他用品及服务 | 2.7 | 2.6 | 2.7 | 2.6 | 2.7 | 2.4 |
| 1.其他用品 | 1.5 | 1.3 | 1.4 | 1.3 | 1.3 | 1.1 |
| 2.其他服务 | 1.2 | 1.2 | 1.3 | 1.3 | 1.4 | 1.3 |

# 1-2-8 城镇居民现金消费支出

单位：元/人

| 指　　标 | 2015年 | 2016年 | 2017年 | 2018年 | 2019年 | 2020年 |
|---|---|---|---|---|---|---|
| **现金消费支出** | **17887.0** | **19284.1** | **20329.4** | **21287.1** | **22798.0** | **21555.6** |
| (一)食品烟酒 | 6224.8 | 6627.7 | 6861.2 | 7099.2 | 7583.9 | 7709.6 |
| 1.食品 | 4299.0 | 4577.9 | 4651.9 | 4554.7 | 4738.6 | 5325.0 |
| 2.烟酒 | 551.0 | 568.9 | 598.4 | 619.7 | 652.6 | 633.9 |
| 3.饮料 | 136.1 | 140.3 | 150.7 | 148.6 | 163.9 | 165.2 |
| 4.饮食服务 | 1238.6 | 1340.7 | 1460.2 | 1776.2 | 2028.8 | 1585.5 |
| (二)衣着 | 1700.5 | 1738.4 | 1757.3 | 1807.5 | 1831.3 | 1644.2 |
| 1.衣类 | 1319.4 | 1355.8 | 1381.0 | 1472.6 | 1489.1 | 1334.4 |
| 2.鞋类 | 381.1 | 382.6 | 376.4 | 334.8 | 342.2 | 309.7 |
| (三)居住 | 1665.9 | 1810.4 | 1986.8 | 2045.2 | 2223.5 | 2222.2 |
| 1.租赁房房租 | 256.4 | 261.5 | 275.7 | 360.7 | 369.2 | 331.9 |
| 2.住房维修及管理 | 489.1 | 568.8 | 701.9 | 668.3 | 815.4 | 806.5 |
| 3.水、电、燃料及其他 | 920.4 | 980.0 | 1009.3 | 1016.3 | 1038.9 | 1083.8 |
| (四)生活用品及服务 | 1298.7 | 1417.8 | 1514.5 | 1617.5 | 1676.2 | 1627.1 |
| 1.家具及室内装饰品 | 216.0 | 227.1 | 261.2 | 269.1 | 284.1 | 270.5 |
| 2.家用器具 | 317.4 | 349.6 | 378.0 | 412.9 | 425.6 | 391.7 |
| 3.家用纺织品 | 116.6 | 127.0 | 131.4 | 131.4 | 137.5 | 126.7 |
| 4.家庭日用杂品 | 351.7 | 373.2 | 371.5 | 347.8 | 337.3 | 353.0 |
| 5.个人护理用品 | 226.9 | 257.8 | 285.0 | 342.3 | 382.1 | 382.6 |
| 6.家庭服务 | 70.0 | 83.0 | 87.5 | 114.0 | 109.5 | 102.7 |
| (五)交通通信 | 2889.8 | 3166.5 | 3315.6 | 3466.0 | 3665.0 | 3468.9 |
| 1.交通 | 1960.4 | 2209.6 | 2374.1 | 2572.6 | 2820.1 | 2580.9 |
| 2.通信 | 929.4 | 956.9 | 941.6 | 893.5 | 844.9 | 888.0 |
| (六)教育文化娱乐 | 2381.0 | 2636.3 | 2845.4 | 2972.1 | 3326.0 | 2590.7 |
| 1.教育 | 1166.7 | 1368.9 | 1507.9 | 1703.4 | 2037.3 | 1769.8 |
| 2.文化和娱乐 | 1214.3 | 1267.4 | 1337.5 | 1268.8 | 1288.7 | 820.9 |
| (七)医疗保健 | 1153.7 | 1298.7 | 1403.7 | 1604.0 | 1754.6 | 1658.4 |
| 1.医疗器具及药品 | 548.8 | 607.9 | 652.2 | 659.0 | 633.2 | 663.2 |
| 2.医疗服务 | 605.0 | 690.8 | 751.5 | 945.1 | 1121.4 | 995.1 |
| (八)其他用品及服务 | 572.6 | 588.3 | 644.8 | 675.5 | 737.6 | 634.6 |
| 1.其他用品 | 325.2 | 308.7 | 340.8 | 336.5 | 363.9 | 300.4 |
| 2.其他服务 | 247.4 | 279.6 | 304.0 | 338.9 | 373.6 | 334.2 |

# 1-2-9 城镇居民现金消费支出构成

单位：%

| 指　标 | 2015年 | 2016年 | 2017年 | 2018年 | 2019年 | 2020年 |
|---|---|---|---|---|---|---|
| **现金消费支出构成** | **100.0** | **100.0** | **100.0** | **100.0** | **100.0** | **100.0** |
| (一)食品烟酒 | 34.8 | 34.4 | 33.8 | 33.3 | 33.3 | 35.8 |
| 1.食品 | 24.0 | 23.7 | 22.9 | 21.4 | 20.8 | 24.7 |
| 2.烟酒 | 3.1 | 3.0 | 2.9 | 2.9 | 2.9 | 2.9 |
| 3.饮料 | 0.8 | 0.7 | 0.7 | 0.7 | 0.7 | 0.8 |
| 4.饮食服务 | 6.9 | 7.0 | 7.2 | 8.3 | 8.9 | 7.4 |
| (二)衣着 | 9.5 | 9.0 | 8.6 | 8.5 | 8.0 | 7.6 |
| 1.衣类 | 7.4 | 7.0 | 6.8 | 6.9 | 6.5 | 6.2 |
| 2.鞋类 | 2.1 | 2.0 | 1.9 | 1.6 | 1.5 | 1.4 |
| (三)居住 | 9.3 | 9.4 | 9.8 | 9.6 | 9.8 | 10.3 |
| 1.租赁房房租 | 1.4 | 1.4 | 1.4 | 1.7 | 1.6 | 1.5 |
| 2.住房维修及管理 | 2.7 | 2.9 | 3.5 | 3.1 | 3.6 | 3.7 |
| 3.水、电、燃料及其他 | 5.1 | 5.1 | 5.0 | 4.8 | 4.6 | 5.0 |
| (四)生活用品及服务 | 7.3 | 7.4 | 7.4 | 7.6 | 7.4 | 7.5 |
| 1.家具及室内装饰品 | 1.2 | 1.2 | 1.3 | 1.3 | 1.2 | 1.3 |
| 2.家用器具 | 1.8 | 1.8 | 1.9 | 1.9 | 1.9 | 1.8 |
| 3.家用纺织品 | 0.7 | 0.7 | 0.6 | 0.6 | 0.6 | 0.6 |
| 4.家庭日用杂品 | 2.0 | 1.9 | 1.8 | 1.6 | 1.5 | 1.6 |
| 5.个人护理用品 | 1.3 | 1.3 | 1.4 | 1.6 | 1.7 | 1.8 |
| 6.家庭服务 | 0.4 | 0.4 | 0.4 | 0.5 | 0.5 | 0.5 |
| (五)交通通信 | 16.2 | 16.4 | 16.3 | 16.3 | 16.1 | 16.1 |
| 1.交通 | 11.0 | 11.5 | 11.7 | 12.1 | 12.4 | 12.0 |
| 2.通信 | 5.2 | 5.0 | 4.6 | 4.2 | 3.7 | 4.1 |
| (六)教育文化娱乐 | 13.3 | 13.7 | 14.0 | 14.0 | 14.6 | 12.0 |
| 1.教育 | 6.5 | 7.1 | 7.4 | 8.0 | 8.9 | 8.2 |
| 2.文化和娱乐 | 6.8 | 6.6 | 6.6 | 6.0 | 5.7 | 3.8 |
| (七)医疗保健 | 6.5 | 6.7 | 6.9 | 7.5 | 7.7 | 7.7 |
| 1.医疗器具及药品 | 3.1 | 3.2 | 3.2 | 3.1 | 2.8 | 3.1 |
| 2.医疗服务 | 3.4 | 3.6 | 3.7 | 4.4 | 4.9 | 4.6 |
| (八)其他用品及服务 | 3.2 | 3.1 | 3.2 | 3.2 | 3.2 | 2.9 |
| 1.其他用品 | 1.8 | 1.6 | 1.7 | 1.6 | 1.6 | 1.4 |
| 2.其他服务 | 1.4 | 1.4 | 1.5 | 1.6 | 1.6 | 1.6 |

# 1-2-10 城镇居民主要食品消费量

单位：公斤/人

| 指　　标 | 2015年 | 2016年 | 2017年 | 2018年 | 2019年 | 2020年 |
|---|---|---|---|---|---|---|
| 一、粮食(原粮) | 112.6 | 111.9 | 109.7 | 110.0 | 110.6 | 120.2 |
| (一)谷物 | 101.6 | 100.5 | 98.6 | 98.8 | 98.5 | 107.3 |
| (二)薯类 | 2.1 | 2.3 | 2.3 | 2.4 | 2.6 | 2.8 |
| (三)豆类 | 8.9 | 9.1 | 8.8 | 8.8 | 9.5 | 10.0 |
| 二、食用油 | 11.1 | 11.0 | 10.7 | 9.4 | 9.2 | 9.9 |
| #食用植物油 | 10.7 | 10.6 | 10.3 | 8.9 | 8.7 | 9.5 |
| 三、蔬菜及食用菌 | 104.4 | 107.5 | 106.7 | 103.1 | 105.8 | 109.8 |
| #鲜菜 | 100.2 | 103.2 | 102.5 | 99.0 | 101.5 | 105.4 |
| 四、肉类 | 28.9 | 29.0 | 29.2 | 31.2 | 28.7 | 27.4 |
| #猪肉 | 20.7 | 20.4 | 20.6 | 22.7 | 20.3 | 19.0 |
| 牛肉 | 2.4 | 2.5 | 2.6 | 2.7 | 2.9 | 3.1 |
| 羊肉 | 1.5 | 1.8 | 1.6 | 1.5 | 1.4 | 1.4 |
| 五、禽类 | 9.4 | 10.2 | 9.7 | 9.8 | 11.4 | 13.0 |
| 六、水产品 | 14.7 | 14.8 | 14.8 | 14.3 | 16.7 | 16.6 |
| 七、蛋类 | 10.5 | 10.7 | 10.9 | 10.8 | 11.5 | 13.5 |
| 八、奶类 | 17.1 | 16.5 | 16.5 | 16.5 | 16.7 | 17.3 |
| 九、干鲜瓜果类 | 55.1 | 58.1 | 59.9 | 62.0 | 66.8 | 65.9 |
| #鲜瓜果 | 49.9 | 52.6 | 54.3 | 56.4 | 60.9 | 60.1 |
| 坚果类 | 4.0 | 4.2 | 4.3 | 4.1 | 4.3 | 4.2 |
| 十、食糖 | 1.3 | 1.3 | 1.3 | 1.3 | 1.2 | 1.2 |

# 1-2-11 城镇居民年末主要耐用消费品拥有量

单位：平均每百户

| 指　　标 | 单　位 | 2015年 | 2016年 | 2017年 | 2018年 | 2019年 | 2020年 |
|---|---|---|---|---|---|---|---|
| 家用汽车 | 辆 | 30.0 | 35.5 | 37.5 | 41.0 | 43.2 | 44.9 |
| 摩托车 | 辆 | 22.7 | 20.9 | 20.8 | 19.5 | 18.7 | 18.2 |
| 电动助力车 | 辆 | 45.8 | 49.7 | 53.1 | 55.0 | 59.4 | 62.0 |
| 洗衣机 | 台 | 92.3 | 94.2 | 95.7 | 97.7 | 99.2 | 99.7 |
| 电冰箱(柜) | 台 | 94.0 | 96.4 | 98.0 | 100.9 | 102.5 | 103.1 |
| 微波炉 | 台 | 53.8 | 55.3 | 56.9 | 55.2 | 55.7 | 56.5 |
| 彩色电视机 | 台 | 122.3 | 122.3 | 123.8 | 121.3 | 122.8 | 123.0 |
| 空调 | 台 | 114.6 | 123.7 | 128.6 | 142.2 | 148.3 | 149.6 |
| 热水器 | 台 | 85.6 | 88.7 | 90.7 | 97.2 | 98.2 | 100.7 |
| 排油烟机 | 台 | 69.2 | 71.5 | 73.7 | 79.1 | 81.7 | 82.6 |
| 移动电话 | 部 | 223.8 | 231.4 | 235.4 | 243.1 | 247.4 | 248.7 |
| 计算机 | 台 | 78.5 | 80.0 | 80.8 | 73.1 | 72.2 | 72.9 |
| 照相机 | 台 | 33.0 | 28.5 | 29.1 | 20.2 | 19.5 | 19.3 |

## 三、2015-2020年全国农村居民收支与生活状况主要数据

# 1-3-1　农村居民家庭基本情况

| 指　标 | 单 位 | 2015年 | 2016年 | 2017年 | 2018年 | 2019年 | 2020年 |
|---|---|---|---|---|---|---|---|
| **一、基本情况** | | | | | | | |
| 户均常住人口 | 人/户 | 3.3 | 3.3 | 3.2 | 3.2 | 3.2 | 3.2 |
| 户均常住从业人口 | 人/户 | 2.0 | 2.0 | 2.0 | 1.9 | 1.8 | 1.7 |
| 平均每户家庭从业人口比重 | % | 62.2 | 61.4 | 61.1 | 57.9 | 56.7 | 54.8 |
| 平均每一从业人口负担人数(包括从业者本人) | 人 | 1.6 | 1.6 | 1.6 | 1.7 | 1.8 | 1.8 |
| **二、户主文化程度** | | | | | | | |
| (一)未上过学 | % | 3.8 | 3.3 | 3.2 | 3.9 | 3.6 | 3.4 |
| (二)小学 | % | 30.7 | 29.9 | 29.8 | 32.8 | 32.5 | 32.3 |
| (三)初中 | % | 53.1 | 54.6 | 54.7 | 50.3 | 50.8 | 51.3 |
| (四)高中 | % | 11.1 | 10.7 | 10.8 | 11.1 | 11.2 | 11.2 |
| (五)大学专科 | % | 1.2 | 1.2 | 1.3 | 1.6 | 1.7 | 1.6 |
| (六)大学本科及以上 | % | 0.2 | 0.2 | 0.2 | 0.3 | 0.3 | 0.2 |
| **三、常住从业人员就业类型** | | | | | | | |
| (一)雇主 | % | 0.7 | 0.8 | 0.6 | 0.6 | 0.4 | 0.2 |
| (二)公职人员 | % | 0.3 | 0.3 | 0.3 | 0.5 | 0.5 | 0.3 |
| (三)事业单位人员 | % | 0.9 | 1.0 | 0.9 | 1.0 | 1.0 | 0.7 |
| (四)国有企业雇员 | % | 0.4 | 0.4 | 0.4 | 0.4 | 0.3 | 0.2 |
| (五)其他雇员 | % | 29.6 | 30.8 | 32.9 | 34.7 | 37.7 | 39.3 |
| (六)农业自营 | % | 60.4 | 58.4 | 56.4 | 54.2 | 51.3 | 49.9 |
| (七)非农自营 | % | 7.7 | 8.4 | 8.4 | 8.6 | 8.8 | 9.4 |
| **四、常住从业人员从事主要行业** | | | | | | | |
| (一)第一产业 | % | 61.5 | 59.8 | 58.0 | 55.8 | 53.6 | 52.9 |
| (二)第二产业 | % | 20.3 | 20.5 | 21.2 | 21.1 | 21.6 | 21.8 |
| (三)第三产业 | % | 18.3 | 19.8 | 20.8 | 23.1 | 24.8 | 25.2 |
| **五、居民收入与支出情况** | | | | | | | |
| 居民人均可支配收入 | 元/人 | 11421.7 | 12363.4 | 13432.4 | 14617.0 | 16020.7 | 17131.5 |
| 居民人均可支配收入中位数 | 元/人 | 10291.2 | 11149.1 | 11969.0 | 13065.6 | 14389.2 | 15204.0 |
| 居民人均现金可支配收入 | 元/人 | 10577.8 | 11600.6 | 12703.9 | 13912.8 | 15279.8 | 16394.5 |
| 现金可支配收入占可支配收入比重 | % | 92.6 | 93.8 | 94.6 | 95.2 | 95.4 | 95.7 |
| 居民人均消费支出 | 元/人 | 9222.6 | 10129.8 | 10954.5 | 12124.3 | 13327.7 | 13713.4 |
| 居民人均现金消费支出 | 元/人 | 7392.1 | 8127.3 | 8856.5 | 9862.0 | 10854.5 | 11097.2 |
| 现金消费支出占消费支出比重 | % | 80.2 | 80.2 | 80.8 | 81.3 | 81.4 | 80.9 |

# 1-3-2　农村居民可支配收入及构成

| 指　　标 | 2015年 | 2016年 | 2017年 | 2018年 | 2019年 | 2020年 |
|---|---|---|---|---|---|---|
| **可支配收入　（元/人）** | **11421.7** | **12363.4** | **13432.4** | **14617.0** | **16020.7** | **17131.5** |
| 一、工资性收入 | 4600.3 | 5021.8 | 5498.4 | 5996.1 | 6583.5 | 6973.9 |
| 二、经营净收入 | 4503.6 | 4741.3 | 5027.8 | 5358.4 | 5762.2 | 6077.4 |
| (一)第一产业经营净收入 | 3153.8 | 3269.6 | 3391.0 | 3489.5 | 3730.2 | 3978.1 |
| 1.农业 | 2412.2 | 2439.7 | 2523.6 | 2608.0 | 2740.1 | 2887.6 |
| 2.林业 | 170.6 | 165.9 | 176.5 | 187.0 | 196.7 | 185.6 |
| 3.牧业 | 488.7 | 573.7 | 585.8 | 574.5 | 656.9 | 754.2 |
| 4.渔业 | 82.3 | 90.3 | 105.2 | 120.0 | 136.5 | 150.7 |
| (二)第二产业经营净收入 | 276.1 | 287.9 | 318.9 | 378.4 | 413.4 | 430.6 |
| (三)第三产业经营净收入 | 1073.7 | 1183.8 | 1318.0 | 1490.5 | 1618.6 | 1668.7 |
| 三、财产净收入 | 251.5 | 272.1 | 303.0 | 342.1 | 377.3 | 418.8 |
| 四、转移净收入 | 2066.3 | 2328.2 | 2603.2 | 2920.5 | 3297.8 | 3661.3 |
| (一)转移性收入 | 2445.3 | 2747.5 | 3065.1 | 3483.1 | 3919.1 | 4291.5 |
| (二)转移性支出 | 379.0 | 419.3 | 461.9 | 562.6 | 621.4 | 630.1 |
| **可支配收入构成　（%）** | **100.0** | **100.0** | **100.0** | **100.0** | **100.0** | **100.0** |
| 一、工资性收入 | 40.3 | 40.6 | 40.9 | 41.0 | 41.1 | 40.7 |
| 二、经营净收入 | 39.4 | 38.3 | 37.4 | 36.7 | 36.0 | 35.5 |
| (一)第一产业经营净收入 | 27.6 | 26.4 | 25.2 | 23.9 | 23.3 | 23.2 |
| 1.农业 | 21.1 | 19.7 | 18.8 | 17.8 | 17.1 | 16.9 |
| 2.林业 | 1.5 | 1.3 | 1.3 | 1.3 | 1.2 | 1.1 |
| 3.牧业 | 4.3 | 4.6 | 4.4 | 3.9 | 4.1 | 4.4 |
| 4.渔业 | 0.7 | 0.7 | 0.8 | 0.8 | 0.9 | 0.9 |
| (二)第二产业经营净收入 | 2.4 | 2.3 | 2.4 | 2.6 | 2.6 | 2.5 |
| (三)第三产业经营净收入 | 9.4 | 9.6 | 9.8 | 10.2 | 10.1 | 9.7 |
| 三、财产净收入 | 2.2 | 2.2 | 2.3 | 2.3 | 2.4 | 2.4 |
| 四、转移净收入 | 18.1 | 18.8 | 19.4 | 20.0 | 20.6 | 21.4 |
| (一)转移性收入 | 21.4 | 22.2 | 22.8 | 23.8 | 24.5 | 25.1 |
| (二)转移性支出 | 3.3 | 3.4 | 3.4 | 3.8 | 3.9 | 3.7 |

# 1-3-3 农村居民现金可支配收入及构成

| 指标 | 2015年 | 2016年 | 2017年 | 2018年 | 2019年 | 2020年 |
|---|---|---|---|---|---|---|
| **现金可支配收入 （元/人）** | **10577.8** | **11600.6** | **12703.9** | **13912.8** | **15279.8** | **16394.5** |
| 一、现金工资性收入 | 4583.9 | 5000.8 | 5470.9 | 5961.3 | 6540.2 | 6926.6 |
| 二、现金经营净收入 | 3861.3 | 4203.9 | 4547.0 | 4969.5 | 5382.2 | 5720.3 |
| (一)第一产业经营净收入 | 2377.3 | 2586.0 | 2752.5 | 2910.9 | 3163.2 | 3443.6 |
| 1.农业 | 1664.4 | 1779.0 | 1903.5 | 2032.8 | 2192.0 | 2371.0 |
| 2.林业 | 107.4 | 114.9 | 127.4 | 130.0 | 134.0 | 135.5 |
| 3.牧业 | 521.4 | 600.3 | 616.5 | 626.7 | 693.7 | 782.6 |
| 4.渔业 | 84.0 | 91.9 | 105.1 | 121.4 | 143.6 | 154.4 |
| (二)第二产业经营净收入 | 307.4 | 324.1 | 355.8 | 433.9 | 456.9 | 474.5 |
| (三)第三产业经营净收入 | 1176.5 | 1293.8 | 1438.7 | 1624.7 | 1762.1 | 1802.2 |
| 三、现金财产净收入 | 251.5 | 272.1 | 303.0 | 342.1 | 377.3 | 418.8 |
| 四、现金转移净收入 | 1881.2 | 2123.8 | 2383.0 | 2639.9 | 2980.2 | 3328.9 |
| (一)现金转移性收入 | 2260.1 | 2543.1 | 2844.9 | 3202.6 | 3601.5 | 3959.0 |
| (二)现金转移性支出 | 378.9 | 419.3 | 461.9 | 562.6 | 621.4 | 630.1 |
| **现金可支配收入构成 （%）** | **100.0** | **100.0** | **100.0** | **100.0** | **100.0** | **100.0** |
| 一、现金工资性收入 | 43.3 | 43.1 | 43.1 | 42.8 | 42.8 | 42.2 |
| 二、现金经营净收入 | 36.5 | 36.2 | 35.8 | 35.7 | 35.2 | 34.9 |
| (一)第一产业经营净收入 | 22.5 | 22.3 | 21.7 | 20.9 | 20.7 | 21.0 |
| 1.农业 | 15.7 | 15.3 | 15.0 | 14.6 | 14.3 | 14.5 |
| 2.林业 | 1.0 | 1.0 | 1.0 | 0.9 | 0.9 | 0.8 |
| 3.牧业 | 4.9 | 5.2 | 4.9 | 4.5 | 4.5 | 4.8 |
| 4.渔业 | 0.8 | 0.8 | 0.8 | 0.9 | 0.9 | 0.9 |
| (二)第二产业经营净收入 | 2.9 | 2.8 | 2.8 | 3.1 | 3.0 | 2.9 |
| (三)第三产业经营净收入 | 11.1 | 11.2 | 11.3 | 11.7 | 11.5 | 11.0 |
| 三、现金财产净收入 | 2.4 | 2.3 | 2.4 | 2.5 | 2.5 | 2.6 |
| 四、现金转移净收入 | 17.8 | 18.3 | 18.8 | 19.0 | 19.5 | 20.3 |
| (一)现金转移性收入 | 21.4 | 21.9 | 22.4 | 23.0 | 23.6 | 24.1 |
| (二)现金转移性支出 | 3.6 | 3.6 | 3.6 | 4.0 | 4.1 | 3.8 |

## 1-3-4 农村居民按收入五等份分组的人均可支配收入

单位：元/人

| 组 别 | 2015年 | 2016年 | 2017年 | 2018年 | 2019年 | 2020年 |
|---|---|---|---|---|---|---|
| 20%低收入组家庭人均可支配收入 | 3085.6 | 3006.5 | 3301.9 | 3666.2 | 4262.6 | 4681.5 |
| 20%中间偏下收入组家庭人均可支配收入 | 7220.9 | 7827.7 | 8348.6 | 8508.5 | 9754.1 | 10391.6 |
| 20%中间收入组家庭人均可支配收入 | 10310.6 | 11159.1 | 11978.0 | 12530.2 | 13984.2 | 14711.7 |
| 20%中间偏上收入组家庭人均可支配收入 | 14537.3 | 15727.4 | 16943.6 | 18051.5 | 19732.4 | 20884.5 |
| 20%高收入组家庭人均可支配收入 | 26013.9 | 28448.0 | 31299.3 | 34042.6 | 36049.4 | 38520.3 |

## 1-3-5 农村居民按东、中、西部及东北地区分组的人均可支配收入

单位：元/人

| 组 别 | 2015年 | 2016年 | 2017年 | 2018年 | 2019年 | 2020年 |
|---|---|---|---|---|---|---|
| 东部地区 | 14297.4 | 15498.3 | 16822.1 | 18285.7 | 19988.6 | 21286.0 |
| 中部地区 | 10919.0 | 11794.3 | 12805.8 | 13954.1 | 15290.5 | 16213.2 |
| 西部地区 | 9093.4 | 9918.4 | 10828.6 | 11831.4 | 13035.3 | 14110.8 |
| 东北地区 | 11490.1 | 12274.6 | 13115.8 | 14080.4 | 15356.7 | 16581.5 |

# 1-3-6 农村居民消费支出

单位：元/人

| 指　标 | 2015年 | 2016年 | 2017年 | 2018年 | 2019年 | 2020年 |
|---|---|---|---|---|---|---|
| **消费支出** | **9222.6** | **10129.8** | **10954.5** | **12124.3** | **13327.7** | **13713.4** |
| #服务性消费支出 | 3337.4 | 3750.9 | 4130.2 | 4644.7 | 5290.2 | 5189.9 |
| (一)食品烟酒 | 3048.0 | 3266.1 | 3415.4 | 3645.6 | 3998.2 | 4479.4 |
| 1.食品 | 2332.2 | 2509.2 | 2579.9 | 2687.1 | 2884.7 | 3363.6 |
| 2.烟酒 | 400.2 | 418.2 | 447.1 | 485.9 | 533.9 | 552.2 |
| 3.饮料 | 68.7 | 72.2 | 79.5 | 78.4 | 90.5 | 91.3 |
| 4.饮食服务 | 246.9 | 266.5 | 309.0 | 394.2 | 489.1 | 472.4 |
| (二)衣着 | 550.5 | 575.4 | 611.6 | 647.7 | 713.3 | 712.8 |
| 1.衣类 | 410.5 | 430.0 | 457.4 | 501.8 | 552.4 | 550.6 |
| 2.鞋类 | 140.0 | 145.4 | 154.1 | 145.9 | 160.9 | 162.2 |
| (三)居住 | 1926.2 | 2147.1 | 2353.5 | 2660.6 | 2871.3 | 2962.4 |
| 1.租赁房房租 | 26.5 | 31.3 | 35.9 | 53.6 | 68.3 | 71.1 |
| 2.住房维修及管理 | 338.9 | 352.3 | 414.7 | 487.1 | 534.9 | 531.4 |
| 3.水、电、燃料及其他 | 477.6 | 505.3 | 557.5 | 608.1 | 631.8 | 652.1 |
| 4.自有住房折算租金 | 1083.2 | 1258.2 | 1345.4 | 1511.8 | 1636.3 | 1707.8 |
| (四)生活用品及服务 | 545.6 | 595.7 | 634.0 | 720.5 | 763.9 | 767.5 |
| 1.家具及室内装饰品 | 99.8 | 99.1 | 105.3 | 129.2 | 140.3 | 122.3 |
| 2.家用器具 | 145.7 | 166.4 | 182.2 | 205.4 | 202.9 | 203.0 |
| 3.家用纺织品 | 48.3 | 50.0 | 47.9 | 54.9 | 56.7 | 54.9 |
| 4.家庭日用杂品 | 183.5 | 195.9 | 201.6 | 212.7 | 220.1 | 227.6 |
| 5.个人护理用品 | 53.9 | 68.9 | 82.0 | 97.8 | 121.1 | 138.1 |
| 6.家庭服务 | 14.5 | 15.3 | 15.1 | 20.5 | 22.8 | 21.6 |
| (五)交通通信 | 1163.1 | 1359.9 | 1509.1 | 1690.0 | 1836.8 | 1840.6 |
| 1.交通 | 773.4 | 921.3 | 1045.8 | 1220.3 | 1357.5 | 1307.1 |
| 2.通信 | 389.7 | 438.6 | 463.3 | 469.7 | 479.3 | 533.5 |
| (六)教育文化娱乐 | 969.3 | 1070.3 | 1171.3 | 1301.6 | 1481.8 | 1308.7 |
| 1.教育 | 730.3 | 818.5 | 910.2 | 1021.6 | 1192.7 | 1066.6 |
| 2.文化和娱乐 | 239.0 | 251.8 | 261.0 | 280.0 | 289.1 | 242.2 |
| (七)医疗保健 | 846.0 | 929.2 | 1058.7 | 1240.1 | 1420.8 | 1417.5 |
| 1.医疗器具及药品 | 238.8 | 260.9 | 292.1 | 357.1 | 358.0 | 357.7 |
| 2.医疗服务 | 607.2 | 668.3 | 766.7 | 883.0 | 1062.7 | 1059.8 |
| (八)其他用品及服务 | 174.0 | 186.0 | 200.9 | 218.3 | 241.5 | 224.4 |
| 1.其他用品 | 111.6 | 114.8 | 122.0 | 127.9 | 137.5 | 121.0 |
| 2.其他服务 | 62.4 | 71.2 | 78.9 | 90.4 | 104.0 | 103.4 |

# 1-3-7 农村居民消费支出构成

单位: %

| 指　　标 | 2015年 | 2016年 | 2017年 | 2018年 | 2019年 | 2020年 |
|---|---|---|---|---|---|---|
| **消费支出构成** | **100.0** | **100.0** | **100.0** | **100.0** | **100.0** | **100.0** |
| #服务性消费支出 | 36.2 | 37.0 | 37.7 | 38.3 | 39.7 | 37.8 |
| (一)食品烟酒 | 33.0 | 32.2 | 31.2 | 30.1 | 30.0 | 32.7 |
| 1.食品 | 25.3 | 24.8 | 23.6 | 22.2 | 21.6 | 24.5 |
| 2.烟酒 | 4.3 | 4.1 | 4.1 | 4.0 | 4.0 | 4.0 |
| 3.饮料 | 0.7 | 0.7 | 0.7 | 0.6 | 0.7 | 0.7 |
| 4.饮食服务 | 2.7 | 2.6 | 2.8 | 3.3 | 3.7 | 3.4 |
| (二)衣着 | 6.0 | 5.7 | 5.6 | 5.3 | 5.4 | 5.2 |
| 1.衣类 | 4.5 | 4.2 | 4.2 | 4.1 | 4.1 | 4.0 |
| 2.鞋类 | 1.5 | 1.4 | 1.4 | 1.2 | 1.2 | 1.2 |
| (三)居住 | 20.9 | 21.2 | 21.5 | 21.9 | 21.5 | 21.6 |
| 1.租赁房房租 | 0.3 | 0.3 | 0.3 | 0.4 | 0.5 | 0.5 |
| 2.住房维修及管理 | 3.7 | 3.5 | 3.8 | 4.0 | 4.0 | 3.9 |
| 3.水、电、燃料及其他 | 5.2 | 5.0 | 5.1 | 5.0 | 4.7 | 4.8 |
| 4.自有住房折算租金 | 11.7 | 12.4 | 12.3 | 12.5 | 12.3 | 12.5 |
| (四)生活用品及服务 | 5.9 | 5.9 | 5.8 | 5.9 | 5.7 | 5.6 |
| 1.家具及室内装饰品 | 1.1 | 1.0 | 1.0 | 1.1 | 1.1 | 0.9 |
| 2.家用器具 | 1.6 | 1.6 | 1.7 | 1.7 | 1.5 | 1.5 |
| 3.家用纺织品 | 0.5 | 0.5 | 0.4 | 0.5 | 0.4 | 0.4 |
| 4.家庭日用杂品 | 2.0 | 1.9 | 1.8 | 1.8 | 1.7 | 1.7 |
| 5.个人护理用品 | 0.6 | 0.7 | 0.7 | 0.8 | 0.9 | 1.0 |
| 6.家庭服务 | 0.2 | 0.2 | 0.1 | 0.2 | 0.2 | 0.2 |
| (五)交通通信 | 12.6 | 13.4 | 13.8 | 13.9 | 13.8 | 13.4 |
| 1.交通 | 8.4 | 9.1 | 9.5 | 10.1 | 10.2 | 9.5 |
| 2.通信 | 4.2 | 4.3 | 4.2 | 3.9 | 3.6 | 3.9 |
| (六)教育文化娱乐 | 10.5 | 10.6 | 10.7 | 10.7 | 11.1 | 9.5 |
| 1.教育 | 7.9 | 8.1 | 8.3 | 8.4 | 8.9 | 7.8 |
| 2.文化和娱乐 | 2.6 | 2.5 | 2.4 | 2.3 | 2.2 | 1.8 |
| (七)医疗保健 | 9.2 | 9.2 | 9.7 | 10.2 | 10.7 | 10.3 |
| 1.医疗器具及药品 | 2.6 | 2.6 | 2.7 | 2.9 | 2.7 | 2.6 |
| 2.医疗服务 | 6.6 | 6.6 | 7.0 | 7.3 | 8.0 | 7.7 |
| (八)其他用品及服务 | 1.9 | 1.8 | 1.8 | 1.8 | 1.8 | 1.6 |
| 1.其他用品 | 1.2 | 1.1 | 1.1 | 1.1 | 1.0 | 0.9 |
| 2.其他服务 | 0.7 | 0.7 | 0.7 | 0.7 | 0.8 | 0.8 |

# 1-3-8　农村居民现金消费支出

单位：元/人

| 指　　标 | 2015年 | 2016年 | 2017年 | 2018年 | 2019年 | 2020年 |
|---|---|---|---|---|---|---|
| **现金消费支出** | **7392.1** | **8127.3** | **8856.5** | **9862.0** | **10854.5** | **11097.2** |
| (一)食品烟酒 | 2540.0 | 2763.4 | 2921.2 | 3226.3 | 3538.2 | 3945.5 |
| 1.食品 | 1835.8 | 2021.6 | 2105.8 | 2288.9 | 2453.5 | 2863.1 |
| 2.烟酒 | 400.1 | 418.0 | 446.9 | 485.8 | 533.9 | 552.1 |
| 3.饮料 | 67.7 | 71.7 | 79.2 | 78.0 | 89.9 | 90.2 |
| 4.饮食服务 | 236.3 | 252.0 | 289.4 | 373.6 | 461.0 | 440.0 |
| (二)衣着 | 549.9 | 575.0 | 610.9 | 647.2 | 712.9 | 712.5 |
| 1.衣类 | 410.0 | 429.6 | 456.8 | 501.3 | 552.0 | 550.3 |
| 2.鞋类 | 140.0 | 145.4 | 154.1 | 145.9 | 160.9 | 162.2 |
| (三)居住 | 779.0 | 832.8 | 956.0 | 1084.0 | 1163.8 | 1195.3 |
| 1.租赁房房租 | 26.5 | 31.3 | 35.9 | 53.6 | 68.3 | 71.1 |
| 2.住房维修及管理 | 338.9 | 352.3 | 414.7 | 487.1 | 534.9 | 531.4 |
| 3.水、电、燃料及其他 | 413.6 | 449.2 | 505.5 | 543.2 | 560.7 | 592.8 |
| (四)生活用品及服务 | 538.3 | 589.7 | 624.9 | 709.0 | 748.9 | 752.9 |
| 1.家具及室内装饰品 | 97.2 | 98.2 | 103.7 | 127.8 | 139.7 | 121.0 |
| 2.家用器具 | 145.7 | 166.4 | 182.2 | 205.4 | 202.9 | 203.0 |
| 3.家用纺织品 | 48.3 | 50.0 | 47.9 | 54.9 | 56.7 | 54.9 |
| 4.家庭日用杂品 | 178.7 | 190.9 | 194.0 | 202.7 | 205.8 | 214.3 |
| 5.个人护理用品 | 53.9 | 68.9 | 82.0 | 97.8 | 121.1 | 138.1 |
| 6.家庭服务 | 14.5 | 15.3 | 15.1 | 20.5 | 22.8 | 21.6 |
| (五)交通通信 | 1162.6 | 1357.8 | 1508.1 | 1685.0 | 1835.5 | 1839.3 |
| 1.交通 | 772.8 | 919.2 | 1044.8 | 1215.3 | 1356.1 | 1305.8 |
| 2.通信 | 389.7 | 438.6 | 463.3 | 469.7 | 479.3 | 533.5 |
| (六)教育文化娱乐 | 969.0 | 1069.9 | 1170.7 | 1300.5 | 1481.3 | 1308.4 |
| 1.教育 | 730.3 | 818.5 | 910.2 | 1021.5 | 1192.7 | 1066.6 |
| 2.文化和娱乐 | 238.7 | 251.4 | 260.5 | 279.0 | 288.6 | 241.8 |
| (七)医疗保健 | 681.4 | 755.8 | 868.2 | 997.4 | 1137.9 | 1125.4 |
| 1.医疗器具及药品 | 238.7 | 260.7 | 291.9 | 356.8 | 357.8 | 356.8 |
| 2.医疗服务 | 442.7 | 495.0 | 576.4 | 640.6 | 780.1 | 768.6 |
| (八)其他用品及服务 | 172.0 | 183.0 | 196.3 | 212.7 | 236.0 | 217.9 |
| 1.其他用品 | 110.4 | 113.4 | 119.6 | 126.0 | 136.0 | 120.1 |
| 2.其他服务 | 61.6 | 69.6 | 76.7 | 86.6 | 100.0 | 97.9 |

# 1-3-9 农村居民现金消费支出构成

单位：%

| 指　　标 | 2015年 | 2016年 | 2017年 | 2018年 | 2019年 | 2020年 |
|---|---|---|---|---|---|---|
| **现金消费支出构成** | **100.0** | **100.0** | **100.0** | **100.0** | **100.0** | **100.0** |
| (一)食品烟酒 | 34.4 | 34.0 | 33.0 | 32.7 | 32.6 | 35.6 |
| 1.食品 | 24.8 | 24.9 | 23.8 | 23.2 | 22.6 | 25.8 |
| 2.烟酒 | 5.4 | 5.1 | 5.0 | 4.9 | 4.9 | 5.0 |
| 3.饮料 | 0.9 | 0.9 | 0.9 | 0.8 | 0.8 | 0.8 |
| 4.饮食服务 | 3.2 | 3.1 | 3.3 | 3.8 | 4.2 | 4.0 |
| (二)衣着 | 7.4 | 7.1 | 6.9 | 6.6 | 6.6 | 6.4 |
| 1.衣类 | 5.5 | 5.3 | 5.2 | 5.1 | 5.1 | 5.0 |
| 2.鞋类 | 1.9 | 1.8 | 1.7 | 1.5 | 1.5 | 1.5 |
| (三)居住 | 10.5 | 10.2 | 10.8 | 11.0 | 10.7 | 10.8 |
| 1.租赁房房租 | 0.4 | 0.4 | 0.4 | 0.5 | 0.6 | 0.6 |
| 2.住房维修及管理 | 4.6 | 4.3 | 4.7 | 4.9 | 4.9 | 4.8 |
| 3.水、电、燃料及其他 | 5.6 | 5.5 | 5.7 | 5.5 | 5.2 | 5.3 |
| (四)生活用品及服务 | 7.3 | 7.3 | 7.1 | 7.2 | 6.9 | 6.8 |
| 1.家具及室内装饰品 | 1.3 | 1.2 | 1.2 | 1.3 | 1.3 | 1.1 |
| 2.家用器具 | 2.0 | 2.0 | 2.1 | 2.1 | 1.9 | 1.8 |
| 3.家用纺织品 | 0.7 | 0.6 | 0.5 | 0.6 | 0.5 | 0.5 |
| 4.家庭日用杂品 | 2.4 | 2.3 | 2.2 | 2.1 | 1.9 | 1.9 |
| 5.个人护理用品 | 0.7 | 0.8 | 0.9 | 1.0 | 1.1 | 1.2 |
| 6.家庭服务 | 0.2 | 0.2 | 0.2 | 0.2 | 0.2 | 0.2 |
| (五)交通通信 | 15.7 | 16.7 | 17.0 | 17.1 | 16.9 | 16.6 |
| 1.交通 | 10.5 | 11.3 | 11.8 | 12.3 | 12.5 | 11.8 |
| 2.通信 | 5.3 | 5.4 | 5.2 | 4.8 | 4.4 | 4.8 |
| (六)教育文化娱乐 | 13.1 | 13.2 | 13.2 | 13.2 | 13.6 | 11.8 |
| 1.教育 | 9.9 | 10.1 | 10.3 | 10.4 | 11.0 | 9.6 |
| 2.文化和娱乐 | 3.2 | 3.1 | 2.9 | 2.8 | 2.7 | 2.2 |
| (七)医疗保健 | 9.2 | 9.3 | 9.8 | 10.1 | 10.5 | 10.1 |
| 1.医疗器具及药品 | 3.2 | 3.2 | 3.3 | 3.6 | 3.3 | 3.2 |
| 2.医疗服务 | 6.0 | 6.1 | 6.5 | 6.5 | 7.2 | 6.9 |
| (八)其他用品及服务 | 2.3 | 2.3 | 2.2 | 2.2 | 2.2 | 2.0 |
| 1.其他用品 | 1.5 | 1.4 | 1.4 | 1.3 | 1.3 | 1.1 |
| 2.其他服务 | 0.8 | 0.9 | 0.9 | 0.9 | 0.9 | 0.9 |

## 1-3-10 农村居民主要食品消费量

单位：公斤/人

| 指　标 | 2015年 | 2016年 | 2017年 | 2018年 | 2019年 | 2020年 |
|---|---|---|---|---|---|---|
| 一、粮食(原粮) | 159.5 | 157.2 | 154.6 | 148.5 | 154.8 | 168.4 |
| (一)谷物 | 150.2 | 147.1 | 144.8 | 137.9 | 142.6 | 155.0 |
| (二)薯类 | 2.7 | 2.9 | 2.8 | 3.0 | 3.2 | 3.5 |
| (三)豆类 | 6.6 | 7.3 | 7.1 | 7.7 | 9.1 | 9.9 |
| 二、食用油 | 10.1 | 10.2 | 10.1 | 9.9 | 9.8 | 11.0 |
| #食用植物油 | 9.2 | 9.3 | 9.2 | 9.0 | 9.0 | 10.2 |
| 三、蔬菜及食用菌 | 90.3 | 91.5 | 90.2 | 87.5 | 89.5 | 95.8 |
| #鲜菜 | 88.7 | 89.7 | 88.5 | 85.6 | 87.2 | 93.5 |
| 四、肉类 | 23.1 | 22.7 | 23.6 | 27.5 | 24.7 | 21.4 |
| #猪肉 | 19.5 | 18.7 | 19.5 | 23.0 | 20.2 | 17.1 |
| 牛肉 | 0.8 | 0.9 | 0.9 | 1.1 | 1.2 | 1.3 |
| 羊肉 | 0.9 | 1.1 | 1.0 | 1.0 | 1.0 | 1.0 |
| 五、禽类 | 7.1 | 7.9 | 7.9 | 8.0 | 10.0 | 12.4 |
| 六、水产品 | 7.2 | 7.5 | 7.4 | 7.8 | 9.6 | 10.3 |
| 七、蛋类 | 8.3 | 8.5 | 8.9 | 8.4 | 9.6 | 11.8 |
| 八、奶类 | 6.3 | 6.6 | 6.9 | 6.9 | 7.3 | 7.4 |
| 九、干鲜瓜果类 | 32.3 | 36.8 | 38.4 | 39.9 | 43.3 | 43.8 |
| #鲜瓜果 | 29.7 | 33.8 | 35.1 | 36.3 | 39.3 | 39.9 |
| 坚果类 | 2.1 | 2.4 | 2.6 | 2.8 | 3.1 | 3.1 |
| 十、食糖 | 1.3 | 1.4 | 1.4 | 1.3 | 1.4 | 1.4 |

## 1-3-11 农村居民年末主要耐用消费品拥有量

单位：平均每百户

| 指　标 | 单　位 | 2015年 | 2016年 | 2017年 | 2018年 | 2019年 | 2020年 |
|---|---|---|---|---|---|---|---|
| 家用汽车 | 辆 | 13.3 | 17.4 | 19.3 | 22.3 | 24.7 | 26.4 |
| 摩托车 | 辆 | 67.5 | 65.1 | 64.1 | 57.4 | 55.1 | 53.6 |
| 电动助力车 | 辆 | 50.1 | 57.7 | 61.1 | 64.9 | 70.1 | 73.1 |
| 洗衣机 | 台 | 78.8 | 84.0 | 86.3 | 88.5 | 91.6 | 92.6 |
| 电冰箱(柜) | 台 | 82.6 | 89.5 | 91.7 | 95.9 | 98.6 | 100.1 |
| 微波炉 | 台 | 15.0 | 16.1 | 17.3 | 17.7 | 18.9 | 19.7 |
| 彩色电视机 | 台 | 116.9 | 118.8 | 120.0 | 116.6 | 117.6 | 117.8 |
| 空调 | 台 | 38.8 | 47.6 | 52.6 | 65.2 | 71.3 | 73.8 |
| 热水器 | 台 | 52.5 | 59.7 | 62.5 | 68.7 | 71.7 | 76.2 |
| 排油烟机 | 台 | 15.3 | 18.4 | 20.4 | 26.0 | 29.0 | 30.9 |
| 移动电话 | 部 | 226.1 | 240.7 | 246.1 | 257.0 | 261.2 | 260.9 |
| 计算机 | 台 | 25.7 | 27.9 | 29.2 | 26.9 | 27.5 | 28.3 |
| 照相机 | 台 | 4.1 | 3.4 | 3.9 | 2.5 | 2.3 | 2.2 |

# 1-3-12 农村居民第一产业生产经营收支情况

单位：元/人

| 指　　标 | 2015年 | 2016年 | 2017年 | 2018年 | 2019年 | 2020年 |
|---|---|---|---|---|---|---|
| 一、生产经营收入 | 6077.1 | 6385.1 | 6516.8 | 6841.1 | 7245.7 | 7804.6 |
| (一)农业 | 4057.9 | 4128.0 | 4251.1 | 4476.9 | 4742.0 | 4918.1 |
| (二)林业 | 204.0 | 204.9 | 210.5 | 227.1 | 236.8 | 231.1 |
| (三)牧业 | 1627.7 | 1835.2 | 1821.8 | 1879.9 | 1986.6 | 2368.9 |
| (四)渔业 | 187.5 | 217.0 | 233.4 | 257.2 | 280.3 | 286.5 |
| 二、生产经营现金收入 | 4925.0 | 5329.0 | 5510.9 | 5875.6 | 6270.8 | 6837.2 |
| (一)农业 | 3137.0 | 3291.9 | 3453.0 | 3716.0 | 4005.6 | 4217.8 |
| (二)林业 | 139.6 | 152.8 | 160.5 | 168.2 | 172.2 | 178.4 |
| (三)牧业 | 1464.8 | 1672.0 | 1669.1 | 1738.7 | 1818.1 | 2160.2 |
| (四)渔业 | 183.6 | 212.3 | 228.3 | 252.7 | 275.0 | 280.9 |
| 三、生产经营费用支出 | 2716.9 | 2909.9 | 2915.7 | 3114.6 | 3254.7 | 3552.0 |
| (一)农业 | 1506.6 | 1547.9 | 1583.1 | 1716.4 | 1837.1 | 1868.4 |
| (二)林业 | 32.3 | 38.1 | 33.3 | 38.2 | 38.2 | 42.8 |
| (三)牧业 | 1078.0 | 1200.5 | 1173.7 | 1228.2 | 1245.7 | 1513.5 |
| (四)渔业 | 100.0 | 123.3 | 125.7 | 131.9 | 133.7 | 127.2 |
| 四、生产经营现金费用支出 | 2547.7 | 2742.9 | 2758.4 | 2964.7 | 3107.6 | 3393.7 |
| (一)农业 | 1472.6 | 1512.9 | 1549.5 | 1683.2 | 1813.6 | 1846.7 |
| (二)林业 | 32.2 | 37.9 | 33.1 | 38.2 | 38.2 | 42.8 |
| (三)牧业 | 943.3 | 1071.7 | 1052.6 | 1112.1 | 1124.4 | 1377.6 |
| (四)渔业 | 99.7 | 120.4 | 123.2 | 131.2 | 131.4 | 126.6 |

# 2

# 分地区居民收支与生活状况主要数据

# 一、全体居民数据

## (一)2015年分地区全体居民收支主要数据

### 2-1-1-1　2015年分地区全体居民可支配收入

单位：元/人

| 地　区 | 可支配收入 | 一、工资性收入 | 二、经营净收入 | 三、财产净收入 | 四、转移净收入 |
|---|---|---|---|---|---|
| **全　国** | **21966.2** | **12459.0** | **3955.6** | **1739.6** | **3811.9** |
| 北　京 | 48458.0 | 30240.4 | 1421.3 | 7498.9 | 9297.4 |
| 天　津 | 31291.4 | 19256.2 | 2906.1 | 2928.0 | 6201.1 |
| 河　北 | 18118.1 | 10910.0 | 2815.0 | 1212.5 | 3180.6 |
| 山　西 | 17853.7 | 10893.1 | 2709.2 | 986.6 | 3264.7 |
| 内蒙古 | 22310.1 | 11992.1 | 5379.7 | 1265.9 | 3672.3 |
| 辽　宁 | 24575.6 | 12868.5 | 4285.8 | 1490.6 | 5930.7 |
| 吉　林 | 18683.7 | 8977.7 | 5047.4 | 832.7 | 3825.8 |
| 黑龙江 | 18592.7 | 9182.3 | 4462.6 | 991.6 | 3956.1 |
| 上　海 | 49867.2 | 30499.1 | 1319.2 | 7172.8 | 10876.1 |
| 江　苏 | 29538.9 | 17187.9 | 4466.6 | 2536.9 | 5347.5 |
| 浙　江 | 35537.1 | 20654.1 | 6181.8 | 4078.9 | 4622.3 |
| 安　徽 | 18362.6 | 10041.7 | 4194.7 | 966.8 | 3159.4 |
| 福　建 | 25404.4 | 14845.3 | 4928.6 | 2372.0 | 3258.5 |
| 江　西 | 18437.1 | 10304.2 | 3327.5 | 1328.2 | 3477.2 |
| 山　东 | 22703.2 | 13143.9 | 5078.8 | 1454.6 | 3025.8 |
| 河　南 | 17124.8 | 8796.0 | 4069.1 | 938.0 | 3321.6 |
| 湖　北 | 20025.6 | 10079.0 | 4480.2 | 1142.4 | 4324.0 |
| 湖　南 | 19317.5 | 9827.5 | 3949.9 | 1399.5 | 4140.5 |
| 广　东 | 27858.9 | 19878.2 | 3748.1 | 2683.2 | 1549.4 |
| 广　西 | 16873.4 | 8061.4 | 4056.0 | 1073.8 | 3682.2 |
| 海　南 | 18979.0 | 11044.1 | 3920.2 | 1244.8 | 2769.8 |
| 重　庆 | 20110.1 | 10673.9 | 3315.1 | 1366.8 | 4754.3 |
| 四　川 | 17221.0 | 8610.8 | 3697.8 | 1073.7 | 3838.6 |
| 贵　州 | 13696.6 | 7032.9 | 3191.1 | 738.6 | 2734.1 |
| 云　南 | 15222.6 | 7067.7 | 4051.4 | 1644.8 | 2458.6 |
| 西　藏 | 12254.3 | 6227.1 | 3956.8 | 498.8 | 1571.6 |
| 陕　西 | 17395.0 | 9535.6 | 2531.0 | 1194.1 | 4134.3 |
| 甘　肃 | 13466.6 | 7102.1 | 2551.8 | 968.6 | 2844.1 |
| 青　海 | 15812.7 | 9191.5 | 2445.0 | 802.5 | 3373.7 |
| 宁　夏 | 17329.1 | 10395.5 | 3255.8 | 645.5 | 3032.3 |
| 新　疆 | 16859.1 | 9107.6 | 4204.3 | 676.4 | 2870.8 |

# 2-1-1-2 2015年分地区全体居民可支配收入构成

单位：%

| 地　区 | 可支配收入 | 一、工资性收入 | 二、经营净收入 | 三、财产净收入 | 四、转移净收入 |
|---|---|---|---|---|---|
| **全　国** | **100.0** | **56.7** | **18.0** | **7.9** | **17.4** |
| 北　京 | 100.0 | 62.4 | 2.9 | 15.5 | 19.2 |
| 天　津 | 100.0 | 61.5 | 9.3 | 9.4 | 19.8 |
| 河　北 | 100.0 | 60.2 | 15.5 | 6.7 | 17.6 |
| 山　西 | 100.0 | 61.0 | 15.2 | 5.5 | 18.3 |
| 内蒙古 | 100.0 | 53.8 | 24.1 | 5.7 | 16.5 |
| 辽　宁 | 100.0 | 52.4 | 17.4 | 6.1 | 24.1 |
| 吉　林 | 100.0 | 48.1 | 27.0 | 4.5 | 20.5 |
| 黑龙江 | 100.0 | 49.4 | 24.0 | 5.3 | 21.3 |
| 上　海 | 100.0 | 61.2 | 2.6 | 14.4 | 21.8 |
| 江　苏 | 100.0 | 58.2 | 15.1 | 8.6 | 18.1 |
| 浙　江 | 100.0 | 58.1 | 17.4 | 11.5 | 13.0 |
| 安　徽 | 100.0 | 54.7 | 22.8 | 5.3 | 17.2 |
| 福　建 | 100.0 | 58.4 | 19.4 | 9.3 | 12.8 |
| 江　西 | 100.0 | 55.9 | 18.0 | 7.2 | 18.9 |
| 山　东 | 100.0 | 57.9 | 22.4 | 6.4 | 13.3 |
| 河　南 | 100.0 | 51.4 | 23.8 | 5.5 | 19.4 |
| 湖　北 | 100.0 | 50.3 | 22.4 | 5.7 | 21.6 |
| 湖　南 | 100.0 | 50.9 | 20.4 | 7.2 | 21.4 |
| 广　东 | 100.0 | 71.4 | 13.5 | 9.6 | 5.6 |
| 广　西 | 100.0 | 47.8 | 24.0 | 6.4 | 21.8 |
| 海　南 | 100.0 | 58.2 | 20.7 | 6.6 | 14.6 |
| 重　庆 | 100.0 | 53.1 | 16.5 | 6.8 | 23.6 |
| 四　川 | 100.0 | 50.0 | 21.5 | 6.2 | 22.3 |
| 贵　州 | 100.0 | 51.3 | 23.3 | 5.4 | 20.0 |
| 云　南 | 100.0 | 46.4 | 26.6 | 10.8 | 16.2 |
| 西　藏 | 100.0 | 50.8 | 32.3 | 4.1 | 12.8 |
| 陕　西 | 100.0 | 54.8 | 14.6 | 6.9 | 23.8 |
| 甘　肃 | 100.0 | 52.7 | 18.9 | 7.2 | 21.1 |
| 青　海 | 100.0 | 58.1 | 15.5 | 5.1 | 21.3 |
| 宁　夏 | 100.0 | 60.0 | 18.8 | 3.7 | 17.5 |
| 新　疆 | 100.0 | 54.0 | 24.9 | 4.0 | 17.0 |

# 2-1-1-3　2015年分地区全体居民现金可支配收入

单位：元/人

| 地区 | 现金可支配收入 | 一、工资性收入 | 二、经营净收入 | 三、财产净收入 | 四、转移净收入 |
|---|---|---|---|---|---|
| **全　国** | **20424.3** | **12386.2** | **3782.7** | **689.5** | **3565.9** |
| 北　京 | 41885.3 | 30096.8 | 1618.4 | 1345.6 | 8824.6 |
| 天　津 | 28981.3 | 19070.7 | 3118.5 | 986.2 | 5805.9 |
| 河　北 | 16987.2 | 10897.2 | 2652.4 | 452.5 | 2985.2 |
| 山　西 | 16939.2 | 10872.1 | 2614.0 | 442.8 | 3010.3 |
| 内蒙古 | 21698.3 | 11984.6 | 5647.1 | 610.3 | 3456.3 |
| 辽　宁 | 23178.7 | 12678.2 | 4464.6 | 428.0 | 5607.8 |
| 吉　林 | 17310.0 | 8916.8 | 4483.0 | 281.1 | 3629.2 |
| 黑龙江 | 18023.4 | 9161.2 | 4647.6 | 396.7 | 3817.9 |
| 上　海 | 41977.9 | 30198.9 | 1357.6 | 671.7 | 9749.7 |
| 江　苏 | 27354.7 | 17085.8 | 4410.0 | 916.0 | 4942.9 |
| 浙　江 | 33291.9 | 20520.2 | 6668.0 | 1881.6 | 4222.0 |
| 安　徽 | 17248.7 | 9976.0 | 3999.5 | 323.9 | 2949.3 |
| 福　建 | 23655.5 | 14777.7 | 4968.2 | 860.9 | 3048.7 |
| 江　西 | 17048.3 | 10283.0 | 2852.7 | 546.2 | 3366.4 |
| 山　东 | 21552.8 | 13115.1 | 5002.4 | 604.4 | 2830.9 |
| 河　南 | 15983.3 | 8784.4 | 3597.5 | 465.9 | 3135.5 |
| 湖　北 | 18393.7 | 10001.0 | 4075.4 | 310.8 | 4006.6 |
| 湖　南 | 18253.5 | 9780.1 | 3662.2 | 821.0 | 3990.1 |
| 广　东 | 26034.2 | 19616.3 | 3718.6 | 1301.1 | 1398.3 |
| 广　西 | 15678.5 | 8028.2 | 3637.8 | 545.1 | 3467.4 |
| 海　南 | 17923.5 | 11017.7 | 3929.8 | 518.0 | 2458.0 |
| 重　庆 | 18705.0 | 10625.6 | 2954.3 | 560.2 | 4565.0 |
| 四　川 | 15858.9 | 8562.2 | 3155.8 | 547.0 | 3593.9 |
| 贵　州 | 12758.2 | 7022.7 | 2820.0 | 303.7 | 2611.7 |
| 云　南 | 14021.3 | 7056.9 | 3609.7 | 1086.5 | 2268.1 |
| 西　藏 | 11077.9 | 6227.0 | 3082.3 | 243.8 | 1524.9 |
| 陕　西 | 16429.6 | 9493.2 | 2367.9 | 722.6 | 3845.9 |
| 甘　肃 | 12536.3 | 7090.6 | 2328.0 | 443.9 | 2673.8 |
| 青　海 | 15040.5 | 9167.6 | 2477.8 | 381.5 | 3013.6 |
| 宁　夏 | 16549.0 | 10368.4 | 3336.8 | 162.4 | 2681.4 |
| 新　疆 | 15913.7 | 9094.2 | 3939.9 | 197.6 | 2682.0 |

# 2-1-1-4　2015年分地区全体居民现金可支配收入构成

单位：%

| 地　区 | 现金可支配收入 | 一、工资性收入 | 二、经营净收入 | 三、财产净收入 | 四、转移净收入 |
|---|---|---|---|---|---|
| **全　国** | **100.0** | **60.6** | **18.5** | **3.4** | **17.5** |
| 北　京 | 100.0 | 71.9 | 3.9 | 3.2 | 21.1 |
| 天　津 | 100.0 | 65.8 | 10.8 | 3.4 | 20.0 |
| 河　北 | 100.0 | 64.1 | 15.6 | 2.7 | 17.6 |
| 山　西 | 100.0 | 64.2 | 15.4 | 2.6 | 17.8 |
| 内蒙古 | 100.0 | 55.2 | 26.0 | 2.8 | 15.9 |
| 辽　宁 | 100.0 | 54.7 | 19.3 | 1.8 | 24.2 |
| 吉　林 | 100.0 | 51.5 | 25.9 | 1.6 | 21.0 |
| 黑龙江 | 100.0 | 50.8 | 25.8 | 2.2 | 21.2 |
| 上　海 | 100.0 | 71.9 | 3.2 | 1.6 | 23.2 |
| 江　苏 | 100.0 | 62.5 | 16.1 | 3.3 | 18.1 |
| 浙　江 | 100.0 | 61.6 | 20.0 | 5.7 | 12.7 |
| 安　徽 | 100.0 | 57.8 | 23.2 | 1.9 | 17.1 |
| 福　建 | 100.0 | 62.5 | 21.0 | 3.6 | 12.9 |
| 江　西 | 100.0 | 60.3 | 16.7 | 3.2 | 19.7 |
| 山　东 | 100.0 | 60.9 | 23.2 | 2.8 | 13.1 |
| 河　南 | 100.0 | 55.0 | 22.5 | 2.9 | 19.6 |
| 湖　北 | 100.0 | 54.4 | 22.2 | 1.7 | 21.8 |
| 湖　南 | 100.0 | 53.6 | 20.1 | 4.5 | 21.9 |
| 广　东 | 100.0 | 75.3 | 14.3 | 5.0 | 5.4 |
| 广　西 | 100.0 | 51.2 | 23.2 | 3.5 | 22.1 |
| 海　南 | 100.0 | 61.5 | 21.9 | 2.9 | 13.7 |
| 重　庆 | 100.0 | 56.8 | 15.8 | 3.0 | 24.4 |
| 四　川 | 100.0 | 54.0 | 19.9 | 3.4 | 22.7 |
| 贵　州 | 100.0 | 55.0 | 22.1 | 2.4 | 20.5 |
| 云　南 | 100.0 | 50.3 | 25.7 | 7.7 | 16.2 |
| 西　藏 | 100.0 | 56.2 | 27.8 | 2.2 | 13.8 |
| 陕　西 | 100.0 | 57.8 | 14.4 | 4.4 | 23.4 |
| 甘　肃 | 100.0 | 56.6 | 18.6 | 3.5 | 21.3 |
| 青　海 | 100.0 | 61.0 | 16.5 | 2.5 | 20.0 |
| 宁　夏 | 100.0 | 62.7 | 20.2 | 1.0 | 16.2 |
| 新　疆 | 100.0 | 57.1 | 24.8 | 1.2 | 16.9 |

# 2-1-1-5 2015年分地区全体居民消费支出

单位：元/人

| 地区 | 消费支出 | 一、食品烟酒支出 | 二、衣着支出 | 三、居住支出 |
|---|---|---|---|---|
| **全国** | **15712.4** | **4814.0** | **1164.1** | **3419.2** |
| 北京 | 33802.8 | 7584.2 | 2425.7 | 10350.2 |
| 天津 | 24162.5 | 7709.9 | 1949.4 | 5237.5 |
| 河北 | 13030.7 | 3515.5 | 1055.3 | 2995.8 |
| 山西 | 11729.1 | 3089.4 | 1146.7 | 2297.4 |
| 内蒙古 | 17178.5 | 4919.8 | 1759.7 | 2918.9 |
| 辽宁 | 17199.8 | 4858.0 | 1561.6 | 3471.6 |
| 吉林 | 13763.9 | 3683.5 | 1254.9 | 2692.3 |
| 黑龙江 | 13402.5 | 3704.1 | 1288.3 | 2619.6 |
| 上海 | 34783.6 | 9271.5 | 1622.7 | 11307.5 |
| 江苏 | 20555.6 | 5936.0 | 1415.1 | 4551.6 |
| 浙江 | 24116.9 | 6975.8 | 1646.5 | 5964.2 |
| 安徽 | 12840.1 | 4424.2 | 924.6 | 2630.0 |
| 福建 | 18850.2 | 6440.0 | 1134.6 | 4638.2 |
| 江西 | 12403.4 | 4181.7 | 929.1 | 2783.4 |
| 山东 | 14578.4 | 4166.2 | 1276.6 | 2903.3 |
| 河南 | 11835.1 | 3373.7 | 1141.9 | 2387.9 |
| 湖北 | 14316.5 | 4499.9 | 1073.1 | 3007.0 |
| 湖南 | 14267.3 | 4535.5 | 1028.0 | 2810.8 |
| 广东 | 20975.7 | 7236.7 | 1103.4 | 4677.1 |
| 广西 | 11401.0 | 3960.8 | 503.1 | 2559.9 |
| 海南 | 13575.0 | 5364.1 | 568.3 | 2628.0 |
| 重庆 | 15139.5 | 5325.5 | 1334.7 | 2743.4 |
| 四川 | 13632.1 | 5001.4 | 1071.3 | 2400.9 |
| 贵州 | 10413.8 | 3375.8 | 719.2 | 2185.7 |
| 云南 | 11005.4 | 3587.7 | 625.7 | 2146.4 |
| 西藏 | 8245.8 | 3919.8 | 764.3 | 1374.6 |
| 陕西 | 13087.2 | 3646.4 | 989.4 | 2786.1 |
| 甘肃 | 10950.8 | 3447.6 | 967.7 | 2120.8 |
| 青海 | 13611.3 | 3958.2 | 1232.0 | 2352.8 |
| 宁夏 | 13815.6 | 3694.8 | 1237.9 | 2607.3 |
| 新疆 | 12867.4 | 4092.8 | 1274.5 | 2227.9 |

2-1-1-5 续表　　　　单位：元/人

| 地　区 | 四、生活用品及服务支出 | 五、交通通信支出 | 六、教育文化娱乐支出 | 七、医疗保健支出 | 八、其他用品及服务支出 |
|---|---|---|---|---|---|
| **全　国** | **951.4** | **2086.9** | **1723.1** | **1164.5** | **389.2** |
| 北　京 | 2098.3 | 4489.6 | 3634.6 | 2228.6 | 991.4 |
| 天　津 | 1514.0 | 3185.9 | 2096.0 | 1757.1 | 712.6 |
| 河　北 | 832.2 | 1807.6 | 1338.6 | 1192.0 | 293.6 |
| 山　西 | 672.5 | 1501.4 | 1628.0 | 1102.0 | 291.5 |
| 内蒙古 | 1030.9 | 2569.0 | 2067.1 | 1384.3 | 528.9 |
| 辽　宁 | 1028.7 | 2282.0 | 1973.3 | 1522.4 | 502.2 |
| 吉　林 | 718.4 | 1810.0 | 1683.6 | 1527.5 | 393.7 |
| 黑龙江 | 672.4 | 1675.1 | 1526.2 | 1577.0 | 339.8 |
| 上　海 | 1484.6 | 4206.5 | 3718.1 | 2268.3 | 904.3 |
| 江　苏 | 1238.2 | 2984.7 | 2423.8 | 1409.6 | 596.5 |
| 浙　江 | 1159.3 | 3961.3 | 2428.3 | 1433.0 | 548.4 |
| 安　徽 | 698.8 | 1622.3 | 1339.3 | 932.3 | 268.8 |
| 福　建 | 1047.5 | 2305.3 | 1784.7 | 1028.6 | 471.3 |
| 江　西 | 736.6 | 1444.4 | 1354.0 | 698.8 | 275.5 |
| 山　东 | 1038.1 | 2104.2 | 1557.3 | 1180.1 | 352.7 |
| 河　南 | 910.6 | 1355.4 | 1337.2 | 1023.1 | 305.4 |
| 湖　北 | 868.6 | 1722.5 | 1577.6 | 1252.5 | 315.3 |
| 湖　南 | 883.6 | 1624.6 | 2049.7 | 998.3 | 336.8 |
| 广　东 | 1245.3 | 3020.2 | 2117.3 | 976.1 | 599.8 |
| 广　西 | 672.5 | 1445.7 | 1280.1 | 778.1 | 200.7 |
| 海　南 | 697.9 | 1783.1 | 1278.0 | 987.0 | 268.7 |
| 重　庆 | 1064.3 | 1746.4 | 1513.4 | 1117.9 | 294.0 |
| 四　川 | 918.4 | 1629.2 | 1207.9 | 1071.2 | 331.8 |
| 贵　州 | 636.2 | 1321.6 | 1401.2 | 604.6 | 169.5 |
| 云　南 | 644.3 | 1632.6 | 1281.5 | 875.7 | 211.5 |
| 西　藏 | 394.9 | 1025.9 | 314.1 | 229.2 | 223.1 |
| 陕　西 | 887.3 | 1537.1 | 1608.4 | 1363.5 | 269.1 |
| 甘　肃 | 708.8 | 1214.7 | 1315.9 | 949.5 | 225.7 |
| 青　海 | 793.4 | 2263.3 | 1383.4 | 1318.2 | 310.0 |
| 宁　夏 | 885.4 | 1806.1 | 1707.9 | 1482.9 | 393.4 |
| 新　疆 | 788.8 | 1842.4 | 1282.1 | 1078.3 | 280.6 |

# 2-1-1-6　2015年分地区全体居民消费支出构成

单位：%

| 地　　区 | 消费支出 | 一、食品烟酒支出 | 二、衣着支出 | 三、居住支出 |
|---|---|---|---|---|
| **全　　国** | **100.0** | **30.6** | **7.4** | **21.8** |
| 北　　京 | 100.0 | 22.4 | 7.2 | 30.6 |
| 天　　津 | 100.0 | 31.9 | 8.1 | 21.7 |
| 河　　北 | 100.0 | 27.0 | 8.1 | 23.0 |
| 山　　西 | 100.0 | 26.3 | 9.8 | 19.6 |
| 内 蒙 古 | 100.0 | 28.6 | 10.2 | 17.0 |
| 辽　　宁 | 100.0 | 28.2 | 9.1 | 20.2 |
| 吉　　林 | 100.0 | 26.8 | 9.1 | 19.6 |
| 黑 龙 江 | 100.0 | 27.6 | 9.6 | 19.5 |
| 上　　海 | 100.0 | 26.7 | 4.7 | 32.5 |
| 江　　苏 | 100.0 | 28.9 | 6.9 | 22.1 |
| 浙　　江 | 100.0 | 28.9 | 6.8 | 24.7 |
| 安　　徽 | 100.0 | 34.5 | 7.2 | 20.5 |
| 福　　建 | 100.0 | 34.2 | 6.0 | 24.6 |
| 江　　西 | 100.0 | 33.7 | 7.5 | 22.4 |
| 山　　东 | 100.0 | 28.6 | 8.8 | 19.9 |
| 河　　南 | 100.0 | 28.5 | 9.6 | 20.2 |
| 湖　　北 | 100.0 | 31.4 | 7.5 | 21.0 |
| 湖　　南 | 100.0 | 31.8 | 7.2 | 19.7 |
| 广　　东 | 100.0 | 34.5 | 5.3 | 22.3 |
| 广　　西 | 100.0 | 34.7 | 4.4 | 22.5 |
| 海　　南 | 100.0 | 39.5 | 4.2 | 19.4 |
| 重　　庆 | 100.0 | 35.2 | 8.8 | 18.1 |
| 四　　川 | 100.0 | 36.7 | 7.9 | 17.6 |
| 贵　　州 | 100.0 | 32.4 | 6.9 | 21.0 |
| 云　　南 | 100.0 | 32.6 | 5.7 | 19.5 |
| 西　　藏 | 100.0 | 47.5 | 9.3 | 16.7 |
| 陕　　西 | 100.0 | 27.9 | 7.6 | 21.3 |
| 甘　　肃 | 100.0 | 31.5 | 8.8 | 19.4 |
| 青　　海 | 100.0 | 29.1 | 9.1 | 17.3 |
| 宁　　夏 | 100.0 | 26.7 | 9.0 | 18.9 |
| 新　　疆 | 100.0 | 31.8 | 9.9 | 17.3 |

2-1-1-6 续表 单位：%

| 地区 | 四、生活用品及服务支出 | 五、交通通信支出 | 六、教育文化娱乐支出 | 七、医疗保健支出 | 八、其他用品及服务支出 |
|---|---|---|---|---|---|
| **全国** | **6.1** | **13.3** | **11.0** | **7.4** | **2.5** |
| 北京 | 6.2 | 13.3 | 10.8 | 6.6 | 2.9 |
| 天津 | 6.3 | 13.2 | 8.7 | 7.3 | 2.9 |
| 河北 | 6.4 | 13.9 | 10.3 | 9.1 | 2.3 |
| 山西 | 5.7 | 12.8 | 13.9 | 9.4 | 2.5 |
| 内蒙古 | 6.0 | 15.0 | 12.0 | 8.1 | 3.1 |
| 辽宁 | 6.0 | 13.3 | 11.5 | 8.9 | 2.9 |
| 吉林 | 5.2 | 13.2 | 12.2 | 11.1 | 2.9 |
| 黑龙江 | 5.0 | 12.5 | 11.4 | 11.8 | 2.5 |
| 上海 | 4.3 | 12.1 | 10.7 | 6.5 | 2.6 |
| 江苏 | 6.0 | 14.5 | 11.8 | 6.9 | 2.9 |
| 浙江 | 4.8 | 16.4 | 10.1 | 5.9 | 2.3 |
| 安徽 | 5.4 | 12.6 | 10.4 | 7.3 | 2.1 |
| 福建 | 5.6 | 12.2 | 9.5 | 5.5 | 2.5 |
| 江西 | 5.9 | 11.6 | 10.9 | 5.6 | 2.2 |
| 山东 | 7.1 | 14.4 | 10.7 | 8.1 | 2.4 |
| 河南 | 7.7 | 11.5 | 11.3 | 8.6 | 2.6 |
| 湖北 | 6.1 | 12.0 | 11.0 | 8.7 | 2.2 |
| 湖南 | 6.2 | 11.4 | 14.4 | 7.0 | 2.4 |
| 广东 | 5.9 | 14.4 | 10.1 | 4.7 | 2.9 |
| 广西 | 5.9 | 12.7 | 11.2 | 6.8 | 1.8 |
| 海南 | 5.1 | 13.1 | 9.4 | 7.3 | 2.0 |
| 重庆 | 7.0 | 11.5 | 10.0 | 7.4 | 1.9 |
| 四川 | 6.7 | 12.0 | 8.9 | 7.9 | 2.4 |
| 贵州 | 6.1 | 12.7 | 13.5 | 5.8 | 1.6 |
| 云南 | 5.9 | 14.8 | 11.6 | 8.0 | 1.9 |
| 西藏 | 4.8 | 12.4 | 3.8 | 2.8 | 2.7 |
| 陕西 | 6.8 | 11.7 | 12.3 | 10.4 | 2.1 |
| 甘肃 | 6.5 | 11.1 | 12.0 | 8.7 | 2.1 |
| 青海 | 5.8 | 16.6 | 10.2 | 9.7 | 2.3 |
| 宁夏 | 6.4 | 13.1 | 12.4 | 10.7 | 2.8 |
| 新疆 | 6.1 | 14.3 | 10.0 | 8.4 | 2.2 |

# 2-1-1-7 2015年分地区全体居民现金消费支出

单位：元/人

| 地　区 | 现金消费支出 | 一、食品烟酒支出 | 二、衣着支出 | 三、居住支出 |
|---|---|---|---|---|
| **全　国** | **12988.7** | **4505.0** | **1163.5** | **1251.9** |
| 北　京 | 25262.7 | 7447.7 | 2424.5 | 2426.0 |
| 天　津 | 20215.9 | 7552.5 | 1949.1 | 1903.3 |
| 河　北 | 10995.8 | 3417.4 | 1054.3 | 1252.4 |
| 山　西 | 10025.1 | 2909.0 | 1143.1 | 1005.7 |
| 内蒙古 | 15285.2 | 4702.2 | 1759.4 | 1426.9 |
| 辽　宁 | 14564.9 | 4621.2 | 1561.1 | 1424.6 |
| 吉　林 | 11920.2 | 3489.1 | 1254.9 | 1242.2 |
| 黑龙江 | 11793.4 | 3628.4 | 1288.2 | 1218.5 |
| 上　海 | 24389.5 | 9020.5 | 1622.6 | 2322.5 |
| 江　苏 | 16780.7 | 5695.6 | 1414.8 | 1444.0 |
| 浙　江 | 19278.3 | 6741.2 | 1645.6 | 1762.7 |
| 安　徽 | 10665.3 | 4148.7 | 923.6 | 944.6 |
| 福　建 | 15273.1 | 6170.6 | 1134.4 | 1554.9 |
| 江　西 | 10047.4 | 3795.6 | 928.9 | 924.5 |
| 山　东 | 12465.1 | 4042.8 | 1275.4 | 1106.2 |
| 河　南 | 10213.5 | 3263.7 | 1141.9 | 1063.8 |
| 湖　北 | 11707.0 | 4103.9 | 1072.4 | 1109.0 |
| 湖　南 | 11997.4 | 4068.8 | 1027.5 | 1161.7 |
| 广　东 | 17567.8 | 6799.9 | 1102.9 | 1863.5 |
| 广　西 | 9174.1 | 3474.0 | 503.0 | 1006.2 |
| 海　南 | 11372.8 | 5125.2 | 567.6 | 954.9 |
| 重　庆 | 12603.5 | 4817.3 | 1334.5 | 906.6 |
| 四　川 | 11123.3 | 4276.9 | 1070.7 | 856.9 |
| 贵　州 | 8484.4 | 2857.0 | 719.0 | 887.2 |
| 云　南 | 8860.1 | 3054.3 | 625.5 | 722.8 |
| 西　藏 | 6193.1 | 2841.8 | 763.7 | 448.6 |
| 陕　西 | 11236.2 | 3485.7 | 989.1 | 1386.6 |
| 甘　肃 | 9278.9 | 3116.6 | 967.5 | 929.1 |
| 青　海 | 11783.9 | 3629.4 | 1231.9 | 1235.8 |
| 宁　夏 | 12074.6 | 3504.1 | 1237.1 | 1405.5 |
| 新　疆 | 11164.9 | 3737.7 | 1272.8 | 1063.2 |

2-1-1-7 续表 单位：元/人

| 地区 | 四、生活用品及服务支出 | 五、交通通信支出 | 六、教育文化娱乐支出 | 七、医疗保健支出 | 八、其他用品及服务支出 |
|---|---|---|---|---|---|
| **全　国** | **943.8** | **2083.7** | **1722.0** | **933.3** | **385.6** |
| 北　京 | 2094.4 | 4485.2 | 3633.6 | 1763.2 | 988.1 |
| 天　津 | 1510.7 | 3149.3 | 2094.0 | 1356.8 | 700.0 |
| 河　北 | 829.6 | 1806.7 | 1338.2 | 1005.4 | 291.8 |
| 山　西 | 667.3 | 1500.3 | 1627.9 | 886.5 | 285.3 |
| 内蒙古 | 1030.8 | 2568.8 | 2066.6 | 1203.8 | 526.7 |
| 辽　宁 | 1015.8 | 2266.4 | 1961.5 | 1221.3 | 493.1 |
| 吉　林 | 713.9 | 1807.1 | 1683.5 | 1335.9 | 393.6 |
| 黑龙江 | 672.0 | 1674.4 | 1526.2 | 1447.9 | 337.7 |
| 上　海 | 1481.2 | 4183.3 | 3713.4 | 1145.4 | 900.6 |
| 江　苏 | 1220.9 | 2982.0 | 2422.4 | 1007.6 | 593.4 |
| 浙　江 | 1136.6 | 3956.0 | 2426.2 | 1066.3 | 543.8 |
| 安　徽 | 692.4 | 1620.6 | 1338.9 | 731.6 | 265.0 |
| 福　建 | 1042.9 | 2299.7 | 1784.6 | 818.0 | 467.9 |
| 江　西 | 736.3 | 1444.1 | 1354.0 | 590.3 | 273.5 |
| 山　东 | 1029.1 | 2103.6 | 1556.8 | 1003.1 | 348.1 |
| 河　南 | 909.8 | 1355.1 | 1337.2 | 837.7 | 304.4 |
| 湖　北 | 866.8 | 1721.3 | 1577.2 | 944.8 | 311.6 |
| 湖　南 | 880.2 | 1622.5 | 2048.9 | 854.3 | 333.5 |
| 广　东 | 1236.8 | 3016.0 | 2114.8 | 839.6 | 594.4 |
| 广　西 | 662.8 | 1441.5 | 1279.4 | 609.2 | 198.1 |
| 海　南 | 669.2 | 1782.6 | 1277.5 | 727.8 | 268.0 |
| 重　庆 | 1060.5 | 1743.7 | 1513.1 | 937.3 | 290.4 |
| 四　川 | 898.1 | 1627.5 | 1207.3 | 857.0 | 328.9 |
| 贵　州 | 632.0 | 1321.1 | 1401.2 | 499.7 | 167.3 |
| 云　南 | 637.2 | 1631.4 | 1281.5 | 698.5 | 208.9 |
| 西　藏 | 393.1 | 1025.9 | 314.1 | 183.3 | 222.8 |
| 陕　西 | 882.1 | 1535.2 | 1607.8 | 1084.6 | 265.3 |
| 甘　肃 | 697.5 | 1214.2 | 1315.8 | 816.9 | 221.3 |
| 青　海 | 791.0 | 2263.3 | 1382.6 | 942.3 | 307.6 |
| 宁　夏 | 871.8 | 1793.1 | 1707.8 | 1179.2 | 375.9 |
| 新　疆 | 787.4 | 1842.3 | 1282.0 | 899.6 | 280.1 |

# 2-1-1-8　2015年分地区全体居民现金消费支出构成

单位：%

| 地　区 | 现金消费支出 | 一、食品烟酒支出 | 二、衣着支出 | 三、居住支出 |
|---|---|---|---|---|
| **全　国** | **100.0** | **34.7** | **9.0** | **9.6** |
| 北　京 | 100.0 | 29.5 | 9.6 | 9.6 |
| 天　津 | 100.0 | 37.4 | 9.6 | 9.4 |
| 河　北 | 100.0 | 31.1 | 9.6 | 11.4 |
| 山　西 | 100.0 | 29.0 | 11.4 | 10.0 |
| 内蒙古 | 100.0 | 30.8 | 11.5 | 9.3 |
| 辽　宁 | 100.0 | 31.7 | 10.7 | 9.8 |
| 吉　林 | 100.0 | 29.3 | 10.5 | 10.4 |
| 黑龙江 | 100.0 | 30.8 | 10.9 | 10.3 |
| 上　海 | 100.0 | 37.0 | 6.7 | 9.5 |
| 江　苏 | 100.0 | 33.9 | 8.4 | 8.6 |
| 浙　江 | 100.0 | 35.0 | 8.5 | 9.1 |
| 安　徽 | 100.0 | 38.9 | 8.7 | 8.9 |
| 福　建 | 100.0 | 40.4 | 7.4 | 10.2 |
| 江　西 | 100.0 | 37.8 | 9.2 | 9.2 |
| 山　东 | 100.0 | 32.4 | 10.2 | 8.9 |
| 河　南 | 100.0 | 32.0 | 11.2 | 10.4 |
| 湖　北 | 100.0 | 35.1 | 9.2 | 9.5 |
| 湖　南 | 100.0 | 33.9 | 8.6 | 9.7 |
| 广　东 | 100.0 | 38.7 | 6.3 | 10.6 |
| 广　西 | 100.0 | 37.9 | 5.5 | 11.0 |
| 海　南 | 100.0 | 45.1 | 5.0 | 8.4 |
| 重　庆 | 100.0 | 38.2 | 10.6 | 7.2 |
| 四　川 | 100.0 | 38.4 | 9.6 | 7.7 |
| 贵　州 | 100.0 | 33.7 | 8.5 | 10.5 |
| 云　南 | 100.0 | 34.5 | 7.1 | 8.2 |
| 西　藏 | 100.0 | 45.9 | 12.3 | 7.2 |
| 陕　西 | 100.0 | 31.0 | 8.8 | 12.3 |
| 甘　肃 | 100.0 | 33.6 | 10.4 | 10.0 |
| 青　海 | 100.0 | 30.8 | 10.5 | 10.5 |
| 宁　夏 | 100.0 | 29.0 | 10.2 | 11.6 |
| 新　疆 | 100.0 | 33.5 | 11.4 | 9.5 |

2-1-1-8 续表 单位：%

| 地　　区 | 四、生活用品及服务支出 | 五、交通通信支出 | 六、教育文化娱乐支出 | 七、医疗保健支出 | 八、其他用品及服务支出 |
|---|---|---|---|---|---|
| **全　　国** | **7.3** | **16.0** | **13.3** | **7.2** | **3.0** |
| 北　　京 | 8.3 | 17.8 | 14.4 | 7.0 | 3.9 |
| 天　　津 | 7.5 | 15.6 | 10.4 | 6.7 | 3.5 |
| 河　　北 | 7.5 | 16.4 | 12.2 | 9.1 | 2.7 |
| 山　　西 | 6.7 | 15.0 | 16.2 | 8.8 | 2.8 |
| 内 蒙 古 | 6.7 | 16.8 | 13.5 | 7.9 | 3.4 |
| 辽　　宁 | 7.0 | 15.6 | 13.5 | 8.4 | 3.4 |
| 吉　　林 | 6.0 | 15.2 | 14.1 | 11.2 | 3.3 |
| 黑 龙 江 | 5.7 | 14.2 | 12.9 | 12.3 | 2.9 |
| 上　　海 | 6.1 | 17.2 | 15.2 | 4.7 | 3.7 |
| 江　　苏 | 7.3 | 17.8 | 14.4 | 6.0 | 3.5 |
| 浙　　江 | 5.9 | 20.5 | 12.6 | 5.5 | 2.8 |
| 安　　徽 | 6.5 | 15.2 | 12.6 | 6.9 | 2.5 |
| 福　　建 | 6.8 | 15.1 | 11.7 | 5.4 | 3.1 |
| 江　　西 | 7.3 | 14.4 | 13.5 | 5.9 | 2.7 |
| 山　　东 | 8.3 | 16.9 | 12.5 | 8.0 | 2.8 |
| 河　　南 | 8.9 | 13.3 | 13.1 | 8.2 | 3.0 |
| 湖　　北 | 7.4 | 14.7 | 13.5 | 8.1 | 2.7 |
| 湖　　南 | 7.3 | 13.5 | 17.1 | 7.1 | 2.8 |
| 广　　东 | 7.0 | 17.2 | 12.0 | 4.8 | 3.4 |
| 广　　西 | 7.2 | 15.7 | 13.9 | 6.6 | 2.2 |
| 海　　南 | 5.9 | 15.7 | 11.2 | 6.4 | 2.4 |
| 重　　庆 | 8.4 | 13.8 | 12.0 | 7.4 | 2.3 |
| 四　　川 | 8.1 | 14.6 | 10.9 | 7.7 | 3.0 |
| 贵　　州 | 7.4 | 15.6 | 16.5 | 5.9 | 2.0 |
| 云　　南 | 7.2 | 18.4 | 14.5 | 7.9 | 2.4 |
| 西　　藏 | 6.3 | 16.6 | 5.1 | 3.0 | 3.6 |
| 陕　　西 | 7.9 | 13.7 | 14.3 | 9.7 | 2.4 |
| 甘　　肃 | 7.5 | 13.1 | 14.2 | 8.8 | 2.4 |
| 青　　海 | 6.7 | 19.2 | 11.7 | 8.0 | 2.6 |
| 宁　　夏 | 7.2 | 14.9 | 14.1 | 9.8 | 3.1 |
| 新　　疆 | 7.1 | 16.5 | 11.5 | 8.1 | 2.5 |

# 2-1-1-9　2015年分地区全体居民家庭主要食品消费量

单位：公斤/人

| 地　区 | 粮食(原粮) | 谷物 | 食用油 | 植物油 | 蔬菜 | 肉类 | 猪肉 |
|---|---|---|---|---|---|---|---|
| **全　国** | **134.5** | **124.3** | **10.6** | **10.0** | **97.8** | **26.2** | **20.1** |
| 北　京 | 90.8 | 81.5 | 10.8 | 10.7 | 100.6 | 26.0 | 14.2 |
| 天　津 | 127.4 | 117.9 | 11.0 | 11.0 | 115.1 | 25.2 | 15.8 |
| 河　北 | 131.5 | 122.6 | 9.7 | 9.6 | 88.2 | 19.0 | 12.4 |
| 山　西 | 131.6 | 117.8 | 8.0 | 7.9 | 76.0 | 13.6 | 9.5 |
| 内蒙古 | 156.5 | 144.3 | 8.1 | 7.8 | 90.0 | 32.8 | 16.9 |
| 辽　宁 | 135.8 | 122.0 | 11.4 | 11.2 | 123.3 | 25.6 | 18.1 |
| 吉　林 | 129.7 | 119.3 | 11.2 | 11.1 | 94.7 | 19.6 | 14.9 |
| 黑龙江 | 138.6 | 125.6 | 13.7 | 13.6 | 91.4 | 20.3 | 13.9 |
| 上　海 | 102.7 | 91.0 | 9.7 | 9.5 | 102.8 | 28.9 | 20.6 |
| 江　苏 | 122.0 | 110.2 | 12.5 | 12.4 | 104.1 | 26.1 | 19.6 |
| 浙　江 | 130.6 | 117.6 | 11.3 | 10.8 | 91.8 | 26.9 | 21.9 |
| 安　徽 | 142.0 | 129.4 | 10.0 | 9.3 | 93.4 | 22.7 | 18.1 |
| 福　建 | 126.7 | 117.2 | 9.3 | 8.2 | 88.7 | 31.3 | 25.5 |
| 江　西 | 150.9 | 142.3 | 13.0 | 12.4 | 108.8 | 25.2 | 20.6 |
| 山　东 | 127.4 | 118.2 | 8.9 | 8.9 | 88.9 | 20.3 | 12.9 |
| 河　南 | 127.3 | 118.4 | 8.5 | 8.4 | 80.8 | 16.1 | 11.3 |
| 湖　北 | 123.1 | 112.0 | 14.9 | 14.4 | 117.3 | 27.8 | 22.4 |
| 湖　南 | 148.4 | 139.8 | 12.4 | 9.5 | 102.0 | 30.0 | 25.9 |
| 广　东 | 118.3 | 110.5 | 9.1 | 8.6 | 98.9 | 36.5 | 29.7 |
| 广　西 | 143.4 | 136.8 | 8.2 | 6.8 | 93.0 | 31.6 | 27.9 |
| 海　南 | 100.9 | 96.6 | 7.6 | 6.4 | 88.3 | 28.9 | 25.2 |
| 重　庆 | 149.8 | 134.3 | 14.4 | 13.3 | 132.9 | 39.3 | 33.7 |
| 四　川 | 160.7 | 149.7 | 13.0 | 11.9 | 130.2 | 39.3 | 34.9 |
| 贵　州 | 135.8 | 124.8 | 8.7 | 7.1 | 90.9 | 32.5 | 29.8 |
| 云　南 | 134.5 | 124.8 | 7.5 | 5.8 | 98.5 | 29.6 | 25.9 |
| 西　藏 | 276.9 | 269.6 | 15.2 | 10.0 | 24.7 | 39.1 | 6.7 |
| 陕　西 | 132.7 | 122.7 | 10.9 | 10.8 | 77.6 | 14.0 | 10.4 |
| 甘　肃 | 159.9 | 148.6 | 9.8 | 9.7 | 73.8 | 18.0 | 12.6 |
| 青　海 | 117.6 | 110.4 | 9.5 | 9.1 | 62.7 | 23.2 | 10.3 |
| 宁　夏 | 131.1 | 123.9 | 8.7 | 8.6 | 87.6 | 17.1 | 7.1 |
| 新　疆 | 181.9 | 178.3 | 13.9 | 13.8 | 103.5 | 23.2 | 4.2 |

2-1-1-9 续表　　　　单位：公斤/人

| 地区 | 牛肉 | 羊肉 | 禽类 | 水产品 | 蛋类 | 奶类 | 干鲜瓜果类 | 食糖 |
|---|---|---|---|---|---|---|---|---|
| **全国** | **1.6** | **1.2** | **8.4** | **11.2** | **9.5** | **12.1** | **44.5** | **1.3** |
| 北京 | 3.3 | 3.0 | 6.0 | 9.6 | 13.7 | 26.9 | 68.9 | 0.8 |
| 天津 | 2.6 | 3.0 | 4.9 | 16.6 | 16.8 | 17.1 | 72.7 | 1.3 |
| 河北 | 1.2 | 1.3 | 4.0 | 5.3 | 12.5 | 13.9 | 53.8 | 1.1 |
| 山西 | 0.6 | 1.2 | 2.1 | 3.0 | 10.3 | 14.7 | 46.9 | 0.9 |
| 内蒙古 | 3.8 | 8.6 | 5.1 | 4.9 | 9.3 | 21.9 | 51.8 | 1.3 |
| 辽宁 | 2.1 | 1.3 | 4.7 | 13.9 | 12.3 | 14.4 | 60.5 | 1.3 |
| 吉林 | 1.7 | 0.7 | 3.8 | 7.0 | 9.7 | 9.5 | 47.1 | 1.1 |
| 黑龙江 | 1.5 | 1.2 | 4.5 | 7.9 | 9.6 | 10.4 | 54.5 | 1.6 |
| 上海 | 2.6 | 1.0 | 12.1 | 25.2 | 10.4 | 21.7 | 51.1 | 1.4 |
| 江苏 | 1.7 | 0.8 | 9.9 | 17.4 | 10.2 | 16.4 | 40.4 | 1.1 |
| 浙江 | 1.7 | 0.5 | 9.8 | 24.3 | 7.6 | 12.5 | 46.1 | 1.4 |
| 安徽 | 1.5 | 0.7 | 10.8 | 10.8 | 10.5 | 10.7 | 38.2 | 1.5 |
| 福建 | 1.5 | 0.7 | 10.6 | 26.0 | 8.2 | 10.8 | 37.4 | 1.6 |
| 江西 | 1.6 | 0.2 | 8.1 | 12.2 | 7.5 | 11.2 | 35.8 | 1.2 |
| 山东 | 1.0 | 1.0 | 5.9 | 11.2 | 15.7 | 18.2 | 60.7 | 0.9 |
| 河南 | 1.2 | 0.9 | 5.1 | 3.7 | 12.3 | 10.9 | 48.3 | 1.2 |
| 湖北 | 1.6 | 0.6 | 5.5 | 14.9 | 8.5 | 8.0 | 33.4 | 0.9 |
| 湖南 | 1.5 | 0.5 | 9.7 | 11.5 | 7.2 | 5.8 | 50.5 | 1.8 |
| 广东 | 1.8 | 0.6 | 18.6 | 22.0 | 6.9 | 8.3 | 36.0 | 1.5 |
| 广西 | 1.3 | 0.4 | 18.6 | 10.2 | 5.7 | 5.7 | 37.3 | 1.4 |
| 海南 | 1.5 | 0.6 | 18.9 | 26.8 | 4.8 | 4.3 | 27.7 | 1.0 |
| 重庆 | 1.3 | 0.5 | 10.2 | 9.9 | 10.1 | 14.6 | 39.6 | 2.9 |
| 四川 | 1.2 | 0.4 | 10.7 | 6.8 | 8.7 | 10.7 | 33.8 | 1.8 |
| 贵州 | 1.2 | 0.3 | 5.1 | 2.2 | 4.4 | 5.3 | 27.8 | 1.1 |
| 云南 | 1.6 | 0.4 | 7.4 | 3.7 | 5.0 | 5.5 | 26.8 | 1.3 |
| 西藏 | 26.4 | 5.8 | 0.9 | 0.5 | 3.1 | 21.4 | 6.1 | 3.2 |
| 陕西 | 0.6 | 1.0 | 2.3 | 2.1 | 7.6 | 12.6 | 40.1 | 0.9 |
| 甘肃 | 1.4 | 2.4 | 4.0 | 2.0 | 7.6 | 13.4 | 49.0 | 1.7 |
| 青海 | 4.5 | 6.9 | 3.2 | 2.1 | 4.3 | 17.4 | 27.9 | 1.3 |
| 宁夏 | 3.5 | 5.4 | 6.0 | 2.6 | 6.0 | 15.5 | 64.9 | 1.2 |
| 新疆 | 4.6 | 13.2 | 5.2 | 3.2 | 6.8 | 19.5 | 58.2 | 1.2 |

# 2-1-1-10 2015年分地区全体居民年末主要耐用消费品拥有量

单位：平均每百户

| 地　区 | 家用汽车(辆) | 摩托车(辆) | 电动助力车(辆) | 洗衣机(台) | 电冰箱(柜)(台) | 微波炉(台) | 彩色电视机(台) |
|---|---|---|---|---|---|---|---|
| **全　国** | **22.7** | **42.2** | **47.6** | **86.4** | **89.0** | **36.9** | **119.9** |
| 北　京 | 45.0 | 4.0 | 24.6 | 95.2 | 97.9 | 77.3 | 130.1 |
| 天　津 | 37.7 | 11.6 | 43.5 | 96.0 | 98.1 | 66.4 | 111.4 |
| 河　北 | 30.4 | 40.0 | 82.2 | 97.6 | 93.9 | 37.5 | 115.9 |
| 山　西 | 20.7 | 37.4 | 37.2 | 91.1 | 76.4 | 23.8 | 105.4 |
| 内蒙古 | 28.5 | 44.8 | 40.4 | 91.3 | 92.7 | 25.2 | 103.3 |
| 辽　宁 | 18.1 | 26.3 | 21.1 | 88.1 | 92.5 | 40.2 | 109.0 |
| 吉　林 | 19.3 | 40.7 | 9.4 | 92.8 | 92.0 | 28.8 | 108.0 |
| 黑龙江 | 10.7 | 28.9 | 9.8 | 90.3 | 89.8 | 24.6 | 103.3 |
| 上　海 | 24.3 | 4.9 | 58.3 | 89.3 | 95.9 | 84.4 | 174.2 |
| 江　苏 | 31.3 | 27.7 | 111.9 | 96.7 | 99.0 | 78.7 | 161.9 |
| 浙　江 | 39.8 | 20.0 | 73.6 | 83.2 | 95.7 | 49.5 | 169.3 |
| 安　徽 | 14.8 | 34.1 | 73.9 | 83.3 | 93.7 | 36.4 | 125.3 |
| 福　建 | 22.3 | 63.8 | 34.9 | 80.1 | 94.1 | 51.5 | 139.0 |
| 江　西 | 16.7 | 52.5 | 54.4 | 68.3 | 90.6 | 31.4 | 133.7 |
| 山　东 | 37.8 | 43.6 | 94.1 | 91.9 | 94.9 | 33.0 | 108.7 |
| 河　南 | 17.4 | 47.4 | 88.8 | 95.5 | 85.8 | 23.0 | 115.1 |
| 湖　北 | 12.9 | 51.8 | 23.9 | 79.3 | 90.5 | 30.3 | 117.6 |
| 湖　南 | 16.4 | 54.3 | 15.8 | 83.7 | 92.9 | 24.9 | 114.3 |
| 广　东 | 24.6 | 60.7 | 23.0 | 69.3 | 76.1 | 34.0 | 104.3 |
| 广　西 | 18.0 | 75.4 | 49.5 | 72.3 | 86.6 | 38.4 | 113.3 |
| 海　南 | 15.5 | 66.3 | 53.8 | 55.0 | 74.4 | 25.6 | 104.7 |
| 重　庆 | 15.4 | 27.3 | 6.2 | 86.6 | 95.7 | 42.9 | 121.8 |
| 四　川 | 15.3 | 38.0 | 21.0 | 88.6 | 88.9 | 25.2 | 117.6 |
| 贵　州 | 15.0 | 40.0 | 6.0 | 90.5 | 79.1 | 22.2 | 103.6 |
| 云　南 | 24.2 | 56.5 | 20.6 | 80.0 | 69.5 | 31.0 | 104.9 |
| 西　藏 | 21.5 | 57.0 | 10.9 | 60.4 | 61.5 | 14.6 | 114.0 |
| 陕　西 | 15.8 | 40.4 | 29.9 | 91.8 | 79.8 | 22.3 | 109.2 |
| 甘　肃 | 13.7 | 58.0 | 23.7 | 91.8 | 72.0 | 24.5 | 107.0 |
| 青　海 | 24.3 | 48.7 | 9.8 | 95.7 | 94.3 | 32.4 | 105.0 |
| 宁　夏 | 25.2 | 47.3 | 47.6 | 96.5 | 90.0 | 31.7 | 108.4 |
| 新　疆 | 19.9 | 48.9 | 33.4 | 92.8 | 91.1 | 23.6 | 100.1 |

2-1-1-10 续表　　单位：平均每百户

| 地　区 | 空调 (台) | 热水器 (台) | 排油烟机 (台) | 移动电话 (部) | 计算机 (台) | 照相机 (台) |
|---|---|---|---|---|---|---|
| **全　国** | **81.5** | **71.2** | **45.7** | **224.8** | **55.5** | **20.4** |
| 北　京 | 155.5 | 92.6 | 83.8 | 221.2 | 101.9 | 59.4 |
| 天　津 | 124.3 | 92.7 | 76.7 | 219.5 | 68.1 | 31.1 |
| 河　北 | 87.1 | 72.7 | 48.2 | 223.3 | 57.5 | 19.9 |
| 山　西 | 24.4 | 42.6 | 39.9 | 207.8 | 53.7 | 13.8 |
| 内蒙古 | 7.6 | 40.6 | 42.1 | 218.4 | 43.5 | 16.2 |
| 辽　宁 | 21.4 | 54.0 | 56.0 | 196.4 | 53.8 | 23.6 |
| 吉　林 | 6.2 | 35.3 | 47.5 | 228.0 | 53.3 | 15.5 |
| 黑龙江 | 6.2 | 31.8 | 46.4 | 199.5 | 44.5 | 13.6 |
| 上　海 | 180.9 | 88.2 | 74.3 | 217.2 | 117.3 | 50.2 |
| 江　苏 | 162.6 | 98.4 | 63.2 | 228.6 | 73.4 | 27.7 |
| 浙　江 | 154.5 | 87.5 | 70.7 | 224.2 | 77.6 | 27.7 |
| 安　徽 | 99.2 | 80.7 | 37.4 | 210.8 | 45.3 | 14.9 |
| 福　建 | 116.9 | 91.3 | 49.8 | 242.6 | 67.6 | 20.6 |
| 江　西 | 84.1 | 74.6 | 40.1 | 228.2 | 50.4 | 15.1 |
| 山　东 | 77.5 | 84.0 | 54.5 | 214.7 | 59.2 | 26.3 |
| 河　南 | 91.2 | 63.8 | 31.0 | 222.9 | 48.1 | 12.9 |
| 湖　北 | 90.1 | 75.8 | 40.4 | 227.2 | 52.4 | 15.7 |
| 湖　南 | 86.4 | 66.5 | 39.7 | 239.9 | 47.3 | 16.0 |
| 广　东 | 122.2 | 82.0 | 50.0 | 233.7 | 70.9 | 28.4 |
| 广　西 | 65.3 | 71.4 | 31.8 | 256.4 | 50.2 | 16.4 |
| 海　南 | 64.8 | 67.1 | 36.1 | 235.3 | 42.4 | 10.2 |
| 重　庆 | 115.5 | 76.5 | 36.5 | 232.2 | 49.3 | 19.1 |
| 四　川 | 60.4 | 68.2 | 28.5 | 221.6 | 35.4 | 11.9 |
| 贵　州 | 12.7 | 50.4 | 21.0 | 241.8 | 31.7 | 8.5 |
| 云　南 | 1.7 | 72.4 | 31.7 | 235.1 | 30.7 | 15.3 |
| 西　藏 | 3.2 | 15.4 | 15.4 | 185.8 | 18.7 | 13.5 |
| 陕　西 | 57.6 | 57.9 | 37.2 | 237.4 | 45.9 | 17.2 |
| 甘　肃 | 5.1 | 43.2 | 35.4 | 235.7 | 36.7 | 14.7 |
| 青　海 | 1.4 | 37.8 | 43.6 | 233.5 | 39.0 | 14.1 |
| 宁　夏 | 7.9 | 73.5 | 47.3 | 255.9 | 47.3 | 13.6 |
| 新　疆 | 9.2 | 53.2 | 44.8 | 192.7 | 39.8 | 17.0 |

## (二)2016年分地区全体居民收支主要数据

### 2-1-2-1 2016年分地区全体居民可支配收入

单位：元/人

| 地区 | 可支配收入 | 一、工资性收入 | 二、经营净收入 | 三、财产净收入 | 四、转移净收入 |
|---|---|---|---|---|---|
| **全国** | **23821.0** | **13455.2** | **4217.7** | **1889.0** | **4259.1** |
| 北京 | 52530.4 | 33114.2 | 1396.4 | 8229.6 | 9790.2 |
| 天津 | 34074.5 | 21218.6 | 3136.7 | 3217.4 | 6501.9 |
| 河北 | 19725.4 | 11888.9 | 3020.3 | 1335.4 | 3480.8 |
| 山西 | 19048.9 | 11304.9 | 2693.1 | 1111.8 | 3939.0 |
| 内蒙古 | 24126.6 | 12939.5 | 5776.4 | 1202.7 | 4208.0 |
| 辽宁 | 26039.7 | 13787.5 | 4526.8 | 1294.1 | 6431.3 |
| 吉林 | 19967.0 | 9699.3 | 4814.9 | 861.3 | 4591.4 |
| 黑龙江 | 19838.5 | 9673.3 | 4263.6 | 994.6 | 4907.0 |
| 上海 | 54305.3 | 32718.6 | 1398.9 | 7684.2 | 12503.7 |
| 江苏 | 32070.1 | 18664.4 | 4723.7 | 2880.4 | 5801.6 |
| 浙江 | 38529.0 | 22206.7 | 6588.6 | 4337.5 | 5396.2 |
| 安徽 | 19998.1 | 10931.6 | 4512.7 | 1085.5 | 3468.3 |
| 福建 | 27607.9 | 16041.9 | 5280.2 | 2621.9 | 3663.9 |
| 江西 | 20109.6 | 11309.4 | 3579.8 | 1368.6 | 3851.8 |
| 山东 | 24685.3 | 14259.3 | 5470.4 | 1632.8 | 3322.7 |
| 河南 | 18443.1 | 9265.5 | 4257.3 | 1142.3 | 3777.9 |
| 湖北 | 21786.6 | 10818.7 | 4781.4 | 1322.9 | 4863.7 |
| 湖南 | 21114.8 | 10796.9 | 4233.8 | 1503.5 | 4580.7 |
| 广东 | 30295.8 | 21361.9 | 4101.8 | 3096.5 | 1735.6 |
| 广西 | 18305.1 | 8882.9 | 4779.4 | 1069.1 | 3573.7 |
| 海南 | 20653.4 | 12258.1 | 4042.1 | 1216.5 | 3136.7 |
| 重庆 | 22034.1 | 11557.7 | 3684.3 | 1413.7 | 5378.4 |
| 四川 | 18808.3 | 9278.2 | 3993.2 | 1198.5 | 4338.3 |
| 贵州 | 15121.1 | 7787.3 | 3555.4 | 773.3 | 3005.1 |
| 云南 | 16719.9 | 7659.6 | 4433.2 | 1673.0 | 2954.2 |
| 西藏 | 13639.2 | 7111.0 | 4141.1 | 527.0 | 1860.1 |
| 陕西 | 18873.7 | 10366.1 | 2538.3 | 1103.3 | 4866.0 |
| 甘肃 | 14670.3 | 7910.3 | 2746.9 | 1009.5 | 3003.6 |
| 青海 | 17301.8 | 10234.6 | 2629.2 | 862.7 | 3575.3 |
| 宁夏 | 18832.3 | 11238.9 | 3359.7 | 792.0 | 3441.7 |
| 新疆 | 18354.7 | 9968.2 | 4434.4 | 695.0 | 3257.0 |

# 2-1-2-2 2016年分地区全体居民可支配收入构成

单位：%

| 地 区 | 可支配收入 | 一、工资性收入 | 二、经营净收入 | 三、财产净收入 | 四、转移净收入 |
|---|---|---|---|---|---|
| **全 国** | **100.0** | **56.5** | **17.7** | **7.9** | **17.9** |
| 北 京 | 100.0 | 63.0 | 2.7 | 15.7 | 18.6 |
| 天 津 | 100.0 | 62.3 | 9.2 | 9.4 | 19.1 |
| 河 北 | 100.0 | 60.3 | 15.3 | 6.8 | 17.6 |
| 山 西 | 100.0 | 59.3 | 14.1 | 5.8 | 20.7 |
| 内蒙古 | 100.0 | 53.6 | 23.9 | 5.0 | 17.4 |
| 辽 宁 | 100.0 | 52.9 | 17.4 | 5.0 | 24.7 |
| 吉 林 | 100.0 | 48.6 | 24.1 | 4.3 | 23.0 |
| 黑龙江 | 100.0 | 48.8 | 21.5 | 5.0 | 24.7 |
| 上 海 | 100.0 | 60.2 | 2.6 | 14.1 | 23.0 |
| 江 苏 | 100.0 | 58.2 | 14.7 | 9.0 | 18.1 |
| 浙 江 | 100.0 | 57.6 | 17.1 | 11.3 | 14.0 |
| 安 徽 | 100.0 | 54.7 | 22.6 | 5.4 | 17.3 |
| 福 建 | 100.0 | 58.1 | 19.1 | 9.5 | 13.3 |
| 江 西 | 100.0 | 56.2 | 17.8 | 6.8 | 19.2 |
| 山 东 | 100.0 | 57.8 | 22.2 | 6.6 | 13.5 |
| 河 南 | 100.0 | 50.2 | 23.1 | 6.2 | 20.5 |
| 湖 北 | 100.0 | 49.7 | 21.9 | 6.1 | 22.3 |
| 湖 南 | 100.0 | 51.1 | 20.1 | 7.1 | 21.7 |
| 广 东 | 100.0 | 70.5 | 13.5 | 10.2 | 5.7 |
| 广 西 | 100.0 | 48.5 | 26.1 | 5.8 | 19.5 |
| 海 南 | 100.0 | 59.4 | 19.6 | 5.9 | 15.2 |
| 重 庆 | 100.0 | 52.5 | 16.7 | 6.4 | 24.4 |
| 四 川 | 100.0 | 49.3 | 21.2 | 6.4 | 23.1 |
| 贵 州 | 100.0 | 51.5 | 23.5 | 5.1 | 19.9 |
| 云 南 | 100.0 | 45.8 | 26.5 | 10.0 | 17.7 |
| 西 藏 | 100.0 | 52.1 | 30.4 | 3.9 | 13.6 |
| 陕 西 | 100.0 | 54.9 | 13.4 | 5.8 | 25.8 |
| 甘 肃 | 100.0 | 53.9 | 18.7 | 6.9 | 20.5 |
| 青 海 | 100.0 | 59.2 | 15.2 | 5.0 | 20.7 |
| 宁 夏 | 100.0 | 59.7 | 17.8 | 4.2 | 18.3 |
| 新 疆 | 100.0 | 54.3 | 24.2 | 3.8 | 17.7 |

# 2-1-2-3 2016年分地区全体居民现金可支配收入

单位：元/人

| 地区 | 现金可支配收入 | 一、工资性收入 | 二、经营净收入 | 三、财产净收入 | 四、转移净收入 |
|---|---|---|---|---|---|
| **全国** | **22204.5** | **13379.0** | **4111.4** | **739.8** | **3974.3** |
| 北京 | 45140.7 | 32940.4 | 1502.6 | 1593.3 | 9104.3 |
| 天津 | 31523.0 | 21004.7 | 3365.9 | 1078.5 | 6073.9 |
| 河北 | 18731.2 | 11871.6 | 3090.4 | 453.5 | 3315.7 |
| 山西 | 17968.5 | 11275.7 | 2630.7 | 452.8 | 3609.3 |
| 内蒙古 | 23262.0 | 12933.4 | 5900.3 | 565.0 | 3863.3 |
| 辽宁 | 24607.9 | 13576.4 | 4737.1 | 286.5 | 6008.0 |
| 吉林 | 18786.0 | 9616.4 | 4549.1 | 289.2 | 4331.3 |
| 黑龙江 | 19211.0 | 9651.9 | 4404.1 | 422.6 | 4732.3 |
| 上海 | 45954.4 | 32489.0 | 1464.0 | 798.1 | 11203.3 |
| 江苏 | 29771.9 | 18573.6 | 4763.1 | 1046.8 | 5388.4 |
| 浙江 | 36023.6 | 22025.4 | 6912.5 | 2081.2 | 5004.6 |
| 安徽 | 18717.8 | 10853.9 | 4248.8 | 377.4 | 3237.7 |
| 福建 | 25622.6 | 15959.2 | 5335.2 | 912.8 | 3415.4 |
| 江西 | 18738.9 | 11288.6 | 3207.3 | 512.0 | 3731.0 |
| 山东 | 23610.3 | 14225.3 | 5633.4 | 667.8 | 3083.7 |
| 河南 | 17219.8 | 9248.9 | 3860.3 | 545.4 | 3565.2 |
| 湖北 | 20081.1 | 10742.4 | 4514.0 | 348.4 | 4476.3 |
| 湖南 | 20004.1 | 10740.2 | 3994.1 | 869.3 | 4400.3 |
| 广东 | 28213.4 | 21116.4 | 4113.2 | 1433.8 | 1550.0 |
| 广西 | 17225.4 | 8850.3 | 4501.6 | 527.8 | 3345.7 |
| 海南 | 19597.4 | 12234.2 | 4044.9 | 496.8 | 2821.5 |
| 重庆 | 20518.4 | 11503.4 | 3265.7 | 604.9 | 5144.2 |
| 四川 | 17510.4 | 9229.1 | 3567.6 | 663.6 | 4050.1 |
| 贵州 | 14292.3 | 7772.4 | 3344.4 | 297.6 | 2877.9 |
| 云南 | 15420.7 | 7651.5 | 3937.3 | 1084.0 | 2747.9 |
| 西藏 | 12420.7 | 7110.9 | 3255.7 | 245.3 | 1808.9 |
| 陕西 | 17855.3 | 10327.7 | 2376.8 | 634.0 | 4516.8 |
| 甘肃 | 13765.8 | 7896.9 | 2669.0 | 440.7 | 2759.2 |
| 青海 | 16457.5 | 10218.7 | 2635.2 | 410.2 | 3193.4 |
| 宁夏 | 18231.1 | 11214.3 | 3689.0 | 276.6 | 3051.2 |
| 新疆 | 17363.6 | 9936.0 | 4233.9 | 207.9 | 2985.8 |

## 2-1-2-4　2016年分地区全体居民现金可支配收入构成

单位：%

| 地　区 | 现金可支配收入 | 一、工资性收入 | 二、经营净收入 | 三、财产净收入 | 四、转移净收入 |
|---|---|---|---|---|---|
| **全　国** | **100.0** | **60.3** | **18.5** | **3.3** | **17.9** |
| 北　京 | 100.0 | 73.0 | 3.3 | 3.5 | 20.2 |
| 天　津 | 100.0 | 66.6 | 10.7 | 3.4 | 19.3 |
| 河　北 | 100.0 | 63.4 | 16.5 | 2.4 | 17.7 |
| 山　西 | 100.0 | 62.8 | 14.6 | 2.5 | 20.1 |
| 内蒙古 | 100.0 | 55.6 | 25.4 | 2.4 | 16.6 |
| 辽　宁 | 100.0 | 55.2 | 19.3 | 1.2 | 24.4 |
| 吉　林 | 100.0 | 51.2 | 24.2 | 1.5 | 23.1 |
| 黑龙江 | 100.0 | 50.2 | 22.9 | 2.2 | 24.6 |
| 上　海 | 100.0 | 70.7 | 3.2 | 1.7 | 24.4 |
| 江　苏 | 100.0 | 62.4 | 16.0 | 3.5 | 18.1 |
| 浙　江 | 100.0 | 61.1 | 19.2 | 5.8 | 13.9 |
| 安　徽 | 100.0 | 58.0 | 22.7 | 2.0 | 17.3 |
| 福　建 | 100.0 | 62.3 | 20.8 | 3.6 | 13.3 |
| 江　西 | 100.0 | 60.2 | 17.1 | 2.7 | 19.9 |
| 山　东 | 100.0 | 60.3 | 23.9 | 2.8 | 13.1 |
| 河　南 | 100.0 | 53.7 | 22.4 | 3.2 | 20.7 |
| 湖　北 | 100.0 | 53.5 | 22.5 | 1.7 | 22.3 |
| 湖　南 | 100.0 | 53.7 | 20.0 | 4.3 | 22.0 |
| 广　东 | 100.0 | 74.8 | 14.6 | 5.1 | 5.5 |
| 广　西 | 100.0 | 51.4 | 26.1 | 3.1 | 19.4 |
| 海　南 | 100.0 | 62.4 | 20.6 | 2.5 | 14.4 |
| 重　庆 | 100.0 | 56.1 | 15.9 | 2.9 | 25.1 |
| 四　川 | 100.0 | 52.7 | 20.4 | 3.8 | 23.1 |
| 贵　州 | 100.0 | 54.4 | 23.4 | 2.1 | 20.1 |
| 云　南 | 100.0 | 49.6 | 25.5 | 7.0 | 17.8 |
| 西　藏 | 100.0 | 57.3 | 26.2 | 2.0 | 14.6 |
| 陕　西 | 100.0 | 57.8 | 13.3 | 3.6 | 25.3 |
| 甘　肃 | 100.0 | 57.4 | 19.4 | 3.2 | 20.0 |
| 青　海 | 100.0 | 62.1 | 16.0 | 2.5 | 19.4 |
| 宁　夏 | 100.0 | 61.5 | 20.2 | 1.5 | 16.7 |
| 新　疆 | 100.0 | 57.2 | 24.4 | 1.2 | 17.2 |

# 2-1-2-5 2016年分地区全体居民消费支出

单位：元/人

| 地区 | 消费支出 | 一、食品烟酒支出 | 二、衣着支出 | 三、居住支出 |
|---|---|---|---|---|
| **全国** | **17110.7** | **5151.0** | **1202.7** | **3746.4** |
| 北京 | 35415.7 | 7608.5 | 2433.0 | 11187.7 |
| 天津 | 26129.3 | 8020.6 | 1931.2 | 5654.8 |
| 河北 | 14247.5 | 3819.1 | 1111.1 | 3295.0 |
| 山西 | 12682.9 | 3098.1 | 1104.0 | 2751.3 |
| 内蒙古 | 18072.3 | 5169.0 | 1827.1 | 3173.6 |
| 辽宁 | 19852.8 | 5457.8 | 1745.3 | 3700.7 |
| 吉林 | 14772.6 | 3949.0 | 1266.5 | 2794.3 |
| 黑龙江 | 14445.8 | 3997.0 | 1313.7 | 2616.9 |
| 上海 | 37458.3 | 9564.0 | 1734.0 | 12263.9 |
| 江苏 | 22129.9 | 6265.7 | 1453.3 | 5107.2 |
| 浙江 | 25526.6 | 7414.2 | 1564.1 | 6133.5 |
| 安徽 | 14711.5 | 4880.2 | 990.8 | 3047.3 |
| 福建 | 20167.5 | 6907.0 | 1093.1 | 5199.8 |
| 江西 | 13258.6 | 4400.8 | 944.7 | 3089.1 |
| 山东 | 15926.4 | 4489.5 | 1326.1 | 3214.7 |
| 河南 | 12712.3 | 3585.2 | 1141.7 | 2630.0 |
| 湖北 | 15888.7 | 4926.4 | 1106.5 | 3369.9 |
| 湖南 | 15750.5 | 4812.0 | 1057.9 | 3104.6 |
| 广东 | 23448.4 | 8015.1 | 1209.9 | 5247.0 |
| 广西 | 12295.2 | 4232.3 | 532.5 | 2735.5 |
| 海南 | 14275.4 | 5745.5 | 596.5 | 2647.1 |
| 重庆 | 16384.8 | 5611.6 | 1373.7 | 2903.1 |
| 四川 | 14838.5 | 5321.2 | 1140.8 | 2734.4 |
| 贵州 | 11931.6 | 3708.9 | 810.6 | 2518.2 |
| 云南 | 11768.8 | 3742.4 | 653.5 | 2346.6 |
| 西藏 | 9318.7 | 4530.4 | 926.8 | 1522.8 |
| 陕西 | 13943.0 | 3857.2 | 1024.1 | 2850.2 |
| 甘肃 | 12254.2 | 3701.2 | 994.5 | 2294.9 |
| 青海 | 14774.7 | 4271.8 | 1269.5 | 2595.5 |
| 宁夏 | 14965.4 | 3701.3 | 1219.9 | 2741.7 |
| 新疆 | 14066.5 | 4213.4 | 1271.6 | 2492.9 |

2-1-2-5 续表

单位：元/人

| 地 区 | 四、生活用品及服务支出 | 五、交通通信支出 | 六、教育文化娱乐支出 | 七、医疗保健支出 | 八、其他用品及服务支出 |
|---|---|---|---|---|---|
| **全 国** | **1043.7** | **2337.8** | **1915.3** | **1307.5** | **406.3** |
| 北 京 | 2327.2 | 4701.7 | 3686.6 | 2455.7 | 1015.2 |
| 天 津 | 1561.7 | 3752.2 | 2404.0 | 2022.9 | 782.0 |
| 河 北 | 957.6 | 2062.2 | 1449.2 | 1225.4 | 327.8 |
| 山 西 | 679.6 | 1709.0 | 1810.7 | 1227.5 | 302.6 |
| 内蒙古 | 1126.9 | 2525.5 | 2165.8 | 1569.9 | 514.4 |
| 辽 宁 | 1182.4 | 2837.3 | 2422.1 | 1912.1 | 595.0 |
| 吉 林 | 773.9 | 2073.0 | 1850.1 | 1681.7 | 384.1 |
| 黑龙江 | 750.7 | 2040.9 | 1688.3 | 1694.7 | 343.8 |
| 上 海 | 1755.2 | 4228.5 | 4174.6 | 2720.7 | 1017.6 |
| 江 苏 | 1363.1 | 3372.2 | 2514.5 | 1453.7 | 600.2 |
| 浙 江 | 1224.0 | 4377.3 | 2794.3 | 1506.5 | 512.6 |
| 安 徽 | 868.8 | 1975.2 | 1558.8 | 1092.1 | 298.4 |
| 福 建 | 1111.2 | 2504.2 | 1905.4 | 1053.9 | 392.8 |
| 江 西 | 765.0 | 1576.9 | 1424.4 | 764.5 | 293.2 |
| 山 东 | 1124.5 | 2324.8 | 1754.6 | 1339.0 | 353.1 |
| 河 南 | 953.8 | 1550.8 | 1439.5 | 1113.4 | 298.0 |
| 湖 北 | 938.1 | 1931.0 | 1739.5 | 1528.2 | 349.1 |
| 湖 南 | 993.1 | 1915.5 | 2392.7 | 1165.0 | 309.8 |
| 广 东 | 1402.0 | 3296.5 | 2451.2 | 1144.9 | 681.9 |
| 广 西 | 711.0 | 1541.6 | 1444.0 | 907.4 | 190.8 |
| 海 南 | 704.3 | 1762.2 | 1544.9 | 1021.0 | 254.0 |
| 重 庆 | 1145.8 | 1941.6 | 1745.9 | 1344.5 | 318.7 |
| 四 川 | 967.2 | 1850.3 | 1284.8 | 1172.6 | 367.1 |
| 贵 州 | 751.3 | 1610.6 | 1602.5 | 724.7 | 204.8 |
| 云 南 | 682.1 | 1723.5 | 1429.8 | 976.4 | 214.4 |
| 西 藏 | 500.8 | 990.0 | 370.1 | 257.7 | 220.1 |
| 陕 西 | 953.4 | 1664.1 | 1785.2 | 1528.2 | 280.7 |
| 甘 肃 | 803.0 | 1573.0 | 1502.1 | 1122.7 | 262.9 |
| 青 海 | 873.8 | 2287.0 | 1568.2 | 1503.9 | 404.8 |
| 宁 夏 | 924.6 | 2748.6 | 1772.1 | 1473.2 | 384.1 |
| 新 疆 | 911.6 | 2052.4 | 1471.2 | 1333.2 | 320.1 |

## 2-1-2-6 2016年分地区全体居民消费支出构成

单位：%

| 地 区 | 消费支出 | 一、食品烟酒支出 | 二、衣着支出 | 三、居住支出 |
|---|---|---|---|---|
| **全 国** | **100.0** | **30.1** | **7.0** | **21.9** |
| 北 京 | 100.0 | 21.5 | 6.9 | 31.6 |
| 天 津 | 100.0 | 30.7 | 7.4 | 21.6 |
| 河 北 | 100.0 | 26.8 | 7.8 | 23.1 |
| 山 西 | 100.0 | 24.4 | 8.7 | 21.7 |
| 内 蒙 古 | 100.0 | 28.6 | 10.1 | 17.6 |
| 辽 宁 | 100.0 | 27.5 | 8.8 | 18.6 |
| 吉 林 | 100.0 | 26.7 | 8.6 | 18.9 |
| 黑 龙 江 | 100.0 | 27.7 | 9.1 | 18.1 |
| 上 海 | 100.0 | 25.5 | 4.6 | 32.7 |
| 江 苏 | 100.0 | 28.3 | 6.6 | 23.1 |
| 浙 江 | 100.0 | 29.0 | 6.1 | 24.0 |
| 安 徽 | 100.0 | 33.2 | 6.7 | 20.7 |
| 福 建 | 100.0 | 34.2 | 5.4 | 25.8 |
| 江 西 | 100.0 | 33.2 | 7.1 | 23.3 |
| 山 东 | 100.0 | 28.2 | 8.3 | 20.2 |
| 河 南 | 100.0 | 28.2 | 9.0 | 20.7 |
| 湖 北 | 100.0 | 31.0 | 7.0 | 21.2 |
| 湖 南 | 100.0 | 30.6 | 6.7 | 19.7 |
| 广 东 | 100.0 | 34.2 | 5.2 | 22.4 |
| 广 西 | 100.0 | 34.4 | 4.3 | 22.2 |
| 海 南 | 100.0 | 40.2 | 4.2 | 18.5 |
| 重 庆 | 100.0 | 34.2 | 8.4 | 17.7 |
| 四 川 | 100.0 | 35.9 | 7.7 | 18.4 |
| 贵 州 | 100.0 | 31.1 | 6.8 | 21.1 |
| 云 南 | 100.0 | 31.8 | 5.6 | 19.9 |
| 西 藏 | 100.0 | 48.6 | 9.9 | 16.3 |
| 陕 西 | 100.0 | 27.7 | 7.3 | 20.4 |
| 甘 肃 | 100.0 | 30.2 | 8.1 | 18.7 |
| 青 海 | 100.0 | 28.9 | 8.6 | 17.6 |
| 宁 夏 | 100.0 | 24.7 | 8.2 | 18.3 |
| 新 疆 | 100.0 | 30.0 | 9.0 | 17.7 |

2-1-2-6 续表

单位：%

| 地区 | 四、生活用品及服务支出 | 五、交通通信支出 | 六、教育文化娱乐支出 | 七、医疗保健支出 | 八、其他用品及服务支出 |
|---|---|---|---|---|---|
| **全　国** | **6.1** | **13.7** | **11.2** | **7.6** | **2.4** |
| 北　京 | 6.6 | 13.3 | 10.4 | 6.9 | 2.9 |
| 天　津 | 6.0 | 14.4 | 9.2 | 7.7 | 3.0 |
| 河　北 | 6.7 | 14.5 | 10.2 | 8.6 | 2.3 |
| 山　西 | 5.4 | 13.5 | 14.3 | 9.7 | 2.4 |
| 内蒙古 | 6.2 | 14.0 | 12.0 | 8.7 | 2.8 |
| 辽　宁 | 6.0 | 14.3 | 12.2 | 9.6 | 3.0 |
| 吉　林 | 5.2 | 14.0 | 12.5 | 11.4 | 2.6 |
| 黑龙江 | 5.2 | 14.1 | 11.7 | 11.7 | 2.4 |
| 上　海 | 4.7 | 11.3 | 11.1 | 7.3 | 2.7 |
| 江　苏 | 6.2 | 15.2 | 11.4 | 6.6 | 2.7 |
| 浙　江 | 4.8 | 17.1 | 10.9 | 5.9 | 2.0 |
| 安　徽 | 5.9 | 13.4 | 10.6 | 7.4 | 2.0 |
| 福　建 | 5.5 | 12.4 | 9.4 | 5.2 | 1.9 |
| 江　西 | 5.8 | 11.9 | 10.7 | 5.8 | 2.2 |
| 山　东 | 7.1 | 14.6 | 11.0 | 8.4 | 2.2 |
| 河　南 | 7.5 | 12.2 | 11.3 | 8.8 | 2.3 |
| 湖　北 | 5.9 | 12.2 | 10.9 | 9.6 | 2.2 |
| 湖　南 | 6.3 | 12.2 | 15.2 | 7.4 | 2.0 |
| 广　东 | 6.0 | 14.1 | 10.5 | 4.9 | 2.9 |
| 广　西 | 5.8 | 12.5 | 11.7 | 7.4 | 1.6 |
| 海　南 | 4.9 | 12.3 | 10.8 | 7.2 | 1.8 |
| 重　庆 | 7.0 | 11.9 | 10.7 | 8.2 | 1.9 |
| 四　川 | 6.5 | 12.5 | 8.7 | 7.9 | 2.5 |
| 贵　州 | 6.3 | 13.5 | 13.4 | 6.1 | 1.7 |
| 云　南 | 5.8 | 14.6 | 12.1 | 8.3 | 1.8 |
| 西　藏 | 5.4 | 10.6 | 4.0 | 2.8 | 2.4 |
| 陕　西 | 6.8 | 11.9 | 12.8 | 11.0 | 2.0 |
| 甘　肃 | 6.6 | 12.8 | 12.3 | 9.2 | 2.1 |
| 青　海 | 5.9 | 15.5 | 10.6 | 10.2 | 2.7 |
| 宁　夏 | 6.2 | 18.4 | 11.8 | 9.8 | 2.6 |
| 新　疆 | 6.5 | 14.6 | 10.5 | 9.5 | 2.3 |

# 2-1-2-7　2016年分地区全体居民现金消费支出

单位：元/人

| 地　区 | 现金消费支出 | 一、食品烟酒支出 | 二、衣着支出 | 三、居住支出 |
|---|---|---|---|---|
| **全　国** | **14142.0** | **4846.7** | **1202.2** | **1359.8** |
| 北　京 | 25905.1 | 7461.4 | 2432.6 | 2503.3 |
| 天　津 | 21904.9 | 7852.5 | 1930.8 | 2048.5 |
| 河　北 | 12069.6 | 3751.4 | 1110.3 | 1349.0 |
| 山　西 | 10676.0 | 2916.0 | 1103.8 | 1209.0 |
| 内蒙古 | 15962.3 | 4926.3 | 1827.0 | 1539.5 |
| 辽　宁 | 17115.6 | 5212.4 | 1745.0 | 1614.4 |
| 吉　林 | 12712.2 | 3747.8 | 1266.4 | 1209.5 |
| 黑龙江 | 12802.5 | 3918.2 | 1313.6 | 1226.4 |
| 上　海 | 26344.2 | 9344.6 | 1733.3 | 2692.0 |
| 江　苏 | 18049.8 | 6049.4 | 1452.8 | 1655.5 |
| 浙　江 | 20439.0 | 7089.5 | 1563.5 | 1768.4 |
| 安　徽 | 12290.0 | 4614.8 | 990.1 | 1118.1 |
| 福　建 | 16181.3 | 6607.8 | 1092.8 | 1772.1 |
| 江　西 | 10674.7 | 4043.4 | 944.6 | 984.4 |
| 山　东 | 13589.0 | 4379.3 | 1325.0 | 1223.7 |
| 河　南 | 10814.8 | 3478.7 | 1141.4 | 1051.4 |
| 湖　北 | 12898.1 | 4504.3 | 1105.8 | 1184.3 |
| 湖　南 | 13265.8 | 4344.0 | 1057.0 | 1269.6 |
| 广　东 | 19626.2 | 7634.9 | 1209.1 | 2002.6 |
| 广　西 | 9982.2 | 3758.1 | 532.2 | 1099.0 |
| 海　南 | 12105.9 | 5527.8 | 596.5 | 958.7 |
| 重　庆 | 13718.5 | 5086.2 | 1373.1 | 995.8 |
| 四　川 | 12136.2 | 4572.9 | 1140.4 | 1046.3 |
| 贵　州 | 9886.9 | 3265.0 | 809.2 | 1025.3 |
| 云　南 | 9456.4 | 3204.6 | 653.4 | 768.6 |
| 西　藏 | 7327.8 | 3553.5 | 926.6 | 560.9 |
| 陕　西 | 11949.7 | 3717.0 | 1023.6 | 1339.6 |
| 甘　肃 | 10399.5 | 3379.2 | 994.4 | 980.8 |
| 青　海 | 12889.4 | 3884.4 | 1269.5 | 1426.9 |
| 宁　夏 | 13092.2 | 3528.8 | 1219.8 | 1411.5 |
| 新　疆 | 12251.5 | 3886.6 | 1270.0 | 1258.4 |

2-1-2-7 续表 单位：元/人

| 地 区 | 四、生活用品及服务支出 | 五、交通通信支出 | 六、教育文化娱乐支出 | 七、医疗保健支出 | 八、其他用品及服务支出 |
|---|---|---|---|---|---|
| **全 国** | **1036.1** | **2332.9** | **1914.3** | **1048.5** | **401.5** |
| 北 京 | 2324.2 | 4700.3 | 3686.3 | 1786.2 | 1010.9 |
| 天 津 | 1559.4 | 3709.6 | 2402.1 | 1629.2 | 772.9 |
| 河 北 | 953.0 | 2059.6 | 1448.6 | 1071.5 | 326.1 |
| 山 西 | 672.1 | 1708.9 | 1810.2 | 957.3 | 298.7 |
| 内蒙古 | 1126.7 | 2525.5 | 2165.8 | 1338.2 | 513.4 |
| 辽 宁 | 1174.3 | 2824.1 | 2419.2 | 1545.4 | 581.0 |
| 吉 林 | 769.3 | 2059.3 | 1849.8 | 1426.6 | 383.7 |
| 黑龙江 | 750.6 | 2040.7 | 1687.8 | 1521.4 | 343.7 |
| 上 海 | 1752.7 | 4207.9 | 4173.7 | 1427.7 | 1012.3 |
| 江 苏 | 1346.8 | 3370.1 | 2514.0 | 1064.4 | 596.9 |
| 浙 江 | 1206.3 | 4374.4 | 2791.8 | 1141.0 | 504.0 |
| 安 徽 | 864.4 | 1970.9 | 1558.7 | 877.6 | 295.4 |
| 福 建 | 1103.4 | 2502.0 | 1904.7 | 809.6 | 388.8 |
| 江 西 | 764.3 | 1576.1 | 1424.4 | 646.8 | 290.7 |
| 山 东 | 1111.3 | 2323.3 | 1754.0 | 1122.2 | 350.2 |
| 河 南 | 952.1 | 1550.1 | 1439.3 | 904.6 | 297.2 |
| 湖 北 | 932.7 | 1896.9 | 1739.4 | 1189.6 | 345.0 |
| 湖 南 | 990.4 | 1913.9 | 2392.3 | 990.8 | 307.8 |
| 广 东 | 1383.4 | 3289.5 | 2446.5 | 991.5 | 668.7 |
| 广 西 | 702.8 | 1533.4 | 1443.6 | 727.7 | 185.3 |
| 海 南 | 697.8 | 1761.4 | 1544.1 | 769.1 | 250.6 |
| 重 庆 | 1137.5 | 1938.8 | 1745.4 | 1128.3 | 313.3 |
| 四 川 | 958.1 | 1849.9 | 1284.4 | 923.7 | 360.6 |
| 贵 州 | 746.9 | 1609.5 | 1602.5 | 627.7 | 200.9 |
| 云 南 | 675.8 | 1723.3 | 1429.5 | 790.9 | 210.3 |
| 西 藏 | 500.3 | 990.0 | 370.1 | 206.6 | 219.8 |
| 陕 西 | 949.9 | 1663.4 | 1783.4 | 1195.7 | 277.3 |
| 甘 肃 | 797.7 | 1572.8 | 1501.6 | 914.2 | 258.7 |
| 青 海 | 871.1 | 2286.5 | 1568.2 | 1178.2 | 404.5 |
| 宁 夏 | 913.6 | 2747.7 | 1771.9 | 1139.9 | 359.2 |
| 新 疆 | 909.4 | 2051.8 | 1470.9 | 1096.8 | 307.6 |

# 2-1-2-8　2016年分地区全体居民现金消费支出构成

单位：%

| 地　区 | 现金消费支出 | 一、食品烟酒支出 | 二、衣着支出 | 三、居住支出 |
|---|---|---|---|---|
| **全　国** | **100.0** | **34.3** | **8.5** | **9.6** |
| 北　京 | 100.0 | 28.8 | 9.4 | 9.7 |
| 天　津 | 100.0 | 35.8 | 8.8 | 9.4 |
| 河　北 | 100.0 | 31.1 | 9.2 | 11.2 |
| 山　西 | 100.0 | 27.3 | 10.3 | 11.3 |
| 内蒙古 | 100.0 | 30.9 | 11.4 | 9.6 |
| 辽　宁 | 100.0 | 30.5 | 10.2 | 9.4 |
| 吉　林 | 100.0 | 29.5 | 10.0 | 9.5 |
| 黑龙江 | 100.0 | 30.6 | 10.3 | 9.6 |
| 上　海 | 100.0 | 35.5 | 6.6 | 10.2 |
| 江　苏 | 100.0 | 33.5 | 8.0 | 9.2 |
| 浙　江 | 100.0 | 34.7 | 7.6 | 8.7 |
| 安　徽 | 100.0 | 37.5 | 8.1 | 9.1 |
| 福　建 | 100.0 | 40.8 | 6.8 | 11.0 |
| 江　西 | 100.0 | 37.9 | 8.8 | 9.2 |
| 山　东 | 100.0 | 32.2 | 9.8 | 9.0 |
| 河　南 | 100.0 | 32.2 | 10.6 | 9.7 |
| 湖　北 | 100.0 | 34.9 | 8.6 | 9.2 |
| 湖　南 | 100.0 | 32.7 | 8.0 | 9.6 |
| 广　东 | 100.0 | 38.9 | 6.2 | 10.2 |
| 广　西 | 100.0 | 37.6 | 5.3 | 11.0 |
| 海　南 | 100.0 | 45.7 | 4.9 | 7.9 |
| 重　庆 | 100.0 | 37.1 | 10.0 | 7.3 |
| 四　川 | 100.0 | 37.7 | 9.4 | 8.6 |
| 贵　州 | 100.0 | 33.0 | 8.2 | 10.4 |
| 云　南 | 100.0 | 33.9 | 6.9 | 8.1 |
| 西　藏 | 100.0 | 48.5 | 12.6 | 7.7 |
| 陕　西 | 100.0 | 31.1 | 8.6 | 11.2 |
| 甘　肃 | 100.0 | 32.5 | 9.6 | 9.4 |
| 青　海 | 100.0 | 30.1 | 9.8 | 11.1 |
| 宁　夏 | 100.0 | 27.0 | 9.3 | 10.8 |
| 新　疆 | 100.0 | 31.7 | 10.4 | 10.3 |

2-1-2-8 续表 单位：%

| 地区 | 四、生活用品及服务支出 | 五、交通通信支出 | 六、教育文化娱乐支出 | 七、医疗保健支出 | 八、其他用品及服务支出 |
|---|---|---|---|---|---|
| **全国** | **7.3** | **16.5** | **13.5** | **7.4** | **2.8** |
| 北京 | 9.0 | 18.1 | 14.2 | 6.9 | 3.9 |
| 天津 | 7.1 | 16.9 | 11.0 | 7.4 | 3.5 |
| 河北 | 7.9 | 17.1 | 12.0 | 8.9 | 2.7 |
| 山西 | 6.3 | 16.0 | 17.0 | 9.0 | 2.8 |
| 内蒙古 | 7.1 | 15.8 | 13.6 | 8.4 | 3.2 |
| 辽宁 | 6.9 | 16.5 | 14.1 | 9.0 | 3.4 |
| 吉林 | 6.1 | 16.2 | 14.6 | 11.2 | 3.0 |
| 黑龙江 | 5.9 | 15.9 | 13.2 | 11.9 | 2.7 |
| 上海 | 6.7 | 16.0 | 15.8 | 5.4 | 3.8 |
| 江苏 | 7.5 | 18.7 | 13.9 | 5.9 | 3.3 |
| 浙江 | 5.9 | 21.4 | 13.7 | 5.6 | 2.5 |
| 安徽 | 7.0 | 16.0 | 12.7 | 7.1 | 2.4 |
| 福建 | 6.8 | 15.5 | 11.8 | 5.0 | 2.4 |
| 江西 | 7.2 | 14.8 | 13.3 | 6.1 | 2.7 |
| 山东 | 8.2 | 17.1 | 12.9 | 8.3 | 2.6 |
| 河南 | 8.8 | 14.3 | 13.3 | 8.4 | 2.7 |
| 湖北 | 7.2 | 14.7 | 13.5 | 9.2 | 2.7 |
| 湖南 | 7.5 | 14.4 | 18.0 | 7.5 | 2.3 |
| 广东 | 7.0 | 16.8 | 12.5 | 5.1 | 3.4 |
| 广西 | 7.0 | 15.4 | 14.5 | 7.3 | 1.9 |
| 海南 | 5.8 | 14.5 | 12.8 | 6.4 | 2.1 |
| 重庆 | 8.3 | 14.1 | 12.7 | 8.2 | 2.3 |
| 四川 | 7.9 | 15.2 | 10.6 | 7.6 | 3.0 |
| 贵州 | 7.6 | 16.3 | 16.2 | 6.3 | 2.0 |
| 云南 | 7.1 | 18.2 | 15.1 | 8.4 | 2.2 |
| 西藏 | 6.8 | 13.5 | 5.1 | 2.8 | 3.0 |
| 陕西 | 7.9 | 13.9 | 14.9 | 10.0 | 2.3 |
| 甘肃 | 7.7 | 15.1 | 14.4 | 8.8 | 2.5 |
| 青海 | 6.8 | 17.7 | 12.2 | 9.1 | 3.1 |
| 宁夏 | 7.0 | 21.0 | 13.5 | 8.7 | 2.7 |
| 新疆 | 7.4 | 16.7 | 12.0 | 9.0 | 2.5 |

# 2-1-2-9　2016年分地区全体居民家庭主要食品消费量

单位：公斤/人

| 地　区 | 粮食(原粮) | 谷物 | 食用油 | 植物油 | 蔬菜 | 肉类 | 猪肉 |
|---|---|---|---|---|---|---|---|
| **全　国** | **132.8** | **122.0** | **10.6** | **10.0** | **100.1** | **26.1** | **19.6** |
| 北　京 | 83.8 | 74.4 | 9.7 | 9.7 | 95.4 | 24.2 | 13.1 |
| 天　津 | 126.9 | 115.7 | 11.0 | 10.9 | 127.5 | 26.3 | 16.1 |
| 河　北 | 130.6 | 120.8 | 10.1 | 10.0 | 94.4 | 19.2 | 12.1 |
| 山　西 | 134.6 | 119.9 | 7.9 | 7.9 | 78.4 | 13.4 | 9.0 |
| 内蒙古 | 156.1 | 143.0 | 9.5 | 9.3 | 99.8 | 34.2 | 16.5 |
| 辽　宁 | 134.7 | 119.9 | 11.8 | 11.6 | 119.3 | 27.0 | 18.3 |
| 吉　林 | 137.6 | 126.2 | 11.8 | 11.7 | 101.3 | 19.8 | 14.2 |
| 黑龙江 | 142.6 | 128.1 | 14.3 | 14.2 | 89.7 | 21.2 | 14.2 |
| 上　海 | 105.4 | 93.4 | 9.0 | 8.9 | 102.8 | 29.1 | 20.2 |
| 江　苏 | 116.9 | 104.7 | 12.1 | 12.0 | 104.8 | 25.9 | 19.1 |
| 浙　江 | 135.6 | 122.3 | 12.0 | 11.5 | 94.9 | 26.6 | 21.5 |
| 安　徽 | 140.9 | 128.6 | 9.9 | 9.2 | 97.6 | 22.9 | 17.8 |
| 福　建 | 128.4 | 118.7 | 9.8 | 8.7 | 91.7 | 31.7 | 25.8 |
| 江　西 | 146.2 | 137.1 | 13.1 | 12.5 | 112.2 | 24.8 | 19.9 |
| 山　东 | 125.7 | 115.8 | 8.7 | 8.7 | 94.4 | 20.7 | 12.8 |
| 河　南 | 125.1 | 115.2 | 8.3 | 8.2 | 86.3 | 15.9 | 10.8 |
| 湖　北 | 115.3 | 103.3 | 14.1 | 13.7 | 119.7 | 26.5 | 20.8 |
| 湖　南 | 144.4 | 136.0 | 11.9 | 9.3 | 101.4 | 29.5 | 25.1 |
| 广　东 | 118.1 | 109.9 | 9.6 | 9.2 | 98.7 | 36.2 | 29.1 |
| 广　西 | 139.0 | 131.9 | 7.5 | 6.2 | 88.9 | 31.4 | 27.0 |
| 海　南 | 99.4 | 94.3 | 7.3 | 6.0 | 95.3 | 31.4 | 27.0 |
| 重　庆 | 151.1 | 136.0 | 14.2 | 12.9 | 139.2 | 39.7 | 33.6 |
| 四　川 | 155.8 | 143.0 | 12.9 | 11.6 | 130.0 | 37.6 | 33.0 |
| 贵　州 | 129.5 | 117.9 | 8.6 | 7.0 | 89.2 | 30.9 | 28.0 |
| 云　南 | 135.1 | 125.3 | 8.1 | 5.8 | 98.6 | 30.1 | 26.2 |
| 西　藏 | 283.3 | 276.9 | 19.6 | 14.2 | 27.4 | 41.2 | 9.3 |
| 陕　西 | 131.1 | 119.6 | 10.6 | 10.5 | 81.9 | 13.3 | 10.0 |
| 甘　肃 | 157.4 | 145.2 | 9.1 | 9.0 | 79.4 | 17.7 | 11.9 |
| 青　海 | 123.8 | 114.6 | 9.3 | 8.9 | 65.3 | 26.6 | 12.3 |
| 宁　夏 | 123.1 | 115.3 | 8.3 | 8.2 | 89.4 | 16.6 | 6.7 |
| 新　疆 | 168.1 | 164.3 | 14.6 | 14.5 | 105.4 | 23.0 | 3.8 |

2-1-2-9 续表　　　　单位：公斤/人

| 地　区 | | | 禽类 | 水产品 | 蛋类 | 奶类 | 干鲜瓜果类 | 食糖 |
|---|---|---|---|---|---|---|---|---|
| | 牛肉 | 羊肉 | | | | | | |
| **全　国** | **1.8** | **1.5** | **9.1** | **11.4** | **9.7** | **12.0** | **48.3** | **1.3** |
| 北　京 | 2.9 | 3.1 | 5.7 | 8.5 | 12.0 | 23.2 | 63.2 | 1.2 |
| 天　津 | 2.8 | 3.3 | 5.6 | 16.9 | 17.8 | 17.0 | 80.8 | 1.3 |
| 河　北 | 1.4 | 1.5 | 4.4 | 6.0 | 13.3 | 15.2 | 59.3 | 1.2 |
| 山　西 | 0.7 | 1.5 | 2.1 | 2.2 | 10.0 | 14.1 | 47.2 | 0.9 |
| 内蒙古 | 4.3 | 9.9 | 5.9 | 5.2 | 9.3 | 22.7 | 55.3 | 1.5 |
| 辽　宁 | 2.6 | 1.8 | 5.3 | 14.8 | 13.3 | 14.8 | 65.7 | 1.3 |
| 吉　林 | 2.1 | 1.0 | 4.8 | 7.4 | 10.3 | 9.5 | 50.8 | 1.2 |
| 黑龙江 | 1.8 | 1.5 | 5.5 | 8.3 | 9.9 | 9.8 | 57.4 | 1.8 |
| 上　海 | 2.8 | 1.1 | 13.3 | 25.7 | 11.1 | 21.0 | 54.8 | 1.4 |
| 江　苏 | 1.8 | 1.0 | 11.1 | 17.9 | 10.3 | 15.8 | 43.7 | 1.1 |
| 浙　江 | 1.8 | 0.7 | 10.6 | 23.3 | 8.1 | 12.0 | 48.5 | 1.5 |
| 安　徽 | 1.8 | 1.0 | 11.9 | 11.2 | 11.3 | 10.5 | 43.5 | 1.0 |
| 福　建 | 1.9 | 0.8 | 12.2 | 26.6 | 8.8 | 11.0 | 40.1 | 1.7 |
| 江　西 | 1.8 | 0.3 | 8.5 | 12.2 | 6.8 | 10.1 | 38.2 | 1.0 |
| 山　东 | 1.1 | 1.3 | 6.3 | 11.7 | 16.7 | 17.7 | 68.3 | 1.0 |
| 河　南 | 1.2 | 1.1 | 5.7 | 4.1 | 12.8 | 11.0 | 55.0 | 1.3 |
| 湖　北 | 1.6 | 0.8 | 6.1 | 15.8 | 8.4 | 7.6 | 37.6 | 0.9 |
| 湖　南 | 1.8 | 0.6 | 10.7 | 12.3 | 7.6 | 5.4 | 52.2 | 1.4 |
| 广　东 | 1.8 | 0.8 | 20.1 | 22.0 | 7.0 | 7.5 | 38.1 | 1.5 |
| 广　西 | 1.6 | 0.7 | 19.5 | 10.5 | 5.3 | 5.6 | 39.7 | 1.4 |
| 海　南 | 1.9 | 0.7 | 21.5 | 26.7 | 5.0 | 4.4 | 30.0 | 1.1 |
| 重　庆 | 1.4 | 0.8 | 11.3 | 10.0 | 9.9 | 16.6 | 41.5 | 2.8 |
| 四　川 | 1.3 | 0.6 | 11.3 | 7.3 | 8.6 | 11.1 | 37.6 | 1.9 |
| 贵　州 | 1.2 | 0.3 | 5.4 | 2.4 | 4.3 | 5.5 | 31.4 | 1.0 |
| 云　南 | 1.8 | 0.5 | 7.9 | 3.9 | 4.8 | 5.3 | 29.1 | 1.3 |
| 西　藏 | 21.8 | 9.6 | 0.9 | 0.4 | 2.9 | 20.4 | 6.8 | 3.5 |
| 陕　西 | 0.6 | 1.2 | 2.8 | 2.2 | 7.0 | 13.4 | 44.9 | 0.9 |
| 甘　肃 | 1.4 | 2.8 | 4.2 | 2.1 | 7.1 | 13.8 | 56.0 | 1.8 |
| 青　海 | 5.0 | 8.0 | 3.2 | 2.0 | 4.6 | 18.2 | 30.9 | 1.3 |
| 宁　夏 | 3.5 | 5.3 | 6.1 | 2.8 | 5.5 | 14.4 | 72.0 | 1.4 |
| 新　疆 | 4.8 | 13.1 | 5.8 | 3.5 | 6.6 | 20.5 | 63.6 | 1.2 |

# 2-1-2-10　2016年分地区全体居民年末主要耐用消费品拥有量

单位：平均每百户

| 地　区 | 家用汽车(辆) | 摩托车(辆) | 电动助力车(辆) | 洗衣机(台) | 电冰箱(柜)(台) | 微波炉(台) | 彩色电视机(台) |
|---|---|---|---|---|---|---|---|
| **全　国** | **27.7** | **40.0** | **53.2** | **89.8** | **93.5** | **38.4** | **120.8** |
| 北　京 | 47.3 | 3.3 | 26.0 | 95.0 | 97.6 | 77.4 | 128.2 |
| 天　津 | 43.1 | 8.1 | 45.4 | 97.5 | 100.2 | 66.9 | 113.1 |
| 河　北 | 35.3 | 34.7 | 87.3 | 98.4 | 97.1 | 39.4 | 114.9 |
| 山　西 | 24.6 | 33.3 | 43.3 | 93.3 | 82.0 | 24.7 | 104.8 |
| 内蒙古 | 34.1 | 40.4 | 45.6 | 93.7 | 97.2 | 24.8 | 103.2 |
| 辽　宁 | 24.2 | 26.5 | 23.5 | 91.7 | 98.2 | 43.9 | 109.6 |
| 吉　林 | 21.4 | 37.8 | 11.3 | 94.1 | 94.9 | 29.4 | 105.5 |
| 黑龙江 | 14.2 | 27.5 | 10.5 | 91.2 | 92.8 | 23.9 | 102.6 |
| 上　海 | 29.3 | 4.3 | 65.1 | 93.4 | 99.0 | 87.4 | 183.0 |
| 江　苏 | 37.9 | 24.4 | 118.3 | 98.9 | 102.5 | 81.9 | 166.9 |
| 浙　江 | 45.2 | 17.9 | 80.0 | 86.4 | 98.9 | 50.9 | 172.6 |
| 安　徽 | 18.7 | 28.5 | 81.3 | 87.0 | 96.4 | 40.4 | 126.8 |
| 福　建 | 26.5 | 63.6 | 42.2 | 84.3 | 98.5 | 52.6 | 140.9 |
| 江　西 | 21.5 | 52.8 | 60.5 | 72.0 | 93.5 | 32.3 | 133.1 |
| 山　东 | 44.1 | 36.4 | 99.9 | 94.8 | 98.4 | 34.7 | 107.8 |
| 河　南 | 23.7 | 40.4 | 103.5 | 97.5 | 92.4 | 25.1 | 117.9 |
| 湖　北 | 17.6 | 52.0 | 28.5 | 84.8 | 95.8 | 32.3 | 118.7 |
| 湖　南 | 21.4 | 56.6 | 18.1 | 87.9 | 96.4 | 25.9 | 115.7 |
| 广　东 | 29.4 | 62.8 | 27.2 | 75.1 | 80.7 | 36.1 | 104.8 |
| 广　西 | 22.2 | 74.5 | 59.2 | 80.0 | 91.7 | 39.5 | 112.6 |
| 海　南 | 18.1 | 63.2 | 70.5 | 61.5 | 81.5 | 25.7 | 106.1 |
| 重　庆 | 19.6 | 26.0 | 8.6 | 89.0 | 98.1 | 44.4 | 122.6 |
| 四　川 | 20.4 | 36.1 | 25.9 | 92.2 | 95.3 | 28.0 | 118.8 |
| 贵　州 | 21.2 | 38.8 | 7.9 | 93.4 | 85.7 | 23.6 | 104.8 |
| 云　南 | 28.7 | 61.0 | 23.3 | 85.0 | 76.7 | 30.2 | 105.3 |
| 西　藏 | 23.3 | 56.2 | 12.2 | 71.7 | 69.6 | 15.4 | 117.2 |
| 陕　西 | 19.9 | 36.3 | 33.3 | 94.4 | 85.9 | 22.0 | 108.5 |
| 甘　肃 | 18.0 | 54.6 | 27.8 | 95.3 | 80.7 | 25.7 | 107.9 |
| 青　海 | 30.5 | 45.3 | 10.2 | 97.2 | 97.4 | 32.4 | 103.7 |
| 宁　夏 | 30.1 | 42.5 | 53.2 | 98.9 | 94.5 | 34.2 | 107.7 |
| 新　疆 | 25.2 | 42.5 | 39.6 | 96.4 | 98.6 | 22.5 | 101.4 |

2-1-2-10 续表 单位：平均每百户

| 地　区 | 空调（台） | 热水器（台） | 排油烟机（台） | 移动电话（部） | 计算机（台） | 照相机（台） |
|---|---|---|---|---|---|---|
| **全　国** | **90.9** | **76.2** | **48.6** | **235.4** | **57.5** | **17.7** |
| 北　京 | 162.6 | 93.4 | 84.3 | 225.8 | 99.8 | 53.7 |
| 天　津 | 134.4 | 92.3 | 78.9 | 230.3 | 73.3 | 28.5 |
| 河　北 | 96.3 | 77.6 | 52.0 | 229.5 | 58.6 | 18.3 |
| 山　西 | 26.1 | 45.0 | 42.5 | 216.9 | 54.6 | 12.5 |
| 内蒙古 | 8.3 | 44.6 | 44.0 | 226.1 | 46.3 | 15.5 |
| 辽　宁 | 24.9 | 58.8 | 58.4 | 210.1 | 59.3 | 21.2 |
| 吉　林 | 7.2 | 36.7 | 45.3 | 231.0 | 52.6 | 12.6 |
| 黑龙江 | 6.4 | 33.6 | 47.1 | 207.6 | 46.7 | 11.6 |
| 上　海 | 197.2 | 92.7 | 78.4 | 227.9 | 131.2 | 48.0 |
| 江　苏 | 177.1 | 101.2 | 66.2 | 239.3 | 76.6 | 25.4 |
| 浙　江 | 169.3 | 92.0 | 73.1 | 233.1 | 77.8 | 23.9 |
| 安　徽 | 112.8 | 87.8 | 41.0 | 221.8 | 45.0 | 11.4 |
| 福　建 | 124.9 | 95.7 | 52.7 | 249.5 | 67.7 | 15.9 |
| 江　西 | 89.9 | 79.3 | 42.1 | 234.5 | 48.4 | 11.5 |
| 山　东 | 90.9 | 88.7 | 57.7 | 220.7 | 61.5 | 24.1 |
| 河　南 | 109.3 | 71.5 | 37.3 | 238.5 | 51.1 | 11.3 |
| 湖　北 | 102.4 | 81.9 | 41.9 | 234.7 | 53.2 | 11.7 |
| 湖　南 | 97.5 | 74.8 | 43.9 | 254.9 | 48.9 | 13.5 |
| 广　东 | 136.2 | 85.2 | 52.7 | 241.9 | 73.9 | 24.7 |
| 广　西 | 73.3 | 80.2 | 33.8 | 267.5 | 52.4 | 12.4 |
| 海　南 | 82.1 | 75.8 | 36.4 | 254.5 | 47.4 | 8.7 |
| 重　庆 | 123.0 | 79.2 | 39.9 | 245.9 | 52.7 | 16.8 |
| 四　川 | 73.8 | 75.6 | 33.3 | 239.6 | 39.2 | 10.4 |
| 贵　州 | 15.4 | 58.3 | 25.5 | 263.5 | 33.6 | 7.4 |
| 云　南 | 2.0 | 78.6 | 32.2 | 253.5 | 33.1 | 12.6 |
| 西　藏 | 3.2 | 15.2 | 17.4 | 199.4 | 20.4 | 10.6 |
| 陕　西 | 63.8 | 64.7 | 40.0 | 243.8 | 47.3 | 14.0 |
| 甘　肃 | 5.7 | 47.5 | 38.3 | 251.8 | 39.9 | 13.0 |
| 青　海 | 1.4 | 40.4 | 48.6 | 247.1 | 38.0 | 12.1 |
| 宁　夏 | 8.7 | 82.6 | 51.2 | 265.1 | 50.1 | 12.9 |
| 新　疆 | 13.7 | 59.4 | 48.4 | 202.9 | 42.4 | 15.2 |

## (三)2017年分地区全体居民收支主要数据

# 2-1-3-1 2017年分地区全体居民可支配收入

单位：元/人

| 地　区 | 可支配收入 | 一、工资性收入 | 二、经营净收入 | 三、财产净收入 | 四、转移净收入 |
|---|---|---|---|---|---|
| **全　国** | **25973.8** | **14620.3** | **4501.8** | **2107.4** | **4744.3** |
| 北　京 | 57229.8 | 35216.6 | 1408.3 | 9305.9 | 11299.0 |
| 天　津 | 37022.3 | 23165.0 | 3262.2 | 3504.9 | 7090.3 |
| 河　北 | 21484.1 | 13003.5 | 3210.8 | 1467.3 | 3802.6 |
| 山　西 | 20420.0 | 11957.1 | 2624.1 | 1227.9 | 4610.9 |
| 内蒙古 | 26212.2 | 13899.7 | 6363.8 | 1287.6 | 4661.2 |
| 辽　宁 | 27835.4 | 14596.2 | 4881.9 | 1342.7 | 7014.6 |
| 吉　林 | 21368.3 | 10631.3 | 4712.7 | 898.7 | 5125.6 |
| 黑龙江 | 21205.8 | 10318.8 | 4499.3 | 993.0 | 5394.8 |
| 上　海 | 58988.0 | 34365.4 | 1532.6 | 9030.1 | 14059.9 |
| 江　苏 | 35024.1 | 20399.2 | 4994.2 | 3238.6 | 6392.1 |
| 浙　江 | 42045.7 | 24137.3 | 7123.4 | 4741.6 | 6043.4 |
| 安　徽 | 21863.3 | 11920.9 | 4878.9 | 1227.7 | 3835.8 |
| 福　建 | 30047.7 | 17380.1 | 5600.1 | 2885.1 | 4182.4 |
| 江　西 | 22031.4 | 12553.1 | 3760.9 | 1397.0 | 4320.4 |
| 山　东 | 26929.9 | 15532.3 | 5892.6 | 1831.3 | 3673.8 |
| 河　南 | 20170.0 | 10108.1 | 4574.5 | 1237.3 | 4250.1 |
| 湖　北 | 23757.2 | 11830.6 | 5157.3 | 1501.9 | 5267.4 |
| 湖　南 | 23102.7 | 11836.6 | 4483.5 | 1626.8 | 5155.7 |
| 广　东 | 33003.3 | 23052.9 | 4420.9 | 3602.0 | 1927.5 |
| 广　西 | 19904.8 | 9819.3 | 5014.1 | 1171.5 | 3899.8 |
| 海　南 | 22553.2 | 13371.2 | 4285.7 | 1365.4 | 3530.9 |
| 重　庆 | 24153.0 | 12603.8 | 4016.7 | 1525.5 | 6007.0 |
| 四　川 | 20579.8 | 10013.6 | 4263.7 | 1362.9 | 4939.6 |
| 贵　州 | 16703.6 | 8642.8 | 3842.1 | 903.3 | 3315.5 |
| 云　南 | 18348.3 | 8468.1 | 4771.0 | 1850.9 | 3258.3 |
| 西　藏 | 15457.3 | 7839.7 | 4482.3 | 753.4 | 2381.9 |
| 陕　西 | 20635.2 | 11254.5 | 2629.5 | 1179.8 | 5571.4 |
| 甘　肃 | 16011.0 | 8798.4 | 2982.2 | 1043.7 | 3186.7 |
| 青　海 | 19001.0 | 11351.0 | 2861.2 | 949.0 | 3839.9 |
| 宁　夏 | 20561.7 | 12270.3 | 3628.2 | 819.8 | 3843.3 |
| 新　疆 | 19975.1 | 10907.2 | 4743.7 | 739.3 | 3584.9 |

## 2-1-3-2 2017年分地区全体居民可支配收入构成

单位：%

| 地区 | 可支配收入 | 一、工资性收入 | 二、经营净收入 | 三、财产净收入 | 四、转移净收入 |
|---|---|---|---|---|---|
| **全　国** | **100.0** | **56.3** | **17.3** | **8.1** | **18.3** |
| 北　京 | 100.0 | 61.5 | 2.5 | 16.3 | 19.7 |
| 天　津 | 100.0 | 62.6 | 8.8 | 9.5 | 19.2 |
| 河　北 | 100.0 | 60.5 | 14.9 | 6.8 | 17.7 |
| 山　西 | 100.0 | 58.6 | 12.9 | 6.0 | 22.6 |
| 内蒙古 | 100.0 | 53.0 | 24.3 | 4.9 | 17.8 |
| 辽　宁 | 100.0 | 52.4 | 17.5 | 4.8 | 25.2 |
| 吉　林 | 100.0 | 49.8 | 22.1 | 4.2 | 24.0 |
| 黑龙江 | 100.0 | 48.7 | 21.2 | 4.7 | 25.4 |
| 上　海 | 100.0 | 58.3 | 2.6 | 15.3 | 23.8 |
| 江　苏 | 100.0 | 58.2 | 14.3 | 9.2 | 18.3 |
| 浙　江 | 100.0 | 57.4 | 16.9 | 11.3 | 14.4 |
| 安　徽 | 100.0 | 54.5 | 22.3 | 5.6 | 17.5 |
| 福　建 | 100.0 | 57.8 | 18.6 | 9.6 | 13.9 |
| 江　西 | 100.0 | 57.0 | 17.1 | 6.3 | 19.6 |
| 山　东 | 100.0 | 57.7 | 21.9 | 6.8 | 13.6 |
| 河　南 | 100.0 | 50.1 | 22.7 | 6.1 | 21.1 |
| 湖　北 | 100.0 | 49.8 | 21.7 | 6.3 | 22.2 |
| 湖　南 | 100.0 | 51.2 | 19.4 | 7.0 | 22.3 |
| 广　东 | 100.0 | 69.9 | 13.4 | 10.9 | 5.8 |
| 广　西 | 100.0 | 49.3 | 25.2 | 5.9 | 19.6 |
| 海　南 | 100.0 | 59.3 | 19.0 | 6.1 | 15.7 |
| 重　庆 | 100.0 | 52.2 | 16.6 | 6.3 | 24.9 |
| 四　川 | 100.0 | 48.7 | 20.7 | 6.6 | 24.0 |
| 贵　州 | 100.0 | 51.7 | 23.0 | 5.4 | 19.8 |
| 云　南 | 100.0 | 46.2 | 26.0 | 10.1 | 17.8 |
| 西　藏 | 100.0 | 50.7 | 29.0 | 4.9 | 15.4 |
| 陕　西 | 100.0 | 54.5 | 12.7 | 5.7 | 27.0 |
| 甘　肃 | 100.0 | 55.0 | 18.6 | 6.5 | 19.9 |
| 青　海 | 100.0 | 59.7 | 15.1 | 5.0 | 20.2 |
| 宁　夏 | 100.0 | 59.7 | 17.6 | 4.0 | 18.7 |
| 新　疆 | 100.0 | 54.6 | 23.7 | 3.7 | 17.9 |

# 2-1-3-3 2017年分地区全体居民现金可支配收入

单位：元/人

| 地　区 | 现金可支配收入 | 一、工资性收入 | 二、经营净收入 | 三、财产净收入 | 四、转移净收入 |
|---|---|---|---|---|---|
| **全　国** | **24201.9** | **14537.8** | **4424.1** | **811.5** | **4428.6** |
| 北　京 | 48622.9 | 35049.1 | 1513.9 | 1784.1 | 10275.8 |
| 天　津 | 34125.9 | 22949.8 | 3485.0 | 1107.6 | 6583.5 |
| 河　北 | 20314.6 | 12983.7 | 3286.5 | 430.0 | 3614.5 |
| 山　西 | 19279.1 | 11914.6 | 2557.0 | 543.0 | 4264.5 |
| 内蒙古 | 25427.9 | 13896.1 | 6478.4 | 613.6 | 4439.8 |
| 辽　宁 | 26469.0 | 14384.2 | 5118.9 | 326.1 | 6639.7 |
| 吉　林 | 20476.4 | 10556.5 | 4791.4 | 298.6 | 4829.9 |
| 黑龙江 | 20885.5 | 10280.2 | 4999.5 | 409.8 | 5195.9 |
| 上　海 | 49452.4 | 34152.3 | 1593.5 | 941.5 | 12765.0 |
| 江　苏 | 32512.7 | 20281.6 | 5126.8 | 1126.7 | 5977.5 |
| 浙　江 | 39335.2 | 23926.4 | 7454.9 | 2363.0 | 5591.0 |
| 安　徽 | 20619.5 | 11829.6 | 4862.7 | 389.7 | 3537.5 |
| 福　建 | 27923.8 | 17281.6 | 5695.4 | 1004.9 | 3941.9 |
| 江　西 | 20697.7 | 12525.3 | 3498.0 | 480.8 | 4193.6 |
| 山　东 | 25462.8 | 15490.3 | 5799.3 | 738.8 | 3434.5 |
| 河　南 | 18754.2 | 10089.9 | 4103.9 | 568.1 | 3992.3 |
| 湖　北 | 21929.7 | 11763.8 | 4958.6 | 371.5 | 4835.8 |
| 湖　南 | 21807.7 | 11775.0 | 4160.4 | 945.0 | 4927.2 |
| 广　东 | 30546.8 | 22810.2 | 4467.3 | 1581.3 | 1688.1 |
| 广　西 | 18767.0 | 9773.2 | 4779.0 | 620.2 | 3594.5 |
| 海　南 | 21439.4 | 13349.0 | 4296.9 | 586.6 | 3206.9 |
| 重　庆 | 22508.1 | 12537.0 | 3546.7 | 677.5 | 5746.9 |
| 四　川 | 19207.7 | 9954.2 | 3874.5 | 746.4 | 4632.7 |
| 贵　州 | 15904.5 | 8628.0 | 3695.4 | 411.5 | 3169.6 |
| 云　南 | 17098.6 | 8457.8 | 4380.2 | 1240.6 | 3020.0 |
| 西　藏 | 13964.5 | 7834.8 | 3675.8 | 329.2 | 2124.7 |
| 陕　西 | 19654.9 | 11221.7 | 2581.2 | 685.9 | 5166.0 |
| 甘　肃 | 15035.2 | 8779.6 | 2888.8 | 458.2 | 2908.7 |
| 青　海 | 18142.4 | 11333.6 | 2867.1 | 465.3 | 3476.4 |
| 宁　夏 | 19840.5 | 12246.7 | 3847.8 | 303.3 | 3442.7 |
| 新　疆 | 18953.3 | 10873.4 | 4537.8 | 210.1 | 3332.0 |

# 2-1-3-4 2017年分地区全体居民现金可支配收入构成

单位：%

| 地　区 | 现金可支配收入 | 一、工资性收入 | 二、经营净收入 | 三、财产净收入 | 四、转移净收入 |
|---|---|---|---|---|---|
| **全　国** | **100.0** | **60.1** | **18.3** | **3.4** | **18.3** |
| 北　京 | 100.0 | 72.1 | 3.1 | 3.7 | 21.1 |
| 天　津 | 100.0 | 67.3 | 10.2 | 3.2 | 19.3 |
| 河　北 | 100.0 | 63.9 | 16.2 | 2.1 | 17.8 |
| 山　西 | 100.0 | 61.8 | 13.3 | 2.8 | 22.1 |
| 内蒙古 | 100.0 | 54.6 | 25.5 | 2.4 | 17.5 |
| 辽　宁 | 100.0 | 54.3 | 19.3 | 1.2 | 25.1 |
| 吉　林 | 100.0 | 51.6 | 23.4 | 1.5 | 23.6 |
| 黑龙江 | 100.0 | 49.2 | 23.9 | 2.0 | 24.9 |
| 上　海 | 100.0 | 69.1 | 3.2 | 1.9 | 25.8 |
| 江　苏 | 100.0 | 62.4 | 15.8 | 3.5 | 18.4 |
| 浙　江 | 100.0 | 60.8 | 19.0 | 6.0 | 14.2 |
| 安　徽 | 100.0 | 57.4 | 23.6 | 1.9 | 17.2 |
| 福　建 | 100.0 | 61.9 | 20.4 | 3.6 | 14.1 |
| 江　西 | 100.0 | 60.5 | 16.9 | 2.3 | 20.3 |
| 山　东 | 100.0 | 60.8 | 22.8 | 2.9 | 13.5 |
| 河　南 | 100.0 | 53.8 | 21.9 | 3.0 | 21.3 |
| 湖　北 | 100.0 | 53.6 | 22.6 | 1.7 | 22.1 |
| 湖　南 | 100.0 | 54.0 | 19.1 | 4.3 | 22.6 |
| 广　东 | 100.0 | 74.7 | 14.6 | 5.2 | 5.5 |
| 广　西 | 100.0 | 52.1 | 25.5 | 3.3 | 19.2 |
| 海　南 | 100.0 | 62.3 | 20.0 | 2.7 | 15.0 |
| 重　庆 | 100.0 | 55.7 | 15.8 | 3.0 | 25.5 |
| 四　川 | 100.0 | 51.8 | 20.2 | 3.9 | 24.1 |
| 贵　州 | 100.0 | 54.2 | 23.2 | 2.6 | 19.9 |
| 云　南 | 100.0 | 49.5 | 25.6 | 7.3 | 17.7 |
| 西　藏 | 100.0 | 56.1 | 26.3 | 2.4 | 15.2 |
| 陕　西 | 100.0 | 57.1 | 13.1 | 3.5 | 26.3 |
| 甘　肃 | 100.0 | 58.4 | 19.2 | 3.0 | 19.3 |
| 青　海 | 100.0 | 62.5 | 15.8 | 2.6 | 19.2 |
| 宁　夏 | 100.0 | 61.7 | 19.4 | 1.5 | 17.4 |
| 新　疆 | 100.0 | 57.4 | 23.9 | 1.1 | 17.6 |

# 2-1-3-5　2017年分地区全体居民消费支出

单位：元/人

| 地区 | 消费支出 | 一、食品烟酒支出 | 二、衣着支出 | 三、居住支出 |
|---|---|---|---|---|
| **全　国** | **18322.1** | **5373.6** | **1237.6** | **4106.9** |
| 北　京 | 37425.3 | 7548.9 | 2238.3 | 12295.0 |
| 天　津 | 27841.4 | 8647.0 | 1944.8 | 5922.4 |
| 河　北 | 15437.0 | 3912.8 | 1173.5 | 3679.4 |
| 山　西 | 13664.4 | 3324.8 | 1206.0 | 2933.5 |
| 内蒙古 | 18945.5 | 5205.3 | 1866.2 | 3324.0 |
| 辽　宁 | 20463.4 | 5605.4 | 1671.6 | 3732.5 |
| 吉　林 | 15631.9 | 4144.1 | 1379.0 | 2912.3 |
| 黑龙江 | 15577.5 | 4209.0 | 1437.7 | 2833.0 |
| 上　海 | 39791.9 | 10005.9 | 1733.4 | 13708.7 |
| 江　苏 | 23468.6 | 6524.8 | 1505.9 | 5586.2 |
| 浙　江 | 27079.1 | 7750.8 | 1585.9 | 6992.9 |
| 安　徽 | 15751.7 | 5143.4 | 1037.5 | 3397.6 |
| 福　建 | 21249.3 | 7212.7 | 1119.1 | 5533.0 |
| 江　西 | 14459.0 | 4626.1 | 1005.8 | 3552.2 |
| 山　东 | 17280.7 | 4715.1 | 1374.6 | 3565.8 |
| 河　南 | 13729.6 | 3687.0 | 1184.5 | 2988.3 |
| 湖　北 | 16937.6 | 5098.4 | 1131.7 | 3699.0 |
| 湖　南 | 17160.4 | 5003.6 | 1086.1 | 3428.9 |
| 广　东 | 24819.6 | 8317.0 | 1230.3 | 5790.9 |
| 广　西 | 13423.7 | 4409.9 | 564.7 | 2909.3 |
| 海　南 | 15402.7 | 5935.9 | 631.1 | 2925.6 |
| 重　庆 | 17898.1 | 5943.5 | 1394.8 | 3140.9 |
| 四　川 | 16179.9 | 5632.2 | 1152.7 | 2946.8 |
| 贵　州 | 12969.6 | 3954.0 | 863.4 | 2670.3 |
| 云　南 | 12658.1 | 3838.4 | 651.3 | 2471.1 |
| 西　藏 | 10320.1 | 4788.6 | 1047.6 | 1763.2 |
| 陕　西 | 14899.7 | 4124.0 | 1084.0 | 2978.6 |
| 甘　肃 | 13120.1 | 3886.9 | 1071.3 | 2475.1 |
| 青　海 | 15503.1 | 4453.0 | 1265.9 | 2754.5 |
| 宁　夏 | 15350.3 | 3796.4 | 1268.9 | 2861.5 |
| 新　疆 | 15087.3 | 4338.5 | 1305.5 | 2698.5 |

2-1-3-5 续表

单位：元/人

| 地区 | 四、生活用品及服务支出 | 五、交通通信支出 | 六、教育文化娱乐支出 | 七、医疗保健支出 | 八、其他用品及服务支出 |
|---|---|---|---|---|---|
| **全　国** | **1120.7** | **2498.9** | **2086.2** | **1451.2** | **447.0** |
| 北　京 | 2492.4 | 5034.0 | 3916.7 | 2899.7 | 1000.4 |
| 天　津 | 1655.5 | 3744.5 | 2691.5 | 2390.0 | 845.6 |
| 河　北 | 1066.2 | 2290.3 | 1578.3 | 1396.3 | 340.1 |
| 山　西 | 761.0 | 1884.0 | 1879.3 | 1359.7 | 316.1 |
| 内蒙古 | 1199.9 | 2914.9 | 2227.8 | 1653.8 | 553.8 |
| 辽　宁 | 1191.7 | 3088.4 | 2534.5 | 1999.9 | 639.3 |
| 吉　林 | 795.8 | 2218.0 | 1928.5 | 1818.3 | 435.9 |
| 黑龙江 | 776.4 | 2185.5 | 1898.0 | 1791.3 | 446.6 |
| 上　海 | 1824.9 | 4057.7 | 4685.9 | 2602.1 | 1173.3 |
| 江　苏 | 1443.5 | 3496.4 | 2747.6 | 1510.9 | 653.3 |
| 浙　江 | 1345.8 | 4306.5 | 2844.9 | 1696.1 | 556.1 |
| 安　徽 | 890.8 | 2102.3 | 1700.5 | 1135.9 | 343.8 |
| 福　建 | 1179.0 | 2642.8 | 1966.4 | 1105.3 | 491.0 |
| 江　西 | 859.9 | 1600.7 | 1606.8 | 877.8 | 329.7 |
| 山　东 | 1260.5 | 2568.3 | 1948.4 | 1484.3 | 363.6 |
| 河　南 | 1056.4 | 1698.6 | 1559.8 | 1219.8 | 335.2 |
| 湖　北 | 1025.9 | 1795.7 | 1930.4 | 1838.3 | 418.2 |
| 湖　南 | 1054.0 | 2042.6 | 2805.1 | 1424.0 | 316.1 |
| 广　东 | 1447.4 | 3380.0 | 2620.4 | 1319.5 | 714.1 |
| 广　西 | 762.8 | 1878.5 | 1585.8 | 1075.6 | 237.1 |
| 海　南 | 769.0 | 1995.0 | 1756.8 | 1101.2 | 288.1 |
| 重　庆 | 1245.5 | 2310.3 | 1993.0 | 1471.9 | 398.1 |
| 四　川 | 1062.9 | 2200.0 | 1468.2 | 1320.2 | 396.8 |
| 贵　州 | 802.4 | 1781.6 | 1783.3 | 851.2 | 263.5 |
| 云　南 | 742.0 | 2033.4 | 1573.7 | 1125.3 | 223.0 |
| 西　藏 | 617.2 | 1176.9 | 441.6 | 271.5 | 213.5 |
| 陕　西 | 1036.2 | 1760.7 | 1857.6 | 1704.8 | 353.7 |
| 甘　肃 | 836.8 | 1796.5 | 1537.1 | 1233.4 | 282.8 |
| 青　海 | 929.0 | 2409.6 | 1686.6 | 1598.7 | 405.8 |
| 宁　夏 | 932.4 | 2616.8 | 1955.6 | 1553.6 | 365.1 |
| 新　疆 | 943.2 | 2382.6 | 1599.3 | 1466.3 | 353.4 |

# 2-1-3-6 2017年分地区全体居民消费支出构成

单位：%

| 地区 | 消费支出 | 一、食品烟酒支出 | 二、衣着支出 | 三、居住支出 |
|---|---|---|---|---|
| **全国** | **100.0** | **29.3** | **6.8** | **22.4** |
| 北京 | 100.0 | 20.2 | 6.0 | 32.9 |
| 天津 | 100.0 | 31.1 | 7.0 | 21.3 |
| 河北 | 100.0 | 25.3 | 7.6 | 23.8 |
| 山西 | 100.0 | 24.3 | 8.8 | 21.5 |
| 内蒙古 | 100.0 | 27.5 | 9.9 | 17.5 |
| 辽宁 | 100.0 | 27.4 | 8.2 | 18.2 |
| 吉林 | 100.0 | 26.5 | 8.8 | 18.6 |
| 黑龙江 | 100.0 | 27.0 | 9.2 | 18.2 |
| 上海 | 100.0 | 25.1 | 4.4 | 34.5 |
| 江苏 | 100.0 | 27.8 | 6.4 | 23.8 |
| 浙江 | 100.0 | 28.6 | 5.9 | 25.8 |
| 安徽 | 100.0 | 32.7 | 6.6 | 21.6 |
| 福建 | 100.0 | 33.9 | 5.3 | 26.0 |
| 江西 | 100.0 | 32.0 | 7.0 | 24.6 |
| 山东 | 100.0 | 27.3 | 8.0 | 20.6 |
| 河南 | 100.0 | 26.9 | 8.6 | 21.8 |
| 湖北 | 100.0 | 30.1 | 6.7 | 21.8 |
| 湖南 | 100.0 | 29.2 | 6.3 | 20.0 |
| 广东 | 100.0 | 33.5 | 5.0 | 23.3 |
| 广西 | 100.0 | 32.9 | 4.2 | 21.7 |
| 海南 | 100.0 | 38.5 | 4.1 | 19.0 |
| 重庆 | 100.0 | 33.2 | 7.8 | 17.5 |
| 四川 | 100.0 | 34.8 | 7.1 | 18.2 |
| 贵州 | 100.0 | 30.5 | 6.7 | 20.6 |
| 云南 | 100.0 | 30.3 | 5.1 | 19.5 |
| 西藏 | 100.0 | 46.4 | 10.2 | 17.1 |
| 陕西 | 100.0 | 27.7 | 7.3 | 20.0 |
| 甘肃 | 100.0 | 29.6 | 8.2 | 18.9 |
| 青海 | 100.0 | 28.7 | 8.2 | 17.8 |
| 宁夏 | 100.0 | 24.7 | 8.3 | 18.6 |
| 新疆 | 100.0 | 28.8 | 8.7 | 17.9 |

2-1-3-6　续表　　单位：%

| 地　区 | 四、生活用品及服务支出 | 五、交通通信支出 | 六、教育文化娱乐支出 | 七、医疗保健支出 | 八、其他用品及服务支出 |
|---|---|---|---|---|---|
| **全　国** | **6.1** | **13.6** | **11.4** | **7.9** | **2.4** |
| 北　京 | 6.7 | 13.5 | 10.5 | 7.7 | 2.7 |
| 天　津 | 5.9 | 13.4 | 9.7 | 8.6 | 3.0 |
| 河　北 | 6.9 | 14.8 | 10.2 | 9.0 | 2.2 |
| 山　西 | 5.6 | 13.8 | 13.8 | 10.0 | 2.3 |
| 内蒙古 | 6.3 | 15.4 | 11.8 | 8.7 | 2.9 |
| 辽　宁 | 5.8 | 15.1 | 12.4 | 9.8 | 3.1 |
| 吉　林 | 5.1 | 14.2 | 12.3 | 11.6 | 2.8 |
| 黑龙江 | 5.0 | 14.0 | 12.2 | 11.5 | 2.9 |
| 上　海 | 4.6 | 10.2 | 11.8 | 6.5 | 2.9 |
| 江　苏 | 6.2 | 14.9 | 11.7 | 6.4 | 2.8 |
| 浙　江 | 5.0 | 15.9 | 10.5 | 6.3 | 2.1 |
| 安　徽 | 5.7 | 13.3 | 10.8 | 7.2 | 2.2 |
| 福　建 | 5.5 | 12.4 | 9.3 | 5.2 | 2.3 |
| 江　西 | 5.9 | 11.1 | 11.1 | 6.1 | 2.3 |
| 山　东 | 7.3 | 14.9 | 11.3 | 8.6 | 2.1 |
| 河　南 | 7.7 | 12.4 | 11.4 | 8.9 | 2.4 |
| 湖　北 | 6.1 | 10.6 | 11.4 | 10.9 | 2.5 |
| 湖　南 | 6.1 | 11.9 | 16.3 | 8.3 | 1.8 |
| 广　东 | 5.8 | 13.6 | 10.6 | 5.3 | 2.9 |
| 广　西 | 5.7 | 14.0 | 11.8 | 8.0 | 1.8 |
| 海　南 | 5.0 | 13.0 | 11.4 | 7.1 | 1.9 |
| 重　庆 | 7.0 | 12.9 | 11.1 | 8.2 | 2.2 |
| 四　川 | 6.6 | 13.6 | 9.1 | 8.2 | 2.5 |
| 贵　州 | 6.2 | 13.7 | 13.8 | 6.6 | 2.0 |
| 云　南 | 5.9 | 16.1 | 12.4 | 8.9 | 1.8 |
| 西　藏 | 6.0 | 11.4 | 4.3 | 2.6 | 2.1 |
| 陕　西 | 7.0 | 11.8 | 12.5 | 11.4 | 2.4 |
| 甘　肃 | 6.4 | 13.7 | 11.7 | 9.4 | 2.2 |
| 青　海 | 6.0 | 15.5 | 10.9 | 10.3 | 2.6 |
| 宁　夏 | 6.1 | 17.0 | 12.7 | 10.1 | 2.4 |
| 新　疆 | 6.3 | 15.8 | 10.6 | 9.7 | 2.3 |

# 2-1-3-7 2017年分地区全体居民现金消费支出

单位：元/人

| 地区 | 现金消费支出 | 一、食品烟酒支出 | 二、衣着支出 | 三、居住支出 |
|---|---|---|---|---|
| **全　国** | **15122.3** | **5073.0** | **1237.0** | **1519.0** |
| 北　京 | 26577.5 | 7409.9 | 2237.8 | 2602.5 |
| 天　津 | 23272.1 | 8468.5 | 1944.5 | 2051.1 |
| 河　北 | 13071.3 | 3846.8 | 1173.2 | 1566.9 |
| 山　西 | 11599.3 | 3140.8 | 1205.6 | 1372.5 |
| 内蒙古 | 16863.8 | 4964.0 | 1866.1 | 1698.1 |
| 辽　宁 | 17692.4 | 5361.4 | 1671.0 | 1595.6 |
| 吉　林 | 13502.6 | 3899.9 | 1377.3 | 1323.2 |
| 黑龙江 | 13827.1 | 4111.1 | 1437.7 | 1374.5 |
| 上　海 | 27280.9 | 9806.4 | 1733.3 | 2720.0 |
| 江　苏 | 19079.5 | 6293.3 | 1505.5 | 1838.3 |
| 浙　江 | 21691.4 | 7406.3 | 1585.0 | 2408.8 |
| 安　徽 | 13037.1 | 4885.0 | 1036.8 | 1231.3 |
| 福　建 | 16951.1 | 6878.7 | 1118.8 | 1825.7 |
| 江　西 | 11782.7 | 4296.0 | 1005.7 | 1337.2 |
| 山　东 | 14774.9 | 4608.9 | 1374.3 | 1402.8 |
| 河　南 | 11691.1 | 3586.2 | 1184.3 | 1308.4 |
| 湖　北 | 13753.4 | 4735.3 | 1130.5 | 1308.5 |
| 湖　南 | 14507.6 | 4514.3 | 1085.7 | 1495.3 |
| 广　东 | 20552.6 | 7952.7 | 1229.6 | 2131.4 |
| 广　西 | 10895.2 | 3888.1 | 563.6 | 1183.3 |
| 海　南 | 13127.4 | 5742.7 | 631.0 | 1133.7 |
| 重　庆 | 15068.2 | 5380.3 | 1394.3 | 1138.1 |
| 四　川 | 13346.4 | 4909.7 | 1149.7 | 1118.3 |
| 贵　州 | 10801.6 | 3526.1 | 863.3 | 1058.0 |
| 云　南 | 10203.7 | 3318.6 | 651.3 | 770.9 |
| 西　藏 | 8157.2 | 3812.4 | 1047.0 | 640.1 |
| 陕　西 | 12823.7 | 4011.1 | 1083.5 | 1410.4 |
| 甘　肃 | 11174.5 | 3589.4 | 1071.0 | 1077.2 |
| 青　海 | 13626.3 | 4176.1 | 1265.8 | 1514.9 |
| 宁　夏 | 13385.4 | 3626.2 | 1268.8 | 1451.2 |
| 新　疆 | 13232.4 | 4027.8 | 1304.9 | 1393.4 |

2-1-3-7 续表

单位：元/人

| 地　区 | 四、生活用品及服务支出 | 五、交通通信支出 | 六、教育文化娱乐支出 | 七、医疗保健支出 | 八、其他用品及服务支出 |
|---|---|---|---|---|---|
| **全　国** | **1110.8** | **2495.3** | **2085.3** | **1160.7** | **441.2** |
| 北　京 | 2490.6 | 5032.7 | 3916.4 | 1888.0 | 999.7 |
| 天　津 | 1653.8 | 3708.7 | 2690.2 | 1918.8 | 836.5 |
| 河　北 | 1063.6 | 2287.0 | 1578.2 | 1217.6 | 338.0 |
| 山　西 | 754.8 | 1883.2 | 1878.9 | 1052.0 | 311.5 |
| 内蒙古 | 1199.7 | 2914.9 | 2227.8 | 1439.7 | 553.5 |
| 辽　宁 | 1181.5 | 3073.1 | 2534.3 | 1654.1 | 621.5 |
| 吉　林 | 792.2 | 2211.2 | 1928.3 | 1535.0 | 435.5 |
| 黑龙江 | 775.8 | 2185.3 | 1898.0 | 1598.6 | 446.1 |
| 上　海 | 1823.4 | 4042.9 | 4684.4 | 1312.2 | 1158.3 |
| 江　苏 | 1424.0 | 3495.3 | 2746.7 | 1127.7 | 648.7 |
| 浙　江 | 1333.3 | 4300.3 | 2840.7 | 1270.0 | 546.9 |
| 安　徽 | 885.6 | 2101.0 | 1700.2 | 856.2 | 341.1 |
| 福　建 | 1169.6 | 2638.4 | 1965.2 | 867.0 | 487.6 |
| 江　西 | 859.3 | 1598.9 | 1606.7 | 755.0 | 324.0 |
| 山　东 | 1234.7 | 2567.0 | 1948.3 | 1278.9 | 360.0 |
| 河　南 | 1055.3 | 1697.9 | 1559.7 | 965.4 | 333.9 |
| 湖　北 | 1024.0 | 1789.4 | 1928.7 | 1426.2 | 410.9 |
| 湖　南 | 1051.3 | 2041.0 | 2804.6 | 1201.7 | 313.7 |
| 广　东 | 1429.3 | 3371.2 | 2618.2 | 1111.4 | 708.8 |
| 广　西 | 737.0 | 1872.5 | 1585.2 | 841.1 | 224.4 |
| 海　南 | 765.4 | 1994.3 | 1756.8 | 815.6 | 287.9 |
| 重　庆 | 1228.5 | 2308.0 | 1992.5 | 1236.5 | 390.0 |
| 四　川 | 1051.3 | 2199.1 | 1467.2 | 1066.2 | 384.8 |
| 贵　州 | 794.8 | 1780.2 | 1783.3 | 739.4 | 256.5 |
| 云　南 | 727.6 | 2033.3 | 1573.6 | 913.6 | 214.9 |
| 西　藏 | 614.7 | 1176.9 | 440.8 | 213.1 | 212.4 |
| 陕　西 | 1022.0 | 1760.1 | 1855.4 | 1334.2 | 347.0 |
| 甘　肃 | 827.2 | 1796.1 | 1535.9 | 1002.2 | 275.3 |
| 青　海 | 926.8 | 2408.6 | 1686.6 | 1242.2 | 405.4 |
| 宁　夏 | 923.3 | 2613.9 | 1955.6 | 1186.7 | 359.8 |
| 新　疆 | 942.4 | 2381.7 | 1593.1 | 1245.9 | 343.2 |

# 2-1-3-8　2017年分地区全体居民现金消费支出构成

单位：%

| 地　区 | 现金消费支出 | 一、食品烟酒支出 | 二、衣着支出 | 三、居住支出 |
|---|---|---|---|---|
| **全　国** | **100.0** | **33.5** | **8.2** | **10.0** |
| 北　京 | 100.0 | 27.9 | 8.4 | 9.8 |
| 天　津 | 100.0 | 36.4 | 8.4 | 8.8 |
| 河　北 | 100.0 | 29.4 | 9.0 | 12.0 |
| 山　西 | 100.0 | 27.1 | 10.4 | 11.8 |
| 内蒙古 | 100.0 | 29.4 | 11.1 | 10.1 |
| 辽　宁 | 100.0 | 30.3 | 9.4 | 9.0 |
| 吉　林 | 100.0 | 28.9 | 10.2 | 9.8 |
| 黑龙江 | 100.0 | 29.7 | 10.4 | 9.9 |
| 上　海 | 100.0 | 35.9 | 6.4 | 10.0 |
| 江　苏 | 100.0 | 33.0 | 7.9 | 9.6 |
| 浙　江 | 100.0 | 34.1 | 7.3 | 11.1 |
| 安　徽 | 100.0 | 37.5 | 8.0 | 9.4 |
| 福　建 | 100.0 | 40.6 | 6.6 | 10.8 |
| 江　西 | 100.0 | 36.5 | 8.5 | 11.3 |
| 山　东 | 100.0 | 31.2 | 9.3 | 9.5 |
| 河　南 | 100.0 | 30.7 | 10.1 | 11.2 |
| 湖　北 | 100.0 | 34.4 | 8.2 | 9.5 |
| 湖　南 | 100.0 | 31.1 | 7.5 | 10.3 |
| 广　东 | 100.0 | 38.7 | 6.0 | 10.4 |
| 广　西 | 100.0 | 35.7 | 5.2 | 10.9 |
| 海　南 | 100.0 | 43.7 | 4.8 | 8.6 |
| 重　庆 | 100.0 | 35.7 | 9.3 | 7.6 |
| 四　川 | 100.0 | 36.8 | 8.6 | 8.4 |
| 贵　州 | 100.0 | 32.6 | 8.0 | 9.8 |
| 云　南 | 100.0 | 32.5 | 6.4 | 7.6 |
| 西　藏 | 100.0 | 46.7 | 12.8 | 7.8 |
| 陕　西 | 100.0 | 31.3 | 8.4 | 11.0 |
| 甘　肃 | 100.0 | 32.1 | 9.6 | 9.6 |
| 青　海 | 100.0 | 30.6 | 9.3 | 11.1 |
| 宁　夏 | 100.0 | 27.1 | 9.5 | 10.8 |
| 新　疆 | 100.0 | 30.4 | 9.9 | 10.5 |

2-1-3-8 续表 单位：%

| 地区 | 四、生活用品及服务支出 | 五、交通通信支出 | 六、教育文化娱乐支出 | 七、医疗保健支出 | 八、其他用品及服务支出 |
|---|---|---|---|---|---|
| **全国** | **7.3** | **16.5** | **13.8** | **7.7** | **2.9** |
| 北京 | 9.4 | 18.9 | 14.7 | 7.1 | 3.8 |
| 天津 | 7.1 | 15.9 | 11.6 | 8.2 | 3.6 |
| 河北 | 8.1 | 17.5 | 12.1 | 9.3 | 2.6 |
| 山西 | 6.5 | 16.2 | 16.2 | 9.1 | 2.7 |
| 内蒙古 | 7.1 | 17.3 | 13.2 | 8.5 | 3.3 |
| 辽宁 | 6.7 | 17.4 | 14.3 | 9.3 | 3.5 |
| 吉林 | 5.9 | 16.4 | 14.3 | 11.4 | 3.2 |
| 黑龙江 | 5.6 | 15.8 | 13.7 | 11.6 | 3.2 |
| 上海 | 6.7 | 14.8 | 17.2 | 4.8 | 4.2 |
| 江苏 | 7.5 | 18.3 | 14.4 | 5.9 | 3.4 |
| 浙江 | 6.1 | 19.8 | 13.1 | 5.9 | 2.5 |
| 安徽 | 6.8 | 16.1 | 13.0 | 6.6 | 2.6 |
| 福建 | 6.9 | 15.6 | 11.6 | 5.1 | 2.9 |
| 江西 | 7.3 | 13.6 | 13.6 | 6.4 | 2.7 |
| 山东 | 8.4 | 17.4 | 13.2 | 8.7 | 2.4 |
| 河南 | 9.0 | 14.5 | 13.3 | 8.3 | 2.9 |
| 湖北 | 7.4 | 13.0 | 14.0 | 10.4 | 3.0 |
| 湖南 | 7.2 | 14.1 | 19.3 | 8.3 | 2.2 |
| 广东 | 7.0 | 16.4 | 12.7 | 5.4 | 3.4 |
| 广西 | 6.8 | 17.2 | 14.5 | 7.7 | 2.1 |
| 海南 | 5.8 | 15.2 | 13.4 | 6.2 | 2.2 |
| 重庆 | 8.2 | 15.3 | 13.2 | 8.2 | 2.6 |
| 四川 | 7.9 | 16.5 | 11.0 | 8.0 | 2.9 |
| 贵州 | 7.4 | 16.5 | 16.5 | 6.8 | 2.4 |
| 云南 | 7.1 | 19.9 | 15.4 | 9.0 | 2.1 |
| 西藏 | 7.5 | 14.4 | 5.4 | 2.6 | 2.6 |
| 陕西 | 8.0 | 13.7 | 14.5 | 10.4 | 2.7 |
| 甘肃 | 7.4 | 16.1 | 13.7 | 9.0 | 2.5 |
| 青海 | 6.8 | 17.7 | 12.4 | 9.1 | 3.0 |
| 宁夏 | 6.9 | 19.5 | 14.6 | 8.9 | 2.7 |
| 新疆 | 7.1 | 18.0 | 12.0 | 9.4 | 2.6 |

# 2-1-3-9　2017年分地区全体居民家庭主要食品消费量

单位：公斤/人

| 地　区 | 粮食(原粮) | 谷物 | 食用油 | 植物油 | 蔬菜 | 肉类 | 猪肉 |
|---|---|---|---|---|---|---|---|
| **全　国** | **130.1** | **119.6** | **10.4** | **9.8** | **99.2** | **26.7** | **20.1** |
| 北　京 | 75.7 | 67.1 | 8.3 | 8.3 | 91.9 | 22.9 | 12.7 |
| 天　津 | 120.1 | 109.6 | 10.9 | 10.8 | 116.3 | 26.5 | 15.8 |
| 河　北 | 124.8 | 115.2 | 9.3 | 9.2 | 87.4 | 19.4 | 12.3 |
| 山　西 | 135.7 | 120.6 | 8.1 | 8.0 | 77.4 | 13.9 | 9.4 |
| 内蒙古 | 152.3 | 139.9 | 8.3 | 8.1 | 87.5 | 33.8 | 17.0 |
| 辽　宁 | 128.6 | 114.3 | 11.6 | 11.4 | 113.8 | 27.3 | 18.5 |
| 吉　林 | 142.2 | 130.5 | 12.2 | 12.1 | 109.4 | 21.4 | 15.7 |
| 黑龙江 | 141.2 | 127.6 | 14.4 | 14.3 | 92.5 | 22.8 | 15.4 |
| 上　海 | 98.1 | 87.0 | 8.7 | 8.6 | 99.8 | 28.1 | 19.5 |
| 江　苏 | 114.8 | 103.1 | 12.2 | 12.0 | 108.2 | 26.6 | 19.5 |
| 浙　江 | 134.1 | 120.7 | 12.1 | 11.7 | 96.5 | 27.2 | 21.9 |
| 安　徽 | 137.3 | 125.6 | 10.0 | 9.4 | 99.8 | 23.6 | 18.4 |
| 福　建 | 122.0 | 113.0 | 9.1 | 8.1 | 89.5 | 31.8 | 25.9 |
| 江　西 | 140.4 | 131.6 | 13.2 | 12.7 | 110.0 | 26.4 | 20.6 |
| 山　东 | 122.8 | 113.3 | 8.1 | 8.0 | 93.6 | 20.9 | 13.0 |
| 河　南 | 124.5 | 115.0 | 8.3 | 8.2 | 84.4 | 16.2 | 10.9 |
| 湖　北 | 112.2 | 101.3 | 12.4 | 12.0 | 116.6 | 26.5 | 20.7 |
| 湖　南 | 146.6 | 138.1 | 12.4 | 9.7 | 104.9 | 31.8 | 27.1 |
| 广　东 | 116.8 | 108.9 | 9.2 | 8.8 | 100.8 | 36.5 | 29.1 |
| 广　西 | 133.9 | 126.9 | 8.4 | 6.9 | 87.5 | 32.1 | 27.6 |
| 海　南 | 96.0 | 91.5 | 8.8 | 7.4 | 93.0 | 29.3 | 24.9 |
| 重　庆 | 152.6 | 137.8 | 14.8 | 12.9 | 142.8 | 39.9 | 33.9 |
| 四　川 | 160.2 | 147.3 | 12.7 | 11.6 | 132.5 | 41.1 | 36.2 |
| 贵　州 | 121.1 | 109.9 | 8.2 | 6.8 | 85.1 | 30.5 | 27.6 |
| 云　南 | 126.8 | 116.9 | 7.7 | 6.0 | 90.4 | 30.9 | 26.9 |
| 西　藏 | 284.5 | 277.4 | 20.9 | 14.5 | 32.1 | 29.8 | 7.6 |
| 陕　西 | 132.4 | 119.9 | 10.9 | 10.7 | 86.1 | 14.1 | 10.2 |
| 甘　肃 | 151.0 | 138.9 | 8.5 | 8.4 | 75.0 | 17.2 | 11.4 |
| 青　海 | 116.8 | 108.2 | 9.4 | 9.2 | 61.8 | 25.1 | 11.4 |
| 宁　夏 | 111.2 | 104.4 | 7.7 | 7.6 | 87.2 | 15.7 | 6.3 |
| 新　疆 | 159.1 | 155.6 | 14.2 | 14.1 | 98.2 | 21.6 | 3.9 |

2-1-3-9 续表

单位：公斤/人

| 地区 | 牛肉 | 羊肉 | 禽类 | 水产品 | 蛋类 | 奶类 | 干鲜瓜果类 | 食糖 |
|---|---|---|---|---|---|---|---|---|
| **全　国** | **1.9** | **1.3** | **8.9** | **11.5** | **10.0** | **12.1** | **50.1** | **1.3** |
| 北　京 | 2.9 | 2.8 | 5.5 | 8.6 | 12.1 | 22.5 | 63.9 | 1.1 |
| 天　津 | 3.0 | 3.2 | 5.6 | 16.9 | 18.3 | 17.2 | 85.3 | 1.4 |
| 河　北 | 1.4 | 1.4 | 4.1 | 5.7 | 14.0 | 14.4 | 60.8 | 1.1 |
| 山　西 | 0.8 | 1.3 | 2.3 | 2.4 | 10.9 | 15.0 | 51.2 | 1.0 |
| 内蒙古 | 4.3 | 8.9 | 5.3 | 4.9 | 9.1 | 22.7 | 56.2 | 1.5 |
| 辽　宁 | 2.6 | 1.5 | 5.2 | 14.5 | 13.6 | 15.0 | 65.1 | 1.3 |
| 吉　林 | 2.2 | 0.8 | 5.0 | 7.3 | 10.9 | 9.7 | 50.9 | 1.3 |
| 黑龙江 | 1.9 | 1.4 | 5.7 | 8.2 | 11.1 | 10.4 | 60.2 | 1.8 |
| 上　海 | 2.9 | 0.9 | 12.8 | 25.1 | 10.7 | 20.8 | 56.3 | 1.3 |
| 江　苏 | 1.9 | 0.8 | 10.3 | 18.1 | 10.7 | 15.6 | 46.2 | 1.1 |
| 浙　江 | 2.0 | 0.6 | 10.6 | 23.7 | 8.5 | 12.0 | 50.7 | 1.5 |
| 安　徽 | 1.9 | 0.9 | 10.2 | 10.8 | 11.6 | 11.0 | 48.2 | 1.0 |
| 福　建 | 1.9 | 0.8 | 11.8 | 25.8 | 8.7 | 10.8 | 41.2 | 1.8 |
| 江　西 | 2.1 | 0.4 | 8.4 | 12.6 | 7.0 | 11.1 | 39.4 | 1.1 |
| 山　东 | 1.2 | 1.1 | 5.9 | 11.6 | 17.2 | 17.3 | 69.8 | 1.0 |
| 河　南 | 1.2 | 1.1 | 5.3 | 3.8 | 14.3 | 11.5 | 57.6 | 1.2 |
| 湖　北 | 1.7 | 0.6 | 5.4 | 15.1 | 7.6 | 6.9 | 40.3 | 0.9 |
| 湖　南 | 1.9 | 0.7 | 10.7 | 11.8 | 8.0 | 5.7 | 53.0 | 1.4 |
| 广　东 | 2.0 | 0.7 | 20.6 | 22.8 | 7.3 | 7.7 | 40.1 | 1.5 |
| 广　西 | 1.8 | 0.8 | 19.6 | 10.6 | 5.6 | 5.6 | 40.2 | 1.3 |
| 海　南 | 1.8 | 0.8 | 20.4 | 25.6 | 4.5 | 4.2 | 29.3 | 1.0 |
| 重　庆 | 1.4 | 0.8 | 11.6 | 10.5 | 9.8 | 17.2 | 42.7 | 2.7 |
| 四　川 | 1.5 | 0.5 | 10.9 | 7.6 | 8.9 | 12.3 | 40.7 | 2.0 |
| 贵　州 | 1.2 | 0.3 | 5.0 | 2.4 | 4.2 | 5.4 | 32.3 | 1.0 |
| 云　南 | 1.7 | 0.5 | 7.6 | 3.7 | 4.5 | 5.3 | 29.4 | 1.4 |
| 西　藏 | 13.9 | 7.9 | 1.4 | 0.7 | 3.7 | 22.5 | 10.1 | 1.1 |
| 陕　西 | 0.7 | 1.2 | 2.7 | 2.5 | 8.0 | 14.6 | 51.4 | 1.0 |
| 甘　肃 | 1.4 | 2.4 | 4.4 | 2.2 | 7.3 | 13.9 | 54.9 | 1.9 |
| 青　海 | 5.3 | 7.1 | 3.5 | 2.0 | 4.8 | 17.9 | 30.0 | 1.3 |
| 宁　夏 | 3.6 | 4.7 | 6.0 | 2.6 | 5.5 | 13.4 | 71.2 | 1.3 |
| 新　疆 | 4.6 | 11.7 | 6.0 | 3.3 | 6.5 | 21.0 | 59.7 | 1.2 |

# 2-1-3-10　2017年分地区全体居民年末主要耐用消费品拥有量

单位：平均每百户

| 地　区 | 家用汽车(辆) | 摩托车(辆) | 电动助力车(辆) | 洗衣机(台) | 电冰箱(柜)(台) | 微波炉(台) | 彩色电视机(台) |
|---|---|---|---|---|---|---|---|
| **全　国** | **29.7** | **39.3** | **56.5** | **91.7** | **95.3** | **40.0** | **122.2** |
| 北　京 | 48.0 | 3.4 | 27.5 | 96.0 | 98.3 | 78.1 | 129.1 |
| 天　津 | 44.0 | 6.4 | 47.9 | 98.1 | 101.0 | 68.5 | 113.8 |
| 河　北 | 37.3 | 33.9 | 90.0 | 99.2 | 97.6 | 40.5 | 115.3 |
| 山　西 | 25.1 | 32.8 | 44.7 | 93.8 | 82.3 | 25.8 | 105.2 |
| 内蒙古 | 36.1 | 39.0 | 47.5 | 94.4 | 98.4 | 25.7 | 103.4 |
| 辽　宁 | 25.4 | 26.0 | 25.4 | 93.2 | 99.7 | 44.7 | 110.3 |
| 吉　林 | 23.2 | 38.1 | 12.5 | 95.0 | 95.5 | 29.8 | 105.5 |
| 黑龙江 | 15.7 | 26.1 | 12.1 | 92.5 | 94.5 | 24.0 | 102.7 |
| 上　海 | 30.8 | 4.0 | 67.0 | 94.7 | 100.4 | 88.3 | 185.7 |
| 江　苏 | 40.2 | 23.1 | 123.3 | 100.1 | 104.1 | 84.0 | 170.3 |
| 浙　江 | 47.9 | 17.7 | 84.1 | 88.9 | 101.1 | 53.0 | 178.2 |
| 安　徽 | 21.4 | 27.6 | 87.7 | 90.3 | 99.0 | 44.0 | 130.6 |
| 福　建 | 29.0 | 62.6 | 46.6 | 86.7 | 99.4 | 53.8 | 141.5 |
| 江　西 | 24.7 | 52.2 | 65.0 | 75.6 | 94.9 | 34.6 | 134.5 |
| 山　东 | 47.7 | 35.0 | 104.7 | 96.1 | 99.8 | 37.7 | 108.3 |
| 河　南 | 25.0 | 38.5 | 107.4 | 98.5 | 93.3 | 26.0 | 118.7 |
| 湖　北 | 19.0 | 53.0 | 30.7 | 86.9 | 98.3 | 33.7 | 120.1 |
| 湖　南 | 23.3 | 56.0 | 20.7 | 90.4 | 98.1 | 27.1 | 117.3 |
| 广　东 | 31.6 | 64.2 | 30.9 | 78.2 | 84.4 | 38.1 | 106.9 |
| 广　西 | 24.6 | 72.8 | 65.5 | 82.6 | 94.0 | 41.3 | 113.6 |
| 海　南 | 19.6 | 61.3 | 75.2 | 64.3 | 83.6 | 25.9 | 107.2 |
| 重　庆 | 21.3 | 25.5 | 8.7 | 90.5 | 99.1 | 45.0 | 122.9 |
| 四　川 | 22.6 | 35.9 | 28.0 | 94.0 | 98.1 | 30.4 | 120.8 |
| 贵　州 | 23.6 | 37.2 | 10.0 | 95.3 | 89.2 | 24.4 | 105.9 |
| 云　南 | 30.8 | 61.1 | 26.1 | 88.4 | 80.4 | 31.7 | 106.2 |
| 西　藏 | 26.0 | 60.9 | 13.6 | 73.4 | 72.9 | 15.7 | 119.4 |
| 陕　西 | 20.9 | 35.5 | 35.7 | 95.7 | 87.8 | 22.9 | 109.5 |
| 甘　肃 | 19.8 | 51.6 | 29.4 | 96.2 | 82.9 | 26.2 | 107.6 |
| 青　海 | 33.7 | 44.5 | 11.3 | 98.0 | 98.9 | 35.2 | 102.8 |
| 宁　夏 | 33.6 | 38.5 | 58.2 | 100.1 | 96.2 | 35.9 | 107.4 |
| 新　疆 | 28.5 | 41.7 | 44.6 | 97.9 | 101.0 | 23.6 | 102.7 |

2-1-3-10 续表 单位：平均每百户

| 地　区 | 空调(台) | 热水器(台) | 排油烟机(台) | 移动电话(部) | 计算机(台) | 照相机(台) |
|---|---|---|---|---|---|---|
| **全　国** | **96.1** | **78.6** | **51.0** | **240.0** | **58.7** | **18.4** |
| 北　京 | 166.3 | 94.4 | 85.2 | 228.5 | 101.1 | 54.4 |
| 天　津 | 139.8 | 93.7 | 81.4 | 231.8 | 74.2 | 29.6 |
| 河　北 | 100.1 | 79.0 | 53.8 | 233.0 | 59.5 | 19.2 |
| 山　西 | 27.8 | 45.5 | 43.5 | 220.3 | 55.6 | 12.2 |
| 内蒙古 | 9.0 | 46.3 | 45.8 | 229.2 | 47.4 | 15.5 |
| 辽　宁 | 28.1 | 60.8 | 61.4 | 213.0 | 60.7 | 21.8 |
| 吉　林 | 8.0 | 38.0 | 46.7 | 232.9 | 52.7 | 14.2 |
| 黑龙江 | 7.2 | 35.1 | 49.2 | 209.7 | 47.3 | 12.7 |
| 上　海 | 202.5 | 94.8 | 80.8 | 230.4 | 131.1 | 47.7 |
| 江　苏 | 184.2 | 103.2 | 69.2 | 242.9 | 78.7 | 28.6 |
| 浙　江 | 176.1 | 95.3 | 75.4 | 239.9 | 80.7 | 23.7 |
| 安　徽 | 121.3 | 91.1 | 44.6 | 230.0 | 46.2 | 11.9 |
| 福　建 | 129.5 | 97.8 | 55.2 | 252.2 | 67.5 | 15.7 |
| 江　西 | 98.1 | 82.2 | 45.2 | 241.5 | 50.8 | 11.3 |
| 山　东 | 100.3 | 90.3 | 61.0 | 225.7 | 63.3 | 26.3 |
| 河　南 | 114.9 | 73.3 | 38.5 | 241.0 | 50.6 | 10.8 |
| 湖　北 | 106.9 | 84.1 | 44.8 | 236.4 | 53.5 | 13.8 |
| 湖　南 | 102.3 | 78.5 | 47.4 | 260.7 | 50.7 | 13.7 |
| 广　东 | 145.2 | 88.7 | 55.4 | 248.8 | 75.8 | 24.6 |
| 广　西 | 78.4 | 84.8 | 35.9 | 276.4 | 53.2 | 11.7 |
| 海　南 | 87.0 | 78.0 | 39.0 | 262.4 | 48.3 | 8.6 |
| 重　庆 | 127.5 | 80.2 | 39.9 | 250.4 | 51.7 | 16.3 |
| 四　川 | 81.4 | 79.8 | 35.9 | 243.5 | 40.5 | 11.0 |
| 贵　州 | 18.0 | 64.6 | 27.3 | 275.3 | 36.3 | 7.8 |
| 云　南 | 2.7 | 82.2 | 33.9 | 259.6 | 33.8 | 13.1 |
| 西　藏 | 3.5 | 16.0 | 17.8 | 203.7 | 21.4 | 11.4 |
| 陕　西 | 68.3 | 66.4 | 41.6 | 244.9 | 49.8 | 15.9 |
| 甘　肃 | 6.2 | 49.7 | 40.1 | 255.8 | 41.2 | 12.7 |
| 青　海 | 1.4 | 43.9 | 50.8 | 252.6 | 38.8 | 11.5 |
| 宁　夏 | 9.4 | 89.1 | 54.4 | 269.0 | 52.1 | 12.3 |
| 新　疆 | 14.9 | 59.9 | 49.5 | 208.3 | 42.7 | 15.6 |

## (四)2018年分地区全体居民收支主要数据

### 2-1-4-1　2018年分地区全体居民可支配收入

单位：元/人

| 地　区 | 可支配收入 | 一、工资性收入 | 二、经营净收入 | 三、财产净收入 | 四、转移净收入 |
|---|---|---|---|---|---|
| **全　国** | **28228.0** | **15829.0** | **4852.4** | **2378.5** | **5168.1** |
| 北　京 | 62361.2 | 37686.8 | 1201.6 | 10611.8 | 12861.0 |
| 天　津 | 39506.1 | 25119.0 | 3344.0 | 3587.2 | 7456.0 |
| 河　北 | 23445.7 | 14179.3 | 3530.6 | 1624.1 | 4111.6 |
| 山　西 | 21990.1 | 12552.0 | 2809.2 | 1304.4 | 5324.6 |
| 内蒙古 | 28375.7 | 15033.3 | 7149.1 | 1442.2 | 4751.1 |
| 辽　宁 | 29701.4 | 15580.5 | 5186.2 | 1336.7 | 7598.1 |
| 吉　林 | 22798.4 | 12038.8 | 5019.4 | 998.9 | 4741.3 |
| 黑龙江 | 22725.8 | 10950.8 | 4878.1 | 1089.4 | 5807.6 |
| 上　海 | 64182.6 | 37136.9 | 1820.9 | 9666.3 | 15558.5 |
| 江　苏 | 38095.8 | 21947.8 | 5386.1 | 3745.7 | 7016.2 |
| 浙　江 | 45839.8 | 26241.6 | 7751.7 | 5244.2 | 6602.3 |
| 安　徽 | 23983.6 | 12851.4 | 5478.4 | 1456.8 | 4197.1 |
| 福　建 | 32643.9 | 18996.9 | 6015.3 | 3165.5 | 4466.2 |
| 江　西 | 24079.7 | 13738.5 | 4055.6 | 1584.6 | 4700.9 |
| 山　东 | 29204.6 | 16814.4 | 6300.0 | 2043.2 | 4047.0 |
| 河　南 | 21963.5 | 11066.1 | 4674.0 | 1546.6 | 4676.8 |
| 湖　北 | 25814.5 | 12737.6 | 5450.6 | 1726.0 | 5900.3 |
| 湖　南 | 25240.7 | 12797.9 | 5015.9 | 1923.1 | 5503.8 |
| 广　东 | 35809.9 | 24749.0 | 4734.5 | 4131.4 | 2194.9 |
| 广　西 | 21485.0 | 10203.8 | 5484.6 | 1439.6 | 4357.0 |
| 海　南 | 24579.0 | 14306.2 | 4461.8 | 1889.6 | 3921.4 |
| 重　庆 | 26385.8 | 13928.1 | 4311.4 | 1649.3 | 6497.0 |
| 四　川 | 22460.6 | 11069.9 | 4558.1 | 1443.1 | 5389.4 |
| 贵　州 | 18430.2 | 9500.9 | 4037.6 | 1297.3 | 3594.4 |
| 云　南 | 20084.2 | 9609.0 | 4883.9 | 1963.2 | 3628.0 |
| 西　藏 | 17286.1 | 8903.5 | 4589.1 | 1096.2 | 2697.3 |
| 陕　西 | 22528.3 | 12161.4 | 3033.9 | 1350.5 | 5982.4 |
| 甘　肃 | 17488.4 | 9676.3 | 3212.1 | 1162.3 | 3437.7 |
| 青　海 | 20757.3 | 12209.1 | 3013.8 | 1057.1 | 4477.3 |
| 宁　夏 | 22400.4 | 13440.8 | 3958.2 | 885.1 | 4116.3 |
| 新　疆 | 21500.2 | 11654.7 | 5153.1 | 784.3 | 3908.2 |

# 2-1-4-2 2018年分地区全体居民可支配收入构成

单位：%

| 地　区 | 可支配收入 | 一、工资性收入 | 二、经营净收入 | 三、财产净收入 | 四、转移净收入 |
|---|---|---|---|---|---|
| **全　国** | **100.0** | **56.1** | **17.2** | **8.4** | **18.3** |
| 北　京 | 100.0 | 60.4 | 1.9 | 17.0 | 20.6 |
| 天　津 | 100.0 | 63.6 | 8.5 | 9.1 | 18.9 |
| 河　北 | 100.0 | 60.5 | 15.1 | 6.9 | 17.5 |
| 山　西 | 100.0 | 57.1 | 12.8 | 5.9 | 24.2 |
| 内蒙古 | 100.0 | 53.0 | 25.2 | 5.1 | 16.7 |
| 辽　宁 | 100.0 | 52.5 | 17.5 | 4.5 | 25.6 |
| 吉　林 | 100.0 | 52.8 | 22.0 | 4.4 | 20.8 |
| 黑龙江 | 100.0 | 48.2 | 21.5 | 4.8 | 25.6 |
| 上　海 | 100.0 | 57.9 | 2.8 | 15.1 | 24.2 |
| 江　苏 | 100.0 | 57.6 | 14.1 | 9.8 | 18.4 |
| 浙　江 | 100.0 | 57.2 | 16.9 | 11.4 | 14.4 |
| 安　徽 | 100.0 | 53.6 | 22.8 | 6.1 | 17.5 |
| 福　建 | 100.0 | 58.2 | 18.4 | 9.7 | 13.7 |
| 江　西 | 100.0 | 57.1 | 16.8 | 6.6 | 19.5 |
| 山　东 | 100.0 | 57.6 | 21.6 | 7.0 | 13.9 |
| 河　南 | 100.0 | 50.4 | 21.3 | 7.0 | 21.3 |
| 湖　北 | 100.0 | 49.3 | 21.1 | 6.7 | 22.9 |
| 湖　南 | 100.0 | 50.7 | 19.9 | 7.6 | 21.8 |
| 广　东 | 100.0 | 69.1 | 13.2 | 11.5 | 6.1 |
| 广　西 | 100.0 | 47.5 | 25.5 | 6.7 | 20.3 |
| 海　南 | 100.0 | 58.2 | 18.2 | 7.7 | 16.0 |
| 重　庆 | 100.0 | 52.8 | 16.3 | 6.3 | 24.6 |
| 四　川 | 100.0 | 49.3 | 20.3 | 6.4 | 24.0 |
| 贵　州 | 100.0 | 51.6 | 21.9 | 7.0 | 19.5 |
| 云　南 | 100.0 | 47.8 | 24.3 | 9.8 | 18.1 |
| 西　藏 | 100.0 | 51.5 | 26.5 | 6.3 | 15.6 |
| 陕　西 | 100.0 | 54.0 | 13.5 | 6.0 | 26.6 |
| 甘　肃 | 100.0 | 55.3 | 18.4 | 6.6 | 19.7 |
| 青　海 | 100.0 | 58.8 | 14.5 | 5.1 | 21.6 |
| 宁　夏 | 100.0 | 60.0 | 17.7 | 4.0 | 18.4 |
| 新　疆 | 100.0 | 54.2 | 24.0 | 3.6 | 18.2 |

# 2-1-4-3　2018年分地区全体居民现金可支配收入

单位：元/人

| 地区 | 现金可支配收入 | 一、工资性收入 | 二、经营净收入 | 三、财产净收入 | 四、转移净收入 |
|---|---|---|---|---|---|
| **全　国** | **26291.4** | **15746.4** | **4880.3** | **877.8** | **4786.9** |
| 北　京 | 52505.4 | 37611.3 | 1443.8 | 1897.0 | 11553.3 |
| 天　津 | 36153.7 | 24961.6 | 3632.1 | 883.0 | 6677.0 |
| 河　北 | 22042.6 | 14153.6 | 3701.1 | 282.7 | 3905.1 |
| 山　西 | 20935.3 | 12524.7 | 2815.2 | 608.4 | 4987.0 |
| 内蒙古 | 27536.3 | 15021.7 | 7333.6 | 751.7 | 4429.2 |
| 辽　宁 | 28444.5 | 15399.9 | 5510.8 | 396.4 | 7137.5 |
| 吉　林 | 21445.5 | 12003.0 | 4581.2 | 407.9 | 4453.4 |
| 黑龙江 | 21096.8 | 10914.6 | 4084.5 | 581.7 | 5516.0 |
| 上　海 | 54257.4 | 36942.7 | 1918.1 | 1333.6 | 14063.0 |
| 江　苏 | 34696.7 | 21842.7 | 5336.1 | 1078.2 | 6439.8 |
| 浙　江 | 42898.8 | 26109.2 | 8126.7 | 2560.6 | 6102.3 |
| 安　徽 | 23041.0 | 12760.1 | 5907.6 | 435.5 | 3937.8 |
| 福　建 | 30012.5 | 18805.0 | 6028.5 | 985.9 | 4193.1 |
| 江　西 | 22785.6 | 13707.4 | 3901.8 | 655.2 | 4521.1 |
| 山　东 | 28077.7 | 16758.9 | 6784.0 | 783.3 | 3751.4 |
| 河　南 | 20419.3 | 11029.1 | 4447.5 | 613.2 | 4329.4 |
| 湖　北 | 24166.1 | 12640.3 | 5686.3 | 441.8 | 5397.7 |
| 湖　南 | 23880.6 | 12700.5 | 4933.5 | 1070.7 | 5175.8 |
| 广　东 | 33051.2 | 24541.4 | 4950.7 | 1603.1 | 1956.1 |
| 广　西 | 20277.1 | 10144.5 | 5411.6 | 811.6 | 3909.3 |
| 海　南 | 23091.6 | 14251.3 | 4500.4 | 785.4 | 3554.5 |
| 重　庆 | 24789.9 | 13844.8 | 3995.5 | 745.6 | 6204.0 |
| 四　川 | 21027.7 | 10999.8 | 4229.3 | 764.4 | 5034.2 |
| 贵　州 | 17806.7 | 9473.6 | 4105.0 | 889.9 | 3338.2 |
| 云　南 | 18823.3 | 9594.8 | 4711.2 | 1157.4 | 3359.8 |
| 西　藏 | 16081.3 | 8898.3 | 4066.7 | 567.0 | 2549.4 |
| 陕　西 | 21498.3 | 12113.9 | 2962.8 | 796.4 | 5625.2 |
| 甘　肃 | 16091.5 | 9653.8 | 2994.3 | 386.8 | 3056.7 |
| 青　海 | 20048.5 | 12172.8 | 3343.8 | 525.5 | 4006.4 |
| 宁　夏 | 21773.2 | 13407.9 | 4345.2 | 499.3 | 3520.8 |
| 新　疆 | 20206.2 | 11615.6 | 4792.4 | 260.6 | 3537.6 |

## 2-1-4-4　2018年分地区全体居民现金可支配收入构成

单位：%

| 地　区 | 现金可支配收入 | 一、工资性收入 | 二、经营净收入 | 三、财产净收入 | 四、转移净收入 |
|---|---|---|---|---|---|
| **全　国** | **100.0** | **59.9** | **18.6** | **3.3** | **18.2** |
| 北　京 | 100.0 | 71.6 | 2.7 | 3.6 | 22.0 |
| 天　津 | 100.0 | 69.0 | 10.0 | 2.4 | 18.5 |
| 河　北 | 100.0 | 64.2 | 16.8 | 1.3 | 17.7 |
| 山　西 | 100.0 | 59.8 | 13.4 | 2.9 | 23.8 |
| 内蒙古 | 100.0 | 54.6 | 26.6 | 2.7 | 16.1 |
| 辽　宁 | 100.0 | 54.1 | 19.4 | 1.4 | 25.1 |
| 吉　林 | 100.0 | 56.0 | 21.4 | 1.9 | 20.8 |
| 黑龙江 | 100.0 | 51.7 | 19.4 | 2.8 | 26.1 |
| 上　海 | 100.0 | 68.1 | 3.5 | 2.5 | 25.9 |
| 江　苏 | 100.0 | 63.0 | 15.4 | 3.1 | 18.6 |
| 浙　江 | 100.0 | 60.9 | 18.9 | 6.0 | 14.2 |
| 安　徽 | 100.0 | 55.4 | 25.6 | 1.9 | 17.1 |
| 福　建 | 100.0 | 62.7 | 20.1 | 3.3 | 14.0 |
| 江　西 | 100.0 | 60.2 | 17.1 | 2.9 | 19.8 |
| 山　东 | 100.0 | 59.7 | 24.2 | 2.8 | 13.4 |
| 河　南 | 100.0 | 54.0 | 21.8 | 3.0 | 21.2 |
| 湖　北 | 100.0 | 52.3 | 23.5 | 1.8 | 22.3 |
| 湖　南 | 100.0 | 53.2 | 20.7 | 4.5 | 21.7 |
| 广　东 | 100.0 | 74.3 | 15.0 | 4.9 | 5.9 |
| 广　西 | 100.0 | 50.0 | 26.7 | 4.0 | 19.3 |
| 海　南 | 100.0 | 61.7 | 19.5 | 3.4 | 15.4 |
| 重　庆 | 100.0 | 55.8 | 16.1 | 3.0 | 25.0 |
| 四　川 | 100.0 | 52.3 | 20.1 | 3.6 | 23.9 |
| 贵　州 | 100.0 | 53.2 | 23.1 | 5.0 | 18.7 |
| 云　南 | 100.0 | 51.0 | 25.0 | 6.1 | 17.8 |
| 西　藏 | 100.0 | 55.3 | 25.3 | 3.5 | 15.9 |
| 陕　西 | 100.0 | 56.3 | 13.8 | 3.7 | 26.2 |
| 甘　肃 | 100.0 | 60.0 | 18.6 | 2.4 | 19.0 |
| 青　海 | 100.0 | 60.7 | 16.7 | 2.6 | 20.0 |
| 宁　夏 | 100.0 | 61.6 | 20.0 | 2.3 | 16.2 |
| 新　疆 | 100.0 | 57.5 | 23.7 | 1.3 | 17.5 |

# 2-1-4-5　2018年分地区全体居民消费支出

单位：元/人

| 地　区 | 消费支出 | 一、食品烟酒支出 | 二、衣着支出 | 三、居住支出 |
|---|---|---|---|---|
| **全　国** | **19853.1** | **5631.1** | **1288.9** | **4646.6** |
| 北　京 | 39842.7 | 8064.9 | 2175.5 | 14110.3 |
| 天　津 | 29902.9 | 8647.5 | 1990.0 | 6406.3 |
| 河　北 | 16722.0 | 4271.3 | 1257.4 | 4050.4 |
| 山　西 | 14810.1 | 3688.2 | 1261.0 | 3228.5 |
| 内蒙古 | 19665.2 | 5324.3 | 1751.2 | 3680.0 |
| 辽　宁 | 21398.3 | 5727.8 | 1628.1 | 4169.5 |
| 吉　林 | 17200.4 | 4417.4 | 1397.0 | 3294.8 |
| 黑龙江 | 16994.0 | 4573.2 | 1405.4 | 3176.3 |
| 上　海 | 43351.3 | 10728.2 | 2036.8 | 14208.5 |
| 江　苏 | 25007.4 | 6529.8 | 1541.0 | 6731.2 |
| 浙　江 | 29470.7 | 8198.3 | 1813.5 | 7721.2 |
| 安　徽 | 17044.6 | 5414.7 | 1137.4 | 3941.9 |
| 福　建 | 22996.0 | 7572.9 | 1212.1 | 6130.0 |
| 江　西 | 15792.0 | 4809.0 | 1074.1 | 3795.2 |
| 山　东 | 18779.8 | 5030.9 | 1391.8 | 3928.5 |
| 河　南 | 15168.5 | 3959.8 | 1172.8 | 3512.0 |
| 湖　北 | 19537.8 | 5491.3 | 1316.2 | 4310.6 |
| 湖　南 | 18807.9 | 5260.0 | 1215.5 | 3976.1 |
| 广　东 | 26054.0 | 8480.8 | 1135.3 | 6643.3 |
| 广　西 | 14934.8 | 4545.7 | 616.7 | 3268.5 |
| 海　南 | 17528.4 | 6552.2 | 655.9 | 3744.0 |
| 重　庆 | 19248.5 | 6220.8 | 1454.5 | 3498.8 |
| 四　川 | 17663.6 | 5937.9 | 1173.8 | 3368.0 |
| 贵　州 | 13798.1 | 3792.9 | 934.7 | 2760.7 |
| 云　南 | 14249.9 | 3983.4 | 789.1 | 3081.1 |
| 西　藏 | 11520.2 | 4330.5 | 1285.2 | 2102.6 |
| 陕　西 | 16159.7 | 4292.5 | 1141.1 | 3388.2 |
| 甘　肃 | 14624.0 | 4253.3 | 1111.5 | 3095.0 |
| 青　海 | 16557.2 | 4671.6 | 1350.6 | 2990.0 |
| 宁　夏 | 16715.1 | 4234.1 | 1388.2 | 3014.3 |
| 新　疆 | 16189.1 | 4691.6 | 1456.0 | 2894.3 |

2-1-4-5 续表

单位：元/人

| 地区 | 四、生活用品及服务支出 | 五、交通通信支出 | 六、教育文化娱乐支出 | 七、医疗保健支出 | 八、其他用品及服务支出 |
|---|---|---|---|---|---|
| **全国** | **1222.7** | **2675.4** | **2225.7** | **1685.2** | **477.5** |
| 北京 | 2371.9 | 4767.4 | 3999.4 | 3274.5 | 1078.6 |
| 天津 | 1818.4 | 4280.9 | 3186.6 | 2676.9 | 896.3 |
| 河北 | 1138.7 | 2355.4 | 1734.5 | 1540.5 | 373.8 |
| 山西 | 855.6 | 1845.2 | 1940.0 | 1635.1 | 356.4 |
| 内蒙古 | 1204.6 | 3074.3 | 2245.4 | 1847.5 | 537.9 |
| 辽宁 | 1259.4 | 2968.2 | 2708.0 | 2257.1 | 680.2 |
| 吉林 | 899.4 | 2479.7 | 2193.4 | 2012.0 | 506.7 |
| 黑龙江 | 886.4 | 2196.6 | 2030.3 | 2235.3 | 490.4 |
| 上海 | 2095.5 | 4881.2 | 5049.4 | 3070.2 | 1281.5 |
| 江苏 | 1493.3 | 3522.8 | 2582.6 | 2016.4 | 590.4 |
| 浙江 | 1652.4 | 4302.0 | 3031.3 | 2059.4 | 692.6 |
| 安徽 | 1041.2 | 2082.1 | 1810.4 | 1224.0 | 392.8 |
| 福建 | 1223.1 | 2923.3 | 2194.0 | 1234.8 | 505.8 |
| 江西 | 1047.7 | 1872.1 | 1813.0 | 1000.0 | 381.0 |
| 山东 | 1394.3 | 2834.3 | 2174.4 | 1627.6 | 398.1 |
| 河南 | 1054.4 | 1838.0 | 1769.1 | 1541.5 | 321.0 |
| 湖北 | 1253.2 | 2584.1 | 2187.5 | 1907.9 | 487.0 |
| 湖南 | 1190.2 | 2322.9 | 2786.2 | 1705.5 | 351.5 |
| 广东 | 1440.8 | 3423.9 | 2750.9 | 1520.8 | 658.2 |
| 广西 | 898.2 | 2150.1 | 1798.9 | 1364.6 | 291.9 |
| 海南 | 826.6 | 1919.0 | 2185.5 | 1236.1 | 409.2 |
| 重庆 | 1338.9 | 2545.0 | 2087.8 | 1660.0 | 442.8 |
| 四川 | 1182.2 | 2398.8 | 1599.7 | 1568.6 | 434.5 |
| 贵州 | 878.1 | 2408.0 | 1660.0 | 1083.5 | 280.1 |
| 云南 | 859.9 | 2212.8 | 1772.7 | 1267.7 | 283.2 |
| 西藏 | 622.3 | 1847.7 | 609.3 | 460.1 | 262.6 |
| 陕西 | 1200.8 | 2005.8 | 2008.8 | 1749.4 | 373.2 |
| 甘肃 | 896.9 | 1640.7 | 1710.3 | 1573.9 | 342.4 |
| 青海 | 932.0 | 2671.4 | 1655.6 | 1842.0 | 444.0 |
| 宁夏 | 1067.1 | 2724.4 | 2139.5 | 1727.1 | 420.4 |
| 新疆 | 1082.8 | 2274.4 | 1762.5 | 1592.6 | 434.9 |

# 2-1-4-6　2018年分地区全体居民消费支出构成

单位：%

| 地　区 | 消费支出 | 一、食品烟酒支出 | 二、衣着支出 | 三、居住支出 |
|---|---|---|---|---|
| **全　国** | **100.0** | **28.4** | **6.5** | **23.4** |
| 北　京 | 100.0 | 20.2 | 5.5 | 35.4 |
| 天　津 | 100.0 | 28.9 | 6.7 | 21.4 |
| 河　北 | 100.0 | 25.5 | 7.5 | 24.2 |
| 山　西 | 100.0 | 24.9 | 8.5 | 21.8 |
| 内蒙古 | 100.0 | 27.1 | 8.9 | 18.7 |
| 辽　宁 | 100.0 | 26.8 | 7.6 | 19.5 |
| 吉　林 | 100.0 | 25.7 | 8.1 | 19.2 |
| 黑龙江 | 100.0 | 26.9 | 8.3 | 18.7 |
| 上　海 | 100.0 | 24.7 | 4.7 | 32.8 |
| 江　苏 | 100.0 | 26.1 | 6.2 | 26.9 |
| 浙　江 | 100.0 | 27.8 | 6.2 | 26.2 |
| 安　徽 | 100.0 | 31.8 | 6.7 | 23.1 |
| 福　建 | 100.0 | 32.9 | 5.3 | 26.7 |
| 江　西 | 100.0 | 30.5 | 6.8 | 24.0 |
| 山　东 | 100.0 | 26.8 | 7.4 | 20.9 |
| 河　南 | 100.0 | 26.1 | 7.7 | 23.2 |
| 湖　北 | 100.0 | 28.1 | 6.7 | 22.1 |
| 湖　南 | 100.0 | 28.0 | 6.5 | 21.1 |
| 广　东 | 100.0 | 32.6 | 4.4 | 25.5 |
| 广　西 | 100.0 | 30.4 | 4.1 | 21.9 |
| 海　南 | 100.0 | 37.4 | 3.7 | 21.4 |
| 重　庆 | 100.0 | 32.3 | 7.6 | 18.2 |
| 四　川 | 100.0 | 33.6 | 6.6 | 19.1 |
| 贵　州 | 100.0 | 27.5 | 6.8 | 20.0 |
| 云　南 | 100.0 | 28.0 | 5.5 | 21.6 |
| 西　藏 | 100.0 | 37.6 | 11.2 | 18.3 |
| 陕　西 | 100.0 | 26.6 | 7.1 | 21.0 |
| 甘　肃 | 100.0 | 29.1 | 7.6 | 21.2 |
| 青　海 | 100.0 | 28.2 | 8.2 | 18.1 |
| 宁　夏 | 100.0 | 25.3 | 8.3 | 18.0 |
| 新　疆 | 100.0 | 29.0 | 9.0 | 17.9 |

2-1-4-6 续表

单位：%

| 地　　区 | 四、生活用品及服务支出 | 五、交通通信支出 | 六、教育文化娱乐支出 | 七、医疗保健支出 | 八、其他用品及服务支出 |
|---|---|---|---|---|---|
| **全　　国** | **6.2** | **13.5** | **11.2** | **8.5** | **2.4** |
| 北　　京 | 6.0 | 12.0 | 10.0 | 8.2 | 2.7 |
| 天　　津 | 6.1 | 14.3 | 10.7 | 9.0 | 3.0 |
| 河　　北 | 6.8 | 14.1 | 10.4 | 9.2 | 2.2 |
| 山　　西 | 5.8 | 12.5 | 13.1 | 11.0 | 2.4 |
| 内 蒙 古 | 6.1 | 15.6 | 11.4 | 9.4 | 2.7 |
| 辽　　宁 | 5.9 | 13.9 | 12.7 | 10.5 | 3.2 |
| 吉　　林 | 5.2 | 14.4 | 12.8 | 11.7 | 2.9 |
| 黑 龙 江 | 5.2 | 12.9 | 11.9 | 13.2 | 2.9 |
| 上　　海 | 4.8 | 11.3 | 11.6 | 7.1 | 3.0 |
| 江　　苏 | 6.0 | 14.1 | 10.3 | 8.1 | 2.4 |
| 浙　　江 | 5.6 | 14.6 | 10.3 | 7.0 | 2.3 |
| 安　　徽 | 6.1 | 12.2 | 10.6 | 7.2 | 2.3 |
| 福　　建 | 5.3 | 12.7 | 9.5 | 5.4 | 2.2 |
| 江　　西 | 6.6 | 11.9 | 11.5 | 6.3 | 2.4 |
| 山　　东 | 7.4 | 15.1 | 11.6 | 8.7 | 2.1 |
| 河　　南 | 7.0 | 12.1 | 11.7 | 10.2 | 2.1 |
| 湖　　北 | 6.4 | 13.2 | 11.2 | 9.8 | 2.5 |
| 湖　　南 | 6.3 | 12.4 | 14.8 | 9.1 | 1.9 |
| 广　　东 | 5.5 | 13.1 | 10.6 | 5.8 | 2.5 |
| 广　　西 | 6.0 | 14.4 | 12.0 | 9.1 | 2.0 |
| 海　　南 | 4.7 | 10.9 | 12.5 | 7.1 | 2.3 |
| 重　　庆 | 7.0 | 13.2 | 10.8 | 8.6 | 2.3 |
| 四　　川 | 6.7 | 13.6 | 9.1 | 8.9 | 2.5 |
| 贵　　州 | 6.4 | 17.5 | 12.0 | 7.9 | 2.0 |
| 云　　南 | 6.0 | 15.5 | 12.4 | 8.9 | 2.0 |
| 西　　藏 | 5.4 | 16.0 | 5.3 | 4.0 | 2.3 |
| 陕　　西 | 7.4 | 12.4 | 12.4 | 10.8 | 2.3 |
| 甘　　肃 | 6.1 | 11.2 | 11.7 | 10.8 | 2.3 |
| 青　　海 | 5.6 | 16.1 | 10.0 | 11.1 | 2.7 |
| 宁　　夏 | 6.4 | 16.3 | 12.8 | 10.3 | 2.5 |
| 新　　疆 | 6.7 | 14.0 | 10.9 | 9.8 | 2.7 |

# 2-1-4-7 2018年分地区全体居民现金消费支出

单位：元/人

| 地 区 | 现金消费支出 | 一、食品烟酒支出 | 二、衣着支出 | 三、居住支出 |
|---|---|---|---|---|
| **全 国** | **16174.8** | **5366.2** | **1288.3** | **1615.1** |
| 北 京 | 27210.9 | 8002.1 | 2173.5 | 2867.2 |
| 天 津 | 24896.9 | 8513.4 | 1989.5 | 2337.2 |
| 河 北 | 13834.6 | 4186.3 | 1257.2 | 1455.4 |
| 山 西 | 12650.6 | 3554.6 | 1260.4 | 1537.1 |
| 内 蒙 古 | 17229.0 | 5103.4 | 1750.8 | 1776.9 |
| 辽 宁 | 18227.9 | 5494.8 | 1627.9 | 1722.0 |
| 吉 林 | 14916.0 | 4229.6 | 1396.9 | 1486.8 |
| 黑 龙 江 | 14997.4 | 4470.6 | 1405.3 | 1582.3 |
| 上 海 | 31023.0 | 10533.7 | 2036.1 | 3580.0 |
| 江 苏 | 19570.6 | 6323.9 | 1540.5 | 2091.0 |
| 浙 江 | 23223.5 | 7905.6 | 1813.1 | 2281.6 |
| 安 徽 | 13809.7 | 5200.4 | 1136.9 | 1184.3 |
| 福 建 | 18196.3 | 7222.8 | 1211.1 | 1977.3 |
| 江 西 | 12740.7 | 4586.5 | 1073.9 | 1160.3 |
| 山 东 | 15764.1 | 4930.9 | 1391.0 | 1322.2 |
| 河 南 | 12517.1 | 3883.1 | 1172.5 | 1275.5 |
| 湖 北 | 15893.2 | 5181.7 | 1315.2 | 1477.8 |
| 湖 南 | 15681.7 | 4826.4 | 1214.4 | 1609.8 |
| 广 东 | 21168.7 | 8151.1 | 1133.6 | 2336.1 |
| 广 西 | 12167.1 | 4112.8 | 616.0 | 1341.6 |
| 海 南 | 14508.5 | 6355.5 | 655.7 | 1291.0 |
| 重 庆 | 16225.9 | 5740.3 | 1453.4 | 1257.1 |
| 四 川 | 14573.6 | 5295.8 | 1173.3 | 1251.9 |
| 贵 州 | 11568.0 | 3392.5 | 934.5 | 1165.4 |
| 云 南 | 11319.3 | 3546.7 | 789.0 | 850.2 |
| 西 藏 | 9349.8 | 3875.7 | 1281.3 | 545.4 |
| 陕 西 | 13825.4 | 4140.7 | 1140.5 | 1556.9 |
| 甘 肃 | 12305.3 | 3971.6 | 1111.3 | 1408.0 |
| 青 海 | 14401.7 | 4423.2 | 1350.3 | 1557.8 |
| 宁 夏 | 14446.0 | 4066.5 | 1387.7 | 1490.6 |
| 新 疆 | 14036.6 | 4355.0 | 1454.7 | 1420.7 |

2-1-4-7 续表　　　　单位：元/人

| 地　区 | 四、生活用品及服务支出 | 五、交通通信支出 | 六、教育文化娱乐支出 | 七、医疗保健支出 | 八、其他用品及服务支出 |
|---|---|---|---|---|---|
| **全　国** | **1211.0** | **2669.1** | **2224.1** | **1332.6** | **468.4** |
| 北　京 | 2366.1 | 4758.4 | 3997.8 | 1978.3 | 1067.5 |
| 天　津 | 1735.4 | 4267.2 | 3186.4 | 2062.2 | 805.5 |
| 河　北 | 1134.1 | 2352.4 | 1734.4 | 1341.5 | 373.1 |
| 山　西 | 853.4 | 1845.0 | 1940.0 | 1313.1 | 347.0 |
| 内蒙古 | 1204.4 | 3074.2 | 2245.2 | 1537.3 | 536.9 |
| 辽　宁 | 1249.0 | 2959.0 | 2705.8 | 1808.1 | 661.2 |
| 吉　林 | 896.6 | 2476.4 | 2193.4 | 1729.9 | 506.4 |
| 黑龙江 | 885.9 | 2195.6 | 2030.1 | 1938.9 | 488.7 |
| 上　海 | 2088.1 | 4864.4 | 5045.4 | 1599.4 | 1275.9 |
| 江　苏 | 1481.5 | 3513.2 | 2581.5 | 1452.5 | 586.5 |
| 浙　江 | 1642.0 | 4297.7 | 3028.5 | 1570.4 | 684.6 |
| 安　徽 | 1032.8 | 2055.9 | 1809.4 | 1003.4 | 386.6 |
| 福　建 | 1215.7 | 2914.4 | 2192.4 | 961.5 | 501.0 |
| 江　西 | 1044.6 | 1871.6 | 1812.9 | 816.5 | 374.5 |
| 山　东 | 1371.8 | 2831.3 | 2174.0 | 1361.1 | 382.0 |
| 河　南 | 1052.4 | 1836.7 | 1767.8 | 1213.5 | 315.5 |
| 湖　北 | 1251.5 | 2571.9 | 2187.4 | 1439.7 | 468.0 |
| 湖　南 | 1186.5 | 2308.9 | 2785.2 | 1404.4 | 346.2 |
| 广　东 | 1419.9 | 3418.6 | 2746.4 | 1316.9 | 646.1 |
| 广　西 | 852.0 | 2147.4 | 1797.8 | 1020.1 | 279.5 |
| 海　南 | 807.8 | 1918.5 | 2185.1 | 889.0 | 405.8 |
| 重　庆 | 1326.3 | 2543.2 | 2087.1 | 1382.0 | 436.5 |
| 四　川 | 1161.0 | 2397.0 | 1596.6 | 1271.0 | 427.1 |
| 贵　州 | 871.8 | 2396.9 | 1659.9 | 870.6 | 276.4 |
| 云　南 | 852.9 | 2212.6 | 1772.4 | 1014.7 | 280.8 |
| 西　藏 | 613.8 | 1846.1 | 608.8 | 316.5 | 262.2 |
| 陕　西 | 1187.3 | 1993.0 | 2007.2 | 1431.3 | 368.5 |
| 甘　肃 | 893.5 | 1633.8 | 1702.5 | 1246.6 | 338.0 |
| 青　海 | 929.8 | 2671.0 | 1655.2 | 1380.1 | 434.4 |
| 宁　夏 | 1058.5 | 2722.5 | 2139.2 | 1168.2 | 413.0 |
| 新　疆 | 1076.9 | 2273.3 | 1751.6 | 1307.6 | 396.9 |

# 2-1-4-8　2018年分地区全体居民现金消费支出构成

单位：%

| 地　区 | 现金消费支出 | 一、食品烟酒支出 | 二、衣着支出 | 三、居住支出 |
|---|---|---|---|---|
| **全　国** | **100.0** | **33.2** | **8.0** | **10.0** |
| 北　京 | 100.0 | 29.4 | 8.0 | 10.5 |
| 天　津 | 100.0 | 34.2 | 8.0 | 9.4 |
| 河　北 | 100.0 | 30.3 | 9.1 | 10.5 |
| 山　西 | 100.0 | 28.1 | 10.0 | 12.2 |
| 内蒙古 | 100.0 | 29.6 | 10.2 | 10.3 |
| 辽　宁 | 100.0 | 30.1 | 8.9 | 9.4 |
| 吉　林 | 100.0 | 28.4 | 9.4 | 10.0 |
| 黑龙江 | 100.0 | 29.8 | 9.4 | 10.6 |
| 上　海 | 100.0 | 34.0 | 6.6 | 11.5 |
| 江　苏 | 100.0 | 32.3 | 7.9 | 10.7 |
| 浙　江 | 100.0 | 34.0 | 7.8 | 9.8 |
| 安　徽 | 100.0 | 37.7 | 8.2 | 8.6 |
| 福　建 | 100.0 | 39.7 | 6.7 | 10.9 |
| 江　西 | 100.0 | 36.0 | 8.4 | 9.1 |
| 山　东 | 100.0 | 31.3 | 8.8 | 8.4 |
| 河　南 | 100.0 | 31.0 | 9.4 | 10.2 |
| 湖　北 | 100.0 | 32.6 | 8.3 | 9.3 |
| 湖　南 | 100.0 | 30.8 | 7.7 | 10.3 |
| 广　东 | 100.0 | 38.5 | 5.4 | 11.0 |
| 广　西 | 100.0 | 33.8 | 5.1 | 11.0 |
| 海　南 | 100.0 | 43.8 | 4.5 | 8.9 |
| 重　庆 | 100.0 | 35.4 | 9.0 | 7.7 |
| 四　川 | 100.0 | 36.3 | 8.1 | 8.6 |
| 贵　州 | 100.0 | 29.3 | 8.1 | 10.1 |
| 云　南 | 100.0 | 31.3 | 7.0 | 7.5 |
| 西　藏 | 100.0 | 41.5 | 13.7 | 5.8 |
| 陕　西 | 100.0 | 29.9 | 8.2 | 11.3 |
| 甘　肃 | 100.0 | 32.3 | 9.0 | 11.4 |
| 青　海 | 100.0 | 30.7 | 9.4 | 10.8 |
| 宁　夏 | 100.0 | 28.1 | 9.6 | 10.3 |
| 新　疆 | 100.0 | 31.0 | 10.4 | 10.1 |

2-1-4-8 续表

单位：%

| 地区 | 四、生活用品及服务支出 | 五、交通通信支出 | 六、教育文化娱乐支出 | 七、医疗保健支出 | 八、其他用品及服务支出 |
|---|---|---|---|---|---|
| **全国** | **7.5** | **16.5** | **13.8** | **8.2** | **2.9** |
| 北京 | 8.7 | 17.5 | 14.7 | 7.3 | 3.9 |
| 天津 | 7.0 | 17.1 | 12.8 | 8.3 | 3.2 |
| 河北 | 8.2 | 17.0 | 12.5 | 9.7 | 2.7 |
| 山西 | 6.7 | 14.6 | 15.3 | 10.4 | 2.7 |
| 内蒙古 | 7.0 | 17.8 | 13.0 | 8.9 | 3.1 |
| 辽宁 | 6.9 | 16.2 | 14.8 | 9.9 | 3.6 |
| 吉林 | 6.0 | 16.6 | 14.7 | 11.6 | 3.4 |
| 黑龙江 | 5.9 | 14.6 | 13.5 | 12.9 | 3.3 |
| 上海 | 6.7 | 15.7 | 16.3 | 5.2 | 4.1 |
| 江苏 | 7.6 | 18.0 | 13.2 | 7.4 | 3.0 |
| 浙江 | 7.1 | 18.5 | 13.0 | 6.8 | 2.9 |
| 安徽 | 7.5 | 14.9 | 13.1 | 7.3 | 2.8 |
| 福建 | 6.7 | 16.0 | 12.0 | 5.3 | 2.8 |
| 江西 | 8.2 | 14.7 | 14.2 | 6.4 | 2.9 |
| 山东 | 8.7 | 18.0 | 13.8 | 8.6 | 2.4 |
| 河南 | 8.4 | 14.7 | 14.1 | 9.7 | 2.5 |
| 湖北 | 7.9 | 16.2 | 13.8 | 9.1 | 2.9 |
| 湖南 | 7.6 | 14.7 | 17.8 | 9.0 | 2.2 |
| 广东 | 6.7 | 16.1 | 13.0 | 6.2 | 3.1 |
| 广西 | 7.0 | 17.6 | 14.8 | 8.4 | 2.3 |
| 海南 | 5.6 | 13.2 | 15.1 | 6.1 | 2.8 |
| 重庆 | 8.2 | 15.7 | 12.9 | 8.5 | 2.7 |
| 四川 | 8.0 | 16.4 | 11.0 | 8.7 | 2.9 |
| 贵州 | 7.5 | 20.7 | 14.3 | 7.5 | 2.4 |
| 云南 | 7.5 | 19.5 | 15.7 | 9.0 | 2.5 |
| 西藏 | 6.6 | 19.7 | 6.5 | 3.4 | 2.8 |
| 陕西 | 8.6 | 14.4 | 14.5 | 10.4 | 2.7 |
| 甘肃 | 7.3 | 13.3 | 13.8 | 10.1 | 2.7 |
| 青海 | 6.5 | 18.5 | 11.5 | 9.6 | 3.0 |
| 宁夏 | 7.3 | 18.8 | 14.8 | 8.1 | 2.9 |
| 新疆 | 7.7 | 16.2 | 12.5 | 9.3 | 2.8 |

# 2-1-4-9　2018年分地区全体居民家庭主要食品消费量

单位：公斤/人

| 地　区 | 粮食(原粮) | 谷物 | 食用油 | 植物油 | 蔬菜 | 肉类 | 猪肉 |
|---|---|---|---|---|---|---|---|
| **全　国** | **127.2** | **116.3** | **9.6** | **8.9** | **96.1** | **29.5** | **22.8** |
| 北　京 | 91.9 | 81.7 | 7.2 | 7.1 | 106.3 | 25.9 | 16.3 |
| 天　津 | 118.3 | 107.9 | 9.9 | 9.8 | 116.8 | 26.9 | 16.8 |
| 河　北 | 130.8 | 119.6 | 7.6 | 7.3 | 95.5 | 23.0 | 15.8 |
| 山　西 | 137.6 | 121.3 | 7.5 | 7.2 | 83.7 | 15.3 | 10.8 |
| 内蒙古 | 153.0 | 140.0 | 7.6 | 7.4 | 94.0 | 34.3 | 20.0 |
| 辽　宁 | 127.8 | 113.3 | 10.3 | 10.1 | 107.7 | 27.0 | 19.0 |
| 吉　林 | 132.6 | 119.0 | 10.8 | 10.6 | 92.3 | 24.8 | 18.9 |
| 黑龙江 | 139.9 | 126.5 | 12.9 | 12.8 | 95.8 | 25.7 | 18.5 |
| 上　海 | 110.5 | 98.1 | 8.0 | 7.5 | 103.6 | 31.4 | 22.4 |
| 江　苏 | 121.9 | 108.9 | 9.1 | 8.8 | 100.1 | 28.6 | 21.2 |
| 浙　江 | 132.9 | 119.6 | 11.6 | 10.9 | 91.7 | 29.8 | 23.7 |
| 安　徽 | 139.5 | 126.1 | 9.5 | 8.5 | 95.3 | 28.3 | 22.1 |
| 福　建 | 125.1 | 115.9 | 9.1 | 7.9 | 90.8 | 34.7 | 29.1 |
| 江　西 | 134.5 | 124.9 | 13.6 | 12.9 | 97.0 | 30.6 | 25.5 |
| 山　东 | 117.2 | 107.1 | 7.6 | 7.5 | 92.8 | 23.9 | 15.9 |
| 河　南 | 123.4 | 113.0 | 8.4 | 8.3 | 84.7 | 18.5 | 12.9 |
| 湖　北 | 110.9 | 100.3 | 10.5 | 10.1 | 111.4 | 28.4 | 22.9 |
| 湖　南 | 137.6 | 128.4 | 11.8 | 9.0 | 94.4 | 34.5 | 29.8 |
| 广　东 | 108.7 | 101.1 | 9.2 | 8.6 | 100.6 | 41.0 | 34.0 |
| 广　西 | 128.3 | 121.8 | 8.1 | 6.7 | 85.2 | 35.7 | 31.3 |
| 海　南 | 94.8 | 89.8 | 8.8 | 7.4 | 90.7 | 33.9 | 29.2 |
| 重　庆 | 135.7 | 121.2 | 13.8 | 11.7 | 132.0 | 43.9 | 38.8 |
| 四　川 | 146.6 | 134.2 | 12.1 | 10.8 | 120.7 | 45.4 | 38.9 |
| 贵　州 | 111.3 | 100.1 | 6.6 | 5.1 | 75.2 | 31.7 | 29.1 |
| 云　南 | 117.3 | 108.6 | 7.1 | 5.4 | 83.8 | 31.9 | 27.5 |
| 西　藏 | 208.9 | 201.7 | 15.9 | 9.9 | 42.7 | 29.5 | 6.7 |
| 陕　西 | 131.7 | 118.9 | 10.7 | 10.4 | 83.5 | 16.2 | 11.8 |
| 甘　肃 | 151.8 | 139.3 | 9.4 | 9.3 | 79.9 | 20.2 | 14.3 |
| 青　海 | 113.2 | 107.8 | 9.3 | 8.9 | 52.3 | 27.0 | 9.8 |
| 宁　夏 | 112.1 | 105.4 | 7.2 | 7.1 | 87.5 | 16.3 | 7.0 |
| 新　疆 | 156.2 | 153.1 | 14.1 | 13.8 | 91.8 | 24.4 | 3.7 |

2-1-4-9 续表

单位：公斤/人

| 地 区 | | | 禽类 | 水产品 | 蛋类 | 奶类 | 干鲜瓜果类 | 食糖 |
|---|---|---|---|---|---|---|---|---|
| | 牛肉 | 羊肉 | | | | | | |
| **全 国** | **2.0** | **1.3** | **9.0** | **11.4** | **9.7** | **12.2** | **52.1** | **1.3** |
| 北 京 | 3.3 | 2.7 | 5.8 | 8.9 | 14.6 | 26.0 | 74.7 | 1.1 |
| 天 津 | 2.9 | 2.7 | 5.7 | 16.7 | 17.7 | 18.6 | 86.2 | 1.4 |
| 河 北 | 1.5 | 1.4 | 4.9 | 5.9 | 13.7 | 14.4 | 66.8 | 1.1 |
| 山 西 | 0.7 | 1.1 | 2.4 | 2.6 | 11.3 | 15.7 | 55.9 | 1.0 |
| 内蒙古 | 3.3 | 7.5 | 5.6 | 5.2 | 9.2 | 22.2 | 58.0 | 1.4 |
| 辽 宁 | 2.6 | 1.3 | 5.1 | 13.7 | 12.1 | 14.9 | 61.8 | 1.2 |
| 吉 林 | 2.3 | 0.7 | 4.9 | 8.0 | 10.1 | 10.0 | 53.9 | 1.3 |
| 黑龙江 | 2.0 | 1.1 | 5.3 | 9.0 | 10.9 | 10.4 | 64.3 | 1.8 |
| 上 海 | 3.0 | 1.1 | 12.3 | 24.5 | 12.0 | 20.8 | 63.5 | 1.5 |
| 江 苏 | 2.1 | 0.9 | 10.7 | 17.8 | 10.5 | 15.1 | 45.1 | 1.1 |
| 浙 江 | 2.5 | 0.7 | 10.7 | 22.9 | 8.4 | 13.2 | 52.6 | 1.5 |
| 安 徽 | 2.2 | 0.9 | 12.0 | 12.0 | 11.3 | 11.7 | 52.6 | 1.0 |
| 福 建 | 1.9 | 0.7 | 11.5 | 23.9 | 8.6 | 11.7 | 47.2 | 1.7 |
| 江 西 | 2.2 | 0.4 | 8.7 | 12.7 | 7.2 | 10.8 | 41.5 | 1.1 |
| 山 东 | 1.2 | 1.0 | 6.0 | 12.1 | 16.0 | 16.4 | 74.2 | 0.9 |
| 河 南 | 1.2 | 1.1 | 6.0 | 4.0 | 12.8 | 12.5 | 56.0 | 1.3 |
| 湖 北 | 1.9 | 0.6 | 5.6 | 15.4 | 7.1 | 6.8 | 43.7 | 0.8 |
| 湖 南 | 1.9 | 0.6 | 10.8 | 11.9 | 7.8 | 6.7 | 57.5 | 1.3 |
| 广 东 | 2.2 | 0.7 | 21.1 | 22.0 | 7.4 | 8.6 | 39.4 | 1.6 |
| 广 西 | 1.9 | 0.7 | 18.5 | 9.9 | 5.5 | 5.6 | 39.0 | 1.2 |
| 海 南 | 2.1 | 1.0 | 18.8 | 27.0 | 4.8 | 4.7 | 28.4 | 1.1 |
| 重 庆 | 1.3 | 0.6 | 10.0 | 9.9 | 9.8 | 12.6 | 43.7 | 2.8 |
| 四 川 | 1.7 | 0.5 | 10.4 | 7.2 | 8.4 | 12.5 | 40.6 | 1.9 |
| 贵 州 | 1.0 | 0.2 | 4.6 | 2.2 | 3.4 | 4.4 | 33.2 | 0.8 |
| 云 南 | 2.0 | 0.4 | 6.7 | 3.5 | 4.3 | 5.1 | 29.6 | 1.1 |
| 西 藏 | 17.9 | 4.5 | 1.5 | 0.5 | 3.6 | 14.3 | 6.0 | 4.3 |
| 陕 西 | 1.0 | 1.1 | 2.9 | 2.8 | 7.8 | 13.8 | 46.6 | 1.0 |
| 甘 肃 | 1.2 | 2.4 | 4.8 | 2.4 | 8.7 | 13.6 | 75.6 | 1.9 |
| 青 海 | 9.4 | 6.6 | 2.9 | 1.7 | 3.7 | 17.6 | 24.8 | 1.4 |
| 宁 夏 | 4.1 | 4.1 | 6.8 | 2.5 | 5.9 | 13.5 | 78.7 | 1.4 |
| 新 疆 | 5.1 | 14.0 | 4.9 | 2.9 | 5.6 | 19.9 | 52.3 | 1.2 |

# 2-1-4-10 2018年分地区全体居民年末主要耐用消费品拥有量

单位：平均每百户

| 地　区 | 家用汽车(辆) | 摩托车(辆) | 电动助力车(辆) | 洗衣机(台) | 电冰箱(柜)(台) | 微波炉(台) | 彩色电视机(台) |
|---|---|---|---|---|---|---|---|
| **全　国** | **33.0** | **35.7** | **59.2** | **93.8** | **98.8** | **39.2** | **119.3** |
| 北　京 | 53.1 | 3.6 | 25.0 | 100.3 | 103.9 | 76.2 | 125.1 |
| 天　津 | 53.0 | 4.4 | 45.8 | 99.6 | 103.3 | 68.9 | 111.5 |
| 河　北 | 44.9 | 28.6 | 95.6 | 99.8 | 99.1 | 45.4 | 111.5 |
| 山　西 | 27.9 | 27.9 | 52.7 | 92.6 | 86.2 | 24.5 | 102.3 |
| 内蒙古 | 39.5 | 33.3 | 44.7 | 96.9 | 103.7 | 29.2 | 104.0 |
| 辽　宁 | 27.3 | 22.9 | 25.3 | 93.2 | 100.0 | 43.0 | 106.0 |
| 吉　林 | 29.5 | 30.3 | 13.1 | 94.6 | 97.3 | 30.8 | 101.7 |
| 黑龙江 | 16.6 | 22.2 | 16.2 | 93.2 | 96.5 | 22.9 | 100.8 |
| 上　海 | 36.9 | 3.2 | 68.1 | 93.2 | 100.2 | 85.2 | 173.3 |
| 江　苏 | 38.1 | 17.6 | 122.2 | 100.4 | 108.4 | 78.5 | 163.9 |
| 浙　江 | 44.4 | 12.7 | 82.9 | 90.6 | 104.0 | 50.1 | 173.2 |
| 安　徽 | 27.4 | 25.1 | 100.5 | 92.0 | 101.2 | 43.6 | 131.0 |
| 福　建 | 24.9 | 50.8 | 49.2 | 85.0 | 98.1 | 43.5 | 125.7 |
| 江　西 | 29.4 | 48.4 | 69.2 | 78.1 | 96.6 | 31.8 | 129.3 |
| 山　东 | 46.7 | 28.0 | 102.0 | 98.1 | 102.6 | 37.9 | 106.5 |
| 河　南 | 29.6 | 30.2 | 111.3 | 98.9 | 96.5 | 26.2 | 114.3 |
| 湖　北 | 29.9 | 56.4 | 38.6 | 91.9 | 103.6 | 31.7 | 122.0 |
| 湖　南 | 22.8 | 57.7 | 21.9 | 95.1 | 101.9 | 25.7 | 116.6 |
| 广　东 | 36.9 | 67.2 | 34.6 | 89.7 | 94.4 | 39.2 | 109.1 |
| 广　西 | 27.2 | 63.7 | 70.7 | 85.1 | 98.5 | 41.7 | 107.0 |
| 海　南 | 26.3 | 58.8 | 77.2 | 69.3 | 87.8 | 23.9 | 103.1 |
| 重　庆 | 23.7 | 25.7 | 13.2 | 91.8 | 102.0 | 42.4 | 122.6 |
| 四　川 | 25.2 | 35.3 | 29.5 | 94.6 | 98.2 | 27.0 | 116.6 |
| 贵　州 | 28.0 | 41.6 | 13.8 | 96.9 | 92.6 | 20.4 | 102.7 |
| 云　南 | 37.7 | 56.8 | 27.5 | 90.9 | 87.7 | 32.9 | 104.7 |
| 西　藏 | 37.3 | 61.7 | 20.0 | 85.6 | 83.9 | 19.5 | 111.2 |
| 陕　西 | 27.7 | 37.8 | 36.7 | 94.3 | 89.9 | 25.8 | 104.3 |
| 甘　肃 | 25.1 | 37.9 | 37.6 | 98.3 | 90.5 | 27.1 | 107.2 |
| 青　海 | 38.8 | 40.1 | 10.8 | 95.3 | 97.8 | 34.0 | 95.5 |
| 宁　夏 | 38.3 | 34.7 | 58.2 | 101.4 | 98.8 | 35.7 | 104.5 |
| 新　疆 | 29.7 | 33.0 | 51.5 | 97.5 | 102.5 | 25.8 | 100.5 |

2-1-4-10 续表　　　　单位：平均每百户

| 地　区 | 空调（台） | 热水器（台） | 排油烟机（台） | 移动电话（部） | 计算机（台） | 照相机（台） |
|---|---|---|---|---|---|---|
| **全　国** | **109.3** | **85.0** | **56.4** | **249.1** | **53.4** | **12.6** |
| 北　京 | 186.8 | 99.8 | 91.3 | 228.3 | 91.4 | 42.0 |
| 天　津 | 150.9 | 96.4 | 87.0 | 233.1 | 70.6 | 20.7 |
| 河　北 | 105.0 | 80.9 | 50.4 | 236.5 | 64.0 | 15.7 |
| 山　西 | 34.4 | 54.8 | 47.9 | 223.8 | 45.9 | 8.9 |
| 内蒙古 | 13.6 | 56.3 | 55.1 | 231.3 | 46.3 | 11.6 |
| 辽　宁 | 35.8 | 67.6 | 66.9 | 208.8 | 47.4 | 15.8 |
| 吉　林 | 11.0 | 49.4 | 54.9 | 234.8 | 50.2 | 8.6 |
| 黑龙江 | 8.5 | 46.1 | 56.3 | 215.7 | 40.9 | 7.3 |
| 上　海 | 199.9 | 94.9 | 81.2 | 220.1 | 99.2 | 32.9 |
| 江　苏 | 193.0 | 106.1 | 68.9 | 247.3 | 62.6 | 14.4 |
| 浙　江 | 193.1 | 101.9 | 80.9 | 243.6 | 72.6 | 17.3 |
| 安　徽 | 142.0 | 98.1 | 54.0 | 255.8 | 45.8 | 8.9 |
| 福　建 | 138.6 | 104.3 | 56.1 | 246.7 | 59.4 | 11.0 |
| 江　西 | 107.4 | 88.0 | 51.6 | 266.0 | 46.3 | 7.5 |
| 山　东 | 118.5 | 95.3 | 68.8 | 231.4 | 61.7 | 18.7 |
| 河　南 | 132.7 | 81.2 | 44.3 | 255.6 | 46.1 | 7.0 |
| 湖　北 | 131.0 | 94.4 | 55.4 | 263.1 | 55.6 | 10.0 |
| 湖　南 | 122.6 | 88.5 | 52.9 | 279.2 | 51.1 | 10.0 |
| 广　东 | 176.1 | 99.4 | 65.5 | 268.2 | 69.3 | 15.9 |
| 广　西 | 94.5 | 87.8 | 36.8 | 282.5 | 48.1 | 10.1 |
| 海　南 | 109.3 | 82.8 | 39.9 | 275.2 | 40.7 | 8.0 |
| 重　庆 | 150.1 | 87.6 | 52.5 | 261.4 | 45.2 | 11.3 |
| 四　川 | 91.4 | 82.4 | 41.2 | 252.4 | 36.0 | 7.5 |
| 贵　州 | 17.3 | 70.0 | 27.8 | 285.3 | 29.2 | 4.3 |
| 云　南 | 4.1 | 84.0 | 39.0 | 267.2 | 34.4 | 7.8 |
| 西　藏 | 5.8 | 23.5 | 18.0 | 235.0 | 18.8 | 6.1 |
| 陕　西 | 80.6 | 69.8 | 43.9 | 247.0 | 36.8 | 10.6 |
| 甘　肃 | 7.4 | 57.3 | 46.3 | 275.3 | 39.1 | 10.5 |
| 青　海 | 1.2 | 55.9 | 52.1 | 254.6 | 35.5 | 8.6 |
| 宁　夏 | 12.6 | 98.3 | 61.3 | 265.5 | 48.9 | 8.8 |
| 新　疆 | 17.5 | 70.2 | 53.4 | 212.5 | 36.1 | 8.6 |

## (五)2019年分地区全体居民收支主要数据

# 2-1-5-1 2019年分地区全体居民可支配收入

单位：元/人

| 地区 | 可支配收入 | 一、工资性收入 | 二、经营净收入 | 三、财产净收入 | 四、转移净收入 |
|---|---|---|---|---|---|
| **全国** | **30732.8** | **17186.2** | **5247.3** | **2619.1** | **5680.3** |
| 北京 | 67755.9 | 41214.1 | 1200.6 | 11257.0 | 14084.1 |
| 天津 | 42404.1 | 27002.3 | 3095.5 | 3908.0 | 8398.4 |
| 河北 | 25664.7 | 15535.2 | 3911.9 | 1789.8 | 4427.9 |
| 山西 | 23828.5 | 13396.0 | 3108.6 | 1306.4 | 6017.4 |
| 内蒙古 | 30555.0 | 15922.2 | 7994.2 | 1613.8 | 5024.9 |
| 辽宁 | 31819.7 | 16776.0 | 5319.1 | 1485.8 | 8238.8 |
| 吉林 | 24562.9 | 13157.6 | 5266.6 | 1044.0 | 5094.7 |
| 黑龙江 | 24253.6 | 11751.0 | 5004.2 | 1112.2 | 6386.2 |
| 上海 | 69441.6 | 40024.7 | 2208.9 | 10055.1 | 17152.9 |
| 江苏 | 41399.7 | 23835.7 | 5636.2 | 4372.2 | 7555.6 |
| 浙江 | 49898.8 | 28511.0 | 8498.2 | 5707.9 | 7181.7 |
| 安徽 | 26415.1 | 13956.5 | 5967.5 | 1729.4 | 4761.7 |
| 福建 | 35616.1 | 20679.5 | 6582.5 | 3527.6 | 4826.5 |
| 江西 | 26262.4 | 15005.9 | 4366.6 | 1735.5 | 5154.4 |
| 山东 | 31597.0 | 18111.3 | 6812.6 | 2211.7 | 4461.3 |
| 河南 | 23902.7 | 11962.6 | 5139.0 | 1588.7 | 5212.3 |
| 湖北 | 28319.5 | 14046.2 | 5982.8 | 1949.2 | 6341.3 |
| 湖南 | 27679.7 | 13917.5 | 5609.3 | 2089.2 | 6063.7 |
| 广东 | 39014.3 | 26554.3 | 5154.7 | 4776.9 | 2528.4 |
| 广西 | 23328.2 | 11169.6 | 5777.7 | 1527.8 | 4853.1 |
| 海南 | 26679.5 | 15580.7 | 4597.6 | 2038.5 | 4462.7 |
| 重庆 | 28920.4 | 15474.7 | 4696.7 | 1792.4 | 6956.7 |
| 四川 | 24703.1 | 12048.8 | 5058.1 | 1593.3 | 6002.9 |
| 贵州 | 20397.4 | 10557.5 | 4359.7 | 1471.1 | 4009.2 |
| 云南 | 22082.4 | 10606.0 | 5332.7 | 2184.3 | 3959.5 |
| 西藏 | 19501.3 | 10334.1 | 4953.3 | 1251.3 | 2962.6 |
| 陕西 | 24666.3 | 13308.7 | 3256.2 | 1475.8 | 6625.6 |
| 甘肃 | 19139.0 | 10705.2 | 3551.7 | 1139.3 | 3742.8 |
| 青海 | 22617.7 | 13204.1 | 3305.9 | 1140.9 | 4966.7 |
| 宁夏 | 24411.9 | 14887.5 | 4198.0 | 944.0 | 4382.4 |
| 新疆 | 23103.4 | 12579.1 | 5308.4 | 838.8 | 4377.1 |

# 2-1-5-2　2019年分地区全体居民可支配收入构成

单位：%

| 地　区 | 可支配收入 | 一、工资性收入 | 二、经营净收入 | 三、财产净收入 | 四、转移净收入 |
|---|---|---|---|---|---|
| **全　国** | **100.0** | **55.9** | **17.1** | **8.5** | **18.5** |
| 北　京 | 100.0 | 60.8 | 1.8 | 16.6 | 20.8 |
| 天　津 | 100.0 | 63.7 | 7.3 | 9.2 | 19.8 |
| 河　北 | 100.0 | 60.5 | 15.2 | 7.0 | 17.3 |
| 山　西 | 100.0 | 56.2 | 13.0 | 5.5 | 25.3 |
| 内蒙古 | 100.0 | 52.1 | 26.2 | 5.3 | 16.4 |
| 辽　宁 | 100.0 | 52.7 | 16.7 | 4.7 | 25.9 |
| 吉　林 | 100.0 | 53.6 | 21.4 | 4.3 | 20.7 |
| 黑龙江 | 100.0 | 48.5 | 20.6 | 4.6 | 26.3 |
| 上　海 | 100.0 | 57.6 | 3.2 | 14.5 | 24.7 |
| 江　苏 | 100.0 | 57.6 | 13.6 | 10.6 | 18.3 |
| 浙　江 | 100.0 | 57.1 | 17.0 | 11.4 | 14.4 |
| 安　徽 | 100.0 | 52.8 | 22.6 | 6.5 | 18.0 |
| 福　建 | 100.0 | 58.1 | 18.5 | 9.9 | 13.6 |
| 江　西 | 100.0 | 57.1 | 16.6 | 6.6 | 19.6 |
| 山　东 | 100.0 | 57.3 | 21.6 | 7.0 | 14.1 |
| 河　南 | 100.0 | 50.0 | 21.5 | 6.6 | 21.8 |
| 湖　北 | 100.0 | 49.6 | 21.1 | 6.9 | 22.4 |
| 湖　南 | 100.0 | 50.3 | 20.3 | 7.5 | 21.9 |
| 广　东 | 100.0 | 68.1 | 13.2 | 12.2 | 6.5 |
| 广　西 | 100.0 | 47.9 | 24.8 | 6.5 | 20.8 |
| 海　南 | 100.0 | 58.4 | 17.2 | 7.6 | 16.7 |
| 重　庆 | 100.0 | 53.5 | 16.2 | 6.2 | 24.1 |
| 四　川 | 100.0 | 48.8 | 20.5 | 6.4 | 24.3 |
| 贵　州 | 100.0 | 51.8 | 21.4 | 7.2 | 19.7 |
| 云　南 | 100.0 | 48.0 | 24.1 | 9.9 | 17.9 |
| 西　藏 | 100.0 | 53.0 | 25.4 | 6.4 | 15.2 |
| 陕　西 | 100.0 | 54.0 | 13.2 | 6.0 | 26.9 |
| 甘　肃 | 100.0 | 55.9 | 18.6 | 6.0 | 19.6 |
| 青　海 | 100.0 | 58.4 | 14.6 | 5.0 | 22.0 |
| 宁　夏 | 100.0 | 61.0 | 17.2 | 3.9 | 18.0 |
| 新　疆 | 100.0 | 54.4 | 23.0 | 3.6 | 18.9 |

# 2-1-5-3　2019年分地区全体居民现金可支配收入

单位：元/人

| 地　区 | 现金可支配收入 | 一、工资性收入 | 二、经营净收入 | 三、财产净收入 | 四、转移净收入 |
|---|---|---|---|---|---|
| **全　国** | **28612.1** | **17096.9** | **5269.7** | **1001.5** | **5244.0** |
| 北　京 | 56981.9 | 41179.3 | 1297.0 | 2047.4 | 12458.2 |
| 天　津 | 38437.7 | 26783.5 | 3306.2 | 985.4 | 7362.6 |
| 河　北 | 24190.0 | 15507.8 | 4065.4 | 429.0 | 4187.9 |
| 山　西 | 22699.4 | 13349.1 | 3163.1 | 593.9 | 5593.3 |
| 内蒙古 | 29954.1 | 15902.4 | 8474.5 | 838.8 | 4738.4 |
| 辽　宁 | 30307.1 | 16606.9 | 5518.7 | 440.9 | 7740.6 |
| 吉　林 | 23074.8 | 13130.8 | 4711.1 | 409.1 | 4823.8 |
| 黑龙江 | 23204.7 | 11702.5 | 4912.8 | 565.0 | 6024.4 |
| 上　海 | 58870.4 | 39843.2 | 2306.3 | 1140.8 | 15580.1 |
| 江　苏 | 37825.1 | 23720.4 | 5687.0 | 1465.2 | 6952.5 |
| 浙　江 | 46658.5 | 28367.6 | 8862.6 | 2786.8 | 6641.4 |
| 安　徽 | 24844.9 | 13859.5 | 5966.0 | 572.4 | 4447.1 |
| 福　建 | 32775.3 | 20485.9 | 6792.1 | 1006.8 | 4490.5 |
| 江　西 | 25186.7 | 14967.1 | 4569.3 | 726.4 | 4923.9 |
| 山　东 | 30299.7 | 18046.7 | 7327.6 | 796.3 | 4129.0 |
| 河　南 | 22344.9 | 11926.7 | 4961.8 | 630.3 | 4826.1 |
| 湖　北 | 26510.1 | 13943.0 | 6103.9 | 586.9 | 5876.4 |
| 湖　南 | 26124.3 | 13815.6 | 5462.9 | 1167.0 | 5678.8 |
| 广　东 | 36031.2 | 26351.3 | 5330.2 | 2095.4 | 2254.3 |
| 广　西 | 21679.1 | 11070.1 | 5481.8 | 884.4 | 4242.8 |
| 海　南 | 24991.3 | 15510.6 | 4593.9 | 759.7 | 4127.1 |
| 重　庆 | 27089.0 | 15375.3 | 4307.1 | 811.0 | 6595.6 |
| 四　川 | 23068.4 | 11957.9 | 4735.8 | 844.6 | 5530.0 |
| 贵　州 | 19560.8 | 10508.9 | 4386.8 | 1016.3 | 3648.8 |
| 云　南 | 20343.6 | 10589.0 | 4809.2 | 1338.7 | 3606.7 |
| 西　藏 | 18773.3 | 10331.6 | 5081.9 | 683.6 | 2676.2 |
| 陕　西 | 23405.9 | 13267.3 | 3092.0 | 836.4 | 6210.1 |
| 甘　肃 | 17871.9 | 10690.9 | 3514.6 | 258.1 | 3408.3 |
| 青　海 | 21732.8 | 13158.9 | 3532.8 | 579.5 | 4461.6 |
| 宁　夏 | 23631.2 | 14836.2 | 4448.5 | 527.7 | 3818.8 |
| 新　疆 | 21661.5 | 12514.1 | 4868.8 | 324.9 | 3953.7 |

# 2-1-5-4 2019年分地区全体居民现金可支配收入构成

单位：%

| 地 区 | 现金可支配收入 | 一、工资性收入 | 二、经营净收入 | 三、财产净收入 | 四、转移净收入 |
|---|---|---|---|---|---|
| **全 国** | **100.0** | **59.8** | **18.4** | **3.5** | **18.3** |
| 北 京 | 100.0 | 72.3 | 2.3 | 3.6 | 21.9 |
| 天 津 | 100.0 | 69.7 | 8.6 | 2.6 | 19.2 |
| 河 北 | 100.0 | 64.1 | 16.8 | 1.8 | 17.3 |
| 山 西 | 100.0 | 58.8 | 13.9 | 2.6 | 24.6 |
| 内蒙古 | 100.0 | 53.1 | 28.3 | 2.8 | 15.8 |
| 辽 宁 | 100.0 | 54.8 | 18.2 | 1.5 | 25.5 |
| 吉 林 | 100.0 | 56.9 | 20.4 | 1.8 | 20.9 |
| 黑龙江 | 100.0 | 50.4 | 21.2 | 2.4 | 26.0 |
| 上 海 | 100.0 | 67.7 | 3.9 | 1.9 | 26.5 |
| 江 苏 | 100.0 | 62.7 | 15.0 | 3.9 | 18.4 |
| 浙 江 | 100.0 | 60.8 | 19.0 | 6.0 | 14.2 |
| 安 徽 | 100.0 | 55.8 | 24.0 | 2.3 | 17.9 |
| 福 建 | 100.0 | 62.5 | 20.7 | 3.1 | 13.7 |
| 江 西 | 100.0 | 59.4 | 18.1 | 2.9 | 19.5 |
| 山 东 | 100.0 | 59.6 | 24.2 | 2.6 | 13.6 |
| 河 南 | 100.0 | 53.4 | 22.2 | 2.8 | 21.6 |
| 湖 北 | 100.0 | 52.6 | 23.0 | 2.2 | 22.2 |
| 湖 南 | 100.0 | 52.9 | 20.9 | 4.5 | 21.7 |
| 广 东 | 100.0 | 73.1 | 14.8 | 5.8 | 6.3 |
| 广 西 | 100.0 | 51.1 | 25.3 | 4.1 | 19.6 |
| 海 南 | 100.0 | 62.1 | 18.4 | 3.0 | 16.5 |
| 重 庆 | 100.0 | 56.8 | 15.9 | 3.0 | 24.3 |
| 四 川 | 100.0 | 51.8 | 20.5 | 3.7 | 24.0 |
| 贵 州 | 100.0 | 53.7 | 22.4 | 5.2 | 18.7 |
| 云 南 | 100.0 | 52.1 | 23.6 | 6.6 | 17.7 |
| 西 藏 | 100.0 | 55.0 | 27.1 | 3.6 | 14.3 |
| 陕 西 | 100.0 | 56.7 | 13.2 | 3.6 | 26.5 |
| 甘 肃 | 100.0 | 59.8 | 19.7 | 1.4 | 19.1 |
| 青 海 | 100.0 | 60.5 | 16.3 | 2.7 | 20.5 |
| 宁 夏 | 100.0 | 62.8 | 18.8 | 2.2 | 16.2 |
| 新 疆 | 100.0 | 57.8 | 22.5 | 1.5 | 18.3 |

# 2-1-5-5 2019年分地区全体居民消费支出

单位：元/人

| 地区 | 消费支出 | 一、食品烟酒支出 | 二、衣着支出 | 三、居住支出 |
|---|---|---|---|---|
| **全国** | **21558.9** | **6084.2** | **1338.1** | **5054.8** |
| 北京 | 43038.3 | 8488.5 | 2229.5 | 15751.4 |
| 天津 | 31853.6 | 8983.7 | 1999.5 | 6946.1 |
| 河北 | 17987.2 | 4675.7 | 1304.8 | 4301.6 |
| 山西 | 15862.6 | 3997.2 | 1289.9 | 3331.6 |
| 内蒙古 | 20743.4 | 5517.3 | 1765.4 | 3943.7 |
| 辽宁 | 22202.8 | 5956.6 | 1586.1 | 4417.0 |
| 吉林 | 18075.4 | 4675.4 | 1406.8 | 3351.5 |
| 黑龙江 | 18111.5 | 4781.1 | 1437.6 | 3314.2 |
| 上海 | 45605.1 | 10952.6 | 2071.8 | 15046.4 |
| 江苏 | 26697.3 | 6847.0 | 1573.4 | 7247.3 |
| 浙江 | 32025.8 | 8928.9 | 1877.1 | 8403.2 |
| 安徽 | 19137.4 | 6080.8 | 1300.6 | 4281.3 |
| 福建 | 25314.3 | 8095.6 | 1319.6 | 6974.9 |
| 江西 | 17650.5 | 5215.2 | 1077.6 | 4398.8 |
| 山东 | 20427.5 | 5416.8 | 1443.1 | 4370.1 |
| 河南 | 16331.8 | 4186.8 | 1226.5 | 3723.1 |
| 湖北 | 21567.0 | 5946.8 | 1422.4 | 4769.1 |
| 湖南 | 20478.9 | 5771.0 | 1262.2 | 4306.1 |
| 广东 | 28994.7 | 9369.2 | 1192.2 | 7329.1 |
| 广西 | 16418.3 | 5031.2 | 648.0 | 3493.2 |
| 海南 | 19554.9 | 7122.3 | 697.7 | 4110.4 |
| 重庆 | 20773.9 | 6666.7 | 1491.9 | 3851.2 |
| 四川 | 19338.3 | 6466.8 | 1213.0 | 3678.8 |
| 贵州 | 14780.0 | 4110.2 | 984.0 | 2941.7 |
| 云南 | 15779.8 | 4558.4 | 822.7 | 3370.6 |
| 西藏 | 13029.2 | 4792.5 | 1446.3 | 2320.6 |
| 陕西 | 17464.9 | 4671.9 | 1227.5 | 3625.3 |
| 甘肃 | 15879.1 | 4574.0 | 1125.3 | 3440.4 |
| 青海 | 17544.8 | 5130.9 | 1359.8 | 3304.0 |
| 宁夏 | 18296.8 | 4605.2 | 1476.6 | 3245.1 |
| 新疆 | 17396.6 | 5042.7 | 1472.1 | 3270.9 |

2-1-5-5 续表 单位：元/人

| 地　区 | 四、生活用品及服务支出 | 五、交通通信支出 | 六、教育文化娱乐支出 | 七、医疗保健支出 | 八、其他用品及服务支出 |
|---|---|---|---|---|---|
| **全　国** | **1280.9** | **2861.6** | **2513.1** | **1902.3** | **524.0** |
| 北　京 | 2387.3 | 4979.0 | 4310.9 | 3739.7 | 1151.9 |
| 天　津 | 1956.7 | 4236.4 | 3584.4 | 2991.9 | 1154.9 |
| 河　北 | 1170.4 | 2415.7 | 1984.1 | 1699.0 | 435.8 |
| 山　西 | 910.7 | 1979.7 | 2136.2 | 1820.7 | 396.5 |
| 内蒙古 | 1185.8 | 3218.4 | 2407.7 | 2108.0 | 597.1 |
| 辽　宁 | 1275.3 | 2848.5 | 2929.3 | 2434.2 | 756.0 |
| 吉　林 | 948.3 | 2518.1 | 2436.6 | 2174.0 | 564.7 |
| 黑龙江 | 844.8 | 2317.4 | 2444.9 | 2457.1 | 514.4 |
| 上　海 | 2122.8 | 5355.7 | 5495.1 | 3204.8 | 1355.9 |
| 江　苏 | 1496.4 | 3732.2 | 2946.4 | 2166.5 | 688.1 |
| 浙　江 | 1715.9 | 4552.8 | 3624.0 | 2122.6 | 801.3 |
| 安　徽 | 1154.3 | 2286.6 | 2132.8 | 1489.9 | 411.2 |
| 福　建 | 1269.7 | 3019.4 | 2509.0 | 1506.8 | 619.3 |
| 江　西 | 1128.6 | 2104.3 | 2094.2 | 1264.5 | 367.3 |
| 山　东 | 1538.9 | 2991.5 | 2409.7 | 1816.5 | 440.8 |
| 河　南 | 1101.5 | 1976.0 | 2016.8 | 1746.1 | 354.9 |
| 湖　北 | 1418.5 | 2822.2 | 2459.6 | 2230.9 | 497.5 |
| 湖　南 | 1226.2 | 2538.5 | 3017.4 | 1961.6 | 395.8 |
| 广　东 | 1560.2 | 3833.6 | 3244.4 | 1770.4 | 695.5 |
| 广　西 | 944.1 | 2384.7 | 2007.0 | 1616.0 | 294.2 |
| 海　南 | 932.7 | 2578.2 | 2413.4 | 1294.0 | 406.2 |
| 重　庆 | 1392.5 | 2632.8 | 2312.2 | 1925.4 | 501.3 |
| 四　川 | 1201.3 | 2576.4 | 1813.5 | 1934.9 | 453.7 |
| 贵　州 | 873.8 | 2405.6 | 1865.6 | 1274.8 | 324.3 |
| 云　南 | 926.6 | 2439.0 | 1950.0 | 1401.4 | 311.2 |
| 西　藏 | 847.7 | 2015.2 | 690.3 | 519.2 | 397.4 |
| 陕　西 | 1151.1 | 2154.8 | 2243.4 | 1977.4 | 413.3 |
| 甘　肃 | 945.3 | 1972.7 | 1843.5 | 1619.3 | 358.6 |
| 青　海 | 953.2 | 2587.6 | 1731.8 | 1995.6 | 481.8 |
| 宁　夏 | 1144.5 | 3018.1 | 2352.4 | 1929.3 | 525.5 |
| 新　疆 | 1159.5 | 2408.1 | 1876.1 | 1725.4 | 441.7 |

# 2-1-5-6 2019年分地区全体居民消费支出构成

单位：%

| 地区 | 消费支出 | 一、食品烟酒支出 | 二、衣着支出 | 三、居住支出 |
|---|---|---|---|---|
| **全　国** | **100.0** | **28.2** | **6.2** | **23.4** |
| 北　京 | 100.0 | 19.7 | 5.2 | 36.6 |
| 天　津 | 100.0 | 28.2 | 6.3 | 21.8 |
| 河　北 | 100.0 | 26.0 | 7.3 | 23.9 |
| 山　西 | 100.0 | 25.2 | 8.1 | 21.0 |
| 内蒙古 | 100.0 | 26.6 | 8.5 | 19.0 |
| 辽　宁 | 100.0 | 26.8 | 7.1 | 19.9 |
| 吉　林 | 100.0 | 25.9 | 7.8 | 18.5 |
| 黑龙江 | 100.0 | 26.4 | 7.9 | 18.3 |
| 上　海 | 100.0 | 24.0 | 4.5 | 33.0 |
| 江　苏 | 100.0 | 25.6 | 5.9 | 27.1 |
| 浙　江 | 100.0 | 27.9 | 5.9 | 26.2 |
| 安　徽 | 100.0 | 31.8 | 6.8 | 22.4 |
| 福　建 | 100.0 | 32.0 | 5.2 | 27.6 |
| 江　西 | 100.0 | 29.5 | 6.1 | 24.9 |
| 山　东 | 100.0 | 26.5 | 7.1 | 21.4 |
| 河　南 | 100.0 | 25.6 | 7.5 | 22.8 |
| 湖　北 | 100.0 | 27.6 | 6.6 | 22.1 |
| 湖　南 | 100.0 | 28.2 | 6.2 | 21.0 |
| 广　东 | 100.0 | 32.3 | 4.1 | 25.3 |
| 广　西 | 100.0 | 30.6 | 3.9 | 21.3 |
| 海　南 | 100.0 | 36.4 | 3.6 | 21.0 |
| 重　庆 | 100.0 | 32.1 | 7.2 | 18.5 |
| 四　川 | 100.0 | 33.4 | 6.3 | 19.0 |
| 贵　州 | 100.0 | 27.8 | 6.7 | 19.9 |
| 云　南 | 100.0 | 28.9 | 5.2 | 21.4 |
| 西　藏 | 100.0 | 36.8 | 11.1 | 17.8 |
| 陕　西 | 100.0 | 26.8 | 7.0 | 20.8 |
| 甘　肃 | 100.0 | 28.8 | 7.1 | 21.7 |
| 青　海 | 100.0 | 29.2 | 7.8 | 18.8 |
| 宁　夏 | 100.0 | 25.2 | 8.1 | 17.7 |
| 新　疆 | 100.0 | 29.0 | 8.5 | 18.8 |

2-1-5-6 续表 单位：%

| 地区 | 四、生活用品及服务支出 | 五、交通通信支出 | 六、教育文化娱乐支出 | 七、医疗保健支出 | 八、其他用品及服务支出 |
|---|---|---|---|---|---|
| **全国** | **5.9** | **13.3** | **11.7** | **8.8** | **2.4** |
| 北京 | 5.5 | 11.6 | 10.0 | 8.7 | 2.7 |
| 天津 | 6.1 | 13.3 | 11.3 | 9.4 | 3.6 |
| 河北 | 6.5 | 13.4 | 11.0 | 9.4 | 2.4 |
| 山西 | 5.7 | 12.5 | 13.5 | 11.5 | 2.5 |
| 内蒙古 | 5.7 | 15.5 | 11.6 | 10.2 | 2.9 |
| 辽宁 | 5.7 | 12.8 | 13.2 | 11.0 | 3.4 |
| 吉林 | 5.2 | 13.9 | 13.5 | 12.0 | 3.1 |
| 黑龙江 | 4.7 | 12.8 | 13.5 | 13.6 | 2.8 |
| 上海 | 4.7 | 11.7 | 12.0 | 7.0 | 3.0 |
| 江苏 | 5.6 | 14.0 | 11.0 | 8.1 | 2.6 |
| 浙江 | 5.4 | 14.2 | 11.3 | 6.6 | 2.5 |
| 安徽 | 6.0 | 11.9 | 11.1 | 7.8 | 2.1 |
| 福建 | 5.0 | 11.9 | 9.9 | 6.0 | 2.4 |
| 江西 | 6.4 | 11.9 | 11.9 | 7.2 | 2.1 |
| 山东 | 7.5 | 14.6 | 11.8 | 8.9 | 2.2 |
| 河南 | 6.7 | 12.1 | 12.3 | 10.7 | 2.2 |
| 湖北 | 6.6 | 13.1 | 11.4 | 10.3 | 2.3 |
| 湖南 | 6.0 | 12.4 | 14.7 | 9.6 | 1.9 |
| 广东 | 5.4 | 13.2 | 11.2 | 6.1 | 2.4 |
| 广西 | 5.8 | 14.5 | 12.2 | 9.8 | 1.8 |
| 海南 | 4.8 | 13.2 | 12.3 | 6.6 | 2.1 |
| 重庆 | 6.7 | 12.7 | 11.1 | 9.3 | 2.4 |
| 四川 | 6.2 | 13.3 | 9.4 | 10.0 | 2.3 |
| 贵州 | 5.9 | 16.3 | 12.6 | 8.6 | 2.2 |
| 云南 | 5.9 | 15.5 | 12.4 | 8.9 | 2.0 |
| 西藏 | 6.5 | 15.5 | 5.3 | 4.0 | 3.1 |
| 陕西 | 6.6 | 12.3 | 12.8 | 11.3 | 2.4 |
| 甘肃 | 6.0 | 12.4 | 11.6 | 10.2 | 2.3 |
| 青海 | 5.4 | 14.7 | 9.9 | 11.4 | 2.7 |
| 宁夏 | 6.3 | 16.5 | 12.9 | 10.5 | 2.9 |
| 新疆 | 6.7 | 13.8 | 10.8 | 9.9 | 2.5 |

# 2-1-5-7　2019年分地区全体居民现金消费支出

单位：元/人

| 地　区 | 现金消费支出 | 一、食品烟酒支出 | 二、衣着支出 | 三、居住支出 |
|---|---|---|---|---|
| **全　国** | **17526.0** | **5798.1** | **1337.6** | **1755.7** |
| 北　京 | 29142.2 | 8448.1 | 2229.5 | 3620.5 |
| 天　津 | 26138.7 | 8794.4 | 1999.2 | 2441.2 |
| 河　北 | 14942.6 | 4573.8 | 1304.6 | 1600.2 |
| 山　西 | 13460.9 | 3845.8 | 1289.6 | 1544.7 |
| 内蒙古 | 18088.5 | 5220.8 | 1765.3 | 1871.7 |
| 辽　宁 | 18787.0 | 5732.1 | 1585.6 | 1750.2 |
| 吉　林 | 15705.5 | 4486.2 | 1406.7 | 1447.8 |
| 黑龙江 | 15890.0 | 4637.6 | 1437.5 | 1600.3 |
| 上　海 | 32258.3 | 10769.5 | 2071.6 | 3465.2 |
| 江　苏 | 20789.3 | 6613.8 | 1572.7 | 2205.4 |
| 浙　江 | 25247.2 | 8623.9 | 1876.1 | 2483.1 |
| 安　徽 | 15499.4 | 5850.1 | 1299.6 | 1252.2 |
| 福　建 | 19805.5 | 7731.7 | 1319.1 | 2225.6 |
| 江　西 | 14298.0 | 4969.3 | 1077.1 | 1547.0 |
| 山　东 | 17083.0 | 5310.5 | 1442.6 | 1474.9 |
| 河　南 | 13516.5 | 4100.1 | 1226.4 | 1387.1 |
| 湖　北 | 17627.2 | 5582.6 | 1421.6 | 1665.5 |
| 湖　南 | 17069.1 | 5325.0 | 1261.5 | 1745.9 |
| 广　东 | 23663.0 | 9065.8 | 1191.3 | 2591.5 |
| 广　西 | 13242.9 | 4494.6 | 647.8 | 1430.7 |
| 海　南 | 16247.8 | 6842.2 | 697.6 | 1399.0 |
| 重　庆 | 17344.6 | 6131.1 | 1491.0 | 1361.7 |
| 四　川 | 15923.0 | 5820.3 | 1212.5 | 1366.6 |
| 贵　州 | 12377.4 | 3766.8 | 983.7 | 1226.1 |
| 云　南 | 12381.8 | 3922.7 | 822.5 | 948.6 |
| 西　藏 | 10795.2 | 4478.0 | 1445.3 | 686.0 |
| 陕　西 | 14888.2 | 4498.5 | 1226.8 | 1623.1 |
| 甘　肃 | 13371.5 | 4321.3 | 1125.1 | 1501.1 |
| 青　海 | 15154.8 | 4857.0 | 1359.3 | 1740.8 |
| 宁　夏 | 15942.9 | 4418.2 | 1476.4 | 1623.7 |
| 新　疆 | 15076.1 | 4691.4 | 1470.9 | 1672.5 |

2-1-5-7 续表 单位：元/人

| 地　区 | 四、生活用品及服务支出 | 五、交通通信支出 | 六、教育文化娱乐支出 | 七、医疗保健支出 | 八、其他用品及服务支出 |
|---|---|---|---|---|---|
| **全　国** | **1266.9** | **2857.4** | **2511.7** | **1482.4** | **516.2** |
| 北　京 | 2383.1 | 4976.7 | 4310.8 | 2027.5 | 1146.0 |
| 天　津 | 1813.7 | 4218.7 | 3583.6 | 2259.3 | 1028.6 |
| 河　北 | 1167.6 | 2412.9 | 1984.1 | 1465.0 | 434.5 |
| 山　西 | 902.1 | 1979.1 | 2134.4 | 1372.9 | 392.3 |
| 内蒙古 | 1185.1 | 3218.4 | 2407.2 | 1824.6 | 595.5 |
| 辽　宁 | 1263.5 | 2834.6 | 2928.8 | 1946.4 | 745.8 |
| 吉　林 | 943.9 | 2514.0 | 2436.5 | 1906.5 | 564.0 |
| 黑龙江 | 844.3 | 2316.8 | 2444.8 | 2095.0 | 513.6 |
| 上　海 | 2119.6 | 5349.7 | 5489.8 | 1643.3 | 1349.7 |
| 江　苏 | 1485.7 | 3726.2 | 2945.6 | 1560.2 | 679.8 |
| 浙　江 | 1702.3 | 4549.7 | 3621.3 | 1595.2 | 795.5 |
| 安　徽 | 1145.3 | 2276.2 | 2132.3 | 1137.3 | 406.4 |
| 福　建 | 1266.2 | 3014.9 | 2507.4 | 1125.0 | 615.6 |
| 江　西 | 1123.1 | 2102.7 | 2089.7 | 1025.2 | 363.8 |
| 山　东 | 1505.4 | 2989.7 | 2407.8 | 1515.8 | 436.3 |
| 河　南 | 1097.1 | 1974.6 | 2016.7 | 1364.9 | 349.5 |
| 湖　北 | 1416.9 | 2811.8 | 2459.6 | 1781.2 | 488.0 |
| 湖　南 | 1216.2 | 2527.4 | 3016.1 | 1585.5 | 391.4 |
| 广　东 | 1542.3 | 3830.5 | 3240.4 | 1514.2 | 687.1 |
| 广　西 | 876.2 | 2381.9 | 2006.2 | 1122.0 | 283.3 |
| 海　南 | 931.6 | 2578.0 | 2413.3 | 981.6 | 404.5 |
| 重　庆 | 1383.2 | 2630.4 | 2312.0 | 1547.4 | 487.7 |
| 四　川 | 1183.3 | 2574.2 | 1813.0 | 1508.2 | 445.0 |
| 贵　州 | 865.5 | 2402.1 | 1865.2 | 948.4 | 319.4 |
| 云　南 | 918.0 | 2438.8 | 1950.0 | 1071.0 | 310.2 |
| 西　藏 | 844.9 | 2015.2 | 689.2 | 368.2 | 268.3 |
| 陕　西 | 1137.3 | 2151.7 | 2242.2 | 1602.2 | 406.3 |
| 甘　肃 | 941.5 | 1972.3 | 1838.7 | 1315.9 | 355.7 |
| 青　海 | 951.9 | 2585.5 | 1731.8 | 1454.9 | 473.5 |
| 宁　夏 | 1140.4 | 3015.2 | 2352.0 | 1399.9 | 517.1 |
| 新　疆 | 1151.7 | 2406.3 | 1870.7 | 1399.3 | 413.2 |

# 2-1-5-8 2019年分地区全体居民现金消费支出构成

单位：%

| 地区 | 现金消费支出 | 一、食品烟酒支出 | 二、衣着支出 | 三、居住支出 |
|---|---|---|---|---|
| **全国** | **100.0** | **33.1** | **7.6** | **10.0** |
| 北京 | 100.0 | 29.0 | 7.7 | 12.4 |
| 天津 | 100.0 | 33.6 | 7.6 | 9.3 |
| 河北 | 100.0 | 30.6 | 8.7 | 10.7 |
| 山西 | 100.0 | 28.6 | 9.6 | 11.5 |
| 内蒙古 | 100.0 | 28.9 | 9.8 | 10.3 |
| 辽宁 | 100.0 | 30.5 | 8.4 | 9.3 |
| 吉林 | 100.0 | 28.6 | 9.0 | 9.2 |
| 黑龙江 | 100.0 | 29.2 | 9.0 | 10.1 |
| 上海 | 100.0 | 33.4 | 6.4 | 10.7 |
| 江苏 | 100.0 | 31.8 | 7.6 | 10.6 |
| 浙江 | 100.0 | 34.2 | 7.4 | 9.8 |
| 安徽 | 100.0 | 37.7 | 8.4 | 8.1 |
| 福建 | 100.0 | 39.0 | 6.7 | 11.2 |
| 江西 | 100.0 | 34.8 | 7.5 | 10.8 |
| 山东 | 100.0 | 31.1 | 8.4 | 8.6 |
| 河南 | 100.0 | 30.3 | 9.1 | 10.3 |
| 湖北 | 100.0 | 31.7 | 8.1 | 9.4 |
| 湖南 | 100.0 | 31.2 | 7.4 | 10.2 |
| 广东 | 100.0 | 38.3 | 5.0 | 11.0 |
| 广西 | 100.0 | 33.9 | 4.9 | 10.8 |
| 海南 | 100.0 | 42.1 | 4.3 | 8.6 |
| 重庆 | 100.0 | 35.3 | 8.6 | 7.9 |
| 四川 | 100.0 | 36.6 | 7.6 | 8.6 |
| 贵州 | 100.0 | 30.4 | 7.9 | 9.9 |
| 云南 | 100.0 | 31.7 | 6.6 | 7.7 |
| 西藏 | 100.0 | 41.5 | 13.4 | 6.4 |
| 陕西 | 100.0 | 30.2 | 8.2 | 10.9 |
| 甘肃 | 100.0 | 32.3 | 8.4 | 11.2 |
| 青海 | 100.0 | 32.0 | 9.0 | 11.5 |
| 宁夏 | 100.0 | 27.7 | 9.3 | 10.2 |
| 新疆 | 100.0 | 31.1 | 9.8 | 11.1 |

2-1-5-8 续表

单位：%

| 地　区 | 四、生活用品及服务支出 | 五、交通通信支出 | 六、教育文化娱乐支出 | 七、医疗保健支出 | 八、其他用品及服务支出 |
|---|---|---|---|---|---|
| **全　国** | **7.2** | **16.3** | **14.3** | **8.5** | **2.9** |
| 北　京 | 8.2 | 17.1 | 14.8 | 7.0 | 3.9 |
| 天　津 | 6.9 | 16.1 | 13.7 | 8.6 | 3.9 |
| 河　北 | 7.8 | 16.1 | 13.3 | 9.8 | 2.9 |
| 山　西 | 6.7 | 14.7 | 15.9 | 10.2 | 2.9 |
| 内 蒙 古 | 6.6 | 17.8 | 13.3 | 10.1 | 3.3 |
| 辽　宁 | 6.7 | 15.1 | 15.6 | 10.4 | 4.0 |
| 吉　林 | 6.0 | 16.0 | 15.5 | 12.1 | 3.6 |
| 黑 龙 江 | 5.3 | 14.6 | 15.4 | 13.2 | 3.2 |
| 上　海 | 6.6 | 16.6 | 17.0 | 5.1 | 4.2 |
| 江　苏 | 7.1 | 17.9 | 14.2 | 7.5 | 3.3 |
| 浙　江 | 6.7 | 18.0 | 14.3 | 6.3 | 3.2 |
| 安　徽 | 7.4 | 14.7 | 13.8 | 7.3 | 2.6 |
| 福　建 | 6.4 | 15.2 | 12.7 | 5.7 | 3.1 |
| 江　西 | 7.9 | 14.7 | 14.6 | 7.2 | 2.5 |
| 山　东 | 8.8 | 17.5 | 14.1 | 8.9 | 2.6 |
| 河　南 | 8.1 | 14.6 | 14.9 | 10.1 | 2.6 |
| 湖　北 | 8.0 | 16.0 | 14.0 | 10.1 | 2.8 |
| 湖　南 | 7.1 | 14.8 | 17.7 | 9.3 | 2.3 |
| 广　东 | 6.5 | 16.2 | 13.7 | 6.4 | 2.9 |
| 广　西 | 6.6 | 18.0 | 15.1 | 8.5 | 2.1 |
| 海　南 | 5.7 | 15.9 | 14.9 | 6.0 | 2.5 |
| 重　庆 | 8.0 | 15.2 | 13.3 | 8.9 | 2.8 |
| 四　川 | 7.4 | 16.2 | 11.4 | 9.5 | 2.8 |
| 贵　州 | 7.0 | 19.4 | 15.1 | 7.7 | 2.6 |
| 云　南 | 7.4 | 19.7 | 15.7 | 8.6 | 2.5 |
| 西　藏 | 7.8 | 18.7 | 6.4 | 3.4 | 2.5 |
| 陕　西 | 7.6 | 14.5 | 15.1 | 10.8 | 2.7 |
| 甘　肃 | 7.0 | 14.7 | 13.8 | 9.8 | 2.7 |
| 青　海 | 6.3 | 17.1 | 11.4 | 9.6 | 3.1 |
| 宁　夏 | 7.2 | 18.9 | 14.8 | 8.8 | 3.2 |
| 新　疆 | 7.6 | 16.0 | 12.4 | 9.3 | 2.7 |

# 2-1-5-9 2019年分地区全体居民家庭主要食品消费量

单位：公斤/人

| 地区 | 粮食(原粮) | | 食用油 | | 蔬菜 | 肉类 | |
|---|---|---|---|---|---|---|---|
| | | 谷物 | | 植物油 | | | 猪肉 |
| **全国** | **130.1** | **117.9** | **9.5** | **8.9** | **98.6** | **26.9** | **20.3** |
| 北京 | 97.3 | 86.2 | 6.9 | 6.7 | 114.9 | 25.7 | 14.6 |
| 天津 | 105.2 | 94.6 | 8.7 | 8.6 | 114.1 | 24.7 | 15.0 |
| 河北 | 143.9 | 130.5 | 7.6 | 7.4 | 97.7 | 20.7 | 13.7 |
| 山西 | 139.4 | 121.8 | 7.4 | 7.2 | 93.6 | 14.7 | 10.2 |
| 内蒙古 | 169.8 | 153.3 | 6.7 | 6.4 | 100.3 | 32.7 | 19.5 |
| 辽宁 | 127.9 | 112.2 | 9.6 | 9.4 | 110.3 | 25.7 | 17.9 |
| 吉林 | 140.6 | 124.2 | 10.4 | 10.2 | 95.9 | 23.1 | 16.7 |
| 黑龙江 | 138.8 | 124.1 | 12.5 | 12.4 | 96.1 | 21.5 | 15.1 |
| 上海 | 105.3 | 92.8 | 8.5 | 8.2 | 102.4 | 29.0 | 19.8 |
| 江苏 | 120.3 | 106.9 | 9.2 | 9.0 | 101.4 | 25.3 | 17.8 |
| 浙江 | 132.9 | 119.0 | 11.3 | 10.8 | 95.4 | 28.3 | 22.0 |
| 安徽 | 147.3 | 131.5 | 8.8 | 8.1 | 102.7 | 27.1 | 20.6 |
| 福建 | 120.2 | 110.8 | 8.8 | 7.9 | 86.4 | 27.8 | 22.3 |
| 江西 | 134.0 | 123.1 | 12.9 | 12.4 | 96.4 | 28.2 | 23.5 |
| 山东 | 117.6 | 106.5 | 8.2 | 8.1 | 94.2 | 21.6 | 14.6 |
| 河南 | 132.2 | 120.1 | 7.8 | 7.8 | 89.3 | 17.6 | 12.0 |
| 湖北 | 117.7 | 106.0 | 11.9 | 11.4 | 104.9 | 26.1 | 20.4 |
| 湖南 | 144.1 | 134.2 | 11.7 | 9.5 | 97.9 | 30.3 | 25.7 |
| 广东 | 115.9 | 106.7 | 9.0 | 8.5 | 109.4 | 38.7 | 30.7 |
| 广西 | 133.6 | 126.1 | 8.3 | 7.3 | 86.1 | 29.3 | 25.0 |
| 海南 | 99.9 | 90.5 | 8.4 | 7.5 | 95.9 | 25.0 | 20.3 |
| 重庆 | 138.1 | 123.7 | 14.7 | 12.8 | 132.4 | 38.9 | 33.7 |
| 四川 | 142.7 | 129.3 | 11.3 | 10.3 | 122.6 | 39.4 | 33.4 |
| 贵州 | 108.9 | 97.4 | 6.6 | 5.4 | 73.6 | 28.6 | 26.0 |
| 云南 | 124.0 | 113.4 | 6.5 | 4.9 | 82.5 | 32.2 | 27.7 |
| 西藏 | 187.6 | 182.7 | 16.1 | 12.1 | 52.4 | 27.9 | 5.7 |
| 陕西 | 132.2 | 118.0 | 10.4 | 10.0 | 89.3 | 15.6 | 10.9 |
| 甘肃 | 158.0 | 144.9 | 8.5 | 8.4 | 83.4 | 19.5 | 13.6 |
| 青海 | 108.1 | 102.2 | 9.7 | 9.2 | 54.7 | 24.3 | 8.7 |
| 宁夏 | 106.7 | 99.7 | 7.6 | 7.5 | 88.8 | 16.3 | 6.3 |
| 新疆 | 133.6 | 130.3 | 12.6 | 12.5 | 88.2 | 22.4 | 3.1 |

2-1-5-9 续表　　　　单位：公斤/人

| 地　区 | | | 禽类 | 水产品 | 蛋类 | 奶类 | 干鲜瓜果类 | 食糖 |
|---|---|---|---|---|---|---|---|---|
| | 牛肉 | 羊肉 | | | | | | |
| **全　国** | **2.2** | **1.2** | **10.8** | **13.6** | **10.7** | **12.5** | **56.4** | **1.3** |
| 北　京 | 3.6 | 2.6 | 6.5 | 10.1 | 14.5 | 28.9 | 85.5 | 1.1 |
| 天　津 | 2.8 | 2.6 | 6.1 | 17.4 | 18.5 | 17.0 | 90.1 | 1.1 |
| 河　北 | 1.5 | 1.3 | 5.4 | 7.4 | 15.7 | 14.5 | 76.2 | 1.2 |
| 山　西 | 0.7 | 1.1 | 2.9 | 3.0 | 13.4 | 16.8 | 62.4 | 1.0 |
| 内蒙古 | 3.5 | 6.4 | 6.5 | 6.7 | 11.0 | 24.0 | 69.1 | 1.3 |
| 辽　宁 | 2.7 | 1.1 | 5.6 | 15.4 | 13.1 | 16.0 | 67.4 | 1.2 |
| 吉　林 | 2.5 | 0.6 | 5.6 | 9.9 | 11.1 | 10.8 | 63.7 | 1.4 |
| 黑龙江 | 1.9 | 1.1 | 6.0 | 10.3 | 12.2 | 9.8 | 67.3 | 1.6 |
| 上　海 | 3.5 | 1.0 | 13.1 | 27.2 | 12.3 | 20.8 | 61.1 | 1.4 |
| 江　苏 | 2.3 | 0.8 | 12.4 | 19.6 | 11.3 | 14.7 | 45.7 | 1.0 |
| 浙　江 | 2.7 | 0.7 | 11.9 | 25.9 | 9.2 | 13.5 | 55.6 | 1.6 |
| 安　徽 | 2.3 | 0.9 | 14.7 | 15.2 | 12.5 | 12.0 | 63.7 | 1.0 |
| 福　建 | 2.2 | 0.7 | 13.0 | 25.3 | 9.1 | 10.7 | 44.8 | 1.6 |
| 江　西 | 2.5 | 0.3 | 10.6 | 15.5 | 7.7 | 11.0 | 45.9 | 1.0 |
| 山　东 | 1.1 | 1.0 | 6.5 | 13.8 | 17.5 | 16.9 | 78.1 | 0.8 |
| 河　南 | 1.4 | 1.0 | 6.9 | 4.7 | 14.6 | 13.1 | 62.5 | 1.2 |
| 湖　北 | 2.3 | 0.6 | 7.0 | 17.6 | 7.6 | 7.4 | 43.1 | 0.7 |
| 湖　南 | 2.2 | 0.6 | 13.7 | 14.8 | 8.7 | 6.9 | 60.6 | 1.2 |
| 广　东 | 3.1 | 0.7 | 25.9 | 28.6 | 8.4 | 8.8 | 47.2 | 1.5 |
| 广　西 | 2.0 | 0.6 | 24.8 | 13.4 | 6.3 | 5.0 | 40.6 | 1.2 |
| 海　南 | 2.4 | 0.9 | 24.7 | 31.6 | 4.9 | 4.5 | 30.9 | 0.9 |
| 重　庆 | 1.7 | 0.5 | 11.9 | 12.1 | 10.3 | 13.3 | 46.0 | 2.6 |
| 四　川 | 1.9 | 0.4 | 13.2 | 9.4 | 9.0 | 11.6 | 46.0 | 1.8 |
| 贵　州 | 1.0 | 0.2 | 5.6 | 2.8 | 3.7 | 4.6 | 35.1 | 0.7 |
| 云　南 | 2.1 | 0.4 | 7.9 | 4.5 | 4.5 | 5.8 | 34.2 | 1.2 |
| 西　藏 | 17.5 | 3.7 | 1.7 | 0.6 | 3.2 | 11.6 | 8.8 | 5.2 |
| 陕　西 | 1.2 | 1.4 | 3.5 | 3.3 | 8.9 | 14.5 | 51.5 | 1.0 |
| 甘　肃 | 1.5 | 2.2 | 5.6 | 3.1 | 8.1 | 15.9 | 60.5 | 1.7 |
| 青　海 | 9.0 | 5.5 | 3.4 | 2.0 | 4.2 | 18.8 | 28.0 | 1.5 |
| 宁　夏 | 4.8 | 4.1 | 7.7 | 3.0 | 6.2 | 14.6 | 79.2 | 1.4 |
| 新　疆 | 5.0 | 12.2 | 5.3 | 3.2 | 6.4 | 21.1 | 57.8 | 1.8 |

# 2-1-5-10　2019年分地区全体居民年末主要耐用消费品拥有量

单位：平均每百户

| 地　区 | 家用汽车(辆) | 摩托车(辆) | 电动助力车(辆) | 洗衣机(台) | 电冰箱(柜)(台) | 微波炉(台) | 彩色电视机(台) |
|---|---|---|---|---|---|---|---|
| **全　国** | **35.3** | **34.2** | **63.9** | **96.0** | **100.9** | **40.1** | **120.6** |
| 北　京 | 54.0 | 3.7 | 27.1 | 101.1 | 104.4 | 77.3 | 126.5 |
| 天　津 | 54.6 | 4.0 | 50.3 | 100.3 | 104.4 | 69.8 | 112.0 |
| 河　北 | 45.9 | 24.6 | 100.6 | 101.2 | 99.5 | 35.7 | 111.5 |
| 山　西 | 27.0 | 25.1 | 56.4 | 94.5 | 88.2 | 25.4 | 103.2 |
| 内蒙古 | 41.9 | 30.7 | 48.4 | 97.6 | 106.4 | 30.1 | 104.6 |
| 辽　宁 | 28.2 | 22.0 | 27.7 | 94.1 | 101.0 | 43.8 | 106.3 |
| 吉　林 | 31.2 | 29.0 | 15.3 | 95.4 | 98.4 | 32.3 | 102.3 |
| 黑龙江 | 22.1 | 20.3 | 17.0 | 95.6 | 98.9 | 23.6 | 100.8 |
| 上　海 | 38.6 | 2.8 | 70.7 | 94.9 | 101.6 | 86.2 | 177.0 |
| 江　苏 | 39.9 | 14.9 | 131.3 | 101.9 | 109.0 | 80.7 | 165.7 |
| 浙　江 | 44.9 | 11.6 | 87.8 | 92.9 | 105.6 | 52.6 | 175.5 |
| 安　徽 | 29.9 | 22.0 | 107.4 | 94.8 | 103.1 | 45.2 | 135.4 |
| 福　建 | 27.5 | 51.6 | 59.3 | 90.5 | 102.2 | 48.0 | 131.3 |
| 江　西 | 31.1 | 44.8 | 73.0 | 81.4 | 98.5 | 33.8 | 128.3 |
| 山　东 | 51.7 | 25.3 | 108.2 | 98.5 | 104.0 | 39.0 | 106.9 |
| 河　南 | 30.7 | 28.2 | 117.8 | 99.8 | 98.0 | 28.4 | 115.2 |
| 湖　北 | 31.3 | 56.9 | 40.3 | 93.4 | 105.7 | 31.8 | 122.2 |
| 湖　南 | 25.6 | 57.2 | 25.2 | 97.2 | 103.8 | 26.5 | 117.6 |
| 广　东 | 41.3 | 66.4 | 39.7 | 92.6 | 97.6 | 41.1 | 110.2 |
| 广　西 | 30.9 | 63.8 | 79.9 | 91.4 | 102.6 | 46.0 | 110.0 |
| 海　南 | 28.9 | 50.8 | 96.8 | 74.3 | 92.4 | 21.2 | 103.6 |
| 重　庆 | 27.0 | 23.7 | 15.7 | 94.3 | 104.0 | 44.9 | 124.8 |
| 四　川 | 28.2 | 34.5 | 32.6 | 97.9 | 102.0 | 29.1 | 119.7 |
| 贵　州 | 31.4 | 41.5 | 18.0 | 99.6 | 96.7 | 21.7 | 104.8 |
| 云　南 | 39.6 | 59.5 | 31.5 | 95.6 | 92.6 | 34.2 | 105.4 |
| 西　藏 | 39.5 | 61.9 | 21.5 | 87.1 | 87.1 | 18.5 | 114.2 |
| 陕　西 | 28.8 | 35.4 | 39.3 | 96.6 | 91.8 | 25.7 | 104.7 |
| 甘　肃 | 24.8 | 39.0 | 32.9 | 97.0 | 90.6 | 29.2 | 106.7 |
| 青　海 | 44.7 | 36.4 | 12.5 | 98.5 | 102.8 | 38.2 | 99.1 |
| 宁　夏 | 39.8 | 30.4 | 61.6 | 102.7 | 100.5 | 40.2 | 105.3 |
| 新　疆 | 31.2 | 25.1 | 61.1 | 99.4 | 106.6 | 24.9 | 103.6 |

2-1-5-10 续表 单位：平均每百户

| 地　区 | 空调（台） | 热水器（台） | 排油烟机（台） | 移动电话（部） | 计算机（台） | 照相机（台） |
|---|---|---|---|---|---|---|
| **全　国** | **115.6** | **86.9** | **59.3** | **253.2** | **53.2** | **12.2** |
| 北　京 | 191.5 | 100.0 | 93.0 | 232.7 | 91.8 | 42.6 |
| 天　津 | 161.0 | 96.1 | 89.8 | 235.7 | 68.6 | 19.3 |
| 河　北 | 108.9 | 81.3 | 57.9 | 240.5 | 52.5 | 9.6 |
| 山　西 | 36.4 | 57.1 | 50.5 | 227.9 | 45.1 | 8.9 |
| 内蒙古 | 14.1 | 57.5 | 56.0 | 234.4 | 45.7 | 11.7 |
| 辽　宁 | 43.6 | 69.0 | 67.3 | 211.6 | 46.9 | 15.3 |
| 吉　林 | 13.8 | 51.4 | 56.8 | 236.7 | 49.5 | 8.8 |
| 黑龙江 | 8.8 | 48.8 | 57.1 | 228.1 | 40.3 | 7.4 |
| 上　海 | 207.1 | 96.9 | 83.3 | 224.5 | 104.7 | 34.0 |
| 江　苏 | 199.3 | 105.9 | 70.4 | 251.1 | 62.2 | 13.7 |
| 浙　江 | 195.8 | 104.0 | 83.1 | 245.0 | 72.3 | 17.6 |
| 安　徽 | 152.3 | 97.4 | 57.6 | 261.4 | 45.6 | 9.1 |
| 福　建 | 155.5 | 110.2 | 61.5 | 259.7 | 61.2 | 11.6 |
| 江　西 | 114.4 | 92.4 | 57.6 | 263.4 | 46.9 | 8.8 |
| 山　东 | 125.5 | 93.7 | 70.8 | 234.0 | 63.0 | 17.1 |
| 河　南 | 140.6 | 82.7 | 46.6 | 261.0 | 46.5 | 7.0 |
| 湖　北 | 133.9 | 96.3 | 58.1 | 265.4 | 55.7 | 10.1 |
| 湖　南 | 128.9 | 91.2 | 56.7 | 280.3 | 51.3 | 9.8 |
| 广　东 | 187.8 | 101.5 | 68.3 | 270.6 | 72.6 | 16.3 |
| 广　西 | 106.9 | 94.7 | 41.0 | 283.6 | 48.7 | 9.3 |
| 海　南 | 127.2 | 87.5 | 42.8 | 286.2 | 43.3 | 7.3 |
| 重　庆 | 160.7 | 91.1 | 55.7 | 265.1 | 46.2 | 11.1 |
| 四　川 | 103.8 | 87.3 | 45.6 | 257.6 | 37.1 | 7.9 |
| 贵　州 | 19.2 | 76.7 | 31.7 | 294.1 | 31.9 | 4.5 |
| 云　南 | 4.5 | 86.8 | 40.8 | 278.2 | 33.5 | 8.4 |
| 西　藏 | 5.5 | 24.9 | 17.4 | 240.5 | 21.5 | 6.1 |
| 陕　西 | 84.4 | 69.3 | 45.7 | 248.5 | 37.3 | 10.2 |
| 甘　肃 | 8.6 | 57.6 | 45.1 | 274.8 | 38.0 | 9.7 |
| 青　海 | 1.0 | 59.4 | 55.5 | 261.5 | 36.1 | 8.8 |
| 宁　夏 | 13.7 | 99.9 | 64.9 | 270.7 | 51.3 | 9.3 |
| 新　疆 | 19.5 | 79.6 | 61.7 | 225.2 | 34.8 | 9.1 |

## (六)2020年分地区全体居民收支主要数据

# 2-1-6-1 2020年分地区全体居民可支配收入

单位：元/人

| 地区 | 可支配收入 | 一、工资性收入 | 二、经营净收入 | 三、财产净收入 | 四、转移净收入 |
|---|---|---|---|---|---|
| **全国** | **32188.8** | **17917.4** | **5306.8** | **2791.5** | **6173.2** |
| 北京 | 69433.5 | 41439.1 | 810.8 | 11789.4 | 15394.3 |
| 天津 | 43854.1 | 27339.3 | 2796.7 | 4240.1 | 9478.0 |
| 河北 | 27135.9 | 16287.5 | 4150.7 | 1931.9 | 4765.9 |
| 山西 | 25213.7 | 13853.8 | 3250.2 | 1386.2 | 6723.5 |
| 内蒙古 | 31497.3 | 16325.2 | 8146.7 | 1623.6 | 5401.8 |
| 辽宁 | 32738.3 | 17374.2 | 5068.6 | 1529.2 | 8766.3 |
| 吉林 | 25751.0 | 13503.6 | 5702.1 | 1056.6 | 5488.7 |
| 黑龙江 | 24902.0 | 11561.3 | 5122.1 | 1126.0 | 7092.6 |
| 上海 | 72232.4 | 41500.3 | 2051.4 | 9904.3 | 18776.4 |
| 江苏 | 43390.4 | 24656.6 | 5703.4 | 4736.6 | 8293.8 |
| 浙江 | 52397.4 | 30059.4 | 8313.3 | 6136.5 | 7888.1 |
| 安徽 | 28103.2 | 14793.3 | 6205.7 | 1929.4 | 5174.8 |
| 福建 | 37202.4 | 21651.4 | 6567.4 | 4011.4 | 4972.3 |
| 江西 | 28016.5 | 16001.0 | 4445.6 | 1870.7 | 5699.2 |
| 山东 | 32885.7 | 18716.1 | 6964.4 | 2357.2 | 4848.0 |
| 河南 | 24810.1 | 12439.7 | 5142.4 | 1563.3 | 5664.7 |
| 湖北 | 27880.6 | 13668.9 | 5600.9 | 2061.7 | 6549.2 |
| 湖南 | 29379.9 | 14664.5 | 6033.9 | 2226.1 | 6455.4 |
| 广东 | 41028.6 | 27824.4 | 5037.4 | 5339.1 | 2827.7 |
| 广西 | 24562.3 | 11865.2 | 5639.7 | 1679.3 | 5378.2 |
| 海南 | 27904.1 | 16175.1 | 4687.6 | 2097.7 | 4943.7 |
| 重庆 | 30823.9 | 16513.5 | 4901.6 | 1907.2 | 7501.6 |
| 四川 | 26522.1 | 13031.6 | 5289.3 | 1719.6 | 6481.6 |
| 贵州 | 21795.4 | 11320.0 | 4426.0 | 1460.5 | 4588.8 |
| 云南 | 23294.9 | 11444.4 | 5543.7 | 2116.9 | 4189.8 |
| 西藏 | 21744.1 | 11757.4 | 5376.2 | 1341.8 | 3268.7 |
| 陕西 | 26226.0 | 14044.0 | 3459.2 | 1607.5 | 7115.2 |
| 甘肃 | 20335.1 | 11461.8 | 3730.7 | 1195.8 | 3946.8 |
| 青海 | 24037.4 | 13871.8 | 3781.5 | 1046.8 | 5337.3 |
| 宁夏 | 25734.9 | 15526.3 | 4418.4 | 881.7 | 4908.5 |
| 新疆 | 23844.7 | 12683.2 | 4859.6 | 873.5 | 5428.5 |

# 2-1-6-2 2020年分地区全体居民可支配收入构成

单位：%

| 地 区 | 可支配收入 | 一、工资性收入 | 二、经营净收入 | 三、财产净收入 | 四、转移净收入 |
|---|---|---|---|---|---|
| **全 国** | **100.0** | **55.7** | **16.5** | **8.7** | **19.2** |
| 北 京 | 100.0 | 59.7 | 1.2 | 17.0 | 22.2 |
| 天 津 | 100.0 | 62.3 | 6.4 | 9.7 | 21.6 |
| 河 北 | 100.0 | 60.0 | 15.3 | 7.1 | 17.6 |
| 山 西 | 100.0 | 54.9 | 12.9 | 5.5 | 26.7 |
| 内蒙古 | 100.0 | 51.8 | 25.9 | 5.2 | 17.1 |
| 辽 宁 | 100.0 | 53.1 | 15.5 | 4.7 | 26.8 |
| 吉 林 | 100.0 | 52.4 | 22.1 | 4.1 | 21.3 |
| 黑龙江 | 100.0 | 46.4 | 20.6 | 4.5 | 28.5 |
| 上 海 | 100.0 | 57.5 | 2.8 | 13.7 | 26.0 |
| 江 苏 | 100.0 | 56.8 | 13.1 | 10.9 | 19.1 |
| 浙 江 | 100.0 | 57.4 | 15.9 | 11.7 | 15.1 |
| 安 徽 | 100.0 | 52.6 | 22.1 | 6.9 | 18.4 |
| 福 建 | 100.0 | 58.2 | 17.7 | 10.8 | 13.4 |
| 江 西 | 100.0 | 57.1 | 15.9 | 6.7 | 20.3 |
| 山 东 | 100.0 | 56.9 | 21.2 | 7.2 | 14.7 |
| 河 南 | 100.0 | 50.1 | 20.7 | 6.3 | 22.8 |
| 湖 北 | 100.0 | 49.0 | 20.1 | 7.4 | 23.5 |
| 湖 南 | 100.0 | 49.9 | 20.5 | 7.6 | 22.0 |
| 广 东 | 100.0 | 67.8 | 12.3 | 13.0 | 6.9 |
| 广 西 | 100.0 | 48.3 | 23.0 | 6.8 | 21.9 |
| 海 南 | 100.0 | 58.0 | 16.8 | 7.5 | 17.7 |
| 重 庆 | 100.0 | 53.6 | 15.9 | 6.2 | 24.3 |
| 四 川 | 100.0 | 49.1 | 19.9 | 6.5 | 24.4 |
| 贵 州 | 100.0 | 51.9 | 20.3 | 6.7 | 21.1 |
| 云 南 | 100.0 | 49.1 | 23.8 | 9.1 | 18.0 |
| 西 藏 | 100.0 | 54.1 | 24.7 | 6.2 | 15.0 |
| 陕 西 | 100.0 | 53.5 | 13.2 | 6.1 | 27.1 |
| 甘 肃 | 100.0 | 56.4 | 18.3 | 5.9 | 19.4 |
| 青 海 | 100.0 | 57.7 | 15.7 | 4.4 | 22.2 |
| 宁 夏 | 100.0 | 60.3 | 17.2 | 3.4 | 19.1 |
| 新 疆 | 100.0 | 53.2 | 20.4 | 3.7 | 22.8 |

# 2-1-6-3 2020年分地区全体居民现金可支配收入

单位：元/人

| 地区 | 现金可支配收入 | 一、工资性收入 | 二、经营净收入 | 三、财产净收入 | 四、转移净收入 |
|---|---|---|---|---|---|
| **全国** | **29918.7** | **17817.6** | **5307.1** | **1067.5** | **5726.4** |
| 北京 | 58314.6 | 41388.9 | 907.3 | 2087.5 | 13930.9 |
| 天津 | 39664.7 | 27109.5 | 2962.5 | 1203.5 | 8389.1 |
| 河北 | 25603.9 | 16260.8 | 4326.0 | 527.2 | 4489.9 |
| 山西 | 23918.0 | 13798.0 | 3264.6 | 653.7 | 6201.7 |
| 内蒙古 | 30937.2 | 16304.1 | 8724.1 | 745.5 | 5163.5 |
| 辽宁 | 31297.5 | 17237.0 | 5303.2 | 443.1 | 8314.2 |
| 吉林 | 24647.4 | 13475.1 | 5582.4 | 376.1 | 5213.8 |
| 黑龙江 | 24439.8 | 11488.3 | 5649.8 | 509.2 | 6792.5 |
| 上海 | 61629.3 | 41209.2 | 2115.1 | 1009.4 | 17295.6 |
| 江苏 | 39696.0 | 24534.9 | 5889.1 | 1563.7 | 7708.4 |
| 浙江 | 48881.2 | 29928.0 | 8656.0 | 2928.0 | 7369.1 |
| 安徽 | 25952.4 | 14702.2 | 5645.6 | 679.7 | 4924.9 |
| 福建 | 33804.7 | 21446.3 | 6639.4 | 1186.1 | 4533.1 |
| 江西 | 26575.3 | 15963.2 | 4438.2 | 735.3 | 5438.6 |
| 山东 | 31221.5 | 18646.4 | 7257.3 | 843.7 | 4474.1 |
| 河南 | 23382.8 | 12398.9 | 5062.1 | 586.4 | 5335.5 |
| 湖北 | 25731.1 | 13536.0 | 5559.0 | 585.1 | 6051.0 |
| 湖南 | 27229.3 | 14550.0 | 5419.5 | 1268.0 | 5991.8 |
| 广东 | 37826.7 | 27610.2 | 5227.3 | 2448.7 | 2540.5 |
| 广西 | 22878.0 | 11734.5 | 5424.5 | 974.0 | 4744.9 |
| 海南 | 26074.8 | 16074.8 | 4667.1 | 719.4 | 4613.6 |
| 重庆 | 28887.0 | 16378.4 | 4593.0 | 852.6 | 7063.0 |
| 四川 | 24715.5 | 12927.7 | 4808.3 | 959.2 | 6020.3 |
| 贵州 | 20742.7 | 11260.6 | 4307.2 | 972.2 | 4202.7 |
| 云南 | 21668.0 | 11423.2 | 5345.1 | 1143.3 | 3756.4 |
| 西藏 | 20260.3 | 11751.1 | 4597.4 | 833.7 | 3078.2 |
| 陕西 | 24975.3 | 13992.5 | 3405.4 | 905.9 | 6671.4 |
| 甘肃 | 19010.9 | 11438.6 | 3706.5 | 277.6 | 3588.2 |
| 青海 | 23246.9 | 13808.4 | 4219.6 | 475.7 | 4743.1 |
| 宁夏 | 24941.6 | 15450.7 | 4669.6 | 460.3 | 4361.0 |
| 新疆 | 22527.9 | 12567.7 | 4818.3 | 315.6 | 4826.3 |

# 2-1-6-4 2020年分地区全体居民现金可支配收入构成

单位：%

| 地 区 | 现金可支配收入 | 一、工资性收入 | 二、经营净收入 | 三、财产净收入 | 四、转移净收入 |
|---|---|---|---|---|---|
| **全 国** | **100.0** | **59.6** | **17.7** | **3.6** | **19.1** |
| 北 京 | 100.0 | 71.0 | 1.6 | 3.6 | 23.9 |
| 天 津 | 100.0 | 68.3 | 7.5 | 3.0 | 21.2 |
| 河 北 | 100.0 | 63.5 | 16.9 | 2.1 | 17.5 |
| 山 西 | 100.0 | 57.7 | 13.6 | 2.7 | 25.9 |
| 内蒙古 | 100.0 | 52.7 | 28.2 | 2.4 | 16.7 |
| 辽 宁 | 100.0 | 55.1 | 16.9 | 1.4 | 26.6 |
| 吉 林 | 100.0 | 54.7 | 22.6 | 1.5 | 21.2 |
| 黑龙江 | 100.0 | 47.0 | 23.1 | 2.1 | 27.8 |
| 上 海 | 100.0 | 66.9 | 3.4 | 1.6 | 28.1 |
| 江 苏 | 100.0 | 61.8 | 14.8 | 3.9 | 19.4 |
| 浙 江 | 100.0 | 61.2 | 17.7 | 6.0 | 15.1 |
| 安 徽 | 100.0 | 56.7 | 21.8 | 2.6 | 19.0 |
| 福 建 | 100.0 | 63.4 | 19.6 | 3.5 | 13.4 |
| 江 西 | 100.0 | 60.1 | 16.7 | 2.8 | 20.5 |
| 山 东 | 100.0 | 59.7 | 23.2 | 2.7 | 14.3 |
| 河 南 | 100.0 | 53.0 | 21.6 | 2.5 | 22.8 |
| 湖 北 | 100.0 | 52.6 | 21.6 | 2.3 | 23.5 |
| 湖 南 | 100.0 | 53.4 | 19.9 | 4.7 | 22.0 |
| 广 东 | 100.0 | 73.0 | 13.8 | 6.5 | 6.7 |
| 广 西 | 100.0 | 51.3 | 23.7 | 4.3 | 20.7 |
| 海 南 | 100.0 | 61.6 | 17.9 | 2.8 | 17.7 |
| 重 庆 | 100.0 | 56.7 | 15.9 | 3.0 | 24.5 |
| 四 川 | 100.0 | 52.3 | 19.5 | 3.9 | 24.4 |
| 贵 州 | 100.0 | 54.3 | 20.8 | 4.7 | 20.3 |
| 云 南 | 100.0 | 52.7 | 24.7 | 5.3 | 17.3 |
| 西 藏 | 100.0 | 58.0 | 22.7 | 4.1 | 15.2 |
| 陕 西 | 100.0 | 56.0 | 13.6 | 3.6 | 26.7 |
| 甘 肃 | 100.0 | 60.2 | 19.5 | 1.5 | 18.9 |
| 青 海 | 100.0 | 59.4 | 18.2 | 2.0 | 20.4 |
| 宁 夏 | 100.0 | 61.9 | 18.7 | 1.8 | 17.5 |
| 新 疆 | 100.0 | 55.8 | 21.4 | 1.4 | 21.4 |

# 2-1-6-5　2020年分地区全体居民消费支出

单位：元/人

| 地　区 | 消费支出 | 一、食品烟酒支出 | 二、衣着支出 | 三、居住支出 |
|---|---|---|---|---|
| **全　国** | **21209.9** | **6397.3** | **1238.4** | **5215.3** |
| 北　京 | 38903.3 | 8373.9 | 1803.5 | 15710.5 |
| 天　津 | 28461.4 | 8516.0 | 1711.8 | 7035.3 |
| 河　北 | 18037.0 | 4992.5 | 1249.7 | 4394.5 |
| 山　西 | 15732.7 | 4362.4 | 1235.8 | 3460.4 |
| 内蒙古 | 19794.5 | 5686.1 | 1568.3 | 4148.6 |
| 辽　宁 | 20672.1 | 6110.1 | 1378.2 | 4473.8 |
| 吉　林 | 17317.7 | 5021.6 | 1293.9 | 3448.2 |
| 黑龙江 | 17056.4 | 5287.2 | 1300.6 | 3450.7 |
| 上　海 | 42536.3 | 11224.7 | 1694.0 | 15247.3 |
| 江　苏 | 26225.1 | 7258.4 | 1450.5 | 7505.9 |
| 浙　江 | 31294.7 | 8922.1 | 1703.2 | 9009.1 |
| 安　徽 | 18877.3 | 6280.4 | 1210.4 | 4375.9 |
| 福　建 | 25125.8 | 8385.1 | 1182.4 | 7304.8 |
| 江　西 | 17955.3 | 5780.6 | 987.2 | 4454.9 |
| 山　东 | 20940.1 | 5757.3 | 1438.0 | 4437.0 |
| 河　南 | 16142.6 | 4417.9 | 1221.8 | 3807.6 |
| 湖　北 | 19245.9 | 5897.7 | 1173.0 | 4659.6 |
| 湖　南 | 20997.6 | 6251.7 | 1236.9 | 4436.2 |
| 广　东 | 28491.9 | 9629.3 | 1044.5 | 7733.0 |
| 广　西 | 16356.8 | 5591.5 | 595.0 | 3579.0 |
| 海　南 | 18971.6 | 7514.0 | 660.6 | 4168.0 |
| 重　庆 | 21678.1 | 7284.6 | 1459.1 | 4062.1 |
| 四　川 | 19783.4 | 7026.4 | 1190.4 | 3855.7 |
| 贵　州 | 14873.8 | 4606.9 | 944.6 | 2998.2 |
| 云　南 | 16792.4 | 5092.1 | 868.3 | 3469.8 |
| 西　藏 | 13224.8 | 4786.6 | 1137.2 | 2970.5 |
| 陕　西 | 17417.6 | 4819.5 | 1156.6 | 3857.6 |
| 甘　肃 | 16174.9 | 4768.8 | 1140.6 | 3557.3 |
| 青　海 | 18284.2 | 5224.5 | 1301.4 | 3618.5 |
| 宁　夏 | 17505.8 | 4816.3 | 1263.9 | 3348.8 |
| 新　疆 | 16512.1 | 5225.9 | 1138.9 | 3304.7 |

2-1-6-5 续表

单位：元/人

| 地　区 | 四、生活用品及服务支出 | 五、交通通信支出 | 六、教育文化娱乐支出 | 七、医疗保健支出 | 八、其他用品及服务支出 |
|---|---|---|---|---|---|
| **全　国** | **1259.5** | **2761.8** | **2032.2** | **1843.1** | **462.2** |
| 北　京 | 2145.8 | 3789.5 | 2766.0 | 3513.3 | 800.7 |
| 天　津 | 1669.4 | 3778.7 | 2253.7 | 2646.0 | 850.5 |
| 河　北 | 1171.2 | 2356.9 | 1799.1 | 1692.0 | 381.2 |
| 山　西 | 863.9 | 1980.9 | 1608.4 | 1854.0 | 366.9 |
| 内蒙古 | 1119.2 | 3099.2 | 1835.9 | 1891.5 | 445.8 |
| 辽　宁 | 1091.8 | 2660.0 | 1950.8 | 2303.2 | 704.1 |
| 吉　林 | 906.7 | 2386.0 | 1742.0 | 2031.2 | 488.1 |
| 黑龙江 | 895.4 | 2122.2 | 1602.9 | 2023.2 | 374.4 |
| 上　海 | 2091.2 | 4557.5 | 3662.9 | 3033.4 | 1025.3 |
| 江　苏 | 1523.0 | 3588.8 | 2298.2 | 2018.6 | 581.8 |
| 浙　江 | 1789.3 | 4301.2 | 2889.4 | 1955.9 | 724.4 |
| 安　徽 | 1108.4 | 2172.1 | 1855.3 | 1548.0 | 326.8 |
| 福　建 | 1274.8 | 2972.0 | 1895.9 | 1583.2 | 527.5 |
| 江　西 | 966.5 | 2146.4 | 1879.0 | 1437.3 | 303.3 |
| 山　东 | 1571.0 | 3004.1 | 2373.7 | 1914.0 | 444.8 |
| 河　南 | 1077.6 | 1917.2 | 1685.4 | 1621.9 | 393.2 |
| 湖　北 | 1088.9 | 2559.5 | 1755.9 | 1764.9 | 346.4 |
| 湖　南 | 1289.0 | 2745.5 | 2587.3 | 2034.7 | 416.3 |
| 广　东 | 1560.6 | 3808.7 | 2442.9 | 1677.9 | 595.1 |
| 广　西 | 929.1 | 2107.9 | 1766.2 | 1540.7 | 247.3 |
| 海　南 | 890.0 | 2118.9 | 1880.5 | 1407.3 | 332.3 |
| 重　庆 | 1517.4 | 2630.9 | 2120.9 | 2101.5 | 501.6 |
| 四　川 | 1234.8 | 2465.1 | 1650.5 | 1908.0 | 452.4 |
| 贵　州 | 901.1 | 2218.0 | 1636.7 | 1269.6 | 298.7 |
| 云　南 | 958.5 | 2709.4 | 1835.8 | 1547.4 | 311.0 |
| 西　藏 | 838.6 | 1987.5 | 550.9 | 589.9 | 363.6 |
| 陕　西 | 1179.3 | 2194.0 | 1756.6 | 2078.4 | 375.6 |
| 甘　肃 | 1045.5 | 2020.4 | 1728.6 | 1544.7 | 369.1 |
| 青　海 | 1073.4 | 3121.0 | 1521.3 | 1975.7 | 448.5 |
| 宁　夏 | 1037.2 | 2922.0 | 1760.6 | 1906.3 | 450.7 |
| 新　疆 | 1031.0 | 2318.9 | 1488.4 | 1611.7 | 392.7 |

# 2-1-6-6　2020年分地区全体居民消费支出构成

单位：%

| 地　区 | 消费支出 | 一、食品烟酒支出 | 二、衣着支出 | 三、居住支出 |
|---|---|---|---|---|
| **全　国** | **100.0** | **30.2** | **5.8** | **24.6** |
| 北　京 | 100.0 | 21.5 | 4.6 | 40.4 |
| 天　津 | 100.0 | 29.9 | 6.0 | 24.7 |
| 河　北 | 100.0 | 27.7 | 6.9 | 24.4 |
| 山　西 | 100.0 | 27.7 | 7.9 | 22.0 |
| 内蒙古 | 100.0 | 28.7 | 7.9 | 21.0 |
| 辽　宁 | 100.0 | 29.6 | 6.7 | 21.6 |
| 吉　林 | 100.0 | 29.0 | 7.5 | 19.9 |
| 黑龙江 | 100.0 | 31.0 | 7.6 | 20.2 |
| 上　海 | 100.0 | 26.4 | 4.0 | 35.8 |
| 江　苏 | 100.0 | 27.7 | 5.5 | 28.6 |
| 浙　江 | 100.0 | 28.5 | 5.4 | 28.8 |
| 安　徽 | 100.0 | 33.3 | 6.4 | 23.2 |
| 福　建 | 100.0 | 33.4 | 4.7 | 29.1 |
| 江　西 | 100.0 | 32.2 | 5.5 | 24.8 |
| 山　东 | 100.0 | 27.5 | 6.9 | 21.2 |
| 河　南 | 100.0 | 27.4 | 7.6 | 23.6 |
| 湖　北 | 100.0 | 30.6 | 6.1 | 24.2 |
| 湖　南 | 100.0 | 29.8 | 5.9 | 21.1 |
| 广　东 | 100.0 | 33.8 | 3.7 | 27.1 |
| 广　西 | 100.0 | 34.2 | 3.6 | 21.9 |
| 海　南 | 100.0 | 39.6 | 3.5 | 22.0 |
| 重　庆 | 100.0 | 33.6 | 6.7 | 18.7 |
| 四　川 | 100.0 | 35.5 | 6.0 | 19.5 |
| 贵　州 | 100.0 | 31.0 | 6.4 | 20.2 |
| 云　南 | 100.0 | 30.3 | 5.2 | 20.7 |
| 西　藏 | 100.0 | 36.2 | 8.6 | 22.5 |
| 陕　西 | 100.0 | 27.7 | 6.6 | 22.1 |
| 甘　肃 | 100.0 | 29.5 | 7.1 | 22.0 |
| 青　海 | 100.0 | 28.6 | 7.1 | 19.8 |
| 宁　夏 | 100.0 | 27.5 | 7.2 | 19.1 |
| 新　疆 | 100.0 | 31.6 | 6.9 | 20.0 |

2-1-6-6 续表

单位：%

| 地　区 | 四、生活用品及服务支出 | 五、交通通信支出 | 六、教育文化娱乐支出 | 七、医疗保健支出 | 八、其他用品及服务支出 |
|---|---|---|---|---|---|
| **全　国** | **5.9** | **13.0** | **9.6** | **8.7** | **2.2** |
| 北　京 | 5.5 | 9.7 | 7.1 | 9.0 | 2.1 |
| 天　津 | 5.9 | 13.3 | 7.9 | 9.3 | 3.0 |
| 河　北 | 6.5 | 13.1 | 10.0 | 9.4 | 2.1 |
| 山　西 | 5.5 | 12.6 | 10.2 | 11.8 | 2.3 |
| 内蒙古 | 5.7 | 15.7 | 9.3 | 9.6 | 2.3 |
| 辽　宁 | 5.3 | 12.9 | 9.4 | 11.1 | 3.4 |
| 吉　林 | 5.2 | 13.8 | 10.1 | 11.7 | 2.8 |
| 黑龙江 | 5.2 | 12.4 | 9.4 | 11.9 | 2.2 |
| 上　海 | 4.9 | 10.7 | 8.6 | 7.1 | 2.4 |
| 江　苏 | 5.8 | 13.7 | 8.8 | 7.7 | 2.2 |
| 浙　江 | 5.7 | 13.7 | 9.2 | 6.2 | 2.3 |
| 安　徽 | 5.9 | 11.5 | 9.8 | 8.2 | 1.7 |
| 福　建 | 5.1 | 11.8 | 7.5 | 6.3 | 2.1 |
| 江　西 | 5.4 | 12.0 | 10.5 | 8.0 | 1.7 |
| 山　东 | 7.5 | 14.3 | 11.3 | 9.1 | 2.1 |
| 河　南 | 6.7 | 11.9 | 10.4 | 10.0 | 2.4 |
| 湖　北 | 5.7 | 13.3 | 9.1 | 9.2 | 1.8 |
| 湖　南 | 6.1 | 13.1 | 12.3 | 9.7 | 2.0 |
| 广　东 | 5.5 | 13.4 | 8.6 | 5.9 | 2.1 |
| 广　西 | 5.7 | 12.9 | 10.8 | 9.4 | 1.5 |
| 海　南 | 4.7 | 11.2 | 9.9 | 7.4 | 1.8 |
| 重　庆 | 7.0 | 12.1 | 9.8 | 9.7 | 2.3 |
| 四　川 | 6.2 | 12.5 | 8.3 | 9.6 | 2.3 |
| 贵　州 | 6.1 | 14.9 | 11.0 | 8.5 | 2.0 |
| 云　南 | 5.7 | 16.1 | 10.9 | 9.2 | 1.9 |
| 西　藏 | 6.3 | 15.0 | 4.2 | 4.5 | 2.7 |
| 陕　西 | 6.8 | 12.6 | 10.1 | 11.9 | 2.2 |
| 甘　肃 | 6.5 | 12.5 | 10.7 | 9.5 | 2.3 |
| 青　海 | 5.9 | 17.1 | 8.3 | 10.8 | 2.5 |
| 宁　夏 | 5.9 | 16.7 | 10.1 | 10.9 | 2.6 |
| 新　疆 | 6.2 | 14.0 | 9.0 | 9.8 | 2.4 |

# 2-1-6-7 2020年分地区全体居民现金消费支出

单位：元/人

| 地区 | 现金消费支出 | 一、食品烟酒支出 | 二、衣着支出 | 三、居住支出 |
|---|---|---|---|---|
| **全国** | **16994.7** | **6068.0** | **1237.9** | **1774.3** |
| 北京 | 24923.2 | 8323.6 | 1803.1 | 3246.3 |
| 天津 | 22561.6 | 8317.7 | 1711.5 | 2358.6 |
| 河北 | 14885.3 | 4891.8 | 1249.3 | 1614.1 |
| 山西 | 13230.7 | 4176.2 | 1235.4 | 1633.6 |
| 内蒙古 | 16953.0 | 5315.0 | 1568.1 | 1904.0 |
| 辽宁 | 17235.8 | 5900.3 | 1378.0 | 1720.9 |
| 吉林 | 14733.7 | 4718.1 | 1293.8 | 1442.3 |
| 黑龙江 | 14723.8 | 5066.9 | 1299.6 | 1643.0 |
| 上海 | 29142.9 | 10928.6 | 1693.8 | 3639.6 |
| 江苏 | 20028.4 | 7023.1 | 1450.1 | 2142.3 |
| 浙江 | 24237.5 | 8623.1 | 1703.1 | 2777.2 |
| 安徽 | 15233.3 | 6050.5 | 1209.1 | 1238.3 |
| 福建 | 19141.8 | 7998.1 | 1181.5 | 2189.0 |
| 江西 | 14319.6 | 5475.0 | 987.0 | 1403.5 |
| 山东 | 17478.9 | 5631.6 | 1437.0 | 1477.4 |
| 河南 | 13288.4 | 4316.1 | 1221.5 | 1387.0 |
| 湖北 | 15147.7 | 5474.9 | 1172.7 | 1479.7 |
| 湖南 | 17337.2 | 5677.4 | 1236.4 | 1822.0 |
| 广东 | 22866.2 | 9305.2 | 1044.1 | 2715.5 |
| 广西 | 13021.0 | 4932.2 | 594.3 | 1500.0 |
| 海南 | 15490.3 | 7149.8 | 660.5 | 1325.6 |
| 重庆 | 17994.1 | 6668.5 | 1458.2 | 1452.6 |
| 四川 | 16223.2 | 6298.8 | 1189.6 | 1468.9 |
| 贵州 | 12189.1 | 4142.5 | 944.0 | 1147.7 |
| 云南 | 13107.5 | 4485.3 | 868.2 | 822.2 |
| 西藏 | 10033.2 | 3799.6 | 1135.6 | 946.9 |
| 陕西 | 14733.2 | 4629.9 | 1156.4 | 1792.5 |
| 甘肃 | 13506.9 | 4421.4 | 1140.0 | 1576.8 |
| 青海 | 15776.9 | 4921.5 | 1301.3 | 1989.2 |
| 宁夏 | 15093.6 | 4602.0 | 1263.6 | 1670.0 |
| 新疆 | 13811.4 | 4784.0 | 1137.9 | 1557.2 |

2-1-6-7 续表 单位：元/人

| 地区 | 四、生活用品及服务支出 | 五、交通通信支出 | 六、教育文化娱乐支出 | 七、医疗保健支出 | 八、其他用品及服务支出 |
|---|---|---|---|---|---|
| **全　国** | **1245.8** | **2758.2** | **2031.5** | **1426.0** | **452.9** |
| 北　京 | 2143.2 | 3787.2 | 2766.0 | 2066.9 | 787.0 |
| 天　津 | 1657.4 | 3758.7 | 2253.2 | 1812.1 | 692.3 |
| 河　北 | 1160.0 | 2356.4 | 1798.6 | 1435.0 | 380.2 |
| 山　西 | 841.8 | 1980.8 | 1608.0 | 1400.5 | 354.4 |
| 内蒙古 | 1114.3 | 3098.9 | 1835.8 | 1672.9 | 443.9 |
| 辽　宁 | 1079.9 | 2653.1 | 1950.8 | 1854.2 | 698.7 |
| 吉　林 | 905.1 | 2384.1 | 1742.0 | 1760.4 | 487.8 |
| 黑龙江 | 894.1 | 2120.5 | 1602.8 | 1723.7 | 373.2 |
| 上　海 | 2087.6 | 4551.0 | 3662.5 | 1560.0 | 1019.8 |
| 江　苏 | 1513.4 | 3584.4 | 2298.1 | 1442.9 | 574.3 |
| 浙　江 | 1778.0 | 4296.8 | 2883.3 | 1457.1 | 718.9 |
| 安　徽 | 1098.4 | 2167.7 | 1853.1 | 1294.5 | 321.8 |
| 福　建 | 1272.5 | 2967.4 | 1895.3 | 1116.9 | 521.0 |
| 江　西 | 960.9 | 2144.9 | 1878.0 | 1170.0 | 300.3 |
| 山　东 | 1527.3 | 3003.2 | 2373.7 | 1586.5 | 442.2 |
| 河　南 | 1072.1 | 1915.5 | 1685.3 | 1302.4 | 388.6 |
| 湖　北 | 1087.7 | 2550.7 | 1755.4 | 1300.7 | 325.9 |
| 湖　南 | 1280.4 | 2734.8 | 2586.5 | 1590.9 | 408.7 |
| 广　东 | 1545.4 | 3803.1 | 2442.2 | 1420.2 | 590.7 |
| 广　西 | 869.6 | 2105.8 | 1765.9 | 1016.6 | 236.6 |
| 海　南 | 886.6 | 2118.2 | 1880.5 | 1138.0 | 331.2 |
| 重　庆 | 1506.6 | 2624.9 | 2120.7 | 1667.3 | 495.3 |
| 四　川 | 1221.6 | 2464.1 | 1650.3 | 1487.7 | 442.2 |
| 贵　州 | 888.3 | 2213.1 | 1636.6 | 926.0 | 290.9 |
| 云　南 | 948.0 | 2709.3 | 1835.8 | 1128.2 | 310.4 |
| 西　藏 | 830.3 | 1987.5 | 550.9 | 538.6 | 243.8 |
| 陕　西 | 1162.9 | 2191.1 | 1755.8 | 1673.3 | 371.3 |
| 甘　肃 | 1042.9 | 2020.2 | 1724.7 | 1215.4 | 365.4 |
| 青　海 | 1068.4 | 3120.7 | 1521.2 | 1410.3 | 444.3 |
| 宁　夏 | 1034.2 | 2917.3 | 1759.3 | 1400.5 | 446.8 |
| 新　疆 | 1009.9 | 2317.7 | 1487.7 | 1218.1 | 299.0 |

# 2-1-6-8 2020年分地区全体居民现金消费支出构成

单位：%

| 地 区 | 现金消费支出 | 一、食品烟酒支出 | 二、衣着支出 | 三、居住支出 |
|---|---|---|---|---|
| **全 国** | **100.0** | **35.7** | **7.3** | **10.4** |
| 北 京 | 100.0 | 33.4 | 7.2 | 13.0 |
| 天 津 | 100.0 | 36.9 | 7.6 | 10.5 |
| 河 北 | 100.0 | 32.9 | 8.4 | 10.8 |
| 山 西 | 100.0 | 31.6 | 9.3 | 12.3 |
| 内蒙古 | 100.0 | 31.4 | 9.2 | 11.2 |
| 辽 宁 | 100.0 | 34.2 | 8.0 | 10.0 |
| 吉 林 | 100.0 | 32.0 | 8.8 | 9.8 |
| 黑龙江 | 100.0 | 34.4 | 8.8 | 11.2 |
| 上 海 | 100.0 | 37.5 | 5.8 | 12.5 |
| 江 苏 | 100.0 | 35.1 | 7.2 | 10.7 |
| 浙 江 | 100.0 | 35.6 | 7.0 | 11.5 |
| 安 徽 | 100.0 | 39.7 | 7.9 | 8.1 |
| 福 建 | 100.0 | 41.8 | 6.2 | 11.4 |
| 江 西 | 100.0 | 38.2 | 6.9 | 9.8 |
| 山 东 | 100.0 | 32.2 | 8.2 | 8.5 |
| 河 南 | 100.0 | 32.5 | 9.2 | 10.4 |
| 湖 北 | 100.0 | 36.1 | 7.7 | 9.8 |
| 湖 南 | 100.0 | 32.7 | 7.1 | 10.5 |
| 广 东 | 100.0 | 40.7 | 4.6 | 11.9 |
| 广 西 | 100.0 | 37.9 | 4.6 | 11.5 |
| 海 南 | 100.0 | 46.2 | 4.3 | 8.6 |
| 重 庆 | 100.0 | 37.1 | 8.1 | 8.1 |
| 四 川 | 100.0 | 38.8 | 7.3 | 9.1 |
| 贵 州 | 100.0 | 34.0 | 7.7 | 9.4 |
| 云 南 | 100.0 | 34.2 | 6.6 | 6.3 |
| 西 藏 | 100.0 | 37.9 | 11.3 | 9.4 |
| 陕 西 | 100.0 | 31.4 | 7.8 | 12.2 |
| 甘 肃 | 100.0 | 32.7 | 8.4 | 11.7 |
| 青 海 | 100.0 | 31.2 | 8.2 | 12.6 |
| 宁 夏 | 100.0 | 30.5 | 8.4 | 11.1 |
| 新 疆 | 100.0 | 34.6 | 8.2 | 11.3 |

2-1-6-8 续表

单位：%

| 地区 | 四、生活用品及服务支出 | 五、交通通信支出 | 六、教育文化娱乐支出 | 七、医疗保健支出 | 八、其他用品及服务支出 |
|---|---|---|---|---|---|
| **全　国** | **7.3** | **16.2** | **12.0** | **8.4** | **2.7** |
| 北　京 | 8.6 | 15.2 | 11.1 | 8.3 | 3.2 |
| 天　津 | 7.3 | 16.7 | 10.0 | 8.0 | 3.1 |
| 河　北 | 7.8 | 15.8 | 12.1 | 9.6 | 2.6 |
| 山　西 | 6.4 | 15.0 | 12.2 | 10.6 | 2.7 |
| 内蒙古 | 6.6 | 18.3 | 10.8 | 9.9 | 2.6 |
| 辽　宁 | 6.3 | 15.4 | 11.3 | 10.8 | 4.1 |
| 吉　林 | 6.1 | 16.2 | 11.8 | 11.9 | 3.3 |
| 黑龙江 | 6.1 | 14.4 | 10.9 | 11.7 | 2.5 |
| 上　海 | 7.2 | 15.6 | 12.6 | 5.4 | 3.5 |
| 江　苏 | 7.6 | 17.9 | 11.5 | 7.2 | 2.9 |
| 浙　江 | 7.3 | 17.7 | 11.9 | 6.0 | 3.0 |
| 安　徽 | 7.2 | 14.2 | 12.2 | 8.5 | 2.1 |
| 福　建 | 6.6 | 15.5 | 9.9 | 5.8 | 2.7 |
| 江　西 | 6.7 | 15.0 | 13.1 | 8.2 | 2.1 |
| 山　东 | 8.7 | 17.2 | 13.6 | 9.1 | 2.5 |
| 河　南 | 8.1 | 14.4 | 12.7 | 9.8 | 2.9 |
| 湖　北 | 7.2 | 16.8 | 11.6 | 8.6 | 2.2 |
| 湖　南 | 7.4 | 15.8 | 14.9 | 9.2 | 2.4 |
| 广　东 | 6.8 | 16.6 | 10.7 | 6.2 | 2.6 |
| 广　西 | 6.7 | 16.2 | 13.6 | 7.8 | 1.8 |
| 海　南 | 5.7 | 13.7 | 12.1 | 7.3 | 2.1 |
| 重　庆 | 8.4 | 14.6 | 11.8 | 9.3 | 2.8 |
| 四　川 | 7.5 | 15.2 | 10.2 | 9.2 | 2.7 |
| 贵　州 | 7.3 | 18.2 | 13.4 | 7.6 | 2.4 |
| 云　南 | 7.2 | 20.7 | 14.0 | 8.6 | 2.4 |
| 西　藏 | 8.3 | 19.8 | 5.5 | 5.4 | 2.4 |
| 陕　西 | 7.9 | 14.9 | 11.9 | 11.4 | 2.5 |
| 甘　肃 | 7.7 | 15.0 | 12.8 | 9.0 | 2.7 |
| 青　海 | 6.8 | 19.8 | 9.6 | 8.9 | 2.8 |
| 宁　夏 | 6.9 | 19.3 | 11.7 | 9.3 | 3.0 |
| 新　疆 | 7.3 | 16.8 | 10.8 | 8.8 | 2.2 |

# 2-1-6-9 2020年分地区全体居民家庭主要食品消费量

单位：公斤/人

| 地区 | 粮食(原粮) | 谷物 | 食用油 | 植物油 | 蔬菜 | 肉类 | 猪肉 |
|---|---|---|---|---|---|---|---|
| **全国** | **141.2** | **128.1** | **10.4** | **9.8** | **103.7** | **24.8** | **18.2** |
| 北京 | 107.2 | 95.0 | 7.5 | 7.4 | 122.7 | 27.3 | 15.3 |
| 天津 | 111.1 | 100.2 | 9.6 | 9.5 | 117.2 | 23.8 | 14.1 |
| 河北 | 161.8 | 146.0 | 8.8 | 8.5 | 108.3 | 20.6 | 12.9 |
| 山西 | 159.3 | 139.5 | 8.6 | 8.5 | 98.9 | 14.7 | 9.7 |
| 内蒙古 | 173.1 | 155.8 | 7.7 | 7.3 | 100.9 | 31.9 | 18.3 |
| 辽宁 | 145.9 | 128.8 | 10.4 | 10.3 | 117.1 | 25.1 | 16.5 |
| 吉林 | 157.5 | 140.6 | 11.2 | 11.1 | 105.6 | 20.6 | 14.2 |
| 黑龙江 | 167.1 | 150.2 | 16.2 | 16.1 | 108.0 | 22.2 | 15.0 |
| 上海 | 111.4 | 98.6 | 9.2 | 8.9 | 105.3 | 29.1 | 19.1 |
| 江苏 | 122.1 | 108.5 | 10.2 | 9.9 | 104.5 | 25.0 | 18.1 |
| 浙江 | 137.3 | 123.0 | 11.5 | 11.0 | 96.9 | 26.3 | 20.0 |
| 安徽 | 148.3 | 132.4 | 9.0 | 8.3 | 104.8 | 24.1 | 18.1 |
| 福建 | 124.4 | 114.9 | 9.6 | 8.9 | 89.6 | 24.6 | 19.3 |
| 江西 | 154.0 | 141.4 | 15.6 | 15.2 | 105.5 | 29.7 | 24.9 |
| 山东 | 124.0 | 112.5 | 7.7 | 7.7 | 95.9 | 18.6 | 12.4 |
| 河南 | 150.9 | 137.3 | 8.9 | 8.8 | 94.1 | 15.9 | 10.3 |
| 湖北 | 132.9 | 119.1 | 13.3 | 12.8 | 126.8 | 25.2 | 19.4 |
| 湖南 | 157.2 | 146.6 | 12.5 | 10.6 | 104.5 | 27.1 | 22.7 |
| 广东 | 128.2 | 118.4 | 9.9 | 9.5 | 113.0 | 33.6 | 26.0 |
| 广西 | 141.8 | 134.1 | 9.1 | 8.2 | 89.7 | 24.4 | 20.7 |
| 海南 | 107.7 | 102.4 | 9.5 | 8.7 | 99.4 | 21.2 | 16.8 |
| 重庆 | 149.5 | 133.5 | 15.3 | 13.4 | 130.3 | 35.3 | 29.9 |
| 四川 | 146.9 | 133.6 | 11.7 | 10.5 | 119.6 | 33.6 | 28.0 |
| 贵州 | 119.3 | 106.6 | 8.1 | 6.7 | 79.4 | 24.7 | 22.3 |
| 云南 | 139.1 | 126.4 | 7.4 | 5.8 | 90.0 | 28.8 | 24.7 |
| 西藏 | 193.6 | 189.8 | 15.3 | 10.5 | 55.7 | 30.4 | 6.7 |
| 陕西 | 142.3 | 126.9 | 11.5 | 11.3 | 90.0 | 15.2 | 10.5 |
| 甘肃 | 159.0 | 144.7 | 9.6 | 9.5 | 82.5 | 17.6 | 11.9 |
| 青海 | 112.2 | 105.9 | 8.8 | 8.4 | 58.4 | 23.8 | 8.1 |
| 宁夏 | 115.6 | 107.9 | 8.5 | 8.4 | 88.8 | 16.3 | 5.8 |
| 新疆 | 156.0 | 151.8 | 13.7 | 13.6 | 106.2 | 23.7 | 3.4 |

2-1-6-9 续表　　　　单位：公斤/人

| 地　区 | | | 禽类 | 水产品 | 蛋类 | 奶类 | 干鲜瓜果类 | 食糖 |
|---|---|---|---|---|---|---|---|---|
| | 牛肉 | 羊肉 | | | | | | |
| **全　国** | **2.3** | **1.2** | **12.7** | **13.9** | **12.8** | **13.0** | **56.3** | **1.3** |
| 北　京 | 3.9 | 3.1 | 7.9 | 9.5 | 16.9 | 30.1 | 81.9 | 1.2 |
| 天　津 | 2.9 | 2.7 | 7.0 | 16.8 | 21.5 | 16.8 | 85.8 | 1.2 |
| 河　北 | 1.7 | 1.6 | 7.2 | 7.6 | 18.7 | 16.5 | 79.1 | 1.3 |
| 山　西 | 0.8 | 1.3 | 4.1 | 3.1 | 16.3 | 17.9 | 63.0 | 1.1 |
| 内蒙古 | 3.9 | 6.4 | 8.0 | 6.5 | 14.3 | 24.8 | 67.3 | 1.3 |
| 辽　宁 | 3.1 | 1.4 | 7.1 | 15.1 | 16.6 | 17.7 | 69.6 | 1.2 |
| 吉　林 | 2.7 | 0.8 | 7.1 | 10.2 | 14.0 | 11.6 | 64.0 | 1.4 |
| 黑龙江 | 2.3 | 1.4 | 8.2 | 10.3 | 16.4 | 10.6 | 70.2 | 1.8 |
| 上　海 | 4.2 | 1.0 | 14.0 | 27.1 | 13.9 | 23.1 | 60.2 | 1.5 |
| 江　苏 | 2.2 | 0.8 | 13.2 | 19.5 | 13.2 | 15.4 | 44.2 | 1.1 |
| 浙　江 | 2.9 | 0.6 | 13.0 | 25.9 | 10.6 | 14.7 | 56.0 | 1.6 |
| 安　徽 | 2.3 | 0.9 | 15.7 | 14.6 | 14.2 | 11.3 | 55.9 | 0.9 |
| 福　建 | 2.1 | 0.6 | 15.7 | 26.4 | 10.7 | 11.7 | 45.0 | 1.6 |
| 江　西 | 2.6 | 0.3 | 12.8 | 15.7 | 9.5 | 11.2 | 46.7 | 1.0 |
| 山　东 | 1.1 | 1.0 | 8.2 | 15.7 | 20.1 | 17.6 | 81.1 | 0.7 |
| 河　南 | 1.5 | 1.1 | 8.7 | 5.2 | 18.9 | 13.5 | 62.7 | 1.2 |
| 湖　北 | 2.5 | 0.7 | 7.7 | 18.1 | 9.7 | 7.7 | 42.5 | 0.8 |
| 湖　南 | 2.2 | 0.6 | 15.8 | 14.6 | 10.3 | 7.4 | 57.0 | 1.2 |
| 广　东 | 3.2 | 0.6 | 31.1 | 30.0 | 9.9 | 9.6 | 47.5 | 1.6 |
| 广　西 | 1.9 | 0.5 | 30.7 | 13.5 | 7.6 | 5.6 | 39.2 | 1.2 |
| 海　南 | 2.4 | 0.8 | 30.4 | 30.8 | 5.6 | 4.9 | 30.2 | 1.0 |
| 重　庆 | 1.9 | 0.5 | 13.6 | 12.5 | 11.8 | 14.0 | 46.5 | 2.7 |
| 四　川 | 1.9 | 0.4 | 14.5 | 9.2 | 9.9 | 10.0 | 45.8 | 1.7 |
| 贵　州 | 1.0 | 0.2 | 6.6 | 3.0 | 4.8 | 5.1 | 34.1 | 0.8 |
| 云　南 | 1.7 | 0.3 | 9.6 | 4.8 | 5.4 | 6.2 | 38.2 | 1.4 |
| 西　藏 | 17.4 | 5.5 | 1.2 | 0.4 | 2.4 | 8.5 | 11.2 | 4.0 |
| 陕　西 | 1.2 | 1.3 | 4.0 | 3.1 | 10.3 | 14.7 | 50.4 | 1.0 |
| 甘　肃 | 1.6 | 1.8 | 6.3 | 2.8 | 9.3 | 15.7 | 59.8 | 1.7 |
| 青　海 | 10.0 | 4.7 | 3.7 | 1.9 | 5.2 | 16.7 | 29.1 | 1.6 |
| 宁　夏 | 4.9 | 4.4 | 8.4 | 2.9 | 7.4 | 13.5 | 73.3 | 1.5 |
| 新　疆 | 5.3 | 12.7 | 6.9 | 3.1 | 8.5 | 18.7 | 58.6 | 1.3 |

# 2-1-6-10　2020年分地区全体居民年末主要耐用消费品拥有量

单位：平均每百户

| 地　区 | 家用汽车(辆) | 摩托车(辆) | 电动助力车(辆) | 洗衣机(台) | 电冰箱(柜)(台) | 微波炉(台) | 彩色电视机(台) |
|---|---|---|---|---|---|---|---|
| **全　国** | **37.1** | **33.1** | **66.7** | **96.7** | **101.8** | **41.0** | **120.8** |
| 北　京 | 55.0 | 3.5 | 27.9 | 101.3 | 104.8 | 77.6 | 126.6 |
| 天　津 | 55.2 | 3.9 | 51.6 | 100.1 | 104.1 | 69.5 | 111.4 |
| 河　北 | 47.9 | 25.5 | 104.5 | 103.7 | 103.3 | 38.3 | 112.4 |
| 山　西 | 28.1 | 24.4 | 57.3 | 94.5 | 88.9 | 25.1 | 103.0 |
| 内蒙古 | 44.6 | 28.0 | 53.0 | 98.0 | 106.8 | 30.5 | 104.5 |
| 辽　宁 | 29.6 | 21.3 | 28.6 | 94.6 | 101.1 | 43.8 | 106.4 |
| 吉　林 | 32.4 | 26.6 | 17.7 | 95.8 | 99.3 | 32.8 | 102.7 |
| 黑龙江 | 24.5 | 19.3 | 18.7 | 96.0 | 100.5 | 23.6 | 101.3 |
| 上　海 | 39.4 | 2.6 | 72.7 | 95.6 | 101.9 | 86.0 | 175.9 |
| 江　苏 | 41.0 | 14.6 | 134.8 | 102.6 | 110.0 | 82.4 | 167.1 |
| 浙　江 | 48.2 | 11.5 | 90.0 | 93.7 | 106.5 | 53.1 | 176.1 |
| 安　徽 | 31.5 | 20.5 | 110.8 | 95.9 | 104.0 | 46.9 | 136.7 |
| 福　建 | 29.4 | 50.6 | 61.6 | 91.6 | 103.0 | 49.5 | 130.9 |
| 江　西 | 31.8 | 44.8 | 76.8 | 82.1 | 99.1 | 33.7 | 127.5 |
| 山　东 | 52.3 | 23.0 | 110.3 | 99.1 | 104.1 | 39.3 | 106.9 |
| 河　南 | 33.0 | 27.7 | 120.5 | 100.3 | 98.5 | 28.8 | 115.4 |
| 湖　北 | 32.2 | 53.8 | 43.9 | 94.0 | 105.7 | 32.5 | 121.3 |
| 湖　南 | 32.4 | 56.9 | 26.8 | 97.9 | 105.4 | 26.5 | 117.8 |
| 广　东 | 42.7 | 65.5 | 41.8 | 93.2 | 98.2 | 41.8 | 110.5 |
| 广　西 | 32.1 | 61.7 | 86.4 | 93.6 | 103.7 | 50.4 | 109.9 |
| 海　南 | 28.7 | 48.8 | 100.8 | 74.4 | 93.1 | 21.0 | 103.2 |
| 重　庆 | 29.0 | 22.6 | 16.3 | 95.7 | 104.0 | 45.5 | 124.6 |
| 四　川 | 29.1 | 32.5 | 35.4 | 98.7 | 103.0 | 30.3 | 120.3 |
| 贵　州 | 32.8 | 40.2 | 20.7 | 100.5 | 98.0 | 22.7 | 104.5 |
| 云　南 | 42.9 | 59.3 | 33.2 | 95.9 | 95.1 | 36.3 | 105.9 |
| 西　藏 | 41.7 | 58.4 | 23.3 | 86.9 | 91.6 | 19.2 | 118.7 |
| 陕　西 | 31.4 | 33.9 | 43.9 | 97.0 | 93.3 | 27.5 | 105.8 |
| 甘　肃 | 27.9 | 35.9 | 36.3 | 99.3 | 90.8 | 29.0 | 106.0 |
| 青　海 | 47.1 | 35.3 | 14.7 | 100.8 | 106.0 | 41.9 | 100.8 |
| 宁　夏 | 40.5 | 29.7 | 67.3 | 103.2 | 101.2 | 40.7 | 105.7 |
| 新　疆 | 32.9 | 23.2 | 68.7 | 101.2 | 110.6 | 26.1 | 103.1 |

2-1-6-10 续表 单位：平均每百户

| 地　区 | 空调(台) | 热水器(台) | 排油烟机(台) | 移动电话(部) | 计算机(台) | 照相机(台) |
|---|---|---|---|---|---|---|
| **全　国** | **117.7** | **90.4** | **60.9** | **253.8** | **54.2** | **12.1** |
| 北　京 | 192.5 | 101.6 | 93.2 | 234.5 | 92.7 | 42.5 |
| 天　津 | 160.3 | 98.3 | 89.9 | 235.8 | 66.9 | 18.5 |
| 河　北 | 114.1 | 85.5 | 61.2 | 244.6 | 50.7 | 9.9 |
| 山　西 | 36.0 | 58.4 | 50.7 | 226.1 | 45.4 | 8.4 |
| 内蒙古 | 14.6 | 62.7 | 57.8 | 233.5 | 47.1 | 11.6 |
| 辽　宁 | 44.1 | 70.6 | 67.9 | 211.8 | 48.4 | 15.6 |
| 吉　林 | 14.5 | 54.6 | 58.1 | 237.1 | 49.2 | 8.7 |
| 黑龙江 | 9.4 | 51.4 | 57.5 | 229.1 | 41.3 | 7.3 |
| 上　海 | 207.3 | 98.2 | 83.3 | 226.0 | 104.9 | 33.5 |
| 江　苏 | 201.4 | 107.6 | 72.5 | 252.3 | 62.7 | 13.3 |
| 浙　江 | 198.5 | 105.9 | 83.6 | 247.9 | 73.7 | 17.0 |
| 安　徽 | 156.2 | 101.1 | 60.1 | 262.5 | 46.6 | 9.1 |
| 福　建 | 156.6 | 113.2 | 63.2 | 256.8 | 63.4 | 11.3 |
| 江　西 | 115.8 | 96.0 | 57.9 | 263.3 | 48.4 | 8.4 |
| 山　东 | 127.6 | 97.5 | 71.6 | 234.4 | 63.7 | 17.5 |
| 河　南 | 143.7 | 87.0 | 49.5 | 262.9 | 47.4 | 6.8 |
| 湖　北 | 137.3 | 99.0 | 60.3 | 268.6 | 57.4 | 9.7 |
| 湖　南 | 129.3 | 94.3 | 57.3 | 281.4 | 51.3 | 9.8 |
| 广　东 | 190.1 | 104.2 | 69.4 | 268.4 | 74.3 | 16.2 |
| 广　西 | 113.4 | 98.3 | 43.1 | 280.0 | 48.7 | 9.5 |
| 海　南 | 130.2 | 90.2 | 41.6 | 281.9 | 42.6 | 7.0 |
| 重　庆 | 164.5 | 95.2 | 57.0 | 264.8 | 48.0 | 11.5 |
| 四　川 | 108.1 | 92.0 | 47.7 | 257.3 | 38.9 | 7.8 |
| 贵　州 | 19.9 | 81.9 | 33.4 | 294.6 | 33.0 | 4.5 |
| 云　南 | 5.3 | 92.7 | 43.4 | 276.6 | 36.0 | 9.2 |
| 西　藏 | 5.3 | 30.9 | 18.8 | 244.9 | 22.4 | 6.0 |
| 陕　西 | 89.9 | 75.5 | 47.9 | 249.1 | 40.2 | 10.2 |
| 甘　肃 | 9.1 | 62.1 | 47.4 | 277.6 | 41.0 | 9.1 |
| 青　海 | 1.0 | 64.1 | 58.8 | 261.5 | 37.5 | 8.6 |
| 宁　夏 | 13.9 | 102.0 | 67.8 | 271.0 | 52.7 | 8.9 |
| 新　疆 | 19.7 | 90.9 | 64.7 | 235.3 | 35.8 | 8.5 |

## 二、城镇居民数据

### (一)2015年分地区城镇居民收支主要数据

# 2-2-1-1 2015年分地区城镇居民可支配收入

单位：元/人

| 地区 | 可支配收入 | 一、工资性收入 | 二、经营净收入 | 三、财产净收入 | 四、转移净收入 |
|---|---|---|---|---|---|
| **全国** | **31194.8** | **19337.1** | **3476.1** | **3041.9** | **5339.7** |
| 北京 | 52859.2 | 32568.0 | 1336.5 | 8492.3 | 10462.4 |
| 天津 | 34101.3 | 21060.4 | 2457.9 | 3400.3 | 7182.8 |
| 河北 | 26152.2 | 16705.3 | 1828.6 | 2322.6 | 5295.6 |
| 山西 | 25827.7 | 16561.8 | 2789.8 | 1788.6 | 4687.5 |
| 内蒙古 | 30594.1 | 18989.3 | 4801.1 | 1869.7 | 4934.0 |
| 辽宁 | 31125.7 | 17126.7 | 3611.9 | 2149.3 | 8237.8 |
| 吉林 | 24900.9 | 14791.8 | 2655.4 | 1368.5 | 6085.1 |
| 黑龙江 | 24202.6 | 14371.8 | 2526.7 | 1340.8 | 5963.3 |
| 上海 | 52961.9 | 32010.0 | 1302.6 | 7915.4 | 11734.0 |
| 江苏 | 37173.5 | 22460.5 | 4133.7 | 3681.8 | 6897.5 |
| 浙江 | 43714.5 | 24947.7 | 6645.6 | 6048.3 | 6072.8 |
| 安徽 | 26935.8 | 16928.7 | 4172.2 | 1881.9 | 3952.9 |
| 福建 | 33275.3 | 20714.3 | 4571.5 | 3822.2 | 4167.4 |
| 江西 | 26500.1 | 16834.9 | 2108.1 | 2591.8 | 4965.4 |
| 山东 | 31545.3 | 20386.1 | 4375.2 | 2475.5 | 4308.5 |
| 河南 | 25575.6 | 15624.3 | 3539.4 | 1990.3 | 4421.5 |
| 湖北 | 27051.5 | 15571.6 | 3792.2 | 1985.3 | 5702.4 |
| 湖南 | 28838.1 | 15902.8 | 3993.6 | 2801.0 | 6140.8 |
| 广东 | 34757.2 | 26136.9 | 3823.2 | 3799.5 | 997.6 |
| 广西 | 26415.9 | 15163.1 | 3665.1 | 2307.9 | 5279.9 |
| 海南 | 26356.4 | 17214.9 | 2927.4 | 2198.7 | 4015.5 |
| 重庆 | 27238.8 | 15936.2 | 2974.1 | 2174.7 | 6153.9 |
| 四川 | 26205.3 | 15242.3 | 3054.4 | 2169.0 | 5739.7 |
| 贵州 | 24579.6 | 14166.2 | 3729.8 | 1868.1 | 4815.6 |
| 云南 | 26373.2 | 14659.0 | 3173.8 | 4036.1 | 4504.3 |
| 西藏 | 25456.6 | 20560.5 | 728.1 | 1657.3 | 2510.8 |
| 陕西 | 26420.2 | 15742.5 | 2139.6 | 2273.9 | 6264.3 |
| 甘肃 | 23767.1 | 15189.3 | 1805.1 | 2294.5 | 4478.1 |
| 青海 | 24542.3 | 16899.2 | 1765.3 | 1330.8 | 4547.1 |
| 宁夏 | 25186.0 | 16884.7 | 2699.6 | 1081.5 | 4520.3 |
| 新疆 | 26274.7 | 17943.3 | 2693.2 | 1267.8 | 4370.4 |

# 2-2-1-2　2015年分地区城镇居民可支配收入构成

单位：%

| 地　区 | 可支配收入 | 一、工资性收入 | 二、经营净收入 | 三、财产净收入 | 四、转移净收入 |
|---|---|---|---|---|---|
| **全　国** | **100.0** | **62.0** | **11.1** | **9.8** | **17.1** |
| 北　京 | 100.0 | 61.6 | 2.5 | 16.1 | 19.8 |
| 天　津 | 100.0 | 61.8 | 7.2 | 10.0 | 21.1 |
| 河　北 | 100.0 | 63.9 | 7.0 | 8.9 | 20.2 |
| 山　西 | 100.0 | 64.1 | 10.8 | 6.9 | 18.1 |
| 内蒙古 | 100.0 | 62.1 | 15.7 | 6.1 | 16.1 |
| 辽　宁 | 100.0 | 55.0 | 11.6 | 6.9 | 26.5 |
| 吉　林 | 100.0 | 59.4 | 10.7 | 5.5 | 24.4 |
| 黑龙江 | 100.0 | 59.4 | 10.4 | 5.5 | 24.6 |
| 上　海 | 100.0 | 60.4 | 2.5 | 14.9 | 22.2 |
| 江　苏 | 100.0 | 60.4 | 11.1 | 9.9 | 18.6 |
| 浙　江 | 100.0 | 57.1 | 15.2 | 13.8 | 13.9 |
| 安　徽 | 100.0 | 62.8 | 15.5 | 7.0 | 14.7 |
| 福　建 | 100.0 | 62.3 | 13.7 | 11.5 | 12.5 |
| 江　西 | 100.0 | 63.5 | 8.0 | 9.8 | 18.7 |
| 山　东 | 100.0 | 64.6 | 13.9 | 7.8 | 13.7 |
| 河　南 | 100.0 | 61.1 | 13.8 | 7.8 | 17.3 |
| 湖　北 | 100.0 | 57.6 | 14.0 | 7.3 | 21.1 |
| 湖　南 | 100.0 | 55.1 | 13.8 | 9.7 | 21.3 |
| 广　东 | 100.0 | 75.2 | 11.0 | 10.9 | 2.9 |
| 广　西 | 100.0 | 57.4 | 13.9 | 8.7 | 20.0 |
| 海　南 | 100.0 | 65.3 | 11.1 | 8.3 | 15.2 |
| 重　庆 | 100.0 | 58.5 | 10.9 | 8.0 | 22.6 |
| 四　川 | 100.0 | 58.2 | 11.7 | 8.3 | 21.9 |
| 贵　州 | 100.0 | 57.6 | 15.2 | 7.6 | 19.6 |
| 云　南 | 100.0 | 55.6 | 12.0 | 15.3 | 17.1 |
| 西　藏 | 100.0 | 80.8 | 2.9 | 6.5 | 9.9 |
| 陕　西 | 100.0 | 59.6 | 8.1 | 8.6 | 23.7 |
| 甘　肃 | 100.0 | 63.9 | 7.6 | 9.7 | 18.8 |
| 青　海 | 100.0 | 68.9 | 7.2 | 5.4 | 18.5 |
| 宁　夏 | 100.0 | 67.0 | 10.7 | 4.3 | 17.9 |
| 新　疆 | 100.0 | 68.3 | 10.2 | 4.8 | 16.6 |

# 2-2-1-3 2015年分地区城镇居民现金可支配收入

单位：元/人

| 地区 | 现金可支配收入 | 一、工资性收入 | 二、经营净收入 | 三、财产净收入 | 四、转移净收入 |
|---|---|---|---|---|---|
| **全国** | **29042.0** | **19214.8** | **3714.0** | **1072.8** | **5040.4** |
| 北京 | 45277.0 | 32427.6 | 1525.2 | 1367.9 | 9956.3 |
| 天津 | 31306.2 | 20840.2 | 2698.6 | 1032.6 | 6734.8 |
| 河北 | 24423.1 | 16688.6 | 1966.5 | 698.6 | 5069.3 |
| 山西 | 24599.7 | 16531.2 | 2941.7 | 728.6 | 4398.2 |
| 内蒙古 | 29599.1 | 18978.2 | 5151.8 | 743.2 | 4725.9 |
| 辽宁 | 29132.0 | 16853.2 | 3896.9 | 530.8 | 7851.1 |
| 吉林 | 23764.0 | 14682.5 | 2863.7 | 350.7 | 5867.1 |
| 黑龙江 | 23297.5 | 14334.9 | 2870.0 | 300.8 | 5791.8 |
| 上海 | 44250.8 | 31706.4 | 1339.9 | 659.7 | 10544.9 |
| 江苏 | 34192.9 | 22341.3 | 4322.0 | 1129.1 | 6400.5 |
| 浙江 | 40282.2 | 24770.1 | 7290.5 | 2604.3 | 5617.2 |
| 安徽 | 25543.3 | 16810.3 | 4517.1 | 508.2 | 3707.8 |
| 福建 | 30670.3 | 20613.9 | 4868.5 | 1286.9 | 3901.0 |
| 江西 | 24801.2 | 16793.3 | 2220.6 | 945.8 | 4841.5 |
| 山东 | 29932.3 | 20340.2 | 4571.7 | 855.9 | 4164.5 |
| 河南 | 24321.2 | 15602.1 | 3653.7 | 882.2 | 4183.2 |
| 湖北 | 25251.0 | 15442.9 | 4042.2 | 439.5 | 5326.5 |
| 湖南 | 27669.2 | 15818.7 | 4304.2 | 1560.9 | 5985.4 |
| 广东 | 32525.3 | 25759.0 | 4162.3 | 1759.8 | 844.2 |
| 广西 | 25146.2 | 15100.3 | 3894.5 | 1097.9 | 5053.4 |
| 海南 | 24592.3 | 17174.0 | 3020.0 | 811.7 | 3586.7 |
| 重庆 | 25638.9 | 15860.7 | 3108.9 | 769.5 | 5899.7 |
| 四川 | 24752.4 | 15151.4 | 3159.8 | 963.6 | 5477.6 |
| 贵州 | 23568.5 | 14141.7 | 4048.4 | 683.3 | 4695.1 |
| 云南 | 24826.1 | 14635.8 | 3329.9 | 2585.9 | 4274.5 |
| 西藏 | 24383.5 | 20560.1 | 805.8 | 562.9 | 2454.7 |
| 陕西 | 25039.3 | 15660.2 | 2231.5 | 1313.7 | 5833.9 |
| 甘肃 | 22463.3 | 15164.1 | 2039.3 | 943.1 | 4316.9 |
| 青海 | 23657.2 | 16850.6 | 2221.0 | 443.2 | 4142.3 |
| 宁夏 | 24102.6 | 16842.7 | 2985.3 | 136.0 | 4138.6 |
| 新疆 | 25056.5 | 17915.4 | 2825.9 | 182.4 | 4132.8 |

# 2-2-1-4 2015年分地区城镇居民现金可支配收入构成

单位：%

| 地 区 | 现金可支配收入 | 一、工资性收入 | 二、经营净收入 | 三、财产净收入 | 四、转移净收入 |
|---|---|---|---|---|---|
| **全 国** | **100.0** | **66.2** | **12.8** | **3.7** | **17.4** |
| 北 京 | 100.0 | 71.6 | 3.4 | 3.0 | 22.0 |
| 天 津 | 100.0 | 66.6 | 8.6 | 3.3 | 21.5 |
| 河 北 | 100.0 | 68.3 | 8.1 | 2.9 | 20.8 |
| 山 西 | 100.0 | 67.2 | 12.0 | 3.0 | 17.9 |
| 内蒙古 | 100.0 | 64.1 | 17.4 | 2.5 | 16.0 |
| 辽 宁 | 100.0 | 57.9 | 13.4 | 1.8 | 27.0 |
| 吉 林 | 100.0 | 61.8 | 12.1 | 1.5 | 24.7 |
| 黑龙江 | 100.0 | 61.5 | 12.3 | 1.3 | 24.9 |
| 上 海 | 100.0 | 71.7 | 3.0 | 1.5 | 23.8 |
| 江 苏 | 100.0 | 65.3 | 12.6 | 3.3 | 18.7 |
| 浙 江 | 100.0 | 61.5 | 18.1 | 6.5 | 13.9 |
| 安 徽 | 100.0 | 65.8 | 17.7 | 2.0 | 14.5 |
| 福 建 | 100.0 | 67.2 | 15.9 | 4.2 | 12.7 |
| 江 西 | 100.0 | 67.7 | 9.0 | 3.8 | 19.5 |
| 山 东 | 100.0 | 68.0 | 15.3 | 2.9 | 13.9 |
| 河 南 | 100.0 | 64.2 | 15.0 | 3.6 | 17.2 |
| 湖 北 | 100.0 | 61.2 | 16.0 | 1.7 | 21.1 |
| 湖 南 | 100.0 | 57.2 | 15.6 | 5.6 | 21.6 |
| 广 东 | 100.0 | 79.2 | 12.8 | 5.4 | 2.6 |
| 广 西 | 100.0 | 60.0 | 15.5 | 4.4 | 20.1 |
| 海 南 | 100.0 | 69.8 | 12.3 | 3.3 | 14.6 |
| 重 庆 | 100.0 | 61.9 | 12.1 | 3.0 | 23.0 |
| 四 川 | 100.0 | 61.2 | 12.8 | 3.9 | 22.1 |
| 贵 州 | 100.0 | 60.0 | 17.2 | 2.9 | 19.9 |
| 云 南 | 100.0 | 59.0 | 13.4 | 10.4 | 17.2 |
| 西 藏 | 100.0 | 84.3 | 3.3 | 2.3 | 10.1 |
| 陕 西 | 100.0 | 62.5 | 8.9 | 5.2 | 23.3 |
| 甘 肃 | 100.0 | 67.5 | 9.1 | 4.2 | 19.2 |
| 青 海 | 100.0 | 71.2 | 9.4 | 1.9 | 17.5 |
| 宁 夏 | 100.0 | 69.9 | 12.4 | 0.6 | 17.2 |
| 新 疆 | 100.0 | 71.5 | 11.3 | 0.7 | 16.5 |

# 2-2-1-5　2015年分地区城镇居民消费支出

单位：元/人

| 地　区 | 消费支出 | 一、食品烟酒支出 | 二、衣着支出 | 三、居住支出 |
|---|---|---|---|---|
| **全　国** | **21392.4** | **6359.7** | **1701.1** | **4726.0** |
| 北　京 | 36642.0 | 8091.1 | 2651.3 | 11252.0 |
| 天　津 | 26229.5 | 8447.7 | 2144.4 | 5667.2 |
| 河　北 | 17586.6 | 4581.1 | 1544.2 | 4111.6 |
| 山　西 | 15818.6 | 3981.0 | 1705.1 | 3019.5 |
| 内蒙古 | 21876.5 | 6210.3 | 2474.0 | 3710.3 |
| 辽　宁 | 21556.7 | 6092.5 | 2065.6 | 4416.1 |
| 吉　林 | 17972.6 | 4640.6 | 1812.9 | 3532.3 |
| 黑龙江 | 17152.1 | 4749.7 | 1773.5 | 3416.4 |
| 上　海 | 36946.1 | 9690.7 | 1711.6 | 12137.0 |
| 江　苏 | 24966.0 | 7003.8 | 1781.4 | 5644.7 |
| 浙　江 | 28661.3 | 8092.0 | 2041.3 | 7230.5 |
| 安　徽 | 17233.5 | 5802.1 | 1403.3 | 3460.0 |
| 福　建 | 23520.2 | 7759.1 | 1489.8 | 5811.4 |
| 江　西 | 16731.8 | 5407.8 | 1478.3 | 3619.9 |
| 山　东 | 19853.8 | 5527.4 | 1943.0 | 4058.4 |
| 河　南 | 17154.3 | 4818.7 | 1797.6 | 3391.1 |
| 湖　北 | 18192.3 | 5828.6 | 1523.1 | 3742.7 |
| 湖　南 | 19501.4 | 6075.5 | 1638.1 | 3519.6 |
| 广　东 | 25673.1 | 8533.4 | 1453.7 | 5715.3 |
| 广　西 | 16321.2 | 5610.2 | 845.8 | 3629.3 |
| 海　南 | 18448.4 | 7051.8 | 828.6 | 3679.8 |
| 重　庆 | 19742.3 | 6627.6 | 1931.7 | 3679.6 |
| 四　川 | 19276.8 | 6783.1 | 1703.8 | 3335.5 |
| 贵　州 | 16914.2 | 5282.7 | 1346.7 | 3468.4 |
| 云　南 | 17675.0 | 5346.4 | 1138.2 | 3612.4 |
| 西　藏 | 17022.0 | 7237.5 | 1611.6 | 3588.9 |
| 陕　西 | 18463.9 | 5146.4 | 1500.5 | 3823.4 |
| 甘　肃 | 17450.9 | 5345.9 | 1758.5 | 3539.9 |
| 青　海 | 19200.6 | 5502.6 | 1902.5 | 3340.1 |
| 宁　夏 | 18983.9 | 4883.4 | 1787.0 | 3608.3 |
| 新　疆 | 19414.7 | 5954.9 | 2013.1 | 3166.9 |

2-2-1-5 续表 单位：元/人

| 地区 | 四、生活用品及服务支出 | 五、交通通信支出 | 六、教育文化娱乐支出 | 七、医疗保健支出 | 八、其他用品及服务支出 |
|---|---|---|---|---|---|
| **全 国** | **1306.5** | **2895.4** | **2382.8** | **1443.4** | **577.5** |
| 北 京 | 2272.7 | 4860.4 | 4027.6 | 2369.5 | 1117.4 |
| 天 津 | 1593.0 | 3403.0 | 2282.6 | 1888.1 | 803.4 |
| 河 北 | 1178.7 | 2386.4 | 1870.8 | 1500.6 | 413.1 |
| 山 西 | 947.9 | 2148.1 | 2207.9 | 1394.1 | 414.9 |
| 内 蒙 古 | 1430.2 | 3231.3 | 2504.7 | 1575.7 | 739.9 |
| 辽 宁 | 1359.5 | 2768.9 | 2418.7 | 1761.9 | 673.6 |
| 吉 林 | 1026.7 | 2322.5 | 2161.8 | 1924.2 | 551.7 |
| 黑 龙 江 | 908.1 | 2058.9 | 1846.7 | 1924.3 | 474.5 |
| 上 海 | 1573.1 | 4457.2 | 4046.0 | 2361.7 | 968.9 |
| 江 苏 | 1516.6 | 3619.8 | 3058.4 | 1594.3 | 747.2 |
| 浙 江 | 1360.5 | 4753.2 | 2962.8 | 1539.0 | 682.0 |
| 安 徽 | 926.4 | 2265.7 | 1913.3 | 1073.3 | 389.5 |
| 福 建 | 1336.9 | 3021.5 | 2314.0 | 1165.3 | 622.1 |
| 江 西 | 1007.5 | 2083.7 | 1874.4 | 841.4 | 418.8 |
| 山 东 | 1476.5 | 2747.7 | 2141.1 | 1416.1 | 543.5 |
| 河 南 | 1382.2 | 1874.1 | 1991.9 | 1365.5 | 533.1 |
| 湖 北 | 1099.3 | 2155.4 | 1972.2 | 1482.0 | 389.0 |
| 湖 南 | 1202.6 | 2430.2 | 2934.1 | 1174.6 | 526.6 |
| 广 东 | 1526.3 | 3905.0 | 2671.5 | 1096.4 | 771.4 |
| 广 西 | 952.0 | 2249.5 | 1845.0 | 866.2 | 323.1 |
| 海 南 | 964.3 | 2643.4 | 1617.8 | 1307.1 | 355.6 |
| 重 庆 | 1370.6 | 2383.2 | 1951.3 | 1394.1 | 404.2 |
| 四 川 | 1251.4 | 2414.4 | 1863.0 | 1369.3 | 556.4 |
| 贵 州 | 1078.5 | 2248.4 | 2312.7 | 872.2 | 304.5 |
| 云 南 | 1061.4 | 2664.0 | 2079.0 | 1351.9 | 421.6 |
| 西 藏 | 739.5 | 2037.5 | 757.9 | 534.4 | 514.6 |
| 陕 西 | 1297.9 | 2308.4 | 2201.1 | 1783.6 | 402.6 |
| 甘 肃 | 1124.9 | 1850.5 | 2044.9 | 1390.8 | 395.5 |
| 青 海 | 1179.9 | 3354.8 | 2022.5 | 1459.3 | 439.0 |
| 宁 夏 | 1185.4 | 2509.6 | 2389.8 | 2016.0 | 604.5 |
| 新 疆 | 1286.3 | 2869.4 | 2105.4 | 1517.1 | 501.6 |

# 2-2-1-6 2015年分地区城镇居民消费支出构成

单位：%

| 地区 | 消费支出 | 一、食品烟酒支出 | 二、衣着支出 | 三、居住支出 |
|---|---|---|---|---|
| **全国** | **100.0** | **29.7** | **8.0** | **22.1** |
| 北京 | 100.0 | 22.1 | 7.2 | 30.7 |
| 天津 | 100.0 | 32.2 | 8.2 | 21.6 |
| 河北 | 100.0 | 26.0 | 8.8 | 23.4 |
| 山西 | 100.0 | 25.2 | 10.8 | 19.1 |
| 内蒙古 | 100.0 | 28.4 | 11.3 | 17.0 |
| 辽宁 | 100.0 | 28.3 | 9.6 | 20.5 |
| 吉林 | 100.0 | 25.8 | 10.1 | 19.7 |
| 黑龙江 | 100.0 | 27.7 | 10.3 | 19.9 |
| 上海 | 100.0 | 26.2 | 4.6 | 32.9 |
| 江苏 | 100.0 | 28.1 | 7.1 | 22.6 |
| 浙江 | 100.0 | 28.2 | 7.1 | 25.2 |
| 安徽 | 100.0 | 33.7 | 8.1 | 20.1 |
| 福建 | 100.0 | 33.0 | 6.3 | 24.7 |
| 江西 | 100.0 | 32.3 | 8.8 | 21.6 |
| 山东 | 100.0 | 27.8 | 9.8 | 20.4 |
| 河南 | 100.0 | 28.1 | 10.5 | 19.8 |
| 湖北 | 100.0 | 32.0 | 8.4 | 20.6 |
| 湖南 | 100.0 | 31.2 | 8.4 | 18.0 |
| 广东 | 100.0 | 33.2 | 5.7 | 22.3 |
| 广西 | 100.0 | 34.4 | 5.2 | 22.2 |
| 海南 | 100.0 | 38.2 | 4.5 | 19.9 |
| 重庆 | 100.0 | 33.6 | 9.8 | 18.6 |
| 四川 | 100.0 | 35.2 | 8.8 | 17.3 |
| 贵州 | 100.0 | 31.2 | 8.0 | 20.5 |
| 云南 | 100.0 | 30.2 | 6.4 | 20.4 |
| 西藏 | 100.0 | 42.5 | 9.5 | 21.1 |
| 陕西 | 100.0 | 27.9 | 8.1 | 20.7 |
| 甘肃 | 100.0 | 30.6 | 10.1 | 20.3 |
| 青海 | 100.0 | 28.7 | 9.9 | 17.4 |
| 宁夏 | 100.0 | 25.7 | 9.4 | 19.0 |
| 新疆 | 100.0 | 30.7 | 10.4 | 16.3 |

2-2-1-6 续表 单位：%

| 地区 | 四、生活用品及服务支出 | 五、交通通信支出 | 六、教育文化娱乐支出 | 七、医疗保健支出 | 八、其他用品及服务支出 |
|---|---|---|---|---|---|
| **全国** | **6.1** | **13.5** | **11.1** | **6.7** | **2.7** |
| 北京 | 6.2 | 13.3 | 11.0 | 6.5 | 3.0 |
| 天津 | 6.1 | 13.0 | 8.7 | 7.2 | 3.1 |
| 河北 | 6.7 | 13.6 | 10.6 | 8.5 | 2.3 |
| 山西 | 6.0 | 13.6 | 14.0 | 8.8 | 2.6 |
| 内蒙古 | 6.5 | 14.8 | 11.4 | 7.2 | 3.4 |
| 辽宁 | 6.3 | 12.8 | 11.2 | 8.2 | 3.1 |
| 吉林 | 5.7 | 12.9 | 12.0 | 10.7 | 3.1 |
| 黑龙江 | 5.3 | 12.0 | 10.8 | 11.2 | 2.8 |
| 上海 | 4.3 | 12.1 | 11.0 | 6.4 | 2.6 |
| 江苏 | 6.1 | 14.5 | 12.3 | 6.4 | 3.0 |
| 浙江 | 4.7 | 16.6 | 10.3 | 5.4 | 2.4 |
| 安徽 | 5.4 | 13.1 | 11.1 | 6.2 | 2.3 |
| 福建 | 5.7 | 12.8 | 9.8 | 5.0 | 2.6 |
| 江西 | 6.0 | 12.5 | 11.2 | 5.0 | 2.5 |
| 山东 | 7.4 | 13.8 | 10.8 | 7.1 | 2.7 |
| 河南 | 8.1 | 10.9 | 11.6 | 8.0 | 3.1 |
| 湖北 | 6.0 | 11.8 | 10.8 | 8.1 | 2.1 |
| 湖南 | 6.2 | 12.5 | 15.0 | 6.0 | 2.7 |
| 广东 | 5.9 | 15.2 | 10.4 | 4.3 | 3.0 |
| 广西 | 5.8 | 13.8 | 11.3 | 5.3 | 2.0 |
| 海南 | 5.2 | 14.3 | 8.8 | 7.1 | 1.9 |
| 重庆 | 6.9 | 12.1 | 9.9 | 7.1 | 2.0 |
| 四川 | 6.5 | 12.5 | 9.7 | 7.1 | 2.9 |
| 贵州 | 6.4 | 13.3 | 13.7 | 5.2 | 1.8 |
| 云南 | 6.0 | 15.1 | 11.8 | 7.6 | 2.4 |
| 西藏 | 4.3 | 12.0 | 4.5 | 3.1 | 3.0 |
| 陕西 | 7.0 | 12.5 | 11.9 | 9.7 | 2.2 |
| 甘肃 | 6.4 | 10.6 | 11.7 | 8.0 | 2.3 |
| 青海 | 6.1 | 17.5 | 10.5 | 7.6 | 2.3 |
| 宁夏 | 6.2 | 13.2 | 12.6 | 10.6 | 3.2 |
| 新疆 | 6.6 | 14.8 | 10.8 | 7.8 | 2.6 |

# 2-2-1-7 2015年分地区城镇居民现金消费支出

单位：元/人

| 地 区 | 现金消费支出 | 一、食品烟酒支出 | 二、衣着支出 | 三、居住支出 |
|---|---|---|---|---|
| **全 国** | **17887.0** | **6224.8** | **1700.5** | **1665.9** |
| 北 京 | 27263.9 | 7962.4 | 2650.0 | 2523.6 |
| 天 津 | 21845.7 | 8282.3 | 2144.0 | 1970.0 |
| 河 北 | 14737.8 | 4556.1 | 1543.5 | 1511.9 |
| 山 西 | 13744.9 | 3929.7 | 1698.3 | 1281.6 |
| 内蒙古 | 19656.9 | 6186.8 | 2473.6 | 1721.7 |
| 辽 宁 | 18265.8 | 5892.2 | 2064.7 | 1764.3 |
| 吉 林 | 15831.0 | 4534.2 | 1812.9 | 1720.0 |
| 黑龙江 | 15131.8 | 4713.2 | 1773.4 | 1594.3 |
| 上 海 | 25738.3 | 9447.5 | 1711.5 | 2397.0 |
| 江 苏 | 20318.4 | 6846.6 | 1781.2 | 1689.9 |
| 浙 江 | 22828.9 | 7915.2 | 2040.9 | 2038.5 |
| 安 徽 | 14589.1 | 5644.2 | 1402.7 | 1241.5 |
| 福 建 | 19308.3 | 7658.2 | 1489.6 | 1985.2 |
| 江 西 | 14121.9 | 5343.3 | 1478.3 | 1199.0 |
| 山 东 | 17005.8 | 5459.2 | 1941.7 | 1420.0 |
| 河 南 | 15035.1 | 4783.6 | 1797.6 | 1552.0 |
| 湖 北 | 15222.8 | 5672.7 | 1522.4 | 1304.3 |
| 湖 南 | 17149.6 | 5959.6 | 1637.7 | 1443.4 |
| 广 东 | 21803.4 | 8212.6 | 1453.0 | 2330.3 |
| 广 西 | 13807.8 | 5461.4 | 845.7 | 1485.1 |
| 海 南 | 15634.3 | 6917.2 | 828.6 | 1411.5 |
| 重 庆 | 16883.9 | 6479.0 | 1931.5 | 1228.2 |
| 四 川 | 16699.3 | 6581.0 | 1702.9 | 1225.9 |
| 贵 州 | 14756.5 | 5221.0 | 1346.7 | 1497.8 |
| 云 南 | 14848.5 | 5231.6 | 1137.9 | 1133.5 |
| 西 藏 | 14811.3 | 7235.4 | 1611.6 | 1434.7 |
| 陕 西 | 16163.7 | 5070.9 | 1500.3 | 2039.4 |
| 甘 肃 | 15154.4 | 5309.2 | 1758.3 | 1438.0 |
| 青 海 | 17019.0 | 5463.7 | 1902.4 | 1709.6 |
| 宁 夏 | 16770.1 | 4837.2 | 1785.6 | 1834.1 |
| 新 疆 | 17285.6 | 5901.7 | 2012.9 | 1324.3 |

2-2-1-7 续表　　　　单位：元/人

| 地　区 | 四、生活用品及服务支出 | 五、交通通信支出 | 六、教育文化娱乐支出 | 七、医疗保健支出 | 八、其他用品及服务支出 |
|---|---|---|---|---|---|
| **全　国** | **1298.7** | **2889.8** | **2381.0** | **1153.7** | **572.6** |
| 北　京 | 2268.9 | 4855.2 | 4026.4 | 1862.8 | 1114.6 |
| 天　津 | 1590.4 | 3359.6 | 2280.9 | 1429.2 | 789.3 |
| 河　北 | 1175.8 | 2386.0 | 1870.7 | 1283.0 | 410.9 |
| 山　西 | 942.4 | 2146.9 | 2207.8 | 1130.3 | 407.9 |
| 内蒙古 | 1430.1 | 3230.9 | 2504.7 | 1369.3 | 739.6 |
| 辽　宁 | 1344.6 | 2745.5 | 2401.9 | 1392.7 | 659.8 |
| 吉　林 | 1021.6 | 2317.1 | 2161.6 | 1712.2 | 551.4 |
| 黑龙江 | 907.9 | 2057.7 | 1846.7 | 1767.8 | 470.9 |
| 上　海 | 1569.8 | 4431.6 | 4040.8 | 1174.9 | 965.2 |
| 江　苏 | 1497.0 | 3616.1 | 3056.8 | 1087.8 | 743.0 |
| 浙　江 | 1333.2 | 4745.7 | 2959.6 | 1119.6 | 676.1 |
| 安　徽 | 917.2 | 2262.2 | 1912.5 | 826.0 | 382.7 |
| 福　建 | 1333.0 | 3012.9 | 2313.8 | 899.1 | 616.5 |
| 江　西 | 1007.2 | 2083.2 | 1874.4 | 721.7 | 414.8 |
| 山　东 | 1470.0 | 2746.6 | 2140.3 | 1290.3 | 537.7 |
| 河　南 | 1380.6 | 1873.5 | 1991.7 | 1125.2 | 530.8 |
| 湖　北 | 1097.6 | 2153.3 | 1971.5 | 1116.1 | 384.8 |
| 湖　南 | 1199.6 | 2425.9 | 2932.6 | 1027.4 | 523.4 |
| 广　东 | 1516.8 | 3899.0 | 2667.9 | 960.3 | 763.5 |
| 广　西 | 942.3 | 2243.4 | 1843.3 | 668.1 | 318.6 |
| 海　南 | 928.3 | 2642.6 | 1617.1 | 934.2 | 354.6 |
| 重　庆 | 1367.0 | 2378.7 | 1950.8 | 1149.7 | 398.9 |
| 四　川 | 1243.2 | 2410.9 | 1862.4 | 1119.4 | 553.6 |
| 贵　州 | 1078.0 | 2247.1 | 2312.7 | 750.2 | 303.0 |
| 云　南 | 1050.6 | 2661.1 | 2079.0 | 1137.7 | 417.1 |
| 西　藏 | 739.5 | 2037.5 | 757.9 | 480.0 | 514.6 |
| 陕　西 | 1289.5 | 2304.5 | 2200.2 | 1362.6 | 396.4 |
| 甘　肃 | 1114.6 | 1849.2 | 2044.9 | 1247.9 | 392.3 |
| 青　海 | 1177.4 | 3354.8 | 2020.8 | 955.3 | 435.1 |
| 宁　夏 | 1175.0 | 2488.5 | 2389.8 | 1658.7 | 601.2 |
| 新　疆 | 1285.0 | 2869.0 | 2105.2 | 1286.0 | 501.4 |

# 2-2-1-8　2015年分地区城镇居民现金消费支出构成

单位：%

| 地　区 | 现金消费支出 | 一、食品烟酒支出 | 二、衣着支出 | 三、居住支出 |
|---|---|---|---|---|
| **全　国** | **100.0** | **34.8** | **9.5** | **9.3** |
| 北　京 | 100.0 | 29.2 | 9.7 | 9.3 |
| 天　津 | 100.0 | 37.9 | 9.8 | 9.0 |
| 河　北 | 100.0 | 30.9 | 10.5 | 10.3 |
| 山　西 | 100.0 | 28.6 | 12.4 | 9.3 |
| 内蒙古 | 100.0 | 31.5 | 12.6 | 8.8 |
| 辽　宁 | 100.0 | 32.3 | 11.3 | 9.7 |
| 吉　林 | 100.0 | 28.6 | 11.5 | 10.9 |
| 黑龙江 | 100.0 | 31.1 | 11.7 | 10.5 |
| 上　海 | 100.0 | 36.7 | 6.6 | 9.3 |
| 江　苏 | 100.0 | 33.7 | 8.8 | 8.3 |
| 浙　江 | 100.0 | 34.7 | 8.9 | 8.9 |
| 安　徽 | 100.0 | 38.7 | 9.6 | 8.5 |
| 福　建 | 100.0 | 39.7 | 7.7 | 10.3 |
| 江　西 | 100.0 | 37.8 | 10.5 | 8.5 |
| 山　东 | 100.0 | 32.1 | 11.4 | 8.4 |
| 河　南 | 100.0 | 31.8 | 12.0 | 10.3 |
| 湖　北 | 100.0 | 37.3 | 10.0 | 8.6 |
| 湖　南 | 100.0 | 34.8 | 9.5 | 8.4 |
| 广　东 | 100.0 | 37.7 | 6.7 | 10.7 |
| 广　西 | 100.0 | 39.6 | 6.1 | 10.8 |
| 海　南 | 100.0 | 44.2 | 5.3 | 9.0 |
| 重　庆 | 100.0 | 38.4 | 11.4 | 7.3 |
| 四　川 | 100.0 | 39.4 | 10.2 | 7.3 |
| 贵　州 | 100.0 | 35.4 | 9.1 | 10.1 |
| 云　南 | 100.0 | 35.2 | 7.7 | 7.6 |
| 西　藏 | 100.0 | 48.9 | 10.9 | 9.7 |
| 陕　西 | 100.0 | 31.4 | 9.3 | 12.6 |
| 甘　肃 | 100.0 | 35.0 | 11.6 | 9.5 |
| 青　海 | 100.0 | 32.1 | 11.2 | 10.0 |
| 宁　夏 | 100.0 | 28.8 | 10.6 | 10.9 |
| 新　疆 | 100.0 | 34.1 | 11.6 | 7.7 |

2-2-1-8 续表 单位：%

| 地区 | 四、生活用品及服务支出 | 五、交通通信支出 | 六、教育文化娱乐支出 | 七、医疗保健支出 | 八、其他用品及服务支出 |
|---|---|---|---|---|---|
| **全国** | **7.3** | **16.2** | **13.3** | **6.5** | **3.2** |
| 北京 | 8.3 | 17.8 | 14.8 | 6.8 | 4.1 |
| 天津 | 7.3 | 15.4 | 10.4 | 6.5 | 3.6 |
| 河北 | 8.0 | 16.2 | 12.7 | 8.7 | 2.8 |
| 山西 | 6.9 | 15.6 | 16.1 | 8.2 | 3.0 |
| 内蒙古 | 7.3 | 16.4 | 12.7 | 7.0 | 3.8 |
| 辽宁 | 7.4 | 15.0 | 13.1 | 7.6 | 3.6 |
| 吉林 | 6.5 | 14.6 | 13.7 | 10.8 | 3.5 |
| 黑龙江 | 6.0 | 13.6 | 12.2 | 11.7 | 3.1 |
| 上海 | 6.1 | 17.2 | 15.7 | 4.6 | 3.8 |
| 江苏 | 7.4 | 17.8 | 15.0 | 5.4 | 3.7 |
| 浙江 | 5.8 | 20.8 | 13.0 | 4.9 | 3.0 |
| 安徽 | 6.3 | 15.5 | 13.1 | 5.7 | 2.6 |
| 福建 | 6.9 | 15.6 | 12.0 | 4.7 | 3.2 |
| 江西 | 7.1 | 14.8 | 13.3 | 5.1 | 2.9 |
| 山东 | 8.6 | 16.2 | 12.6 | 7.6 | 3.2 |
| 河南 | 9.2 | 12.5 | 13.2 | 7.5 | 3.5 |
| 湖北 | 7.2 | 14.1 | 13.0 | 7.3 | 2.5 |
| 湖南 | 7.0 | 14.1 | 17.1 | 6.0 | 3.1 |
| 广东 | 7.0 | 17.9 | 12.2 | 4.4 | 3.5 |
| 广西 | 6.8 | 16.2 | 13.3 | 4.8 | 2.3 |
| 海南 | 5.9 | 16.9 | 10.3 | 6.0 | 2.3 |
| 重庆 | 8.1 | 14.1 | 11.6 | 6.8 | 2.4 |
| 四川 | 7.4 | 14.4 | 11.2 | 6.7 | 3.3 |
| 贵州 | 7.3 | 15.2 | 15.7 | 5.1 | 2.1 |
| 云南 | 7.1 | 17.9 | 14.0 | 7.7 | 2.8 |
| 西藏 | 5.0 | 13.8 | 5.1 | 3.2 | 3.5 |
| 陕西 | 8.0 | 14.3 | 13.6 | 8.4 | 2.5 |
| 甘肃 | 7.4 | 12.2 | 13.5 | 8.2 | 2.6 |
| 青海 | 6.9 | 19.7 | 11.9 | 5.6 | 2.6 |
| 宁夏 | 7.0 | 14.8 | 14.3 | 9.9 | 3.6 |
| 新疆 | 7.4 | 16.6 | 12.2 | 7.4 | 2.9 |

# 2-2-1-9 2015年分地区城镇居民家庭主要食品消费量

单位：公斤/人

| 地区 | 粮食(原粮) | 谷物 | 食用油 | 植物油 | 蔬菜 | 肉类 | 猪肉 |
|---|---|---|---|---|---|---|---|
| **全国** | **112.6** | **101.6** | **11.1** | **10.7** | **104.4** | **28.9** | **20.7** |
| 北京 | 88.5 | 79.2 | 11.0 | 11.0 | 102.1 | 26.4 | 14.0 |
| 天津 | 118.4 | 109.0 | 10.7 | 10.7 | 116.7 | 26.1 | 16.0 |
| 河北 | 115.8 | 105.7 | 9.7 | 9.6 | 94.7 | 22.8 | 13.6 |
| 山西 | 110.7 | 98.2 | 8.2 | 8.1 | 85.2 | 16.7 | 10.6 |
| 内蒙古 | 146.5 | 133.2 | 9.8 | 9.6 | 104.9 | 37.2 | 16.4 |
| 辽宁 | 128.2 | 112.6 | 11.8 | 11.7 | 125.0 | 28.7 | 18.7 |
| 吉林 | 120.5 | 109.7 | 11.8 | 11.8 | 98.9 | 21.1 | 14.2 |
| 黑龙江 | 135.5 | 120.3 | 13.8 | 13.7 | 110.1 | 24.5 | 15.5 |
| 上海 | 99.4 | 87.6 | 9.5 | 9.3 | 104.4 | 28.8 | 20.3 |
| 江苏 | 107.6 | 95.6 | 12.3 | 12.1 | 110.2 | 28.0 | 20.6 |
| 浙江 | 118.8 | 106.3 | 11.4 | 11.1 | 95.5 | 27.2 | 21.5 |
| 安徽 | 106.7 | 94.7 | 9.6 | 9.1 | 94.0 | 24.6 | 18.8 |
| 福建 | 105.8 | 96.1 | 9.2 | 8.6 | 89.5 | 32.2 | 25.3 |
| 江西 | 117.1 | 106.7 | 14.4 | 13.9 | 114.3 | 30.9 | 24.0 |
| 山东 | 114.1 | 104.0 | 9.4 | 9.3 | 99.9 | 24.9 | 14.9 |
| 河南 | 120.4 | 108.9 | 9.6 | 9.6 | 98.5 | 20.5 | 13.5 |
| 湖北 | 98.3 | 86.4 | 13.9 | 13.6 | 112.4 | 28.6 | 20.9 |
| 湖南 | 103.1 | 94.2 | 13.3 | 11.3 | 99.9 | 33.1 | 26.7 |
| 广东 | 97.8 | 89.9 | 9.1 | 8.8 | 97.6 | 36.7 | 28.7 |
| 广西 | 106.3 | 97.8 | 9.3 | 8.7 | 100.1 | 36.7 | 30.3 |
| 海南 | 90.1 | 84.3 | 8.5 | 8.0 | 100.7 | 33.1 | 28.2 |
| 重庆 | 114.7 | 99.1 | 15.0 | 14.2 | 131.7 | 41.8 | 33.7 |
| 四川 | 126.1 | 114.0 | 14.1 | 13.1 | 136.8 | 43.3 | 35.6 |
| 贵州 | 106.8 | 95.6 | 11.5 | 10.1 | 88.5 | 31.7 | 26.6 |
| 云南 | 110.7 | 99.8 | 10.1 | 8.6 | 112.7 | 30.0 | 23.2 |
| 西藏 | 157.2 | 153.6 | 15.6 | 12.5 | 62.0 | 30.6 | 10.1 |
| 陕西 | 115.7 | 103.4 | 11.1 | 10.9 | 90.8 | 17.1 | 11.5 |
| 甘肃 | 126.2 | 116.1 | 11.9 | 11.8 | 102.7 | 21.4 | 12.7 |
| 青海 | 94.0 | 87.7 | 8.2 | 8.2 | 73.1 | 25.0 | 10.6 |
| 宁夏 | 114.2 | 106.3 | 8.8 | 8.8 | 99.3 | 19.1 | 7.4 |
| 新疆 | 153.7 | 147.0 | 13.9 | 13.8 | 120.8 | 26.2 | 7.4 |

2-2-1-9 续表

单位：公斤/人

| 地区 | 牛肉 | 羊肉 | 禽类 | 水产品 | 蛋类 | 奶类 | 干鲜瓜果类 | 食糖 |
|---|---|---|---|---|---|---|---|---|
| **全国** | **2.4** | **1.5** | **9.4** | **14.7** | **10.5** | **17.1** | **55.1** | **1.3** |
| 北京 | 3.6 | 3.1 | 6.3 | 10.3 | 14.0 | 28.9 | 71.5 | 0.8 |
| 天津 | 3.0 | 3.2 | 5.2 | 17.6 | 17.1 | 18.5 | 74.0 | 1.3 |
| 河北 | 2.1 | 1.9 | 5.2 | 7.5 | 13.7 | 21.2 | 63.4 | 1.0 |
| 山西 | 1.0 | 1.7 | 2.7 | 4.9 | 11.4 | 20.6 | 60.1 | 0.8 |
| 内蒙古 | 5.2 | 10.6 | 5.9 | 6.5 | 10.8 | 28.7 | 65.6 | 1.3 |
| 辽宁 | 3.0 | 1.8 | 5.8 | 18.0 | 13.9 | 19.5 | 74.9 | 1.5 |
| 吉林 | 2.5 | 1.0 | 4.0 | 8.9 | 10.7 | 13.6 | 57.8 | 1.2 |
| 黑龙江 | 2.3 | 1.7 | 5.3 | 10.1 | 11.9 | 14.8 | 67.1 | 1.8 |
| 上海 | 2.7 | 1.0 | 12.0 | 25.7 | 10.5 | 22.7 | 53.0 | 1.4 |
| 江苏 | 2.0 | 0.9 | 11.0 | 19.6 | 10.6 | 19.3 | 47.1 | 1.1 |
| 浙江 | 2.1 | 0.6 | 10.6 | 27.0 | 8.0 | 14.4 | 53.0 | 1.4 |
| 安徽 | 2.1 | 1.0 | 10.9 | 12.4 | 10.9 | 14.2 | 43.2 | 1.8 |
| 福建 | 2.0 | 0.8 | 9.5 | 30.0 | 8.8 | 13.5 | 43.2 | 1.5 |
| 江西 | 2.6 | 0.4 | 10.2 | 16.9 | 8.7 | 17.3 | 47.9 | 1.1 |
| 山东 | 1.7 | 1.4 | 6.5 | 15.6 | 17.2 | 24.3 | 74.5 | 1.0 |
| 河南 | 1.9 | 1.5 | 6.7 | 5.4 | 14.4 | 18.8 | 60.7 | 1.3 |
| 湖北 | 2.4 | 0.8 | 6.5 | 17.5 | 8.7 | 11.7 | 42.8 | 0.9 |
| 湖南 | 2.4 | 0.7 | 10.4 | 14.7 | 7.2 | 9.1 | 59.9 | 1.4 |
| 广东 | 2.2 | 0.7 | 18.0 | 23.6 | 7.3 | 11.0 | 42.0 | 1.2 |
| 广西 | 2.6 | 0.8 | 20.0 | 14.2 | 6.5 | 10.4 | 49.4 | 1.7 |
| 海南 | 2.1 | 0.8 | 21.2 | 31.6 | 5.7 | 7.0 | 39.9 | 1.1 |
| 重庆 | 1.9 | 0.7 | 13.0 | 12.0 | 10.1 | 19.9 | 48.0 | 2.6 |
| 四川 | 2.2 | 0.6 | 12.6 | 9.2 | 9.1 | 16.5 | 46.6 | 1.6 |
| 贵州 | 1.9 | 0.3 | 7.7 | 3.9 | 5.8 | 11.7 | 40.4 | 1.2 |
| 云南 | 3.0 | 0.4 | 8.2 | 5.9 | 6.1 | 10.9 | 42.8 | 1.5 |
| 西藏 | 16.4 | 3.9 | 3.9 | 1.9 | 7.0 | 15.9 | 19.5 | 2.5 |
| 陕西 | 1.0 | 1.5 | 3.3 | 3.4 | 9.1 | 19.0 | 56.3 | 1.1 |
| 甘肃 | 2.7 | 3.1 | 4.7 | 3.9 | 9.5 | 24.3 | 70.8 | 1.7 |
| 青海 | 5.1 | 6.8 | 3.9 | 3.6 | 6.2 | 25.0 | 39.9 | 1.1 |
| 宁夏 | 3.9 | 6.1 | 6.2 | 3.9 | 7.2 | 22.4 | 76.9 | 1.3 |
| 新疆 | 5.4 | 11.2 | 7.5 | 6.0 | 8.7 | 27.9 | 70.4 | 1.6 |

# 2-2-1-10 2015年分地区城镇居民年末主要耐用消费品拥有量

单位：平均每百户

| 地区 | 家用汽车(辆) | 摩托车(辆) | 电动助力车(辆) | 洗衣机(台) | 电冰箱(柜)(台) | 微波炉(台) | 彩色电视机(台) |
|---|---|---|---|---|---|---|---|
| **全国** | **30.0** | **22.7** | **45.8** | **92.3** | **94.0** | **53.8** | **122.3** |
| 北京 | 46.8 | 2.9 | 18.9 | 95.9 | 98.3 | 81.1 | 129.9 |
| 天津 | 37.3 | 6.2 | 34.8 | 95.0 | 97.7 | 72.5 | 109.6 |
| 河北 | 36.9 | 14.4 | 73.5 | 98.4 | 97.5 | 58.4 | 111.1 |
| 山西 | 30.3 | 18.9 | 39.4 | 99.5 | 93.4 | 40.4 | 106.0 |
| 内蒙古 | 32.1 | 24.7 | 46.1 | 95.0 | 94.7 | 37.9 | 102.4 |
| 辽宁 | 21.1 | 8.4 | 15.2 | 91.9 | 95.6 | 55.1 | 108.0 |
| 吉林 | 20.9 | 17.0 | 7.0 | 95.3 | 94.0 | 44.7 | 105.4 |
| 黑龙江 | 11.8 | 10.5 | 8.4 | 92.5 | 91.9 | 36.1 | 102.0 |
| 上海 | 25.6 | 4.1 | 50.5 | 91.6 | 97.4 | 86.8 | 177.4 |
| 江苏 | 39.1 | 18.4 | 107.5 | 99.4 | 101.1 | 88.7 | 170.6 |
| 浙江 | 47.9 | 13.7 | 70.8 | 88.0 | 96.4 | 59.1 | 173.8 |
| 安徽 | 21.9 | 19.7 | 67.9 | 94.1 | 97.2 | 59.7 | 129.6 |
| 福建 | 28.3 | 46.0 | 40.8 | 84.5 | 94.3 | 63.1 | 138.7 |
| 江西 | 23.1 | 28.7 | 55.7 | 93.7 | 96.9 | 54.0 | 141.1 |
| 山东 | 49.4 | 22.7 | 86.4 | 96.1 | 98.2 | 50.1 | 108.0 |
| 河南 | 24.1 | 25.6 | 90.3 | 98.6 | 94.0 | 40.1 | 118.2 |
| 湖北 | 17.7 | 30.4 | 24.3 | 91.0 | 95.2 | 47.6 | 116.9 |
| 湖南 | 25.4 | 32.0 | 20.6 | 96.5 | 98.9 | 44.3 | 116.2 |
| 广东 | 29.7 | 40.1 | 20.2 | 70.9 | 75.3 | 39.4 | 99.5 |
| 广西 | 30.9 | 46.3 | 70.5 | 92.6 | 94.7 | 64.9 | 115.9 |
| 海南 | 22.9 | 37.6 | 63.8 | 80.0 | 89.3 | 36.3 | 104.6 |
| 重庆 | 20.9 | 17.6 | 4.5 | 95.4 | 99.8 | 62.9 | 129.8 |
| 四川 | 23.8 | 21.0 | 22.8 | 96.7 | 96.8 | 45.1 | 124.2 |
| 贵州 | 23.7 | 17.9 | 5.9 | 97.9 | 93.9 | 42.8 | 106.2 |
| 云南 | 40.0 | 31.4 | 31.7 | 95.3 | 91.5 | 57.1 | 109.0 |
| 西藏 | 32.5 | 11.8 | 15.8 | 89.3 | 92.6 | 40.3 | 133.7 |
| 陕西 | 21.7 | 17.4 | 23.8 | 95.2 | 89.5 | 36.9 | 105.7 |
| 甘肃 | 18.2 | 20.1 | 18.3 | 99.0 | 92.8 | 47.3 | 104.6 |
| 青海 | 25.0 | 16.0 | 6.9 | 94.7 | 93.8 | 52.6 | 100.2 |
| 宁夏 | 30.0 | 21.4 | 42.6 | 95.3 | 93.4 | 48.2 | 101.8 |
| 新疆 | 26.5 | 13.9 | 24.8 | 97.3 | 96.0 | 39.4 | 100.2 |

2-2-1-10 续表　　单位：平均每百户

| 地　区 | 空调（台） | 热水器（台） | 排油烟机（台） | 移动电话（部） | 计算机（台） | 照相机（台） |
|---|---|---|---|---|---|---|
| **全　国** | **114.6** | **85.6** | **69.2** | **223.8** | **78.5** | **33.0** |
| 北　京 | 160.8 | 92.6 | 86.3 | 219.9 | 106.6 | 65.0 |
| 天　津 | 131.3 | 92.2 | 82.6 | 219.5 | 73.5 | 35.2 |
| 河　北 | 117.9 | 88.5 | 78.2 | 220.5 | 76.6 | 34.7 |
| 山　西 | 38.1 | 65.1 | 70.2 | 219.2 | 76.6 | 24.5 |
| 内蒙古 | 12.1 | 56.4 | 61.9 | 216.9 | 58.4 | 24.0 |
| 辽　宁 | 30.5 | 72.0 | 76.7 | 198.8 | 65.7 | 32.9 |
| 吉　林 | 10.3 | 53.7 | 75.2 | 219.0 | 68.5 | 24.4 |
| 黑龙江 | 9.8 | 47.3 | 68.7 | 197.6 | 56.8 | 20.0 |
| 上　海 | 190.9 | 91.0 | 78.8 | 221.0 | 126.1 | 54.9 |
| 江　苏 | 194.3 | 104.5 | 81.5 | 234.9 | 91.4 | 38.2 |
| 浙　江 | 185.0 | 91.7 | 79.4 | 228.6 | 95.7 | 38.7 |
| 安　徽 | 144.4 | 96.6 | 66.8 | 216.7 | 74.0 | 27.5 |
| 福　建 | 157.2 | 97.5 | 64.2 | 240.1 | 88.7 | 29.8 |
| 江　西 | 128.1 | 93.9 | 65.9 | 224.0 | 77.5 | 26.4 |
| 山　东 | 109.4 | 93.9 | 80.6 | 220.4 | 79.3 | 43.8 |
| 河　南 | 135.7 | 82.8 | 61.3 | 225.3 | 74.4 | 25.0 |
| 湖　北 | 128.4 | 87.4 | 61.4 | 223.1 | 74.0 | 25.4 |
| 湖　南 | 140.5 | 90.1 | 66.9 | 237.4 | 77.0 | 28.7 |
| 广　东 | 144.3 | 83.5 | 57.5 | 221.5 | 84.5 | 37.1 |
| 广　西 | 121.1 | 95.5 | 61.2 | 249.9 | 88.2 | 33.4 |
| 海　南 | 97.6 | 87.6 | 59.5 | 235.0 | 67.0 | 16.6 |
| 重　庆 | 170.1 | 93.1 | 57.4 | 237.7 | 72.1 | 31.3 |
| 四　川 | 108.2 | 91.2 | 56.4 | 228.1 | 63.2 | 23.4 |
| 贵　州 | 27.8 | 82.3 | 46.4 | 236.5 | 64.4 | 18.9 |
| 云　南 | 3.6 | 92.1 | 68.2 | 234.1 | 62.2 | 33.1 |
| 西　藏 | 9.3 | 42.2 | 44.8 | 212.3 | 54.4 | 37.8 |
| 陕　西 | 88.4 | 72.6 | 64.2 | 225.0 | 67.3 | 29.1 |
| 甘　肃 | 10.5 | 71.5 | 72.2 | 224.5 | 64.7 | 29.8 |
| 青　海 | 2.2 | 48.9 | 70.7 | 210.9 | 60.2 | 23.3 |
| 宁　夏 | 13.1 | 87.4 | 74.5 | 237.3 | 65.6 | 21.6 |
| 新　疆 | 16.5 | 81.6 | 76.9 | 209.1 | 62.5 | 29.9 |

## (二)2016年分地区城镇居民收支主要数据

# 2-2-2-1 2016年分地区城镇居民可支配收入

单位:元/人

| 地区 | 可支配收入 | 一、工资性收入 | 二、经营净收入 | 三、财产净收入 | 四、转移净收入 |
|---|---|---|---|---|---|
| **全国** | **33616.2** | **20665.0** | **3770.1** | **3271.3** | **5909.8** |
| 北京 | 57275.3 | 35701.1 | 1291.9 | 9309.8 | 10972.5 |
| 天津 | 37109.6 | 23206.8 | 2665.6 | 3721.2 | 7516.0 |
| 河北 | 28249.4 | 18031.9 | 1983.3 | 2512.6 | 5721.6 |
| 山西 | 27352.3 | 16954.4 | 2659.1 | 2003.5 | 5735.4 |
| 内蒙古 | 32974.9 | 20354.9 | 5465.9 | 1732.9 | 5421.2 |
| 辽宁 | 32876.1 | 18315.8 | 3950.8 | 1832.6 | 8776.9 |
| 吉林 | 26530.4 | 15837.8 | 2518.9 | 1388.1 | 6785.7 |
| 黑龙江 | 25736.4 | 15008.6 | 2670.7 | 1305.3 | 6751.8 |
| 上海 | 57691.7 | 34338.7 | 1400.1 | 8487.0 | 13465.8 |
| 江苏 | 40151.6 | 24213.9 | 4411.1 | 4151.2 | 7375.4 |
| 浙江 | 47237.2 | 26655.9 | 7126.0 | 6381.1 | 7074.2 |
| 安徽 | 29156.0 | 18277.9 | 4420.4 | 2079.9 | 4377.7 |
| 福建 | 36014.3 | 22213.4 | 4919.4 | 4199.4 | 4682.1 |
| 江西 | 28673.3 | 18135.9 | 2384.7 | 2619.3 | 5533.4 |
| 山东 | 34012.1 | 21812.3 | 4778.4 | 2740.2 | 4681.2 |
| 河南 | 27232.9 | 15829.0 | 3754.5 | 2411.8 | 5237.5 |
| 湖北 | 29385.8 | 16517.5 | 4150.2 | 2299.3 | 6418.8 |
| 湖南 | 31283.9 | 17274.9 | 4339.2 | 3009.6 | 6660.2 |
| 广东 | 37684.3 | 27965.3 | 4203.9 | 4374.8 | 1140.3 |
| 广西 | 28324.4 | 16492.8 | 4804.8 | 2229.2 | 4797.7 |
| 海南 | 28453.5 | 18891.9 | 2914.6 | 2170.3 | 4476.7 |
| 重庆 | 29610.0 | 17043.1 | 3347.8 | 2221.5 | 6997.7 |
| 四川 | 28335.3 | 16219.1 | 3326.7 | 2363.5 | 6426.0 |
| 贵州 | 26742.6 | 15351.4 | 4282.1 | 1940.7 | 5168.4 |
| 云南 | 28610.6 | 15543.9 | 3490.5 | 4021.5 | 5554.8 |
| 西藏 | 27802.4 | 22398.0 | 723.3 | 1706.0 | 2975.1 |
| 陕西 | 28440.1 | 16876.8 | 2013.9 | 2056.5 | 7492.9 |
| 甘肃 | 25693.5 | 16751.2 | 1960.6 | 2355.8 | 4625.9 |
| 青海 | 26757.4 | 18740.9 | 2007.6 | 1451.0 | 4557.8 |
| 宁夏 | 27153.0 | 18032.9 | 2824.4 | 1255.4 | 5040.3 |
| 新疆 | 28463.4 | 19173.4 | 2940.5 | 1279.3 | 5070.3 |

# 2-2-2-2 2016年分地区城镇居民可支配收入构成

单位：%

| 地区 | 可支配收入 | 一、工资性收入 | 二、经营净收入 | 三、财产净收入 | 四、转移净收入 |
|---|---|---|---|---|---|
| **全国** | **100.0** | **61.5** | **11.2** | **9.7** | **17.6** |
| 北京 | 100.0 | 62.3 | 2.3 | 16.3 | 19.2 |
| 天津 | 100.0 | 62.5 | 7.2 | 10.0 | 20.3 |
| 河北 | 100.0 | 63.8 | 7.0 | 8.9 | 20.3 |
| 山西 | 100.0 | 62.0 | 9.7 | 7.3 | 21.0 |
| 内蒙古 | 100.0 | 61.7 | 16.6 | 5.3 | 16.4 |
| 辽宁 | 100.0 | 55.7 | 12.0 | 5.6 | 26.7 |
| 吉林 | 100.0 | 59.7 | 9.5 | 5.2 | 25.6 |
| 黑龙江 | 100.0 | 58.3 | 10.4 | 5.1 | 26.2 |
| 上海 | 100.0 | 59.5 | 2.4 | 14.7 | 23.3 |
| 江苏 | 100.0 | 60.3 | 11.0 | 10.3 | 18.4 |
| 浙江 | 100.0 | 56.4 | 15.1 | 13.5 | 15.0 |
| 安徽 | 100.0 | 62.7 | 15.2 | 7.1 | 15.0 |
| 福建 | 100.0 | 61.7 | 13.7 | 11.7 | 13.0 |
| 江西 | 100.0 | 63.3 | 8.3 | 9.1 | 19.3 |
| 山东 | 100.0 | 64.1 | 14.0 | 8.1 | 13.8 |
| 河南 | 100.0 | 58.1 | 13.8 | 8.9 | 19.2 |
| 湖北 | 100.0 | 56.2 | 14.1 | 7.8 | 21.8 |
| 湖南 | 100.0 | 55.2 | 13.9 | 9.6 | 21.3 |
| 广东 | 100.0 | 74.2 | 11.2 | 11.6 | 3.0 |
| 广西 | 100.0 | 58.2 | 17.0 | 7.9 | 16.9 |
| 海南 | 100.0 | 66.4 | 10.2 | 7.6 | 15.7 |
| 重庆 | 100.0 | 57.6 | 11.3 | 7.5 | 23.6 |
| 四川 | 100.0 | 57.2 | 11.7 | 8.3 | 22.7 |
| 贵州 | 100.0 | 57.4 | 16.0 | 7.3 | 19.3 |
| 云南 | 100.0 | 54.3 | 12.2 | 14.1 | 19.4 |
| 西藏 | 100.0 | 80.6 | 2.6 | 6.1 | 10.7 |
| 陕西 | 100.0 | 59.3 | 7.1 | 7.2 | 26.3 |
| 甘肃 | 100.0 | 65.2 | 7.6 | 9.2 | 18.0 |
| 青海 | 100.0 | 70.0 | 7.5 | 5.4 | 17.0 |
| 宁夏 | 100.0 | 66.4 | 10.4 | 4.6 | 18.6 |
| 新疆 | 100.0 | 67.4 | 10.3 | 4.5 | 17.8 |

# 2-2-2-3 2016年分地区城镇居民现金可支配收入

单位：元/人

| 地　区 | 现金可支配收入 | 一、工资性收入 | 二、经营净收入 | 三、财产净收入 | 四、转移净收入 |
|---|---|---|---|---|---|
| **全　国** | **31270.0** | **20541.7** | **4032.3** | **1139.6** | **5556.4** |
| 北　京 | 48742.5 | 35521.8 | 1359.7 | 1631.5 | 10229.5 |
| 天　津 | 33996.5 | 22956.3 | 2893.3 | 1118.5 | 7028.4 |
| 河　北 | 26328.1 | 18001.9 | 2118.0 | 667.6 | 5540.6 |
| 山　西 | 25729.6 | 16925.4 | 2774.8 | 734.1 | 5295.3 |
| 内蒙古 | 31852.7 | 20347.4 | 5723.5 | 644.4 | 5137.4 |
| 辽　宁 | 30840.0 | 18021.6 | 4287.2 | 301.5 | 8229.6 |
| 吉　林 | 25161.8 | 15692.9 | 2668.3 | 337.3 | 6463.3 |
| 黑龙江 | 24777.0 | 14971.5 | 2961.7 | 312.1 | 6531.7 |
| 上　海 | 48461.0 | 34103.1 | 1480.2 | 790.9 | 12086.9 |
| 江　苏 | 36963.5 | 24111.2 | 4683.2 | 1293.1 | 6876.0 |
| 浙　江 | 43497.4 | 26412.6 | 7613.3 | 2870.3 | 6601.2 |
| 安　徽 | 27722.6 | 18147.8 | 4914.7 | 588.4 | 4071.7 |
| 福　建 | 32985.5 | 22097.1 | 5150.7 | 1350.9 | 4386.9 |
| 江　西 | 26847.3 | 18100.9 | 2488.0 | 842.5 | 5415.8 |
| 山　东 | 32380.0 | 21759.2 | 5205.1 | 936.5 | 4479.3 |
| 河　南 | 25646.6 | 15796.3 | 3874.8 | 1037.2 | 4938.2 |
| 湖　北 | 27293.2 | 16396.2 | 4415.1 | 507.5 | 5974.4 |
| 湖　南 | 29975.2 | 17176.9 | 4666.7 | 1673.4 | 6458.1 |
| 广　东 | 35058.8 | 27619.7 | 4559.2 | 1933.7 | 946.2 |
| 广　西 | 27120.4 | 16436.7 | 5114.7 | 1005.3 | 4563.7 |
| 海　南 | 26726.3 | 18856.6 | 3027.0 | 813.5 | 4029.2 |
| 重　庆 | 27950.4 | 16958.4 | 3470.1 | 828.3 | 6693.6 |
| 四　川 | 26952.1 | 16143.9 | 3521.8 | 1158.5 | 6127.8 |
| 贵　州 | 25727.5 | 15318.2 | 4682.7 | 678.7 | 5047.9 |
| 云　南 | 26962.9 | 15527.4 | 3629.2 | 2522.8 | 5283.5 |
| 西　藏 | 26611.8 | 22397.4 | 746.9 | 546.3 | 2921.1 |
| 陕　西 | 26962.2 | 16810.0 | 2067.0 | 1113.6 | 6971.6 |
| 甘　肃 | 24268.4 | 16727.1 | 2247.7 | 918.0 | 4375.6 |
| 青　海 | 25725.6 | 18708.7 | 2333.1 | 503.3 | 4180.5 |
| 宁　夏 | 26027.7 | 17999.6 | 3127.6 | 262.5 | 4638.1 |
| 新　疆 | 27215.5 | 19105.8 | 3204.6 | 189.5 | 4715.5 |

# 2-2-2-4　2016年分地区城镇居民现金可支配收入构成

单位：%

| 地　区 | 现金可支配收入 | 一、工资性收入 | 二、经营净收入 | 三、财产净收入 | 四、转移净收入 |
|---|---|---|---|---|---|
| **全　国** | **100.0** | **65.7** | **12.9** | **3.6** | **17.8** |
| 北　京 | 100.0 | 72.9 | 2.8 | 3.3 | 21.0 |
| 天　津 | 100.0 | 67.5 | 8.5 | 3.3 | 20.7 |
| 河　北 | 100.0 | 68.4 | 8.0 | 2.5 | 21.0 |
| 山　西 | 100.0 | 65.8 | 10.8 | 2.9 | 20.6 |
| 内蒙古 | 100.0 | 63.9 | 18.0 | 2.0 | 16.1 |
| 辽　宁 | 100.0 | 58.4 | 13.9 | 1.0 | 26.7 |
| 吉　林 | 100.0 | 62.4 | 10.6 | 1.3 | 25.7 |
| 黑龙江 | 100.0 | 60.4 | 12.0 | 1.3 | 26.4 |
| 上　海 | 100.0 | 70.4 | 3.1 | 1.6 | 24.9 |
| 江　苏 | 100.0 | 65.2 | 12.7 | 3.5 | 18.6 |
| 浙　江 | 100.0 | 60.7 | 17.5 | 6.6 | 15.2 |
| 安　徽 | 100.0 | 65.5 | 17.7 | 2.1 | 14.7 |
| 福　建 | 100.0 | 67.0 | 15.6 | 4.1 | 13.3 |
| 江　西 | 100.0 | 67.4 | 9.3 | 3.1 | 20.2 |
| 山　东 | 100.0 | 67.2 | 16.1 | 2.9 | 13.8 |
| 河　南 | 100.0 | 61.6 | 15.1 | 4.0 | 19.3 |
| 湖　北 | 100.0 | 60.1 | 16.2 | 1.9 | 21.9 |
| 湖　南 | 100.0 | 57.3 | 15.6 | 5.6 | 21.5 |
| 广　东 | 100.0 | 78.8 | 13.0 | 5.5 | 2.7 |
| 广　西 | 100.0 | 60.6 | 18.9 | 3.7 | 16.8 |
| 海　南 | 100.0 | 70.6 | 11.3 | 3.0 | 15.1 |
| 重　庆 | 100.0 | 60.7 | 12.4 | 3.0 | 23.9 |
| 四　川 | 100.0 | 59.9 | 13.1 | 4.3 | 22.7 |
| 贵　州 | 100.0 | 59.5 | 18.2 | 2.6 | 19.6 |
| 云　南 | 100.0 | 57.6 | 13.5 | 9.4 | 19.6 |
| 西　藏 | 100.0 | 84.2 | 2.8 | 2.1 | 11.0 |
| 陕　西 | 100.0 | 62.3 | 7.7 | 4.1 | 25.9 |
| 甘　肃 | 100.0 | 68.9 | 9.3 | 3.8 | 18.0 |
| 青　海 | 100.0 | 72.7 | 9.1 | 2.0 | 16.3 |
| 宁　夏 | 100.0 | 69.2 | 12.0 | 1.0 | 17.8 |
| 新　疆 | 100.0 | 70.2 | 11.8 | 0.7 | 17.3 |

# 2-2-2-5 2016年分地区城镇居民消费支出

单位：元/人

| 地区 | 消费支出 | 一、食品烟酒支出 | 二、衣着支出 | 三、居住支出 |
|---|---|---|---|---|
| **全 国** | **23078.9** | **6762.4** | **1739.0** | **5113.7** |
| 北 京 | 38255.5 | 8070.4 | 2643.0 | 12128.0 |
| 天 津 | 28344.6 | 8679.6 | 2114.0 | 6187.3 |
| 河 北 | 19105.9 | 4991.6 | 1614.4 | 4483.2 |
| 山 西 | 16992.8 | 3862.8 | 1603.0 | 3633.8 |
| 内蒙古 | 22744.5 | 6445.8 | 2543.3 | 4006.1 |
| 辽 宁 | 24995.9 | 6901.6 | 2321.3 | 4632.8 |
| 吉 林 | 19166.4 | 4975.7 | 1819.0 | 3612.0 |
| 黑龙江 | 18145.2 | 5019.3 | 1804.4 | 3352.4 |
| 上 海 | 39856.8 | 10014.8 | 1834.8 | 13216.0 |
| 江 苏 | 26432.9 | 7389.2 | 1809.5 | 6140.6 |
| 浙 江 | 30067.7 | 8467.3 | 1903.9 | 7385.4 |
| 安 徽 | 19606.2 | 6381.7 | 1491.0 | 3931.2 |
| 福 建 | 25005.5 | 8299.6 | 1443.5 | 6530.5 |
| 江 西 | 17695.6 | 5667.5 | 1472.2 | 3915.9 |
| 山 东 | 21495.3 | 5929.4 | 1977.7 | 4473.1 |
| 河 南 | 18087.8 | 5067.7 | 1746.6 | 3753.4 |
| 湖 北 | 20040.0 | 6294.3 | 1557.4 | 4176.7 |
| 湖 南 | 21420.0 | 6407.7 | 1666.4 | 3918.7 |
| 广 东 | 28613.3 | 9421.6 | 1583.4 | 6410.4 |
| 广 西 | 17268.5 | 5937.2 | 886.3 | 3784.3 |
| 海 南 | 19015.5 | 7419.7 | 859.6 | 3527.7 |
| 重 庆 | 21030.9 | 6883.9 | 1939.2 | 3801.1 |
| 四 川 | 20659.8 | 7118.4 | 1767.5 | 3756.5 |
| 贵 州 | 19201.7 | 6010.3 | 1525.4 | 3793.1 |
| 云 南 | 18622.4 | 5528.2 | 1195.5 | 3814.4 |
| 西 藏 | 19440.5 | 8727.8 | 1812.5 | 3614.5 |
| 陕 西 | 19368.9 | 5422.0 | 1542.2 | 3681.5 |
| 甘 肃 | 19539.2 | 5777.3 | 1776.9 | 3752.6 |
| 青 海 | 20853.2 | 5975.7 | 1963.5 | 3809.4 |
| 宁 夏 | 20364.2 | 4889.2 | 1726.7 | 3770.5 |
| 新 疆 | 21228.5 | 6179.4 | 1966.1 | 3543.9 |

2-2-2-5 续表

单位：元/人

| 地　区 | 四、生活用品及服务支出 | 五、交通通信支出 | 六、教育文化娱乐支出 | 七、医疗保健支出 | 八、其他用品及服务支出 |
|---|---|---|---|---|---|
| **全　国** | **1426.8** | **3173.9** | **2637.6** | **1630.8** | **594.7** |
| 北　京 | 2511.0 | 5077.9 | 4054.7 | 2629.8 | 1140.6 |
| 天　津 | 1663.8 | 3991.9 | 2643.6 | 2172.2 | 892.2 |
| 河　北 | 1351.1 | 2664.1 | 1991.3 | 1549.9 | 460.4 |
| 山　西 | 951.6 | 2401.0 | 2439.0 | 1651.6 | 450.1 |
| 内蒙古 | 1565.1 | 3045.2 | 2598.9 | 1840.2 | 699.9 |
| 辽　宁 | 1558.2 | 3447.0 | 3018.5 | 2313.6 | 802.8 |
| 吉　林 | 1107.1 | 2691.0 | 2367.5 | 2059.2 | 534.9 |
| 黑龙江 | 1018.9 | 2462.9 | 2011.5 | 2007.5 | 468.3 |
| 上　海 | 1868.2 | 4447.5 | 4533.5 | 2839.9 | 1102.1 |
| 江　苏 | 1616.2 | 3952.4 | 3163.9 | 1624.5 | 736.6 |
| 浙　江 | 1420.7 | 5100.9 | 3452.3 | 1691.9 | 645.3 |
| 安　徽 | 1118.4 | 2748.4 | 2233.3 | 1269.3 | 432.9 |
| 福　建 | 1393.4 | 3205.7 | 2461.5 | 1178.5 | 492.8 |
| 江　西 | 1028.6 | 2310.6 | 1963.9 | 887.4 | 449.6 |
| 山　东 | 1576.5 | 3002.5 | 2399.3 | 1610.0 | 526.9 |
| 河　南 | 1430.2 | 1993.8 | 2078.8 | 1524.5 | 492.8 |
| 湖　北 | 1163.8 | 2391.9 | 2228.4 | 1792.0 | 435.6 |
| 湖　南 | 1384.1 | 2837.1 | 3406.1 | 1362.6 | 437.4 |
| 广　东 | 1721.9 | 4198.1 | 3103.4 | 1304.5 | 870.1 |
| 广　西 | 1032.8 | 2259.8 | 2003.0 | 1065.9 | 299.3 |
| 海　南 | 954.0 | 2582.3 | 1931.3 | 1399.8 | 341.0 |
| 重　庆 | 1466.0 | 2573.9 | 2232.4 | 1700.0 | 434.4 |
| 四　川 | 1311.1 | 2697.6 | 2008.4 | 1423.4 | 577.1 |
| 贵　州 | 1270.2 | 2684.4 | 2493.5 | 1050.1 | 374.6 |
| 云　南 | 1135.1 | 2791.2 | 2217.0 | 1526.7 | 414.3 |
| 西　藏 | 983.0 | 2198.4 | 922.5 | 585.3 | 596.5 |
| 陕　西 | 1367.7 | 2455.7 | 2474.0 | 2016.7 | 409.0 |
| 甘　肃 | 1329.1 | 2517.9 | 2322.1 | 1583.4 | 479.9 |
| 青　海 | 1322.1 | 3064.3 | 2352.9 | 1750.4 | 614.9 |
| 宁　夏 | 1245.1 | 3896.5 | 2415.7 | 1874.0 | 546.6 |
| 新　疆 | 1543.8 | 3074.1 | 2404.9 | 1934.8 | 581.5 |

# 2-2-2-6 2016年分地区城镇居民消费支出构成

单位：%

| 地 区 | 消费支出 | 一、食品烟酒支出 | 二、衣着支出 | 三、居住支出 |
|---|---|---|---|---|
| **全 国** | **100.0** | **29.3** | **7.5** | **22.2** |
| 北 京 | 100.0 | 21.1 | 6.9 | 31.7 |
| 天 津 | 100.0 | 30.6 | 7.5 | 21.8 |
| 河 北 | 100.0 | 26.1 | 8.4 | 23.5 |
| 山 西 | 100.0 | 22.7 | 9.4 | 21.4 |
| 内 蒙 古 | 100.0 | 28.3 | 11.2 | 17.6 |
| 辽 宁 | 100.0 | 27.6 | 9.3 | 18.5 |
| 吉 林 | 100.0 | 26.0 | 9.5 | 18.8 |
| 黑 龙 江 | 100.0 | 27.7 | 9.9 | 18.5 |
| 上 海 | 100.0 | 25.1 | 4.6 | 33.2 |
| 江 苏 | 100.0 | 28.0 | 6.8 | 23.2 |
| 浙 江 | 100.0 | 28.2 | 6.3 | 24.6 |
| 安 徽 | 100.0 | 32.5 | 7.6 | 20.1 |
| 福 建 | 100.0 | 33.2 | 5.8 | 26.1 |
| 江 西 | 100.0 | 32.0 | 8.3 | 22.1 |
| 山 东 | 100.0 | 27.6 | 9.2 | 20.8 |
| 河 南 | 100.0 | 28.0 | 9.7 | 20.8 |
| 湖 北 | 100.0 | 31.4 | 7.8 | 20.8 |
| 湖 南 | 100.0 | 29.9 | 7.8 | 18.3 |
| 广 东 | 100.0 | 32.9 | 5.5 | 22.4 |
| 广 西 | 100.0 | 34.4 | 5.1 | 21.9 |
| 海 南 | 100.0 | 39.0 | 4.5 | 18.6 |
| 重 庆 | 100.0 | 32.7 | 9.2 | 18.1 |
| 四 川 | 100.0 | 34.5 | 8.6 | 18.2 |
| 贵 州 | 100.0 | 31.3 | 7.9 | 19.8 |
| 云 南 | 100.0 | 29.7 | 6.4 | 20.5 |
| 西 藏 | 100.0 | 44.9 | 9.3 | 18.6 |
| 陕 西 | 100.0 | 28.0 | 8.0 | 19.0 |
| 甘 肃 | 100.0 | 29.6 | 9.1 | 19.2 |
| 青 海 | 100.0 | 28.7 | 9.4 | 18.3 |
| 宁 夏 | 100.0 | 24.0 | 8.5 | 18.5 |
| 新 疆 | 100.0 | 29.1 | 9.3 | 16.7 |

2-2-2-6 续表

单位：%

| 地区 | 四、生活用品及服务支出 | 五、交通通信支出 | 六、教育文化娱乐支出 | 七、医疗保健支出 | 八、其他用品及服务支出 |
|---|---|---|---|---|---|
| **全　国** | **6.2** | **13.8** | **11.4** | **7.1** | **2.6** |
| 北　京 | 6.6 | 13.3 | 10.6 | 6.9 | 3.0 |
| 天　津 | 5.9 | 14.1 | 9.3 | 7.7 | 3.1 |
| 河　北 | 7.1 | 13.9 | 10.4 | 8.1 | 2.4 |
| 山　西 | 5.6 | 14.1 | 14.4 | 9.7 | 2.6 |
| 内蒙古 | 6.9 | 13.4 | 11.4 | 8.1 | 3.1 |
| 辽　宁 | 6.2 | 13.8 | 12.1 | 9.3 | 3.2 |
| 吉　林 | 5.8 | 14.0 | 12.4 | 10.7 | 2.8 |
| 黑龙江 | 5.6 | 13.6 | 11.1 | 11.1 | 2.6 |
| 上　海 | 4.7 | 11.2 | 11.4 | 7.1 | 2.8 |
| 江　苏 | 6.1 | 15.0 | 12.0 | 6.1 | 2.8 |
| 浙　江 | 4.7 | 17.0 | 11.5 | 5.6 | 2.1 |
| 安　徽 | 5.7 | 14.0 | 11.4 | 6.5 | 2.2 |
| 福　建 | 5.6 | 12.8 | 9.8 | 4.7 | 2.0 |
| 江　西 | 5.8 | 13.1 | 11.1 | 5.0 | 2.5 |
| 山　东 | 7.3 | 14.0 | 11.2 | 7.5 | 2.5 |
| 河　南 | 7.9 | 11.0 | 11.5 | 8.4 | 2.7 |
| 湖　北 | 5.8 | 11.9 | 11.1 | 8.9 | 2.2 |
| 湖　南 | 6.5 | 13.2 | 15.9 | 6.4 | 2.0 |
| 广　东 | 6.0 | 14.7 | 10.8 | 4.6 | 3.0 |
| 广　西 | 6.0 | 13.1 | 11.6 | 6.2 | 1.7 |
| 海　南 | 5.0 | 13.6 | 10.2 | 7.4 | 1.8 |
| 重　庆 | 7.0 | 12.2 | 10.6 | 8.1 | 2.1 |
| 四　川 | 6.3 | 13.1 | 9.7 | 6.9 | 2.8 |
| 贵　州 | 6.6 | 14.0 | 13.0 | 5.5 | 2.0 |
| 云　南 | 6.1 | 15.0 | 11.9 | 8.2 | 2.2 |
| 西　藏 | 5.1 | 11.3 | 4.7 | 3.0 | 3.1 |
| 陕　西 | 7.1 | 12.7 | 12.8 | 10.4 | 2.1 |
| 甘　肃 | 6.8 | 12.9 | 11.9 | 8.1 | 2.5 |
| 青　海 | 6.3 | 14.7 | 11.3 | 8.4 | 2.9 |
| 宁　夏 | 6.1 | 19.1 | 11.9 | 9.2 | 2.7 |
| 新　疆 | 7.3 | 14.5 | 11.3 | 9.1 | 2.7 |

# 2-2-2-7 2016年分地区城镇居民现金消费支出

单位：元/人

| 地区 | 现金消费支出 | 一、食品烟酒支出 | 二、衣着支出 | 三、居住支出 |
|---|---|---|---|---|
| **全国** | **19284.1** | **6627.7** | **1738.4** | **1810.4** |
| 北京 | 27871.8 | 7926.7 | 2642.6 | 2629.8 |
| 天津 | 23644.8 | 8497.5 | 2113.5 | 2185.2 |
| 河北 | 16047.4 | 4969.0 | 1613.5 | 1630.2 |
| 山西 | 14485.7 | 3817.2 | 1602.7 | 1591.6 |
| 内蒙古 | 20412.9 | 6427.6 | 2543.2 | 1963.6 |
| 辽宁 | 21571.3 | 6681.7 | 2320.8 | 1965.8 |
| 吉林 | 16765.9 | 4852.0 | 1818.8 | 1684.4 |
| 黑龙江 | 16081.3 | 4981.9 | 1804.3 | 1545.9 |
| 上海 | 27854.0 | 9807.9 | 1834.1 | 2824.0 |
| 江苏 | 21475.1 | 7243.1 | 1808.9 | 1833.4 |
| 浙江 | 24012.8 | 8224.3 | 1903.3 | 2055.1 |
| 安徽 | 16704.8 | 6219.5 | 1490.4 | 1508.6 |
| 福建 | 20336.1 | 8160.3 | 1443.1 | 2305.4 |
| 江西 | 14909.8 | 5611.3 | 1472.2 | 1306.0 |
| 山东 | 18329.7 | 5862.2 | 1976.9 | 1575.0 |
| 河南 | 15567.2 | 5019.6 | 1746.1 | 1580.7 |
| 湖北 | 16699.7 | 6145.1 | 1556.9 | 1432.1 |
| 湖南 | 18795.6 | 6261.1 | 1665.2 | 1646.4 |
| 广东 | 24209.2 | 9158.3 | 1582.3 | 2482.5 |
| 广西 | 14654.2 | 5785.3 | 885.6 | 1554.7 |
| 海南 | 16312.4 | 7314.1 | 859.6 | 1341.0 |
| 重庆 | 18088.6 | 6713.6 | 1938.2 | 1333.2 |
| 四川 | 17975.5 | 6927.2 | 1767.1 | 1557.4 |
| 贵州 | 16892.3 | 5937.0 | 1524.3 | 1673.6 |
| 云南 | 15626.8 | 5402.0 | 1195.4 | 1210.9 |
| 西藏 | 17180.8 | 8727.0 | 1812.5 | 1409.4 |
| 陕西 | 16962.9 | 5360.1 | 1541.4 | 1855.6 |
| 甘肃 | 17022.2 | 5739.6 | 1776.8 | 1519.0 |
| 青海 | 18686.0 | 5934.6 | 1963.5 | 2058.6 |
| 宁夏 | 18028.1 | 4835.8 | 1726.7 | 1890.2 |
| 新疆 | 18926.7 | 6115.6 | 1965.9 | 1664.8 |

2-2-2-7 续表 单位：元/人

| 地　区 | 四、生活用品及服务支出 | 五、交通通信支出 | 六、教育文化娱乐支出 | 七、医疗保健支出 | 八、其他用品及服务支出 |
|---|---|---|---|---|---|
| **全　国** | **1417.8** | **3166.5** | **2636.3** | **1298.7** | **588.3** |
| 北　京 | 2508.5 | 5076.6 | 4054.4 | 1896.9 | 1136.4 |
| 天　津 | 1661.8 | 3940.4 | 2641.3 | 1722.9 | 882.2 |
| 河　北 | 1347.9 | 2658.7 | 1990.0 | 1380.9 | 457.2 |
| 山　西 | 944.4 | 2400.9 | 2438.7 | 1242.3 | 447.9 |
| 内蒙古 | 1564.9 | 3045.2 | 2598.9 | 1570.6 | 698.9 |
| 辽　宁 | 1548.9 | 3427.4 | 3017.3 | 1825.2 | 784.2 |
| 吉　林 | 1101.8 | 2665.8 | 2366.9 | 1742.0 | 534.3 |
| 黑龙江 | 1018.7 | 2462.6 | 2010.7 | 1789.0 | 468.2 |
| 上　海 | 1866.0 | 4424.6 | 4532.6 | 1467.6 | 1097.2 |
| 江　苏 | 1597.8 | 3949.8 | 3163.5 | 1145.9 | 732.8 |
| 浙　江 | 1400.5 | 5097.8 | 3449.1 | 1247.9 | 634.8 |
| 安　徽 | 1112.7 | 2740.4 | 2233.2 | 972.3 | 427.6 |
| 福　建 | 1386.5 | 3202.2 | 2460.3 | 889.4 | 488.8 |
| 江　西 | 1028.2 | 2309.0 | 1963.8 | 773.9 | 445.3 |
| 山　东 | 1562.4 | 3000.4 | 2398.4 | 1432.1 | 522.5 |
| 河　南 | 1427.6 | 1992.8 | 2078.5 | 1230.8 | 491.2 |
| 湖　北 | 1157.1 | 2355.4 | 2228.2 | 1395.4 | 429.6 |
| 湖　南 | 1380.2 | 2833.8 | 3405.5 | 1168.1 | 435.3 |
| 广　东 | 1697.0 | 4188.1 | 3097.0 | 1153.1 | 851.1 |
| 广　西 | 1023.4 | 2250.4 | 2002.4 | 860.4 | 292.0 |
| 海　南 | 948.1 | 2581.4 | 1929.9 | 1000.6 | 337.7 |
| 重　庆 | 1456.7 | 2569.0 | 2231.6 | 1419.2 | 427.1 |
| 四　川 | 1304.4 | 2697.4 | 2007.8 | 1142.1 | 572.0 |
| 贵　州 | 1268.3 | 2681.5 | 2493.5 | 940.1 | 374.0 |
| 云　南 | 1128.5 | 2790.7 | 2216.8 | 1272.0 | 410.5 |
| 西　藏 | 983.0 | 2198.4 | 922.5 | 531.6 | 596.5 |
| 陕　西 | 1364.8 | 2454.6 | 2470.7 | 1511.3 | 404.4 |
| 甘　肃 | 1323.1 | 2517.7 | 2321.9 | 1352.0 | 472.1 |
| 青　海 | 1320.7 | 3063.2 | 2352.9 | 1377.9 | 614.6 |
| 宁　夏 | 1238.1 | 3895.3 | 2415.2 | 1483.9 | 542.9 |
| 新　疆 | 1541.5 | 3072.9 | 2404.3 | 1591.4 | 570.3 |

# 2-2-2-8 2016年分地区城镇居民现金消费支出构成

单位：%

| 地区 | 现金消费支出 | 一、食品烟酒支出 | 二、衣着支出 | 三、居住支出 |
|---|---|---|---|---|
| **全国** | **100.0** | **34.4** | **9.0** | **9.4** |
| 北京 | 100.0 | 28.4 | 9.5 | 9.4 |
| 天津 | 100.0 | 35.9 | 8.9 | 9.2 |
| 河北 | 100.0 | 31.0 | 10.1 | 10.2 |
| 山西 | 100.0 | 26.4 | 11.1 | 11.0 |
| 内蒙古 | 100.0 | 31.5 | 12.5 | 9.6 |
| 辽宁 | 100.0 | 31.0 | 10.8 | 9.1 |
| 吉林 | 100.0 | 28.9 | 10.8 | 10.0 |
| 黑龙江 | 100.0 | 31.0 | 11.2 | 9.6 |
| 上海 | 100.0 | 35.2 | 6.6 | 10.1 |
| 江苏 | 100.0 | 33.7 | 8.4 | 8.5 |
| 浙江 | 100.0 | 34.2 | 7.9 | 8.6 |
| 安徽 | 100.0 | 37.2 | 8.9 | 9.0 |
| 福建 | 100.0 | 40.1 | 7.1 | 11.3 |
| 江西 | 100.0 | 37.6 | 9.9 | 8.8 |
| 山东 | 100.0 | 32.0 | 10.8 | 8.6 |
| 河南 | 100.0 | 32.2 | 11.2 | 10.2 |
| 湖北 | 100.0 | 36.8 | 9.3 | 8.6 |
| 湖南 | 100.0 | 33.3 | 8.9 | 8.8 |
| 广东 | 100.0 | 37.8 | 6.5 | 10.3 |
| 广西 | 100.0 | 39.5 | 6.0 | 10.6 |
| 海南 | 100.0 | 44.8 | 5.3 | 8.2 |
| 重庆 | 100.0 | 37.1 | 10.7 | 7.4 |
| 四川 | 100.0 | 38.5 | 9.8 | 8.7 |
| 贵州 | 100.0 | 35.1 | 9.0 | 9.9 |
| 云南 | 100.0 | 34.6 | 7.6 | 7.7 |
| 西藏 | 100.0 | 50.8 | 10.5 | 8.2 |
| 陕西 | 100.0 | 31.6 | 9.1 | 10.9 |
| 甘肃 | 100.0 | 33.7 | 10.4 | 8.9 |
| 青海 | 100.0 | 31.8 | 10.5 | 11.0 |
| 宁夏 | 100.0 | 26.8 | 9.6 | 10.5 |
| 新疆 | 100.0 | 32.3 | 10.4 | 8.8 |

2-2-2-8 续表

单位：%

| 地 区 | 四、生活用品及服务支出 | 五、交通通信支出 | 六、教育文化娱乐支出 | 七、医疗保健支出 | 八、其他用品及服务支出 |
|---|---|---|---|---|---|
| **全 国** | **7.4** | **16.4** | **13.7** | **6.7** | **3.1** |
| 北 京 | 9.0 | 18.2 | 14.5 | 6.8 | 4.1 |
| 天 津 | 7.0 | 16.7 | 11.2 | 7.3 | 3.7 |
| 河 北 | 8.4 | 16.6 | 12.4 | 8.6 | 2.8 |
| 山 西 | 6.5 | 16.6 | 16.8 | 8.6 | 3.1 |
| 内 蒙 古 | 7.7 | 14.9 | 12.7 | 7.7 | 3.4 |
| 辽 宁 | 7.2 | 15.9 | 14.0 | 8.5 | 3.6 |
| 吉 林 | 6.6 | 15.9 | 14.1 | 10.4 | 3.2 |
| 黑 龙 江 | 6.3 | 15.3 | 12.5 | 11.1 | 2.9 |
| 上 海 | 6.7 | 15.9 | 16.3 | 5.3 | 3.9 |
| 江 苏 | 7.4 | 18.4 | 14.7 | 5.3 | 3.4 |
| 浙 江 | 5.8 | 21.2 | 14.4 | 5.2 | 2.6 |
| 安 徽 | 6.7 | 16.4 | 13.4 | 5.8 | 2.6 |
| 福 建 | 6.8 | 15.7 | 12.1 | 4.4 | 2.4 |
| 江 西 | 6.9 | 15.5 | 13.2 | 5.2 | 3.0 |
| 山 东 | 8.5 | 16.4 | 13.1 | 7.8 | 2.9 |
| 河 南 | 9.2 | 12.8 | 13.4 | 7.9 | 3.2 |
| 湖 北 | 6.9 | 14.1 | 13.3 | 8.4 | 2.6 |
| 湖 南 | 7.3 | 15.1 | 18.1 | 6.2 | 2.3 |
| 广 东 | 7.0 | 17.3 | 12.8 | 4.8 | 3.5 |
| 广 西 | 7.0 | 15.4 | 13.7 | 5.9 | 2.0 |
| 海 南 | 5.8 | 15.8 | 11.8 | 6.1 | 2.1 |
| 重 庆 | 8.1 | 14.2 | 12.3 | 7.8 | 2.4 |
| 四 川 | 7.3 | 15.0 | 11.2 | 6.4 | 3.2 |
| 贵 州 | 7.5 | 15.9 | 14.8 | 5.6 | 2.2 |
| 云 南 | 7.2 | 17.9 | 14.2 | 8.1 | 2.6 |
| 西 藏 | 5.7 | 12.8 | 5.4 | 3.1 | 3.5 |
| 陕 西 | 8.0 | 14.5 | 14.6 | 8.9 | 2.4 |
| 甘 肃 | 7.8 | 14.8 | 13.6 | 7.9 | 2.8 |
| 青 海 | 7.1 | 16.4 | 12.6 | 7.4 | 3.3 |
| 宁 夏 | 6.9 | 21.6 | 13.4 | 8.2 | 3.0 |
| 新 疆 | 8.1 | 16.2 | 12.7 | 8.4 | 3.0 |

# 2-2-2-9　2016年分地区城镇居民家庭主要食品消费量

单位：公斤/人

| 地　区 | 粮食(原粮) | 谷物 | 食用油 | 植物油 | 蔬菜 | 肉类 | 猪肉 |
|---|---|---|---|---|---|---|---|
| **全　国** | **111.9** | **100.5** | **11.0** | **10.6** | **107.5** | **29.0** | **20.4** |
| 北　京 | 81.0 | 71.6 | 9.7 | 9.7 | 95.8 | 24.4 | 12.8 |
| 天　津 | 117.3 | 107.1 | 10.6 | 10.6 | 123.2 | 27.4 | 16.5 |
| 河　北 | 121.9 | 110.5 | 10.9 | 10.8 | 108.3 | 23.4 | 13.7 |
| 山　西 | 109.0 | 96.3 | 8.0 | 7.9 | 87.6 | 16.2 | 10.1 |
| 内蒙古 | 146.3 | 132.5 | 10.0 | 9.8 | 111.2 | 38.2 | 16.3 |
| 辽　宁 | 126.3 | 110.8 | 12.1 | 12.0 | 123.7 | 30.0 | 18.6 |
| 吉　林 | 124.4 | 112.8 | 12.4 | 12.4 | 107.5 | 22.3 | 14.4 |
| 黑龙江 | 131.6 | 117.4 | 13.8 | 13.8 | 103.4 | 24.5 | 15.2 |
| 上　海 | 102.4 | 90.3 | 8.9 | 8.7 | 105.1 | 28.9 | 19.8 |
| 江　苏 | 107.4 | 95.1 | 12.3 | 12.2 | 111.9 | 28.0 | 20.1 |
| 浙　江 | 121.5 | 108.9 | 11.9 | 11.6 | 97.2 | 26.6 | 20.8 |
| 安　徽 | 109.1 | 96.6 | 9.8 | 9.3 | 100.8 | 25.6 | 19.2 |
| 福　建 | 104.3 | 94.7 | 9.6 | 9.0 | 91.5 | 32.5 | 25.5 |
| 江　西 | 118.5 | 107.7 | 14.0 | 13.6 | 114.4 | 30.1 | 23.1 |
| 山　东 | 114.5 | 103.9 | 9.1 | 9.1 | 106.5 | 24.7 | 14.5 |
| 河　南 | 122.8 | 110.5 | 9.4 | 9.3 | 102.8 | 20.5 | 13.0 |
| 湖　北 | 97.0 | 84.0 | 12.9 | 12.6 | 116.8 | 28.1 | 20.3 |
| 湖　南 | 101.3 | 92.6 | 13.0 | 11.0 | 102.7 | 33.3 | 26.6 |
| 广　东 | 96.5 | 88.5 | 9.2 | 8.9 | 97.9 | 36.3 | 28.2 |
| 广　西 | 102.2 | 93.3 | 8.5 | 7.9 | 100.1 | 36.3 | 29.0 |
| 海　南 | 93.9 | 87.2 | 7.9 | 7.3 | 111.9 | 36.5 | 30.3 |
| 重　庆 | 111.9 | 97.0 | 15.1 | 14.0 | 137.0 | 42.4 | 34.1 |
| 四　川 | 120.0 | 106.8 | 13.7 | 12.7 | 139.2 | 43.0 | 35.2 |
| 贵　州 | 105.4 | 93.3 | 11.1 | 9.7 | 94.4 | 33.4 | 27.7 |
| 云　南 | 109.3 | 98.1 | 9.7 | 8.0 | 112.6 | 30.4 | 23.2 |
| 西　藏 | 148.7 | 145.0 | 16.4 | 12.8 | 63.0 | 41.8 | 9.9 |
| 陕　西 | 112.7 | 99.2 | 10.6 | 10.5 | 97.1 | 16.3 | 11.4 |
| 甘　肃 | 124.5 | 113.1 | 11.0 | 10.9 | 108.9 | 21.0 | 11.8 |
| 青　海 | 100.9 | 93.9 | 9.0 | 8.9 | 84.4 | 26.5 | 11.4 |
| 宁　夏 | 103.4 | 95.3 | 8.3 | 8.2 | 101.3 | 18.0 | 6.8 |
| 新　疆 | 138.4 | 131.5 | 14.3 | 14.3 | 123.8 | 26.0 | 6.8 |

2-2-2-9 续表 单位：公斤/人

| 地　区 | 牛肉 | 羊肉 | 禽类 | 水产品 | 蛋类 | 奶类 | 干鲜瓜果类 | 食糖 |
|---|---|---|---|---|---|---|---|---|
| **全　国** | **2.5** | **1.8** | **10.2** | **14.8** | **10.7** | **16.5** | **58.1** | **1.3** |
| 北　京 | 3.1 | 3.1 | 5.9 | 9.0 | 12.1 | 24.8 | 65.0 | 1.2 |
| 天　津 | 3.2 | 3.5 | 5.9 | 17.9 | 18.3 | 18.3 | 81.5 | 1.2 |
| 河　北 | 2.4 | 2.1 | 5.5 | 8.2 | 14.9 | 23.0 | 70.1 | 1.2 |
| 山　西 | 1.2 | 2.0 | 2.6 | 3.1 | 10.6 | 18.9 | 57.8 | 0.8 |
| 内蒙古 | 5.9 | 11.0 | 6.5 | 6.7 | 11.0 | 29.5 | 68.1 | 1.7 |
| 辽　宁 | 3.6 | 2.3 | 6.3 | 18.8 | 14.8 | 19.9 | 79.4 | 1.4 |
| 吉　林 | 3.1 | 1.4 | 4.8 | 9.4 | 11.2 | 13.8 | 62.3 | 1.3 |
| 黑龙江 | 2.5 | 2.1 | 5.8 | 10.3 | 11.8 | 13.8 | 68.4 | 1.9 |
| 上　海 | 3.0 | 1.1 | 13.2 | 26.1 | 11.2 | 22.0 | 56.6 | 1.4 |
| 江　苏 | 2.2 | 1.1 | 12.3 | 20.2 | 10.9 | 18.6 | 49.5 | 1.1 |
| 浙　江 | 2.2 | 0.7 | 11.3 | 26.0 | 8.3 | 13.6 | 54.2 | 1.4 |
| 安　徽 | 2.5 | 1.3 | 12.0 | 12.8 | 11.6 | 13.6 | 48.3 | 0.8 |
| 福　建 | 2.4 | 1.0 | 11.3 | 29.6 | 9.4 | 13.5 | 45.4 | 1.6 |
| 江　西 | 2.7 | 0.5 | 10.5 | 16.3 | 8.0 | 14.4 | 49.9 | 1.1 |
| 山　东 | 1.9 | 1.7 | 6.9 | 15.9 | 17.9 | 22.9 | 80.3 | 1.0 |
| 河　南 | 1.9 | 1.9 | 7.1 | 5.7 | 14.9 | 17.9 | 66.3 | 1.2 |
| 湖　北 | 2.3 | 1.0 | 7.4 | 18.8 | 8.6 | 10.6 | 47.2 | 0.9 |
| 湖　南 | 2.7 | 0.9 | 11.2 | 15.9 | 7.6 | 8.4 | 60.6 | 1.3 |
| 广　东 | 2.2 | 0.9 | 19.1 | 23.5 | 7.3 | 9.7 | 43.5 | 1.3 |
| 广　西 | 3.0 | 1.2 | 20.8 | 14.1 | 6.4 | 9.8 | 50.7 | 1.7 |
| 海　南 | 2.7 | 1.0 | 24.4 | 30.9 | 6.0 | 7.0 | 42.2 | 1.3 |
| 重　庆 | 2.0 | 1.0 | 14.1 | 12.0 | 9.7 | 22.5 | 49.9 | 2.5 |
| 四　川 | 2.3 | 0.9 | 12.9 | 9.4 | 8.7 | 16.3 | 49.0 | 1.9 |
| 贵　州 | 2.2 | 0.3 | 8.5 | 4.2 | 5.9 | 11.5 | 45.4 | 1.2 |
| 云　南 | 3.1 | 0.6 | 8.5 | 6.1 | 5.6 | 10.1 | 44.8 | 1.4 |
| 西　藏 | 28.0 | 3.5 | 3.4 | 1.7 | 6.6 | 16.7 | 21.7 | 2.8 |
| 陕　西 | 1.0 | 1.7 | 3.8 | 3.5 | 9.0 | 19.6 | 60.2 | 0.9 |
| 甘　肃 | 2.5 | 3.6 | 4.8 | 3.9 | 9.2 | 24.6 | 78.7 | 1.8 |
| 青　海 | 5.4 | 7.7 | 4.1 | 3.4 | 6.8 | 23.1 | 44.3 | 1.1 |
| 宁　夏 | 3.7 | 5.8 | 6.4 | 4.3 | 6.9 | 20.3 | 80.3 | 1.3 |
| 新　疆 | 5.3 | 11.6 | 8.0 | 6.6 | 8.6 | 28.7 | 74.1 | 1.6 |

# 2-2-2-10　2016年分地区城镇居民年末主要耐用消费品拥有量

单位：平均每百户

| 地　区 | 家用汽车(辆) | 摩托车(辆) | 电动助力车(辆) | 洗衣机(台) | 电冰箱(柜)(台) | 微波炉(台) | 彩色电视机(台) |
|---|---|---|---|---|---|---|---|
| **全　国** | **35.5** | **20.9** | **49.7** | **94.2** | **96.4** | **55.3** | **122.3** |
| 北　京 | 48.6 | 2.4 | 19.3 | 95.1 | 97.2 | 80.5 | 126.8 |
| 天　津 | 42.5 | 3.4 | 36.5 | 96.6 | 99.5 | 73.3 | 110.9 |
| 河　北 | 40.6 | 13.0 | 75.8 | 98.9 | 99.1 | 59.7 | 110.0 |
| 山　西 | 35.3 | 16.8 | 43.2 | 98.9 | 95.4 | 42.3 | 104.8 |
| 内蒙古 | 38.5 | 19.3 | 49.7 | 95.6 | 97.2 | 37.1 | 101.5 |
| 辽　宁 | 27.9 | 8.9 | 15.0 | 94.6 | 98.7 | 59.5 | 108.5 |
| 吉　林 | 23.0 | 14.7 | 9.0 | 95.5 | 95.8 | 45.4 | 103.5 |
| 黑龙江 | 16.0 | 9.5 | 8.3 | 92.6 | 93.7 | 35.6 | 100.5 |
| 上　海 | 30.2 | 3.6 | 56.5 | 94.8 | 99.9 | 89.0 | 184.9 |
| 江　苏 | 45.8 | 14.7 | 110.7 | 100.4 | 103.0 | 89.8 | 173.9 |
| 浙　江 | 53.3 | 11.1 | 74.3 | 90.2 | 97.9 | 60.2 | 173.8 |
| 安　徽 | 26.6 | 14.9 | 71.0 | 95.5 | 98.2 | 62.7 | 129.2 |
| 福　建 | 33.2 | 45.3 | 48.5 | 87.6 | 97.4 | 63.8 | 140.8 |
| 江　西 | 29.5 | 30.7 | 59.9 | 94.9 | 97.4 | 55.5 | 137.1 |
| 山　东 | 55.6 | 18.1 | 89.3 | 97.1 | 100.1 | 51.5 | 106.7 |
| 河　南 | 30.3 | 19.6 | 105.7 | 100.2 | 98.0 | 44.3 | 121.3 |
| 湖　北 | 23.6 | 30.5 | 27.4 | 94.2 | 98.1 | 50.3 | 117.7 |
| 湖　南 | 32.0 | 34.4 | 22.6 | 99.2 | 101.4 | 45.1 | 117.2 |
| 广　东 | 34.7 | 41.4 | 24.0 | 75.3 | 79.2 | 41.5 | 99.6 |
| 广　西 | 36.1 | 43.8 | 81.0 | 96.5 | 98.0 | 65.4 | 112.9 |
| 海　南 | 27.0 | 34.7 | 82.5 | 85.4 | 93.0 | 36.9 | 105.6 |
| 重　庆 | 25.4 | 16.8 | 6.2 | 97.2 | 101.4 | 64.6 | 129.8 |
| 四　川 | 30.1 | 19.9 | 25.0 | 97.9 | 98.8 | 48.1 | 123.8 |
| 贵　州 | 33.6 | 14.8 | 8.0 | 98.4 | 97.1 | 46.0 | 107.2 |
| 云　南 | 45.7 | 34.5 | 33.7 | 97.4 | 95.0 | 55.5 | 108.6 |
| 西　藏 | 36.0 | 9.0 | 17.5 | 92.1 | 99.6 | 43.3 | 134.2 |
| 陕　西 | 26.3 | 12.8 | 26.1 | 96.2 | 92.2 | 36.6 | 103.5 |
| 甘　肃 | 23.6 | 18.8 | 20.7 | 100.0 | 96.6 | 50.1 | 105.7 |
| 青　海 | 30.3 | 12.5 | 6.9 | 96.1 | 94.7 | 53.8 | 100.9 |
| 宁　夏 | 35.7 | 16.2 | 48.3 | 98.2 | 96.6 | 52.0 | 102.4 |
| 新　疆 | 31.6 | 9.7 | 26.7 | 98.1 | 102.3 | 37.3 | 101.6 |

2-2-2-10 续表

单位：平均每百户

| 地　　区 | 空调（台） | 热水器（台） | 排油烟机（台） | 移动电话（部） | 计算机（台） | 照相机（台） |
|---|---|---|---|---|---|---|
| **全　　国** | **123.7** | **88.7** | **71.5** | **231.4** | **80.0** | **28.5** |
| 北　　京 | 166.3 | 92.7 | 85.9 | 223.4 | 103.4 | 58.4 |
| 天　　津 | 140.6 | 92.3 | 84.2 | 228.3 | 78.0 | 32.7 |
| 河　　北 | 123.8 | 91.2 | 79.5 | 223.4 | 76.1 | 31.2 |
| 山　　西 | 39.6 | 68.1 | 73.8 | 224.9 | 76.6 | 22.7 |
| 内 蒙 古 | 12.8 | 59.7 | 63.7 | 222.2 | 61.6 | 23.1 |
| 辽　　宁 | 35.3 | 76.9 | 78.4 | 210.7 | 71.3 | 29.5 |
| 吉　　林 | 11.6 | 56.4 | 71.8 | 223.3 | 66.2 | 19.9 |
| 黑 龙 江 | 10.2 | 50.1 | 69.4 | 204.3 | 59.9 | 17.2 |
| 上　　海 | 205.2 | 94.6 | 82.4 | 230.2 | 140.5 | 52.1 |
| 江　　苏 | 206.0 | 106.0 | 82.8 | 241.0 | 94.2 | 34.9 |
| 浙　　江 | 199.0 | 94.7 | 81.2 | 234.8 | 93.0 | 32.9 |
| 安　　徽 | 156.0 | 101.8 | 69.6 | 221.9 | 71.2 | 20.6 |
| 福　　建 | 165.5 | 100.2 | 65.6 | 249.1 | 89.2 | 23.0 |
| 江　　西 | 134.4 | 94.7 | 66.9 | 228.5 | 75.5 | 21.1 |
| 山　　东 | 121.6 | 95.5 | 81.6 | 222.4 | 80.2 | 38.9 |
| 河　　南 | 155.1 | 87.4 | 68.8 | 234.4 | 74.6 | 21.8 |
| 湖　　北 | 139.6 | 92.7 | 63.7 | 233.5 | 74.4 | 18.8 |
| 湖　　南 | 155.0 | 96.0 | 70.1 | 249.5 | 78.3 | 24.8 |
| 广　　东 | 156.0 | 85.3 | 59.3 | 228.2 | 87.0 | 32.2 |
| 广　　西 | 128.6 | 100.4 | 62.3 | 260.1 | 88.7 | 25.0 |
| 海　　南 | 120.4 | 93.9 | 59.6 | 255.0 | 76.0 | 14.7 |
| 重　　庆 | 181.1 | 95.1 | 62.5 | 251.9 | 75.9 | 27.1 |
| 四　　川 | 122.7 | 93.5 | 61.9 | 241.3 | 66.9 | 20.1 |
| 贵　　州 | 31.1 | 87.9 | 53.8 | 248.4 | 62.7 | 16.1 |
| 云　　南 | 3.9 | 93.6 | 68.1 | 248.8 | 66.8 | 27.1 |
| 西　　藏 | 9.4 | 41.6 | 51.1 | 223.2 | 59.9 | 30.4 |
| 陕　　西 | 93.1 | 78.3 | 67.0 | 224.1 | 66.8 | 23.4 |
| 甘　　肃 | 11.7 | 75.9 | 75.6 | 237.2 | 69.3 | 26.9 |
| 青　　海 | 1.3 | 49.9 | 75.2 | 220.3 | 56.8 | 19.8 |
| 宁　　夏 | 14.0 | 91.5 | 77.3 | 248.8 | 71.2 | 21.3 |
| 新　　疆 | 24.2 | 86.1 | 79.4 | 215.4 | 64.6 | 26.8 |

## (三)2017年分地区城镇居民收支主要数据

# 2-2-3-1 2017年分地区城镇居民可支配收入

单位：元/人

| 地 区 | 可支配收入 | 一、工资性收入 | 二、经营净收入 | 三、财产净收入 | 四、转移净收入 |
|---|---|---|---|---|---|
| **全 国** | **36396.2** | **22200.9** | **4064.7** | **3606.9** | **6523.6** |
| 北 京 | 62406.3 | 37883.2 | 1293.4 | 10519.7 | 12710.0 |
| 天 津 | 40277.5 | 25302.5 | 2771.9 | 4037.4 | 8165.8 |
| 河 北 | 30547.8 | 19496.0 | 2139.2 | 2724.1 | 6188.5 |
| 山 西 | 29131.8 | 17831.0 | 2443.4 | 2190.1 | 6667.3 |
| 内蒙古 | 35670.0 | 21707.4 | 6349.3 | 1824.0 | 5789.3 |
| 辽 宁 | 34993.4 | 19256.7 | 4405.8 | 1874.1 | 9456.8 |
| 吉 林 | 28318.7 | 16917.1 | 2494.0 | 1402.1 | 7505.5 |
| 黑龙江 | 27446.0 | 15782.6 | 2896.6 | 1314.4 | 7452.3 |
| 上 海 | 62595.7 | 35995.0 | 1551.1 | 9975.7 | 15074.0 |
| 江 苏 | 43621.8 | 26298.3 | 4655.4 | 4625.0 | 8043.0 |
| 浙 江 | 51260.7 | 28817.7 | 7668.7 | 6911.3 | 7863.1 |
| 安 徽 | 31640.3 | 19756.2 | 4720.7 | 2310.9 | 4852.5 |
| 福 建 | 39001.4 | 23886.0 | 5159.0 | 4579.5 | 5376.9 |
| 江 西 | 31198.1 | 19794.9 | 2605.5 | 2630.5 | 6167.2 |
| 山 东 | 36789.4 | 23431.0 | 5193.9 | 3033.5 | 5130.9 |
| 河 南 | 29557.9 | 16833.5 | 4356.8 | 2545.0 | 5822.6 |
| 湖 北 | 31889.4 | 17915.2 | 4497.7 | 2594.5 | 6882.1 |
| 湖 南 | 33947.9 | 18765.9 | 4605.8 | 3204.1 | 7372.2 |
| 广 东 | 40975.1 | 30087.3 | 4560.8 | 5077.2 | 1249.8 |
| 广 西 | 30502.1 | 17943.2 | 4904.2 | 2390.0 | 5264.7 |
| 海 南 | 30817.4 | 20395.7 | 3180.6 | 2375.4 | 4865.7 |
| 重 庆 | 32193.2 | 18335.8 | 3685.3 | 2375.6 | 7796.6 |
| 四 川 | 30726.9 | 17299.3 | 3586.2 | 2626.8 | 7214.6 |
| 贵 州 | 29079.8 | 16552.6 | 4721.8 | 2184.9 | 5620.6 |
| 云 南 | 30995.9 | 16923.2 | 3814.9 | 4346.4 | 5911.4 |
| 西 藏 | 30671.1 | 23897.6 | 763.9 | 2469.7 | 3540.0 |
| 陕 西 | 30810.3 | 18105.7 | 2029.1 | 2155.7 | 8519.8 |
| 甘 肃 | 27763.4 | 18459.6 | 2132.1 | 2378.7 | 4793.0 |
| 青 海 | 29168.9 | 20568.3 | 1899.2 | 1612.5 | 5088.8 |
| 宁 夏 | 29472.3 | 19568.7 | 3062.3 | 1269.8 | 5571.6 |
| 新 疆 | 30774.8 | 20716.3 | 3179.7 | 1351.8 | 5527.0 |

# 2-2-3-2 2017年分地区城镇居民可支配收入构成

单位：%

| 地区 | 可支配收入 | 一、工资性收入 | 二、经营净收入 | 三、财产净收入 | 四、转移净收入 |
|---|---|---|---|---|---|
| **全国** | **100.0** | **61.0** | **11.2** | **9.9** | **17.9** |
| 北京 | 100.0 | 60.7 | 2.1 | 16.9 | 20.4 |
| 天津 | 100.0 | 62.8 | 6.9 | 10.0 | 20.3 |
| 河北 | 100.0 | 63.8 | 7.0 | 8.9 | 20.3 |
| 山西 | 100.0 | 61.2 | 8.4 | 7.5 | 22.9 |
| 内蒙古 | 100.0 | 60.9 | 17.8 | 5.1 | 16.2 |
| 辽宁 | 100.0 | 55.0 | 12.6 | 5.4 | 27.0 |
| 吉林 | 100.0 | 59.7 | 8.8 | 5.0 | 26.5 |
| 黑龙江 | 100.0 | 57.5 | 10.6 | 4.8 | 27.2 |
| 上海 | 100.0 | 57.5 | 2.5 | 15.9 | 24.1 |
| 江苏 | 100.0 | 60.3 | 10.7 | 10.6 | 18.4 |
| 浙江 | 100.0 | 56.2 | 15.0 | 13.5 | 15.3 |
| 安徽 | 100.0 | 62.4 | 14.9 | 7.3 | 15.3 |
| 福建 | 100.0 | 61.2 | 13.2 | 11.7 | 13.8 |
| 江西 | 100.0 | 63.4 | 8.4 | 8.4 | 19.8 |
| 山东 | 100.0 | 63.7 | 14.1 | 8.2 | 13.9 |
| 河南 | 100.0 | 57.0 | 14.7 | 8.6 | 19.7 |
| 湖北 | 100.0 | 56.2 | 14.1 | 8.1 | 21.6 |
| 湖南 | 100.0 | 55.3 | 13.6 | 9.4 | 21.7 |
| 广东 | 100.0 | 73.4 | 11.1 | 12.4 | 3.1 |
| 广西 | 100.0 | 58.8 | 16.1 | 7.8 | 17.3 |
| 海南 | 100.0 | 66.2 | 10.3 | 7.7 | 15.8 |
| 重庆 | 100.0 | 57.0 | 11.4 | 7.4 | 24.2 |
| 四川 | 100.0 | 56.3 | 11.7 | 8.5 | 23.5 |
| 贵州 | 100.0 | 56.9 | 16.2 | 7.5 | 19.3 |
| 云南 | 100.0 | 54.6 | 12.3 | 14.0 | 19.1 |
| 西藏 | 100.0 | 77.9 | 2.5 | 8.1 | 11.5 |
| 陕西 | 100.0 | 58.8 | 6.6 | 7.0 | 27.7 |
| 甘肃 | 100.0 | 66.5 | 7.7 | 8.6 | 17.3 |
| 青海 | 100.0 | 70.5 | 6.5 | 5.5 | 17.4 |
| 宁夏 | 100.0 | 66.4 | 10.4 | 4.3 | 18.9 |
| 新疆 | 100.0 | 67.3 | 10.3 | 4.4 | 18.0 |

# 2-2-3-3 2017年分地区城镇居民现金可支配收入

单位：元/人

| 地区 | 现金可支配收入 | 一、工资性收入 | 二、经营净收入 | 三、财产净收入 | 四、转移净收入 |
|---|---|---|---|---|---|
| **全国** | **33757.3** | **22072.7** | **4321.9** | **1234.1** | **6128.5** |
| 北京 | 52458.0 | 37716.4 | 1354.2 | 1817.6 | 11569.8 |
| 天津 | 36803.4 | 25054.4 | 3036.9 | 1128.9 | 7583.1 |
| 河北 | 28335.3 | 19462.8 | 2282.0 | 594.1 | 5996.5 |
| 山西 | 27437.8 | 17780.8 | 2534.6 | 885.9 | 6236.5 |
| 内蒙古 | 34520.8 | 21702.6 | 6574.8 | 682.2 | 5561.2 |
| 辽宁 | 33004.4 | 18968.2 | 4713.8 | 341.0 | 8981.4 |
| 吉林 | 26975.7 | 16784.9 | 2718.1 | 306.5 | 7166.3 |
| 黑龙江 | 26597.1 | 15716.7 | 3376.2 | 305.2 | 7198.9 |
| 上海 | 52061.8 | 35779.2 | 1623.0 | 950.6 | 13708.9 |
| 江苏 | 39983.9 | 26178.2 | 4895.4 | 1368.6 | 7541.6 |
| 浙江 | 47256.7 | 28531.9 | 8141.2 | 3250.1 | 7333.6 |
| 安徽 | 29699.6 | 19602.1 | 5085.6 | 573.1 | 4438.8 |
| 福建 | 35775.8 | 23753.0 | 5476.2 | 1471.7 | 5075.0 |
| 江西 | 29285.6 | 19750.2 | 2765.3 | 758.9 | 6011.2 |
| 山东 | 34781.3 | 23371.7 | 5478.8 | 1029.2 | 4901.6 |
| 河南 | 27756.2 | 16802.1 | 4480.6 | 1032.7 | 5440.8 |
| 湖北 | 29604.0 | 17809.3 | 4853.1 | 539.7 | 6401.8 |
| 湖南 | 32524.4 | 18666.1 | 4957.4 | 1795.2 | 7105.6 |
| 广东 | 37790.6 | 29755.0 | 4908.8 | 2121.2 | 1005.7 |
| 广西 | 29200.1 | 17868.9 | 5250.5 | 1157.7 | 4922.9 |
| 海南 | 28984.8 | 20367.2 | 3286.5 | 929.6 | 4401.4 |
| 重庆 | 30452.5 | 18237.5 | 3818.4 | 935.4 | 7461.2 |
| 四川 | 29190.6 | 17209.8 | 3808.8 | 1261.3 | 6910.7 |
| 贵州 | 28062.6 | 16523.8 | 5115.3 | 916.3 | 5507.1 |
| 云南 | 29181.8 | 16900.9 | 3904.1 | 2826.5 | 5550.2 |
| 西藏 | 28899.0 | 23878.3 | 792.3 | 786.8 | 3441.7 |
| 陕西 | 29261.1 | 18047.6 | 2111.1 | 1177.3 | 7925.2 |
| 甘肃 | 26200.5 | 18425.1 | 2333.0 | 926.0 | 4516.4 |
| 青海 | 27927.3 | 20533.3 | 2156.0 | 613.3 | 4624.7 |
| 宁夏 | 28188.2 | 19536.6 | 3270.9 | 284.6 | 5096.0 |
| 新疆 | 29407.0 | 20648.8 | 3380.1 | 182.6 | 5195.5 |

## 2-2-3-4 2017年分地区城镇居民现金可支配收入构成

单位：%

| 地 区 | 现金可支配收入 | 一、工资性收入 | 二、经营净收入 | 三、财产净收入 | 四、转移净收入 |
|---|---|---|---|---|---|
| **全 国** | **100.0** | **65.4** | **12.8** | **3.7** | **18.2** |
| 北 京 | 100.0 | 71.9 | 2.6 | 3.5 | 22.1 |
| 天 津 | 100.0 | 68.1 | 8.3 | 3.1 | 20.6 |
| 河 北 | 100.0 | 68.7 | 8.1 | 2.1 | 21.2 |
| 山 西 | 100.0 | 64.8 | 9.2 | 3.2 | 22.7 |
| 内蒙古 | 100.0 | 62.9 | 19.0 | 2.0 | 16.1 |
| 辽 宁 | 100.0 | 57.5 | 14.3 | 1.0 | 27.2 |
| 吉 林 | 100.0 | 62.2 | 10.1 | 1.1 | 26.6 |
| 黑龙江 | 100.0 | 59.1 | 12.7 | 1.1 | 27.1 |
| 上 海 | 100.0 | 68.7 | 3.1 | 1.8 | 26.3 |
| 江 苏 | 100.0 | 65.5 | 12.2 | 3.4 | 18.9 |
| 浙 江 | 100.0 | 60.4 | 17.2 | 6.9 | 15.5 |
| 安 徽 | 100.0 | 66.0 | 17.1 | 1.9 | 14.9 |
| 福 建 | 100.0 | 66.4 | 15.3 | 4.1 | 14.2 |
| 江 西 | 100.0 | 67.4 | 9.4 | 2.6 | 20.5 |
| 山 东 | 100.0 | 67.2 | 15.8 | 3.0 | 14.1 |
| 河 南 | 100.0 | 60.5 | 16.1 | 3.7 | 19.6 |
| 湖 北 | 100.0 | 60.2 | 16.4 | 1.8 | 21.6 |
| 湖 南 | 100.0 | 57.4 | 15.2 | 5.5 | 21.8 |
| 广 东 | 100.0 | 78.7 | 13.0 | 5.6 | 2.7 |
| 广 西 | 100.0 | 61.2 | 18.0 | 4.0 | 16.9 |
| 海 南 | 100.0 | 70.3 | 11.3 | 3.2 | 15.2 |
| 重 庆 | 100.0 | 59.9 | 12.5 | 3.1 | 24.5 |
| 四 川 | 100.0 | 59.0 | 13.0 | 4.3 | 23.7 |
| 贵 州 | 100.0 | 58.9 | 18.2 | 3.3 | 19.6 |
| 云 南 | 100.0 | 57.9 | 13.4 | 9.7 | 19.0 |
| 西 藏 | 100.0 | 82.6 | 2.7 | 2.7 | 11.9 |
| 陕 西 | 100.0 | 61.7 | 7.2 | 4.0 | 27.1 |
| 甘 肃 | 100.0 | 70.3 | 8.9 | 3.5 | 17.2 |
| 青 海 | 100.0 | 73.5 | 7.7 | 2.2 | 16.6 |
| 宁 夏 | 100.0 | 69.3 | 11.6 | 1.0 | 18.1 |
| 新 疆 | 100.0 | 70.2 | 11.5 | 0.6 | 17.7 |

# 2-2-3-5　2017年分地区城镇居民消费支出

单位：元/人

| 地　区 | 消费支出 | 一、食品烟酒支出 | 二、衣着支出 | 三、居住支出 |
|---|---|---|---|---|
| **全　国** | **24445.0** | **7001.0** | **1757.9** | **5564.0** |
| 北　京 | 40346.3 | 8003.3 | 2428.7 | 13347.4 |
| 天　津 | 30283.6 | 9456.2 | 2118.9 | 6469.9 |
| 河　北 | 20600.3 | 5067.1 | 1688.8 | 5047.6 |
| 山　西 | 18404.0 | 4244.2 | 1774.4 | 3866.6 |
| 内蒙古 | 23637.8 | 6468.8 | 2576.7 | 4108.0 |
| 辽　宁 | 25379.4 | 6988.3 | 2167.9 | 4510.6 |
| 吉　林 | 20051.2 | 5168.7 | 1954.1 | 3800.0 |
| 黑龙江 | 19269.8 | 5247.0 | 1920.8 | 3644.1 |
| 上　海 | 42304.3 | 10456.5 | 1827.0 | 14749.0 |
| 江　苏 | 27726.3 | 7616.2 | 1838.5 | 6773.5 |
| 浙　江 | 31924.2 | 8906.1 | 1925.7 | 8413.5 |
| 安　徽 | 20740.2 | 6665.3 | 1544.1 | 4234.6 |
| 福　建 | 25980.5 | 8551.6 | 1438.0 | 6829.1 |
| 江　西 | 19244.5 | 5994.0 | 1531.2 | 4588.8 |
| 山　东 | 23072.1 | 6179.6 | 2033.6 | 4894.8 |
| 河　南 | 19422.3 | 5187.8 | 1779.3 | 4226.6 |
| 湖　北 | 21275.6 | 6542.5 | 1544.8 | 4669.4 |
| 湖　南 | 23162.6 | 6585.0 | 1682.4 | 4353.2 |
| 广　东 | 30197.9 | 9711.7 | 1587.1 | 7127.8 |
| 广　西 | 18348.6 | 6098.5 | 908.1 | 3884.6 |
| 海　南 | 20371.9 | 7575.3 | 895.7 | 3855.9 |
| 重　庆 | 22759.2 | 7305.3 | 1950.9 | 3960.4 |
| 四　川 | 21990.6 | 7329.3 | 1723.3 | 3906.2 |
| 贵　州 | 20347.8 | 6242.6 | 1570.0 | 3819.8 |
| 云　南 | 19559.7 | 5665.1 | 1144.2 | 3904.8 |
| 西　藏 | 21087.5 | 9253.6 | 1973.3 | 4183.6 |
| 陕　西 | 20388.2 | 5798.6 | 1627.0 | 3796.5 |
| 甘　肃 | 20659.4 | 6032.6 | 1905.8 | 3828.3 |
| 青　海 | 21473.0 | 6060.8 | 1901.1 | 3836.8 |
| 宁　夏 | 20219.5 | 4952.2 | 1768.1 | 3680.3 |
| 新　疆 | 22796.9 | 6359.6 | 2025.3 | 3954.7 |

2-2-3-5 续表　　　　单位：元/人

| 地　区 | 四、生活用品及服务支出 | 五、交通通信支出 | 六、教育文化娱乐支出 | 七、医疗保健支出 | 八、其他用品及服务支出 |
|---|---|---|---|---|---|
| **全　国** | **1525.0** | **3321.5** | **2846.6** | **1777.4** | **651.5** |
| 北　京 | 2633.0 | 5395.5 | 4325.2 | 3088.0 | 1125.1 |
| 天　津 | 1773.8 | 3924.2 | 2979.0 | 2599.5 | 962.2 |
| 河　北 | 1485.1 | 2923.3 | 2172.7 | 1737.3 | 478.4 |
| 山　西 | 1093.8 | 2658.2 | 2559.4 | 1741.4 | 465.9 |
| 内蒙古 | 1670.2 | 3511.3 | 2636.7 | 1907.3 | 758.8 |
| 辽　宁 | 1536.8 | 3770.7 | 3164.3 | 2380.1 | 860.6 |
| 吉　林 | 1114.9 | 2785.2 | 2445.4 | 2164.0 | 619.0 |
| 黑龙江 | 1030.8 | 2563.9 | 2289.5 | 1966.7 | 606.9 |
| 上　海 | 1927.9 | 4253.5 | 5087.2 | 2734.7 | 1268.5 |
| 江　苏 | 1708.6 | 3971.6 | 3450.5 | 1573.7 | 793.6 |
| 浙　江 | 1617.4 | 4955.8 | 3521.1 | 1871.8 | 713.0 |
| 安　徽 | 1215.0 | 2914.3 | 2372.2 | 1274.5 | 520.1 |
| 福　建 | 1478.1 | 3353.0 | 2483.5 | 1235.1 | 612.1 |
| 江　西 | 1196.2 | 2156.9 | 2235.4 | 1044.3 | 497.7 |
| 山　东 | 1736.5 | 3284.4 | 2622.5 | 1780.6 | 540.2 |
| 河　南 | 1572.1 | 2269.6 | 2226.9 | 1611.5 | 548.5 |
| 湖　北 | 1287.2 | 2131.7 | 2420.9 | 2165.5 | 513.6 |
| 湖　南 | 1492.6 | 2904.6 | 3972.9 | 1693.0 | 478.9 |
| 广　东 | 1782.8 | 4285.5 | 3284.3 | 1503.6 | 915.1 |
| 广　西 | 1093.3 | 2607.3 | 2151.5 | 1254.2 | 351.0 |
| 海　南 | 1102.8 | 2811.5 | 2236.1 | 1505.1 | 389.5 |
| 重　庆 | 1592.1 | 2992.0 | 2528.5 | 1882.5 | 547.5 |
| 四　川 | 1403.8 | 3198.3 | 2221.9 | 1595.6 | 612.1 |
| 贵　州 | 1359.2 | 2889.0 | 2731.3 | 1244.0 | 491.9 |
| 云　南 | 1162.7 | 3113.6 | 2363.1 | 1786.6 | 419.5 |
| 西　藏 | 1161.8 | 2312.5 | 1044.0 | 639.7 | 519.0 |
| 陕　西 | 1486.6 | 2394.7 | 2617.9 | 2140.8 | 526.1 |
| 甘　肃 | 1358.0 | 2952.6 | 2341.9 | 1741.2 | 499.1 |
| 青　海 | 1398.8 | 3241.3 | 2528.3 | 1948.6 | 557.2 |
| 宁　夏 | 1257.1 | 3470.9 | 2629.7 | 1936.6 | 524.5 |
| 新　疆 | 1590.0 | 3545.2 | 2629.5 | 2065.6 | 627.1 |

# 2-2-3-6 2017年分地区城镇居民消费支出构成

单位：%

| 地 区 | 消费支出 | 一、食品烟酒支出 | 二、衣着支出 | 三、居住支出 |
|---|---|---|---|---|
| **全 国** | **100.0** | **28.6** | **7.2** | **22.8** |
| 北 京 | 100.0 | 19.8 | 6.0 | 33.1 |
| 天 津 | 100.0 | 31.2 | 7.0 | 21.4 |
| 河 北 | 100.0 | 24.6 | 8.2 | 24.5 |
| 山 西 | 100.0 | 23.1 | 9.6 | 21.0 |
| 内蒙古 | 100.0 | 27.4 | 10.9 | 17.4 |
| 辽 宁 | 100.0 | 27.5 | 8.5 | 17.8 |
| 吉 林 | 100.0 | 25.8 | 9.7 | 19.0 |
| 黑龙江 | 100.0 | 27.2 | 10.0 | 18.9 |
| 上 海 | 100.0 | 24.7 | 4.3 | 34.9 |
| 江 苏 | 100.0 | 27.5 | 6.6 | 24.4 |
| 浙 江 | 100.0 | 27.9 | 6.0 | 26.4 |
| 安 徽 | 100.0 | 32.1 | 7.4 | 20.4 |
| 福 建 | 100.0 | 32.9 | 5.5 | 26.3 |
| 江 西 | 100.0 | 31.1 | 8.0 | 23.8 |
| 山 东 | 100.0 | 26.8 | 8.8 | 21.2 |
| 河 南 | 100.0 | 26.7 | 9.2 | 21.8 |
| 湖 北 | 100.0 | 30.8 | 7.3 | 21.9 |
| 湖 南 | 100.0 | 28.4 | 7.3 | 18.8 |
| 广 东 | 100.0 | 32.2 | 5.3 | 23.6 |
| 广 西 | 100.0 | 33.2 | 4.9 | 21.2 |
| 海 南 | 100.0 | 37.2 | 4.4 | 18.9 |
| 重 庆 | 100.0 | 32.1 | 8.6 | 17.4 |
| 四 川 | 100.0 | 33.3 | 7.8 | 17.8 |
| 贵 州 | 100.0 | 30.7 | 7.7 | 18.8 |
| 云 南 | 100.0 | 29.0 | 5.8 | 20.0 |
| 西 藏 | 100.0 | 43.9 | 9.4 | 19.8 |
| 陕 西 | 100.0 | 28.4 | 8.0 | 18.6 |
| 甘 肃 | 100.0 | 29.2 | 9.2 | 18.5 |
| 青 海 | 100.0 | 28.2 | 8.9 | 17.9 |
| 宁 夏 | 100.0 | 24.5 | 8.7 | 18.2 |
| 新 疆 | 100.0 | 27.9 | 8.9 | 17.3 |

2-2-3-6 续表

单位：%

| 地区 | 四、生活用品及服务支出 | 五、交通通信支出 | 六、教育文化娱乐支出 | 七、医疗保健支出 | 八、其他用品及服务支出 |
|---|---|---|---|---|---|
| **全国** | **6.2** | **13.6** | **11.6** | **7.3** | **2.7** |
| 北京 | 6.5 | 13.4 | 10.7 | 7.7 | 2.8 |
| 天津 | 5.9 | 13.0 | 9.8 | 8.6 | 3.2 |
| 河北 | 7.2 | 14.2 | 10.5 | 8.4 | 2.3 |
| 山西 | 5.9 | 14.4 | 13.9 | 9.5 | 2.5 |
| 内蒙古 | 7.1 | 14.9 | 11.2 | 8.1 | 3.2 |
| 辽宁 | 6.1 | 14.9 | 12.5 | 9.4 | 3.4 |
| 吉林 | 5.6 | 13.9 | 12.2 | 10.8 | 3.1 |
| 黑龙江 | 5.3 | 13.3 | 11.9 | 10.2 | 3.1 |
| 上海 | 4.6 | 10.1 | 12.0 | 6.5 | 3.0 |
| 江苏 | 6.2 | 14.3 | 12.4 | 5.7 | 2.9 |
| 浙江 | 5.1 | 15.5 | 11.0 | 5.9 | 2.2 |
| 安徽 | 5.9 | 14.1 | 11.4 | 6.1 | 2.5 |
| 福建 | 5.7 | 12.9 | 9.6 | 4.8 | 2.4 |
| 江西 | 6.2 | 11.2 | 11.6 | 5.4 | 2.6 |
| 山东 | 7.5 | 14.2 | 11.4 | 7.7 | 2.3 |
| 河南 | 8.1 | 11.7 | 11.5 | 8.3 | 2.8 |
| 湖北 | 6.1 | 10.0 | 11.4 | 10.2 | 2.4 |
| 湖南 | 6.4 | 12.5 | 17.2 | 7.3 | 2.1 |
| 广东 | 5.9 | 14.2 | 10.9 | 5.0 | 3.0 |
| 广西 | 6.0 | 14.2 | 11.7 | 6.8 | 1.9 |
| 海南 | 5.4 | 13.8 | 11.0 | 7.4 | 1.9 |
| 重庆 | 7.0 | 13.1 | 11.1 | 8.3 | 2.4 |
| 四川 | 6.4 | 14.5 | 10.1 | 7.3 | 2.8 |
| 贵州 | 6.7 | 14.2 | 13.4 | 6.1 | 2.4 |
| 云南 | 5.9 | 15.9 | 12.1 | 9.1 | 2.1 |
| 西藏 | 5.5 | 11.0 | 5.0 | 3.0 | 2.5 |
| 陕西 | 7.3 | 11.7 | 12.8 | 10.5 | 2.6 |
| 甘肃 | 6.6 | 14.3 | 11.3 | 8.4 | 2.4 |
| 青海 | 6.5 | 15.1 | 11.8 | 9.1 | 2.6 |
| 宁夏 | 6.2 | 17.2 | 13.0 | 9.6 | 2.6 |
| 新疆 | 7.0 | 15.6 | 11.5 | 9.1 | 2.8 |

# 2-2-3-7　2017年分地区城镇居民现金消费支出

单位：元/人

| 地　区 | 现金消费支出 | 一、食品烟酒支出 | 二、衣着支出 | 三、居住支出 |
|---|---|---|---|---|
| **全　国** | **20329.4** | **6861.2** | **1757.3** | **1986.8** |
| 北　京 | 28481.6 | 7871.3 | 2428.2 | 2752.0 |
| 天　津 | 25211.8 | 9260.1 | 2118.5 | 2194.6 |
| 河　北 | 17233.1 | 5039.3 | 1688.8 | 1903.7 |
| 山　西 | 15825.9 | 4179.4 | 1773.9 | 1772.5 |
| 内蒙古 | 21271.0 | 6450.3 | 2576.6 | 1986.3 |
| 辽　宁 | 21975.8 | 6761.0 | 2167.0 | 1839.6 |
| 吉　林 | 17597.6 | 5034.8 | 1951.8 | 1824.0 |
| 黑龙江 | 17090.2 | 5181.7 | 1920.8 | 1775.6 |
| 上　海 | 28780.8 | 10268.5 | 1826.9 | 2809.5 |
| 江　苏 | 22349.1 | 7461.5 | 1838.1 | 2051.9 |
| 浙　江 | 25581.8 | 8618.0 | 1924.8 | 2905.0 |
| 安　徽 | 17440.5 | 6480.4 | 1543.3 | 1529.2 |
| 福　建 | 20969.3 | 8398.3 | 1437.7 | 2285.4 |
| 江　西 | 16277.3 | 5940.7 | 1531.1 | 1838.6 |
| 山　东 | 19655.8 | 6105.5 | 2033.5 | 1779.7 |
| 河　南 | 16641.0 | 5144.9 | 1779.1 | 1869.3 |
| 湖　北 | 17618.6 | 6399.0 | 1543.8 | 1634.5 |
| 湖　南 | 20385.8 | 6438.1 | 1682.0 | 1992.7 |
| 广　东 | 25221.1 | 9471.8 | 1586.2 | 2648.0 |
| 广　西 | 15559.7 | 5914.2 | 907.8 | 1614.7 |
| 海　南 | 17559.6 | 7490.0 | 895.7 | 1573.3 |
| 重　庆 | 19692.1 | 7103.5 | 1950.1 | 1432.7 |
| 四　川 | 19118.4 | 7126.8 | 1721.0 | 1534.1 |
| 贵　州 | 18016.9 | 6182.9 | 1569.9 | 1656.6 |
| 云　南 | 16364.2 | 5530.9 | 1144.2 | 1201.8 |
| 西　藏 | 18216.1 | 9219.8 | 1972.4 | 1429.0 |
| 陕　西 | 17853.7 | 5747.4 | 1626.6 | 1910.7 |
| 甘　肃 | 18078.3 | 5983.5 | 1905.3 | 1566.5 |
| 青　海 | 19145.3 | 6022.7 | 1901.1 | 2010.0 |
| 宁　夏 | 17763.9 | 4894.0 | 1768.1 | 1761.1 |
| 新　疆 | 20362.2 | 6286.4 | 2024.7 | 1922.4 |

2-2-3-7 续表 单位：元/人

| 地区 | 四、生活用品及服务支出 | 五、交通通信支出 | 六、教育文化娱乐支出 | 七、医疗保健支出 | 八、其他用品及服务支出 |
|---|---|---|---|---|---|
| **全国** | **1514.5** | **3315.6** | **2845.4** | **1403.7** | **644.8** |
| 北京 | 2632.0 | 5394.7 | 4325.0 | 1954.0 | 1124.6 |
| 天津 | 1772.0 | 3881.7 | 2977.4 | 2055.0 | 952.6 |
| 河北 | 1482.6 | 2917.8 | 2172.5 | 1552.5 | 476.0 |
| 山西 | 1091.0 | 2656.7 | 2559.4 | 1331.6 | 461.4 |
| 内蒙古 | 1670.1 | 3511.3 | 2636.7 | 1681.4 | 758.4 |
| 辽宁 | 1525.4 | 3748.2 | 3164.0 | 1935.8 | 834.8 |
| 吉林 | 1111.7 | 2772.8 | 2444.9 | 1839.1 | 618.4 |
| 黑龙江 | 1030.4 | 2563.5 | 2289.5 | 1722.6 | 606.1 |
| 上海 | 1926.8 | 4237.0 | 5085.5 | 1374.3 | 1252.2 |
| 江苏 | 1686.3 | 3970.2 | 3449.1 | 1104.3 | 787.8 |
| 浙江 | 1602.3 | 4947.7 | 3515.0 | 1367.5 | 701.4 |
| 安徽 | 1209.2 | 2912.2 | 2371.9 | 878.1 | 516.1 |
| 福建 | 1469.1 | 3345.9 | 2481.5 | 941.2 | 610.2 |
| 江西 | 1195.7 | 2153.2 | 2235.2 | 893.8 | 489.0 |
| 山东 | 1711.2 | 3282.9 | 2622.2 | 1586.0 | 534.7 |
| 河南 | 1570.0 | 2268.1 | 2226.9 | 1237.1 | 545.7 |
| 湖北 | 1285.6 | 2124.2 | 2417.9 | 1707.2 | 506.4 |
| 湖南 | 1489.0 | 2902.4 | 3972.3 | 1433.0 | 476.4 |
| 广东 | 1760.2 | 4273.4 | 3281.5 | 1292.2 | 907.8 |
| 广西 | 1075.7 | 2599.4 | 2150.8 | 956.1 | 341.1 |
| 海南 | 1099.8 | 2810.2 | 2236.1 | 1065.1 | 389.2 |
| 重庆 | 1576.3 | 2988.1 | 2527.7 | 1577.6 | 536.1 |
| 四川 | 1394.2 | 3197.2 | 2220.3 | 1321.9 | 602.9 |
| 贵州 | 1356.0 | 2887.3 | 2731.3 | 1145.8 | 487.1 |
| 云南 | 1146.6 | 3113.6 | 2363.1 | 1450.6 | 413.6 |
| 西藏 | 1161.3 | 2312.5 | 1040.8 | 563.7 | 516.4 |
| 陕西 | 1467.0 | 2393.6 | 2617.1 | 1576.8 | 514.5 |
| 甘肃 | 1348.8 | 2951.7 | 2341.2 | 1490.1 | 491.2 |
| 青海 | 1396.5 | 3239.6 | 2528.3 | 1490.8 | 556.4 |
| 宁夏 | 1252.2 | 3465.3 | 2629.7 | 1471.5 | 522.1 |
| 新疆 | 1589.3 | 3543.1 | 2629.5 | 1742.2 | 624.6 |

# 2-2-3-8　2017年分地区城镇居民现金消费支出构成

单位：%

| 地　区 | 现金消费支出 | 一、食品烟酒支出 | 二、衣着支出 | 三、居住支出 |
|---|---|---|---|---|
| **全　国** | **100.0** | **33.8** | **8.6** | **9.8** |
| 北　京 | 100.0 | 27.6 | 8.5 | 9.7 |
| 天　津 | 100.0 | 36.7 | 8.4 | 8.7 |
| 河　北 | 100.0 | 29.2 | 9.8 | 11.0 |
| 山　西 | 100.0 | 26.4 | 11.2 | 11.2 |
| 内蒙古 | 100.0 | 30.3 | 12.1 | 9.3 |
| 辽　宁 | 100.0 | 30.8 | 9.9 | 8.4 |
| 吉　林 | 100.0 | 28.6 | 11.1 | 10.4 |
| 黑龙江 | 100.0 | 30.3 | 11.2 | 10.4 |
| 上　海 | 100.0 | 35.7 | 6.3 | 9.8 |
| 江　苏 | 100.0 | 33.4 | 8.2 | 9.2 |
| 浙　江 | 100.0 | 33.7 | 7.5 | 11.4 |
| 安　徽 | 100.0 | 37.2 | 8.8 | 8.8 |
| 福　建 | 100.0 | 40.1 | 6.9 | 10.9 |
| 江　西 | 100.0 | 36.5 | 9.4 | 11.3 |
| 山　东 | 100.0 | 31.1 | 10.3 | 9.1 |
| 河　南 | 100.0 | 30.9 | 10.7 | 11.2 |
| 湖　北 | 100.0 | 36.3 | 8.8 | 9.3 |
| 湖　南 | 100.0 | 31.6 | 8.3 | 9.8 |
| 广　东 | 100.0 | 37.6 | 6.3 | 10.5 |
| 广　西 | 100.0 | 38.0 | 5.8 | 10.4 |
| 海　南 | 100.0 | 42.7 | 5.1 | 9.0 |
| 重　庆 | 100.0 | 36.1 | 9.9 | 7.3 |
| 四　川 | 100.0 | 37.3 | 9.0 | 8.0 |
| 贵　州 | 100.0 | 34.3 | 8.7 | 9.2 |
| 云　南 | 100.0 | 33.8 | 7.0 | 7.3 |
| 西　藏 | 100.0 | 50.6 | 10.8 | 7.8 |
| 陕　西 | 100.0 | 32.2 | 9.1 | 10.7 |
| 甘　肃 | 100.0 | 33.1 | 10.5 | 8.7 |
| 青　海 | 100.0 | 31.5 | 9.9 | 10.5 |
| 宁　夏 | 100.0 | 27.6 | 10.0 | 9.9 |
| 新　疆 | 100.0 | 30.9 | 9.9 | 9.4 |

2-2-3-8 续表

单位：%

| 地区 | 四、生活用品及服务支出 | 五、交通通信支出 | 六、教育文化娱乐支出 | 七、医疗保健支出 | 八、其他用品及服务支出 |
|---|---|---|---|---|---|
| **全国** | **7.4** | **16.3** | **14.0** | **6.9** | **3.2** |
| 北京 | 9.2 | 18.9 | 15.2 | 6.9 | 3.9 |
| 天津 | 7.0 | 15.4 | 11.8 | 8.2 | 3.8 |
| 河北 | 8.6 | 16.9 | 12.6 | 9.0 | 2.8 |
| 山西 | 6.9 | 16.8 | 16.2 | 8.4 | 2.9 |
| 内蒙古 | 7.9 | 16.5 | 12.4 | 7.9 | 3.6 |
| 辽宁 | 6.9 | 17.1 | 14.4 | 8.8 | 3.8 |
| 吉林 | 6.3 | 15.8 | 13.9 | 10.5 | 3.5 |
| 黑龙江 | 6.0 | 15.0 | 13.4 | 10.1 | 3.5 |
| 上海 | 6.7 | 14.7 | 17.7 | 4.8 | 4.4 |
| 江苏 | 7.5 | 17.8 | 15.4 | 4.9 | 3.5 |
| 浙江 | 6.3 | 19.3 | 13.7 | 5.3 | 2.7 |
| 安徽 | 6.9 | 16.7 | 13.6 | 5.0 | 3.0 |
| 福建 | 7.0 | 16.0 | 11.8 | 4.5 | 2.9 |
| 江西 | 7.3 | 13.2 | 13.7 | 5.5 | 3.0 |
| 山东 | 8.7 | 16.7 | 13.3 | 8.1 | 2.7 |
| 河南 | 9.4 | 13.6 | 13.4 | 7.4 | 3.3 |
| 湖北 | 7.3 | 12.1 | 13.7 | 9.7 | 2.9 |
| 湖南 | 7.3 | 14.2 | 19.5 | 7.0 | 2.3 |
| 广东 | 7.0 | 16.9 | 13.0 | 5.1 | 3.6 |
| 广西 | 6.9 | 16.7 | 13.8 | 6.1 | 2.2 |
| 海南 | 6.3 | 16.0 | 12.7 | 6.1 | 2.2 |
| 重庆 | 8.0 | 15.2 | 12.8 | 8.0 | 2.7 |
| 四川 | 7.3 | 16.7 | 11.6 | 6.9 | 3.2 |
| 贵州 | 7.5 | 16.0 | 15.2 | 6.4 | 2.7 |
| 云南 | 7.0 | 19.0 | 14.4 | 8.9 | 2.5 |
| 西藏 | 6.4 | 12.7 | 5.7 | 3.1 | 2.8 |
| 陕西 | 8.2 | 13.4 | 14.7 | 8.8 | 2.9 |
| 甘肃 | 7.5 | 16.3 | 13.0 | 8.2 | 2.7 |
| 青海 | 7.3 | 16.9 | 13.2 | 7.8 | 2.9 |
| 宁夏 | 7.0 | 19.5 | 14.8 | 8.3 | 2.9 |
| 新疆 | 7.8 | 17.4 | 12.9 | 8.6 | 3.1 |

# 2-2-3-9 2017年分地区城镇居民家庭主要食品消费量

单位：公斤/人

| 地区 | 粮食(原粮) | 谷物 | 食用油 | 植物油 | 蔬菜 | 肉类 | 猪肉 |
|---|---|---|---|---|---|---|---|
| **全国** | **109.7** | **98.6** | **10.7** | **10.3** | **106.7** | **29.2** | **20.6** |
| 北京 | 72.4 | 64.0 | 8.2 | 8.2 | 92.4 | 23.1 | 12.4 |
| 天津 | 112.9 | 102.6 | 10.5 | 10.4 | 120.0 | 27.5 | 16.2 |
| 河北 | 114.8 | 104.0 | 9.1 | 9.1 | 100.4 | 23.0 | 13.7 |
| 山西 | 114.3 | 100.8 | 8.3 | 8.3 | 88.7 | 16.8 | 10.5 |
| 内蒙古 | 140.8 | 127.6 | 9.6 | 9.4 | 99.8 | 35.3 | 15.5 |
| 辽宁 | 119.9 | 105.2 | 11.7 | 11.6 | 122.7 | 29.9 | 18.5 |
| 吉林 | 127.8 | 116.1 | 12.6 | 12.5 | 104.5 | 23.0 | 14.9 |
| 黑龙江 | 132.6 | 118.5 | 13.9 | 13.8 | 104.9 | 25.5 | 15.9 |
| 上海 | 94.8 | 83.7 | 8.6 | 8.5 | 101.4 | 27.7 | 18.9 |
| 江苏 | 103.9 | 92.0 | 12.2 | 12.1 | 113.8 | 28.4 | 20.5 |
| 浙江 | 118.2 | 105.6 | 11.8 | 11.5 | 97.4 | 27.3 | 21.2 |
| 安徽 | 107.0 | 94.9 | 9.8 | 9.4 | 103.5 | 26.1 | 19.7 |
| 福建 | 99.7 | 90.7 | 8.9 | 8.3 | 88.8 | 32.3 | 25.5 |
| 江西 | 112.4 | 102.1 | 14.4 | 14.2 | 115.9 | 31.9 | 23.9 |
| 山东 | 111.2 | 101.4 | 8.6 | 8.6 | 102.8 | 24.5 | 14.5 |
| 河南 | 119.7 | 107.9 | 9.3 | 9.2 | 99.2 | 20.5 | 12.9 |
| 湖北 | 92.1 | 80.0 | 11.0 | 10.8 | 119.5 | 28.9 | 21.0 |
| 湖南 | 103.5 | 94.6 | 13.2 | 11.2 | 106.7 | 35.0 | 27.9 |
| 广东 | 93.8 | 85.9 | 9.0 | 8.7 | 100.8 | 36.6 | 28.2 |
| 广西 | 97.7 | 89.1 | 8.8 | 8.1 | 99.1 | 36.6 | 29.3 |
| 海南 | 89.9 | 84.0 | 9.7 | 9.0 | 108.4 | 33.8 | 27.6 |
| 重庆 | 116.3 | 101.9 | 15.6 | 14.4 | 136.3 | 42.5 | 34.0 |
| 四川 | 130.7 | 117.3 | 13.2 | 12.4 | 139.3 | 43.8 | 35.8 |
| 贵州 | 100.8 | 89.1 | 10.7 | 9.4 | 91.2 | 33.7 | 28.2 |
| 云南 | 105.7 | 93.9 | 9.5 | 7.9 | 106.5 | 31.0 | 23.6 |
| 西藏 | 185.3 | 178.3 | 23.7 | 19.2 | 74.9 | 50.0 | 14.1 |
| 陕西 | 122.4 | 107.1 | 10.9 | 10.7 | 107.4 | 17.4 | 11.8 |
| 甘肃 | 119.6 | 108.1 | 10.6 | 10.5 | 104.3 | 20.9 | 12.1 |
| 青海 | 95.4 | 88.5 | 9.3 | 9.2 | 79.6 | 25.4 | 11.6 |
| 宁夏 | 95.9 | 89.2 | 7.6 | 7.6 | 96.6 | 17.1 | 6.6 |
| 新疆 | 132.5 | 126.2 | 14.0 | 14.0 | 117.1 | 24.3 | 6.5 |

2-2-3-9 续表

单位：公斤/人

| 地区 | 牛肉 | 羊肉 | 禽类 | 水产品 | 蛋类 | 奶类 | 干鲜瓜果类 | 食糖 |
|---|---|---|---|---|---|---|---|---|
| **全国** | **2.6** | **1.6** | **9.7** | **14.8** | **10.9** | **16.5** | **59.9** | **1.3** |
| 北京 | 3.1 | 2.8 | 5.7 | 9.0 | 12.1 | 24.0 | 65.8 | 1.0 |
| 天津 | 3.5 | 3.3 | 6.0 | 17.8 | 18.6 | 18.4 | 86.1 | 1.4 |
| 河北 | 2.4 | 1.9 | 5.1 | 7.9 | 15.1 | 20.8 | 70.6 | 1.0 |
| 山西 | 1.3 | 1.7 | 2.9 | 3.4 | 11.5 | 19.9 | 64.0 | 0.9 |
| 内蒙古 | 5.3 | 9.6 | 5.9 | 6.2 | 10.4 | 28.4 | 69.4 | 1.6 |
| 辽宁 | 3.6 | 1.9 | 6.1 | 18.3 | 15.3 | 20.1 | 78.7 | 1.4 |
| 吉林 | 3.3 | 1.1 | 5.0 | 9.4 | 11.9 | 14.0 | 62.8 | 1.3 |
| 黑龙江 | 2.6 | 1.9 | 5.7 | 10.2 | 12.7 | 14.6 | 71.1 | 1.9 |
| 上海 | 3.1 | 0.9 | 12.7 | 25.5 | 10.7 | 21.8 | 57.7 | 1.3 |
| 江苏 | 2.3 | 0.9 | 11.3 | 20.3 | 11.3 | 18.1 | 51.6 | 1.1 |
| 浙江 | 2.3 | 0.7 | 11.5 | 26.4 | 8.8 | 13.4 | 56.3 | 1.4 |
| 安徽 | 2.6 | 1.1 | 10.3 | 12.4 | 12.0 | 14.1 | 53.4 | 0.9 |
| 福建 | 2.4 | 0.9 | 10.7 | 28.8 | 9.2 | 13.2 | 46.9 | 1.6 |
| 江西 | 3.1 | 0.6 | 10.2 | 17.0 | 8.2 | 15.7 | 51.2 | 1.2 |
| 山东 | 1.9 | 1.5 | 6.5 | 15.8 | 17.9 | 21.9 | 80.5 | 0.9 |
| 河南 | 1.8 | 1.8 | 6.5 | 5.4 | 15.9 | 18.3 | 68.1 | 1.2 |
| 湖北 | 2.4 | 0.8 | 6.5 | 18.5 | 7.9 | 9.5 | 49.8 | 0.8 |
| 湖南 | 3.0 | 0.9 | 10.5 | 15.0 | 8.1 | 8.9 | 62.1 | 1.4 |
| 广东 | 2.5 | 0.9 | 19.3 | 24.5 | 7.6 | 9.7 | 45.5 | 1.3 |
| 广西 | 3.2 | 1.2 | 20.1 | 14.3 | 6.4 | 9.6 | 51.6 | 1.6 |
| 海南 | 2.7 | 1.0 | 22.9 | 29.4 | 5.5 | 6.6 | 40.5 | 1.2 |
| 重庆 | 2.1 | 1.0 | 14.1 | 12.7 | 9.8 | 22.6 | 50.2 | 2.4 |
| 四川 | 2.7 | 0.7 | 11.9 | 9.5 | 8.9 | 16.9 | 51.2 | 1.8 |
| 贵州 | 2.1 | 0.3 | 7.4 | 4.2 | 5.6 | 11.1 | 46.5 | 1.2 |
| 云南 | 3.0 | 0.6 | 8.1 | 5.8 | 5.2 | 10.4 | 45.1 | 1.6 |
| 西藏 | 21.5 | 14.0 | 5.1 | 3.0 | 8.5 | 21.2 | 32.7 | 1.1 |
| 陕西 | 1.1 | 1.5 | 3.8 | 4.0 | 10.3 | 21.5 | 70.3 | 1.0 |
| 甘肃 | 2.6 | 3.0 | 5.2 | 4.2 | 9.3 | 24.5 | 78.0 | 1.9 |
| 青海 | 5.4 | 6.4 | 4.2 | 3.3 | 6.7 | 24.8 | 42.5 | 1.1 |
| 宁夏 | 3.9 | 5.1 | 6.1 | 3.8 | 6.8 | 18.7 | 77.9 | 1.4 |
| 新疆 | 5.5 | 10.0 | 7.7 | 6.1 | 9.0 | 30.4 | 71.8 | 1.5 |

# 2-2-3-10 2017年分地区城镇居民年末主要耐用消费品拥有量

单位：平均每百户

| 地区 | 家用汽车(辆) | 摩托车(辆) | 电动助力车(辆) | 洗衣机(台) | 电冰箱(柜)(台) | 微波炉(台) | 彩色电视机(台) |
|---|---|---|---|---|---|---|---|
| **全国** | **37.5** | **20.8** | **53.1** | **95.7** | **98.0** | **56.9** | **123.8** |
| 北京 | 49.2 | 2.5 | 20.6 | 96.1 | 97.8 | 81.2 | 127.8 |
| 天津 | 43.1 | 2.6 | 38.3 | 97.5 | 100.3 | 74.5 | 111.1 |
| 河北 | 42.6 | 13.0 | 78.9 | 99.4 | 99.1 | 60.2 | 110.2 |
| 山西 | 36.1 | 16.6 | 43.7 | 99.9 | 96.0 | 43.9 | 105.2 |
| 内蒙古 | 41.0 | 18.8 | 51.3 | 96.4 | 98.6 | 38.3 | 101.7 |
| 辽宁 | 29.2 | 8.8 | 16.0 | 95.7 | 99.9 | 60.0 | 109.2 |
| 吉林 | 24.8 | 15.1 | 9.3 | 96.2 | 96.3 | 45.8 | 104.1 |
| 黑龙江 | 16.8 | 9.3 | 9.4 | 94.3 | 95.4 | 36.1 | 100.9 |
| 上海 | 31.5 | 3.5 | 58.6 | 96.1 | 101.3 | 90.1 | 187.6 |
| 江苏 | 47.5 | 14.1 | 115.3 | 101.2 | 104.1 | 91.5 | 176.5 |
| 浙江 | 55.5 | 11.8 | 79.3 | 92.5 | 100.3 | 61.8 | 179.1 |
| 安徽 | 28.6 | 14.7 | 77.8 | 97.3 | 100.2 | 65.9 | 133.8 |
| 福建 | 36.3 | 44.6 | 52.9 | 89.7 | 98.6 | 65.5 | 142.5 |
| 江西 | 33.2 | 29.8 | 64.7 | 95.8 | 98.4 | 58.1 | 138.3 |
| 山东 | 59.2 | 17.4 | 93.5 | 98.0 | 101.5 | 53.4 | 106.8 |
| 河南 | 31.6 | 18.9 | 110.3 | 101.6 | 99.2 | 46.1 | 121.6 |
| 湖北 | 25.2 | 31.5 | 29.4 | 95.8 | 100.3 | 51.6 | 118.8 |
| 湖南 | 34.3 | 35.3 | 25.6 | 100.8 | 102.5 | 46.5 | 119.1 |
| 广东 | 36.7 | 42.6 | 28.1 | 78.1 | 83.2 | 43.7 | 102.0 |
| 广西 | 38.5 | 41.8 | 87.2 | 98.8 | 99.8 | 66.4 | 113.9 |
| 海南 | 30.1 | 34.0 | 86.0 | 87.6 | 94.7 | 38.3 | 107.2 |
| 重庆 | 28.1 | 17.5 | 6.4 | 98.2 | 102.3 | 65.2 | 129.5 |
| 四川 | 33.6 | 19.8 | 27.4 | 98.8 | 100.4 | 51.7 | 125.3 |
| 贵州 | 35.0 | 14.0 | 10.1 | 99.6 | 98.6 | 46.9 | 108.4 |
| 云南 | 46.9 | 34.3 | 37.5 | 99.2 | 96.4 | 57.6 | 109.3 |
| 西藏 | 41.4 | 11.5 | 18.6 | 95.0 | 102.5 | 42.3 | 135.3 |
| 陕西 | 26.9 | 13.1 | 28.6 | 98.0 | 94.4 | 38.3 | 105.1 |
| 甘肃 | 26.9 | 17.5 | 20.5 | 101.2 | 97.3 | 50.4 | 106.0 |
| 青海 | 31.8 | 12.7 | 7.4 | 96.5 | 96.2 | 55.8 | 100.6 |
| 宁夏 | 37.6 | 14.5 | 52.5 | 99.1 | 97.0 | 54.6 | 103.5 |
| 新疆 | 35.7 | 9.7 | 29.0 | 99.8 | 104.0 | 39.2 | 102.7 |

2-2-3-10 续表　　单位：平均每百户

| 地　区 | 空调(台) | 热水器(台) | 排油烟机(台) | 移动电话(部) | 计算机(台) | 照相机(台) |
|---|---|---|---|---|---|---|
| **全　国** | **128.6** | **90.7** | **73.7** | **235.4** | **80.8** | **29.1** |
| 北　京 | 169.8 | 93.5 | 86.6 | 226.1 | 104.8 | 59.4 |
| 天　津 | 145.3 | 93.9 | 86.1 | 229.2 | 79.2 | 33.8 |
| 河　北 | 126.2 | 91.7 | 79.9 | 226.5 | 76.4 | 32.0 |
| 山　西 | 41.9 | 68.7 | 74.8 | 228.6 | 77.9 | 22.3 |
| 内蒙古 | 13.9 | 61.0 | 65.1 | 224.3 | 62.2 | 22.9 |
| 辽　宁 | 39.3 | 78.9 | 81.5 | 212.8 | 72.3 | 30.4 |
| 吉　林 | 12.7 | 58.1 | 73.0 | 225.1 | 66.7 | 21.5 |
| 黑龙江 | 11.3 | 52.0 | 72.0 | 207.7 | 59.8 | 17.6 |
| 上　海 | 210.2 | 96.6 | 84.8 | 232.8 | 140.2 | 51.6 |
| 江　苏 | 211.1 | 107.8 | 85.5 | 243.5 | 96.8 | 38.3 |
| 浙　江 | 206.0 | 98.4 | 83.4 | 242.3 | 95.6 | 32.4 |
| 安　徽 | 164.6 | 103.9 | 72.3 | 229.8 | 71.2 | 20.3 |
| 福　建 | 171.1 | 102.5 | 68.7 | 252.0 | 89.2 | 23.1 |
| 江　西 | 141.9 | 96.9 | 70.4 | 234.6 | 77.3 | 20.5 |
| 山　东 | 128.1 | 96.6 | 83.3 | 226.0 | 81.1 | 41.3 |
| 河　南 | 161.4 | 89.3 | 69.8 | 236.5 | 73.1 | 20.3 |
| 湖　北 | 141.9 | 94.3 | 66.6 | 234.6 | 73.8 | 21.8 |
| 湖　南 | 159.8 | 98.2 | 74.2 | 254.0 | 79.6 | 24.4 |
| 广　东 | 164.9 | 88.8 | 61.9 | 234.8 | 88.3 | 32.0 |
| 广　西 | 133.8 | 103.3 | 64.4 | 267.7 | 88.3 | 23.5 |
| 海　南 | 126.5 | 95.2 | 63.6 | 263.3 | 76.8 | 14.6 |
| 重　庆 | 183.9 | 95.5 | 62.1 | 256.7 | 74.8 | 26.9 |
| 四　川 | 130.4 | 96.4 | 65.2 | 245.3 | 67.6 | 20.6 |
| 贵　州 | 34.5 | 90.7 | 55.0 | 256.7 | 64.4 | 16.6 |
| 云　南 | 4.5 | 95.9 | 70.0 | 253.9 | 67.0 | 27.6 |
| 西　藏 | 10.1 | 41.3 | 50.3 | 225.5 | 60.5 | 31.2 |
| 陕　西 | 98.1 | 80.3 | 68.6 | 223.3 | 71.0 | 26.7 |
| 甘　肃 | 12.7 | 77.9 | 77.8 | 240.1 | 70.8 | 26.5 |
| 青　海 | 1.4 | 53.3 | 76.5 | 222.7 | 57.5 | 18.2 |
| 宁　夏 | 14.9 | 93.6 | 80.7 | 253.5 | 72.7 | 20.0 |
| 新　疆 | 26.2 | 85.7 | 80.8 | 226.7 | 65.1 | 27.7 |

## （四）2018年分地区城镇居民收支主要数据

### 2-2-4-1 2018年分地区城镇居民可支配收入

单位：元/人

| 地区 | 可支配收入 | 一、工资性收入 | 二、经营净收入 | 三、财产净收入 | 四、转移净收入 |
|---|---|---|---|---|---|
| **全国** | **39250.8** | **23792.2** | **4442.6** | **4027.7** | **6988.3** |
| 北京 | 67989.9 | 40489.3 | 1072.9 | 11982.4 | 14445.3 |
| 天津 | 42976.3 | 27557.0 | 2923.8 | 4149.8 | 8345.6 |
| 河北 | 32977.2 | 20988.0 | 2436.2 | 2966.0 | 6587.0 |
| 山西 | 31034.8 | 18572.4 | 2574.3 | 2286.1 | 7602.0 |
| 内蒙古 | 38304.7 | 23302.3 | 7127.6 | 2070.2 | 5804.5 |
| 辽宁 | 37341.9 | 20626.2 | 4638.9 | 1845.7 | 10231.1 |
| 吉林 | 30171.9 | 18978.2 | 2789.5 | 1603.7 | 6800.5 |
| 黑龙江 | 29191.3 | 16705.7 | 3301.8 | 1386.8 | 7797.1 |
| 上海 | 68033.6 | 39145.5 | 1828.6 | 10653.1 | 16406.4 |
| 江苏 | 47200.0 | 28136.3 | 5053.4 | 5317.4 | 8692.9 |
| 浙江 | 55574.3 | 31148.0 | 8316.1 | 7586.4 | 8523.9 |
| 安徽 | 34393.1 | 20974.0 | 5548.1 | 2708.3 | 5162.8 |
| 福建 | 42121.3 | 25890.9 | 5573.9 | 4983.2 | 5673.3 |
| 江西 | 33819.4 | 21451.1 | 2824.2 | 2950.5 | 6593.6 |
| 山东 | 39549.4 | 25040.7 | 5583.9 | 3337.0 | 5587.8 |
| 河南 | 31874.2 | 18049.3 | 4531.7 | 3161.6 | 6131.6 |
| 湖北 | 34454.6 | 18997.1 | 4796.6 | 2953.9 | 7707.1 |
| 湖南 | 36698.3 | 20021.5 | 5252.5 | 3715.3 | 7708.9 |
| 广东 | 44341.0 | 32180.1 | 4872.6 | 5816.6 | 1471.7 |
| 广西 | 32436.1 | 18083.9 | 5594.9 | 2889.6 | 5867.6 |
| 海南 | 33348.7 | 21506.3 | 3348.6 | 3244.3 | 5249.4 |
| 重庆 | 34889.3 | 20054.0 | 3973.1 | 2536.2 | 8326.1 |
| 四川 | 33215.9 | 19032.7 | 3899.5 | 2696.3 | 7587.4 |
| 贵州 | 31591.9 | 17392.1 | 5262.4 | 3066.0 | 5871.4 |
| 云南 | 33487.9 | 18743.9 | 3855.1 | 4518.4 | 6370.5 |
| 西藏 | 33797.4 | 25499.8 | 912.0 | 2989.0 | 4396.6 |
| 陕西 | 33319.3 | 19352.5 | 2581.9 | 2450.9 | 8933.9 |
| 甘肃 | 29957.0 | 19930.1 | 2333.8 | 2527.5 | 5165.6 |
| 青海 | 31514.5 | 21718.7 | 2089.2 | 1673.6 | 6033.1 |
| 宁夏 | 31895.2 | 21337.5 | 3354.2 | 1348.8 | 5854.7 |
| 新疆 | 32763.5 | 21953.0 | 3414.0 | 1433.6 | 5963.1 |

# 2-2-4-2　2018年分地区城镇居民可支配收入构成

单位：%

| 地　区 | 可支配收入 | 一、工资性收入 | 二、经营净收入 | 三、财产净收入 | 四、转移净收入 |
|---|---|---|---|---|---|
| **全　国** | **100.0** | **60.6** | **11.3** | **10.3** | **17.8** |
| 北　京 | 100.0 | 59.6 | 1.6 | 17.6 | 21.2 |
| 天　津 | 100.0 | 64.1 | 6.8 | 9.7 | 19.4 |
| 河　北 | 100.0 | 63.6 | 7.4 | 9.0 | 20.0 |
| 山　西 | 100.0 | 59.8 | 8.3 | 7.4 | 24.5 |
| 内蒙古 | 100.0 | 60.8 | 18.6 | 5.4 | 15.2 |
| 辽　宁 | 100.0 | 55.2 | 12.4 | 4.9 | 27.4 |
| 吉　林 | 100.0 | 62.9 | 9.2 | 5.3 | 22.5 |
| 黑龙江 | 100.0 | 57.2 | 11.3 | 4.8 | 26.7 |
| 上　海 | 100.0 | 57.5 | 2.7 | 15.7 | 24.1 |
| 江　苏 | 100.0 | 59.6 | 10.7 | 11.3 | 18.4 |
| 浙　江 | 100.0 | 56.0 | 15.0 | 13.7 | 15.3 |
| 安　徽 | 100.0 | 61.0 | 16.1 | 7.9 | 15.0 |
| 福　建 | 100.0 | 61.5 | 13.2 | 11.8 | 13.5 |
| 江　西 | 100.0 | 63.4 | 8.4 | 8.7 | 19.5 |
| 山　东 | 100.0 | 63.3 | 14.1 | 8.4 | 14.1 |
| 河　南 | 100.0 | 56.6 | 14.2 | 9.9 | 19.2 |
| 湖　北 | 100.0 | 55.1 | 13.9 | 8.6 | 22.4 |
| 湖　南 | 100.0 | 54.6 | 14.3 | 10.1 | 21.0 |
| 广　东 | 100.0 | 72.6 | 11.0 | 13.1 | 3.3 |
| 广　西 | 100.0 | 55.8 | 17.2 | 8.9 | 18.1 |
| 海　南 | 100.0 | 64.5 | 10.0 | 9.7 | 15.7 |
| 重　庆 | 100.0 | 57.5 | 11.4 | 7.3 | 23.9 |
| 四　川 | 100.0 | 57.3 | 11.7 | 8.1 | 22.8 |
| 贵　州 | 100.0 | 55.1 | 16.7 | 9.7 | 18.6 |
| 云　南 | 100.0 | 56.0 | 11.5 | 13.5 | 19.0 |
| 西　藏 | 100.0 | 75.4 | 2.7 | 8.8 | 13.0 |
| 陕　西 | 100.0 | 58.1 | 7.7 | 7.4 | 26.8 |
| 甘　肃 | 100.0 | 66.5 | 7.8 | 8.4 | 17.2 |
| 青　海 | 100.0 | 68.9 | 6.6 | 5.3 | 19.1 |
| 宁　夏 | 100.0 | 66.9 | 10.5 | 4.2 | 18.4 |
| 新　疆 | 100.0 | 67.0 | 10.4 | 4.4 | 18.2 |

# 2-2-4-3 2018年分地区城镇居民现金可支配收入

单位：元/人

| 地区 | 现金可支配收入 | 一、工资性收入 | 二、经营净收入 | 三、财产净收入 | 四、转移净收入 |
|---|---|---|---|---|---|
| **全国** | **36316.2** | **23670.9** | **4808.0** | **1311.6** | **6525.7** |
| 北京 | 56676.7 | 40408.1 | 1320.2 | 1900.2 | 13048.2 |
| 天津 | 38931.2 | 27393.2 | 3144.8 | 874.9 | 7518.3 |
| 河北 | 30261.1 | 20944.0 | 2666.2 | 266.4 | 6384.6 |
| 山西 | 29400.3 | 18538.8 | 2710.3 | 975.4 | 7175.9 |
| 内蒙古 | 37133.5 | 23285.4 | 7483.1 | 909.3 | 5455.7 |
| 辽宁 | 35484.8 | 20381.3 | 5032.1 | 427.8 | 9643.6 |
| 吉林 | 28974.9 | 18925.7 | 3076.3 | 531.2 | 6441.7 |
| 黑龙江 | 28305.1 | 16648.5 | 3681.8 | 511.2 | 7463.5 |
| 上海 | 57110.1 | 38951.9 | 1943.8 | 1371.3 | 14843.2 |
| 江苏 | 42460.8 | 28004.8 | 5223.2 | 1242.2 | 7990.6 |
| 浙江 | 51211.7 | 30981.2 | 8828.9 | 3493.4 | 7908.2 |
| 安徽 | 32885.9 | 20847.7 | 6579.3 | 622.5 | 4836.3 |
| 福建 | 38242.1 | 25619.9 | 5862.0 | 1410.1 | 5350.2 |
| 江西 | 31789.8 | 21395.3 | 2935.3 | 1080.3 | 6379.0 |
| 山东 | 37480.0 | 24963.0 | 6166.9 | 1067.3 | 5282.7 |
| 河南 | 29474.2 | 17973.1 | 4731.5 | 1090.6 | 5679.0 |
| 湖北 | 32094.9 | 18838.1 | 5483.0 | 645.7 | 7128.2 |
| 湖南 | 34797.8 | 19864.9 | 5622.1 | 1986.8 | 7324.0 |
| 广东 | 40758.5 | 31947.0 | 5379.2 | 2131.2 | 1301.1 |
| 广西 | 30856.3 | 17973.6 | 5965.8 | 1501.7 | 5415.2 |
| 海南 | 30870.1 | 21429.3 | 3472.6 | 1225.7 | 4742.5 |
| 重庆 | 33081.8 | 19925.7 | 4183.8 | 1022.8 | 7949.4 |
| 四川 | 31514.9 | 18936.0 | 4126.0 | 1217.9 | 7235.0 |
| 贵州 | 30787.4 | 17353.1 | 5864.4 | 2043.4 | 5526.5 |
| 云南 | 31424.6 | 18719.5 | 4117.6 | 2553.3 | 6034.2 |
| 西藏 | 31697.5 | 25482.6 | 954.7 | 962.4 | 4297.7 |
| 陕西 | 31867.2 | 19281.5 | 2752.7 | 1368.5 | 8464.6 |
| 甘肃 | 27755.3 | 19887.3 | 2533.4 | 638.3 | 4696.2 |
| 青海 | 30200.1 | 21649.9 | 2546.6 | 590.2 | 5413.3 |
| 宁夏 | 30773.5 | 21287.7 | 3835.9 | 620.6 | 5029.4 |
| 新疆 | 31402.4 | 21880.0 | 3741.6 | 290.7 | 5490.1 |

# 2-2-4-4 2018年分地区城镇居民现金可支配收入构成

单位：%

| 地 区 | 现金可支配收入 | 一、工资性收入 | 二、经营净收入 | 三、财产净收入 | 四、转移净收入 |
|---|---|---|---|---|---|
| **全 国** | **100.0** | **65.2** | **13.2** | **3.6** | **18.0** |
| 北 京 | 100.0 | 71.3 | 2.3 | 3.4 | 23.0 |
| 天 津 | 100.0 | 70.4 | 8.1 | 2.2 | 19.3 |
| 河 北 | 100.0 | 69.2 | 8.8 | 0.9 | 21.1 |
| 山 西 | 100.0 | 63.1 | 9.2 | 3.3 | 24.4 |
| 内 蒙 古 | 100.0 | 62.7 | 20.2 | 2.4 | 14.7 |
| 辽 宁 | 100.0 | 57.4 | 14.2 | 1.2 | 27.2 |
| 吉 林 | 100.0 | 65.3 | 10.6 | 1.8 | 22.2 |
| 黑 龙 江 | 100.0 | 58.8 | 13.0 | 1.8 | 26.4 |
| 上 海 | 100.0 | 68.2 | 3.4 | 2.4 | 26.0 |
| 江 苏 | 100.0 | 66.0 | 12.3 | 2.9 | 18.8 |
| 浙 江 | 100.0 | 60.5 | 17.2 | 6.8 | 15.4 |
| 安 徽 | 100.0 | 63.4 | 20.0 | 1.9 | 14.7 |
| 福 建 | 100.0 | 67.0 | 15.3 | 3.7 | 14.0 |
| 江 西 | 100.0 | 67.3 | 9.2 | 3.4 | 20.1 |
| 山 东 | 100.0 | 66.6 | 16.5 | 2.8 | 14.1 |
| 河 南 | 100.0 | 61.0 | 16.1 | 3.7 | 19.3 |
| 湖 北 | 100.0 | 58.7 | 17.1 | 2.0 | 22.2 |
| 湖 南 | 100.0 | 57.1 | 16.2 | 5.7 | 21.0 |
| 广 东 | 100.0 | 78.4 | 13.2 | 5.2 | 3.2 |
| 广 西 | 100.0 | 58.2 | 19.3 | 4.9 | 17.5 |
| 海 南 | 100.0 | 69.4 | 11.2 | 4.0 | 15.4 |
| 重 庆 | 100.0 | 60.2 | 12.6 | 3.1 | 24.0 |
| 四 川 | 100.0 | 60.1 | 13.1 | 3.9 | 23.0 |
| 贵 州 | 100.0 | 56.4 | 19.0 | 6.6 | 18.0 |
| 云 南 | 100.0 | 59.6 | 13.1 | 8.1 | 19.2 |
| 西 藏 | 100.0 | 80.4 | 3.0 | 3.0 | 13.6 |
| 陕 西 | 100.0 | 60.5 | 8.6 | 4.3 | 26.6 |
| 甘 肃 | 100.0 | 71.7 | 9.1 | 2.3 | 16.9 |
| 青 海 | 100.0 | 71.7 | 8.4 | 2.0 | 17.9 |
| 宁 夏 | 100.0 | 69.2 | 12.5 | 2.0 | 16.3 |
| 新 疆 | 100.0 | 69.7 | 11.9 | 0.9 | 17.5 |

# 2-2-4-5　2018年分地区城镇居民消费支出

单位：元/人

| 地　区 | 消费支出 | 一、食品烟酒支出 | 二、衣着支出 | 三、居住支出 |
|---|---|---|---|---|
| **全　国** | **26112.3** | **7239.0** | **1808.2** | **6255.0** |
| 北　京 | 42925.6 | 8576.9 | 2346.1 | 15390.6 |
| 天　津 | 32655.1 | 9420.8 | 2200.7 | 7037.6 |
| 河　北 | 22127.4 | 5555.6 | 1799.0 | 5577.1 |
| 山　西 | 19789.8 | 4702.6 | 1821.5 | 4246.8 |
| 内蒙古 | 24437.1 | 6583.5 | 2455.8 | 4594.4 |
| 辽　宁 | 26447.9 | 7081.1 | 2121.7 | 5146.1 |
| 吉　林 | 22393.7 | 5563.8 | 2023.2 | 4417.2 |
| 黑龙江 | 21035.5 | 5630.1 | 1920.2 | 4089.2 |
| 上　海 | 46015.2 | 11103.9 | 2139.4 | 15376.6 |
| 江　苏 | 29461.9 | 7686.7 | 1925.8 | 8103.9 |
| 浙　江 | 34597.9 | 9370.7 | 2231.5 | 9154.0 |
| 安　徽 | 21522.7 | 6672.1 | 1661.1 | 4909.9 |
| 福　建 | 28145.1 | 9000.7 | 1554.1 | 7716.3 |
| 江　西 | 20760.0 | 6232.6 | 1628.8 | 4561.7 |
| 山　东 | 24798.4 | 6528.8 | 2008.4 | 5302.3 |
| 河　南 | 20989.2 | 5399.5 | 1705.0 | 5021.0 |
| 湖　北 | 23995.9 | 6737.5 | 1741.2 | 5392.0 |
| 湖　南 | 25064.2 | 6848.9 | 1823.5 | 5060.9 |
| 广　东 | 30924.3 | 9780.2 | 1415.3 | 8147.8 |
| 广　西 | 20159.4 | 6180.4 | 967.7 | 4235.9 |
| 海　南 | 22971.2 | 8184.7 | 938.4 | 5055.5 |
| 重　庆 | 24154.2 | 7597.5 | 2010.1 | 4325.4 |
| 四　川 | 23483.9 | 7571.0 | 1712.6 | 4390.7 |
| 贵　州 | 20787.9 | 5604.8 | 1588.2 | 3717.6 |
| 云　南 | 21626.4 | 5845.8 | 1392.1 | 4803.9 |
| 西　藏 | 23029.4 | 8975.0 | 2168.5 | 4726.5 |
| 陕　西 | 21966.4 | 5928.7 | 1728.2 | 4300.9 |
| 甘　肃 | 22606.0 | 6491.3 | 1906.3 | 5060.8 |
| 青　海 | 22997.5 | 6351.2 | 2004.0 | 4235.4 |
| 宁　夏 | 21976.7 | 5374.4 | 1952.9 | 4032.2 |
| 新　疆 | 24191.4 | 6899.7 | 2233.1 | 4287.2 |

2-2-4-5 续表

单位：元/人

| 地　区 | 四、生活用品及服务支出 | 五、交通通信支出 | 六、教育文化娱乐支出 | 七、医疗保健支出 | 八、其他用品及服务支出 |
|---|---|---|---|---|---|
| **全　国** | **1629.4** | **3473.5** | **2974.1** | **2045.7** | **687.4** |
| 北　京 | 2496.2 | 5032.6 | 4401.6 | 3475.8 | 1205.9 |
| 天　津 | 1915.7 | 4636.7 | 3598.1 | 2825.1 | 1020.4 |
| 河　北 | 1508.0 | 2982.0 | 2305.0 | 1883.7 | 517.0 |
| 山　西 | 1219.5 | 2497.4 | 2638.2 | 2138.4 | 525.4 |
| 内蒙古 | 1631.0 | 3736.4 | 2592.1 | 2105.7 | 738.2 |
| 辽　宁 | 1610.2 | 3551.2 | 3410.2 | 2626.9 | 900.4 |
| 吉　林 | 1301.7 | 3057.6 | 2830.8 | 2469.2 | 730.2 |
| 黑龙江 | 1173.2 | 2605.4 | 2472.9 | 2466.5 | 678.0 |
| 上　海 | 2204.6 | 5107.8 | 5490.9 | 3221.8 | 1370.2 |
| 江　苏 | 1785.8 | 3819.8 | 3129.0 | 2273.3 | 737.8 |
| 浙　江 | 1967.1 | 5010.5 | 3684.2 | 2286.6 | 893.4 |
| 安　徽 | 1321.3 | 2630.3 | 2372.4 | 1419.3 | 536.3 |
| 福　建 | 1516.2 | 3630.7 | 2727.6 | 1374.8 | 624.7 |
| 江　西 | 1493.7 | 2537.6 | 2490.5 | 1218.9 | 596.2 |
| 山　东 | 1901.2 | 3604.7 | 2902.7 | 1966.3 | 584.0 |
| 河　南 | 1489.4 | 2510.6 | 2429.9 | 1925.2 | 508.5 |
| 湖　北 | 1572.9 | 3103.2 | 2694.6 | 2162.8 | 591.5 |
| 湖　南 | 1635.6 | 3220.3 | 3924.5 | 2034.4 | 516.0 |
| 广　东 | 1726.2 | 4107.3 | 3335.7 | 1591.3 | 820.5 |
| 广　西 | 1254.1 | 2902.8 | 2466.9 | 1699.3 | 452.2 |
| 海　南 | 1086.0 | 2592.9 | 2855.7 | 1669.8 | 588.2 |
| 重　庆 | 1712.7 | 3248.3 | 2588.8 | 2054.5 | 616.9 |
| 四　川 | 1562.0 | 3365.5 | 2383.8 | 1832.2 | 666.2 |
| 贵　州 | 1344.7 | 3971.0 | 2413.5 | 1657.8 | 490.3 |
| 云　南 | 1293.0 | 3227.9 | 2664.1 | 1875.0 | 524.6 |
| 西　藏 | 1389.6 | 3123.9 | 1175.8 | 871.1 | 599.0 |
| 陕　西 | 1740.5 | 2752.7 | 2729.7 | 2233.4 | 552.4 |
| 甘　肃 | 1446.8 | 2448.9 | 2440.3 | 2207.4 | 604.2 |
| 青　海 | 1385.6 | 3611.9 | 2393.6 | 2371.1 | 644.6 |
| 宁　夏 | 1416.7 | 3528.6 | 2888.7 | 2152.0 | 631.1 |
| 新　疆 | 1641.8 | 3425.2 | 2651.4 | 2272.6 | 780.3 |

# 2-2-4-6　2018年分地区城镇居民消费支出构成

单位：%

| 地区 | 消费支出 | 一、食品烟酒支出 | 二、衣着支出 | 三、居住支出 |
|---|---|---|---|---|
| **全　国** | **100.0** | **27.7** | **6.9** | **24.0** |
| 北　京 | 100.0 | 20.0 | 5.5 | 35.9 |
| 天　津 | 100.0 | 28.8 | 6.7 | 21.6 |
| 河　北 | 100.0 | 25.1 | 8.1 | 25.2 |
| 山　西 | 100.0 | 23.8 | 9.2 | 21.5 |
| 内蒙古 | 100.0 | 26.9 | 10.0 | 18.8 |
| 辽　宁 | 100.0 | 26.8 | 8.0 | 19.5 |
| 吉　林 | 100.0 | 24.8 | 9.0 | 19.7 |
| 黑龙江 | 100.0 | 26.8 | 9.1 | 19.4 |
| 上　海 | 100.0 | 24.1 | 4.6 | 33.4 |
| 江　苏 | 100.0 | 26.1 | 6.5 | 27.5 |
| 浙　江 | 100.0 | 27.1 | 6.4 | 26.5 |
| 安　徽 | 100.0 | 31.0 | 7.7 | 22.8 |
| 福　建 | 100.0 | 32.0 | 5.5 | 27.4 |
| 江　西 | 100.0 | 30.0 | 7.8 | 22.0 |
| 山　东 | 100.0 | 26.3 | 8.1 | 21.4 |
| 河　南 | 100.0 | 25.7 | 8.1 | 23.9 |
| 湖　北 | 100.0 | 28.1 | 7.3 | 22.5 |
| 湖　南 | 100.0 | 27.3 | 7.3 | 20.2 |
| 广　东 | 100.0 | 31.6 | 4.6 | 26.3 |
| 广　西 | 100.0 | 30.7 | 4.8 | 21.0 |
| 海　南 | 100.0 | 35.6 | 4.1 | 22.0 |
| 重　庆 | 100.0 | 31.5 | 8.3 | 17.9 |
| 四　川 | 100.0 | 32.2 | 7.3 | 18.7 |
| 贵　州 | 100.0 | 27.0 | 7.6 | 17.9 |
| 云　南 | 100.0 | 27.0 | 6.4 | 22.2 |
| 西　藏 | 100.0 | 39.0 | 9.4 | 20.5 |
| 陕　西 | 100.0 | 27.0 | 7.9 | 19.6 |
| 甘　肃 | 100.0 | 28.7 | 8.4 | 22.4 |
| 青　海 | 100.0 | 27.6 | 8.7 | 18.4 |
| 宁　夏 | 100.0 | 24.5 | 8.9 | 18.3 |
| 新　疆 | 100.0 | 28.5 | 9.2 | 17.7 |

2-2-4-6 续表

单位：%

| 地　区 | 四、生活用品及服务支出 | 五、交通通信支出 | 六、教育文化娱乐支出 | 七、医疗保健支出 | 八、其他用品及服务支出 |
|---|---|---|---|---|---|
| **全　国** | **6.2** | **13.3** | **11.4** | **7.8** | **2.6** |
| 北　京 | 5.8 | 11.7 | 10.3 | 8.1 | 2.8 |
| 天　津 | 5.9 | 14.2 | 11.0 | 8.7 | 3.1 |
| 河　北 | 6.8 | 13.5 | 10.4 | 8.5 | 2.3 |
| 山　西 | 6.2 | 12.6 | 13.3 | 10.8 | 2.7 |
| 内蒙古 | 6.7 | 15.3 | 10.6 | 8.6 | 3.0 |
| 辽　宁 | 6.1 | 13.4 | 12.9 | 9.9 | 3.4 |
| 吉　林 | 5.8 | 13.7 | 12.6 | 11.0 | 3.3 |
| 黑龙江 | 5.6 | 12.4 | 11.8 | 11.7 | 3.2 |
| 上　海 | 4.8 | 11.1 | 11.9 | 7.0 | 3.0 |
| 江　苏 | 6.1 | 13.0 | 10.6 | 7.7 | 2.5 |
| 浙　江 | 5.7 | 14.5 | 10.6 | 6.6 | 2.6 |
| 安　徽 | 6.1 | 12.2 | 11.0 | 6.6 | 2.5 |
| 福　建 | 5.4 | 12.9 | 9.7 | 4.9 | 2.2 |
| 江　西 | 7.2 | 12.2 | 12.0 | 5.9 | 2.9 |
| 山　东 | 7.7 | 14.5 | 11.7 | 7.9 | 2.4 |
| 河　南 | 7.1 | 12.0 | 11.6 | 9.2 | 2.4 |
| 湖　北 | 6.6 | 12.9 | 11.2 | 9.0 | 2.5 |
| 湖　南 | 6.5 | 12.8 | 15.7 | 8.1 | 2.1 |
| 广　东 | 5.6 | 13.3 | 10.8 | 5.1 | 2.7 |
| 广　西 | 6.2 | 14.4 | 12.2 | 8.4 | 2.2 |
| 海　南 | 4.7 | 11.3 | 12.4 | 7.3 | 2.6 |
| 重　庆 | 7.1 | 13.4 | 10.7 | 8.5 | 2.6 |
| 四　川 | 6.7 | 14.3 | 10.2 | 7.8 | 2.8 |
| 贵　州 | 6.5 | 19.1 | 11.6 | 8.0 | 2.4 |
| 云　南 | 6.0 | 14.9 | 12.3 | 8.7 | 2.4 |
| 西　藏 | 6.0 | 13.6 | 5.1 | 3.8 | 2.6 |
| 陕　西 | 7.9 | 12.5 | 12.4 | 10.2 | 2.5 |
| 甘　肃 | 6.4 | 10.8 | 10.8 | 9.8 | 2.7 |
| 青　海 | 6.0 | 15.7 | 10.4 | 10.3 | 2.8 |
| 宁　夏 | 6.4 | 16.1 | 13.1 | 9.8 | 2.9 |
| 新　疆 | 6.8 | 14.2 | 11.0 | 9.4 | 3.2 |

# 2-2-4-7 2018年分地区城镇居民现金消费支出

单位：元/人

| 地 区 | 现金消费支出 | 一、食品烟酒支出 | 二、衣着支出 | 三、居住支出 |
|---|---|---|---|---|
| **全 国** | **21287.1** | **7099.2** | **1807.5** | **2045.2** |
| 北 京 | 29028.3 | 8518.7 | 2343.9 | 2983.1 |
| 天 津 | 27068.7 | 9289.0 | 2200.3 | 2441.8 |
| 河 北 | 17844.7 | 5507.7 | 1798.8 | 1548.7 |
| 山 西 | 16992.7 | 4658.1 | 1820.9 | 1941.3 |
| 内蒙古 | 21466.0 | 6529.5 | 2455.1 | 2026.0 |
| 辽 宁 | 22495.5 | 6875.6 | 2121.4 | 2039.4 |
| 吉 林 | 19582.3 | 5499.4 | 2023.1 | 2033.5 |
| 黑龙江 | 18554.8 | 5570.9 | 1920.0 | 2016.5 |
| 上 海 | 32647.1 | 10926.3 | 2138.8 | 3762.3 |
| 江 苏 | 22667.1 | 7523.7 | 1925.2 | 2194.6 |
| 浙 江 | 27319.5 | 9180.3 | 2230.8 | 2703.3 |
| 安 徽 | 17578.5 | 6513.0 | 1660.6 | 1460.8 |
| 福 建 | 22161.1 | 8753.8 | 1552.7 | 2340.8 |
| 江 西 | 17302.1 | 6146.1 | 1628.7 | 1431.5 |
| 山 东 | 20615.0 | 6445.6 | 2007.9 | 1529.3 |
| 河 南 | 17251.3 | 5339.0 | 1704.4 | 1793.3 |
| 湖 北 | 19554.8 | 6573.1 | 1739.8 | 1699.3 |
| 湖 南 | 21528.6 | 6633.9 | 1822.3 | 2125.1 |
| 广 东 | 25221.1 | 9569.7 | 1413.0 | 2839.9 |
| 广 西 | 16966.2 | 5968.4 | 967.1 | 1729.2 |
| 海 南 | 19020.2 | 8087.7 | 938.2 | 1727.8 |
| 重 庆 | 20785.2 | 7401.6 | 2008.8 | 1531.5 |
| 四 川 | 20141.0 | 7353.7 | 1712.3 | 1609.8 |
| 贵 州 | 18225.4 | 5485.3 | 1588.0 | 1608.1 |
| 云 南 | 17700.9 | 5756.3 | 1392.1 | 1304.0 |
| 西 藏 | 19651.7 | 8951.4 | 2161.4 | 1475.2 |
| 陕 西 | 19129.2 | 5841.4 | 1727.5 | 2014.9 |
| 甘 肃 | 19181.5 | 6419.7 | 1906.1 | 2178.5 |
| 青 海 | 20155.8 | 6284.1 | 2003.8 | 2096.1 |
| 宁 夏 | 18916.1 | 5314.6 | 1952.3 | 1847.2 |
| 新 疆 | 21222.5 | 6789.2 | 2232.9 | 1904.9 |

2-2-4-7 续表 单位：元/人

| 地区 | 四、生活用品及服务支出 | 五、交通通信支出 | 六、教育文化娱乐支出 | 七、医疗保健支出 | 八、其他用品及服务支出 |
|---|---|---|---|---|---|
| **全　国** | **1617.5** | **3466.0** | **2972.1** | **1604.0** | **675.5** |
| 北　京 | 2491.1 | 5022.2 | 4399.9 | 2075.7 | 1193.8 |
| 天　津 | 1866.5 | 4620.5 | 3597.9 | 2137.4 | 915.4 |
| 河　北 | 1502.5 | 2977.4 | 2304.9 | 1688.5 | 516.2 |
| 山　西 | 1216.9 | 2497.1 | 2638.2 | 1699.7 | 520.5 |
| 内蒙古 | 1630.5 | 3736.2 | 2592.0 | 1760.2 | 736.5 |
| 辽　宁 | 1597.7 | 3537.9 | 3407.0 | 2043.6 | 873.0 |
| 吉　林 | 1298.6 | 3051.5 | 2830.8 | 2115.6 | 729.8 |
| 黑龙江 | 1172.7 | 2603.6 | 2472.8 | 2122.4 | 676.0 |
| 上　海 | 2198.6 | 5091.3 | 5486.5 | 1678.0 | 1365.1 |
| 江　苏 | 1771.6 | 3814.3 | 3127.4 | 1577.1 | 733.2 |
| 浙　江 | 1955.8 | 5004.5 | 3680.2 | 1679.0 | 885.5 |
| 安　徽 | 1311.3 | 2606.4 | 2370.7 | 1129.5 | 526.1 |
| 福　建 | 1509.9 | 3620.0 | 2725.0 | 1041.0 | 617.7 |
| 江　西 | 1490.9 | 2536.8 | 2490.5 | 993.9 | 583.7 |
| 山　东 | 1882.2 | 3602.1 | 2902.1 | 1686.7 | 559.2 |
| 河　南 | 1486.9 | 2507.9 | 2427.6 | 1494.9 | 497.4 |
| 湖　北 | 1571.3 | 3085.1 | 2694.5 | 1622.0 | 569.7 |
| 湖　南 | 1631.0 | 3203.1 | 3922.8 | 1682.9 | 507.6 |
| 广　东 | 1702.0 | 4102.0 | 3330.6 | 1455.9 | 807.9 |
| 广　西 | 1211.4 | 2898.9 | 2465.2 | 1284.0 | 442.1 |
| 海　南 | 1067.5 | 2591.9 | 2855.2 | 1164.3 | 587.6 |
| 重　庆 | 1704.7 | 3245.6 | 2587.8 | 1697.5 | 607.7 |
| 四　川 | 1543.4 | 3362.3 | 2379.7 | 1521.2 | 658.5 |
| 贵　州 | 1337.8 | 3962.0 | 2413.2 | 1343.8 | 487.2 |
| 云　南 | 1282.4 | 3227.6 | 2663.8 | 1552.4 | 522.2 |
| 西　藏 | 1386.7 | 3118.6 | 1174.0 | 786.1 | 598.4 |
| 陕　西 | 1723.5 | 2737.2 | 2727.6 | 1812.0 | 545.0 |
| 甘　肃 | 1443.5 | 2435.2 | 2436.4 | 1766.7 | 595.4 |
| 青　海 | 1381.8 | 3611.1 | 2393.4 | 1756.4 | 629.1 |
| 宁　夏 | 1413.2 | 3526.5 | 2888.5 | 1343.6 | 630.3 |
| 新　疆 | 1636.7 | 3423.8 | 2644.0 | 1835.0 | 756.0 |

# 2-2-4-8　2018年分地区城镇居民现金消费支出构成

单位：%

| 地　区 | 现金消费支出 | 一、食品烟酒支出 | 二、衣着支出 | 三、居住支出 |
|---|---|---|---|---|
| **全　国** | **100.0** | **33.3** | **8.5** | **9.6** |
| 北　京 | 100.0 | 29.3 | 8.1 | 10.3 |
| 天　津 | 100.0 | 34.3 | 8.1 | 9.0 |
| 河　北 | 100.0 | 30.9 | 10.1 | 8.7 |
| 山　西 | 100.0 | 27.4 | 10.7 | 11.4 |
| 内蒙古 | 100.0 | 30.4 | 11.4 | 9.4 |
| 辽　宁 | 100.0 | 30.6 | 9.4 | 9.1 |
| 吉　林 | 100.0 | 28.1 | 10.3 | 10.4 |
| 黑龙江 | 100.0 | 30.0 | 10.3 | 10.9 |
| 上　海 | 100.0 | 33.5 | 6.6 | 11.5 |
| 江　苏 | 100.0 | 33.2 | 8.5 | 9.7 |
| 浙　江 | 100.0 | 33.6 | 8.2 | 9.9 |
| 安　徽 | 100.0 | 37.1 | 9.4 | 8.3 |
| 福　建 | 100.0 | 39.5 | 7.0 | 10.6 |
| 江　西 | 100.0 | 35.5 | 9.4 | 8.3 |
| 山　东 | 100.0 | 31.3 | 9.7 | 7.4 |
| 河　南 | 100.0 | 30.9 | 9.9 | 10.4 |
| 湖　北 | 100.0 | 33.6 | 8.9 | 8.7 |
| 湖　南 | 100.0 | 30.8 | 8.5 | 9.9 |
| 广　东 | 100.0 | 37.9 | 5.6 | 11.3 |
| 广　西 | 100.0 | 35.2 | 5.7 | 10.2 |
| 海　南 | 100.0 | 42.5 | 4.9 | 9.1 |
| 重　庆 | 100.0 | 35.6 | 9.7 | 7.4 |
| 四　川 | 100.0 | 36.5 | 8.5 | 8.0 |
| 贵　州 | 100.0 | 30.1 | 8.7 | 8.8 |
| 云　南 | 100.0 | 32.5 | 7.9 | 7.4 |
| 西　藏 | 100.0 | 45.6 | 11.0 | 7.5 |
| 陕　西 | 100.0 | 30.5 | 9.0 | 10.5 |
| 甘　肃 | 100.0 | 33.5 | 9.9 | 11.4 |
| 青　海 | 100.0 | 31.2 | 9.9 | 10.4 |
| 宁　夏 | 100.0 | 28.1 | 10.3 | 9.8 |
| 新　疆 | 100.0 | 32.0 | 10.5 | 9.0 |

2-2-4-8 续表

单位：%

| 地　区 | 四、生活用品及服务支出 | 五、交通通信支出 | 六、教育文化娱乐支出 | 七、医疗保健支出 | 八、其他用品及服务支出 |
|---|---|---|---|---|---|
| **全　国** | **7.6** | **16.3** | **14.0** | **7.5** | **3.2** |
| 北　京 | 8.6 | 17.3 | 15.2 | 7.2 | 4.1 |
| 天　津 | 6.9 | 17.1 | 13.3 | 7.9 | 3.4 |
| 河　北 | 8.4 | 16.7 | 12.9 | 9.5 | 2.9 |
| 山　西 | 7.2 | 14.7 | 15.5 | 10.0 | 3.1 |
| 内蒙古 | 7.6 | 17.4 | 12.1 | 8.2 | 3.4 |
| 辽　宁 | 7.1 | 15.7 | 15.1 | 9.1 | 3.9 |
| 吉　林 | 6.6 | 15.6 | 14.5 | 10.8 | 3.7 |
| 黑龙江 | 6.3 | 14.0 | 13.3 | 11.4 | 3.6 |
| 上　海 | 6.7 | 15.6 | 16.8 | 5.1 | 4.2 |
| 江　苏 | 7.8 | 16.8 | 13.8 | 7.0 | 3.2 |
| 浙　江 | 7.2 | 18.3 | 13.5 | 6.1 | 3.2 |
| 安　徽 | 7.5 | 14.8 | 13.5 | 6.4 | 3.0 |
| 福　建 | 6.8 | 16.3 | 12.3 | 4.7 | 2.8 |
| 江　西 | 8.6 | 14.7 | 14.4 | 5.7 | 3.4 |
| 山　东 | 9.1 | 17.5 | 14.1 | 8.2 | 2.7 |
| 河　南 | 8.6 | 14.5 | 14.1 | 8.7 | 2.9 |
| 湖　北 | 8.0 | 15.8 | 13.8 | 8.3 | 2.9 |
| 湖　南 | 7.6 | 14.9 | 18.2 | 7.8 | 2.4 |
| 广　东 | 6.7 | 16.3 | 13.2 | 5.8 | 3.2 |
| 广　西 | 7.1 | 17.1 | 14.5 | 7.6 | 2.6 |
| 海　南 | 5.6 | 13.6 | 15.0 | 6.1 | 3.1 |
| 重　庆 | 8.2 | 15.6 | 12.5 | 8.2 | 2.9 |
| 四　川 | 7.7 | 16.7 | 11.8 | 7.6 | 3.3 |
| 贵　州 | 7.3 | 21.7 | 13.2 | 7.4 | 2.7 |
| 云　南 | 7.2 | 18.2 | 15.0 | 8.8 | 2.9 |
| 西　藏 | 7.1 | 15.9 | 6.0 | 4.0 | 3.0 |
| 陕　西 | 9.0 | 14.3 | 14.3 | 9.5 | 2.8 |
| 甘　肃 | 7.5 | 12.7 | 12.7 | 9.2 | 3.1 |
| 青　海 | 6.9 | 17.9 | 11.9 | 8.7 | 3.1 |
| 宁　夏 | 7.5 | 18.6 | 15.3 | 7.1 | 3.3 |
| 新　疆 | 7.7 | 16.1 | 12.5 | 8.6 | 3.6 |

# 2-2-4-9 2018年分地区城镇居民家庭主要食品消费量

单位：公斤/人

| 地区 | 粮食(原粮) | 谷物 | 食用油 | 植物油 | 蔬菜 | 肉类 | 猪肉 |
|---|---|---|---|---|---|---|---|
| **全国** | **110.0** | **98.8** | **9.4** | **8.9** | **103.1** | **31.2** | **22.7** |
| 北京 | 89.1 | 79.0 | 6.9 | 6.7 | 106.3 | 25.7 | 15.8 |
| 天津 | 109.5 | 99.4 | 9.4 | 9.3 | 118.5 | 27.1 | 16.5 |
| 河北 | 123.0 | 110.7 | 7.6 | 7.3 | 107.5 | 27.1 | 17.5 |
| 山西 | 114.9 | 100.5 | 7.0 | 6.8 | 93.0 | 17.8 | 11.6 |
| 内蒙古 | 133.6 | 120.9 | 8.3 | 8.1 | 102.1 | 35.0 | 17.4 |
| 辽宁 | 118.8 | 104.0 | 10.2 | 10.0 | 115.9 | 28.2 | 17.9 |
| 吉林 | 116.5 | 103.8 | 10.7 | 10.6 | 96.9 | 24.5 | 16.3 |
| 黑龙江 | 124.7 | 111.7 | 12.0 | 11.9 | 107.2 | 27.3 | 17.6 |
| 上海 | 106.2 | 93.6 | 7.8 | 7.2 | 104.0 | 30.5 | 21.4 |
| 江苏 | 111.6 | 99.5 | 8.5 | 8.1 | 107.1 | 30.5 | 22.2 |
| 浙江 | 119.2 | 106.9 | 11.1 | 10.5 | 91.2 | 29.6 | 22.7 |
| 安徽 | 118.3 | 105.3 | 8.7 | 7.9 | 96.5 | 29.9 | 22.5 |
| 福建 | 100.2 | 91.3 | 8.7 | 7.9 | 86.2 | 34.7 | 28.0 |
| 江西 | 121.2 | 109.6 | 14.4 | 13.7 | 107.0 | 34.5 | 27.4 |
| 山东 | 106.8 | 96.4 | 7.5 | 7.3 | 102.3 | 26.7 | 17.0 |
| 河南 | 121.7 | 109.6 | 8.9 | 8.8 | 101.0 | 21.9 | 14.3 |
| 湖北 | 90.8 | 80.3 | 9.1 | 8.7 | 109.4 | 29.6 | 22.5 |
| 湖南 | 109.0 | 99.4 | 11.6 | 9.2 | 102.3 | 36.8 | 30.1 |
| 广东 | 93.9 | 86.3 | 8.2 | 7.8 | 98.5 | 40.7 | 33.1 |
| 广西 | 97.1 | 89.5 | 7.6 | 6.8 | 92.8 | 38.3 | 31.6 |
| 海南 | 83.3 | 77.3 | 9.0 | 8.2 | 98.9 | 35.8 | 29.7 |
| 重庆 | 100.8 | 88.2 | 13.6 | 12.4 | 123.4 | 43.8 | 37.0 |
| 四川 | 108.8 | 96.1 | 12.2 | 11.3 | 129.3 | 45.7 | 36.1 |
| 贵州 | 100.9 | 89.5 | 8.3 | 6.9 | 79.5 | 33.5 | 28.7 |
| 云南 | 95.8 | 86.0 | 8.4 | 7.0 | 96.5 | 30.2 | 22.7 |
| 西藏 | 207.3 | 192.0 | 19.9 | 15.3 | 86.8 | 54.0 | 12.4 |
| 陕西 | 120.0 | 105.9 | 10.5 | 10.2 | 98.4 | 19.3 | 13.0 |
| 甘肃 | 137.8 | 125.2 | 11.2 | 11.0 | 103.7 | 24.3 | 15.5 |
| 青海 | 90.0 | 84.4 | 8.7 | 8.6 | 61.8 | 25.5 | 10.2 |
| 宁夏 | 88.8 | 82.4 | 6.4 | 6.3 | 92.8 | 17.3 | 7.3 |
| 新疆 | 140.0 | 134.9 | 14.8 | 14.6 | 107.5 | 26.8 | 6.5 |

2-2-4-9 续表 单位：公斤/人

| 地 区 | 牛肉 | 羊肉 | 禽类 | 水产品 | 蛋类 | 奶类 | 干鲜瓜果类 | 食糖 |
|---|---|---|---|---|---|---|---|---|
| **全 国** | **2.7** | **1.5** | **9.8** | **14.3** | **10.8** | **16.5** | **62.0** | **1.3** |
| 北 京 | 3.4 | 2.6 | 5.9 | 9.3 | 14.6 | 27.6 | 76.0 | 1.1 |
| 天 津 | 3.3 | 2.8 | 6.0 | 17.3 | 18.2 | 20.2 | 88.1 | 1.3 |
| 河 北 | 2.4 | 2.2 | 5.9 | 7.6 | 15.6 | 21.5 | 78.8 | 1.0 |
| 山 西 | 1.1 | 1.5 | 3.0 | 3.8 | 12.3 | 19.7 | 69.4 | 1.0 |
| 内蒙古 | 4.3 | 8.5 | 6.1 | 6.2 | 10.6 | 28.8 | 70.1 | 1.3 |
| 辽 宁 | 3.5 | 1.6 | 6.1 | 17.2 | 13.8 | 19.8 | 75.5 | 1.3 |
| 吉 林 | 3.4 | 1.0 | 4.9 | 10.0 | 10.8 | 14.1 | 67.1 | 1.3 |
| 黑龙江 | 2.9 | 1.6 | 5.5 | 11.0 | 12.5 | 14.3 | 73.6 | 1.7 |
| 上 海 | 3.1 | 1.1 | 12.1 | 24.5 | 11.9 | 21.7 | 64.2 | 1.5 |
| 江 苏 | 2.5 | 1.1 | 11.9 | 20.1 | 11.2 | 17.3 | 52.0 | 1.1 |
| 浙 江 | 2.9 | 0.7 | 11.4 | 25.2 | 8.7 | 15.1 | 59.0 | 1.4 |
| 安 徽 | 2.9 | 1.1 | 12.5 | 13.2 | 11.9 | 14.3 | 58.5 | 1.0 |
| 福 建 | 2.5 | 0.8 | 10.7 | 26.0 | 8.8 | 14.5 | 52.1 | 1.4 |
| 江 西 | 3.3 | 0.6 | 10.4 | 16.0 | 8.4 | 15.7 | 54.1 | 1.2 |
| 山 东 | 1.8 | 1.3 | 6.5 | 16.0 | 17.1 | 21.0 | 85.1 | 0.9 |
| 河 南 | 1.9 | 1.6 | 7.0 | 5.6 | 14.6 | 19.3 | 68.0 | 1.3 |
| 湖 北 | 2.7 | 0.8 | 6.3 | 17.2 | 7.4 | 8.9 | 51.3 | 0.8 |
| 湖 南 | 2.7 | 0.8 | 10.9 | 14.5 | 7.8 | 10.1 | 67.8 | 1.3 |
| 广 东 | 2.5 | 0.8 | 19.8 | 23.1 | 7.6 | 10.8 | 45.1 | 1.4 |
| 广 西 | 2.9 | 0.9 | 19.8 | 12.9 | 6.5 | 9.2 | 50.9 | 1.4 |
| 海 南 | 2.7 | 1.3 | 19.4 | 29.4 | 5.6 | 7.1 | 38.0 | 1.2 |
| 重 庆 | 2.0 | 0.7 | 11.4 | 11.3 | 9.5 | 15.9 | 50.5 | 2.3 |
| 四 川 | 2.6 | 0.6 | 11.6 | 9.4 | 8.5 | 17.4 | 52.2 | 1.7 |
| 贵 州 | 1.7 | 0.3 | 6.8 | 3.6 | 4.7 | 8.0 | 46.9 | 0.8 |
| 云 南 | 3.2 | 0.5 | 7.2 | 5.3 | 4.9 | 9.3 | 46.0 | 1.3 |
| 西 藏 | 35.2 | 5.5 | 4.6 | 1.8 | 8.4 | 21.0 | 12.8 | 3.5 |
| 陕 西 | 1.6 | 1.3 | 4.0 | 4.7 | 10.1 | 20.3 | 65.5 | 1.2 |
| 甘 肃 | 2.1 | 2.7 | 6.0 | 4.5 | 12.6 | 24.2 | 79.0 | 1.9 |
| 青 海 | 8.5 | 5.0 | 3.4 | 2.9 | 5.3 | 22.9 | 34.9 | 1.0 |
| 宁 夏 | 3.9 | 4.7 | 5.9 | 3.6 | 7.1 | 18.0 | 84.7 | 1.3 |
| 新 疆 | 6.5 | 11.1 | 6.6 | 5.5 | 8.1 | 30.2 | 65.4 | 1.3 |

# 2-2-4-10　2018年分地区城镇居民年末主要耐用消费品拥有量

单位：平均每百户

| 地　区 | 家用汽车（辆） | 摩托车（辆） | 电动助力车（辆） | 洗衣机（台） | 电冰箱(柜)（台） | 微波炉（台） | 彩色电视机（台） |
|---|---|---|---|---|---|---|---|
| **全　国** | **41.0** | **19.5** | **55.0** | **97.7** | **100.9** | **55.2** | **121.3** |
| 北　京 | 53.6 | 2.8 | 18.2 | 100.3 | 102.9 | 78.0 | 123.6 |
| 天　津 | 55.0 | 1.9 | 32.7 | 99.4 | 103.2 | 76.1 | 109.6 |
| 河　北 | 51.4 | 10.5 | 88.3 | 100.2 | 99.6 | 69.4 | 108.2 |
| 山　西 | 38.3 | 11.9 | 47.8 | 99.5 | 96.7 | 42.2 | 102.2 |
| 内蒙古 | 48.1 | 15.2 | 40.8 | 99.2 | 104.1 | 44.1 | 102.8 |
| 辽　宁 | 31.5 | 6.3 | 14.1 | 95.1 | 100.5 | 57.3 | 104.7 |
| 吉　林 | 33.9 | 9.5 | 8.2 | 96.7 | 98.7 | 47.2 | 99.9 |
| 黑龙江 | 18.4 | 6.6 | 11.2 | 95.5 | 98.0 | 34.2 | 99.5 |
| 上　海 | 37.9 | 2.8 | 60.8 | 94.4 | 100.1 | 86.5 | 174.7 |
| 江　苏 | 46.0 | 12.5 | 116.4 | 102.3 | 107.3 | 87.0 | 171.3 |
| 浙　江 | 52.4 | 7.8 | 77.1 | 93.9 | 103.2 | 58.3 | 171.9 |
| 安　徽 | 32.0 | 15.2 | 89.5 | 97.8 | 101.2 | 61.6 | 132.9 |
| 福　建 | 30.9 | 35.1 | 53.6 | 85.6 | 96.1 | 51.8 | 120.7 |
| 江　西 | 38.7 | 29.8 | 71.9 | 94.8 | 99.2 | 50.7 | 133.0 |
| 山　东 | 58.2 | 14.4 | 89.8 | 100.0 | 105.0 | 53.6 | 106.0 |
| 河　南 | 37.9 | 14.2 | 107.3 | 100.6 | 99.4 | 43.3 | 115.4 |
| 湖　北 | 36.3 | 36.1 | 37.6 | 97.6 | 104.8 | 46.6 | 122.8 |
| 湖　南 | 33.1 | 36.9 | 26.4 | 103.7 | 104.1 | 42.6 | 119.8 |
| 广　东 | 42.9 | 46.4 | 34.1 | 91.8 | 95.0 | 44.3 | 105.9 |
| 广　西 | 40.3 | 32.7 | 89.4 | 98.6 | 102.8 | 65.0 | 110.3 |
| 海　南 | 39.6 | 31.2 | 86.0 | 90.3 | 96.7 | 33.1 | 103.6 |
| 重　庆 | 31.0 | 16.7 | 10.9 | 98.4 | 103.0 | 59.8 | 128.3 |
| 四　川 | 33.8 | 19.4 | 28.2 | 99.7 | 100.9 | 46.3 | 121.0 |
| 贵　州 | 39.9 | 25.5 | 14.8 | 101.6 | 101.2 | 39.9 | 106.6 |
| 云　南 | 52.7 | 32.9 | 38.3 | 100.3 | 97.5 | 58.9 | 107.4 |
| 西　藏 | 45.7 | 14.7 | 20.7 | 99.6 | 103.6 | 46.4 | 121.5 |
| 陕　西 | 36.6 | 20.1 | 30.9 | 98.3 | 97.0 | 42.1 | 104.0 |
| 甘　肃 | 30.0 | 12.6 | 24.9 | 99.8 | 97.6 | 49.8 | 102.2 |
| 青　海 | 40.4 | 13.0 | 8.2 | 98.0 | 99.4 | 53.0 | 96.4 |
| 宁　夏 | 42.8 | 14.2 | 51.1 | 100.4 | 99.6 | 53.2 | 101.6 |
| 新　疆 | 38.3 | 10.0 | 30.0 | 99.6 | 103.0 | 41.2 | 100.2 |

2-2-4-10 续表　　单位：平均每百户

| 地　区 | 空调（台） | 热水器（台） | 排油烟机（台） | 移动电话（部） | 计算机（台） | 照相机（台） |
|---|---|---|---|---|---|---|
| **全　国** | **142.2** | **97.2** | **79.1** | **243.1** | **73.1** | **20.2** |
| 北　京 | 188.7 | 98.6 | 92.9 | 225.6 | 95.0 | 46.1 |
| 天　津 | 156.6 | 97.2 | 92.4 | 233.0 | 77.4 | 24.0 |
| 河　北 | 126.3 | 94.8 | 70.6 | 229.3 | 87.6 | 26.1 |
| 山　西 | 49.3 | 81.1 | 80.0 | 234.9 | 64.3 | 16.5 |
| 内蒙古 | 20.7 | 78.1 | 81.2 | 227.6 | 62.9 | 18.3 |
| 辽　宁 | 48.7 | 86.6 | 86.9 | 205.2 | 57.6 | 22.2 |
| 吉　林 | 18.1 | 76.2 | 85.5 | 227.0 | 65.5 | 13.8 |
| 黑龙江 | 13.7 | 71.4 | 86.1 | 211.8 | 54.3 | 11.6 |
| 上　海 | 207.0 | 96.0 | 85.1 | 222.9 | 106.7 | 36.0 |
| 江　苏 | 219.7 | 111.6 | 85.0 | 248.9 | 77.6 | 19.9 |
| 浙　江 | 220.5 | 105.3 | 88.3 | 243.1 | 86.4 | 23.2 |
| 安　徽 | 175.4 | 104.8 | 77.3 | 246.0 | 66.2 | 14.8 |
| 福　建 | 175.9 | 108.7 | 64.0 | 245.1 | 76.4 | 16.0 |
| 江　西 | 151.8 | 99.8 | 75.0 | 259.4 | 68.8 | 13.4 |
| 山　东 | 145.3 | 102.4 | 90.6 | 233.1 | 80.0 | 30.2 |
| 河　南 | 176.7 | 93.9 | 76.0 | 247.4 | 65.6 | 13.6 |
| 湖　北 | 166.2 | 102.0 | 75.1 | 259.2 | 74.2 | 15.8 |
| 湖　南 | 180.0 | 103.3 | 77.6 | 272.7 | 74.9 | 17.9 |
| 广　东 | 202.4 | 101.7 | 72.5 | 258.9 | 83.7 | 20.5 |
| 广　西 | 158.5 | 103.4 | 65.2 | 269.1 | 79.7 | 20.5 |
| 海　南 | 152.0 | 96.9 | 64.2 | 274.3 | 65.3 | 13.7 |
| 重　庆 | 209.4 | 100.2 | 76.7 | 259.6 | 64.4 | 17.6 |
| 四　川 | 140.1 | 97.5 | 72.1 | 249.1 | 58.0 | 13.4 |
| 贵　州 | 34.5 | 94.3 | 56.1 | 282.3 | 54.6 | 9.3 |
| 云　南 | 7.2 | 99.5 | 76.1 | 253.1 | 64.0 | 15.5 |
| 西　藏 | 14.5 | 47.9 | 45.9 | 210.1 | 43.7 | 13.7 |
| 陕　西 | 115.1 | 86.1 | 72.0 | 236.6 | 55.9 | 19.0 |
| 甘　肃 | 13.8 | 82.6 | 84.2 | 246.1 | 59.6 | 20.5 |
| 青　海 | 1.7 | 73.6 | 79.0 | 234.9 | 51.9 | 13.7 |
| 宁　夏 | 20.0 | 98.0 | 89.0 | 249.7 | 67.0 | 13.8 |
| 新　疆 | 29.7 | 92.1 | 86.4 | 220.8 | 55.0 | 15.1 |

## (五)2019年分地区城镇居民收支主要数据

# 2-2-5-1 2019年分地区城镇居民可支配收入

单位：元/人

| 地区 | 可支配收入 | 一、工资性收入 | 二、经营净收入 | 三、财产净收入 | 四、转移净收入 |
|---|---|---|---|---|---|
| **全国** | **42358.8** | **25564.8** | **4840.4** | **4390.6** | **7563.0** |
| 北京 | 73848.5 | 44327.0 | 1034.0 | 12689.6 | 15797.9 |
| 天津 | 46118.9 | 29588.2 | 2696.8 | 4514.7 | 9319.3 |
| 河北 | 35737.7 | 22792.8 | 2749.9 | 3225.4 | 6969.6 |
| 山西 | 33262.4 | 19697.2 | 2860.4 | 2252.9 | 8451.9 |
| 内蒙古 | 40782.5 | 24459.4 | 7945.4 | 2344.4 | 6033.3 |
| 辽宁 | 39777.2 | 22120.5 | 4461.3 | 2094.3 | 11101.1 |
| 吉林 | 32299.2 | 20570.5 | 2857.7 | 1636.2 | 7234.9 |
| 黑龙江 | 30944.6 | 17828.5 | 3422.3 | 1367.3 | 8326.5 |
| 上海 | 73615.3 | 42328.2 | 2192.0 | 11063.8 | 18031.3 |
| 江苏 | 51056.1 | 30415.7 | 5298.2 | 6201.6 | 9140.7 |
| 浙江 | 60182.3 | 33663.0 | 9115.4 | 8201.9 | 9202.0 |
| 安徽 | 37540.0 | 22547.6 | 5982.5 | 3192.4 | 5817.5 |
| 福建 | 45620.5 | 27992.2 | 6210.9 | 5512.0 | 5905.4 |
| 江西 | 36545.9 | 23167.6 | 3055.3 | 3187.9 | 7135.2 |
| 山东 | 42329.2 | 26610.9 | 6046.5 | 3574.7 | 6097.1 |
| 河南 | 34201.0 | 19146.4 | 5212.3 | 3188.3 | 6654.0 |
| 湖北 | 37601.4 | 20810.6 | 5340.9 | 3302.0 | 8147.9 |
| 湖南 | 39841.9 | 21534.1 | 5946.8 | 3950.9 | 8410.1 |
| 广东 | 48117.6 | 34151.9 | 5473.8 | 6686.2 | 1805.7 |
| 广西 | 34744.9 | 19343.9 | 5965.2 | 2932.3 | 6503.5 |
| 海南 | 36016.7 | 23059.3 | 3574.2 | 3455.9 | 5927.4 |
| 重庆 | 37938.6 | 22119.0 | 4361.2 | 2724.5 | 8733.9 |
| 四川 | 36153.7 | 20479.2 | 4392.8 | 2890.9 | 8390.9 |
| 贵州 | 34404.2 | 18959.7 | 5714.0 | 3432.5 | 6298.0 |
| 云南 | 36237.7 | 20346.9 | 4106.9 | 4959.4 | 6824.5 |
| 西藏 | 37410.0 | 27906.0 | 1095.2 | 3478.9 | 4929.9 |
| 陕西 | 36098.2 | 20982.9 | 2760.2 | 2644.3 | 9710.8 |
| 甘肃 | 32323.4 | 21707.5 | 2483.9 | 2539.2 | 5592.9 |
| 青海 | 33830.3 | 22872.3 | 2306.8 | 1878.1 | 6773.2 |
| 宁夏 | 34328.5 | 23406.1 | 3530.2 | 1421.2 | 5971.0 |
| 新疆 | 34663.7 | 23199.3 | 3624.4 | 1509.3 | 6330.6 |

# 2-2-5-2 2019年分地区城镇居民可支配收入构成

单位：%

| 地区 | 可支配收入 | 一、工资性收入 | 二、经营净收入 | 三、财产净收入 | 四、转移净收入 |
|---|---|---|---|---|---|
| **全 国** | **100.0** | **60.4** | **11.4** | **10.4** | **17.9** |
| 北 京 | 100.0 | 60.0 | 1.4 | 17.2 | 21.4 |
| 天 津 | 100.0 | 64.2 | 5.8 | 9.8 | 20.2 |
| 河 北 | 100.0 | 63.8 | 7.7 | 9.0 | 19.5 |
| 山 西 | 100.0 | 59.2 | 8.6 | 6.8 | 25.4 |
| 内蒙古 | 100.0 | 60.0 | 19.5 | 5.7 | 14.8 |
| 辽 宁 | 100.0 | 55.6 | 11.2 | 5.3 | 27.9 |
| 吉 林 | 100.0 | 63.7 | 8.8 | 5.1 | 22.4 |
| 黑龙江 | 100.0 | 57.6 | 11.1 | 4.4 | 26.9 |
| 上 海 | 100.0 | 57.5 | 3.0 | 15.0 | 24.5 |
| 江 苏 | 100.0 | 59.6 | 10.4 | 12.1 | 17.9 |
| 浙 江 | 100.0 | 55.9 | 15.1 | 13.6 | 15.3 |
| 安 徽 | 100.0 | 60.1 | 15.9 | 8.5 | 15.5 |
| 福 建 | 100.0 | 61.4 | 13.6 | 12.1 | 12.9 |
| 江 西 | 100.0 | 63.4 | 8.4 | 8.7 | 19.5 |
| 山 东 | 100.0 | 62.9 | 14.3 | 8.4 | 14.4 |
| 河 南 | 100.0 | 56.0 | 15.2 | 9.3 | 19.5 |
| 湖 北 | 100.0 | 55.3 | 14.2 | 8.8 | 21.7 |
| 湖 南 | 100.0 | 54.0 | 14.9 | 9.9 | 21.1 |
| 广 东 | 100.0 | 71.0 | 11.4 | 13.9 | 3.8 |
| 广 西 | 100.0 | 55.7 | 17.2 | 8.4 | 18.7 |
| 海 南 | 100.0 | 64.0 | 9.9 | 9.6 | 16.5 |
| 重 庆 | 100.0 | 58.3 | 11.5 | 7.2 | 23.0 |
| 四 川 | 100.0 | 56.6 | 12.2 | 8.0 | 23.2 |
| 贵 州 | 100.0 | 55.1 | 16.6 | 10.0 | 18.3 |
| 云 南 | 100.0 | 56.1 | 11.3 | 13.7 | 18.8 |
| 西 藏 | 100.0 | 74.6 | 2.9 | 9.3 | 13.2 |
| 陕 西 | 100.0 | 58.1 | 7.6 | 7.3 | 26.9 |
| 甘 肃 | 100.0 | 67.2 | 7.7 | 7.9 | 17.3 |
| 青 海 | 100.0 | 67.6 | 6.8 | 5.6 | 20.0 |
| 宁 夏 | 100.0 | 68.2 | 10.3 | 4.1 | 17.4 |
| 新 疆 | 100.0 | 66.9 | 10.5 | 4.4 | 18.3 |

# 2-2-5-3 2019年分地区城镇居民现金可支配收入

单位：元/人

| 地 区 | 现金可支配收入 | 一、工资性收入 | 二、经营净收入 | 三、财产净收入 | 四、转移净收入 |
|---|---|---|---|---|---|
| **全 国** | **39147.6** | **25439.1** | **5180.9** | **1494.7** | **7032.9** |
| 北 京 | 61461.2 | 44292.6 | 1118.7 | 2034.9 | 14015.0 |
| 天 津 | 41533.6 | 29371.5 | 2867.0 | 975.2 | 8319.9 |
| 河 北 | 32960.0 | 22752.3 | 2986.2 | 532.7 | 6688.8 |
| 山 西 | 31455.1 | 19639.3 | 3008.4 | 925.1 | 7882.3 |
| 内蒙古 | 39508.0 | 24429.2 | 8325.9 | 1050.3 | 5702.6 |
| 辽 宁 | 37598.3 | 21895.7 | 4724.4 | 520.1 | 10458.0 |
| 吉 林 | 31001.6 | 20526.0 | 3069.7 | 491.1 | 6914.9 |
| 黑龙江 | 29741.7 | 17753.9 | 3679.5 | 425.2 | 7883.0 |
| 上 海 | 62057.4 | 42154.5 | 2294.6 | 1123.0 | 16485.4 |
| 江 苏 | 46057.9 | 30278.8 | 5579.5 | 1795.3 | 8404.2 |
| 浙 江 | 55510.1 | 33483.8 | 9663.1 | 3780.6 | 8582.7 |
| 安 徽 | 35231.1 | 22415.7 | 6530.2 | 865.1 | 5420.1 |
| 福 建 | 41375.2 | 27734.3 | 6713.0 | 1419.6 | 5508.3 |
| 江 西 | 34375.1 | 23102.2 | 3202.5 | 1187.3 | 6883.1 |
| 山 东 | 40094.0 | 26519.9 | 6751.1 | 1060.2 | 5762.8 |
| 河 南 | 31701.6 | 19075.9 | 5401.6 | 1100.5 | 6123.7 |
| 湖 北 | 35082.4 | 20645.8 | 5896.0 | 879.6 | 7661.1 |
| 湖 南 | 37821.1 | 21377.1 | 6346.3 | 2115.7 | 7982.0 |
| 广 东 | 44233.9 | 33924.9 | 5901.0 | 2796.1 | 1611.9 |
| 广 西 | 32596.1 | 19187.6 | 6164.9 | 1527.9 | 5715.7 |
| 海 南 | 33363.1 | 22955.3 | 3707.0 | 1144.8 | 5556.0 |
| 重 庆 | 35930.2 | 21969.8 | 4597.6 | 1101.2 | 8261.6 |
| 四 川 | 34121.0 | 20367.5 | 4658.1 | 1287.7 | 7807.7 |
| 贵 州 | 33311.1 | 18880.0 | 6299.3 | 2317.1 | 5814.7 |
| 云 南 | 33828.5 | 20324.3 | 4220.3 | 2938.0 | 6345.9 |
| 西 藏 | 35225.9 | 27897.0 | 1228.9 | 1359.3 | 4740.8 |
| 陕 西 | 34373.6 | 20922.9 | 2857.9 | 1412.5 | 9180.2 |
| 甘 肃 | 29993.2 | 21683.2 | 2709.1 | 436.4 | 5164.5 |
| 青 海 | 32630.1 | 22798.2 | 2920.1 | 750.4 | 6161.3 |
| 宁 夏 | 33061.6 | 23328.3 | 3803.5 | 647.6 | 5282.2 |
| 新 疆 | 33281.8 | 23087.9 | 3998.1 | 400.3 | 5795.5 |

## 2-2-5-4　2019年分地区城镇居民现金可支配收入构成

单位：%

| 地　区 | 现金可支配收入 | 一、工资性收入 | 二、经营净收入 | 三、财产净收入 | 四、转移净收入 |
|---|---|---|---|---|---|
| **全　国** | **100.0** | **65.0** | **13.2** | **3.8** | **18.0** |
| 北　京 | 100.0 | 72.1 | 1.8 | 3.3 | 22.8 |
| 天　津 | 100.0 | 70.7 | 6.9 | 2.3 | 20.0 |
| 河　北 | 100.0 | 69.0 | 9.1 | 1.6 | 20.3 |
| 山　西 | 100.0 | 62.4 | 9.6 | 2.9 | 25.1 |
| 内蒙古 | 100.0 | 61.8 | 21.1 | 2.7 | 14.4 |
| 辽　宁 | 100.0 | 58.2 | 12.6 | 1.4 | 27.8 |
| 吉　林 | 100.0 | 66.2 | 9.9 | 1.6 | 22.3 |
| 黑龙江 | 100.0 | 59.7 | 12.4 | 1.4 | 26.5 |
| 上　海 | 100.0 | 67.9 | 3.7 | 1.8 | 26.6 |
| 江　苏 | 100.0 | 65.7 | 12.1 | 3.9 | 18.2 |
| 浙　江 | 100.0 | 60.3 | 17.4 | 6.8 | 15.5 |
| 安　徽 | 100.0 | 63.6 | 18.5 | 2.5 | 15.4 |
| 福　建 | 100.0 | 67.0 | 16.2 | 3.4 | 13.3 |
| 江　西 | 100.0 | 67.2 | 9.3 | 3.5 | 20.0 |
| 山　东 | 100.0 | 66.1 | 16.8 | 2.6 | 14.4 |
| 河　南 | 100.0 | 60.2 | 17.0 | 3.5 | 19.3 |
| 湖　北 | 100.0 | 58.8 | 16.8 | 2.5 | 21.8 |
| 湖　南 | 100.0 | 56.5 | 16.8 | 5.6 | 21.1 |
| 广　东 | 100.0 | 76.7 | 13.3 | 6.3 | 3.6 |
| 广　西 | 100.0 | 58.9 | 18.9 | 4.7 | 17.5 |
| 海　南 | 100.0 | 68.8 | 11.1 | 3.4 | 16.7 |
| 重　庆 | 100.0 | 61.1 | 12.8 | 3.1 | 23.0 |
| 四　川 | 100.0 | 59.7 | 13.7 | 3.8 | 22.9 |
| 贵　州 | 100.0 | 56.7 | 18.9 | 7.0 | 17.5 |
| 云　南 | 100.0 | 60.1 | 12.5 | 8.7 | 18.8 |
| 西　藏 | 100.0 | 79.2 | 3.5 | 3.9 | 13.5 |
| 陕　西 | 100.0 | 60.9 | 8.3 | 4.1 | 26.7 |
| 甘　肃 | 100.0 | 72.3 | 9.0 | 1.5 | 17.2 |
| 青　海 | 100.0 | 69.9 | 8.9 | 2.3 | 18.9 |
| 宁　夏 | 100.0 | 70.6 | 11.5 | 2.0 | 16.0 |
| 新　疆 | 100.0 | 69.4 | 12.0 | 1.2 | 17.4 |

# 2-2-5-5 2019年分地区城镇居民消费支出

单位：元/人

| 地区 | 消费支出 | 一、食品烟酒支出 | 二、衣着支出 | 三、居住支出 |
|---|---|---|---|---|
| **全国** | **28063.4** | **7732.6** | **1831.9** | **6780.2** |
| 北京 | 46358.2 | 8951.0 | 2391.0 | 17234.8 |
| 天津 | 34810.7 | 9719.2 | 2194.8 | 7701.5 |
| 河北 | 23483.1 | 6024.2 | 1805.8 | 5879.9 |
| 山西 | 21159.0 | 5072.9 | 1801.4 | 4333.3 |
| 内蒙古 | 25382.5 | 6688.4 | 2457.9 | 4844.7 |
| 辽宁 | 27355.0 | 7355.7 | 2029.8 | 5445.9 |
| 吉林 | 23394.3 | 5841.4 | 1979.2 | 4571.2 |
| 黑龙江 | 22164.9 | 5814.0 | 1873.1 | 4319.3 |
| 上海 | 48271.6 | 11272.5 | 2161.6 | 16253.1 |
| 江苏 | 31329.1 | 7981.4 | 1930.6 | 8787.2 |
| 浙江 | 37507.9 | 10161.6 | 2258.8 | 9977.2 |
| 安徽 | 23781.5 | 7421.0 | 1763.5 | 5262.3 |
| 福建 | 30945.5 | 9536.7 | 1659.4 | 8954.9 |
| 江西 | 22714.3 | 6604.4 | 1568.9 | 5370.4 |
| 山东 | 26731.5 | 6964.9 | 2042.4 | 5883.3 |
| 河南 | 21971.6 | 5549.8 | 1706.5 | 5189.5 |
| 湖北 | 26421.8 | 7334.3 | 1886.7 | 5929.4 |
| 湖南 | 26924.0 | 7499.6 | 1843.7 | 5447.8 |
| 广东 | 34424.1 | 10757.5 | 1480.8 | 8961.6 |
| 广西 | 21590.9 | 6577.7 | 973.6 | 4468.2 |
| 海南 | 25316.7 | 8690.5 | 968.8 | 5499.5 |
| 重庆 | 25785.5 | 8035.1 | 2015.3 | 4734.2 |
| 四川 | 25367.4 | 8279.4 | 1729.6 | 4741.6 |
| 贵州 | 21402.4 | 6061.2 | 1610.6 | 3976.7 |
| 云南 | 23454.9 | 6357.1 | 1415.7 | 5202.5 |
| 西藏 | 25636.7 | 9682.1 | 2419.3 | 5226.1 |
| 陕西 | 23514.3 | 6376.3 | 1816.1 | 4641.2 |
| 甘肃 | 24453.9 | 6996.0 | 1920.1 | 5621.8 |
| 青海 | 23799.2 | 6904.2 | 1941.0 | 4654.4 |
| 宁夏 | 24161.0 | 5858.9 | 2104.5 | 4326.5 |
| 新疆 | 25594.2 | 7421.6 | 2234.8 | 4559.0 |

2-2-5-5 续表　　　　单位：元/人

| 地　区 | 四、生活用品及服务支出 | 五、交通通信支出 | 六、教育文化娱乐支出 | 七、医疗保健支出 | 八、其他用品及服务支出 |
|---|---|---|---|---|---|
| **全　国** | **1689.3** | **3671.3** | **3328.0** | **2282.7** | **747.2** |
| 北　京 | 2568.9 | 5229.2 | 4738.4 | 3973.9 | 1271.0 |
| 天　津 | 2051.1 | 4596.1 | 4062.0 | 3179.3 | 1306.8 |
| 河　北 | 1537.1 | 2992.4 | 2588.1 | 2056.3 | 599.3 |
| 山　西 | 1264.7 | 2776.4 | 2937.9 | 2383.4 | 588.8 |
| 内蒙古 | 1614.4 | 3797.1 | 2817.5 | 2348.6 | 813.9 |
| 辽　宁 | 1621.0 | 3394.5 | 3691.9 | 2827.8 | 988.4 |
| 吉　林 | 1358.4 | 3174.9 | 3147.7 | 2525.2 | 796.3 |
| 黑龙江 | 1092.6 | 2612.4 | 2925.7 | 2840.9 | 686.9 |
| 上　海 | 2215.2 | 5625.9 | 5966.4 | 3331.6 | 1445.2 |
| 江　苏 | 1711.2 | 4051.5 | 3605.6 | 2419.9 | 841.8 |
| 浙　江 | 2075.2 | 5368.0 | 4342.2 | 2300.3 | 1024.5 |
| 安　徽 | 1465.8 | 2870.5 | 2802.4 | 1658.2 | 537.8 |
| 福　建 | 1556.8 | 3715.1 | 3066.3 | 1691.5 | 764.7 |
| 江　西 | 1507.0 | 2771.5 | 2781.4 | 1559.3 | 551.3 |
| 山　东 | 2083.4 | 3762.2 | 3171.3 | 2183.8 | 640.1 |
| 河　南 | 1528.8 | 2691.3 | 2673.9 | 2081.1 | 550.7 |
| 湖　北 | 1869.0 | 3283.9 | 2967.0 | 2471.4 | 680.2 |
| 湖　南 | 1660.4 | 3425.2 | 4172.2 | 2305.2 | 569.8 |
| 广　东 | 1894.8 | 4597.1 | 3984.5 | 1883.0 | 864.9 |
| 广　西 | 1256.5 | 3176.0 | 2609.0 | 2071.0 | 459.1 |
| 海　南 | 1237.1 | 3605.5 | 3135.3 | 1597.3 | 582.7 |
| 重　庆 | 1746.2 | 3317.8 | 2893.9 | 2359.1 | 683.8 |
| 四　川 | 1525.4 | 3453.4 | 2667.6 | 2293.3 | 677.1 |
| 贵　州 | 1305.1 | 3413.0 | 2635.3 | 1850.8 | 549.6 |
| 云　南 | 1416.8 | 3517.9 | 2917.6 | 2048.2 | 579.0 |
| 西　藏 | 1758.3 | 3621.8 | 1265.8 | 965.8 | 697.4 |
| 陕　西 | 1610.7 | 2890.8 | 3036.8 | 2528.5 | 613.8 |
| 甘　肃 | 1455.0 | 3050.2 | 2554.8 | 2224.2 | 631.7 |
| 青　海 | 1368.9 | 3295.0 | 2436.4 | 2509.8 | 689.7 |
| 宁　夏 | 1529.1 | 4077.0 | 3188.2 | 2342.2 | 734.6 |
| 新　疆 | 1708.5 | 3667.7 | 2724.1 | 2495.5 | 783.1 |

# 2-2-5-6 2019年分地区城镇居民消费支出构成

单位：%

| 地区 | 消费支出 | 一、食品烟酒支出 | 二、衣着支出 | 三、居住支出 |
|---|---|---|---|---|
| **全国** | **100.0** | **27.6** | **6.5** | **24.2** |
| 北京 | 100.0 | 19.3 | 5.2 | 37.2 |
| 天津 | 100.0 | 27.9 | 6.3 | 22.1 |
| 河北 | 100.0 | 25.7 | 7.7 | 25.0 |
| 山西 | 100.0 | 24.0 | 8.5 | 20.5 |
| 内蒙古 | 100.0 | 26.4 | 9.7 | 19.1 |
| 辽宁 | 100.0 | 26.9 | 7.4 | 19.9 |
| 吉林 | 100.0 | 25.0 | 8.5 | 19.5 |
| 黑龙江 | 100.0 | 26.2 | 8.5 | 19.5 |
| 上海 | 100.0 | 23.4 | 4.5 | 33.7 |
| 江苏 | 100.0 | 25.5 | 6.2 | 28.0 |
| 浙江 | 100.0 | 27.1 | 6.0 | 26.6 |
| 安徽 | 100.0 | 31.2 | 7.4 | 22.1 |
| 福建 | 100.0 | 30.8 | 5.4 | 28.9 |
| 江西 | 100.0 | 29.1 | 6.9 | 23.6 |
| 山东 | 100.0 | 26.1 | 7.6 | 22.0 |
| 河南 | 100.0 | 25.3 | 7.8 | 23.6 |
| 湖北 | 100.0 | 27.8 | 7.1 | 22.4 |
| 湖南 | 100.0 | 27.9 | 6.8 | 20.2 |
| 广东 | 100.0 | 31.2 | 4.3 | 26.0 |
| 广西 | 100.0 | 30.5 | 4.5 | 20.7 |
| 海南 | 100.0 | 34.3 | 3.8 | 21.7 |
| 重庆 | 100.0 | 31.2 | 7.8 | 18.4 |
| 四川 | 100.0 | 32.6 | 6.8 | 18.7 |
| 贵州 | 100.0 | 28.3 | 7.5 | 18.6 |
| 云南 | 100.0 | 27.1 | 6.0 | 22.2 |
| 西藏 | 100.0 | 37.8 | 9.4 | 20.4 |
| 陕西 | 100.0 | 27.1 | 7.7 | 19.7 |
| 甘肃 | 100.0 | 28.6 | 7.9 | 23.0 |
| 青海 | 100.0 | 29.0 | 8.2 | 19.6 |
| 宁夏 | 100.0 | 24.2 | 8.7 | 17.9 |
| 新疆 | 100.0 | 29.0 | 8.7 | 17.8 |

2-2-5-6 续表

单位：%

| 地 区 | 四、生活用品及服务支出 | 五、交通通信支出 | 六、教育文化娱乐支出 | 七、医疗保健支出 | 八、其他用品及服务支出 |
|---|---|---|---|---|---|
| **全 国** | **6.0** | **13.1** | **11.9** | **8.1** | **2.7** |
| 北 京 | 5.5 | 11.3 | 10.2 | 8.6 | 2.7 |
| 天 津 | 5.9 | 13.2 | 11.7 | 9.1 | 3.8 |
| 河 北 | 6.5 | 12.7 | 11.0 | 8.8 | 2.6 |
| 山 西 | 6.0 | 13.1 | 13.9 | 11.3 | 2.8 |
| 内 蒙 古 | 6.4 | 15.0 | 11.1 | 9.3 | 3.2 |
| 辽 宁 | 5.9 | 12.4 | 13.5 | 10.3 | 3.6 |
| 吉 林 | 5.8 | 13.6 | 13.5 | 10.8 | 3.4 |
| 黑 龙 江 | 4.9 | 11.8 | 13.2 | 12.8 | 3.1 |
| 上 海 | 4.6 | 11.7 | 12.4 | 6.9 | 3.0 |
| 江 苏 | 5.5 | 12.9 | 11.5 | 7.7 | 2.7 |
| 浙 江 | 5.5 | 14.3 | 11.6 | 6.1 | 2.7 |
| 安 徽 | 6.2 | 12.1 | 11.8 | 7.0 | 2.3 |
| 福 建 | 5.0 | 12.0 | 9.9 | 5.5 | 2.5 |
| 江 西 | 6.6 | 12.2 | 12.2 | 6.9 | 2.4 |
| 山 东 | 7.8 | 14.1 | 11.9 | 8.2 | 2.4 |
| 河 南 | 7.0 | 12.2 | 12.2 | 9.5 | 2.5 |
| 湖 北 | 7.1 | 12.4 | 11.2 | 9.4 | 2.6 |
| 湖 南 | 6.2 | 12.7 | 15.5 | 8.6 | 2.1 |
| 广 东 | 5.5 | 13.4 | 11.6 | 5.5 | 2.5 |
| 广 西 | 5.8 | 14.7 | 12.1 | 9.6 | 2.1 |
| 海 南 | 4.9 | 14.2 | 12.4 | 6.3 | 2.3 |
| 重 庆 | 6.8 | 12.9 | 11.2 | 9.1 | 2.7 |
| 四 川 | 6.0 | 13.6 | 10.5 | 9.0 | 2.7 |
| 贵 州 | 6.1 | 15.9 | 12.3 | 8.6 | 2.6 |
| 云 南 | 6.0 | 15.0 | 12.4 | 8.7 | 2.5 |
| 西 藏 | 6.9 | 14.1 | 4.9 | 3.8 | 2.7 |
| 陕 西 | 6.8 | 12.3 | 12.9 | 10.8 | 2.6 |
| 甘 肃 | 6.0 | 12.5 | 10.4 | 9.1 | 2.6 |
| 青 海 | 5.8 | 13.8 | 10.2 | 10.5 | 2.9 |
| 宁 夏 | 6.3 | 16.9 | 13.2 | 9.7 | 3.0 |
| 新 疆 | 6.7 | 14.3 | 10.6 | 9.8 | 3.1 |

# 2-2-5-7　2019年分地区城镇居民现金消费支出

单位：元/人

| 地　区 | 现金消费支出 | 一、食品烟酒支出 | 二、衣着支出 | 三、居住支出 |
|---|---|---|---|---|
| **全　国** | **22798.0** | **7583.9** | **1831.3** | **2223.5** |
| 北　京 | 31006.1 | 8916.9 | 2391.0 | 3817.4 |
| 天　津 | 28515.9 | 9535.3 | 2194.6 | 2615.6 |
| 河　北 | 19041.0 | 5976.6 | 1805.6 | 1767.6 |
| 山　西 | 17999.1 | 5008.2 | 1801.4 | 1915.9 |
| 内蒙古 | 22193.5 | 6625.0 | 2457.9 | 2051.1 |
| 辽　宁 | 23100.9 | 7164.0 | 2029.4 | 2063.6 |
| 吉　林 | 20431.2 | 5792.0 | 1979.1 | 1989.4 |
| 黑龙江 | 19389.9 | 5745.7 | 1873.0 | 2061.2 |
| 上　海 | 33918.5 | 11112.6 | 2161.4 | 3613.1 |
| 江　苏 | 23944.0 | 7807.8 | 1929.5 | 2353.0 |
| 浙　江 | 29595.6 | 9950.2 | 2257.6 | 2915.1 |
| 安　徽 | 19326.0 | 7261.3 | 1762.0 | 1481.2 |
| 福　建 | 23965.4 | 9310.0 | 1659.1 | 2692.9 |
| 江　西 | 18903.2 | 6490.6 | 1568.1 | 1959.6 |
| 山　东 | 22136.1 | 6867.1 | 2041.9 | 1736.1 |
| 河　南 | 18098.3 | 5490.3 | 1706.4 | 1921.9 |
| 湖　北 | 21670.0 | 7140.5 | 1886.4 | 1873.0 |
| 湖　南 | 23077.9 | 7282.9 | 1842.9 | 2286.6 |
| 广　东 | 28238.2 | 10553.5 | 1479.6 | 3207.9 |
| 广　西 | 17910.0 | 6304.6 | 973.5 | 1844.5 |
| 海　南 | 21152.9 | 8557.4 | 968.6 | 1844.5 |
| 重　庆 | 21971.9 | 7823.4 | 2014.1 | 1675.5 |
| 四　川 | 21503.8 | 8055.2 | 1729.0 | 1680.7 |
| 贵　州 | 18514.5 | 5922.2 | 1610.4 | 1707.8 |
| 云　南 | 19144.4 | 6207.8 | 1415.5 | 1521.5 |
| 西　藏 | 21879.1 | 9664.9 | 2416.6 | 1666.8 |
| 陕　西 | 20336.7 | 6282.5 | 1815.0 | 2079.6 |
| 甘　肃 | 20703.2 | 6944.8 | 1920.1 | 2347.9 |
| 青　海 | 20668.3 | 6836.2 | 1940.3 | 2335.8 |
| 宁　夏 | 21091.6 | 5779.7 | 2104.4 | 2036.6 |
| 新　疆 | 22436.0 | 7263.2 | 2234.4 | 2074.8 |

2-2-5-7 续表

单位：元/人

| 地　　区 | 四、生活用品及服务支出 | 五、交通通信支出 | 六、教育文化娱乐支出 | 七、医疗保健支出 | 八、其他用品及服务支出 |
|---|---|---|---|---|---|
| **全　　国** | **1676.2** | **3665.0** | **3326.0** | **1754.6** | **737.6** |
| 北　　京 | 2565.0 | 5226.7 | 4738.2 | 2085.6 | 1265.4 |
| 天　　津 | 1994.7 | 4577.6 | 4061.0 | 2373.0 | 1164.0 |
| 河　　北 | 1534.3 | 2989.0 | 2588.1 | 1782.0 | 597.7 |
| 山　　西 | 1261.5 | 2775.7 | 2934.5 | 1716.6 | 585.3 |
| 内 蒙 古 | 1613.8 | 3796.9 | 2816.8 | 2020.8 | 811.2 |
| 辽　　宁 | 1605.5 | 3377.0 | 3691.1 | 2196.6 | 973.5 |
| 吉　　林 | 1352.6 | 3167.5 | 3147.6 | 2207.8 | 795.2 |
| 黑 龙 江 | 1091.8 | 2611.6 | 2925.6 | 2394.9 | 686.2 |
| 上　　海 | 2212.0 | 5619.3 | 5960.6 | 1799.9 | 1439.5 |
| 江　　苏 | 1699.3 | 4044.7 | 3604.3 | 1673.1 | 832.3 |
| 浙　　江 | 2059.5 | 5363.9 | 4338.1 | 1692.1 | 1019.1 |
| 安　　徽 | 1456.3 | 2853.1 | 2802.3 | 1180.1 | 529.7 |
| 福　　建 | 1553.0 | 3708.0 | 3064.1 | 1219.5 | 758.8 |
| 江　　西 | 1503.0 | 2768.9 | 2772.9 | 1295.0 | 545.1 |
| 山　　东 | 2054.1 | 3760.0 | 3169.8 | 1873.3 | 633.9 |
| 河　　南 | 1525.8 | 2688.2 | 2673.5 | 1552.2 | 540.0 |
| 湖　　北 | 1866.7 | 3265.7 | 2966.9 | 2001.9 | 669.0 |
| 湖　　南 | 1648.5 | 3404.4 | 4169.8 | 1879.1 | 563.6 |
| 广　　东 | 1873.1 | 4592.9 | 3979.1 | 1697.9 | 854.3 |
| 广　　西 | 1196.6 | 3173.0 | 2608.1 | 1360.5 | 449.2 |
| 海　　南 | 1236.5 | 3605.4 | 3135.3 | 1224.3 | 580.9 |
| 重　　庆 | 1737.5 | 3314.0 | 2893.7 | 1850.2 | 663.5 |
| 四　　川 | 1507.7 | 3449.5 | 2667.1 | 1744.7 | 670.0 |
| 贵　　州 | 1294.4 | 3406.6 | 2634.6 | 1391.6 | 546.9 |
| 云　　南 | 1405.0 | 3517.6 | 2917.6 | 1581.5 | 577.9 |
| 西　　藏 | 1752.1 | 3621.8 | 1265.2 | 794.6 | 697.1 |
| 陕　　西 | 1598.6 | 2886.3 | 3035.9 | 2032.3 | 606.6 |
| 甘　　肃 | 1450.9 | 3049.5 | 2545.6 | 1814.8 | 629.7 |
| 青　　海 | 1367.3 | 3290.7 | 2436.3 | 1783.3 | 678.5 |
| 宁　　夏 | 1524.3 | 4071.8 | 3187.3 | 1655.3 | 732.3 |
| 新　　疆 | 1700.8 | 3666.9 | 2718.5 | 2010.9 | 766.5 |

# 2-2-5-8　2019年分地区城镇居民现金消费支出构成

单位：%

| 地　区 | 现金消费支出 | 一、食品烟酒支出 | 二、衣着支出 | 三、居住支出 |
|---|---|---|---|---|
| **全　国** | **100.0** | **33.3** | **8.0** | **9.8** |
| 北　京 | 100.0 | 28.8 | 7.7 | 12.3 |
| 天　津 | 100.0 | 33.4 | 7.7 | 9.2 |
| 河　北 | 100.0 | 31.4 | 9.5 | 9.3 |
| 山　西 | 100.0 | 27.8 | 10.0 | 10.6 |
| 内蒙古 | 100.0 | 29.9 | 11.1 | 9.2 |
| 辽　宁 | 100.0 | 31.0 | 8.8 | 8.9 |
| 吉　林 | 100.0 | 28.3 | 9.7 | 9.7 |
| 黑龙江 | 100.0 | 29.6 | 9.7 | 10.6 |
| 上　海 | 100.0 | 32.8 | 6.4 | 10.7 |
| 江　苏 | 100.0 | 32.6 | 8.1 | 9.8 |
| 浙　江 | 100.0 | 33.6 | 7.6 | 9.8 |
| 安　徽 | 100.0 | 37.6 | 9.1 | 7.7 |
| 福　建 | 100.0 | 38.8 | 6.9 | 11.2 |
| 江　西 | 100.0 | 34.3 | 8.3 | 10.4 |
| 山　东 | 100.0 | 31.0 | 9.2 | 7.8 |
| 河　南 | 100.0 | 30.3 | 9.4 | 10.6 |
| 湖　北 | 100.0 | 33.0 | 8.7 | 8.6 |
| 湖　南 | 100.0 | 31.6 | 8.0 | 9.9 |
| 广　东 | 100.0 | 37.4 | 5.2 | 11.4 |
| 广　西 | 100.0 | 35.2 | 5.4 | 10.3 |
| 海　南 | 100.0 | 40.5 | 4.6 | 8.7 |
| 重　庆 | 100.0 | 35.6 | 9.2 | 7.6 |
| 四　川 | 100.0 | 37.5 | 8.0 | 7.8 |
| 贵　州 | 100.0 | 32.0 | 8.7 | 9.2 |
| 云　南 | 100.0 | 32.4 | 7.4 | 7.9 |
| 西　藏 | 100.0 | 44.2 | 11.0 | 7.6 |
| 陕　西 | 100.0 | 30.9 | 8.9 | 10.2 |
| 甘　肃 | 100.0 | 33.5 | 9.3 | 11.3 |
| 青　海 | 100.0 | 33.1 | 9.4 | 11.3 |
| 宁　夏 | 100.0 | 27.4 | 10.0 | 9.7 |
| 新　疆 | 100.0 | 32.4 | 10.0 | 9.2 |

2-2-5-8 续表 单位：%

| 地 区 | 四、生活用品及服务支出 | 五、交通通信支出 | 六、教育文化娱乐支出 | 七、医疗保健支出 | 八、其他用品及服务支出 |
|---|---|---|---|---|---|
| **全 国** | **7.4** | **16.1** | **14.6** | **7.7** | **3.2** |
| 北 京 | 8.3 | 16.9 | 15.3 | 6.7 | 4.1 |
| 天 津 | 7.0 | 16.1 | 14.2 | 8.3 | 4.1 |
| 河 北 | 8.1 | 15.7 | 13.6 | 9.4 | 3.1 |
| 山 西 | 7.0 | 15.4 | 16.3 | 9.5 | 3.3 |
| 内蒙古 | 7.3 | 17.1 | 12.7 | 9.1 | 3.7 |
| 辽 宁 | 7.0 | 14.6 | 16.0 | 9.5 | 4.2 |
| 吉 林 | 6.6 | 15.5 | 15.4 | 10.8 | 3.9 |
| 黑龙江 | 5.6 | 13.5 | 15.1 | 12.4 | 3.5 |
| 上 海 | 6.5 | 16.6 | 17.6 | 5.3 | 4.2 |
| 江 苏 | 7.1 | 16.9 | 15.1 | 7.0 | 3.5 |
| 浙 江 | 7.0 | 18.1 | 14.7 | 5.7 | 3.4 |
| 安 徽 | 7.5 | 14.8 | 14.5 | 6.1 | 2.7 |
| 福 建 | 6.5 | 15.5 | 12.8 | 5.1 | 3.2 |
| 江 西 | 8.0 | 14.6 | 14.7 | 6.9 | 2.9 |
| 山 东 | 9.3 | 17.0 | 14.3 | 8.5 | 2.9 |
| 河 南 | 8.4 | 14.9 | 14.8 | 8.6 | 3.0 |
| 湖 北 | 8.6 | 15.1 | 13.7 | 9.2 | 3.1 |
| 湖 南 | 7.1 | 14.8 | 18.1 | 8.1 | 2.4 |
| 广 东 | 6.6 | 16.3 | 14.1 | 6.0 | 3.0 |
| 广 西 | 6.7 | 17.7 | 14.6 | 7.6 | 2.5 |
| 海 南 | 5.8 | 17.0 | 14.8 | 5.8 | 2.7 |
| 重 庆 | 7.9 | 15.1 | 13.2 | 8.4 | 3.0 |
| 四 川 | 7.0 | 16.0 | 12.4 | 8.1 | 3.1 |
| 贵 州 | 7.0 | 18.4 | 14.2 | 7.5 | 3.0 |
| 云 南 | 7.3 | 18.4 | 15.2 | 8.3 | 3.0 |
| 西 藏 | 8.0 | 16.6 | 5.8 | 3.6 | 3.2 |
| 陕 西 | 7.9 | 14.2 | 14.9 | 10.0 | 3.0 |
| 甘 肃 | 7.0 | 14.7 | 12.3 | 8.8 | 3.0 |
| 青 海 | 6.6 | 15.9 | 11.8 | 8.6 | 3.3 |
| 宁 夏 | 7.2 | 19.3 | 15.1 | 7.8 | 3.5 |
| 新 疆 | 7.6 | 16.3 | 12.1 | 9.0 | 3.4 |

# 2-2-5-9 2019年分地区城镇居民家庭主要食品消费量

单位：公斤/人

| 地区 | 粮食（原粮） | 谷物 | 食用油 | 植物油 | 蔬菜 | 肉类 | 猪肉 |
|---|---|---|---|---|---|---|---|
| **全国** | **110.6** | **98.5** | **9.2** | **8.7** | **105.8** | **28.7** | **20.3** |
| 北京 | 95.7 | 84.8 | 6.7 | 6.5 | 115.9 | 25.8 | 14.2 |
| 天津 | 96.1 | 86.1 | 8.1 | 8.0 | 116.4 | 25.0 | 14.8 |
| 河北 | 130.5 | 116.9 | 7.9 | 7.6 | 111.8 | 24.5 | 15.2 |
| 山西 | 117.6 | 101.7 | 7.0 | 6.9 | 102.6 | 17.0 | 10.8 |
| 内蒙古 | 137.5 | 122.5 | 7.3 | 7.1 | 109.8 | 32.9 | 17.1 |
| 辽宁 | 116.8 | 100.7 | 9.3 | 9.1 | 119.4 | 27.1 | 17.3 |
| 吉林 | 118.3 | 103.7 | 9.9 | 9.8 | 104.2 | 24.0 | 15.4 |
| 黑龙江 | 113.7 | 100.7 | 11.1 | 11.0 | 101.4 | 23.2 | 14.7 |
| 上海 | 100.1 | 87.5 | 8.2 | 7.9 | 102.9 | 28.2 | 18.9 |
| 江苏 | 108.4 | 96.2 | 8.5 | 8.3 | 105.7 | 27.3 | 18.8 |
| 浙江 | 118.0 | 104.8 | 10.8 | 10.3 | 95.4 | 28.5 | 21.4 |
| 安徽 | 125.0 | 109.6 | 8.2 | 7.7 | 106.2 | 29.3 | 21.5 |
| 福建 | 94.1 | 85.6 | 8.2 | 7.6 | 82.8 | 27.9 | 21.5 |
| 江西 | 119.7 | 107.5 | 13.4 | 12.9 | 107.2 | 31.8 | 25.5 |
| 山东 | 104.6 | 93.3 | 8.3 | 8.1 | 103.3 | 23.6 | 15.3 |
| 河南 | 126.4 | 113.1 | 8.0 | 8.0 | 104.5 | 20.8 | 13.2 |
| 湖北 | 94.9 | 83.1 | 10.2 | 9.7 | 94.2 | 27.6 | 20.1 |
| 湖南 | 110.5 | 100.1 | 11.7 | 9.7 | 107.3 | 32.7 | 26.2 |
| 广东 | 100.8 | 91.7 | 8.4 | 8.0 | 110.6 | 39.4 | 30.6 |
| 广西 | 95.6 | 87.3 | 7.9 | 7.3 | 94.6 | 31.5 | 25.2 |
| 海南 | 80.8 | 74.7 | 8.2 | 7.7 | 99.5 | 26.9 | 20.9 |
| 重庆 | 106.2 | 92.8 | 14.4 | 13.2 | 125.7 | 39.0 | 32.1 |
| 四川 | 109.7 | 96.4 | 11.3 | 10.5 | 131.2 | 40.6 | 32.0 |
| 贵州 | 94.7 | 82.9 | 7.5 | 6.4 | 76.2 | 29.1 | 24.7 |
| 云南 | 100.3 | 88.1 | 7.3 | 6.1 | 93.7 | 29.9 | 22.3 |
| 西藏 | 181.8 | 171.4 | 26.1 | 23.8 | 97.0 | 56.7 | 13.3 |
| 陕西 | 118.9 | 103.9 | 9.5 | 9.2 | 106.7 | 18.9 | 12.1 |
| 甘肃 | 139.5 | 126.0 | 9.1 | 9.0 | 115.3 | 21.8 | 13.0 |
| 青海 | 93.6 | 87.6 | 9.4 | 9.3 | 64.7 | 24.6 | 8.9 |
| 宁夏 | 88.2 | 80.9 | 6.9 | 6.9 | 95.5 | 17.1 | 6.7 |
| 新疆 | 124.2 | 118.8 | 12.1 | 12.1 | 103.2 | 24.6 | 5.3 |

2-2-5-9 续表 单位：公斤/人

| 地　区 | | | 禽类 | 水产品 | 蛋类 | 奶类 | 干鲜瓜果类 | 食糖 |
|---|---|---|---|---|---|---|---|---|
| | 牛肉 | 羊肉 | | | | | | |
| **全　国** | **2.9** | **1.4** | **11.4** | **16.7** | **11.5** | **16.7** | **66.8** | **1.2** |
| 北　京 | 3.8 | 2.6 | 6.7 | 10.3 | 14.4 | 31.1 | 87.1 | 1.1 |
| 天　津 | 3.2 | 2.7 | 6.4 | 18.0 | 18.8 | 18.4 | 90.8 | 1.1 |
| 河　北 | 2.4 | 1.9 | 6.5 | 10.0 | 17.1 | 20.5 | 88.6 | 1.0 |
| 山　西 | 1.2 | 1.5 | 3.6 | 4.3 | 14.4 | 21.3 | 77.5 | 0.9 |
| 内蒙古 | 4.5 | 6.8 | 6.8 | 8.0 | 12.3 | 29.9 | 82.8 | 1.2 |
| 辽　宁 | 3.5 | 1.5 | 6.6 | 19.3 | 14.9 | 21.3 | 81.7 | 1.2 |
| 吉　林 | 3.6 | 0.9 | 5.9 | 12.1 | 12.2 | 14.9 | 79.3 | 1.2 |
| 黑龙江 | 2.7 | 1.5 | 6.0 | 12.2 | 13.4 | 13.6 | 76.4 | 1.5 |
| 上　海 | 3.6 | 1.0 | 12.8 | 26.9 | 12.2 | 21.6 | 61.9 | 1.4 |
| 江　苏 | 2.6 | 0.9 | 13.2 | 21.8 | 11.5 | 16.8 | 51.8 | 1.0 |
| 浙　江 | 3.1 | 0.7 | 12.5 | 28.3 | 9.3 | 15.1 | 62.1 | 1.4 |
| 安　徽 | 3.0 | 1.1 | 15.0 | 16.6 | 12.8 | 14.3 | 70.6 | 0.9 |
| 福　建 | 2.8 | 0.8 | 11.7 | 26.7 | 9.0 | 12.3 | 48.5 | 1.2 |
| 江　西 | 3.4 | 0.5 | 11.8 | 18.1 | 8.3 | 15.8 | 56.9 | 1.0 |
| 山　东 | 1.6 | 1.2 | 6.8 | 18.3 | 18.0 | 21.8 | 87.6 | 0.7 |
| 河　南 | 2.1 | 1.6 | 8.4 | 6.4 | 16.4 | 19.1 | 73.9 | 1.1 |
| 湖　北 | 3.1 | 0.8 | 7.7 | 19.6 | 7.7 | 9.8 | 50.9 | 0.7 |
| 湖　南 | 3.0 | 0.7 | 13.6 | 17.8 | 8.2 | 10.1 | 70.8 | 1.2 |
| 广　东 | 3.5 | 0.8 | 23.9 | 29.5 | 8.7 | 10.8 | 53.9 | 1.4 |
| 广　西 | 3.2 | 0.8 | 24.8 | 16.6 | 6.9 | 8.1 | 52.2 | 1.2 |
| 海　南 | 3.1 | 1.2 | 24.0 | 32.8 | 5.4 | 6.6 | 39.6 | 0.8 |
| 重　庆 | 2.4 | 0.6 | 12.9 | 13.9 | 10.4 | 17.0 | 52.8 | 1.9 |
| 四　川 | 2.8 | 0.6 | 14.1 | 11.7 | 9.2 | 15.1 | 58.7 | 1.5 |
| 贵　州 | 1.7 | 0.3 | 7.8 | 4.3 | 4.9 | 8.3 | 46.8 | 0.7 |
| 云　南 | 3.5 | 0.4 | 8.6 | 6.5 | 5.0 | 10.1 | 50.1 | 1.3 |
| 西　藏 | 35.0 | 5.1 | 5.3 | 2.2 | 7.2 | 20.3 | 19.9 | 4.0 |
| 陕　西 | 1.9 | 1.7 | 4.7 | 5.3 | 10.6 | 20.8 | 71.3 | 0.9 |
| 甘　肃 | 2.7 | 2.5 | 6.2 | 5.6 | 11.5 | 29.7 | 92.3 | 1.4 |
| 青　海 | 9.2 | 4.9 | 4.1 | 3.3 | 5.7 | 23.0 | 38.0 | 1.0 |
| 宁　夏 | 4.4 | 4.5 | 7.0 | 4.2 | 7.5 | 19.7 | 84.6 | 1.2 |
| 新　疆 | 6.0 | 10.2 | 7.0 | 6.1 | 8.8 | 33.0 | 73.9 | 1.2 |

# 2-2-5-10 2019年分地区城镇居民年末主要耐用消费品拥有量

单位：平均每百户

| 地区 | 家用汽车(辆) | 摩托车(辆) | 电动助力车(辆) | 洗衣机(台) | 电冰箱(柜)(台) | 微波炉(台) | 彩色电视机(台) |
|---|---|---|---|---|---|---|---|
| **全国** | **43.2** | **18.7** | **59.4** | **99.2** | **102.5** | **55.7** | **122.8** |
| 北京 | 54.6 | 3.0 | 19.3 | 100.9 | 103.4 | 79.0 | 125.1 |
| 天津 | 56.5 | 1.7 | 36.2 | 99.9 | 104.0 | 77.1 | 110.4 |
| 河北 | 52.5 | 11.0 | 90.1 | 101.9 | 101.6 | 52.3 | 111.1 |
| 山西 | 37.6 | 11.3 | 53.1 | 100.5 | 98.1 | 43.4 | 102.9 |
| 内蒙古 | 51.5 | 12.7 | 43.6 | 99.6 | 106.8 | 45.9 | 103.3 |
| 辽宁 | 32.0 | 5.6 | 15.4 | 96.0 | 101.3 | 58.7 | 105.2 |
| 吉林 | 35.6 | 8.9 | 9.8 | 97.7 | 99.7 | 49.3 | 100.7 |
| 黑龙江 | 24.6 | 6.1 | 10.7 | 97.6 | 99.8 | 35.2 | 99.8 |
| 上海 | 39.4 | 2.4 | 63.6 | 96.0 | 101.4 | 87.2 | 177.9 |
| 江苏 | 48.5 | 10.7 | 124.0 | 104.0 | 108.8 | 88.6 | 174.2 |
| 浙江 | 52.8 | 7.7 | 80.4 | 95.4 | 104.5 | 60.1 | 175.1 |
| 安徽 | 34.9 | 13.8 | 97.8 | 99.8 | 102.7 | 63.7 | 137.2 |
| 福建 | 33.9 | 35.5 | 63.8 | 91.0 | 101.1 | 55.5 | 128.6 |
| 江西 | 39.3 | 26.8 | 75.7 | 95.5 | 99.7 | 51.1 | 129.1 |
| 山东 | 60.7 | 12.2 | 96.3 | 100.4 | 105.8 | 54.1 | 106.3 |
| 河南 | 37.9 | 15.4 | 114.0 | 101.3 | 100.0 | 45.0 | 116.2 |
| 湖北 | 37.3 | 37.2 | 40.3 | 98.6 | 106.3 | 45.9 | 122.9 |
| 湖南 | 36.3 | 36.2 | 29.4 | 104.4 | 105.0 | 43.3 | 120.1 |
| 广东 | 47.6 | 45.6 | 39.3 | 93.8 | 97.9 | 46.1 | 107.6 |
| 广西 | 43.3 | 31.8 | 98.8 | 101.5 | 105.1 | 67.6 | 112.4 |
| 海南 | 43.5 | 25.6 | 101.2 | 92.7 | 98.4 | 30.5 | 103.3 |
| 重庆 | 34.4 | 14.7 | 13.2 | 98.8 | 103.0 | 62.7 | 129.9 |
| 四川 | 36.8 | 17.9 | 31.1 | 101.3 | 103.1 | 48.9 | 124.3 |
| 贵州 | 43.2 | 24.0 | 18.5 | 103.5 | 103.2 | 42.4 | 107.8 |
| 云南 | 55.6 | 35.3 | 44.8 | 104.8 | 100.8 | 62.3 | 108.9 |
| 西藏 | 50.5 | 15.5 | 21.6 | 99.7 | 101.4 | 42.4 | 118.8 |
| 陕西 | 37.4 | 18.4 | 33.1 | 99.8 | 97.9 | 41.4 | 104.4 |
| 甘肃 | 28.4 | 10.9 | 25.2 | 101.3 | 98.1 | 55.8 | 103.8 |
| 青海 | 42.8 | 11.9 | 8.7 | 100.3 | 102.1 | 57.0 | 98.0 |
| 宁夏 | 45.0 | 12.8 | 54.6 | 101.3 | 100.3 | 56.6 | 102.8 |
| 新疆 | 37.8 | 6.6 | 32.6 | 100.1 | 105.9 | 39.2 | 102.5 |

2-2-5-10 续表　　单位：平均每百户

| 地　区 | 空调（台） | 热水器（台） | 排油烟机（台） | 移动电话（部） | 计算机（台） | 照相机（台） |
|---|---|---|---|---|---|---|
| **全　国** | **148.3** | **98.2** | **81.7** | **247.4** | **72.2** | **19.5** |
| 北　京 | 192.3 | 98.8 | 94.1 | 230.4 | 95.6 | 46.9 |
| 天　津 | 166.9 | 97.1 | 94.5 | 236.4 | 75.2 | 22.6 |
| 河　北 | 131.8 | 93.5 | 81.0 | 235.4 | 64.3 | 16.3 |
| 山　西 | 50.7 | 83.2 | 82.0 | 238.7 | 63.0 | 16.3 |
| 内蒙古 | 21.6 | 80.5 | 82.0 | 231.7 | 62.8 | 18.6 |
| 辽　宁 | 58.0 | 87.5 | 87.6 | 207.2 | 57.3 | 21.6 |
| 吉　林 | 22.7 | 78.7 | 87.5 | 229.1 | 65.2 | 14.3 |
| 黑龙江 | 14.0 | 74.9 | 87.9 | 222.7 | 53.6 | 11.7 |
| 上　海 | 213.4 | 97.8 | 86.8 | 227.0 | 112.5 | 37.1 |
| 江　苏 | 226.3 | 112.1 | 86.7 | 254.5 | 78.3 | 19.2 |
| 浙　江 | 220.6 | 107.2 | 90.4 | 242.8 | 85.2 | 23.7 |
| 安　徽 | 185.4 | 104.1 | 80.2 | 251.4 | 65.3 | 15.6 |
| 福　建 | 193.5 | 114.0 | 69.5 | 258.7 | 77.4 | 16.6 |
| 江　西 | 157.4 | 101.6 | 78.3 | 253.2 | 67.3 | 15.3 |
| 山　东 | 149.6 | 100.2 | 90.5 | 236.0 | 78.7 | 27.2 |
| 河　南 | 182.7 | 94.1 | 76.2 | 251.3 | 64.9 | 13.0 |
| 湖　北 | 168.4 | 103.2 | 77.6 | 261.3 | 72.4 | 15.7 |
| 湖　南 | 185.0 | 104.4 | 80.9 | 274.8 | 74.9 | 17.4 |
| 广　东 | 212.1 | 103.0 | 75.1 | 264.0 | 86.8 | 21.2 |
| 广　西 | 170.0 | 107.0 | 69.3 | 277.0 | 79.2 | 18.8 |
| 海　南 | 168.4 | 98.9 | 66.2 | 282.7 | 67.2 | 12.5 |
| 重　庆 | 218.5 | 101.8 | 78.7 | 262.2 | 64.1 | 16.8 |
| 四　川 | 154.2 | 99.9 | 77.5 | 254.5 | 59.0 | 13.7 |
| 贵　州 | 37.2 | 96.9 | 60.4 | 287.8 | 57.2 | 9.6 |
| 云　南 | 8.1 | 98.6 | 78.8 | 263.8 | 64.2 | 17.7 |
| 西　藏 | 12.9 | 49.4 | 41.8 | 213.7 | 47.3 | 13.9 |
| 陕　西 | 120.7 | 86.0 | 74.3 | 238.2 | 56.0 | 18.0 |
| 甘　肃 | 15.9 | 83.9 | 85.1 | 243.2 | 60.9 | 18.6 |
| 青　海 | 1.3 | 75.6 | 81.1 | 240.4 | 51.8 | 14.0 |
| 宁　夏 | 21.9 | 99.2 | 90.2 | 253.6 | 68.7 | 14.9 |
| 新　疆 | 32.2 | 91.9 | 87.8 | 224.5 | 54.6 | 15.7 |

## (六)2020年分地区城镇居民收支主要数据

# 2-2-6-1　2020年分地区城镇居民可支配收入

单位：元/人

| 地　区 | 可支配收入 | 一、工资性收入 | 二、经营净收入 | 三、财产净收入 | 四、转移净收入 |
|---|---|---|---|---|---|
| **全　国** | **43833.8** | **26380.7** | **4710.8** | **4626.5** | **8115.8** |
| 北　京 | 75601.5 | 44619.0 | 685.0 | 13152.4 | 17145.2 |
| 天　津 | 47658.5 | 30052.7 | 2216.1 | 4824.3 | 10565.3 |
| 河　北 | 37285.7 | 23602.4 | 2850.7 | 3435.2 | 7397.3 |
| 山　西 | 34792.7 | 20197.1 | 2943.2 | 2384.4 | 9268.0 |
| 内蒙古 | 41353.1 | 24888.4 | 7697.3 | 2366.4 | 6401.0 |
| 辽　宁 | 40375.9 | 22801.1 | 3666.7 | 2144.8 | 11763.3 |
| 吉　林 | 33395.7 | 20990.9 | 2987.4 | 1603.0 | 7814.4 |
| 黑龙江 | 31114.7 | 17543.3 | 2753.0 | 1324.0 | 9494.5 |
| 上　海 | 76437.3 | 43802.5 | 2063.5 | 10884.2 | 19687.1 |
| 江　苏 | 53101.7 | 31167.7 | 5328.3 | 6680.4 | 9925.2 |
| 浙　江 | 62699.3 | 35369.6 | 8672.1 | 8747.5 | 9910.1 |
| 安　徽 | 39442.1 | 23635.6 | 6189.1 | 3504.5 | 6112.9 |
| 福　建 | 47160.3 | 29119.1 | 5992.4 | 6219.0 | 5829.8 |
| 江　西 | 38555.8 | 24309.5 | 3089.0 | 3390.8 | 7766.5 |
| 山　东 | 43726.3 | 27250.0 | 6097.2 | 3793.1 | 6585.9 |
| 河　南 | 34750.3 | 19620.3 | 5105.3 | 3077.4 | 6947.3 |
| 湖　北 | 36705.7 | 20071.4 | 4728.3 | 3470.1 | 8436.0 |
| 湖　南 | 41697.5 | 22457.3 | 6255.2 | 4146.0 | 8839.0 |
| 广　东 | 50257.0 | 35429.3 | 5237.3 | 7425.9 | 2164.4 |
| 广　西 | 35859.3 | 20241.2 | 5375.4 | 3217.3 | 7025.5 |
| 海　南 | 37097.0 | 23626.1 | 3551.4 | 3513.9 | 6405.6 |
| 重　庆 | 40006.2 | 23353.3 | 4480.0 | 2860.2 | 9312.6 |
| 四　川 | 38253.1 | 21950.7 | 4333.8 | 3058.9 | 8909.7 |
| 贵　州 | 36096.2 | 20472.1 | 5808.4 | 3252.2 | 6563.5 |
| 云　南 | 37499.5 | 21594.7 | 4213.6 | 4725.1 | 6966.1 |
| 西　藏 | 41156.4 | 30717.4 | 1203.6 | 3330.0 | 5905.4 |
| 陕　西 | 37868.2 | 21850.4 | 2836.3 | 2851.0 | 10330.5 |
| 甘　肃 | 33821.8 | 22903.6 | 2489.1 | 2627.4 | 5801.8 |
| 青　海 | 35505.8 | 23546.9 | 2699.4 | 1667.1 | 7592.3 |
| 宁　夏 | 35719.6 | 24272.6 | 3465.1 | 1293.2 | 6688.7 |
| 新　疆 | 34838.4 | 22408.3 | 3161.4 | 1518.1 | 7750.5 |

# 2-2-6-2 2020年分地区城镇居民可支配收入构成

单位：%

| 地 区 | 可支配收入 | 一、工资性收入 | 二、经营净收入 | 三、财产净收入 | 四、转移净收入 |
|---|---|---|---|---|---|
| **全 国** | **100.0** | **60.2** | **10.7** | **10.6** | **18.5** |
| 北 京 | 100.0 | 59.0 | 0.9 | 17.4 | 22.7 |
| 天 津 | 100.0 | 63.1 | 4.7 | 10.1 | 22.2 |
| 河 北 | 100.0 | 63.3 | 7.6 | 9.2 | 19.8 |
| 山 西 | 100.0 | 58.0 | 8.5 | 6.9 | 26.6 |
| 内蒙古 | 100.0 | 60.2 | 18.6 | 5.7 | 15.5 |
| 辽 宁 | 100.0 | 56.5 | 9.1 | 5.3 | 29.1 |
| 吉 林 | 100.0 | 62.9 | 8.9 | 4.8 | 23.4 |
| 黑龙江 | 100.0 | 56.4 | 8.8 | 4.3 | 30.5 |
| 上 海 | 100.0 | 57.3 | 2.7 | 14.2 | 25.8 |
| 江 苏 | 100.0 | 58.7 | 10.0 | 12.6 | 18.7 |
| 浙 江 | 100.0 | 56.4 | 13.8 | 14.0 | 15.8 |
| 安 徽 | 100.0 | 59.9 | 15.7 | 8.9 | 15.5 |
| 福 建 | 100.0 | 61.7 | 12.7 | 13.2 | 12.4 |
| 江 西 | 100.0 | 63.1 | 8.0 | 8.8 | 20.1 |
| 山 东 | 100.0 | 62.3 | 13.9 | 8.7 | 15.1 |
| 河 南 | 100.0 | 56.5 | 14.7 | 8.9 | 20.0 |
| 湖 北 | 100.0 | 54.7 | 12.9 | 9.5 | 23.0 |
| 湖 南 | 100.0 | 53.9 | 15.0 | 9.9 | 21.2 |
| 广 东 | 100.0 | 70.5 | 10.4 | 14.8 | 4.3 |
| 广 西 | 100.0 | 56.4 | 15.0 | 9.0 | 19.6 |
| 海 南 | 100.0 | 63.7 | 9.6 | 9.5 | 17.3 |
| 重 庆 | 100.0 | 58.4 | 11.2 | 7.1 | 23.3 |
| 四 川 | 100.0 | 57.4 | 11.3 | 8.0 | 23.3 |
| 贵 州 | 100.0 | 56.7 | 16.1 | 9.0 | 18.2 |
| 云 南 | 100.0 | 57.6 | 11.2 | 12.6 | 18.6 |
| 西 藏 | 100.0 | 74.6 | 2.9 | 8.1 | 14.3 |
| 陕 西 | 100.0 | 57.7 | 7.5 | 7.5 | 27.3 |
| 甘 肃 | 100.0 | 67.7 | 7.4 | 7.8 | 17.2 |
| 青 海 | 100.0 | 66.3 | 7.6 | 4.7 | 21.4 |
| 宁 夏 | 100.0 | 68.0 | 9.7 | 3.6 | 18.7 |
| 新 疆 | 100.0 | 64.3 | 9.1 | 4.4 | 22.2 |

# 2-2-6-3 2020年分地区城镇居民现金可支配收入

单位：元/人

| 地 区 | 现金可支配收入 | 一、工资性收入 | 二、经营净收入 | 三、财产净收入 | 四、转移净收入 |
|---|---|---|---|---|---|
| **全 国** | **40377.8** | **26240.5** | **4987.5** | **1569.3** | **7580.6** |
| 北 京 | 62832.0 | 44569.4 | 774.1 | 1928.1 | 15560.5 |
| 天 津 | 42728.3 | 29815.9 | 2331.1 | 1151.6 | 9429.7 |
| 河 北 | 34399.0 | 23565.0 | 3035.0 | 694.1 | 7104.8 |
| 山 西 | 32858.9 | 20139.6 | 3096.3 | 1033.0 | 8590.1 |
| 内蒙古 | 40060.6 | 24859.8 | 8163.7 | 908.7 | 6128.4 |
| 辽 宁 | 38279.6 | 22615.8 | 3960.1 | 516.2 | 11187.6 |
| 吉 林 | 31974.6 | 20945.6 | 3164.6 | 385.3 | 7479.2 |
| 黑龙江 | 29968.1 | 17437.9 | 3127.5 | 268.4 | 9134.3 |
| 上 海 | 64766.1 | 43518.6 | 2135.5 | 987.2 | 18124.9 |
| 江 苏 | 47816.2 | 31014.0 | 5638.0 | 1901.9 | 9262.2 |
| 浙 江 | 57515.5 | 35202.4 | 9076.3 | 3924.0 | 9312.8 |
| 安 徽 | 36811.0 | 23516.8 | 6497.9 | 1020.7 | 5775.6 |
| 福 建 | 42117.5 | 28854.4 | 6285.6 | 1670.0 | 5307.6 |
| 江 西 | 36032.5 | 24246.3 | 3180.0 | 1170.9 | 7435.2 |
| 山 东 | 41088.4 | 27152.7 | 6614.1 | 1118.8 | 6202.8 |
| 河 南 | 32330.0 | 19547.1 | 5244.6 | 984.7 | 6553.7 |
| 湖 北 | 33625.2 | 19866.5 | 4990.3 | 867.7 | 7900.7 |
| 湖 南 | 39349.7 | 22288.1 | 6489.3 | 2265.6 | 8306.7 |
| 广 东 | 46007.3 | 35187.1 | 5621.3 | 3258.5 | 1940.3 |
| 广 西 | 33601.6 | 20029.0 | 5620.4 | 1694.7 | 6257.6 |
| 海 南 | 34294.2 | 23504.1 | 3639.0 | 1045.6 | 6105.5 |
| 重 庆 | 37692.0 | 23148.1 | 4655.0 | 1136.1 | 8752.9 |
| 四 川 | 36163.7 | 21812.3 | 4527.8 | 1456.3 | 8367.3 |
| 贵 州 | 34758.7 | 20378.6 | 6234.3 | 2076.0 | 6069.7 |
| 云 南 | 34758.7 | 21571.5 | 4420.5 | 2428.4 | 6338.2 |
| 西 藏 | 39394.0 | 30702.1 | 1380.5 | 1441.7 | 5869.7 |
| 陕 西 | 36051.7 | 21772.4 | 2995.8 | 1516.6 | 9766.9 |
| 甘 肃 | 31291.3 | 22856.9 | 2658.3 | 469.8 | 5306.3 |
| 青 海 | 34170.9 | 23473.6 | 3338.3 | 536.0 | 6823.0 |
| 宁 夏 | 34510.2 | 24164.4 | 3796.7 | 516.6 | 6032.4 |
| 新 疆 | 33076.5 | 22187.4 | 3534.0 | 333.8 | 7021.3 |

# 2-2-6-4　2020年分地区城镇居民现金可支配收入构成

单位：%

| 地　区 | 现金可支配收入 | 一、工资性收入 | 二、经营净收入 | 三、财产净收入 | 四、转移净收入 |
|---|---|---|---|---|---|
| **全　国** | **100.0** | **65.0** | **12.4** | **3.9** | **18.8** |
| 北　京 | 100.0 | 70.9 | 1.2 | 3.1 | 24.8 |
| 天　津 | 100.0 | 69.8 | 5.5 | 2.7 | 22.1 |
| 河　北 | 100.0 | 68.5 | 8.8 | 2.0 | 20.7 |
| 山　西 | 100.0 | 61.3 | 9.4 | 3.1 | 26.1 |
| 内蒙古 | 100.0 | 62.1 | 20.4 | 2.3 | 15.3 |
| 辽　宁 | 100.0 | 59.1 | 10.3 | 1.3 | 29.2 |
| 吉　林 | 100.0 | 65.5 | 9.9 | 1.2 | 23.4 |
| 黑龙江 | 100.0 | 58.2 | 10.4 | 0.9 | 30.5 |
| 上　海 | 100.0 | 67.2 | 3.3 | 1.5 | 28.0 |
| 江　苏 | 100.0 | 64.9 | 11.8 | 4.0 | 19.4 |
| 浙　江 | 100.0 | 61.2 | 15.8 | 6.8 | 16.2 |
| 安　徽 | 100.0 | 63.9 | 17.7 | 2.8 | 15.7 |
| 福　建 | 100.0 | 68.5 | 14.9 | 4.0 | 12.6 |
| 江　西 | 100.0 | 67.3 | 8.8 | 3.2 | 20.6 |
| 山　东 | 100.0 | 66.1 | 16.1 | 2.7 | 15.1 |
| 河　南 | 100.0 | 60.5 | 16.2 | 3.0 | 20.3 |
| 湖　北 | 100.0 | 59.1 | 14.8 | 2.6 | 23.5 |
| 湖　南 | 100.0 | 56.6 | 16.5 | 5.8 | 21.1 |
| 广　东 | 100.0 | 76.5 | 12.2 | 7.1 | 4.2 |
| 广　西 | 100.0 | 59.6 | 16.7 | 5.0 | 18.6 |
| 海　南 | 100.0 | 68.5 | 10.6 | 3.0 | 17.8 |
| 重　庆 | 100.0 | 61.4 | 12.4 | 3.0 | 23.2 |
| 四　川 | 100.0 | 60.3 | 12.5 | 4.0 | 23.1 |
| 贵　州 | 100.0 | 58.6 | 17.9 | 6.0 | 17.5 |
| 云　南 | 100.0 | 62.1 | 12.7 | 7.0 | 18.2 |
| 西　藏 | 100.0 | 77.9 | 3.5 | 3.7 | 14.9 |
| 陕　西 | 100.0 | 60.4 | 8.3 | 4.2 | 27.1 |
| 甘　肃 | 100.0 | 73.0 | 8.5 | 1.5 | 17.0 |
| 青　海 | 100.0 | 68.7 | 9.8 | 1.6 | 20.0 |
| 宁　夏 | 100.0 | 70.0 | 11.0 | 1.5 | 17.5 |
| 新　疆 | 100.0 | 67.1 | 10.7 | 1.0 | 21.2 |

# 2-2-6-5　2020年分地区城镇居民消费支出

单位：元/人

| 地　区 | 消费支出 | 一、食品烟酒支出 | 二、衣着支出 | 三、居住支出 |
|---|---|---|---|---|
| **全　国** | **27007.4** | **7880.5** | **1644.8** | **6957.7** |
| 北　京 | 41726.3 | 8751.4 | 1924.0 | 17163.1 |
| 天　津 | 30894.7 | 9122.2 | 1860.4 | 7770.0 |
| 河　北 | 23167.4 | 6234.6 | 1667.4 | 5996.0 |
| 山　西 | 20331.9 | 5304.4 | 1671.0 | 4452.3 |
| 内蒙古 | 23887.7 | 6690.6 | 2123.5 | 5149.3 |
| 辽　宁 | 24849.1 | 7334.0 | 1717.8 | 5503.6 |
| 吉　林 | 21623.2 | 6040.8 | 1749.7 | 4597.2 |
| 黑龙江 | 20397.3 | 6029.5 | 1615.0 | 4449.4 |
| 上　海 | 44839.3 | 11515.1 | 1763.5 | 16465.1 |
| 江　苏 | 30882.2 | 8291.7 | 1768.0 | 9388.4 |
| 浙　江 | 36196.9 | 9913.7 | 2035.5 | 10664.7 |
| 安　徽 | 22682.7 | 7400.8 | 1548.9 | 5348.9 |
| 福　建 | 30486.5 | 9673.0 | 1443.5 | 9355.8 |
| 江　西 | 22134.3 | 6949.1 | 1354.5 | 5315.6 |
| 山　东 | 27291.1 | 7318.6 | 2012.5 | 5972.9 |
| 河　南 | 20644.9 | 5584.3 | 1620.0 | 4992.8 |
| 湖　北 | 22885.5 | 7112.4 | 1472.3 | 5774.3 |
| 湖　南 | 26796.4 | 7807.1 | 1778.4 | 5465.5 |
| 广　东 | 33511.3 | 10794.7 | 1282.1 | 9457.9 |
| 广　西 | 20906.5 | 7091.9 | 874.1 | 4645.1 |
| 海　南 | 23559.9 | 8896.1 | 896.8 | 5463.9 |
| 重　庆 | 26464.4 | 8618.8 | 1918.0 | 4970.8 |
| 四　川 | 25133.2 | 8741.1 | 1674.5 | 4951.4 |
| 贵　州 | 20587.0 | 6568.4 | 1436.0 | 3929.1 |
| 云　南 | 24569.4 | 6851.9 | 1434.4 | 5310.2 |
| 西　藏 | 24927.4 | 8637.7 | 2303.1 | 5855.3 |
| 陕　西 | 22866.4 | 6295.8 | 1649.8 | 4887.6 |
| 甘　肃 | 24614.6 | 7068.2 | 1859.4 | 5786.6 |
| 青　海 | 24315.2 | 6754.1 | 1770.5 | 5053.7 |
| 宁　夏 | 22379.1 | 6068.3 | 1776.3 | 4319.2 |
| 新　疆 | 22951.8 | 7194.3 | 1616.8 | 4483.1 |

2-2-6-5 续表

单位：元/人

| 地区 | 四、生活用品及服务支出 | 五、交通通信支出 | 六、教育文化娱乐支出 | 七、医疗保健支出 | 八、其他用品及服务支出 |
|---|---|---|---|---|---|
| **全国** | **1640.0** | **3474.3** | **2591.7** | **2172.2** | **646.2** |
| 北京 | 2306.7 | 3925.2 | 3020.7 | 3755.0 | 880.0 |
| 天津 | 1804.1 | 4045.7 | 2530.6 | 2811.0 | 950.7 |
| 河北 | 1540.6 | 2798.3 | 2412.2 | 1988.8 | 529.6 |
| 山西 | 1149.4 | 2687.2 | 2150.2 | 2421.2 | 496.3 |
| 内蒙古 | 1472.9 | 3724.4 | 2099.5 | 2039.8 | 587.7 |
| 辽宁 | 1372.7 | 3016.5 | 2371.4 | 2595.2 | 937.9 |
| 吉林 | 1236.5 | 2770.2 | 2187.7 | 2396.4 | 644.7 |
| 黑龙江 | 1142.1 | 2436.1 | 1891.1 | 2350.7 | 483.6 |
| 上海 | 2177.5 | 4677.1 | 3962.6 | 3188.7 | 1089.9 |
| 江苏 | 1809.0 | 3994.6 | 2728.2 | 2173.7 | 728.6 |
| 浙江 | 2073.1 | 4987.6 | 3449.7 | 2162.1 | 910.5 |
| 安徽 | 1358.6 | 2674.1 | 2283.1 | 1637.6 | 430.6 |
| 福建 | 1519.3 | 3755.2 | 2300.9 | 1773.8 | 665.0 |
| 江西 | 1233.9 | 2856.8 | 2262.3 | 1724.3 | 437.9 |
| 山东 | 2148.7 | 3688.4 | 3204.5 | 2298.1 | 647.4 |
| 河南 | 1413.8 | 2391.8 | 2141.9 | 1899.3 | 600.9 |
| 湖北 | 1316.0 | 2852.5 | 2040.8 | 1922.3 | 394.8 |
| 湖南 | 1708.7 | 3722.5 | 3360.8 | 2350.5 | 602.8 |
| 广东 | 1895.3 | 4626.3 | 2958.7 | 1748.6 | 747.7 |
| 广西 | 1232.9 | 2601.8 | 2181.1 | 1903.4 | 376.2 |
| 海南 | 1140.0 | 2677.5 | 2383.2 | 1668.3 | 434.1 |
| 重庆 | 1897.3 | 3290.8 | 2648.3 | 2445.3 | 675.1 |
| 四川 | 1599.6 | 3052.2 | 2253.0 | 2193.4 | 668.1 |
| 贵州 | 1319.7 | 3168.4 | 2001.3 | 1706.6 | 457.5 |
| 云南 | 1486.7 | 4092.4 | 2531.1 | 2317.7 | 544.9 |
| 西藏 | 1827.7 | 3621.1 | 1015.1 | 1098.9 | 568.4 |
| 陕西 | 1622.3 | 2855.2 | 2387.2 | 2608.4 | 560.2 |
| 甘肃 | 1662.0 | 3081.4 | 2426.7 | 2090.5 | 639.8 |
| 青海 | 1509.6 | 4076.4 | 2043.1 | 2524.6 | 583.1 |
| 宁夏 | 1383.5 | 3680.3 | 2250.3 | 2267.3 | 634.0 |
| 新疆 | 1500.8 | 3413.5 | 1778.2 | 2349.1 | 615.9 |

# 2-2-6-6 2020年分地区城镇居民消费支出构成

单位：%

| 地　区 | 消费支出 | 一、食品烟酒支出 | 二、衣着支出 | 三、居住支出 |
|---|---|---|---|---|
| **全　国** | **100.0** | **29.2** | **6.1** | **25.8** |
| 北　京 | 100.0 | 21.0 | 4.6 | 41.1 |
| 天　津 | 100.0 | 29.5 | 6.0 | 25.1 |
| 河　北 | 100.0 | 26.9 | 7.2 | 25.9 |
| 山　西 | 100.0 | 26.1 | 8.2 | 21.9 |
| 内蒙古 | 100.0 | 28.0 | 8.9 | 21.6 |
| 辽　宁 | 100.0 | 29.5 | 6.9 | 22.1 |
| 吉　林 | 100.0 | 27.9 | 8.1 | 21.3 |
| 黑龙江 | 100.0 | 29.6 | 7.9 | 21.8 |
| 上　海 | 100.0 | 25.7 | 3.9 | 36.7 |
| 江　苏 | 100.0 | 26.8 | 5.7 | 30.4 |
| 浙　江 | 100.0 | 27.4 | 5.6 | 29.5 |
| 安　徽 | 100.0 | 32.6 | 6.8 | 23.6 |
| 福　建 | 100.0 | 31.7 | 4.7 | 30.7 |
| 江　西 | 100.0 | 31.4 | 6.1 | 24.0 |
| 山　东 | 100.0 | 26.8 | 7.4 | 21.9 |
| 河　南 | 100.0 | 27.0 | 7.8 | 24.2 |
| 湖　北 | 100.0 | 31.1 | 6.4 | 25.2 |
| 湖　南 | 100.0 | 29.1 | 6.6 | 20.4 |
| 广　东 | 100.0 | 32.2 | 3.8 | 28.2 |
| 广　西 | 100.0 | 33.9 | 4.2 | 22.2 |
| 海　南 | 100.0 | 37.8 | 3.8 | 23.2 |
| 重　庆 | 100.0 | 32.6 | 7.2 | 18.8 |
| 四　川 | 100.0 | 34.8 | 6.7 | 19.7 |
| 贵　州 | 100.0 | 31.9 | 7.0 | 19.1 |
| 云　南 | 100.0 | 27.9 | 5.8 | 21.6 |
| 西　藏 | 100.0 | 34.7 | 9.2 | 23.5 |
| 陕　西 | 100.0 | 27.5 | 7.2 | 21.4 |
| 甘　肃 | 100.0 | 28.7 | 7.6 | 23.5 |
| 青　海 | 100.0 | 27.8 | 7.3 | 20.8 |
| 宁　夏 | 100.0 | 27.1 | 7.9 | 19.3 |
| 新　疆 | 100.0 | 31.3 | 7.0 | 19.5 |

2-2-6-6 续表 单位：%

| 地　区 | 四、生活用品及服务支出 | 五、交通通信支出 | 六、教育文化娱乐支出 | 七、医疗保健支出 | 八、其他用品及服务支出 |
|---|---|---|---|---|---|
| **全　国** | **6.1** | **12.9** | **9.6** | **8.0** | **2.4** |
| 北　京 | 5.5 | 9.4 | 7.2 | 9.0 | 2.1 |
| 天　津 | 5.8 | 13.1 | 8.2 | 9.1 | 3.1 |
| 河　北 | 6.7 | 12.1 | 10.4 | 8.6 | 2.3 |
| 山　西 | 5.7 | 13.2 | 10.6 | 11.9 | 2.4 |
| 内蒙古 | 6.2 | 15.6 | 8.8 | 8.5 | 2.5 |
| 辽　宁 | 5.5 | 12.1 | 9.5 | 10.4 | 3.8 |
| 吉　林 | 5.7 | 12.8 | 10.1 | 11.1 | 3.0 |
| 黑龙江 | 5.6 | 11.9 | 9.3 | 11.5 | 2.4 |
| 上　海 | 4.9 | 10.4 | 8.8 | 7.1 | 2.4 |
| 江　苏 | 5.9 | 12.9 | 8.8 | 7.0 | 2.4 |
| 浙　江 | 5.7 | 13.8 | 9.5 | 6.0 | 2.5 |
| 安　徽 | 6.0 | 11.8 | 10.1 | 7.2 | 1.9 |
| 福　建 | 5.0 | 12.3 | 7.5 | 5.8 | 2.2 |
| 江　西 | 5.6 | 12.9 | 10.2 | 7.8 | 2.0 |
| 山　东 | 7.9 | 13.5 | 11.7 | 8.4 | 2.4 |
| 河　南 | 6.8 | 11.6 | 10.4 | 9.2 | 2.9 |
| 湖　北 | 5.8 | 12.5 | 8.9 | 8.4 | 1.7 |
| 湖　南 | 6.4 | 13.9 | 12.5 | 8.8 | 2.2 |
| 广　东 | 5.7 | 13.8 | 8.8 | 5.2 | 2.2 |
| 广　西 | 5.9 | 12.4 | 10.4 | 9.1 | 1.8 |
| 海　南 | 4.8 | 11.4 | 10.1 | 7.1 | 1.8 |
| 重　庆 | 7.2 | 12.4 | 10.0 | 9.2 | 2.6 |
| 四　川 | 6.4 | 12.1 | 9.0 | 8.7 | 2.7 |
| 贵　州 | 6.4 | 15.4 | 9.7 | 8.3 | 2.2 |
| 云　南 | 6.1 | 16.7 | 10.3 | 9.4 | 2.2 |
| 西　藏 | 7.3 | 14.5 | 4.1 | 4.4 | 2.3 |
| 陕　西 | 7.1 | 12.5 | 10.4 | 11.4 | 2.4 |
| 甘　肃 | 6.8 | 12.5 | 9.9 | 8.5 | 2.6 |
| 青　海 | 6.2 | 16.8 | 8.4 | 10.4 | 2.4 |
| 宁　夏 | 6.2 | 16.4 | 10.1 | 10.1 | 2.8 |
| 新　疆 | 6.5 | 14.9 | 7.7 | 10.2 | 2.7 |

# 2-2-6-7　2020年分地区城镇居民现金消费支出

单位：元/人

| 地　区 | 现金消费支出 | 一、食品烟酒支出 | 二、衣着支出 | 三、居住支出 |
|---|---|---|---|---|
| **全　国** | **21555.6** | **7709.6** | **1644.2** | **2222.2** |
| 北　京 | 26320.9 | 8705.6 | 1923.6 | 3394.3 |
| 天　津 | 24307.8 | 8921.7 | 1860.1 | 2502.3 |
| 河　北 | 18583.9 | 6185.8 | 1666.8 | 1753.0 |
| 山　西 | 17140.3 | 5220.2 | 1670.9 | 2003.2 |
| 内蒙古 | 20528.6 | 6605.1 | 2123.3 | 2150.7 |
| 辽　宁 | 20604.4 | 7163.7 | 1717.5 | 2037.4 |
| 吉　林 | 18506.8 | 5969.0 | 1749.7 | 1890.1 |
| 黑龙江 | 17492.7 | 5919.3 | 1613.4 | 2024.4 |
| 上　海 | 30331.8 | 11236.1 | 1763.4 | 3808.0 |
| 江　苏 | 23133.1 | 8101.2 | 1767.5 | 2510.8 |
| 浙　江 | 27884.3 | 9714.3 | 2035.3 | 3160.6 |
| 安　徽 | 18203.0 | 7241.0 | 1546.6 | 1415.5 |
| 福　建 | 22938.3 | 9435.9 | 1442.2 | 2634.0 |
| 江　西 | 18022.1 | 6832.3 | 1354.4 | 1687.6 |
| 山　东 | 22561.6 | 7207.7 | 2011.0 | 1741.4 |
| 河　南 | 16898.1 | 5515.6 | 1619.8 | 1715.0 |
| 湖　北 | 17999.8 | 6887.6 | 1472.1 | 1644.6 |
| 湖　南 | 22755.9 | 7535.2 | 1778.0 | 2250.4 |
| 广　东 | 26986.9 | 10575.2 | 1281.5 | 3379.7 |
| 广　西 | 16995.8 | 6748.9 | 873.5 | 1856.7 |
| 海　南 | 19273.5 | 8715.5 | 896.7 | 1645.0 |
| 重　庆 | 22371.4 | 8354.0 | 1916.8 | 1735.0 |
| 四　川 | 21195.3 | 8468.5 | 1673.1 | 1826.1 |
| 贵　州 | 17548.8 | 6385.2 | 1435.1 | 1567.9 |
| 云　南 | 19755.1 | 6721.5 | 1434.4 | 1253.2 |
| 西　藏 | 21595.0 | 8622.8 | 2301.4 | 2573.5 |
| 陕　西 | 19516.8 | 6188.2 | 1649.7 | 2202.5 |
| 甘　肃 | 20701.8 | 6991.1 | 1858.6 | 2446.6 |
| 青　海 | 21117.1 | 6681.6 | 1770.5 | 2706.4 |
| 宁　夏 | 19268.9 | 5959.9 | 1776.1 | 1975.8 |
| 新　疆 | 19402.8 | 6924.8 | 1616.6 | 1904.8 |

2-2-6-7 续表

单位：元/人

| 地　区 | 四、生活用品及服务支出 | 五、交通通信支出 | 六、教育文化娱乐支出 | 七、医疗保健支出 | 八、其他用品及服务支出 |
|---|---|---|---|---|---|
| **全　国** | **1627.1** | **3468.9** | **2590.7** | **1658.4** | **634.6** |
| 北　京 | 2304.3 | 3922.5 | 3020.7 | 2175.8 | 874.0 |
| 天　津 | 1801.2 | 4023.1 | 2530.4 | 1888.8 | 780.1 |
| 河　北 | 1530.8 | 2797.5 | 2411.2 | 1710.7 | 528.2 |
| 山　西 | 1144.9 | 2687.0 | 2149.3 | 1771.7 | 493.0 |
| 内蒙古 | 1470.9 | 3723.9 | 2099.4 | 1770.7 | 584.6 |
| 辽　宁 | 1356.7 | 3006.3 | 2371.3 | 2021.0 | 930.5 |
| 吉　林 | 1234.6 | 2766.8 | 2187.7 | 2064.7 | 644.2 |
| 黑龙江 | 1140.4 | 2433.4 | 1890.9 | 1988.8 | 482.0 |
| 上　海 | 2174.4 | 4671.8 | 3962.2 | 1631.1 | 1084.9 |
| 江　苏 | 1798.5 | 3988.2 | 2728.0 | 1520.5 | 718.5 |
| 浙　江 | 2063.8 | 4981.1 | 3441.7 | 1582.0 | 905.4 |
| 安　徽 | 1351.4 | 2668.3 | 2281.5 | 1275.4 | 423.3 |
| 福　建 | 1516.3 | 3747.7 | 2300.2 | 1206.6 | 655.5 |
| 江　西 | 1227.1 | 2853.9 | 2260.6 | 1373.6 | 432.5 |
| 山　东 | 2110.3 | 3687.1 | 3204.4 | 1964.3 | 635.4 |
| 河　南 | 1410.9 | 2388.2 | 2141.9 | 1515.1 | 591.5 |
| 湖　北 | 1315.1 | 2838.4 | 2040.2 | 1438.8 | 363.0 |
| 湖　南 | 1700.2 | 3710.2 | 3359.3 | 1832.4 | 590.2 |
| 广　东 | 1876.0 | 4618.9 | 2957.7 | 1555.1 | 742.7 |
| 广　西 | 1174.3 | 2598.6 | 2180.9 | 1202.2 | 360.7 |
| 海　南 | 1137.7 | 2677.1 | 2383.2 | 1385.6 | 432.7 |
| 重　庆 | 1886.4 | 3281.2 | 2647.9 | 1884.4 | 665.7 |
| 四　川 | 1585.0 | 3050.4 | 2252.8 | 1681.2 | 658.1 |
| 贵　州 | 1305.6 | 3161.1 | 2001.3 | 1237.5 | 455.3 |
| 云　南 | 1471.9 | 4092.4 | 2531.1 | 1706.5 | 544.1 |
| 西　藏 | 1818.9 | 3621.0 | 1015.1 | 1078.4 | 563.7 |
| 陕　西 | 1598.4 | 2850.2 | 2386.0 | 2087.0 | 554.8 |
| 甘　肃 | 1660.6 | 3081.0 | 2419.6 | 1608.0 | 636.2 |
| 青　海 | 1506.4 | 4075.8 | 2042.9 | 1753.0 | 580.5 |
| 宁　夏 | 1380.2 | 3672.5 | 2248.0 | 1624.5 | 632.0 |
| 新　疆 | 1476.7 | 3412.5 | 1777.2 | 1751.7 | 538.5 |

## 2-2-6-8　2020年分地区城镇居民现金消费支出构成

单位：%

| 地　区 | 现金消费支出 | 一、食品烟酒支出 | 二、衣着支出 | 三、居住支出 |
|---|---|---|---|---|
| **全　国** | **100.0** | **35.8** | **7.6** | **10.3** |
| 北　京 | 100.0 | 33.1 | 7.3 | 12.9 |
| 天　津 | 100.0 | 36.7 | 7.7 | 10.3 |
| 河　北 | 100.0 | 33.3 | 9.0 | 9.4 |
| 山　西 | 100.0 | 30.5 | 9.7 | 11.7 |
| 内蒙古 | 100.0 | 32.2 | 10.3 | 10.5 |
| 辽　宁 | 100.0 | 34.8 | 8.3 | 9.9 |
| 吉　林 | 100.0 | 32.3 | 9.5 | 10.2 |
| 黑龙江 | 100.0 | 33.8 | 9.2 | 11.6 |
| 上　海 | 100.0 | 37.0 | 5.8 | 12.6 |
| 江　苏 | 100.0 | 35.0 | 7.6 | 10.9 |
| 浙　江 | 100.0 | 34.8 | 7.3 | 11.3 |
| 安　徽 | 100.0 | 39.8 | 8.5 | 7.8 |
| 福　建 | 100.0 | 41.1 | 6.3 | 11.5 |
| 江　西 | 100.0 | 37.9 | 7.5 | 9.4 |
| 山　东 | 100.0 | 31.9 | 8.9 | 7.7 |
| 河　南 | 100.0 | 32.6 | 9.6 | 10.1 |
| 湖　北 | 100.0 | 38.3 | 8.2 | 9.1 |
| 湖　南 | 100.0 | 33.1 | 7.8 | 9.9 |
| 广　东 | 100.0 | 39.2 | 4.7 | 12.5 |
| 广　西 | 100.0 | 39.7 | 5.1 | 10.9 |
| 海　南 | 100.0 | 45.2 | 4.7 | 8.5 |
| 重　庆 | 100.0 | 37.3 | 8.6 | 7.8 |
| 四　川 | 100.0 | 40.0 | 7.9 | 8.6 |
| 贵　州 | 100.0 | 36.4 | 8.2 | 8.9 |
| 云　南 | 100.0 | 34.0 | 7.3 | 6.3 |
| 西　藏 | 100.0 | 39.9 | 10.7 | 11.9 |
| 陕　西 | 100.0 | 31.7 | 8.5 | 11.3 |
| 甘　肃 | 100.0 | 33.8 | 9.0 | 11.8 |
| 青　海 | 100.0 | 31.6 | 8.4 | 12.8 |
| 宁　夏 | 100.0 | 30.9 | 9.2 | 10.3 |
| 新　疆 | 100.0 | 35.7 | 8.3 | 9.8 |

2-2-6-8 续表

单位：%

| 地区 | 四、生活用品及服务支出 | 五、交通通信支出 | 六、教育文化娱乐支出 | 七、医疗保健支出 | 八、其他用品及服务支出 |
|---|---|---|---|---|---|
| **全　国** | **7.5** | **16.1** | **12.0** | **7.7** | **2.9** |
| 北　京 | 8.8 | 14.9 | 11.5 | 8.3 | 3.3 |
| 天　津 | 7.4 | 16.6 | 10.4 | 7.8 | 3.2 |
| 河　北 | 8.2 | 15.1 | 13.0 | 9.2 | 2.8 |
| 山　西 | 6.7 | 15.7 | 12.5 | 10.3 | 2.9 |
| 内蒙古 | 7.2 | 18.1 | 10.2 | 8.6 | 2.8 |
| 辽　宁 | 6.6 | 14.6 | 11.5 | 9.8 | 4.5 |
| 吉　林 | 6.7 | 15.0 | 11.8 | 11.2 | 3.5 |
| 黑龙江 | 6.5 | 13.9 | 10.8 | 11.4 | 2.8 |
| 上　海 | 7.2 | 15.4 | 13.1 | 5.4 | 3.6 |
| 江　苏 | 7.8 | 17.2 | 11.8 | 6.6 | 3.1 |
| 浙　江 | 7.4 | 17.9 | 12.3 | 5.7 | 3.2 |
| 安　徽 | 7.4 | 14.7 | 12.5 | 7.0 | 2.3 |
| 福　建 | 6.6 | 16.3 | 10.0 | 5.3 | 2.9 |
| 江　西 | 6.8 | 15.8 | 12.5 | 7.6 | 2.4 |
| 山　东 | 9.4 | 16.3 | 14.2 | 8.7 | 2.8 |
| 河　南 | 8.3 | 14.1 | 12.7 | 9.0 | 3.5 |
| 湖　北 | 7.3 | 15.8 | 11.3 | 8.0 | 2.0 |
| 湖　南 | 7.5 | 16.3 | 14.8 | 8.1 | 2.6 |
| 广　东 | 7.0 | 17.1 | 11.0 | 5.8 | 2.8 |
| 广　西 | 6.9 | 15.3 | 12.8 | 7.1 | 2.1 |
| 海　南 | 5.9 | 13.9 | 12.4 | 7.2 | 2.2 |
| 重　庆 | 8.4 | 14.7 | 11.8 | 8.4 | 3.0 |
| 四　川 | 7.5 | 14.4 | 10.6 | 7.9 | 3.1 |
| 贵　州 | 7.4 | 18.0 | 11.4 | 7.1 | 2.6 |
| 云　南 | 7.5 | 20.7 | 12.8 | 8.6 | 2.8 |
| 西　藏 | 8.4 | 16.8 | 4.7 | 5.0 | 2.6 |
| 陕　西 | 8.2 | 14.6 | 12.2 | 10.7 | 2.8 |
| 甘　肃 | 8.0 | 14.9 | 11.7 | 7.8 | 3.1 |
| 青　海 | 7.1 | 19.3 | 9.7 | 8.3 | 2.7 |
| 宁　夏 | 7.2 | 19.1 | 11.7 | 8.4 | 3.3 |
| 新　疆 | 7.6 | 17.6 | 9.2 | 9.0 | 2.8 |

# 2-2-6-9　2020年分地区城镇居民家庭主要食品消费量

单位：公斤/人

| 地　区 | 粮食(原粮) | 谷物 | 食用油 | 植物油 | 蔬菜 | 肉类 | 猪肉 |
|---|---|---|---|---|---|---|---|
| **全　国** | **120.2** | **107.3** | **9.9** | **9.5** | **109.8** | **27.4** | **19.0** |
| 北　京 | 105.2 | 93.1 | 7.3 | 7.2 | 124.0 | 27.7 | 15.1 |
| 天　津 | 101.9 | 91.4 | 9.0 | 8.9 | 119.6 | 24.5 | 14.2 |
| 河　北 | 157.7 | 140.9 | 9.4 | 9.2 | 124.1 | 25.2 | 15.0 |
| 山　西 | 130.9 | 113.5 | 8.0 | 7.9 | 104.6 | 17.6 | 10.9 |
| 内蒙古 | 141.1 | 125.2 | 8.0 | 7.8 | 109.3 | 32.9 | 16.6 |
| 辽　宁 | 129.6 | 112.1 | 10.0 | 9.9 | 125.0 | 27.4 | 16.7 |
| 吉　林 | 129.7 | 114.4 | 11.2 | 11.1 | 106.5 | 24.9 | 15.4 |
| 黑龙江 | 134.1 | 120.1 | 14.1 | 14.0 | 109.4 | 23.8 | 14.7 |
| 上　海 | 106.4 | 93.7 | 8.8 | 8.5 | 105.9 | 28.6 | 18.4 |
| 江　苏 | 109.9 | 97.7 | 9.4 | 9.1 | 106.7 | 27.1 | 19.4 |
| 浙　江 | 124.2 | 110.5 | 10.9 | 10.5 | 97.8 | 27.1 | 19.8 |
| 安　徽 | 126.5 | 110.8 | 8.5 | 8.0 | 107.5 | 26.8 | 19.4 |
| 福　建 | 98.4 | 89.6 | 9.0 | 8.6 | 85.5 | 25.6 | 19.3 |
| 江　西 | 130.9 | 117.7 | 15.6 | 15.2 | 110.4 | 33.8 | 27.3 |
| 山　东 | 110.2 | 98.2 | 7.4 | 7.3 | 105.6 | 20.9 | 13.5 |
| 河　南 | 136.6 | 122.4 | 8.7 | 8.7 | 107.8 | 19.6 | 12.0 |
| 湖　北 | 119.3 | 106.0 | 12.3 | 11.8 | 120.9 | 29.2 | 21.9 |
| 湖　南 | 124.0 | 113.0 | 12.0 | 10.3 | 110.9 | 31.2 | 25.0 |
| 广　东 | 108.9 | 99.6 | 9.1 | 8.8 | 113.7 | 34.4 | 25.8 |
| 广　西 | 103.3 | 95.1 | 8.3 | 7.9 | 96.9 | 27.4 | 21.7 |
| 海　南 | 91.5 | 85.6 | 8.8 | 8.4 | 100.5 | 23.0 | 17.4 |
| 重　庆 | 122.0 | 107.3 | 14.9 | 13.9 | 131.3 | 36.5 | 29.2 |
| 四　川 | 112.8 | 99.8 | 11.5 | 10.7 | 124.7 | 37.0 | 28.9 |
| 贵　州 | 108.2 | 95.2 | 9.0 | 7.8 | 80.5 | 27.7 | 23.5 |
| 云　南 | 112.1 | 98.5 | 7.9 | 6.7 | 99.8 | 26.5 | 19.6 |
| 西　藏 | 164.2 | 157.3 | 13.7 | 11.2 | 104.9 | 53.5 | 14.7 |
| 陕　西 | 126.5 | 110.3 | 10.3 | 10.1 | 101.0 | 18.1 | 11.4 |
| 甘　肃 | 135.0 | 121.4 | 9.1 | 9.0 | 107.2 | 21.3 | 12.6 |
| 青　海 | 94.5 | 88.0 | 8.8 | 8.7 | 66.8 | 23.2 | 8.3 |
| 宁　夏 | 93.0 | 84.9 | 7.6 | 7.6 | 96.9 | 17.3 | 6.4 |
| 新　疆 | 135.9 | 129.3 | 13.1 | 13.0 | 119.9 | 26.1 | 5.9 |

2-2-6-9 续表 单位：公斤/人

| 地　区 | | | 禽类 | 水产品 | 蛋类 | 奶类 | 干鲜瓜果类 | 食糖 |
|---|---|---|---|---|---|---|---|---|
| | 牛肉 | 羊肉 | | | | | | |
| **全　国** | **3.1** | **1.4** | **13.0** | **16.6** | **13.5** | **17.3** | **65.9** | **1.2** |
| 北　京 | 4.1 | 3.1 | 8.1 | 9.7 | 16.8 | 32.4 | 83.5 | 1.2 |
| 天　津 | 3.3 | 2.9 | 7.2 | 17.3 | 21.6 | 18.2 | 86.4 | 1.1 |
| 河　北 | 2.6 | 2.3 | 8.4 | 9.9 | 21.2 | 23.7 | 91.5 | 1.2 |
| 山　西 | 1.3 | 1.8 | 4.8 | 4.3 | 16.9 | 22.8 | 76.2 | 0.9 |
| 内蒙古 | 4.8 | 7.2 | 8.2 | 7.6 | 15.3 | 31.4 | 80.7 | 1.1 |
| 辽　宁 | 4.0 | 1.8 | 8.1 | 18.6 | 17.9 | 23.4 | 83.0 | 1.2 |
| 吉　林 | 4.2 | 1.2 | 7.1 | 12.3 | 15.3 | 15.9 | 77.4 | 1.3 |
| 黑龙江 | 3.0 | 1.7 | 7.5 | 11.6 | 17.0 | 14.4 | 76.9 | 1.5 |
| 上　海 | 4.4 | 1.0 | 13.6 | 26.8 | 13.8 | 23.8 | 60.6 | 1.4 |
| 江　苏 | 2.6 | 0.9 | 13.7 | 21.4 | 13.2 | 17.6 | 49.0 | 1.0 |
| 浙　江 | 3.4 | 0.6 | 13.6 | 28.3 | 10.9 | 16.5 | 62.1 | 1.5 |
| 安　徽 | 3.0 | 1.1 | 15.8 | 16.2 | 14.2 | 13.4 | 61.5 | 0.9 |
| 福　建 | 2.8 | 0.7 | 13.3 | 27.7 | 10.7 | 13.9 | 49.5 | 1.3 |
| 江　西 | 3.7 | 0.5 | 13.3 | 17.9 | 9.7 | 15.4 | 55.8 | 1.0 |
| 山　东 | 1.5 | 1.2 | 8.5 | 19.1 | 20.6 | 22.5 | 91.7 | 0.7 |
| 河　南 | 2.2 | 1.7 | 9.6 | 6.6 | 19.9 | 19.3 | 72.4 | 1.1 |
| 湖　北 | 3.1 | 0.8 | 8.4 | 19.3 | 9.9 | 10.0 | 49.2 | 0.8 |
| 湖　南 | 3.0 | 0.7 | 14.9 | 17.3 | 9.6 | 10.6 | 67.6 | 1.1 |
| 广　东 | 3.7 | 0.7 | 28.1 | 30.1 | 10.2 | 11.7 | 53.5 | 1.5 |
| 广　西 | 3.0 | 0.7 | 29.0 | 16.5 | 8.2 | 9.0 | 50.4 | 1.3 |
| 海　南 | 3.0 | 1.0 | 27.6 | 31.1 | 6.2 | 7.0 | 37.5 | 0.9 |
| 重　庆 | 2.7 | 0.6 | 14.4 | 14.1 | 11.7 | 17.8 | 53.5 | 1.9 |
| 四　川 | 2.6 | 0.5 | 14.4 | 11.1 | 10.0 | 13.8 | 57.1 | 1.4 |
| 贵　州 | 1.8 | 0.3 | 8.8 | 4.4 | 6.0 | 9.5 | 46.0 | 0.8 |
| 云　南 | 3.0 | 0.3 | 10.0 | 6.5 | 5.7 | 10.9 | 54.6 | 1.3 |
| 西　藏 | 30.7 | 5.6 | 3.5 | 1.4 | 6.3 | 19.4 | 26.4 | 3.3 |
| 陕　西 | 2.0 | 1.5 | 5.0 | 4.7 | 12.2 | 20.3 | 67.9 | 0.9 |
| 甘　肃 | 2.7 | 2.3 | 6.9 | 5.0 | 12.0 | 27.6 | 86.1 | 1.5 |
| 青　海 | 9.7 | 3.7 | 4.7 | 3.1 | 6.9 | 22.9 | 38.7 | 1.1 |
| 宁　夏 | 4.8 | 4.6 | 7.4 | 4.1 | 8.9 | 18.1 | 81.4 | 1.2 |
| 新　疆 | 6.8 | 10.4 | 8.4 | 5.5 | 11.5 | 31.2 | 73.5 | 1.4 |

# 2-2-6-10　2020年分地区城镇居民年末主要耐用消费品拥有量

单位：平均每百户

| 地　区 | 家用汽车（辆） | 摩托车（辆） | 电动助力车（辆） | 洗衣机（台） | 电冰箱(柜)（台） | 微波炉（台） | 彩色电视机（台） |
|---|---|---|---|---|---|---|---|
| **全　国** | **44.9** | **18.2** | **62.0** | **99.7** | **103.1** | **56.5** | **123.0** |
| 北　京 | 55.5 | 2.9 | 20.3 | 101.1 | 103.5 | 79.2 | 125.2 |
| 天　津 | 57.0 | 1.7 | 37.4 | 99.7 | 103.7 | 76.8 | 109.7 |
| 河　北 | 53.7 | 11.2 | 92.8 | 101.9 | 103.0 | 55.2 | 112.0 |
| 山　西 | 39.2 | 11.0 | 55.7 | 101.5 | 98.8 | 42.8 | 102.3 |
| 内蒙古 | 54.4 | 11.9 | 46.4 | 100.0 | 107.4 | 46.3 | 103.1 |
| 辽　宁 | 33.3 | 5.4 | 16.5 | 96.5 | 101.4 | 58.9 | 105.4 |
| 吉　林 | 36.4 | 8.4 | 11.3 | 98.2 | 100.5 | 49.9 | 101.2 |
| 黑龙江 | 26.4 | 5.5 | 11.3 | 97.5 | 101.1 | 35.6 | 100.1 |
| 上　海 | 39.9 | 2.3 | 65.6 | 96.9 | 101.8 | 87.4 | 177.7 |
| 江　苏 | 49.6 | 9.9 | 127.6 | 104.3 | 109.3 | 89.3 | 174.5 |
| 浙　江 | 55.6 | 7.2 | 83.7 | 96.5 | 105.2 | 60.8 | 176.2 |
| 安　徽 | 36.6 | 13.1 | 101.7 | 100.8 | 103.7 | 65.7 | 138.6 |
| 福　建 | 36.1 | 35.5 | 66.7 | 92.8 | 102.0 | 57.3 | 128.7 |
| 江　西 | 40.9 | 27.2 | 79.5 | 95.8 | 100.3 | 51.7 | 129.4 |
| 山　东 | 61.2 | 11.8 | 98.3 | 100.9 | 106.4 | 54.9 | 106.4 |
| 河　南 | 40.1 | 15.6 | 116.5 | 101.6 | 100.2 | 44.7 | 116.0 |
| 湖　北 | 37.9 | 32.1 | 44.2 | 99.3 | 104.9 | 47.0 | 120.9 |
| 湖　南 | 43.2 | 37.6 | 30.9 | 104.7 | 106.1 | 42.1 | 119.6 |
| 广　东 | 48.9 | 44.9 | 41.5 | 94.3 | 98.5 | 46.9 | 108.2 |
| 广　西 | 45.4 | 31.2 | 104.9 | 103.2 | 106.3 | 70.2 | 112.8 |
| 海　南 | 42.8 | 24.7 | 104.4 | 91.6 | 99.1 | 30.3 | 103.5 |
| 重　庆 | 36.3 | 14.1 | 13.7 | 99.2 | 103.5 | 63.7 | 129.5 |
| 四　川 | 36.6 | 16.8 | 34.0 | 101.6 | 103.5 | 50.2 | 124.5 |
| 贵　州 | 45.0 | 23.6 | 21.0 | 103.7 | 103.7 | 43.8 | 107.8 |
| 云　南 | 58.8 | 33.9 | 46.3 | 104.4 | 102.7 | 62.9 | 110.0 |
| 西　藏 | 51.4 | 10.4 | 23.1 | 100.0 | 105.5 | 41.5 | 126.8 |
| 陕　西 | 40.5 | 18.2 | 36.3 | 100.5 | 98.4 | 43.5 | 105.6 |
| 甘　肃 | 35.5 | 12.3 | 26.5 | 102.4 | 98.1 | 54.2 | 102.1 |
| 青　海 | 44.5 | 11.2 | 9.8 | 101.7 | 104.7 | 58.5 | 99.2 |
| 宁　夏 | 45.3 | 12.5 | 60.2 | 101.4 | 100.6 | 56.9 | 102.1 |
| 新　疆 | 41.1 | 7.0 | 35.4 | 100.7 | 109.5 | 41.1 | 101.3 |

2-2-6-10 续表 单位：平均每百户

| 地 区 | 空调(台) | 热水器(台) | 排油烟机(台) | 移动电话(部) | 计算机(台) | 照相机(台) |
|---|---|---|---|---|---|---|
| **全 国** | **149.6** | **100.7** | **82.6** | **248.7** | **72.9** | **19.3** |
| 北 京 | 193.4 | 100.4 | 94.3 | 232.2 | 96.4 | 46.8 |
| 天 津 | 165.7 | 98.9 | 94.5 | 236.4 | 73.1 | 21.8 |
| 河 北 | 134.7 | 97.2 | 83.3 | 239.4 | 62.5 | 15.8 |
| 山 西 | 50.6 | 85.8 | 82.0 | 239.4 | 64.1 | 15.4 |
| 内蒙古 | 22.2 | 85.1 | 83.2 | 231.6 | 64.1 | 18.3 |
| 辽 宁 | 58.4 | 89.4 | 88.0 | 208.1 | 59.0 | 22.0 |
| 吉 林 | 23.5 | 83.1 | 88.9 | 231.1 | 64.5 | 13.9 |
| 黑龙江 | 15.0 | 78.4 | 88.3 | 223.9 | 54.3 | 11.6 |
| 上 海 | 213.9 | 99.0 | 86.9 | 228.3 | 112.6 | 36.6 |
| 江 苏 | 227.6 | 112.8 | 87.3 | 254.2 | 78.0 | 18.6 |
| 浙 江 | 222.5 | 109.2 | 90.4 | 245.4 | 86.0 | 22.9 |
| 安 徽 | 188.0 | 106.6 | 82.1 | 252.7 | 65.7 | 15.5 |
| 福 建 | 194.1 | 117.2 | 71.2 | 258.8 | 80.3 | 16.2 |
| 江 西 | 158.2 | 103.7 | 79.2 | 257.5 | 68.6 | 14.4 |
| 山 东 | 151.3 | 102.9 | 90.9 | 236.8 | 79.4 | 28.0 |
| 河 南 | 183.7 | 97.5 | 77.6 | 254.1 | 64.7 | 12.5 |
| 湖 北 | 169.9 | 104.7 | 79.7 | 263.9 | 74.6 | 14.9 |
| 湖 南 | 182.8 | 105.9 | 80.7 | 274.8 | 73.5 | 17.3 |
| 广 东 | 213.9 | 105.3 | 75.9 | 264.6 | 88.6 | 21.4 |
| 广 西 | 177.0 | 109.5 | 71.4 | 276.2 | 79.4 | 19.2 |
| 海 南 | 170.1 | 99.8 | 64.3 | 280.5 | 65.8 | 11.9 |
| 重 庆 | 220.7 | 103.3 | 79.5 | 262.5 | 65.1 | 17.5 |
| 四 川 | 156.3 | 101.8 | 78.8 | 255.3 | 61.3 | 13.7 |
| 贵 州 | 38.4 | 100.0 | 62.2 | 287.7 | 58.7 | 9.5 |
| 云 南 | 10.3 | 103.0 | 79.4 | 260.0 | 67.2 | 19.3 |
| 西 藏 | 12.2 | 59.5 | 45.5 | 217.9 | 48.2 | 13.3 |
| 陕 西 | 123.3 | 90.9 | 75.1 | 240.3 | 59.5 | 17.8 |
| 甘 肃 | 17.4 | 90.1 | 87.8 | 249.4 | 65.0 | 18.2 |
| 青 海 | 1.1 | 79.9 | 83.3 | 239.1 | 52.6 | 13.3 |
| 宁 夏 | 22.0 | 100.7 | 91.4 | 256.2 | 69.6 | 14.1 |
| 新 疆 | 31.8 | 97.9 | 91.2 | 234.4 | 54.7 | 14.5 |

## 三、农村居民数据

### (一)2015年分地区农村居民收支主要数据

# 2-3-1-1 2015年分地区农村居民可支配收入

单位：元/人

| 地区 | 可支配收入 | 一、工资性收入 | 二、经营净收入 | 三、财产净收入 | 四、转移净收入 |
|---|---|---|---|---|---|
| **全国** | **11421.7** | **4600.3** | **4503.6** | **251.5** | **2066.3** |
| 北京 | 20568.7 | 15491.1 | 1958.5 | 1203.8 | 1915.3 |
| 天津 | 18481.6 | 11031.4 | 4949.4 | 775.0 | 1725.8 |
| 河北 | 11050.5 | 5811.9 | 3682.7 | 235.9 | 1320.0 |
| 山西 | 9453.9 | 4921.8 | 2624.4 | 141.8 | 1766.0 |
| 内蒙古 | 10775.9 | 2249.7 | 6185.4 | 425.3 | 1915.5 |
| 辽宁 | 12056.9 | 4730.1 | 5573.7 | 231.7 | 1521.3 |
| 吉林 | 11326.2 | 2097.4 | 7878.1 | 198.6 | 1152.1 |
| 黑龙江 | 11095.2 | 2247.0 | 7049.8 | 524.9 | 1273.5 |
| 上海 | 23205.2 | 17482.5 | 1462.3 | 775.2 | 3485.1 |
| 江苏 | 16256.7 | 8014.9 | 5045.6 | 545.2 | 2651.0 |
| 浙江 | 21125.0 | 13086.9 | 5364.3 | 607.9 | 2065.9 |
| 安徽 | 10820.7 | 3983.1 | 4214.4 | 161.8 | 2461.4 |
| 福建 | 13792.7 | 6187.0 | 5455.6 | 232.5 | 1917.7 |
| 江西 | 11139.1 | 4393.0 | 4431.3 | 184.6 | 2130.2 |
| 山东 | 12930.4 | 5139.5 | 5856.4 | 326.3 | 1608.1 |
| 河南 | 10852.9 | 3728.4 | 4462.2 | 157.0 | 2505.3 |
| 湖北 | 11843.9 | 3682.9 | 5281.4 | 160.8 | 2718.8 |
| 湖南 | 10992.5 | 4515.2 | 3911.7 | 174.1 | 2391.5 |
| 广东 | 13360.4 | 6724.0 | 3590.1 | 337.0 | 2709.3 |
| 广西 | 9466.6 | 2549.1 | 4359.4 | 116.0 | 2442.1 |
| 海南 | 10857.6 | 4251.1 | 5013.2 | 194.8 | 1398.5 |
| 重庆 | 10504.7 | 3583.4 | 3774.7 | 278.1 | 2868.6 |
| 四川 | 10247.4 | 3463.5 | 4197.3 | 223.6 | 2363.0 |
| 贵州 | 7386.9 | 2897.1 | 2878.7 | 83.7 | 1527.3 |
| 云南 | 8242.1 | 2315.5 | 4600.8 | 147.9 | 1177.9 |
| 西藏 | 8243.7 | 1872.9 | 4937.7 | 146.9 | 1286.3 |
| 陕西 | 8688.9 | 3548.3 | 2908.6 | 152.4 | 2079.5 |
| 甘肃 | 6936.2 | 1974.9 | 3025.2 | 128.0 | 1808.1 |
| 青海 | 7933.4 | 2234.7 | 3058.5 | 325.7 | 2314.6 |
| 宁夏 | 9118.7 | 3614.3 | 3837.0 | 189.9 | 1477.5 |
| 新疆 | 9425.1 | 2131.4 | 5397.5 | 209.5 | 1686.7 |

# 2-3-1-2 2015年分地区农村居民可支配收入构成

单位：%

| 地 区 | 可支配收入 | 一、工资性收入 | 二、经营净收入 | 三、财产净收入 | 四、转移净收入 |
|---|---|---|---|---|---|
| **全 国** | **100.0** | **40.3** | **39.4** | **2.2** | **18.1** |
| 北 京 | 100.0 | 75.3 | 9.5 | 5.9 | 9.3 |
| 天 津 | 100.0 | 59.7 | 26.8 | 4.2 | 9.3 |
| 河 北 | 100.0 | 52.6 | 33.3 | 2.1 | 11.9 |
| 山 西 | 100.0 | 52.1 | 27.8 | 1.5 | 18.7 |
| 内蒙古 | 100.0 | 20.9 | 57.4 | 3.9 | 17.8 |
| 辽 宁 | 100.0 | 39.2 | 46.2 | 1.9 | 12.6 |
| 吉 林 | 100.0 | 18.5 | 69.6 | 1.8 | 10.2 |
| 黑龙江 | 100.0 | 20.3 | 63.5 | 4.7 | 11.5 |
| 上 海 | 100.0 | 75.3 | 6.3 | 3.3 | 15.0 |
| 江 苏 | 100.0 | 49.3 | 31.0 | 3.4 | 16.3 |
| 浙 江 | 100.0 | 62.0 | 25.4 | 2.9 | 9.8 |
| 安 徽 | 100.0 | 36.8 | 38.9 | 1.5 | 22.7 |
| 福 建 | 100.0 | 44.9 | 39.6 | 1.7 | 13.9 |
| 江 西 | 100.0 | 39.4 | 39.8 | 1.7 | 19.1 |
| 山 东 | 100.0 | 39.7 | 45.3 | 2.5 | 12.4 |
| 河 南 | 100.0 | 34.4 | 41.1 | 1.4 | 23.1 |
| 湖 北 | 100.0 | 31.1 | 44.6 | 1.4 | 23.0 |
| 湖 南 | 100.0 | 41.1 | 35.6 | 1.6 | 21.8 |
| 广 东 | 100.0 | 50.3 | 26.9 | 2.5 | 20.3 |
| 广 西 | 100.0 | 26.9 | 46.1 | 1.2 | 25.8 |
| 海 南 | 100.0 | 39.2 | 46.2 | 1.8 | 12.9 |
| 重 庆 | 100.0 | 34.1 | 35.9 | 2.6 | 27.3 |
| 四 川 | 100.0 | 33.8 | 41.0 | 2.2 | 23.1 |
| 贵 州 | 100.0 | 39.2 | 39.0 | 1.1 | 20.7 |
| 云 南 | 100.0 | 28.1 | 55.8 | 1.8 | 14.3 |
| 西 藏 | 100.0 | 22.7 | 59.9 | 1.8 | 15.6 |
| 陕 西 | 100.0 | 40.8 | 33.5 | 1.8 | 23.9 |
| 甘 肃 | 100.0 | 28.5 | 43.6 | 1.8 | 26.1 |
| 青 海 | 100.0 | 28.2 | 38.6 | 4.1 | 29.2 |
| 宁 夏 | 100.0 | 39.6 | 42.1 | 2.1 | 16.2 |
| 新 疆 | 100.0 | 22.6 | 57.3 | 2.2 | 17.9 |

# 2-3-1-3　2015年分地区农村居民现金可支配收入

单位：元/人

| 地　区 | 现金可支配收入 | 一、工资性收入 | 二、经营净收入 | 三、财产净收入 | 四、转移净收入 |
|---|---|---|---|---|---|
| **全　国** | **10577.8** | **4583.9** | **3861.3** | **251.5** | **1881.2** |
| 北　京 | 20392.5 | 15326.7 | 2208.6 | 1203.8 | 1653.4 |
| 天　津 | 18383.4 | 11004.5 | 5032.5 | 775.0 | 1571.4 |
| 河　北 | 10446.0 | 5802.5 | 3255.8 | 235.9 | 1151.8 |
| 山　西 | 8869.8 | 4910.8 | 2268.9 | 141.8 | 1548.3 |
| 内蒙古 | 10697.7 | 2247.1 | 6336.7 | 425.3 | 1688.5 |
| 辽　宁 | 11800.6 | 4698.9 | 5549.6 | 231.7 | 1320.4 |
| 吉　林 | 9672.3 | 2093.7 | 6399.2 | 198.6 | 980.8 |
| 黑龙江 | 10974.8 | 2246.8 | 7023.3 | 524.9 | 1179.8 |
| 上　海 | 22395.9 | 17211.5 | 1510.3 | 775.2 | 2898.9 |
| 江　苏 | 15458.1 | 7942.5 | 4563.2 | 545.2 | 2407.2 |
| 浙　江 | 20971.9 | 13030.0 | 5570.9 | 607.9 | 1763.1 |
| 安　徽 | 9952.0 | 3963.8 | 3544.3 | 161.8 | 2282.2 |
| 福　建 | 13307.0 | 6167.9 | 5115.4 | 232.5 | 1791.3 |
| 江　西 | 10030.9 | 4390.4 | 3424.7 | 184.6 | 2031.2 |
| 山　东 | 12291.1 | 5129.5 | 5478.4 | 326.3 | 1356.9 |
| 河　南 | 9795.2 | 3724.6 | 3555.8 | 157.0 | 2357.9 |
| 湖　北 | 10408.5 | 3664.0 | 4114.1 | 160.8 | 2469.6 |
| 湖　南 | 10020.3 | 4499.9 | 3100.9 | 174.1 | 2245.4 |
| 广　东 | 12391.7 | 6705.9 | 2785.9 | 337.0 | 2562.9 |
| 广　西 | 8329.7 | 2538.8 | 3438.6 | 116.0 | 2236.3 |
| 海　南 | 10582.2 | 4240.7 | 4931.4 | 194.8 | 1215.4 |
| 重　庆 | 9362.2 | 3571.7 | 2745.9 | 278.1 | 2766.5 |
| 四　川 | 8955.8 | 3447.7 | 3152.8 | 223.6 | 2131.7 |
| 贵　州 | 6490.6 | 2895.3 | 2107.8 | 83.7 | 1403.8 |
| 云　南 | 7257.3 | 2312.5 | 3785.0 | 147.9 | 1012.0 |
| 西　藏 | 7036.0 | 1872.9 | 3773.8 | 146.9 | 1242.4 |
| 陕　西 | 8124.4 | 3544.2 | 2499.4 | 152.4 | 1928.3 |
| 甘　肃 | 6242.7 | 1972.1 | 2511.1 | 127.4 | 1632.1 |
| 青　海 | 7263.2 | 2233.0 | 2709.7 | 325.7 | 1994.8 |
| 宁　夏 | 8655.5 | 3602.9 | 3704.1 | 189.9 | 1158.5 |
| 新　疆 | 8695.1 | 2129.5 | 4819.5 | 209.5 | 1536.6 |

# 2-3-1-4　2015年分地区农村居民现金可支配收入构成

单位：%

| 地　区 | 现金可支配收入 | 一、工资性收入 | 二、经营净收入 | 三、财产净收入 | 四、转移净收入 |
|---|---|---|---|---|---|
| **全　国** | **100.0** | **43.3** | **36.5** | **2.4** | **17.8** |
| 北　京 | 100.0 | 75.2 | 10.8 | 5.9 | 8.1 |
| 天　津 | 100.0 | 59.9 | 27.4 | 4.2 | 8.5 |
| 河　北 | 100.0 | 55.5 | 31.2 | 2.3 | 11.0 |
| 山　西 | 100.0 | 55.4 | 25.6 | 1.6 | 17.5 |
| 内蒙古 | 100.0 | 21.0 | 59.2 | 4.0 | 15.8 |
| 辽　宁 | 100.0 | 39.8 | 47.0 | 2.0 | 11.2 |
| 吉　林 | 100.0 | 21.6 | 66.2 | 2.1 | 10.1 |
| 黑龙江 | 100.0 | 20.5 | 64.0 | 4.8 | 10.7 |
| 上　海 | 100.0 | 76.9 | 6.7 | 3.5 | 12.9 |
| 江　苏 | 100.0 | 51.4 | 29.5 | 3.5 | 15.6 |
| 浙　江 | 100.0 | 62.1 | 26.6 | 2.9 | 8.4 |
| 安　徽 | 100.0 | 39.8 | 35.6 | 1.6 | 22.9 |
| 福　建 | 100.0 | 46.4 | 38.4 | 1.7 | 13.5 |
| 江　西 | 100.0 | 43.8 | 34.1 | 1.8 | 20.2 |
| 山　东 | 100.0 | 41.7 | 44.6 | 2.7 | 11.0 |
| 河　南 | 100.0 | 38.0 | 36.3 | 1.6 | 24.1 |
| 湖　北 | 100.0 | 35.2 | 39.5 | 1.5 | 23.7 |
| 湖　南 | 100.0 | 44.9 | 30.9 | 1.7 | 22.4 |
| 广　东 | 100.0 | 54.1 | 22.5 | 2.7 | 20.7 |
| 广　西 | 100.0 | 30.5 | 41.3 | 1.4 | 26.8 |
| 海　南 | 100.0 | 40.1 | 46.6 | 1.8 | 11.5 |
| 重　庆 | 100.0 | 38.1 | 29.3 | 3.0 | 29.5 |
| 四　川 | 100.0 | 38.5 | 35.2 | 2.5 | 23.8 |
| 贵　州 | 100.0 | 44.6 | 32.5 | 1.3 | 21.6 |
| 云　南 | 100.0 | 31.9 | 52.2 | 2.0 | 13.9 |
| 西　藏 | 100.0 | 26.6 | 53.6 | 2.1 | 17.7 |
| 陕　西 | 100.0 | 43.6 | 30.8 | 1.9 | 23.7 |
| 甘　肃 | 100.0 | 31.6 | 40.2 | 2.0 | 26.1 |
| 青　海 | 100.0 | 30.7 | 37.3 | 4.5 | 27.5 |
| 宁　夏 | 100.0 | 41.6 | 42.8 | 2.2 | 13.4 |
| 新　疆 | 100.0 | 24.5 | 55.4 | 2.4 | 17.7 |

# 2-3-1-5　2015年分地区农村居民消费支出

单位：元/人

| 地　区 | 消费支出 | 一、食品烟酒支出 | 二、衣着支出 | 三、居住支出 |
|---|---|---|---|---|
| **全　国** | **9222.6** | **3048.0** | **550.5** | **1926.2** |
| 北　京 | 15811.2 | 4372.1 | 996.1 | 4636.0 |
| 天　津 | 14739.4 | 4346.3 | 1060.5 | 3278.8 |
| 河　北 | 9022.8 | 2578.1 | 625.3 | 2014.2 |
| 山　西 | 7421.2 | 2150.2 | 558.5 | 1536.8 |
| 内蒙古 | 10637.4 | 3123.0 | 765.1 | 1817.1 |
| 辽　宁 | 8872.8 | 2498.8 | 598.6 | 1666.4 |
| 吉　林 | 8783.3 | 2550.8 | 594.6 | 1698.3 |
| 黑龙江 | 8391.5 | 2306.7 | 639.9 | 1554.8 |
| 上　海 | 16152.3 | 5660.0 | 857.1 | 4161.3 |
| 江　苏 | 12882.5 | 4078.3 | 777.9 | 2649.9 |
| 浙　江 | 16107.7 | 5008.4 | 950.8 | 3732.3 |
| 安　徽 | 8975.2 | 3212.0 | 503.4 | 1899.8 |
| 福　建 | 11960.8 | 4493.8 | 610.6 | 2907.6 |
| 江　西 | 8485.6 | 3071.8 | 431.9 | 2026.3 |
| 山　东 | 8747.6 | 2661.6 | 540.0 | 1626.6 |
| 河　南 | 7887.4 | 2301.3 | 655.2 | 1643.3 |
| 湖　北 | 9803.1 | 2952.7 | 549.1 | 2150.3 |
| 湖　南 | 9690.6 | 3188.9 | 494.5 | 2191.0 |
| 广　东 | 11103.0 | 4511.3 | 367.1 | 2494.8 |
| 广　西 | 7582.0 | 2680.6 | 237.1 | 1729.9 |
| 海　南 | 8210.3 | 3506.3 | 281.7 | 1470.0 |
| 重　庆 | 8937.7 | 3571.1 | 530.2 | 1481.8 |
| 四　川 | 9250.6 | 3618.4 | 580.4 | 1675.4 |
| 贵　州 | 6644.9 | 2270.2 | 355.4 | 1442.0 |
| 云　南 | 6830.1 | 2486.7 | 304.9 | 1228.6 |
| 西　藏 | 5579.7 | 2912.0 | 506.9 | 701.9 |
| 陕　西 | 7900.7 | 2199.5 | 496.3 | 1785.5 |
| 甘　肃 | 6829.8 | 2244.1 | 466.3 | 1221.1 |
| 青　海 | 8566.5 | 2564.2 | 626.9 | 1461.7 |
| 宁　夏 | 8414.9 | 2452.7 | 664.0 | 1561.2 |
| 新　疆 | 7697.9 | 2622.5 | 691.3 | 1486.5 |

2-3-1-5 续表 单位：元/人

| 地 区 | 四、生活用品及服务支出 | 五、交通通信支出 | 六、教育文化娱乐支出 | 七、医疗保健支出 | 八、其他用品及服务支出 |
|---|---|---|---|---|---|
| **全 国** | **545.6** | **1163.1** | **969.3** | **846.0** | **174.0** |
| 北 京 | 992.9 | 2140.0 | 1144.9 | 1336.0 | 193.2 |
| 天 津 | 1153.7 | 2196.2 | 1245.3 | 1159.9 | 298.7 |
| 河 北 | 527.5 | 1298.5 | 870.4 | 920.5 | 188.4 |
| 山 西 | 382.4 | 820.3 | 1017.1 | 794.3 | 161.5 |
| 内蒙古 | 475.0 | 1646.8 | 1457.7 | 1117.7 | 235.1 |
| 辽 宁 | 396.5 | 1351.2 | 1122.0 | 1064.5 | 174.8 |
| 吉 林 | 353.5 | 1203.6 | 1117.7 | 1058.1 | 206.8 |
| 黑龙江 | 357.5 | 1162.2 | 1097.9 | 1112.8 | 159.8 |
| 上 海 | 722.5 | 2046.1 | 893.3 | 1464.3 | 347.6 |
| 江 苏 | 754.0 | 1879.9 | 1319.9 | 1088.2 | 334.5 |
| 浙 江 | 804.8 | 2565.7 | 1486.4 | 1246.3 | 313.0 |
| 安 徽 | 498.5 | 1056.3 | 834.4 | 808.2 | 162.6 |
| 福 建 | 620.6 | 1248.6 | 1003.9 | 826.9 | 248.9 |
| 江 西 | 491.5 | 865.7 | 882.9 | 569.7 | 145.8 |
| 山 东 | 553.5 | 1393.0 | 912.1 | 919.2 | 141.8 |
| 河 南 | 560.6 | 970.3 | 851.4 | 769.0 | 136.4 |
| 湖 北 | 599.9 | 1218.4 | 1118.1 | 985.1 | 229.5 |
| 湖 南 | 604.7 | 920.2 | 1276.4 | 844.1 | 170.7 |
| 广 东 | 654.6 | 1160.4 | 952.4 | 723.1 | 239.1 |
| 广 西 | 455.5 | 821.8 | 841.7 | 709.7 | 105.7 |
| 海 南 | 404.6 | 836.0 | 904.1 | 634.5 | 173.0 |
| 重 庆 | 651.7 | 888.2 | 923.5 | 745.9 | 145.4 |
| 四 川 | 659.9 | 1019.8 | 699.4 | 839.8 | 157.5 |
| 贵 州 | 379.8 | 784.2 | 872.7 | 449.5 | 91.2 |
| 云 南 | 383.1 | 987.0 | 782.3 | 577.6 | 79.9 |
| 西 藏 | 290.2 | 718.5 | 179.3 | 136.4 | 134.5 |
| 陕 西 | 491.2 | 793.2 | 1036.6 | 958.2 | 140.2 |
| 甘 肃 | 445.0 | 811.7 | 853.7 | 669.8 | 118.1 |
| 青 海 | 444.6 | 1278.1 | 806.6 | 1190.9 | 193.6 |
| 宁 夏 | 571.8 | 1070.9 | 995.4 | 926.0 | 172.9 |
| 新 疆 | 396.0 | 1031.6 | 632.0 | 731.8 | 106.1 |

# 2-3-1-6 2015年分地区农村居民消费支出构成

单位：%

| 地　区 | 消费支出 | 一、食品烟酒支出 | 二、衣着支出 | 三、居住支出 |
|---|---|---|---|---|
| **全　国** | **100.0** | **33.0** | **6.0** | **20.9** |
| 北　京 | 100.0 | 27.7 | 6.3 | 29.3 |
| 天　津 | 100.0 | 29.5 | 7.2 | 22.2 |
| 河　北 | 100.0 | 28.6 | 6.9 | 22.3 |
| 山　西 | 100.0 | 29.0 | 7.5 | 20.7 |
| 内蒙古 | 100.0 | 29.4 | 7.2 | 17.1 |
| 辽　宁 | 100.0 | 28.2 | 6.7 | 18.8 |
| 吉　林 | 100.0 | 29.0 | 6.8 | 19.3 |
| 黑龙江 | 100.0 | 27.5 | 7.6 | 18.5 |
| 上　海 | 100.0 | 35.0 | 5.3 | 25.8 |
| 江　苏 | 100.0 | 31.7 | 6.0 | 20.6 |
| 浙　江 | 100.0 | 31.1 | 5.9 | 23.2 |
| 安　徽 | 100.0 | 35.8 | 5.6 | 21.2 |
| 福　建 | 100.0 | 37.6 | 5.1 | 24.3 |
| 江　西 | 100.0 | 36.2 | 5.1 | 23.9 |
| 山　东 | 100.0 | 30.4 | 6.2 | 18.6 |
| 河　南 | 100.0 | 29.2 | 8.3 | 20.8 |
| 湖　北 | 100.0 | 30.1 | 5.6 | 21.9 |
| 湖　南 | 100.0 | 32.9 | 5.1 | 22.6 |
| 广　东 | 100.0 | 40.6 | 3.3 | 22.5 |
| 广　西 | 100.0 | 35.4 | 3.1 | 22.8 |
| 海　南 | 100.0 | 42.7 | 3.4 | 17.9 |
| 重　庆 | 100.0 | 40.0 | 5.9 | 16.6 |
| 四　川 | 100.0 | 39.1 | 6.3 | 18.1 |
| 贵　州 | 100.0 | 34.2 | 5.3 | 21.7 |
| 云　南 | 100.0 | 36.4 | 4.5 | 18.0 |
| 西　藏 | 100.0 | 52.2 | 9.1 | 12.6 |
| 陕　西 | 100.0 | 27.8 | 6.3 | 22.6 |
| 甘　肃 | 100.0 | 32.9 | 6.8 | 17.9 |
| 青　海 | 100.0 | 29.9 | 7.3 | 17.1 |
| 宁　夏 | 100.0 | 29.1 | 7.9 | 18.6 |
| 新　疆 | 100.0 | 34.1 | 9.0 | 19.3 |

2-3-1-6 续表 单位：%

| 地区 | 四、生活用品及服务支出 | 五、交通通信支出 | 六、教育文化娱乐支出 | 七、医疗保健支出 | 八、其他用品及服务支出 |
|---|---|---|---|---|---|
| **全　国** | **5.9** | **12.6** | **10.5** | **9.2** | **1.9** |
| 北　京 | 6.3 | 13.5 | 7.2 | 8.4 | 1.2 |
| 天　津 | 7.8 | 14.9 | 8.4 | 7.9 | 2.0 |
| 河　北 | 5.8 | 14.4 | 9.6 | 10.2 | 2.1 |
| 山　西 | 5.2 | 11.1 | 13.7 | 10.7 | 2.2 |
| 内蒙古 | 4.5 | 15.5 | 13.7 | 10.5 | 2.2 |
| 辽　宁 | 4.5 | 15.2 | 12.6 | 12.0 | 2.0 |
| 吉　林 | 4.0 | 13.7 | 12.7 | 12.0 | 2.4 |
| 黑龙江 | 4.3 | 13.8 | 13.1 | 13.3 | 1.9 |
| 上　海 | 4.5 | 12.7 | 5.5 | 9.1 | 2.2 |
| 江　苏 | 5.9 | 14.6 | 10.2 | 8.4 | 2.6 |
| 浙　江 | 5.0 | 15.9 | 9.2 | 7.7 | 1.9 |
| 安　徽 | 5.6 | 11.8 | 9.3 | 9.0 | 1.8 |
| 福　建 | 5.2 | 10.4 | 8.4 | 6.9 | 2.1 |
| 江　西 | 5.8 | 10.2 | 10.4 | 6.7 | 1.7 |
| 山　东 | 6.3 | 15.9 | 10.4 | 10.5 | 1.6 |
| 河　南 | 7.1 | 12.3 | 10.8 | 9.7 | 1.7 |
| 湖　北 | 6.1 | 12.4 | 11.4 | 10.0 | 2.3 |
| 湖　南 | 6.2 | 9.5 | 13.2 | 8.7 | 1.8 |
| 广　东 | 5.9 | 10.5 | 8.6 | 6.5 | 2.2 |
| 广　西 | 6.0 | 10.8 | 11.1 | 9.4 | 1.4 |
| 海　南 | 4.9 | 10.2 | 11.0 | 7.7 | 2.1 |
| 重　庆 | 7.3 | 9.9 | 10.3 | 8.3 | 1.6 |
| 四　川 | 7.1 | 11.0 | 7.6 | 9.1 | 1.7 |
| 贵　州 | 5.7 | 11.8 | 13.1 | 6.8 | 1.4 |
| 云　南 | 5.6 | 14.5 | 11.5 | 8.5 | 1.2 |
| 西　藏 | 5.2 | 12.9 | 3.2 | 2.4 | 2.4 |
| 陕　西 | 6.2 | 10.0 | 13.1 | 12.1 | 1.8 |
| 甘　肃 | 6.5 | 11.9 | 12.5 | 9.8 | 1.7 |
| 青　海 | 5.2 | 14.9 | 9.4 | 13.9 | 2.3 |
| 宁　夏 | 6.8 | 12.7 | 11.8 | 11.0 | 2.1 |
| 新　疆 | 5.1 | 13.4 | 8.2 | 9.5 | 1.4 |

# 2-3-1-7　2015年分地区农村居民现金消费支出

单位：元/人

| 地　区 | 现金消费支出 | 一、食品烟酒支出 | 二、衣着支出 | 三、居住支出 |
|---|---|---|---|---|
| **全　国** | **7392.1** | **2540.0** | **549.9** | **779.0** |
| 北　京 | 12581.5 | 4186.8 | 996.1 | 1807.7 |
| 天　津 | 12786.2 | 4225.7 | 1060.5 | 1599.6 |
| 河　北 | 7703.8 | 2415.8 | 624.0 | 1024.1 |
| 山　西 | 6106.6 | 1833.9 | 558.1 | 715.1 |
| 内蒙古 | 9198.2 | 2635.0 | 765.0 | 1016.4 |
| 辽　宁 | 7491.8 | 2192.0 | 598.4 | 775.3 |
| 吉　林 | 7292.2 | 2252.3 | 594.6 | 676.8 |
| 黑龙江 | 7331.8 | 2178.5 | 639.9 | 716.3 |
| 上　海 | 12769.6 | 5341.8 | 857.0 | 1680.8 |
| 江　苏 | 10626.0 | 3693.2 | 777.3 | 1016.3 |
| 浙　江 | 13020.6 | 4672.0 | 948.9 | 1276.6 |
| 安　徽 | 7213.5 | 2833.1 | 502.1 | 683.4 |
| 福　建 | 9320.1 | 3976.1 | 610.4 | 920.2 |
| 江　西 | 6359.4 | 2394.9 | 431.6 | 676.1 |
| 山　东 | 7446.4 | 2477.2 | 539.0 | 759.3 |
| 河　南 | 6635.1 | 2135.6 | 655.2 | 701.5 |
| 湖　北 | 7612.8 | 2276.9 | 548.4 | 881.6 |
| 湖　南 | 7492.2 | 2415.3 | 493.9 | 915.4 |
| 广　东 | 8665.6 | 3830.9 | 367.0 | 882.5 |
| 广　西 | 5577.4 | 1931.5 | 236.9 | 634.5 |
| 海　南 | 6681.6 | 3152.5 | 280.3 | 452.3 |
| 重　庆 | 6836.0 | 2578.2 | 530.2 | 473.3 |
| 四　川 | 6795.2 | 2488.5 | 580.1 | 570.4 |
| 贵　州 | 4848.1 | 1486.4 | 355.1 | 533.1 |
| 云　南 | 5111.3 | 1691.3 | 304.8 | 465.7 |
| 西　藏 | 3575.1 | 1507.0 | 506.1 | 149.0 |
| 陕　西 | 6483.0 | 1956.5 | 496.0 | 756.8 |
| 甘　肃 | 5554.0 | 1726.6 | 466.1 | 606.4 |
| 青　海 | 7058.6 | 1973.9 | 626.8 | 808.2 |
| 宁　夏 | 7167.9 | 2111.0 | 664.0 | 957.6 |
| 新　疆 | 6332.4 | 2029.1 | 688.4 | 857.0 |

2-3-1-7 续表 单位：元/人

| 地区 | 四、生活用品及服务支出 | 五、交通通信支出 | 六、教育文化娱乐支出 | 七、医疗保健支出 | 八、其他用品及服务支出 |
|---|---|---|---|---|---|
| **全国** | **538.3** | **1162.6** | **969.0** | **681.4** | **172.0** |
| 北京 | 988.3 | 2140.0 | 1144.8 | 1132.0 | 185.9 |
| 天津 | 1147.8 | 2190.8 | 1241.8 | 1026.9 | 293.1 |
| 河北 | 525.0 | 1297.1 | 869.7 | 761.2 | 187.1 |
| 山西 | 377.6 | 819.1 | 1017.1 | 629.6 | 156.2 |
| 内蒙古 | 474.9 | 1646.8 | 1456.5 | 973.4 | 230.1 |
| 辽宁 | 387.4 | 1350.8 | 1119.8 | 893.8 | 174.4 |
| 吉林 | 349.8 | 1203.5 | 1117.7 | 890.7 | 206.8 |
| 黑龙江 | 356.8 | 1162.2 | 1097.9 | 1020.3 | 159.8 |
| 上海 | 717.8 | 2044.1 | 892.9 | 891.2 | 344.2 |
| 江苏 | 740.6 | 1878.7 | 1318.6 | 868.1 | 333.2 |
| 浙江 | 789.9 | 2564.1 | 1486.0 | 972.4 | 310.6 |
| 安徽 | 494.6 | 1056.1 | 834.2 | 648.6 | 161.4 |
| 福建 | 615.0 | 1247.7 | 1003.9 | 698.3 | 248.7 |
| 江西 | 491.2 | 865.7 | 882.9 | 471.4 | 145.6 |
| 山东 | 541.9 | 1393.0 | 911.8 | 685.7 | 138.6 |
| 河南 | 560.4 | 970.3 | 851.4 | 624.3 | 136.4 |
| 湖北 | 598.1 | 1218.2 | 1118.0 | 745.3 | 226.4 |
| 湖南 | 600.8 | 920.1 | 1276.2 | 703.0 | 167.5 |
| 广东 | 648.2 | 1160.0 | 952.3 | 585.8 | 238.9 |
| 广西 | 445.9 | 819.0 | 841.7 | 563.4 | 104.5 |
| 海南 | 383.9 | 835.8 | 903.7 | 500.5 | 172.6 |
| 重庆 | 647.5 | 888.2 | 923.4 | 651.2 | 144.1 |
| 四川 | 630.3 | 1019.4 | 698.8 | 653.3 | 154.4 |
| 贵州 | 373.5 | 784.2 | 872.7 | 354.5 | 88.6 |
| 云南 | 378.4 | 986.8 | 782.3 | 423.6 | 78.5 |
| 西藏 | 287.9 | 718.5 | 179.3 | 93.2 | 134.1 |
| 陕西 | 489.0 | 793.1 | 1036.4 | 816.4 | 138.8 |
| 甘肃 | 433.1 | 811.7 | 853.6 | 543.6 | 112.9 |
| 青海 | 442.1 | 1278.1 | 806.6 | 930.5 | 192.5 |
| 宁夏 | 554.9 | 1066.5 | 995.3 | 678.2 | 140.5 |
| 新疆 | 394.5 | 1031.6 | 632.0 | 594.4 | 105.3 |

# 2-3-1-8 2015年分地区农村居民现金消费支出构成

单位：%

| 地区 | 现金消费支出 | 一、食品烟酒支出 | 二、衣着支出 | 三、居住支出 |
|---|---|---|---|---|
| **全国** | **100.0** | **34.4** | **7.4** | **10.5** |
| 北京 | 100.0 | 33.3 | 7.9 | 14.4 |
| 天津 | 100.0 | 33.0 | 8.3 | 12.5 |
| 河北 | 100.0 | 31.4 | 8.1 | 13.3 |
| 山西 | 100.0 | 30.0 | 9.1 | 11.7 |
| 内蒙古 | 100.0 | 28.6 | 8.3 | 11.0 |
| 辽宁 | 100.0 | 29.3 | 8.0 | 10.3 |
| 吉林 | 100.0 | 30.9 | 8.2 | 9.3 |
| 黑龙江 | 100.0 | 29.7 | 8.7 | 9.8 |
| 上海 | 100.0 | 41.8 | 6.7 | 13.2 |
| 江苏 | 100.0 | 34.8 | 7.3 | 9.6 |
| 浙江 | 100.0 | 35.9 | 7.3 | 9.8 |
| 安徽 | 100.0 | 39.3 | 7.0 | 9.5 |
| 福建 | 100.0 | 42.7 | 6.5 | 9.9 |
| 江西 | 100.0 | 37.7 | 6.8 | 10.6 |
| 山东 | 100.0 | 33.3 | 7.2 | 10.2 |
| 河南 | 100.0 | 32.2 | 9.9 | 10.6 |
| 湖北 | 100.0 | 29.9 | 7.2 | 11.6 |
| 湖南 | 100.0 | 32.2 | 6.6 | 12.2 |
| 广东 | 100.0 | 44.2 | 4.2 | 10.2 |
| 广西 | 100.0 | 34.6 | 4.2 | 11.4 |
| 海南 | 100.0 | 47.2 | 4.2 | 6.8 |
| 重庆 | 100.0 | 37.7 | 7.8 | 6.9 |
| 四川 | 100.0 | 36.6 | 8.5 | 8.4 |
| 贵州 | 100.0 | 30.7 | 7.3 | 11.0 |
| 云南 | 100.0 | 33.1 | 6.0 | 9.1 |
| 西藏 | 100.0 | 42.2 | 14.2 | 4.2 |
| 陕西 | 100.0 | 30.2 | 7.7 | 11.7 |
| 甘肃 | 100.0 | 31.1 | 8.4 | 10.9 |
| 青海 | 100.0 | 28.0 | 8.9 | 11.4 |
| 宁夏 | 100.0 | 29.5 | 9.3 | 13.4 |
| 新疆 | 100.0 | 32.0 | 10.9 | 13.5 |

2-3-1-8 续表 单位：%

| 地区 | 四、生活用品及服务支出 | 五、交通通信支出 | 六、教育文化娱乐支出 | 七、医疗保健支出 | 八、其他用品及服务支出 |
|---|---|---|---|---|---|
| **全　国** | **7.3** | **15.7** | **13.1** | **9.2** | **2.3** |
| 北　京 | 7.9 | 17.0 | 9.1 | 9.0 | 1.5 |
| 天　津 | 9.0 | 17.1 | 9.7 | 8.0 | 2.3 |
| 河　北 | 6.8 | 16.8 | 11.3 | 9.9 | 2.4 |
| 山　西 | 6.2 | 13.4 | 16.7 | 10.3 | 2.6 |
| 内蒙古 | 5.2 | 17.9 | 15.8 | 10.6 | 2.5 |
| 辽　宁 | 5.2 | 18.0 | 14.9 | 11.9 | 2.3 |
| 吉　林 | 4.8 | 16.5 | 15.3 | 12.2 | 2.8 |
| 黑龙江 | 4.9 | 15.9 | 15.0 | 13.9 | 2.2 |
| 上　海 | 5.6 | 16.0 | 7.0 | 7.0 | 2.7 |
| 江　苏 | 7.0 | 17.7 | 12.4 | 8.2 | 3.1 |
| 浙　江 | 6.1 | 19.7 | 11.4 | 7.5 | 2.4 |
| 安　徽 | 6.9 | 14.6 | 11.6 | 9.0 | 2.2 |
| 福　建 | 6.6 | 13.4 | 10.8 | 7.5 | 2.7 |
| 江　西 | 7.7 | 13.6 | 13.9 | 7.4 | 2.3 |
| 山　东 | 7.3 | 18.7 | 12.2 | 9.2 | 1.9 |
| 河　南 | 8.4 | 14.6 | 12.8 | 9.4 | 2.1 |
| 湖　北 | 7.9 | 16.0 | 14.7 | 9.8 | 3.0 |
| 湖　南 | 8.0 | 12.3 | 17.0 | 9.4 | 2.2 |
| 广　东 | 7.5 | 13.4 | 11.0 | 6.8 | 2.8 |
| 广　西 | 8.0 | 14.7 | 15.1 | 10.1 | 1.9 |
| 海　南 | 5.7 | 12.5 | 13.5 | 7.5 | 2.6 |
| 重　庆 | 9.5 | 13.0 | 13.5 | 9.5 | 2.1 |
| 四　川 | 9.3 | 15.0 | 10.3 | 9.6 | 2.3 |
| 贵　州 | 7.7 | 16.2 | 18.0 | 7.3 | 1.8 |
| 云　南 | 7.4 | 19.3 | 15.3 | 8.3 | 1.5 |
| 西　藏 | 8.1 | 20.1 | 5.0 | 2.6 | 3.8 |
| 陕　西 | 7.5 | 12.2 | 16.0 | 12.6 | 2.1 |
| 甘　肃 | 7.8 | 14.6 | 15.4 | 9.8 | 2.0 |
| 青　海 | 6.3 | 18.1 | 11.4 | 13.2 | 2.7 |
| 宁　夏 | 7.7 | 14.9 | 13.9 | 9.5 | 2.0 |
| 新　疆 | 6.2 | 16.3 | 10.0 | 9.4 | 1.7 |

# 2-3-1-9　2015年分地区农村居民家庭主要食品消费量

单位：公斤/人

| 地　区 | 粮食(原粮) | | 食用油 | | 蔬菜 | 肉类 | |
|---|---|---|---|---|---|---|---|
| | | 谷物 | | 植物油 | | | 猪肉 |
| **全　国** | **159.5** | **150.2** | **10.1** | **9.2** | **90.3** | **23.1** | **19.5** |
| 北　京 | 105.6 | 95.9 | 9.4 | 9.4 | 91.0 | 23.0 | 15.3 |
| 天　津 | 168.2 | 158.7 | 12.5 | 12.5 | 107.8 | 20.9 | 14.7 |
| 河　北 | 145.4 | 137.6 | 9.7 | 9.6 | 82.4 | 15.7 | 11.3 |
| 山　西 | 153.6 | 138.4 | 7.6 | 7.5 | 66.2 | 10.5 | 8.3 |
| 内蒙古 | 170.4 | 159.6 | 5.7 | 5.4 | 69.4 | 26.7 | 17.5 |
| 辽　宁 | 150.4 | 139.8 | 10.5 | 10.2 | 120.1 | 19.7 | 16.9 |
| 吉　林 | 140.4 | 130.7 | 10.4 | 10.3 | 89.8 | 17.9 | 15.6 |
| 黑龙江 | 142.7 | 132.7 | 13.5 | 13.4 | 66.4 | 14.8 | 11.8 |
| 上　海 | 131.3 | 120.4 | 11.5 | 11.2 | 89.0 | 30.0 | 23.3 |
| 江　苏 | 147.2 | 135.7 | 13.0 | 12.8 | 93.4 | 22.7 | 17.9 |
| 浙　江 | 151.5 | 137.6 | 11.2 | 10.5 | 85.3 | 26.4 | 22.5 |
| 安　徽 | 173.2 | 160.0 | 10.3 | 9.4 | 92.9 | 21.0 | 17.4 |
| 福　建 | 157.5 | 148.4 | 9.4 | 7.6 | 87.4 | 29.9 | 25.8 |
| 江　西 | 181.5 | 174.5 | 11.7 | 11.0 | 103.8 | 20.1 | 17.6 |
| 山　东 | 142.2 | 133.9 | 8.4 | 8.4 | 76.7 | 15.1 | 10.7 |
| 河　南 | 132.5 | 125.5 | 7.6 | 7.5 | 67.7 | 12.8 | 9.7 |
| 湖　北 | 152.1 | 141.8 | 16.0 | 15.2 | 123.1 | 26.9 | 24.1 |
| 湖　南 | 187.9 | 179.6 | 11.7 | 7.9 | 103.9 | 27.2 | 25.1 |
| 广　东 | 161.4 | 153.8 | 9.0 | 8.3 | 101.7 | 36.0 | 31.7 |
| 广　西 | 172.2 | 167.0 | 7.4 | 5.3 | 87.4 | 27.7 | 26.1 |
| 海　南 | 112.8 | 110.0 | 6.7 | 4.7 | 74.7 | 24.2 | 21.9 |
| 重　庆 | 197.1 | 181.8 | 13.4 | 12.0 | 134.7 | 36.0 | 33.6 |
| 四　川 | 187.6 | 177.3 | 12.2 | 10.9 | 125.0 | 36.2 | 34.4 |
| 贵　州 | 152.7 | 141.7 | 7.1 | 5.3 | 92.3 | 33.0 | 31.6 |
| 云　南 | 149.4 | 140.5 | 5.9 | 4.0 | 89.7 | 29.3 | 27.6 |
| 西　藏 | 313.3 | 304.8 | 15.1 | 9.2 | 13.4 | 41.7 | 5.7 |
| 陕　西 | 149.1 | 141.3 | 10.8 | 10.6 | 64.9 | 11.1 | 9.4 |
| 甘　肃 | 181.3 | 169.3 | 8.5 | 8.4 | 55.4 | 15.8 | 12.5 |
| 青　海 | 138.9 | 130.8 | 10.7 | 9.9 | 53.3 | 21.7 | 10.1 |
| 宁　夏 | 148.7 | 142.4 | 8.6 | 8.5 | 75.4 | 15.0 | 6.8 |
| 新　疆 | 204.1 | 203.0 | 13.9 | 13.8 | 90.0 | 20.7 | 1.6 |

2-3-1-9 续表 单位：公斤/人

| 地　区 | | | 禽类 | 水产品 | 蛋类 | 奶类 | 干鲜瓜果类 | 食糖 |
|---|---|---|---|---|---|---|---|---|
| | 牛肉 | 羊肉 | | | | | | |
| **全　国** | **0.8** | **0.9** | **7.1** | **7.2** | **8.3** | **6.3** | **32.3** | **1.3** |
| 北　京 | 1.5 | 2.6 | 4.2 | 5.6 | 11.7 | 13.9 | 52.1 | 1.0 |
| 天　津 | 0.9 | 2.1 | 3.4 | 12.3 | 15.1 | 11.0 | 66.7 | 1.6 |
| 河　北 | 0.4 | 0.8 | 2.9 | 3.4 | 11.5 | 7.5 | 45.3 | 1.1 |
| 山　西 | 0.2 | 0.6 | 1.4 | 1.0 | 9.1 | 8.4 | 33.1 | 1.0 |
| 内蒙古 | 2.0 | 6.0 | 3.9 | 2.6 | 7.3 | 12.5 | 32.5 | 1.2 |
| 辽　宁 | 0.5 | 0.5 | 2.7 | 6.0 | 9.2 | 4.8 | 32.9 | 0.9 |
| 吉　林 | 0.6 | 0.3 | 3.7 | 4.9 | 8.5 | 4.6 | 34.4 | 1.0 |
| 黑龙江 | 0.5 | 0.4 | 3.5 | 4.9 | 6.5 | 4.5 | 37.6 | 1.4 |
| 上　海 | 1.3 | 0.9 | 12.9 | 20.4 | 10.0 | 12.3 | 34.4 | 1.6 |
| 江　苏 | 1.0 | 0.7 | 8.1 | 13.7 | 9.5 | 11.5 | 28.9 | 1.1 |
| 浙　江 | 1.1 | 0.4 | 8.3 | 19.6 | 6.8 | 9.0 | 34.0 | 1.5 |
| 安　徽 | 1.0 | 0.5 | 10.8 | 9.4 | 10.2 | 7.6 | 33.9 | 1.1 |
| 福　建 | 0.8 | 0.4 | 12.2 | 20.1 | 7.3 | 6.9 | 28.8 | 1.8 |
| 江　西 | 0.7 | 0.1 | 6.1 | 7.9 | 6.3 | 5.8 | 24.7 | 1.2 |
| 山　东 | 0.2 | 0.5 | 5.2 | 6.4 | 14.1 | 11.6 | 45.6 | 0.8 |
| 河　南 | 0.7 | 0.5 | 3.9 | 2.5 | 10.7 | 5.0 | 39.1 | 1.1 |
| 湖　北 | 0.8 | 0.4 | 4.3 | 11.7 | 8.3 | 3.6 | 22.4 | 0.8 |
| 湖　南 | 0.7 | 0.3 | 9.1 | 8.7 | 7.3 | 2.9 | 42.3 | 2.1 |
| 广　东 | 0.8 | 0.2 | 20.0 | 18.7 | 6.2 | 2.6 | 23.3 | 1.9 |
| 广　西 | 0.4 | 0.2 | 17.6 | 7.0 | 5.2 | 2.0 | 27.9 | 1.2 |
| 海　南 | 0.8 | 0.3 | 16.3 | 21.5 | 3.8 | 1.3 | 14.3 | 1.0 |
| 重　庆 | 0.4 | 0.3 | 6.4 | 7.1 | 10.3 | 7.6 | 28.3 | 3.4 |
| 四　川 | 0.4 | 0.2 | 9.2 | 4.9 | 8.4 | 6.2 | 23.8 | 1.9 |
| 贵　州 | 0.8 | 0.3 | 3.6 | 1.1 | 3.5 | 1.5 | 20.5 | 1.0 |
| 云　南 | 0.7 | 0.5 | 6.8 | 2.3 | 4.4 | 2.0 | 16.8 | 1.1 |
| 西　藏 | 29.4 | 6.4 | | | 1.9 | 23.1 | 2.0 | 3.5 |
| 陕　西 | 0.2 | 0.6 | 1.4 | 0.8 | 6.2 | 6.5 | 24.6 | 0.7 |
| 甘　肃 | 0.6 | 2.0 | 3.5 | 0.8 | 6.4 | 6.5 | 35.1 | 1.7 |
| 青　海 | 4.1 | 7.0 | 2.7 | 0.7 | 2.5 | 10.5 | 17.0 | 1.5 |
| 宁　夏 | 3.0 | 4.7 | 5.8 | 1.2 | 4.8 | 8.2 | 52.4 | 1.2 |
| 新　疆 | 4.0 | 14.8 | 3.4 | 0.9 | 5.4 | 12.9 | 48.5 | 0.8 |

# 2-3-1-10 2015年分地区农村居民年末主要耐用消费品拥有量

单位：平均每百户

| 地区 | 家用汽车(辆) | 摩托车(辆) | 电动助力车(辆) | 洗衣机(台) | 电冰箱(柜)(台) | 微波炉(台) | 彩色电视机(台) |
|---|---|---|---|---|---|---|---|
| **全国** | **13.3** | **67.5** | **50.1** | **78.8** | **82.6** | **15.0** | **116.9** |
| 北京 | 32.0 | 11.6 | 64.4 | 90.3 | 94.7 | 50.5 | 131.0 |
| 天津 | 39.9 | 41.5 | 91.7 | 101.7 | 100.1 | 32.6 | 121.6 |
| 河北 | 23.6 | 66.4 | 91.1 | 96.7 | 90.1 | 15.8 | 120.8 |
| 山西 | 10.1 | 57.5 | 34.8 | 82.0 | 57.9 | 5.7 | 104.7 |
| 内蒙古 | 23.1 | 75.2 | 31.8 | 85.7 | 89.6 | 6.0 | 104.6 |
| 辽宁 | 11.6 | 63.9 | 33.3 | 80.1 | 86.0 | 8.7 | 111.0 |
| 吉林 | 16.9 | 74.1 | 12.7 | 89.4 | 89.1 | 6.5 | 111.7 |
| 黑龙江 | 9.0 | 58.9 | 11.9 | 86.7 | 86.3 | 6.0 | 105.4 |
| 上海 | 13.8 | 11.4 | 121.0 | 70.2 | 84.0 | 64.8 | 148.5 |
| 江苏 | 18.0 | 43.7 | 119.5 | 91.9 | 95.2 | 61.5 | 146.8 |
| 浙江 | 25.4 | 31.3 | 78.7 | 74.7 | 94.5 | 32.3 | 161.3 |
| 安徽 | 8.5 | 47.0 | 79.4 | 73.6 | 90.6 | 15.4 | 121.3 |
| 福建 | 12.9 | 91.5 | 25.7 | 73.2 | 93.8 | 33.5 | 139.3 |
| 江西 | 10.0 | 77.1 | 52.9 | 42.1 | 84.0 | 8.0 | 126.1 |
| 山东 | 23.6 | 68.9 | 103.3 | 86.8 | 90.8 | 12.3 | 109.5 |
| 河南 | 12.0 | 65.2 | 87.6 | 92.9 | 79.1 | 9.0 | 112.6 |
| 湖北 | 7.2 | 77.9 | 23.5 | 65.0 | 84.8 | 9.2 | 118.5 |
| 湖南 | 8.1 | 75.0 | 11.4 | 71.9 | 87.4 | 6.9 | 112.6 |
| 广东 | 10.7 | 117.0 | 30.8 | 64.8 | 78.3 | 19.1 | 117.2 |
| 广西 | 6.8 | 100.5 | 31.3 | 54.7 | 79.6 | 15.4 | 111.1 |
| 海南 | 6.2 | 102.3 | 41.1 | 23.6 | 55.8 | 12.3 | 104.9 |
| 重庆 | 8.0 | 40.2 | 8.4 | 74.8 | 90.3 | 16.3 | 111.3 |
| 四川 | 8.6 | 51.5 | 19.7 | 82.1 | 82.7 | 9.5 | 112.4 |
| 贵州 | 9.2 | 54.9 | 6.0 | 85.5 | 69.2 | 8.3 | 101.8 |
| 云南 | 11.8 | 76.1 | 11.8 | 68.1 | 52.3 | 10.7 | 101.7 |
| 西藏 | 15.9 | 80.3 | 8.4 | 45.4 | 45.3 | 1.3 | 103.9 |
| 陕西 | 9.1 | 66.2 | 36.7 | 88.0 | 68.8 | 6.0 | 113.2 |
| 甘肃 | 10.0 | 88.6 | 28.0 | 86.0 | 55.3 | 6.1 | 109.0 |
| 青海 | 23.5 | 90.5 | 13.4 | 97.1 | 95.0 | 6.5 | 111.1 |
| 宁夏 | 18.4 | 83.0 | 54.5 | 98.2 | 85.2 | 9.0 | 117.5 |
| 新疆 | 12.6 | 87.9 | 43.0 | 87.8 | 85.6 | 5.9 | 99.9 |

2-3-1-10 续表 单位：平均每百户

| 地　区 | 空调（台） | 热水器（台） | 排油烟机（台） | 移动电话（部） | 计算机（台） | 照相机（台） |
|---|---|---|---|---|---|---|
| **全　国** | **38.8** | **52.5** | **15.3** | **226.1** | **25.7** | **4.1** |
| 北　京 | 118.4 | 92.6 | 66.6 | 230.0 | 69.4 | 20.8 |
| 天　津 | 85.4 | 95.2 | 44.1 | 219.6 | 38.2 | 8.2 |
| 河　北 | 55.3 | 56.4 | 17.2 | 226.2 | 37.8 | 4.5 |
| 山　西 | 9.6 | 18.1 | 7.1 | 195.5 | 28.7 | 2.1 |
| 内蒙古 | 0.8 | 16.7 | 12.1 | 220.6 | 20.8 | 4.5 |
| 辽　宁 | 2.1 | 16.3 | 12.5 | 191.2 | 28.9 | 4.1 |
| 吉　林 | 0.3 | 9.5 | 8.3 | 240.6 | 31.8 | 2.9 |
| 黑龙江 | 0.5 | 6.5 | 10.4 | 202.8 | 24.4 | 3.2 |
| 上　海 | 100.7 | 66.2 | 37.7 | 187.3 | 46.5 | 12.1 |
| 江　苏 | 107.7 | 87.7 | 31.6 | 217.6 | 42.3 | 9.5 |
| 浙　江 | 100.2 | 80.1 | 55.1 | 216.4 | 45.5 | 8.1 |
| 安　徽 | 58.4 | 66.4 | 10.9 | 205.3 | 19.4 | 3.5 |
| 福　建 | 54.3 | 81.6 | 27.4 | 246.4 | 34.9 | 6.3 |
| 江　西 | 38.6 | 54.7 | 13.3 | 232.7 | 22.3 | 3.4 |
| 山　东 | 38.8 | 72.1 | 22.8 | 207.8 | 34.8 | 5.1 |
| 河　南 | 54.8 | 48.3 | 6.3 | 221.0 | 26.6 | 3.1 |
| 湖　北 | 43.5 | 61.7 | 14.9 | 232.2 | 26.2 | 3.8 |
| 湖　南 | 36.2 | 44.6 | 14.6 | 242.1 | 19.8 | 4.3 |
| 广　东 | 62.2 | 77.7 | 29.5 | 267.2 | 33.9 | 4.5 |
| 广　西 | 16.9 | 50.5 | 6.3 | 262.0 | 17.3 | 1.8 |
| 海　南 | 23.7 | 41.4 | 6.6 | 235.7 | 11.6 | 2.1 |
| 重　庆 | 42.8 | 54.4 | 8.6 | 225.0 | 18.9 | 2.9 |
| 四　川 | 22.4 | 50.0 | 6.2 | 216.5 | 13.2 | 2.6 |
| 贵　州 | 2.5 | 29.0 | 3.9 | 245.4 | 9.7 | 1.5 |
| 云　南 | 0.3 | 57.0 | 3.3 | 235.9 | 6.2 | 1.4 |
| 西　藏 | 0.1 | 1.5 | 0.2 | 172.1 | 0.3 | 0.9 |
| 陕　西 | 23.1 | 41.5 | 6.9 | 251.3 | 22.0 | 3.8 |
| 甘　肃 | 0.7 | 20.3 | 5.8 | 244.6 | 14.2 | 2.5 |
| 青　海 | 0.3 | 23.8 | 9.0 | 262.3 | 11.9 | 2.4 |
| 宁　夏 | 0.8 | 54.3 | 9.8 | 281.5 | 22.0 | 2.5 |
| 新　疆 | 1.1 | 21.5 | 9.0 | 174.4 | 14.3 | 2.6 |

## （二）2016年分地区农村居民收支主要数据

### 2-3-2-1　2016年分地区农村居民可支配收入

单位：元/人

| 地　区 | 可支配收入 | 一、工资性收入 | 二、经营净收入 | 三、财产净收入 | 四、转移净收入 |
|---|---|---|---|---|---|
| **全　国** | **12363.4** | **5021.8** | **4741.3** | **272.1** | **2328.2** |
| 北　京 | 22309.5 | 16637.5 | 2061.9 | 1350.1 | 2260.0 |
| 天　津 | 20075.6 | 12048.1 | 5309.4 | 893.7 | 1824.4 |
| 河　北 | 11919.4 | 6263.2 | 3970.0 | 257.5 | 1428.6 |
| 山　西 | 10082.5 | 5204.4 | 2729.9 | 149.0 | 1999.1 |
| 内蒙古 | 11609.0 | 2448.9 | 6215.7 | 452.6 | 2491.7 |
| 辽　宁 | 12880.7 | 5071.2 | 5635.5 | 257.6 | 1916.4 |
| 吉　林 | 12122.9 | 2363.1 | 7558.9 | 231.8 | 1969.1 |
| 黑龙江 | 11831.9 | 2430.5 | 6425.9 | 572.7 | 2402.6 |
| 上　海 | 25520.4 | 18947.9 | 1387.9 | 859.6 | 4325.0 |
| 江　苏 | 17605.6 | 8731.7 | 5283.1 | 606.0 | 2984.8 |
| 浙　江 | 22866.1 | 14204.3 | 5621.9 | 661.8 | 2378.1 |
| 安　徽 | 11720.5 | 4291.4 | 4596.1 | 186.7 | 2646.2 |
| 福　建 | 14999.2 | 6785.2 | 5821.5 | 255.7 | 2136.9 |
| 江　西 | 12137.7 | 4954.7 | 4692.3 | 204.4 | 2286.4 |
| 山　东 | 13954.1 | 5569.1 | 6266.6 | 358.7 | 1759.7 |
| 河　南 | 11696.7 | 4228.0 | 4643.2 | 168.0 | 2657.6 |
| 湖　北 | 12725.0 | 4023.0 | 5534.0 | 158.6 | 3009.3 |
| 湖　南 | 11930.4 | 4946.2 | 4138.6 | 143.1 | 2702.5 |
| 广　东 | 14512.2 | 7255.3 | 3883.6 | 365.8 | 3007.5 |
| 广　西 | 10359.5 | 2848.1 | 4759.2 | 149.2 | 2603.0 |
| 海　南 | 11842.9 | 4764.9 | 5315.7 | 139.1 | 1623.1 |
| 重　庆 | 11548.8 | 3965.6 | 4150.1 | 295.8 | 3137.3 |
| 四　川 | 11203.1 | 3737.6 | 4525.2 | 268.5 | 2671.8 |
| 贵　州 | 8090.3 | 3211.0 | 3115.8 | 67.1 | 1696.3 |
| 云　南 | 9019.8 | 2553.9 | 5043.7 | 152.2 | 1270.1 |
| 西　藏 | 9093.8 | 2204.9 | 5237.9 | 148.7 | 1502.3 |
| 陕　西 | 9396.4 | 3916.0 | 3057.9 | 159.0 | 2263.6 |
| 甘　肃 | 7456.9 | 2125.0 | 3261.4 | 128.4 | 1942.0 |
| 青　海 | 8664.4 | 2464.3 | 3197.0 | 325.2 | 2677.8 |
| 宁　夏 | 9851.6 | 3906.1 | 3937.5 | 291.8 | 1716.3 |
| 新　疆 | 10183.2 | 2527.1 | 5642.0 | 222.8 | 1791.3 |

# 2-3-2-2　2016年分地区农村居民可支配收入构成

单位：%

| 地　区 | 可支配收入 | 一、工资性收入 | 二、经营净收入 | 三、财产净收入 | 四、转移净收入 |
|---|---|---|---|---|---|
| **全　国** | **100.0** | **40.6** | **38.3** | **2.2** | **18.8** |
| 北　京 | 100.0 | 74.6 | 9.2 | 6.1 | 10.1 |
| 天　津 | 100.0 | 60.0 | 26.4 | 4.5 | 9.1 |
| 河　北 | 100.0 | 52.5 | 33.3 | 2.2 | 12.0 |
| 山　西 | 100.0 | 51.6 | 27.1 | 1.5 | 19.8 |
| 内 蒙 古 | 100.0 | 21.1 | 53.5 | 3.9 | 21.5 |
| 辽　宁 | 100.0 | 39.4 | 43.8 | 2.0 | 14.9 |
| 吉　林 | 100.0 | 19.5 | 62.4 | 1.9 | 16.2 |
| 黑 龙 江 | 100.0 | 20.5 | 54.3 | 4.8 | 20.3 |
| 上　海 | 100.0 | 74.2 | 5.4 | 3.4 | 16.9 |
| 江　苏 | 100.0 | 49.6 | 30.0 | 3.4 | 17.0 |
| 浙　江 | 100.0 | 62.1 | 24.6 | 2.9 | 10.4 |
| 安　徽 | 100.0 | 36.6 | 39.2 | 1.6 | 22.6 |
| 福　建 | 100.0 | 45.2 | 38.8 | 1.7 | 14.2 |
| 江　西 | 100.0 | 40.8 | 38.7 | 1.7 | 18.8 |
| 山　东 | 100.0 | 39.9 | 44.9 | 2.6 | 12.6 |
| 河　南 | 100.0 | 36.1 | 39.7 | 1.4 | 22.7 |
| 湖　北 | 100.0 | 31.6 | 43.5 | 1.2 | 23.6 |
| 湖　南 | 100.0 | 41.5 | 34.7 | 1.2 | 22.7 |
| 广　东 | 100.0 | 50.0 | 26.8 | 2.5 | 20.7 |
| 广　西 | 100.0 | 27.5 | 45.9 | 1.4 | 25.1 |
| 海　南 | 100.0 | 40.2 | 44.9 | 1.2 | 13.7 |
| 重　庆 | 100.0 | 34.3 | 35.9 | 2.6 | 27.2 |
| 四　川 | 100.0 | 33.4 | 40.4 | 2.4 | 23.8 |
| 贵　州 | 100.0 | 39.7 | 38.5 | 0.8 | 21.0 |
| 云　南 | 100.0 | 28.3 | 55.9 | 1.7 | 14.1 |
| 西　藏 | 100.0 | 24.2 | 57.6 | 1.6 | 16.5 |
| 陕　西 | 100.0 | 41.7 | 32.5 | 1.7 | 24.1 |
| 甘　肃 | 100.0 | 28.5 | 43.7 | 1.7 | 26.0 |
| 青　海 | 100.0 | 28.4 | 36.9 | 3.8 | 30.9 |
| 宁　夏 | 100.0 | 39.6 | 40.0 | 3.0 | 17.4 |
| 新　疆 | 100.0 | 24.8 | 55.4 | 2.2 | 17.6 |

# 2-3-2-3 2016年分地区农村居民现金可支配收入

单位：元/人

| 地区 | 现金可支配收入 | 一、工资性收入 | 二、经营净收入 | 三、财产净收入 | 四、转移净收入 |
|---|---|---|---|---|---|
| **全国** | **11600.6** | **5000.8** | **4203.9** | **272.1** | **2123.8** |
| 北京 | 22200.1 | 16499.3 | 2412.5 | 1350.1 | 1938.2 |
| 天津 | 20114.5 | 12003.7 | 5545.8 | 893.7 | 1671.3 |
| 河北 | 11774.2 | 6257.7 | 3980.9 | 257.5 | 1278.1 |
| 山西 | 9587.9 | 5174.9 | 2475.2 | 149.0 | 1788.7 |
| 内蒙古 | 11108.8 | 2444.9 | 6150.4 | 452.6 | 2060.8 |
| 辽宁 | 12612.3 | 5020.1 | 5602.9 | 257.6 | 1731.7 |
| 吉林 | 11166.1 | 2354.3 | 6796.8 | 231.8 | 1783.2 |
| 黑龙江 | 11654.9 | 2430.2 | 6362.3 | 572.7 | 2289.6 |
| 上海 | 24647.6 | 18768.7 | 1326.3 | 859.6 | 3693.0 |
| 江苏 | 16900.3 | 8662.2 | 4906.1 | 606.0 | 2725.9 |
| 浙江 | 22581.0 | 14134.2 | 5652.0 | 661.8 | 2132.9 |
| 安徽 | 10578.5 | 4261.1 | 3646.8 | 186.7 | 2483.8 |
| 福建 | 14578.9 | 6753.0 | 5611.9 | 255.7 | 1958.3 |
| 江西 | 11191.0 | 4947.1 | 3876.9 | 204.4 | 2162.7 |
| 山东 | 13520.1 | 5557.0 | 6126.3 | 358.7 | 1478.1 |
| 河南 | 10752.1 | 4223.6 | 3849.2 | 168.0 | 2511.3 |
| 湖北 | 11481.0 | 4000.5 | 4631.9 | 158.6 | 2690.0 |
| 湖南 | 10998.5 | 4926.9 | 3386.6 | 143.1 | 2541.8 |
| 广东 | 13589.9 | 7223.6 | 3160.5 | 365.8 | 2840.0 |
| 广西 | 9378.4 | 2834.1 | 4015.4 | 149.2 | 2379.8 |
| 海南 | 11545.0 | 4753.7 | 5194.8 | 139.1 | 1457.4 |
| 重庆 | 10232.0 | 3953.4 | 2982.9 | 295.8 | 2999.9 |
| 四川 | 9973.5 | 3709.3 | 3604.1 | 268.5 | 2391.6 |
| 贵州 | 7374.2 | 3207.4 | 2534.7 | 67.1 | 1565.0 |
| 云南 | 7946.2 | 2551.3 | 4136.8 | 152.2 | 1105.9 |
| 西藏 | 7866.4 | 2204.9 | 4060.8 | 148.7 | 1451.9 |
| 陕西 | 8833.3 | 3905.7 | 2683.7 | 159.0 | 2084.9 |
| 甘肃 | 6892.9 | 2118.4 | 2944.7 | 128.4 | 1701.4 |
| 青海 | 7991.5 | 2463.4 | 2911.1 | 325.2 | 2291.8 |
| 宁夏 | 9816.1 | 3891.0 | 4294.9 | 291.8 | 1338.4 |
| 新疆 | 9399.8 | 2523.5 | 5066.0 | 222.8 | 1587.5 |

# 2-3-2-4 2016年分地区农村居民现金可支配收入构成

单位：%

| 地　区 | 现金可支配收入 | 一、工资性收入 | 二、经营净收入 | 三、财产净收入 | 四、转移净收入 |
|---|---|---|---|---|---|
| **全　国** | **100.0** | **43.1** | **36.2** | **2.3** | **18.3** |
| 北　京 | 100.0 | 74.3 | 10.9 | 6.1 | 8.7 |
| 天　津 | 100.0 | 59.7 | 27.6 | 4.4 | 8.3 |
| 河　北 | 100.0 | 53.1 | 33.8 | 2.2 | 10.9 |
| 山　西 | 100.0 | 54.0 | 25.8 | 1.6 | 18.7 |
| 内蒙古 | 100.0 | 22.0 | 55.4 | 4.1 | 18.6 |
| 辽　宁 | 100.0 | 39.8 | 44.4 | 2.0 | 13.7 |
| 吉　林 | 100.0 | 21.1 | 60.9 | 2.1 | 16.0 |
| 黑龙江 | 100.0 | 20.9 | 54.6 | 4.9 | 19.6 |
| 上　海 | 100.0 | 76.1 | 5.4 | 3.5 | 15.0 |
| 江　苏 | 100.0 | 51.3 | 29.0 | 3.6 | 16.1 |
| 浙　江 | 100.0 | 62.6 | 25.0 | 2.9 | 9.4 |
| 安　徽 | 100.0 | 40.3 | 34.5 | 1.8 | 23.5 |
| 福　建 | 100.0 | 46.3 | 38.5 | 1.8 | 13.4 |
| 江　西 | 100.0 | 44.2 | 34.6 | 1.8 | 19.3 |
| 山　东 | 100.0 | 41.1 | 45.3 | 2.7 | 10.9 |
| 河　南 | 100.0 | 39.3 | 35.8 | 1.6 | 23.4 |
| 湖　北 | 100.0 | 34.8 | 40.3 | 1.4 | 23.4 |
| 湖　南 | 100.0 | 44.8 | 30.8 | 1.3 | 23.1 |
| 广　东 | 100.0 | 53.2 | 23.3 | 2.7 | 20.9 |
| 广　西 | 100.0 | 30.2 | 42.8 | 1.6 | 25.4 |
| 海　南 | 100.0 | 41.2 | 45.0 | 1.2 | 12.6 |
| 重　庆 | 100.0 | 38.6 | 29.2 | 2.9 | 29.3 |
| 四　川 | 100.0 | 37.2 | 36.1 | 2.7 | 24.0 |
| 贵　州 | 100.0 | 43.5 | 34.4 | 0.9 | 21.2 |
| 云　南 | 100.0 | 32.1 | 52.1 | 1.9 | 13.9 |
| 西　藏 | 100.0 | 28.0 | 51.6 | 1.9 | 18.5 |
| 陕　西 | 100.0 | 44.2 | 30.4 | 1.8 | 23.6 |
| 甘　肃 | 100.0 | 30.7 | 42.7 | 1.9 | 24.7 |
| 青　海 | 100.0 | 30.8 | 36.4 | 4.1 | 28.7 |
| 宁　夏 | 100.0 | 39.6 | 43.8 | 3.0 | 13.6 |
| 新　疆 | 100.0 | 26.8 | 53.9 | 2.4 | 16.9 |

# 2-3-2-5 2016年分地区农村居民消费支出

单位：元/人

| 地 区 | 消费支出 | 一、食品烟酒支出 | 二、衣着支出 | 三、居住支出 |
|---|---|---|---|---|
| **全 国** | **10129.8** | **3266.1** | **575.4** | **2147.1** |
| 北 京 | 17329.0 | 4667.1 | 1095.0 | 5198.8 |
| 天 津 | 15912.1 | 4980.9 | 1088.4 | 3198.3 |
| 河 北 | 9798.3 | 2745.4 | 650.2 | 2206.9 |
| 山 西 | 8028.8 | 2272.4 | 565.3 | 1798.3 |
| 内蒙古 | 11462.6 | 3362.9 | 814.0 | 1995.9 |
| 辽 宁 | 9953.1 | 2678.6 | 636.7 | 1906.5 |
| 吉 林 | 9521.4 | 2721.9 | 606.2 | 1817.1 |
| 黑龙江 | 9423.8 | 2609.1 | 647.5 | 1618.4 |
| 上 海 | 17070.8 | 5731.9 | 877.1 | 4170.7 |
| 江 苏 | 14428.2 | 4254.7 | 815.7 | 3257.7 |
| 浙 江 | 17358.9 | 5520.2 | 952.8 | 3881.8 |
| 安 徽 | 10287.3 | 3523.0 | 538.8 | 2248.3 |
| 福 建 | 12910.8 | 4818.3 | 567.5 | 3203.9 |
| 江 西 | 9128.3 | 3221.7 | 453.7 | 2319.5 |
| 山 东 | 9518.9 | 2832.8 | 576.4 | 1766.8 |
| 河 南 | 8586.6 | 2447.3 | 677.4 | 1767.8 |
| 湖 北 | 10938.3 | 3295.3 | 568.7 | 2407.9 |
| 湖 南 | 10629.9 | 3370.7 | 508.3 | 2369.4 |
| 广 东 | 12414.8 | 5010.5 | 412.0 | 2761.9 |
| 广 西 | 8351.2 | 2880.4 | 252.0 | 1903.8 |
| 海 南 | 8921.2 | 3854.3 | 299.4 | 1652.3 |
| 重 庆 | 9954.4 | 3850.7 | 591.1 | 1660.2 |
| 四 川 | 10191.6 | 3886.6 | 640.6 | 1918.5 |
| 贵 州 | 7533.3 | 2316.5 | 378.2 | 1746.9 |
| 云 南 | 7330.5 | 2586.0 | 302.6 | 1396.1 |
| 西 藏 | 6070.3 | 3183.3 | 642.6 | 851.5 |
| 陕 西 | 8567.7 | 2307.0 | 510.9 | 2026.5 |
| 甘 肃 | 7487.0 | 2342.6 | 482.5 | 1341.1 |
| 青 海 | 9222.2 | 2715.4 | 635.6 | 1486.6 |
| 宁 夏 | 9138.4 | 2419.1 | 672.9 | 1631.4 |
| 新 疆 | 8277.0 | 2624.2 | 710.3 | 1643.4 |

2-3-2-5 续表 单位：元/人

| 地区 | 四、生活用品及服务支出 | 五、交通通信支出 | 六、教育文化娱乐支出 | 七、医疗保健支出 | 八、其他用品及服务支出 |
|---|---|---|---|---|---|
| **全　国** | **595.7** | **1359.9** | **1070.3** | **929.2** | **186.0** |
| 北　京 | 1156.5 | 2305.9 | 1341.7 | 1347.0 | 217.0 |
| 天　津 | 1091.0 | 2646.6 | 1298.9 | 1334.5 | 273.5 |
| 河　北 | 597.2 | 1511.1 | 952.8 | 928.2 | 206.5 |
| 山　西 | 385.9 | 961.8 | 1132.3 | 769.6 | 143.2 |
| 内蒙古 | 506.8 | 1790.3 | 1553.0 | 1187.7 | 252.1 |
| 辽　宁 | 459.2 | 1663.9 | 1274.2 | 1139.2 | 194.9 |
| 吉　林 | 375.6 | 1334.5 | 1231.7 | 1230.5 | 203.9 |
| 黑龙江 | 386.7 | 1468.1 | 1249.4 | 1269.9 | 174.7 |
| 上　海 | 794.9 | 2366.6 | 1123.1 | 1707.1 | 299.5 |
| 江　苏 | 910.2 | 2333.6 | 1352.2 | 1148.0 | 356.0 |
| 浙　江 | 870.3 | 3076.0 | 1610.8 | 1173.2 | 273.9 |
| 安　徽 | 643.2 | 1276.3 | 949.1 | 931.9 | 176.8 |
| 福　建 | 687.9 | 1452.1 | 1071.3 | 866.9 | 242.8 |
| 江　西 | 519.7 | 893.9 | 922.2 | 650.0 | 147.5 |
| 山　东 | 604.4 | 1545.1 | 1012.9 | 1027.3 | 153.3 |
| 河　南 | 588.1 | 1210.9 | 948.8 | 797.8 | 148.5 |
| 湖　北 | 669.0 | 1381.4 | 1156.6 | 1213.5 | 245.9 |
| 湖　南 | 639.9 | 1083.1 | 1477.3 | 986.5 | 194.6 |
| 广　东 | 718.6 | 1370.5 | 1057.8 | 803.9 | 279.8 |
| 广　西 | 455.8 | 972.0 | 1000.8 | 781.8 | 104.7 |
| 海　南 | 422.2 | 835.7 | 1108.5 | 593.0 | 155.7 |
| 重　庆 | 702.5 | 1066.6 | 1072.5 | 852.3 | 158.5 |
| 四　川 | 692.7 | 1174.0 | 707.2 | 972.5 | 199.5 |
| 贵　州 | 437.4 | 961.0 | 1063.4 | 527.8 | 102.1 |
| 云　南 | 388.7 | 1032.2 | 920.0 | 620.1 | 85.0 |
| 西　藏 | 346.0 | 602.1 | 192.9 | 152.6 | 99.4 |
| 陕　西 | 542.9 | 879.8 | 1102.9 | 1044.1 | 153.5 |
| 甘　肃 | 458.7 | 954.6 | 965.5 | 821.3 | 120.9 |
| 青　海 | 464.4 | 1577.0 | 851.4 | 1278.8 | 212.9 |
| 宁　夏 | 578.6 | 1509.6 | 1077.5 | 1040.6 | 208.7 |
| 新　疆 | 400.6 | 1226.5 | 716.4 | 846.8 | 108.8 |

# 2-3-2-6 2016年分地区农村居民消费支出构成

单位：%

| 地　区 | 消费支出 | 一、食品烟酒支出 | 二、衣着支出 | 三、居住支出 |
|---|---|---|---|---|
| **全　国** | **100.0** | **32.2** | **5.7** | **21.2** |
| 北　京 | 100.0 | 26.9 | 6.3 | 30.0 |
| 天　津 | 100.0 | 31.3 | 6.8 | 20.1 |
| 河　北 | 100.0 | 28.0 | 6.6 | 22.5 |
| 山　西 | 100.0 | 28.3 | 7.0 | 22.4 |
| 内蒙古 | 100.0 | 29.3 | 7.1 | 17.4 |
| 辽　宁 | 100.0 | 26.9 | 6.4 | 19.2 |
| 吉　林 | 100.0 | 28.6 | 6.4 | 19.1 |
| 黑龙江 | 100.0 | 27.7 | 6.9 | 17.2 |
| 上　海 | 100.0 | 33.6 | 5.1 | 24.4 |
| 江　苏 | 100.0 | 29.5 | 5.7 | 22.6 |
| 浙　江 | 100.0 | 31.8 | 5.5 | 22.4 |
| 安　徽 | 100.0 | 34.2 | 5.2 | 21.9 |
| 福　建 | 100.0 | 37.3 | 4.4 | 24.8 |
| 江　西 | 100.0 | 35.3 | 5.0 | 25.4 |
| 山　东 | 100.0 | 29.8 | 6.1 | 18.6 |
| 河　南 | 100.0 | 28.5 | 7.9 | 20.6 |
| 湖　北 | 100.0 | 30.1 | 5.2 | 22.0 |
| 湖　南 | 100.0 | 31.7 | 4.8 | 22.3 |
| 广　东 | 100.0 | 40.4 | 3.3 | 22.2 |
| 广　西 | 100.0 | 34.5 | 3.0 | 22.8 |
| 海　南 | 100.0 | 43.2 | 3.4 | 18.5 |
| 重　庆 | 100.0 | 38.7 | 5.9 | 16.7 |
| 四　川 | 100.0 | 38.1 | 6.3 | 18.8 |
| 贵　州 | 100.0 | 30.8 | 5.0 | 23.2 |
| 云　南 | 100.0 | 35.3 | 4.1 | 19.0 |
| 西　藏 | 100.0 | 52.4 | 10.6 | 14.0 |
| 陕　西 | 100.0 | 26.9 | 6.0 | 23.7 |
| 甘　肃 | 100.0 | 31.3 | 6.4 | 17.9 |
| 青　海 | 100.0 | 29.4 | 6.9 | 16.1 |
| 宁　夏 | 100.0 | 26.5 | 7.4 | 17.9 |
| 新　疆 | 100.0 | 31.7 | 8.6 | 19.9 |

2-3-2-6 续表　　　　单位：%

| 地　区 | 四、生活用品及服务支出 | 五、交通通信支出 | 六、教育文化娱乐支出 | 七、医疗保健支出 | 八、其他用品及服务支出 |
|---|---|---|---|---|---|
| **全　国** | **5.9** | **13.4** | **10.6** | **9.2** | **1.8** |
| 北　京 | 6.7 | 13.3 | 7.7 | 7.8 | 1.3 |
| 天　津 | 6.9 | 16.6 | 8.2 | 8.4 | 1.7 |
| 河　北 | 6.1 | 15.4 | 9.7 | 9.5 | 2.1 |
| 山　西 | 4.8 | 12.0 | 14.1 | 9.6 | 1.8 |
| 内蒙古 | 4.4 | 15.6 | 13.5 | 10.4 | 2.2 |
| 辽　宁 | 4.6 | 16.7 | 12.8 | 11.4 | 2.0 |
| 吉　林 | 3.9 | 14.0 | 12.9 | 12.9 | 2.1 |
| 黑龙江 | 4.1 | 15.6 | 13.3 | 13.5 | 1.9 |
| 上　海 | 4.7 | 13.9 | 6.6 | 10.0 | 1.8 |
| 江　苏 | 6.3 | 16.2 | 9.4 | 8.0 | 2.5 |
| 浙　江 | 5.0 | 17.7 | 9.3 | 6.8 | 1.6 |
| 安　徽 | 6.3 | 12.4 | 9.2 | 9.1 | 1.7 |
| 福　建 | 5.3 | 11.2 | 8.3 | 6.7 | 1.9 |
| 江　西 | 5.7 | 9.8 | 10.1 | 7.1 | 1.6 |
| 山　东 | 6.3 | 16.2 | 10.6 | 10.8 | 1.6 |
| 河　南 | 6.8 | 14.1 | 11.0 | 9.3 | 1.7 |
| 湖　北 | 6.1 | 12.6 | 10.6 | 11.1 | 2.2 |
| 湖　南 | 6.0 | 10.2 | 13.9 | 9.3 | 1.8 |
| 广　东 | 5.8 | 11.0 | 8.5 | 6.5 | 2.3 |
| 广　西 | 5.5 | 11.6 | 12.0 | 9.4 | 1.3 |
| 海　南 | 4.7 | 9.4 | 12.4 | 6.6 | 1.7 |
| 重　庆 | 7.1 | 10.7 | 10.8 | 8.6 | 1.6 |
| 四　川 | 6.8 | 11.5 | 6.9 | 9.5 | 2.0 |
| 贵　州 | 5.8 | 12.8 | 14.1 | 7.0 | 1.4 |
| 云　南 | 5.3 | 14.1 | 12.5 | 8.5 | 1.2 |
| 西　藏 | 5.7 | 9.9 | 3.2 | 2.5 | 1.6 |
| 陕　西 | 6.3 | 10.3 | 12.9 | 12.2 | 1.8 |
| 甘　肃 | 6.1 | 12.8 | 12.9 | 11.0 | 1.6 |
| 青　海 | 5.0 | 17.1 | 9.2 | 13.9 | 2.3 |
| 宁　夏 | 6.3 | 16.5 | 11.8 | 11.4 | 2.3 |
| 新　疆 | 4.8 | 14.8 | 8.7 | 10.2 | 1.3 |

# 2-3-2-7 2016年分地区农村居民现金消费支出

单位：元/人

| 地区 | 现金消费支出 | 一、食品烟酒支出 | 二、衣着支出 | 三、居住支出 |
|---|---|---|---|---|
| **全国** | **8127.3** | **2763.4** | **575.0** | **832.8** |
| 北京 | 13379.0 | 4497.6 | 1094.9 | 1697.3 |
| 天津 | 13879.9 | 4877.5 | 1088.3 | 1417.7 |
| 河北 | 8426.8 | 2636.4 | 649.5 | 1091.5 |
| 山西 | 6562.3 | 1942.9 | 565.0 | 796.0 |
| 内蒙古 | 9666.2 | 2802.5 | 813.8 | 939.6 |
| 辽宁 | 8539.1 | 2384.1 | 636.6 | 937.9 |
| 吉林 | 7867.7 | 2428.2 | 606.2 | 641.9 |
| 黑龙江 | 8351.4 | 2474.3 | 647.5 | 792.6 |
| 上海 | 13510.1 | 5406.9 | 876.4 | 1570.1 |
| 江苏 | 11919.2 | 3913.1 | 815.6 | 1336.9 |
| 浙江 | 14011.0 | 5048.3 | 952.4 | 1252.7 |
| 安徽 | 8299.6 | 3164.4 | 537.9 | 765.1 |
| 福建 | 9949.5 | 4279.1 | 567.4 | 972.3 |
| 江西 | 6732.3 | 2583.8 | 453.5 | 685.0 |
| 山东 | 8134.5 | 2673.2 | 575.0 | 819.5 |
| 河南 | 7167.2 | 2296.0 | 677.3 | 645.2 |
| 湖北 | 8364.8 | 2547.7 | 568.0 | 888.8 |
| 湖南 | 8271.4 | 2612.5 | 507.8 | 929.3 |
| 广东 | 9835.6 | 4380.5 | 411.8 | 977.7 |
| 广西 | 6277.2 | 2150.5 | 251.9 | 737.7 |
| 海南 | 7354.4 | 3510.0 | 299.4 | 526.8 |
| 重庆 | 7669.9 | 2833.8 | 591.0 | 528.9 |
| 四川 | 7474.8 | 2693.6 | 640.1 | 638.2 |
| 贵州 | 5648.7 | 1648.5 | 376.7 | 633.1 |
| 云南 | 5460.6 | 1781.6 | 302.5 | 482.2 |
| 西藏 | 4165.6 | 1893.2 | 642.3 | 288.5 |
| 陕西 | 6983.2 | 2089.2 | 510.6 | 828.3 |
| 甘肃 | 6065.7 | 1834.6 | 482.4 | 628.6 |
| 青海 | 7594.5 | 2011.7 | 635.6 | 849.9 |
| 宁夏 | 7764.9 | 2118.1 | 672.7 | 894.7 |
| 新疆 | 6855.6 | 2084.8 | 707.4 | 929.9 |

2-3-2-7 续表 单位：元/人

| 地 区 | 四、生活用品及服务支出 | 五、交通通信支出 | 六、教育文化娱乐支出 | 七、医疗保健支出 | 八、其他用品及服务支出 |
|---|---|---|---|---|---|
| **全 国** | **589.7** | **1357.8** | **1069.9** | **755.8** | **183.0** |
| 北 京 | 1150.3 | 2304.2 | 1341.7 | 1081.6 | 211.4 |
| 天 津 | 1087.1 | 2644.7 | 1298.7 | 1197.0 | 268.8 |
| 河 北 | 591.4 | 1511.0 | 952.8 | 788.2 | 206.0 |
| 山 西 | 378.0 | 961.7 | 1131.5 | 649.5 | 137.6 |
| 内蒙古 | 506.7 | 1790.3 | 1553.0 | 1009.4 | 251.0 |
| 辽 宁 | 453.1 | 1662.9 | 1267.8 | 1006.9 | 189.8 |
| 吉 林 | 371.8 | 1334.4 | 1231.7 | 1049.8 | 203.7 |
| 黑龙江 | 386.6 | 1468.1 | 1249.4 | 1158.2 | 174.7 |
| 上 海 | 789.5 | 2365.5 | 1122.8 | 1088.6 | 290.4 |
| 江 苏 | 897.5 | 2332.5 | 1351.5 | 918.6 | 353.5 |
| 浙 江 | 857.0 | 3073.3 | 1609.5 | 948.8 | 268.9 |
| 安 徽 | 639.9 | 1275.4 | 949.0 | 792.0 | 175.9 |
| 福 建 | 678.8 | 1451.9 | 1071.3 | 690.0 | 238.8 |
| 江 西 | 518.5 | 893.9 | 922.2 | 528.5 | 146.7 |
| 山 东 | 592.3 | 1544.2 | 1012.7 | 765.6 | 152.0 |
| 河 南 | 587.1 | 1210.4 | 948.7 | 654.2 | 148.4 |
| 湖 北 | 665.2 | 1350.2 | 1156.5 | 944.3 | 244.2 |
| 湖 南 | 638.3 | 1083.1 | 1477.2 | 830.7 | 192.6 |
| 广 东 | 713.5 | 1369.8 | 1056.9 | 646.2 | 279.1 |
| 广 西 | 448.6 | 964.8 | 1000.5 | 622.5 | 100.7 |
| 海 南 | 415.2 | 835.0 | 1108.2 | 507.6 | 152.2 |
| 重 庆 | 695.7 | 1066.5 | 1072.5 | 725.6 | 155.9 |
| 四 川 | 681.6 | 1173.3 | 706.9 | 749.4 | 191.8 |
| 贵 州 | 431.5 | 960.9 | 1063.4 | 438.7 | 96.1 |
| 云 南 | 382.6 | 1032.1 | 919.6 | 479.3 | 80.7 |
| 西 藏 | 345.4 | 602.1 | 192.9 | 102.3 | 98.9 |
| 陕 西 | 538.8 | 879.5 | 1102.5 | 882.9 | 151.3 |
| 甘 肃 | 453.9 | 954.5 | 964.9 | 627.7 | 119.1 |
| 青 海 | 460.5 | 1577.0 | 851.4 | 995.8 | 212.7 |
| 宁 夏 | 563.4 | 1509.1 | 1077.4 | 768.5 | 160.9 |
| 新 疆 | 398.5 | 1226.5 | 716.4 | 696.9 | 95.2 |

# 2-3-2-8 2016年分地区农村居民现金消费支出构成

单位：%

| 地区 | 现金消费支出 | 一、食品烟酒支出 | 二、衣着支出 | 三、居住支出 |
|---|---|---|---|---|
| **全国** | **100.0** | **34.0** | **7.1** | **10.2** |
| 北京 | 100.0 | 33.6 | 8.2 | 12.7 |
| 天津 | 100.0 | 35.1 | 7.8 | 10.2 |
| 河北 | 100.0 | 31.3 | 7.7 | 13.0 |
| 山西 | 100.0 | 29.6 | 8.6 | 12.1 |
| 内蒙古 | 100.0 | 29.0 | 8.4 | 9.7 |
| 辽宁 | 100.0 | 27.9 | 7.5 | 11.0 |
| 吉林 | 100.0 | 30.9 | 7.7 | 8.2 |
| 黑龙江 | 100.0 | 29.6 | 7.8 | 9.5 |
| 上海 | 100.0 | 40.0 | 6.5 | 11.6 |
| 江苏 | 100.0 | 32.8 | 6.8 | 11.2 |
| 浙江 | 100.0 | 36.0 | 6.8 | 8.9 |
| 安徽 | 100.0 | 38.1 | 6.5 | 9.2 |
| 福建 | 100.0 | 43.0 | 5.7 | 9.8 |
| 江西 | 100.0 | 38.4 | 6.7 | 10.2 |
| 山东 | 100.0 | 32.9 | 7.1 | 10.1 |
| 河南 | 100.0 | 32.0 | 9.4 | 9.0 |
| 湖北 | 100.0 | 30.5 | 6.8 | 10.6 |
| 湖南 | 100.0 | 31.6 | 6.1 | 11.2 |
| 广东 | 100.0 | 44.5 | 4.2 | 9.9 |
| 广西 | 100.0 | 34.3 | 4.0 | 11.8 |
| 海南 | 100.0 | 47.7 | 4.1 | 7.2 |
| 重庆 | 100.0 | 36.9 | 7.7 | 6.9 |
| 四川 | 100.0 | 36.0 | 8.6 | 8.5 |
| 贵州 | 100.0 | 29.2 | 6.7 | 11.2 |
| 云南 | 100.0 | 32.6 | 5.5 | 8.8 |
| 西藏 | 100.0 | 45.4 | 15.4 | 6.9 |
| 陕西 | 100.0 | 29.9 | 7.3 | 11.9 |
| 甘肃 | 100.0 | 30.2 | 8.0 | 10.4 |
| 青海 | 100.0 | 26.5 | 8.4 | 11.2 |
| 宁夏 | 100.0 | 27.3 | 8.7 | 11.5 |
| 新疆 | 100.0 | 30.4 | 10.3 | 13.6 |

2-3-2-8 续表　　　　单位：%

| 地　区 | 四、生活用品及服务支出 | 五、交通通信支出 | 六、教育文化娱乐支出 | 七、医疗保健支出 | 八、其他用品及服务支出 |
|---|---|---|---|---|---|
| **全　国** | **7.3** | **16.7** | **13.2** | **9.3** | **2.3** |
| 北　京 | 8.6 | 17.2 | 10.0 | 8.1 | 1.6 |
| 天　津 | 7.8 | 19.1 | 9.4 | 8.6 | 1.9 |
| 河　北 | 7.0 | 17.9 | 11.3 | 9.4 | 2.4 |
| 山　西 | 5.8 | 14.7 | 17.2 | 9.9 | 2.1 |
| 内 蒙 古 | 5.2 | 18.5 | 16.1 | 10.4 | 2.6 |
| 辽　宁 | 5.3 | 19.5 | 14.8 | 11.8 | 2.2 |
| 吉　林 | 4.7 | 17.0 | 15.7 | 13.3 | 2.6 |
| 黑 龙 江 | 4.6 | 17.6 | 15.0 | 13.9 | 2.1 |
| 上　海 | 5.8 | 17.5 | 8.3 | 8.1 | 2.1 |
| 江　苏 | 7.5 | 19.6 | 11.3 | 7.7 | 3.0 |
| 浙　江 | 6.1 | 21.9 | 11.5 | 6.8 | 1.9 |
| 安　徽 | 7.7 | 15.4 | 11.4 | 9.5 | 2.1 |
| 福　建 | 6.8 | 14.6 | 10.8 | 6.9 | 2.4 |
| 江　西 | 7.7 | 13.3 | 13.7 | 7.8 | 2.2 |
| 山　东 | 7.3 | 19.0 | 12.4 | 9.4 | 1.9 |
| 河　南 | 8.2 | 16.9 | 13.2 | 9.1 | 2.1 |
| 湖　北 | 8.0 | 16.1 | 13.8 | 11.3 | 2.9 |
| 湖　南 | 7.7 | 13.1 | 17.9 | 10.0 | 2.3 |
| 广　东 | 7.3 | 13.9 | 10.7 | 6.6 | 2.8 |
| 广　西 | 7.1 | 15.4 | 15.9 | 9.9 | 1.6 |
| 海　南 | 5.6 | 11.4 | 15.1 | 6.9 | 2.1 |
| 重　庆 | 9.1 | 13.9 | 14.0 | 9.5 | 2.0 |
| 四　川 | 9.1 | 15.7 | 9.5 | 10.0 | 2.6 |
| 贵　州 | 7.6 | 17.0 | 18.8 | 7.8 | 1.7 |
| 云　南 | 7.0 | 18.9 | 16.8 | 8.8 | 1.5 |
| 西　藏 | 8.3 | 14.5 | 4.6 | 2.5 | 2.4 |
| 陕　西 | 7.7 | 12.6 | 15.8 | 12.6 | 2.2 |
| 甘　肃 | 7.5 | 15.7 | 15.9 | 10.3 | 2.0 |
| 青　海 | 6.1 | 20.8 | 11.2 | 13.1 | 2.8 |
| 宁　夏 | 7.3 | 19.4 | 13.9 | 9.9 | 2.1 |
| 新　疆 | 5.8 | 17.9 | 10.4 | 10.2 | 1.4 |

# 2-3-2-9　2016年分地区农村居民家庭主要食品消费量

单位：公斤/人

| 地　区 | 粮食(原粮) | 谷物 | 食用油 | 植物油 | 蔬菜 | 肉类 | 猪肉 |
|---|---|---|---|---|---|---|---|
| **全　国** | **157.2** | **147.1** | **10.2** | **9.3** | **91.5** | **22.7** | **18.7** |
| 北　京 | 102.1 | 91.9 | 9.7 | 9.7 | 92.7 | 22.9 | 14.9 |
| 天　津 | 171.1 | 155.2 | 12.8 | 12.6 | 147.2 | 21.6 | 14.0 |
| 河　北 | 138.5 | 130.3 | 9.5 | 9.3 | 81.7 | 15.4 | 10.7 |
| 山　西 | 162.2 | 145.4 | 7.8 | 7.8 | 68.5 | 10.4 | 7.8 |
| 内蒙古 | 169.9 | 157.9 | 8.8 | 8.5 | 83.8 | 28.6 | 16.8 |
| 辽　宁 | 150.9 | 137.4 | 11.2 | 10.9 | 110.9 | 21.4 | 17.8 |
| 吉　林 | 153.3 | 142.1 | 11.1 | 11.0 | 93.8 | 16.8 | 13.9 |
| 黑龙江 | 157.4 | 142.6 | 14.9 | 14.9 | 71.1 | 16.8 | 12.8 |
| 上　海 | 130.8 | 119.3 | 10.1 | 9.9 | 83.9 | 30.4 | 23.6 |
| 江　苏 | 133.9 | 121.9 | 11.8 | 11.6 | 92.0 | 22.3 | 17.2 |
| 浙　江 | 160.9 | 146.3 | 12.1 | 11.3 | 90.9 | 26.6 | 22.6 |
| 安　徽 | 169.8 | 157.5 | 10.0 | 9.1 | 94.7 | 20.5 | 16.6 |
| 福　建 | 164.5 | 154.7 | 10.1 | 8.2 | 92.1 | 30.5 | 26.3 |
| 江　西 | 172.0 | 164.4 | 12.3 | 11.5 | 110.1 | 19.9 | 17.0 |
| 山　东 | 138.6 | 129.5 | 8.3 | 8.2 | 80.5 | 16.0 | 10.8 |
| 河　南 | 126.9 | 118.9 | 7.5 | 7.4 | 73.7 | 12.4 | 9.0 |
| 湖　北 | 137.2 | 126.4 | 15.5 | 14.9 | 123.2 | 24.5 | 21.4 |
| 湖　南 | 183.3 | 175.2 | 10.9 | 7.7 | 100.3 | 26.0 | 23.7 |
| 广　东 | 164.3 | 155.8 | 10.3 | 9.7 | 100.4 | 35.8 | 31.0 |
| 广　西 | 168.3 | 162.6 | 6.8 | 4.9 | 80.0 | 27.4 | 25.5 |
| 海　南 | 105.5 | 102.4 | 6.6 | 4.7 | 76.6 | 25.7 | 23.2 |
| 重　庆 | 205.3 | 190.0 | 13.1 | 11.3 | 142.2 | 35.9 | 32.8 |
| 四　川 | 184.4 | 171.9 | 12.2 | 10.7 | 122.6 | 33.2 | 31.3 |
| 贵　州 | 144.1 | 132.8 | 7.1 | 5.4 | 86.1 | 29.4 | 28.1 |
| 云　南 | 151.8 | 142.9 | 7.0 | 4.4 | 89.5 | 29.9 | 28.1 |
| 西　藏 | 326.5 | 319.2 | 20.6 | 14.7 | 16.0 | 41.0 | 9.1 |
| 陕　西 | 149.3 | 139.9 | 10.5 | 10.4 | 66.8 | 10.3 | 8.6 |
| 甘　肃 | 179.0 | 166.2 | 7.8 | 7.7 | 60.0 | 15.6 | 11.9 |
| 青　海 | 144.8 | 133.5 | 9.6 | 8.9 | 47.7 | 26.7 | 13.2 |
| 宁　夏 | 144.3 | 136.8 | 8.3 | 8.3 | 76.7 | 15.2 | 6.5 |
| 新　疆 | 192.0 | 190.8 | 14.8 | 14.7 | 90.5 | 20.6 | 1.4 |

2-3-2-9 续表

单位：公斤/人

| 地　区 | | | 禽类 | 水产品 | 蛋类 | 奶类 | 干鲜瓜果类 | 食糖 |
|---|---|---|---|---|---|---|---|---|
| | 牛肉 | 羊肉 | | | | | | |
| **全　国** | **0.9** | **1.1** | **7.9** | **7.5** | **8.5** | **6.6** | **36.8** | **1.4** |
| 北　京 | 1.6 | 3.1 | 4.4 | 5.7 | 11.8 | 13.3 | 51.5 | 1.3 |
| 天　津 | 0.8 | 2.4 | 4.3 | 12.6 | 15.5 | 10.9 | 78.0 | 1.8 |
| 河　北 | 0.4 | 0.9 | 3.4 | 3.9 | 11.8 | 8.0 | 49.3 | 1.2 |
| 山　西 | 0.2 | 0.9 | 1.7 | 1.2 | 9.3 | 8.9 | 35.7 | 1.1 |
| 内蒙古 | 2.0 | 8.4 | 4.9 | 3.0 | 6.8 | 13.1 | 37.2 | 1.3 |
| 辽　宁 | 0.7 | 0.8 | 3.4 | 7.1 | 10.2 | 5.1 | 39.3 | 1.1 |
| 吉　林 | 0.8 | 0.5 | 4.7 | 5.1 | 9.2 | 4.3 | 36.9 | 1.1 |
| 黑龙江 | 0.8 | 0.8 | 5.1 | 5.4 | 7.2 | 4.4 | 42.3 | 1.8 |
| 上　海 | 1.5 | 1.0 | 14.1 | 22.2 | 10.2 | 11.8 | 40.0 | 1.7 |
| 江　苏 | 1.1 | 0.8 | 9.1 | 14.0 | 9.2 | 10.8 | 33.2 | 1.1 |
| 浙　江 | 1.2 | 0.5 | 9.2 | 18.5 | 7.6 | 9.1 | 38.3 | 1.7 |
| 安　徽 | 1.1 | 0.7 | 11.8 | 9.7 | 11.0 | 7.8 | 39.2 | 1.1 |
| 福　建 | 1.1 | 0.5 | 13.6 | 21.9 | 8.0 | 7.3 | 32.2 | 1.9 |
| 江　西 | 0.9 | 0.1 | 6.7 | 8.3 | 5.7 | 6.0 | 27.2 | 0.9 |
| 山　东 | 0.3 | 0.8 | 5.6 | 6.8 | 15.5 | 11.8 | 54.4 | 1.0 |
| 河　南 | 0.7 | 0.5 | 4.5 | 2.8 | 11.3 | 5.8 | 46.4 | 1.3 |
| 湖　北 | 0.8 | 0.5 | 4.6 | 12.2 | 8.1 | 4.1 | 26.3 | 0.9 |
| 湖　南 | 0.9 | 0.4 | 10.3 | 9.0 | 7.6 | 2.7 | 44.5 | 1.4 |
| 广　东 | 0.9 | 0.4 | 22.0 | 18.8 | 6.4 | 2.9 | 26.7 | 2.1 |
| 广　西 | 0.5 | 0.4 | 18.4 | 7.6 | 4.5 | 2.2 | 31.0 | 1.1 |
| 海　南 | 0.9 | 0.4 | 18.2 | 22.0 | 3.8 | 1.5 | 16.2 | 1.0 |
| 重　庆 | 0.4 | 0.5 | 7.4 | 7.2 | 10.1 | 8.5 | 29.9 | 3.2 |
| 四　川 | 0.5 | 0.4 | 10.0 | 5.6 | 8.6 | 6.9 | 28.5 | 1.9 |
| 贵　州 | 0.6 | 0.2 | 3.6 | 1.2 | 3.3 | 1.9 | 22.9 | 0.9 |
| 云　南 | 0.9 | 0.5 | 7.6 | 2.5 | 4.3 | 2.2 | 18.9 | 1.3 |
| 西　藏 | 19.8 | 11.5 | 0.1 | 0.0 | 1.7 | 21.6 | 2.1 | 3.7 |
| 陕　西 | 0.2 | 0.7 | 1.7 | 0.8 | 5.1 | 7.3 | 29.7 | 0.8 |
| 甘　肃 | 0.6 | 2.2 | 3.7 | 0.9 | 5.7 | 6.7 | 41.1 | 1.8 |
| 青　海 | 4.6 | 8.3 | 2.5 | 0.7 | 2.6 | 13.8 | 18.8 | 1.5 |
| 宁　夏 | 3.2 | 4.9 | 5.7 | 1.2 | 4.0 | 8.1 | 63.0 | 1.4 |
| 新　疆 | 4.3 | 14.4 | 4.1 | 1.0 | 5.0 | 13.8 | 55.1 | 0.9 |

# 2-3-2-10　2016年分地区农村居民年末主要耐用消费品拥有量

单位：平均每百户

| 地　　区 | 家用汽车(辆) | 摩托车(辆) | 电动助力车(辆) | 洗衣机(台) | 电冰箱(柜)(台) | 微波炉(台) | 彩色电视机(台) |
|---|---|---|---|---|---|---|---|
| **全　　国** | **17.4** | **65.1** | **57.7** | **84.0** | **89.5** | **16.1** | **118.8** |
| 北　　京 | 37.8 | 9.7 | 73.7 | 93.9 | 100.7 | 55.0 | 138.2 |
| 天　　津 | 46.4 | 34.1 | 94.7 | 102.3 | 104.3 | 31.3 | 125.6 |
| 河　　北 | 29.4 | 58.7 | 100.0 | 97.8 | 94.8 | 17.0 | 120.3 |
| 山　　西 | 13.2 | 50.9 | 43.6 | 87.3 | 67.8 | 5.9 | 104.8 |
| 内 蒙 古 | 27.3 | 73.0 | 39.2 | 90.7 | 97.2 | 5.8 | 105.9 |
| 辽　　宁 | 16.6 | 63.2 | 41.2 | 85.9 | 97.3 | 11.7 | 112.0 |
| 吉　　林 | 19.1 | 70.0 | 14.5 | 92.2 | 93.7 | 7.0 | 108.3 |
| 黑 龙 江 | 11.5 | 56.1 | 14.0 | 89.0 | 91.4 | 5.2 | 106.0 |
| 上　　海 | 21.0 | 9.6 | 138.9 | 81.3 | 90.9 | 73.3 | 166.3 |
| 江　　苏 | 23.7 | 42.1 | 131.8 | 96.2 | 101.5 | 67.7 | 154.5 |
| 浙　　江 | 30.2 | 30.7 | 90.6 | 79.3 | 100.7 | 33.5 | 170.4 |
| 安　　徽 | 11.2 | 41.2 | 91.0 | 79.1 | 94.8 | 19.5 | 124.6 |
| 福　　建 | 16.2 | 91.8 | 32.4 | 79.3 | 100.1 | 35.3 | 141.1 |
| 江　　西 | 13.2 | 75.5 | 61.1 | 48.4 | 89.5 | 8.5 | 129.1 |
| 山　　东 | 29.4 | 59.7 | 113.5 | 91.7 | 96.2 | 13.2 | 109.1 |
| 河　　南 | 18.1 | 58.1 | 101.6 | 95.1 | 87.6 | 8.7 | 115.1 |
| 湖　　北 | 10.2 | 78.5 | 29.9 | 73.1 | 93.0 | 10.1 | 120.1 |
| 湖　　南 | 11.2 | 77.8 | 13.8 | 77.0 | 91.6 | 7.6 | 114.3 |
| 广　　东 | 14.6 | 122.3 | 36.0 | 74.4 | 84.9 | 21.1 | 119.5 |
| 广　　西 | 10.0 | 101.8 | 39.9 | 65.4 | 86.2 | 16.6 | 112.3 |
| 海　　南 | 7.1 | 98.6 | 55.7 | 31.8 | 67.2 | 11.7 | 106.7 |
| 重　　庆 | 11.8 | 38.3 | 11.8 | 78.1 | 93.6 | 17.5 | 112.8 |
| 四　　川 | 12.5 | 49.5 | 26.7 | 87.5 | 92.4 | 11.3 | 114.6 |
| 贵　　州 | 12.4 | 55.7 | 7.8 | 89.8 | 77.6 | 7.9 | 103.1 |
| 云　　南 | 15.5 | 81.5 | 15.2 | 75.4 | 62.4 | 10.6 | 102.8 |
| 西　　藏 | 16.7 | 80.2 | 9.6 | 61.3 | 54.4 | 1.3 | 108.5 |
| 陕　　西 | 12.6 | 63.5 | 41.6 | 92.3 | 78.5 | 5.1 | 114.3 |
| 甘　　肃 | 13.5 | 83.8 | 33.6 | 91.4 | 67.8 | 5.9 | 109.6 |
| 青　　海 | 30.7 | 86.9 | 14.3 | 98.6 | 100.8 | 5.3 | 107.3 |
| 宁　　夏 | 22.4 | 79.2 | 60.0 | 100.0 | 91.6 | 9.2 | 115.0 |
| 新　　疆 | 17.9 | 79.9 | 54.3 | 94.4 | 94.5 | 5.4 | 101.2 |

2-3-2-10 续表　　单位：平均每百户

| 地区 | 空调(台) | 热水器(台) | 排油烟机(台) | 移动电话(部) | 计算机(台) | 照相机(台) |
|---|---|---|---|---|---|---|
| **全国** | **47.6** | **59.7** | **18.4** | **240.7** | **27.9** | **3.4** |
| 北京 | 135.4 | 98.5 | 72.9 | 243.1 | 73.7 | 19.6 |
| 天津 | 99.9 | 92.4 | 49.5 | 241.0 | 47.0 | 4.9 |
| 河北 | 65.9 | 62.7 | 21.7 | 236.3 | 39.2 | 4.2 |
| 山西 | 11.7 | 20.3 | 8.9 | 208.3 | 31.1 | 1.5 |
| 内蒙古 | 1.3 | 21.5 | 13.7 | 232.0 | 22.9 | 3.8 |
| 辽宁 | 3.5 | 21.1 | 16.6 | 208.8 | 34.5 | 3.9 |
| 吉林 | 0.9 | 9.2 | 8.4 | 241.6 | 33.7 | 2.3 |
| 黑龙江 | 0.4 | 7.3 | 11.6 | 212.8 | 25.6 | 2.7 |
| 上海 | 128.6 | 76.3 | 44.0 | 208.3 | 51.4 | 12.3 |
| 江苏 | 125.2 | 92.7 | 36.2 | 236.2 | 45.0 | 8.3 |
| 浙江 | 113.6 | 86.9 | 57.8 | 230.0 | 49.3 | 7.0 |
| 安徽 | 72.3 | 74.7 | 14.2 | 221.6 | 20.3 | 2.8 |
| 福建 | 62.3 | 88.9 | 32.9 | 250.1 | 34.5 | 4.9 |
| 江西 | 44.0 | 63.5 | 16.6 | 240.6 | 20.5 | 1.7 |
| 山东 | 51.8 | 80.1 | 27.1 | 218.6 | 37.5 | 5.2 |
| 河南 | 70.4 | 57.9 | 10.4 | 242.1 | 31.1 | 2.3 |
| 湖北 | 56.5 | 68.6 | 14.9 | 236.3 | 27.0 | 3.0 |
| 湖南 | 42.4 | 54.5 | 18.7 | 260.0 | 20.7 | 2.8 |
| 广东 | 81.2 | 84.9 | 34.3 | 279.9 | 37.7 | 4.1 |
| 广西 | 24.4 | 62.3 | 8.6 | 274.1 | 20.2 | 1.2 |
| 海南 | 34.6 | 53.3 | 7.5 | 254.0 | 11.8 | 1.1 |
| 重庆 | 45.2 | 57.9 | 9.6 | 237.8 | 21.5 | 3.1 |
| 四川 | 33.3 | 60.8 | 9.6 | 238.2 | 16.2 | 2.5 |
| 贵州 | 4.3 | 37.4 | 5.6 | 274.3 | 13.0 | 1.2 |
| 云南 | 0.6 | 66.9 | 4.4 | 257.1 | 7.0 | 1.3 |
| 西藏 | | 1.7 | 0.2 | 187.2 | 0.3 | 0.6 |
| 陕西 | 29.8 | 49.1 | 8.8 | 266.6 | 24.7 | 3.1 |
| 甘肃 | 0.8 | 24.4 | 7.9 | 263.8 | 15.9 | 1.8 |
| 青海 | 1.5 | 28.2 | 14.8 | 281.2 | 14.1 | 2.3 |
| 宁夏 | 1.2 | 70.0 | 14.7 | 288.1 | 20.5 | 1.3 |
| 新疆 | 1.7 | 28.8 | 12.8 | 188.6 | 17.0 | 1.9 |

## (三)2017年分地区农村居民收支主要数据

# 2-3-3-1 2017年分地区农村居民可支配收入

单位：元/人

| 地 区 | 可支配收入 | 一、工资性收入 | 二、经营净收入 | 三、财产净收入 | 四、转移净收入 |
|---|---|---|---|---|---|
| **全 国** | **13432.4** | **5498.4** | **5027.8** | **303.0** | **2603.2** |
| 北 京 | 24240.5 | 18222.8 | 2140.4 | 1570.5 | 2306.8 |
| 天 津 | 21753.7 | 13138.7 | 5561.9 | 1007.6 | 2045.4 |
| 河 北 | 12880.9 | 6840.9 | 4227.9 | 274.2 | 1537.9 |
| 山 西 | 10787.5 | 5462.4 | 2824.0 | 163.9 | 2337.2 |
| 内蒙古 | 12584.3 | 2649.3 | 6384.6 | 514.8 | 3035.6 |
| 辽 宁 | 13746.8 | 5423.1 | 5819.1 | 296.9 | 2207.7 |
| 吉 林 | 12950.4 | 3018.3 | 7399.8 | 289.1 | 2243.2 |
| 黑龙江 | 12664.8 | 2840.3 | 6692.8 | 553.0 | 2578.6 |
| 上 海 | 27825.0 | 20289.2 | 1372.8 | 862.4 | 5300.7 |
| 江 苏 | 19158.0 | 9513.0 | 5619.4 | 680.3 | 3345.3 |
| 浙 江 | 24955.8 | 15457.1 | 6112.2 | 717.8 | 2668.6 |
| 安 徽 | 12758.2 | 4624.0 | 5026.2 | 218.9 | 2889.1 |
| 福 建 | 16334.8 | 7415.9 | 6275.8 | 290.0 | 2353.0 |
| 江 西 | 13241.8 | 5609.2 | 4868.8 | 214.2 | 2549.6 |
| 山 东 | 15117.5 | 6068.9 | 6729.7 | 390.8 | 1928.2 |
| 河 南 | 12719.2 | 4770.4 | 4747.2 | 199.5 | 3002.1 |
| 湖 北 | 13812.1 | 4389.6 | 5963.9 | 165.8 | 3292.8 |
| 湖 南 | 12935.8 | 5340.8 | 4368.9 | 148.2 | 3077.9 |
| 广 东 | 15779.7 | 7854.6 | 4118.6 | 414.8 | 3391.7 |
| 广 西 | 11325.5 | 3242.4 | 5103.1 | 185.1 | 2794.9 |
| 海 南 | 12901.8 | 5167.5 | 5576.3 | 185.9 | 1972.0 |
| 重 庆 | 12637.9 | 4394.5 | 4491.4 | 308.0 | 3444.0 |
| 四 川 | 12226.9 | 4016.1 | 4821.4 | 322.5 | 3066.9 |
| 贵 州 | 8869.1 | 3635.7 | 3285.2 | 92.0 | 1856.2 |
| 云 南 | 9862.2 | 2794.9 | 5412.5 | 176.5 | 1478.2 |
| 西 藏 | 10330.2 | 2428.1 | 5735.4 | 175.0 | 1991.6 |
| 陕 西 | 10264.5 | 4271.5 | 3241.5 | 185.1 | 2566.3 |
| 甘 肃 | 8076.1 | 2275.4 | 3556.2 | 142.3 | 2102.2 |
| 青 海 | 9462.3 | 2704.1 | 3763.6 | 326.4 | 2668.2 |
| 宁 夏 | 10737.9 | 4224.0 | 4252.0 | 323.8 | 1938.0 |
| 新 疆 | 11045.3 | 2796.5 | 6037.0 | 232.9 | 1979.0 |

# 2-3-3-2 2017年分地区农村居民可支配收入构成

单位：%

| 地 区 | 可支配收入 | 一、工资性收入 | 二、经营净收入 | 三、财产净收入 | 四、转移净收入 |
|---|---|---|---|---|---|
| **全 国** | **100.0** | **40.9** | **37.4** | **2.3** | **19.4** |
| 北 京 | 100.0 | 75.2 | 8.8 | 6.5 | 9.5 |
| 天 津 | 100.0 | 60.4 | 25.6 | 4.6 | 9.4 |
| 河 北 | 100.0 | 53.1 | 32.8 | 2.1 | 11.9 |
| 山 西 | 100.0 | 50.6 | 26.2 | 1.5 | 21.7 |
| 内蒙古 | 100.0 | 21.1 | 50.7 | 4.1 | 24.1 |
| 辽 宁 | 100.0 | 39.4 | 42.3 | 2.2 | 16.1 |
| 吉 林 | 100.0 | 23.3 | 57.1 | 2.2 | 17.3 |
| 黑龙江 | 100.0 | 22.4 | 52.8 | 4.4 | 20.4 |
| 上 海 | 100.0 | 72.9 | 4.9 | 3.1 | 19.1 |
| 江 苏 | 100.0 | 49.7 | 29.3 | 3.6 | 17.5 |
| 浙 江 | 100.0 | 61.9 | 24.5 | 2.9 | 10.7 |
| 安 徽 | 100.0 | 36.2 | 39.4 | 1.7 | 22.6 |
| 福 建 | 100.0 | 45.4 | 38.4 | 1.8 | 14.4 |
| 江 西 | 100.0 | 42.4 | 36.8 | 1.6 | 19.3 |
| 山 东 | 100.0 | 40.1 | 44.5 | 2.6 | 12.8 |
| 河 南 | 100.0 | 37.5 | 37.3 | 1.6 | 23.6 |
| 湖 北 | 100.0 | 31.8 | 43.2 | 1.2 | 23.8 |
| 湖 南 | 100.0 | 41.3 | 33.8 | 1.1 | 23.8 |
| 广 东 | 100.0 | 49.8 | 26.1 | 2.6 | 21.5 |
| 广 西 | 100.0 | 28.6 | 45.1 | 1.6 | 24.7 |
| 海 南 | 100.0 | 40.1 | 43.2 | 1.4 | 15.3 |
| 重 庆 | 100.0 | 34.8 | 35.5 | 2.4 | 27.3 |
| 四 川 | 100.0 | 32.8 | 39.4 | 2.6 | 25.1 |
| 贵 州 | 100.0 | 41.0 | 37.0 | 1.0 | 20.9 |
| 云 南 | 100.0 | 28.3 | 54.9 | 1.8 | 15.0 |
| 西 藏 | 100.0 | 23.5 | 55.5 | 1.7 | 19.3 |
| 陕 西 | 100.0 | 41.6 | 31.6 | 1.8 | 25.0 |
| 甘 肃 | 100.0 | 28.2 | 44.0 | 1.8 | 26.0 |
| 青 海 | 100.0 | 28.6 | 39.8 | 3.5 | 28.2 |
| 宁 夏 | 100.0 | 39.3 | 39.6 | 3.0 | 18.0 |
| 新 疆 | 100.0 | 25.3 | 54.7 | 2.1 | 17.9 |

# 2-3-3-3 2017年分地区农村居民现金可支配收入

单位：元/人

| 地区 | 现金可支配收入 | 一、工资性收入 | 二、经营净收入 | 三、财产净收入 | 四、转移净收入 |
|---|---|---|---|---|---|
| **全国** | **12703.9** | **5470.9** | **4547.0** | **303.0** | **2383.0** |
| 北京 | 24182.4 | 18050.5 | 2532.0 | 1570.5 | 2029.4 |
| 天津 | 21567.2 | 13078.2 | 5586.8 | 1007.6 | 1894.6 |
| 河北 | 12701.4 | 6833.6 | 4239.9 | 274.2 | 1353.6 |
| 山西 | 10258.2 | 5428.4 | 2581.7 | 163.9 | 2084.2 |
| 内蒙古 | 12325.8 | 2647.7 | 6339.4 | 514.8 | 2823.9 |
| 辽宁 | 13605.5 | 5361.7 | 5916.3 | 296.9 | 2030.6 |
| 吉林 | 12604.9 | 3013.2 | 7302.4 | 289.1 | 2000.2 |
| 黑龙江 | 13068.1 | 2839.3 | 7221.3 | 553.0 | 2454.4 |
| 上海 | 26913.4 | 20099.6 | 1339.3 | 862.4 | 4612.1 |
| 江苏 | 18725.4 | 9400.1 | 5553.9 | 680.3 | 3091.1 |
| 浙江 | 24644.3 | 15385.2 | 6182.1 | 717.8 | 2359.3 |
| 安徽 | 12163.4 | 4591.2 | 4655.1 | 218.9 | 2698.2 |
| 福建 | 15897.9 | 7370.4 | 6031.2 | 290.0 | 2206.4 |
| 江西 | 12462.9 | 5597.5 | 4200.5 | 214.2 | 2450.7 |
| 山东 | 14298.5 | 6047.6 | 6183.4 | 390.8 | 1676.7 |
| 河南 | 11609.6 | 4762.6 | 3804.9 | 199.5 | 2842.6 |
| 湖北 | 12544.6 | 4370.5 | 5087.6 | 165.8 | 2920.7 |
| 湖南 | 11761.3 | 5314.9 | 3413.3 | 148.0 | 2885.1 |
| 广东 | 14896.2 | 7805.7 | 3513.5 | 414.8 | 3162.3 |
| 广西 | 10320.7 | 3219.2 | 4397.4 | 185.1 | 2519.1 |
| 海南 | 12627.4 | 5152.7 | 5476.9 | 185.9 | 1811.8 |
| 重庆 | 11130.2 | 4372.9 | 3157.5 | 308.0 | 3291.8 |
| 四川 | 10989.9 | 3981.5 | 3928.5 | 322.5 | 2757.5 |
| 贵州 | 8208.1 | 3629.6 | 2796.5 | 92.0 | 1689.9 |
| 云南 | 8991.2 | 2792.7 | 4699.6 | 176.5 | 1322.4 |
| 西藏 | 8931.6 | 2428.1 | 4647.5 | 175.0 | 1680.9 |
| 陕西 | 9863.9 | 4264.7 | 3060.3 | 185.1 | 2353.8 |
| 甘肃 | 7496.7 | 2267.1 | 3264.1 | 142.3 | 1823.2 |
| 青海 | 8963.0 | 2703.1 | 3534.3 | 326.4 | 2399.1 |
| 宁夏 | 10637.3 | 4209.7 | 4483.8 | 323.8 | 1619.9 |
| 新疆 | 10309.7 | 2790.6 | 5495.0 | 232.9 | 1791.2 |

# 2-3-3-4　2017年分地区农村居民现金可支配收入构成

单位：%

| 地　区 | 现金可支配收入 | 一、工资性收入 | 二、经营净收入 | 三、财产净收入 | 四、转移净收入 |
|---|---|---|---|---|---|
| **全　国** | **100.0** | **43.1** | **35.8** | **2.4** | **18.8** |
| 北　京 | 100.0 | 74.6 | 10.5 | 6.5 | 8.4 |
| 天　津 | 100.0 | 60.6 | 25.9 | 4.7 | 8.8 |
| 河　北 | 100.0 | 53.8 | 33.4 | 2.2 | 10.7 |
| 山　西 | 100.0 | 52.9 | 25.2 | 1.6 | 20.3 |
| 内蒙古 | 100.0 | 21.5 | 51.4 | 4.2 | 22.9 |
| 辽　宁 | 100.0 | 39.4 | 43.5 | 2.2 | 14.9 |
| 吉　林 | 100.0 | 23.9 | 57.9 | 2.3 | 15.9 |
| 黑龙江 | 100.0 | 21.7 | 55.3 | 4.2 | 18.8 |
| 上　海 | 100.0 | 74.7 | 5.0 | 3.2 | 17.1 |
| 江　苏 | 100.0 | 50.2 | 29.7 | 3.6 | 16.5 |
| 浙　江 | 100.0 | 62.4 | 25.1 | 2.9 | 9.6 |
| 安　徽 | 100.0 | 37.7 | 38.3 | 1.8 | 22.2 |
| 福　建 | 100.0 | 46.4 | 37.9 | 1.8 | 13.9 |
| 江　西 | 100.0 | 44.9 | 33.7 | 1.7 | 19.7 |
| 山　东 | 100.0 | 42.3 | 43.2 | 2.7 | 11.7 |
| 河　南 | 100.0 | 41.0 | 32.8 | 1.7 | 24.5 |
| 湖　北 | 100.0 | 34.8 | 40.6 | 1.3 | 23.3 |
| 湖　南 | 100.0 | 45.2 | 29.0 | 1.3 | 24.5 |
| 广　东 | 100.0 | 52.4 | 23.6 | 2.8 | 21.2 |
| 广　西 | 100.0 | 31.2 | 42.6 | 1.8 | 24.4 |
| 海　南 | 100.0 | 40.8 | 43.4 | 1.5 | 14.3 |
| 重　庆 | 100.0 | 39.3 | 28.4 | 2.8 | 29.6 |
| 四　川 | 100.0 | 36.2 | 35.7 | 2.9 | 25.1 |
| 贵　州 | 100.0 | 44.2 | 34.1 | 1.1 | 20.6 |
| 云　南 | 100.0 | 31.1 | 52.3 | 2.0 | 14.7 |
| 西　藏 | 100.0 | 27.2 | 52.0 | 2.0 | 18.8 |
| 陕　西 | 100.0 | 43.2 | 31.0 | 1.9 | 23.9 |
| 甘　肃 | 100.0 | 30.2 | 43.5 | 1.9 | 24.3 |
| 青　海 | 100.0 | 30.2 | 39.4 | 3.6 | 26.8 |
| 宁　夏 | 100.0 | 39.6 | 42.2 | 3.0 | 15.2 |
| 新　疆 | 100.0 | 27.1 | 53.3 | 2.3 | 17.4 |

# 2-3-3-5　2017年分地区农村居民消费支出

单位：元/人

| 地　区 | 消费支出 | 一、食品烟酒支出 | 二、衣着支出 | 三、居住支出 |
|---|---|---|---|---|
| **全　国** | **10954.5** | **3415.4** | **611.6** | **2353.5** |
| 北　京 | 18810.5 | 4653.2 | 1024.6 | 5587.8 |
| 天　津 | 16385.9 | 4851.5 | 1128.2 | 3354.4 |
| 河　北 | 10535.9 | 2817.2 | 684.4 | 2380.8 |
| 山　西 | 8424.0 | 2308.3 | 577.5 | 1901.9 |
| 内蒙古 | 12184.4 | 3384.7 | 842.3 | 2194.3 |
| 辽　宁 | 10787.3 | 2883.4 | 694.7 | 2200.9 |
| 吉　林 | 10279.4 | 2903.2 | 682.5 | 1837.3 |
| 黑龙江 | 10523.9 | 2788.3 | 776.6 | 1722.7 |
| 上　海 | 18089.8 | 6114.1 | 925.3 | 4722.9 |
| 江　苏 | 15611.5 | 4510.7 | 892.0 | 3395.2 |
| 浙　江 | 18093.4 | 5608.2 | 955.8 | 4358.4 |
| 安　徽 | 11106.1 | 3726.0 | 565.6 | 2618.2 |
| 福　建 | 14003.4 | 5162.2 | 630.8 | 3547.9 |
| 江　西 | 9870.4 | 3314.4 | 502.0 | 2558.2 |
| 山　东 | 10342.1 | 2960.4 | 585.2 | 1973.5 |
| 河　南 | 9211.5 | 2495.9 | 712.4 | 2005.5 |
| 湖　北 | 11632.5 | 3332.4 | 626.4 | 2512.3 |
| 湖　南 | 11533.6 | 3521.2 | 527.2 | 2562.5 |
| 广　东 | 13199.6 | 5303.9 | 459.5 | 2902.4 |
| 广　西 | 9436.6 | 3042.8 | 286.7 | 2119.8 |
| 海　南 | 9599.4 | 4021.3 | 321.9 | 1839.2 |
| 重　庆 | 10936.1 | 3993.1 | 598.2 | 1967.3 |
| 四　川 | 11396.7 | 4235.2 | 682.9 | 2157.1 |
| 贵　州 | 8299.0 | 2505.2 | 416.1 | 1942.6 |
| 云　南 | 8027.3 | 2612.8 | 320.6 | 1509.1 |
| 西　藏 | 6691.5 | 3283.9 | 735.7 | 947.5 |
| 陕　西 | 9305.6 | 2417.3 | 530.6 | 2144.9 |
| 甘　肃 | 8029.7 | 2438.2 | 507.9 | 1561.5 |
| 青　海 | 9902.7 | 2944.7 | 670.0 | 1739.1 |
| 宁　夏 | 9982.1 | 2522.2 | 718.6 | 1958.7 |
| 新　疆 | 8712.6 | 2667.3 | 710.3 | 1659.8 |

2-3-3-5 续表 单位：元/人

| 地区 | 四、生活用品及服务支出 | 五、交通通信支出 | 六、教育文化娱乐支出 | 七、医疗保健支出 | 八、其他用品及服务支出 |
|---|---|---|---|---|---|
| **全　国** | **634.0** | **1509.1** | **1171.3** | **1058.7** | **200.9** |
| 北　京 | 1596.1 | 2729.9 | 1313.7 | 1699.3 | 205.8 |
| 天　津 | 1100.5 | 2902.0 | 1343.2 | 1407.2 | 298.9 |
| 河　北 | 668.5 | 1689.4 | 1014.1 | 1072.6 | 208.9 |
| 山　西 | 393.0 | 1028.0 | 1127.2 | 937.5 | 150.6 |
| 内蒙古 | 522.1 | 2055.6 | 1638.6 | 1288.4 | 258.4 |
| 辽　宁 | 512.6 | 1745.5 | 1295.0 | 1251.4 | 203.8 |
| 吉　林 | 409.3 | 1531.0 | 1302.5 | 1399.6 | 214.1 |
| 黑龙江 | 428.1 | 1667.7 | 1362.1 | 1551.2 | 227.2 |
| 上　海 | 935.2 | 2365.9 | 1219.8 | 1456.4 | 350.2 |
| 江　苏 | 954.3 | 2619.5 | 1450.5 | 1395.0 | 394.4 |
| 浙　江 | 842.1 | 3102.5 | 1590.9 | 1370.2 | 265.3 |
| 安　徽 | 589.0 | 1346.0 | 1075.0 | 1006.8 | 179.5 |
| 福　建 | 721.0 | 1555.0 | 1174.6 | 906.5 | 305.4 |
| 江　西 | 537.4 | 1067.4 | 1004.1 | 718.2 | 168.6 |
| 山　东 | 690.2 | 1710.4 | 1140.9 | 1129.3 | 152.1 |
| 河　南 | 647.2 | 1245.4 | 1030.3 | 909.0 | 166.0 |
| 湖　北 | 706.2 | 1384.7 | 1330.7 | 1438.3 | 301.6 |
| 湖　南 | 642.8 | 1234.5 | 1710.2 | 1171.8 | 163.4 |
| 广　东 | 722.8 | 1423.6 | 1186.0 | 921.7 | 279.7 |
| 广　西 | 495.2 | 1288.5 | 1127.9 | 931.0 | 144.8 |
| 海　南 | 379.3 | 1041.5 | 1197.0 | 629.5 | 169.7 |
| 重　庆 | 749.0 | 1334.1 | 1226.2 | 883.9 | 184.2 |
| 四　川 | 782.3 | 1378.2 | 847.7 | 1093.6 | 219.6 |
| 贵　州 | 449.9 | 1080.6 | 1183.3 | 602.5 | 118.9 |
| 云　南 | 459.6 | 1308.6 | 1044.0 | 681.5 | 91.1 |
| 西　藏 | 433.6 | 794.2 | 238.6 | 147.5 | 110.6 |
| 陕　西 | 577.1 | 1114.4 | 1082.8 | 1260.4 | 178.0 |
| 甘　肃 | 484.9 | 1016.0 | 993.7 | 890.6 | 136.8 |
| 青　海 | 488.3 | 1629.3 | 897.1 | 1270.4 | 263.8 |
| 宁　夏 | 574.4 | 1675.2 | 1212.4 | 1131.2 | 189.3 |
| 新　疆 | 408.5 | 1421.4 | 747.5 | 970.7 | 127.1 |

# 2-3-3-6 2017年分地区农村居民消费支出构成

单位：%

| 地区 | 消费支出 | 一、食品烟酒支出 | 二、衣着支出 | 三、居住支出 |
|---|---|---|---|---|
| **全国** | **100.0** | **31.2** | **5.6** | **21.5** |
| 北京 | 100.0 | 24.7 | 5.4 | 29.7 |
| 天津 | 100.0 | 29.6 | 6.9 | 20.5 |
| 河北 | 100.0 | 26.7 | 6.5 | 22.6 |
| 山西 | 100.0 | 27.4 | 6.9 | 22.6 |
| 内蒙古 | 100.0 | 27.8 | 6.9 | 18.0 |
| 辽宁 | 100.0 | 26.7 | 6.4 | 20.4 |
| 吉林 | 100.0 | 28.2 | 6.6 | 17.9 |
| 黑龙江 | 100.0 | 26.5 | 7.4 | 16.4 |
| 上海 | 100.0 | 33.8 | 5.1 | 26.1 |
| 江苏 | 100.0 | 28.9 | 5.7 | 21.7 |
| 浙江 | 100.0 | 31.0 | 5.3 | 24.1 |
| 安徽 | 100.0 | 33.5 | 5.1 | 23.6 |
| 福建 | 100.0 | 36.9 | 4.5 | 25.3 |
| 江西 | 100.0 | 33.6 | 5.1 | 25.9 |
| 山东 | 100.0 | 28.6 | 5.7 | 19.1 |
| 河南 | 100.0 | 27.1 | 7.7 | 21.8 |
| 湖北 | 100.0 | 28.6 | 5.4 | 21.6 |
| 湖南 | 100.0 | 30.5 | 4.6 | 22.2 |
| 广东 | 100.0 | 40.2 | 3.5 | 22.0 |
| 广西 | 100.0 | 32.2 | 3.0 | 22.5 |
| 海南 | 100.0 | 41.9 | 3.4 | 19.2 |
| 重庆 | 100.0 | 36.5 | 5.5 | 18.0 |
| 四川 | 100.0 | 37.2 | 6.0 | 18.9 |
| 贵州 | 100.0 | 30.2 | 5.0 | 23.4 |
| 云南 | 100.0 | 32.5 | 4.0 | 18.8 |
| 西藏 | 100.0 | 49.1 | 11.0 | 14.2 |
| 陕西 | 100.0 | 26.0 | 5.7 | 23.0 |
| 甘肃 | 100.0 | 30.4 | 6.3 | 19.4 |
| 青海 | 100.0 | 29.7 | 6.8 | 17.6 |
| 宁夏 | 100.0 | 25.3 | 7.2 | 19.6 |
| 新疆 | 100.0 | 30.6 | 8.2 | 19.1 |

2-3-3-6 续表

单位：%

| 地区 | 四、生活用品及服务支出 | 五、交通通信支出 | 六、教育文化娱乐支出 | 七、医疗保健支出 | 八、其他用品及服务支出 |
|---|---|---|---|---|---|
| **全国** | **5.8** | **13.8** | **10.7** | **9.7** | **1.8** |
| 北京 | 8.5 | 14.5 | 7.0 | 9.0 | 1.1 |
| 天津 | 6.7 | 17.7 | 8.2 | 8.6 | 1.8 |
| 河北 | 6.3 | 16.0 | 9.6 | 10.2 | 2.0 |
| 山西 | 4.7 | 12.2 | 13.4 | 11.1 | 1.8 |
| 内蒙古 | 4.3 | 16.9 | 13.4 | 10.6 | 2.1 |
| 辽宁 | 4.8 | 16.2 | 12.0 | 11.6 | 1.9 |
| 吉林 | 4.0 | 14.9 | 12.7 | 13.6 | 2.1 |
| 黑龙江 | 4.1 | 15.8 | 12.9 | 14.7 | 2.2 |
| 上海 | 5.2 | 13.1 | 6.7 | 8.1 | 1.9 |
| 江苏 | 6.1 | 16.8 | 9.3 | 8.9 | 2.5 |
| 浙江 | 4.7 | 17.1 | 8.8 | 7.6 | 1.5 |
| 安徽 | 5.3 | 12.1 | 9.7 | 9.1 | 1.6 |
| 福建 | 5.1 | 11.1 | 8.4 | 6.5 | 2.2 |
| 江西 | 5.4 | 10.8 | 10.2 | 7.3 | 1.7 |
| 山东 | 6.7 | 16.5 | 11.0 | 10.9 | 1.5 |
| 河南 | 7.0 | 13.5 | 11.2 | 9.9 | 1.8 |
| 湖北 | 6.1 | 11.9 | 11.4 | 12.4 | 2.6 |
| 湖南 | 5.6 | 10.7 | 14.8 | 10.2 | 1.4 |
| 广东 | 5.5 | 10.8 | 9.0 | 7.0 | 2.1 |
| 广西 | 5.2 | 13.7 | 12.0 | 9.9 | 1.5 |
| 海南 | 4.0 | 10.8 | 12.5 | 6.6 | 1.8 |
| 重庆 | 6.8 | 12.2 | 11.2 | 8.1 | 1.7 |
| 四川 | 6.9 | 12.1 | 7.4 | 9.6 | 1.9 |
| 贵州 | 5.4 | 13.0 | 14.3 | 7.3 | 1.4 |
| 云南 | 5.7 | 16.3 | 13.0 | 8.5 | 1.1 |
| 西藏 | 6.5 | 11.9 | 3.6 | 2.2 | 1.7 |
| 陕西 | 6.2 | 12.0 | 11.6 | 13.5 | 1.9 |
| 甘肃 | 6.0 | 12.7 | 12.4 | 11.1 | 1.7 |
| 青海 | 4.9 | 16.5 | 9.1 | 12.8 | 2.7 |
| 宁夏 | 5.8 | 16.8 | 12.1 | 11.3 | 1.9 |
| 新疆 | 4.7 | 16.3 | 8.6 | 11.1 | 1.5 |

# 2-3-3-7　2017年分地区农村居民现金消费支出

单位：元/人

| 地　区 | 现金消费支出 | 一、食品烟酒支出 | 二、衣着支出 | 三、居住支出 |
|---|---|---|---|---|
| **全　国** | **8856.5** | **2921.2** | **610.9** | **956.0** |
| 北　京 | 14442.5 | 4469.1 | 1024.5 | 1649.6 |
| 天　津 | 14173.8 | 4755.5 | 1128.2 | 1378.2 |
| 河　北 | 9121.0 | 2714.9 | 683.7 | 1247.1 |
| 山　西 | 6926.1 | 1992.4 | 577.2 | 930.3 |
| 内蒙古 | 10513.5 | 2822.4 | 842.3 | 1282.9 |
| 辽　宁 | 9261.7 | 2606.6 | 694.6 | 1115.3 |
| 吉　林 | 8543.0 | 2525.4 | 681.6 | 716.7 |
| 黑龙江 | 9360.9 | 2645.6 | 776.5 | 825.6 |
| 上　海 | 14325.8 | 5815.0 | 924.8 | 1947.1 |
| 江　苏 | 13045.6 | 4137.6 | 891.6 | 1444.0 |
| 浙　江 | 14476.3 | 5159.2 | 954.8 | 1488.6 |
| 安　徽 | 8936.3 | 3399.2 | 565.1 | 953.8 |
| 福　建 | 10796.9 | 4551.4 | 630.5 | 1121.5 |
| 江　西 | 7473.0 | 2719.1 | 501.9 | 856.3 |
| 山　东 | 8927.1 | 2815.8 | 584.5 | 951.1 |
| 河　南 | 7762.6 | 2349.1 | 712.2 | 863.3 |
| 湖　北 | 9026.6 | 2700.7 | 625.1 | 909.7 |
| 湖　南 | 8997.0 | 2710.9 | 526.7 | 1028.9 |
| 广　东 | 10466.1 | 4670.8 | 459.2 | 1015.3 |
| 广　西 | 7118.9 | 2247.8 | 285.0 | 834.0 |
| 海　南 | 7951.1 | 3702.1 | 321.7 | 620.3 |
| 重　庆 | 8445.8 | 2912.2 | 598.2 | 716.3 |
| 四　川 | 8595.0 | 3084.6 | 679.4 | 776.1 |
| 贵　州 | 6234.1 | 1844.2 | 416.0 | 679.1 |
| 云　南 | 6070.2 | 1834.2 | 320.5 | 481.7 |
| 西　藏 | 4767.4 | 1990.1 | 735.2 | 374.2 |
| 陕　西 | 7697.0 | 2241.5 | 530.0 | 900.5 |
| 甘　肃 | 6513.2 | 1973.0 | 507.7 | 746.9 |
| 青　海 | 8448.7 | 2443.7 | 669.8 | 1050.4 |
| 宁　夏 | 8558.2 | 2228.4 | 718.5 | 1109.4 |
| 新　疆 | 7337.0 | 2160.3 | 709.8 | 955.9 |

2-3-3-7 续表 单位：元/人

| 地区 | 四、生活用品及服务支出 | 五、交通通信支出 | 六、教育文化娱乐支出 | 七、医疗保健支出 | 八、其他用品及服务支出 |
|---|---|---|---|---|---|
| **全国** | **624.9** | **1508.1** | **1170.7** | **868.2** | **196.3** |
| 北京 | 1589.5 | 2725.7 | 1312.8 | 1467.5 | 203.8 |
| 天津 | 1099.6 | 2897.3 | 1343.0 | 1280.2 | 291.9 |
| 河北 | 665.9 | 1688.4 | 1014.1 | 899.7 | 207.1 |
| 山西 | 383.1 | 1028.0 | 1126.5 | 742.9 | 145.7 |
| 内蒙古 | 522.0 | 2055.6 | 1638.6 | 1091.6 | 258.2 |
| 辽宁 | 504.6 | 1744.3 | 1294.9 | 1099.6 | 201.7 |
| 吉林 | 405.3 | 1531.0 | 1302.5 | 1166.6 | 213.9 |
| 黑龙江 | 427.2 | 1667.7 | 1362.1 | 1429.0 | 227.1 |
| 上海 | 930.6 | 2365.9 | 1219.7 | 775.9 | 346.9 |
| 江苏 | 939.9 | 2619.1 | 1450.5 | 1170.9 | 392.1 |
| 浙江 | 834.4 | 3099.7 | 1590.2 | 1089.0 | 260.5 |
| 安徽 | 584.2 | 1345.6 | 1074.7 | 835.7 | 178.1 |
| 福建 | 710.9 | 1554.8 | 1174.6 | 753.2 | 299.9 |
| 江西 | 536.8 | 1067.3 | 1004.1 | 621.9 | 165.7 |
| 山东 | 663.8 | 1709.4 | 1140.8 | 911.0 | 150.6 |
| 河南 | 646.9 | 1245.3 | 1030.2 | 749.7 | 165.8 |
| 湖北 | 704.0 | 1380.1 | 1330.4 | 1082.6 | 294.0 |
| 湖南 | 641.0 | 1233.6 | 1709.9 | 984.9 | 161.2 |
| 广东 | 714.4 | 1421.8 | 1185.0 | 720.9 | 278.6 |
| 广西 | 462.8 | 1284.0 | 1127.3 | 748.0 | 129.9 |
| 海南 | 374.8 | 1041.5 | 1196.9 | 524.2 | 169.6 |
| 重庆 | 730.4 | 1334.1 | 1226.1 | 748.0 | 180.7 |
| 四川 | 769.1 | 1377.5 | 847.3 | 855.7 | 205.3 |
| 贵州 | 439.5 | 1079.4 | 1183.3 | 482.1 | 110.5 |
| 云南 | 446.5 | 1308.5 | 1043.9 | 553.4 | 81.5 |
| 西藏 | 430.5 | 794.1 | 238.5 | 94.9 | 109.9 |
| 陕西 | 568.4 | 1114.4 | 1079.0 | 1086.9 | 176.3 |
| 甘肃 | 475.1 | 1015.9 | 992.2 | 672.8 | 129.5 |
| 青海 | 486.3 | 1629.0 | 897.1 | 1008.9 | 263.8 |
| 宁夏 | 560.7 | 1675.2 | 1212.4 | 872.7 | 180.8 |
| 新疆 | 407.5 | 1421.3 | 736.2 | 835.5 | 110.6 |

# 2-3-3-8　2017年分地区农村居民现金消费支出构成

单位：%

| 地　区 | 现金消费支出 | 一、食品烟酒支出 | 二、衣着支出 | 三、居住支出 |
|---|---|---|---|---|
| **全　国** | **100.0** | **33.0** | **6.9** | **10.8** |
| 北　京 | 100.0 | 30.9 | 7.1 | 11.4 |
| 天　津 | 100.0 | 33.6 | 8.0 | 9.7 |
| 河　北 | 100.0 | 29.8 | 7.5 | 13.7 |
| 山　西 | 100.0 | 28.8 | 8.3 | 13.4 |
| 内蒙古 | 100.0 | 26.8 | 8.0 | 12.2 |
| 辽　宁 | 100.0 | 28.1 | 7.5 | 12.0 |
| 吉　林 | 100.0 | 29.6 | 8.0 | 8.4 |
| 黑龙江 | 100.0 | 28.3 | 8.3 | 8.8 |
| 上　海 | 100.0 | 40.6 | 6.5 | 13.6 |
| 江　苏 | 100.0 | 31.7 | 6.8 | 11.1 |
| 浙　江 | 100.0 | 35.6 | 6.6 | 10.3 |
| 安　徽 | 100.0 | 38.0 | 6.3 | 10.7 |
| 福　建 | 100.0 | 42.2 | 5.8 | 10.4 |
| 江　西 | 100.0 | 36.4 | 6.7 | 11.5 |
| 山　东 | 100.0 | 31.5 | 6.5 | 10.7 |
| 河　南 | 100.0 | 30.3 | 9.2 | 11.1 |
| 湖　北 | 100.0 | 29.9 | 6.9 | 10.1 |
| 湖　南 | 100.0 | 30.1 | 5.9 | 11.4 |
| 广　东 | 100.0 | 44.6 | 4.4 | 9.7 |
| 广　西 | 100.0 | 31.6 | 4.0 | 11.7 |
| 海　南 | 100.0 | 46.6 | 4.0 | 7.8 |
| 重　庆 | 100.0 | 34.5 | 7.1 | 8.5 |
| 四　川 | 100.0 | 35.9 | 7.9 | 9.0 |
| 贵　州 | 100.0 | 29.6 | 6.7 | 10.9 |
| 云　南 | 100.0 | 30.2 | 5.3 | 7.9 |
| 西　藏 | 100.0 | 41.7 | 15.4 | 7.8 |
| 陕　西 | 100.0 | 29.1 | 6.9 | 11.7 |
| 甘　肃 | 100.0 | 30.3 | 7.8 | 11.5 |
| 青　海 | 100.0 | 28.9 | 7.9 | 12.4 |
| 宁　夏 | 100.0 | 26.0 | 8.4 | 13.0 |
| 新　疆 | 100.0 | 29.4 | 9.7 | 13.0 |

2-3-3-8 续表

单位：%

| 地　区 | 四、生活用品及服务支出 | 五、交通通信支出 | 六、教育文化娱乐支出 | 七、医疗保健支出 | 八、其他用品及服务支出 |
|---|---|---|---|---|---|
| **全　国** | **7.1** | **17.0** | **13.2** | **9.8** | **2.2** |
| 北　京 | 11.0 | 18.9 | 9.1 | 10.2 | 1.4 |
| 天　津 | 7.8 | 20.4 | 9.5 | 9.0 | 2.1 |
| 河　北 | 7.3 | 18.5 | 11.1 | 9.9 | 2.3 |
| 山　西 | 5.5 | 14.8 | 16.3 | 10.7 | 2.1 |
| 内蒙古 | 5.0 | 19.6 | 15.6 | 10.4 | 2.5 |
| 辽　宁 | 5.4 | 18.8 | 14.0 | 11.9 | 2.2 |
| 吉　林 | 4.7 | 17.9 | 15.2 | 13.7 | 2.5 |
| 黑龙江 | 4.6 | 17.8 | 14.6 | 15.3 | 2.4 |
| 上　海 | 6.5 | 16.5 | 8.5 | 5.4 | 2.4 |
| 江　苏 | 7.2 | 20.1 | 11.1 | 9.0 | 3.0 |
| 浙　江 | 5.8 | 21.4 | 11.0 | 7.5 | 1.8 |
| 安　徽 | 6.5 | 15.1 | 12.0 | 9.4 | 2.0 |
| 福　建 | 6.6 | 14.4 | 10.9 | 7.0 | 2.8 |
| 江　西 | 7.2 | 14.3 | 13.4 | 8.3 | 2.2 |
| 山　东 | 7.4 | 19.1 | 12.8 | 10.2 | 1.7 |
| 河　南 | 8.3 | 16.0 | 13.3 | 9.7 | 2.1 |
| 湖　北 | 7.8 | 15.3 | 14.7 | 12.0 | 3.3 |
| 湖　南 | 7.1 | 13.7 | 19.0 | 10.9 | 1.8 |
| 广　东 | 6.8 | 13.6 | 11.3 | 6.9 | 2.7 |
| 广　西 | 6.5 | 18.0 | 15.8 | 10.5 | 1.8 |
| 海　南 | 4.7 | 13.1 | 15.1 | 6.6 | 2.1 |
| 重　庆 | 8.6 | 15.8 | 14.5 | 8.9 | 2.1 |
| 四　川 | 8.9 | 16.0 | 9.9 | 10.0 | 2.4 |
| 贵　州 | 7.1 | 17.3 | 19.0 | 7.7 | 1.8 |
| 云　南 | 7.4 | 21.6 | 17.2 | 9.1 | 1.3 |
| 西　藏 | 9.0 | 16.7 | 5.0 | 2.0 | 2.3 |
| 陕　西 | 7.4 | 14.5 | 14.0 | 14.1 | 2.3 |
| 甘　肃 | 7.3 | 15.6 | 15.2 | 10.3 | 2.0 |
| 青　海 | 5.8 | 19.3 | 10.6 | 11.9 | 3.1 |
| 宁　夏 | 6.6 | 19.6 | 14.2 | 10.2 | 2.1 |
| 新　疆 | 5.6 | 19.4 | 10.0 | 11.4 | 1.5 |

# 2-3-3-9 2017年分地区农村居民家庭主要食品消费量

单位：公斤/人

| 地 区 | 粮食(原粮) | | 食用油 | | 蔬菜 | 肉类 | |
|---|---|---|---|---|---|---|---|
| | | 谷物 | | 植物油 | | | 猪肉 |
| **全 国** | **154.6** | **144.8** | **10.1** | **9.2** | **90.2** | **23.6** | **19.5** |
| 北 京 | 96.7 | 86.9 | 9.0 | 9.0 | 88.7 | 22.2 | 14.4 |
| 天 津 | 153.9 | 142.9 | 12.8 | 12.7 | 99.0 | 22.0 | 14.4 |
| 河 北 | 134.3 | 125.8 | 9.5 | 9.3 | 75.1 | 15.9 | 10.9 |
| 山 西 | 159.4 | 142.5 | 7.8 | 7.7 | 64.9 | 10.6 | 8.2 |
| 内蒙古 | 168.8 | 157.5 | 6.5 | 6.1 | 69.8 | 31.6 | 19.2 |
| 辽 宁 | 145.6 | 132.0 | 11.3 | 10.9 | 96.4 | 22.3 | 18.4 |
| 吉 林 | 159.6 | 148.0 | 11.7 | 11.6 | 115.4 | 19.5 | 16.7 |
| 黑龙江 | 152.9 | 140.0 | 15.1 | 15.1 | 75.6 | 19.1 | 14.9 |
| 上 海 | 126.0 | 115.6 | 10.1 | 9.9 | 86.4 | 31.1 | 24.1 |
| 江 苏 | 134.9 | 123.5 | 12.1 | 12.0 | 97.8 | 23.1 | 17.7 |
| 浙 江 | 163.8 | 148.7 | 12.8 | 12.2 | 94.8 | 27.2 | 23.1 |
| 安 徽 | 165.5 | 154.1 | 10.2 | 9.4 | 96.3 | 21.3 | 17.2 |
| 福 建 | 156.2 | 147.1 | 9.5 | 7.7 | 90.6 | 30.9 | 26.6 |
| 江 西 | 167.3 | 159.9 | 12.0 | 11.4 | 104.3 | 21.1 | 17.4 |
| 山 东 | 136.6 | 127.6 | 7.5 | 7.4 | 82.7 | 16.4 | 11.3 |
| 河 南 | 128.3 | 120.7 | 7.5 | 7.5 | 72.6 | 12.7 | 9.2 |
| 湖 北 | 136.9 | 127.4 | 14.1 | 13.5 | 113.0 | 23.5 | 20.3 |
| 湖 南 | 187.0 | 178.9 | 11.6 | 8.3 | 103.2 | 28.8 | 26.3 |
| 广 东 | 166.6 | 158.5 | 9.8 | 9.1 | 100.7 | 36.3 | 31.0 |
| 广 西 | 163.3 | 157.5 | 8.0 | 5.9 | 78.1 | 28.4 | 26.3 |
| 海 南 | 103.1 | 100.2 | 7.8 | 5.5 | 75.1 | 24.0 | 21.8 |
| 重 庆 | 204.4 | 189.1 | 13.8 | 10.8 | 152.2 | 36.1 | 33.6 |
| 四 川 | 184.5 | 172.1 | 12.4 | 10.9 | 126.8 | 38.9 | 36.5 |
| 贵 州 | 134.0 | 123.1 | 6.6 | 5.1 | 81.3 | 28.4 | 27.1 |
| 云 南 | 141.0 | 132.3 | 6.6 | 4.7 | 79.7 | 30.8 | 29.0 |
| 西 藏 | 318.0 | 310.7 | 20.0 | 13.0 | 17.7 | 23.0 | 5.4 |
| 陕 西 | 142.6 | 133.0 | 11.0 | 10.8 | 64.4 | 10.8 | 8.6 |
| 甘 肃 | 172.2 | 159.7 | 7.1 | 7.0 | 55.2 | 14.7 | 11.0 |
| 青 海 | 136.9 | 126.7 | 9.5 | 9.1 | 45.1 | 24.9 | 11.2 |
| 宁 夏 | 128.1 | 121.2 | 7.7 | 7.7 | 76.9 | 14.1 | 6.0 |
| 新 疆 | 181.1 | 179.8 | 14.3 | 14.2 | 82.6 | 19.3 | 1.8 |

2-3-3-9 续表　　　　单位：公斤/人

| 地　区 | 牛肉 | 羊肉 | 禽类 | 水产品 | 蛋类 | 奶类 | 干鲜瓜果类 | 食糖 |
|---|---|---|---|---|---|---|---|---|
| **全　国** | **0.9** | **1.0** | **7.9** | **7.4** | **8.9** | **6.9** | **38.4** | **1.4** |
| 北　京 | 1.7 | 3.0 | 4.0 | 5.6 | 11.8 | 12.9 | 51.7 | 1.2 |
| 天　津 | 0.9 | 2.3 | 4.1 | 12.6 | 16.7 | 12.0 | 81.8 | 1.7 |
| 河　北 | 0.5 | 0.9 | 3.2 | 3.7 | 13.0 | 8.3 | 51.5 | 1.2 |
| 山　西 | 0.2 | 0.9 | 1.7 | 1.2 | 10.2 | 9.6 | 37.1 | 1.2 |
| 内蒙古 | 2.8 | 8.0 | 4.4 | 3.0 | 7.2 | 14.6 | 37.3 | 1.3 |
| 辽　宁 | 0.7 | 0.6 | 3.4 | 7.0 | 10.3 | 4.9 | 38.5 | 1.1 |
| 吉　林 | 0.9 | 0.4 | 5.0 | 4.7 | 9.8 | 4.3 | 36.4 | 1.1 |
| 黑龙江 | 0.8 | 0.7 | 5.9 | 5.5 | 8.9 | 4.8 | 45.2 | 1.7 |
| 上　海 | 1.7 | 1.0 | 13.4 | 22.3 | 10.0 | 12.0 | 44.0 | 1.5 |
| 江　苏 | 1.1 | 0.7 | 8.5 | 14.2 | 9.6 | 11.1 | 36.2 | 1.1 |
| 浙　江 | 1.3 | 0.5 | 9.0 | 18.6 | 8.1 | 9.4 | 40.2 | 1.8 |
| 安　徽 | 1.2 | 0.7 | 10.1 | 9.3 | 11.2 | 8.1 | 43.3 | 1.2 |
| 福　建 | 1.1 | 0.6 | 13.6 | 21.3 | 8.0 | 7.1 | 32.6 | 2.1 |
| 江　西 | 1.1 | 0.2 | 6.7 | 8.4 | 5.8 | 6.6 | 28.0 | 0.9 |
| 山　东 | 0.3 | 0.7 | 5.1 | 6.5 | 16.3 | 11.7 | 56.9 | 1.0 |
| 河　南 | 0.7 | 0.6 | 4.2 | 2.5 | 13.0 | 6.1 | 49.2 | 1.2 |
| 湖　北 | 0.9 | 0.4 | 4.0 | 11.1 | 7.3 | 3.7 | 28.7 | 0.9 |
| 湖　南 | 1.0 | 0.5 | 10.9 | 8.9 | 7.9 | 2.8 | 44.4 | 1.3 |
| 广　东 | 1.1 | 0.4 | 23.5 | 19.2 | 6.8 | 3.3 | 28.6 | 2.1 |
| 广　西 | 0.6 | 0.4 | 19.2 | 7.7 | 4.9 | 2.4 | 31.1 | 1.1 |
| 海　南 | 0.9 | 0.4 | 17.5 | 21.2 | 3.4 | 1.3 | 16.3 | 0.8 |
| 重　庆 | 0.4 | 0.5 | 7.9 | 7.3 | 9.9 | 9.5 | 31.8 | 3.2 |
| 四　川 | 0.6 | 0.4 | 10.1 | 6.1 | 8.9 | 8.5 | 32.0 | 2.1 |
| 贵　州 | 0.5 | 0.3 | 3.4 | 1.2 | 3.2 | 1.8 | 23.2 | 0.9 |
| 云　南 | 0.9 | 0.4 | 7.2 | 2.4 | 3.9 | 1.9 | 18.9 | 1.3 |
| 西　藏 | 11.3 | 5.8 | 0.1 | 0.0 | 2.0 | 22.9 | 2.5 | 1.0 |
| 陕　西 | 0.2 | 0.8 | 1.7 | 1.0 | 5.7 | 7.6 | 32.0 | 0.9 |
| 甘　肃 | 0.6 | 2.0 | 3.8 | 0.9 | 5.9 | 6.6 | 39.3 | 1.9 |
| 青　海 | 5.2 | 7.8 | 2.8 | 0.8 | 2.9 | 11.4 | 18.2 | 1.5 |
| 宁　夏 | 3.3 | 4.2 | 5.9 | 1.3 | 4.1 | 7.5 | 63.9 | 1.2 |
| 新　疆 | 3.8 | 13.1 | 4.5 | 1.0 | 4.5 | 13.2 | 49.7 | 1.0 |

# 2-3-3-10 2017年分地区农村居民年末主要耐用消费品拥有量

单位：平均每百户

| 地区 | 家用汽车(辆) | 摩托车(辆) | 电动助力车(辆) | 洗衣机(台) | 电冰箱(柜)(台) | 微波炉(台) | 彩色电视机(台) |
|---|---|---|---|---|---|---|---|
| **全国** | **19.3** | **64.1** | **61.1** | **86.3** | **91.7** | **17.3** | **120.0** |
| 北京 | 39.3 | 9.4 | 76.7 | 95.4 | 101.7 | 56.0 | 138.1 |
| 天津 | 48.6 | 27.7 | 102.3 | 102.0 | 104.9 | 35.1 | 128.8 |
| 河北 | 31.3 | 57.7 | 102.7 | 99.0 | 95.8 | 17.9 | 121.1 |
| 山西 | 13.1 | 50.3 | 45.7 | 87.1 | 67.5 | 6.3 | 105.1 |
| 内蒙古 | 28.5 | 70.6 | 41.6 | 91.4 | 98.1 | 5.9 | 106.2 |
| 辽宁 | 17.5 | 62.1 | 45.2 | 87.9 | 99.2 | 12.5 | 112.4 |
| 吉林 | 20.9 | 70.3 | 16.9 | 93.4 | 94.5 | 7.4 | 107.4 |
| 黑龙江 | 13.9 | 52.8 | 16.5 | 89.7 | 93.0 | 5.1 | 105.5 |
| 上海 | 24.5 | 7.6 | 139.7 | 82.6 | 93.2 | 72.8 | 169.2 |
| 江苏 | 26.6 | 39.7 | 138.0 | 97.9 | 104.1 | 70.1 | 158.7 |
| 浙江 | 33.3 | 29.0 | 93.3 | 82.0 | 102.7 | 36.0 | 176.4 |
| 安徽 | 14.6 | 40.0 | 97.2 | 83.5 | 97.9 | 23.0 | 127.4 |
| 福建 | 17.8 | 90.4 | 36.7 | 82.1 | 100.6 | 35.6 | 140.1 |
| 江西 | 15.6 | 75.7 | 65.4 | 54.2 | 91.2 | 9.8 | 130.5 |
| 山东 | 32.4 | 58.1 | 119.5 | 93.6 | 97.6 | 17.0 | 110.2 |
| 河南 | 19.3 | 55.3 | 104.8 | 95.9 | 88.2 | 8.8 | 116.3 |
| 湖北 | 11.3 | 80.2 | 32.2 | 75.5 | 95.8 | 11.0 | 121.7 |
| 湖南 | 12.5 | 76.4 | 15.8 | 80.2 | 93.7 | 7.9 | 115.4 |
| 广东 | 17.6 | 123.6 | 38.5 | 78.5 | 87.9 | 22.9 | 120.5 |
| 广西 | 12.2 | 100.5 | 46.2 | 68.1 | 88.8 | 18.8 | 113.3 |
| 海南 | 6.3 | 95.9 | 61.4 | 34.9 | 69.5 | 10.3 | 107.2 |
| 重庆 | 12.0 | 36.5 | 11.9 | 79.8 | 94.8 | 17.3 | 113.8 |
| 四川 | 13.4 | 49.5 | 28.5 | 89.9 | 96.2 | 12.6 | 117.1 |
| 贵州 | 15.2 | 54.2 | 10.0 | 92.0 | 82.3 | 7.9 | 104.0 |
| 云南 | 18.0 | 82.4 | 17.0 | 79.8 | 67.6 | 11.0 | 103.7 |
| 西藏 | 17.7 | 87.7 | 10.9 | 61.7 | 56.9 | 1.3 | 110.7 |
| 陕西 | 13.9 | 61.6 | 44.0 | 93.0 | 80.2 | 5.1 | 114.6 |
| 甘肃 | 14.0 | 79.7 | 36.7 | 92.1 | 71.1 | 6.2 | 109.0 |
| 青海 | 36.2 | 85.9 | 16.3 | 100.0 | 102.4 | 8.4 | 105.6 |
| 宁夏 | 27.8 | 72.2 | 66.2 | 101.6 | 95.2 | 9.7 | 112.9 |
| 新疆 | 20.1 | 78.9 | 62.6 | 95.7 | 97.6 | 5.6 | 102.6 |

2-3-3-10 续表　　　　单位：平均每百户

| 地　区 | 空调（台） | 热水器（台） | 排油烟机（台） | 移动电话（部） | 计算机（台） | 照相机（台） |
|---|---|---|---|---|---|---|
| **全　国** | **52.6** | **62.5** | **20.4** | **246.1** | **29.2** | **3.9** |
| 北　京 | 141.4 | 100.7 | 75.5 | 245.4 | 74.7 | 19.5 |
| 天　津 | 109.0 | 93.0 | 55.5 | 246.0 | 46.1 | 6.2 |
| 河　北 | 70.4 | 64.5 | 24.0 | 240.5 | 40.3 | 4.5 |
| 山　西 | 12.5 | 20.3 | 9.6 | 211.4 | 31.4 | 1.3 |
| 内蒙古 | 1.4 | 23.2 | 15.5 | 236.9 | 24.2 | 4.1 |
| 辽　宁 | 4.6 | 23.0 | 19.3 | 213.4 | 36.2 | 3.7 |
| 吉　林 | 1.4 | 9.8 | 10.0 | 243.8 | 33.2 | 3.9 |
| 黑龙江 | 0.7 | 8.5 | 13.2 | 213.0 | 27.6 | 4.8 |
| 上　海 | 136.2 | 78.6 | 46.4 | 209.6 | 52.6 | 13.6 |
| 江　苏 | 134.7 | 94.7 | 39.0 | 241.8 | 45.4 | 10.7 |
| 浙　江 | 118.8 | 89.3 | 60.0 | 235.2 | 52.2 | 6.9 |
| 安　徽 | 79.8 | 79.0 | 18.0 | 230.1 | 22.3 | 3.9 |
| 福　建 | 65.3 | 90.4 | 34.4 | 252.6 | 34.0 | 4.3 |
| 江　西 | 52.0 | 66.7 | 18.5 | 248.7 | 22.9 | 1.7 |
| 山　东 | 63.7 | 82.1 | 31.7 | 225.3 | 39.8 | 6.6 |
| 河　南 | 74.8 | 59.5 | 11.6 | 244.9 | 31.2 | 2.6 |
| 湖　北 | 62.7 | 71.2 | 17.3 | 238.7 | 27.9 | 3.7 |
| 湖　南 | 45.9 | 59.0 | 20.9 | 267.2 | 22.2 | 3.1 |
| 广　东 | 91.3 | 88.5 | 37.3 | 287.1 | 41.6 | 4.2 |
| 广　西 | 28.9 | 68.3 | 10.4 | 284.3 | 21.8 | 1.2 |
| 海　南 | 37.0 | 56.2 | 7.9 | 261.2 | 12.3 | 1.1 |
| 重　庆 | 50.3 | 59.2 | 9.5 | 241.8 | 20.0 | 1.9 |
| 四　川 | 40.3 | 65.8 | 11.2 | 242.0 | 17.7 | 2.9 |
| 贵　州 | 5.9 | 45.4 | 7.0 | 288.9 | 15.7 | 1.3 |
| 云　南 | 1.3 | 71.3 | 5.2 | 264.1 | 7.3 | 1.5 |
| 西　藏 |  | 2.3 | 0.2 | 191.9 | 0.2 | 0.7 |
| 陕　西 | 33.7 | 50.2 | 10.3 | 270.1 | 25.2 | 3.3 |
| 甘　肃 | 0.9 | 26.4 | 9.0 | 268.7 | 16.8 | 1.4 |
| 青　海 | 1.4 | 31.5 | 17.3 | 291.6 | 14.5 | 2.9 |
| 宁　夏 | 1.7 | 82.8 | 17.6 | 290.8 | 23.3 | 1.6 |
| 新　疆 | 1.8 | 30.1 | 13.1 | 187.1 | 16.6 | 1.7 |

## (四)2018年分地区农村居民收支主要数据

### 2-3-4-1　2018年分地区农村居民可支配收入

单位：元/人

| 地　区 | 可支配收入 | 一、工资性收入 | 二、经营净收入 | 三、财产净收入 | 四、转移净收入 |
|---|---|---|---|---|---|
| **全　国** | **14617.0** | **5996.1** | **5358.4** | **342.1** | **2920.5** |
| 北　京 | 26490.3 | 19826.7 | 2021.7 | 1876.8 | 2765.0 |
| 天　津 | 23065.2 | 13568.1 | 5334.6 | 921.6 | 3241.0 |
| 河　北 | 14030.9 | 7454.1 | 4611.5 | 298.7 | 1666.5 |
| 山　西 | 11750.0 | 5735.8 | 3075.2 | 192.9 | 2746.1 |
| 内蒙古 | 13802.6 | 2896.6 | 7180.7 | 520.4 | 3204.8 |
| 辽　宁 | 14656.3 | 5644.8 | 6263.8 | 334.5 | 2413.2 |
| 吉　林 | 13748.2 | 3521.5 | 7756.2 | 256.5 | 2213.9 |
| 黑龙江 | 13803.7 | 3009.1 | 7053.3 | 679.0 | 3062.2 |
| 上　海 | 30374.7 | 19503.5 | 1753.2 | 1003.2 | 8114.8 |
| 江　苏 | 20845.1 | 10221.6 | 6016.6 | 767.5 | 3839.3 |
| 浙　江 | 27302.4 | 16898.4 | 6677.0 | 784.1 | 2942.9 |
| 安　徽 | 13996.0 | 5058.0 | 5411.5 | 256.0 | 3270.5 |
| 福　建 | 17821.2 | 8214.7 | 6705.6 | 322.5 | 2578.4 |
| 江　西 | 14459.9 | 6121.0 | 5271.9 | 235.5 | 2831.6 |
| 山　东 | 16297.0 | 6550.0 | 7193.6 | 429.0 | 2124.4 |
| 河　南 | 13830.7 | 5335.6 | 4790.7 | 221.4 | 3483.0 |
| 湖　北 | 14977.8 | 4886.8 | 6270.8 | 185.9 | 3634.2 |
| 湖　南 | 14092.5 | 5769.3 | 4785.7 | 179.3 | 3358.2 |
| 广　东 | 17167.7 | 8510.7 | 4432.7 | 448.9 | 3775.5 |
| 广　西 | 12434.8 | 3691.4 | 5393.4 | 241.4 | 3108.6 |
| 海　南 | 13988.9 | 5611.4 | 5806.1 | 253.7 | 2317.8 |
| 重　庆 | 13781.2 | 4847.8 | 4812.9 | 334.8 | 3785.8 |
| 四　川 | 13331.4 | 4311.0 | 5117.2 | 379.5 | 3523.7 |
| 贵　州 | 9716.1 | 4276.2 | 3226.7 | 126.2 | 2086.9 |
| 云　南 | 10767.9 | 3259.9 | 5599.0 | 187.2 | 1721.8 |
| 西　藏 | 11449.8 | 3037.2 | 5888.9 | 427.2 | 2096.6 |
| 陕　西 | 11212.8 | 4620.8 | 3508.0 | 196.6 | 2887.5 |
| 甘　肃 | 8804.1 | 2534.7 | 3823.7 | 211.5 | 2234.1 |
| 青　海 | 10393.3 | 3047.3 | 3904.6 | 463.1 | 2978.4 |
| 宁　夏 | 11707.6 | 4547.8 | 4638.5 | 362.8 | 2158.5 |
| 新　疆 | 11974.5 | 2945.2 | 6623.9 | 235.1 | 2170.3 |

# 2-3-4-2 2018年分地区农村居民可支配收入构成

单位：%

| 地 区 | 可支配收入 | 一、工资性收入 | 二、经营净收入 | 三、财产净收入 | 四、转移净收入 |
|---|---|---|---|---|---|
| **全 国** | **100.0** | **41.0** | **36.7** | **2.3** | **20.0** |
| 北 京 | 100.0 | 74.8 | 7.6 | 7.1 | 10.4 |
| 天 津 | 100.0 | 58.8 | 23.1 | 4.0 | 14.1 |
| 河 北 | 100.0 | 53.1 | 32.9 | 2.1 | 11.9 |
| 山 西 | 100.0 | 48.8 | 26.2 | 1.6 | 23.4 |
| 内蒙古 | 100.0 | 21.0 | 52.0 | 3.8 | 23.2 |
| 辽 宁 | 100.0 | 38.5 | 42.7 | 2.3 | 16.5 |
| 吉 林 | 100.0 | 25.6 | 56.4 | 1.9 | 16.1 |
| 黑龙江 | 100.0 | 21.8 | 51.1 | 4.9 | 22.2 |
| 上 海 | 100.0 | 64.2 | 5.8 | 3.3 | 26.7 |
| 江 苏 | 100.0 | 49.0 | 28.9 | 3.7 | 18.4 |
| 浙 江 | 100.0 | 61.9 | 24.5 | 2.9 | 10.8 |
| 安 徽 | 100.0 | 36.1 | 38.7 | 1.8 | 23.4 |
| 福 建 | 100.0 | 46.1 | 37.6 | 1.8 | 14.5 |
| 江 西 | 100.0 | 42.3 | 36.5 | 1.6 | 19.6 |
| 山 东 | 100.0 | 40.2 | 44.1 | 2.6 | 13.0 |
| 河 南 | 100.0 | 38.6 | 34.6 | 1.6 | 25.2 |
| 湖 北 | 100.0 | 32.6 | 41.9 | 1.2 | 24.3 |
| 湖 南 | 100.0 | 40.9 | 34.0 | 1.3 | 23.8 |
| 广 东 | 100.0 | 49.6 | 25.8 | 2.6 | 22.0 |
| 广 西 | 100.0 | 29.7 | 43.4 | 1.9 | 25.0 |
| 海 南 | 100.0 | 40.1 | 41.5 | 1.8 | 16.6 |
| 重 庆 | 100.0 | 35.2 | 34.9 | 2.4 | 27.5 |
| 四 川 | 100.0 | 32.3 | 38.4 | 2.8 | 26.4 |
| 贵 州 | 100.0 | 44.0 | 33.2 | 1.3 | 21.5 |
| 云 南 | 100.0 | 30.3 | 52.0 | 1.7 | 16.0 |
| 西 藏 | 100.0 | 26.5 | 51.4 | 3.7 | 18.3 |
| 陕 西 | 100.0 | 41.2 | 31.3 | 1.8 | 25.8 |
| 甘 肃 | 100.0 | 28.8 | 43.4 | 2.4 | 25.4 |
| 青 海 | 100.0 | 29.3 | 37.6 | 4.5 | 28.7 |
| 宁 夏 | 100.0 | 38.8 | 39.6 | 3.1 | 18.4 |
| 新 疆 | 100.0 | 24.6 | 55.3 | 2.0 | 18.1 |

# 2-3-4-3 2018年分地区农村居民现金可支配收入

单位：元/人

| 地区 | 现金可支配收入 | 一、工资性收入 | 二、经营净收入 | 三、财产净收入 | 四、转移净收入 |
|---|---|---|---|---|---|
| **全国** | **13912.8** | **5961.3** | **4969.5** | **342.1** | **2639.9** |
| 北京 | 25922.3 | 19787.3 | 2231.7 | 1876.8 | 2026.4 |
| 天津 | 22994.6 | 13441.0 | 5940.9 | 921.6 | 2691.1 |
| 河北 | 13924.7 | 7446.5 | 4723.4 | 298.7 | 1456.0 |
| 山西 | 11351.4 | 5715.8 | 2933.8 | 192.9 | 2508.9 |
| 内蒙古 | 13450.1 | 2892.9 | 7114.2 | 520.4 | 2922.6 |
| 辽宁 | 14581.4 | 5591.0 | 6453.4 | 334.5 | 2202.6 |
| 吉林 | 12204.0 | 3506.2 | 6428.2 | 256.5 | 2013.1 |
| 黑龙江 | 11149.5 | 3001.8 | 4640.1 | 679.0 | 2828.5 |
| 上海 | 29213.1 | 19303.8 | 1692.7 | 1003.2 | 7213.4 |
| 江苏 | 19985.2 | 10166.5 | 5549.9 | 767.5 | 3501.2 |
| 浙江 | 27068.5 | 16831.4 | 6789.6 | 784.1 | 2663.3 |
| 安徽 | 13595.2 | 5000.4 | 5263.2 | 256.0 | 3075.7 |
| 福建 | 17141.2 | 8146.4 | 6289.0 | 322.5 | 2383.4 |
| 江西 | 13892.3 | 6114.2 | 4856.5 | 235.5 | 2686.1 |
| 山东 | 16346.1 | 6522.3 | 7554.0 | 429.0 | 1840.9 |
| 河南 | 12988.6 | 5330.8 | 4214.4 | 221.4 | 3222.0 |
| 湖北 | 14221.6 | 4866.9 | 5941.4 | 185.9 | 3227.4 |
| 湖南 | 13258.1 | 5729.6 | 4263.4 | 179.3 | 3085.7 |
| 广东 | 16209.1 | 8358.5 | 4014.4 | 448.9 | 3387.3 |
| 广西 | 11534.1 | 3674.3 | 4953.7 | 241.4 | 2664.8 |
| 海南 | 13698.3 | 5583.2 | 5741.6 | 253.7 | 2119.8 |
| 重庆 | 12498.9 | 4831.0 | 3716.2 | 334.8 | 3616.8 |
| 四川 | 12126.0 | 4263.5 | 4316.9 | 379.5 | 3166.2 |
| 贵州 | 9212.5 | 4256.9 | 2940.1 | 126.2 | 1889.4 |
| 云南 | 10064.7 | 3252.7 | 5123.8 | 187.2 | 1501.0 |
| 西藏 | 10561.5 | 3036.2 | 5166.7 | 427.2 | 1931.4 |
| 陕西 | 10625.5 | 4597.9 | 3183.1 | 196.6 | 2647.8 |
| 甘肃 | 7967.8 | 2526.2 | 3315.3 | 211.5 | 1914.8 |
| 青海 | 10268.2 | 3042.2 | 4111.9 | 463.1 | 2651.0 |
| 宁夏 | 11637.4 | 4534.0 | 4918.7 | 362.8 | 1822.0 |
| 新疆 | 10737.3 | 2934.7 | 5681.1 | 235.1 | 1886.4 |

# 2-3-4-4　2018年分地区农村居民现金可支配收入构成

单位：%

| 地　区 | 现金可支配收入 | 一、工资性收入 | 二、经营净收入 | 三、财产净收入 | 四、转移净收入 |
|---|---|---|---|---|---|
| **全　国** | **100.0** | **42.8** | **35.7** | **2.5** | **19.0** |
| 北　京 | 100.0 | 76.3 | 8.6 | 7.2 | 7.8 |
| 天　津 | 100.0 | 58.5 | 25.8 | 4.0 | 11.7 |
| 河　北 | 100.0 | 53.5 | 33.9 | 2.1 | 10.5 |
| 山　西 | 100.0 | 50.4 | 25.8 | 1.7 | 22.1 |
| 内蒙古 | 100.0 | 21.5 | 52.9 | 3.9 | 21.7 |
| 辽　宁 | 100.0 | 38.3 | 44.3 | 2.3 | 15.1 |
| 吉　林 | 100.0 | 28.7 | 52.7 | 2.1 | 16.5 |
| 黑龙江 | 100.0 | 26.9 | 41.6 | 6.1 | 25.4 |
| 上　海 | 100.0 | 66.1 | 5.8 | 3.4 | 24.7 |
| 江　苏 | 100.0 | 50.9 | 27.8 | 3.8 | 17.5 |
| 浙　江 | 100.0 | 62.2 | 25.1 | 2.9 | 9.8 |
| 安　徽 | 100.0 | 36.8 | 38.7 | 1.9 | 22.6 |
| 福　建 | 100.0 | 47.5 | 36.7 | 1.9 | 13.9 |
| 江　西 | 100.0 | 44.0 | 35.0 | 1.7 | 19.3 |
| 山　东 | 100.0 | 39.9 | 46.2 | 2.6 | 11.3 |
| 河　南 | 100.0 | 41.0 | 32.4 | 1.7 | 24.8 |
| 湖　北 | 100.0 | 34.2 | 41.8 | 1.3 | 22.7 |
| 湖　南 | 100.0 | 43.2 | 32.2 | 1.4 | 23.3 |
| 广　东 | 100.0 | 51.6 | 24.8 | 2.8 | 20.9 |
| 广　西 | 100.0 | 31.9 | 42.9 | 2.1 | 23.1 |
| 海　南 | 100.0 | 40.8 | 41.9 | 1.9 | 15.5 |
| 重　庆 | 100.0 | 38.7 | 29.7 | 2.7 | 28.9 |
| 四　川 | 100.0 | 35.2 | 35.6 | 3.1 | 26.1 |
| 贵　州 | 100.0 | 46.2 | 31.9 | 1.4 | 20.5 |
| 云　南 | 100.0 | 32.3 | 50.9 | 1.9 | 14.9 |
| 西　藏 | 100.0 | 28.7 | 48.9 | 4.0 | 18.3 |
| 陕　西 | 100.0 | 43.3 | 30.0 | 1.9 | 24.9 |
| 甘　肃 | 100.0 | 31.7 | 41.6 | 2.7 | 24.0 |
| 青　海 | 100.0 | 29.6 | 40.0 | 4.5 | 25.8 |
| 宁　夏 | 100.0 | 39.0 | 42.3 | 3.1 | 15.7 |
| 新　疆 | 100.0 | 27.3 | 52.9 | 2.2 | 17.6 |

# 2-3-4-5 2018年分地区农村居民消费支出

单位：元/人

| 地区 | 消费支出 | | | |
|---|---|---|---|---|
| | | 一、食品烟酒支出 | 二、衣着支出 | 三、居住支出 |
| **全 国** | **12124.3** | **3645.6** | **647.7** | **2660.6** |
| 北 京 | 20195.3 | 4802.4 | 1088.3 | 5950.9 |
| 天 津 | 16863.3 | 4983.7 | 991.5 | 3415.4 |
| 河 北 | 11382.8 | 3002.7 | 722.5 | 2542.3 |
| 山 西 | 9172.2 | 2539.8 | 626.4 | 2075.7 |
| 内蒙古 | 12661.5 | 3476.2 | 717.1 | 2337.8 |
| 辽 宁 | 11455.0 | 3063.0 | 656.2 | 2246.3 |
| 吉 林 | 10826.2 | 3010.2 | 628.4 | 1917.2 |
| 黑龙江 | 11416.8 | 3114.7 | 695.1 | 1916.5 |
| 上 海 | 19964.7 | 7429.8 | 1135.9 | 3953.8 |
| 江 苏 | 16567.0 | 4337.7 | 811.9 | 4130.2 |
| 浙 江 | 19706.8 | 5965.6 | 1017.6 | 4992.7 |
| 安 徽 | 12748.1 | 4208.3 | 635.0 | 3013.3 |
| 福 建 | 14942.8 | 5339.8 | 677.1 | 3649.1 |
| 江 西 | 10885.2 | 3403.0 | 526.1 | 3038.2 |
| 山 东 | 11270.1 | 3162.0 | 622.4 | 2214.3 |
| 河 南 | 10392.0 | 2778.3 | 736.1 | 2273.7 |
| 湖 北 | 13946.3 | 3928.2 | 783.1 | 2954.3 |
| 湖 南 | 12720.5 | 3713.9 | 624.1 | 2920.6 |
| 广 东 | 15411.3 | 5641.2 | 523.6 | 3355.8 |
| 广 西 | 10617.0 | 3194.8 | 326.7 | 2469.1 |
| 海 南 | 10955.8 | 4580.7 | 314.7 | 2160.4 |
| 重 庆 | 11976.8 | 4180.0 | 631.0 | 2273.5 |
| 四 川 | 12723.2 | 4551.7 | 716.4 | 2500.0 |
| 贵 州 | 9170.2 | 2593.3 | 502.1 | 2127.2 |
| 云 南 | 9122.9 | 2688.9 | 370.0 | 1883.7 |
| 西 藏 | 7452.1 | 2688.7 | 973.0 | 1175.1 |
| 陕 西 | 10070.8 | 2576.9 | 525.5 | 2431.2 |
| 甘 肃 | 9064.6 | 2694.5 | 557.9 | 1725.8 |
| 青 海 | 10352.4 | 3053.3 | 721.0 | 1790.1 |
| 宁 夏 | 10789.6 | 2949.9 | 752.2 | 1867.8 |
| 新 疆 | 9421.3 | 2824.0 | 798.7 | 1716.3 |

2-3-4-5 续表

单位：元/人

| 地区 | 四、生活用品及服务支出 | 五、交通通信支出 | 六、教育文化娱乐支出 | 七、医疗保健支出 | 八、其他用品及服务支出 |
|---|---|---|---|---|---|
| **全国** | **720.5** | **1690.0** | **1301.6** | **1240.1** | **218.3** |
| 北京 | 1580.3 | 3077.7 | 1436.2 | 1991.9 | 267.5 |
| 天津 | 1357.4 | 2595.2 | 1236.8 | 1974.9 | 308.5 |
| 河北 | 773.9 | 1736.5 | 1170.9 | 1201.6 | 232.4 |
| 山西 | 443.7 | 1106.9 | 1149.6 | 1065.2 | 165.0 |
| 内蒙古 | 578.9 | 2102.5 | 1736.5 | 1468.5 | 244.0 |
| 辽宁 | 568.5 | 1820.1 | 1325.2 | 1529.1 | 246.5 |
| 吉林 | 405.6 | 1770.5 | 1411.0 | 1450.9 | 232.4 |
| 黑龙江 | 490.8 | 1632.5 | 1419.4 | 1916.2 | 231.6 |
| 上海 | 1137.2 | 2892.2 | 1173.3 | 1739.5 | 502.9 |
| 江苏 | 939.3 | 2959.9 | 1547.3 | 1529.6 | 311.1 |
| 浙江 | 1053.2 | 2952.9 | 1787.9 | 1626.9 | 310.0 |
| 安徽 | 772.5 | 1556.1 | 1271.1 | 1036.7 | 255.2 |
| 福建 | 764.8 | 1817.1 | 1359.4 | 1015.8 | 319.8 |
| 江西 | 607.2 | 1214.7 | 1143.7 | 783.8 | 168.5 |
| 山东 | 761.9 | 1873.0 | 1265.6 | 1205.0 | 166.0 |
| 河南 | 697.5 | 1286.0 | 1226.8 | 1226.6 | 167.0 |
| 湖北 | 852.2 | 1933.1 | 1551.4 | 1588.0 | 356.0 |
| 湖南 | 756.8 | 1449.7 | 1678.6 | 1385.5 | 191.4 |
| 广东 | 817.0 | 1930.4 | 1473.0 | 1366.7 | 303.6 |
| 广西 | 604.1 | 1528.1 | 1246.9 | 1088.0 | 159.4 |
| 海南 | 513.2 | 1105.3 | 1376.0 | 712.4 | 193.0 |
| 重庆 | 784.8 | 1502.5 | 1345.2 | 1075.1 | 184.7 |
| 四川 | 859.8 | 1578.3 | 934.2 | 1344.8 | 237.9 |
| 贵州 | 569.2 | 1373.1 | 1161.2 | 703.2 | 140.9 |
| 云南 | 558.9 | 1507.3 | 1153.1 | 845.6 | 115.5 |
| 西藏 | 351.1 | 1396.6 | 409.0 | 314.9 | 143.7 |
| 陕西 | 634.7 | 1222.5 | 1252.9 | 1241.8 | 185.3 |
| 甘肃 | 513.9 | 1077.9 | 1201.9 | 1132.6 | 160.1 |
| 青海 | 495.0 | 1765.2 | 944.6 | 1332.3 | 250.8 |
| 宁夏 | 673.5 | 1818.7 | 1295.8 | 1248.6 | 183.1 |
| 新疆 | 610.0 | 1301.1 | 1010.7 | 1017.5 | 142.8 |

# 2-3-4-6　2018年分地区农村居民消费支出构成

单位：%

| 地　区 | 消费支出 | 一、食品烟酒支出 | 二、衣着支出 | 三、居住支出 |
|---|---|---|---|---|
| **全　国** | **100.0** | **30.1** | **5.3** | **21.9** |
| 北　京 | 100.0 | 23.8 | 5.4 | 29.5 |
| 天　津 | 100.0 | 29.6 | 5.9 | 20.3 |
| 河　北 | 100.0 | 26.4 | 6.3 | 22.3 |
| 山　西 | 100.0 | 27.7 | 6.8 | 22.6 |
| 内蒙古 | 100.0 | 27.5 | 5.7 | 18.5 |
| 辽　宁 | 100.0 | 26.7 | 5.7 | 19.6 |
| 吉　林 | 100.0 | 27.8 | 5.8 | 17.7 |
| 黑龙江 | 100.0 | 27.3 | 6.1 | 16.8 |
| 上　海 | 100.0 | 37.2 | 5.7 | 19.8 |
| 江　苏 | 100.0 | 26.2 | 4.9 | 24.9 |
| 浙　江 | 100.0 | 30.3 | 5.2 | 25.3 |
| 安　徽 | 100.0 | 33.0 | 5.0 | 23.6 |
| 福　建 | 100.0 | 35.7 | 4.5 | 24.4 |
| 江　西 | 100.0 | 31.3 | 4.8 | 27.9 |
| 山　东 | 100.0 | 28.1 | 5.5 | 19.6 |
| 河　南 | 100.0 | 26.7 | 7.1 | 21.9 |
| 湖　北 | 100.0 | 28.2 | 5.6 | 21.2 |
| 湖　南 | 100.0 | 29.2 | 4.9 | 23.0 |
| 广　东 | 100.0 | 36.6 | 3.4 | 21.8 |
| 广　西 | 100.0 | 30.1 | 3.1 | 23.3 |
| 海　南 | 100.0 | 41.8 | 2.9 | 19.7 |
| 重　庆 | 100.0 | 34.9 | 5.3 | 19.0 |
| 四　川 | 100.0 | 35.8 | 5.6 | 19.6 |
| 贵　州 | 100.0 | 28.3 | 5.5 | 23.2 |
| 云　南 | 100.0 | 29.5 | 4.1 | 20.6 |
| 西　藏 | 100.0 | 36.1 | 13.1 | 15.8 |
| 陕　西 | 100.0 | 25.6 | 5.2 | 24.1 |
| 甘　肃 | 100.0 | 29.7 | 6.2 | 19.0 |
| 青　海 | 100.0 | 29.5 | 7.0 | 17.3 |
| 宁　夏 | 100.0 | 27.3 | 7.0 | 17.3 |
| 新　疆 | 100.0 | 30.0 | 8.5 | 18.2 |

2-3-4-6 续表

单位：%

| 地　区 | 四、生活用品及服务支出 | 五、交通通信支出 | 六、教育文化娱乐支出 | 七、医疗保健支出 | 八、其他用品及服务支出 |
|---|---|---|---|---|---|
| **全　国** | **5.9** | **13.9** | **10.7** | **10.2** | **1.8** |
| 北　京 | 7.8 | 15.2 | 7.1 | 9.9 | 1.3 |
| 天　津 | 8.0 | 15.4 | 7.3 | 11.7 | 1.8 |
| 河　北 | 6.8 | 15.3 | 10.3 | 10.6 | 2.0 |
| 山　西 | 4.8 | 12.1 | 12.5 | 11.6 | 1.8 |
| 内蒙古 | 4.6 | 16.6 | 13.7 | 11.6 | 1.9 |
| 辽　宁 | 5.0 | 15.9 | 11.6 | 13.3 | 2.2 |
| 吉　林 | 3.7 | 16.4 | 13.0 | 13.4 | 2.1 |
| 黑龙江 | 4.3 | 14.3 | 12.4 | 16.8 | 2.0 |
| 上　海 | 5.7 | 14.5 | 5.9 | 8.7 | 2.5 |
| 江　苏 | 5.7 | 17.9 | 9.3 | 9.2 | 1.9 |
| 浙　江 | 5.3 | 15.0 | 9.1 | 8.3 | 1.6 |
| 安　徽 | 6.1 | 12.2 | 10.0 | 8.1 | 2.0 |
| 福　建 | 5.1 | 12.2 | 9.1 | 6.8 | 2.1 |
| 江　西 | 5.6 | 11.2 | 10.5 | 7.2 | 1.5 |
| 山　东 | 6.8 | 16.6 | 11.2 | 10.7 | 1.5 |
| 河　南 | 6.7 | 12.4 | 11.8 | 11.8 | 1.6 |
| 湖　北 | 6.1 | 13.9 | 11.1 | 11.4 | 2.6 |
| 湖　南 | 5.9 | 11.4 | 13.2 | 10.9 | 1.5 |
| 广　东 | 5.3 | 12.5 | 9.6 | 8.9 | 2.0 |
| 广　西 | 5.7 | 14.4 | 11.7 | 10.2 | 1.5 |
| 海　南 | 4.7 | 10.1 | 12.6 | 6.5 | 1.8 |
| 重　庆 | 6.6 | 12.5 | 11.2 | 9.0 | 1.5 |
| 四　川 | 6.8 | 12.4 | 7.3 | 10.6 | 1.9 |
| 贵　州 | 6.2 | 15.0 | 12.7 | 7.7 | 1.5 |
| 云　南 | 6.1 | 16.5 | 12.6 | 9.3 | 1.3 |
| 西　藏 | 4.7 | 18.7 | 5.5 | 4.2 | 1.9 |
| 陕　西 | 6.3 | 12.1 | 12.4 | 12.3 | 1.8 |
| 甘　肃 | 5.7 | 11.9 | 13.3 | 12.5 | 1.8 |
| 青　海 | 4.8 | 17.1 | 9.1 | 12.9 | 2.4 |
| 宁　夏 | 6.2 | 16.9 | 12.0 | 11.6 | 1.7 |
| 新　疆 | 6.5 | 13.8 | 10.7 | 10.8 | 1.5 |

# 2-3-4-7 2018年分地区农村居民现金消费支出

单位：元/人

| 地 区 | 现金消费支出 | 一、食品烟酒支出 | 二、衣着支出 | 三、居住支出 |
|---|---|---|---|---|
| **全 国** | **9862.0** | **3226.3** | **647.2** | **1084.0** |
| 北 京 | 15628.8 | 4710.1 | 1087.5 | 2128.6 |
| 天 津 | 14607.4 | 4838.7 | 991.1 | 1841.7 |
| 河 北 | 9873.7 | 2881.2 | 722.3 | 1363.4 |
| 山 西 | 7734.6 | 2305.2 | 625.9 | 1079.4 |
| 内蒙古 | 11010.3 | 3010.5 | 717.1 | 1411.2 |
| 辽 宁 | 9824.3 | 2775.8 | 656.0 | 1097.1 |
| 吉 林 | 9188.6 | 2671.0 | 628.3 | 815.8 |
| 黑龙江 | 10088.3 | 2952.2 | 695.0 | 983.1 |
| 上 海 | 16765.0 | 7086.8 | 1134.1 | 1979.6 |
| 江 苏 | 13703.2 | 4050.5 | 811.7 | 1894.6 |
| 浙 江 | 15423.5 | 5478.2 | 1017.5 | 1478.4 |
| 安 徽 | 10193.6 | 3941.1 | 634.3 | 918.9 |
| 福 建 | 11995.4 | 4828.3 | 676.7 | 1408.8 |
| 江 西 | 8235.5 | 3046.0 | 526.0 | 892.4 |
| 山 东 | 9711.4 | 3040.8 | 621.2 | 1063.7 |
| 河 南 | 8632.1 | 2688.4 | 736.0 | 850.6 |
| 湖 北 | 11300.6 | 3436.7 | 782.6 | 1200.0 |
| 湖 南 | 9992.5 | 3067.7 | 622.8 | 1108.4 |
| 广 东 | 12313.4 | 5051.3 | 523.0 | 1235.0 |
| 广 西 | 8201.0 | 2579.3 | 325.8 | 1021.3 |
| 海 南 | 9060.1 | 4263.6 | 314.6 | 763.7 |
| 重 庆 | 9467.7 | 3277.9 | 630.0 | 850.5 |
| 四 川 | 9848.0 | 3549.0 | 715.8 | 948.1 |
| 贵 州 | 7160.3 | 2006.9 | 501.9 | 872.3 |
| 云 南 | 6883.9 | 2010.9 | 369.8 | 534.7 |
| 西 藏 | 5708.4 | 2081.6 | 970.2 | 216.7 |
| 陕 西 | 8264.0 | 2357.3 | 525.0 | 1076.7 |
| 甘 肃 | 7516.0 | 2266.5 | 557.8 | 871.3 |
| 青 海 | 8858.1 | 2630.3 | 720.7 | 1039.2 |
| 宁 夏 | 9412.0 | 2660.9 | 751.8 | 1088.9 |
| 新 疆 | 7959.3 | 2296.3 | 796.4 | 1011.3 |

2-3-4-7 续表 单位：元/人

| 地区 | 四、生活用品及服务支出 | 五、交通通信支出 | 六、教育文化娱乐支出 | 七、医疗保健支出 | 八、其他用品及服务支出 |
|---|---|---|---|---|---|
| **全　国** | **709.0** | **1685.0** | **1300.5** | **997.4** | **212.7** |
| 北　京 | 1569.2 | 3077.3 | 1435.7 | 1357.5 | 262.9 |
| 天　津 | 1114.3 | 2593.5 | 1236.7 | 1706.2 | 285.2 |
| 河　北 | 770.2 | 1735.1 | 1170.9 | 998.7 | 231.9 |
| 山　西 | 441.9 | 1106.8 | 1149.5 | 875.3 | 150.5 |
| 内蒙古 | 578.8 | 2102.5 | 1736.1 | 1210.1 | 244.0 |
| 辽　宁 | 562.3 | 1819.2 | 1325.2 | 1344.4 | 244.2 |
| 吉　林 | 403.1 | 1770.5 | 1411.0 | 1256.5 | 232.3 |
| 黑龙江 | 490.3 | 1632.5 | 1419.2 | 1685.6 | 230.3 |
| 上　海 | 1117.9 | 2872.0 | 1172.9 | 909.4 | 492.4 |
| 江　苏 | 931.7 | 2942.6 | 1547.2 | 1216.3 | 308.6 |
| 浙　江 | 1044.4 | 2951.8 | 1787.6 | 1363.7 | 302.0 |
| 安　徽 | 765.5 | 1527.8 | 1270.9 | 882.3 | 252.9 |
| 福　建 | 755.6 | 1810.9 | 1359.4 | 837.2 | 318.6 |
| 江　西 | 603.7 | 1214.7 | 1143.7 | 641.2 | 167.9 |
| 山　东 | 734.9 | 1869.5 | 1265.5 | 954.9 | 160.9 |
| 河　南 | 695.9 | 1285.9 | 1226.4 | 982.7 | 166.2 |
| 湖　北 | 850.4 | 1928.1 | 1551.4 | 1211.1 | 340.4 |
| 湖　南 | 753.9 | 1438.8 | 1678.2 | 1133.4 | 189.2 |
| 广　东 | 803.4 | 1925.3 | 1469.8 | 1013.3 | 292.4 |
| 广　西 | 555.0 | 1526.4 | 1246.3 | 802.0 | 145.1 |
| 海　南 | 494.2 | 1105.3 | 1376.0 | 556.5 | 186.3 |
| 重　庆 | 765.5 | 1501.9 | 1344.8 | 914.4 | 182.8 |
| 四　川 | 836.3 | 1577.7 | 931.9 | 1058.7 | 230.6 |
| 贵　州 | 563.2 | 1360.7 | 1161.1 | 557.3 | 136.8 |
| 云　南 | 554.4 | 1507.2 | 1152.8 | 641.0 | 113.1 |
| 西　藏 | 340.6 | 1396.3 | 409.0 | 150.5 | 143.4 |
| 陕　西 | 625.0 | 1212.7 | 1251.8 | 1032.1 | 183.5 |
| 甘　肃 | 510.4 | 1075.6 | 1191.3 | 884.4 | 158.8 |
| 青　海 | 494.3 | 1765.2 | 944.0 | 1017.6 | 246.8 |
| 宁　夏 | 658.9 | 1817.1 | 1295.5 | 970.6 | 168.2 |
| 新　疆 | 603.6 | 1300.2 | 996.8 | 861.6 | 93.3 |

# 2-3-4-8　2018年分地区农村居民现金消费支出构成

单位：%

| 地　区 | 现金消费支出 | 一、食品烟酒支出 | 二、衣着支出 | 三、居住支出 |
|---|---|---|---|---|
| **全　国** | **100.0** | **32.7** | **6.6** | **11.0** |
| 北　京 | 100.0 | 30.1 | 7.0 | 13.6 |
| 天　津 | 100.0 | 33.1 | 6.8 | 12.6 |
| 河　北 | 100.0 | 29.2 | 7.3 | 13.8 |
| 山　西 | 100.0 | 29.8 | 8.1 | 14.0 |
| 内蒙古 | 100.0 | 27.3 | 6.5 | 12.8 |
| 辽　宁 | 100.0 | 28.3 | 6.7 | 11.2 |
| 吉　林 | 100.0 | 29.1 | 6.8 | 8.9 |
| 黑龙江 | 100.0 | 29.3 | 6.9 | 9.7 |
| 上　海 | 100.0 | 42.3 | 6.8 | 11.8 |
| 江　苏 | 100.0 | 29.6 | 5.9 | 13.8 |
| 浙　江 | 100.0 | 35.5 | 6.6 | 9.6 |
| 安　徽 | 100.0 | 38.7 | 6.2 | 9.0 |
| 福　建 | 100.0 | 40.3 | 5.6 | 11.7 |
| 江　西 | 100.0 | 37.0 | 6.4 | 10.8 |
| 山　东 | 100.0 | 31.3 | 6.4 | 11.0 |
| 河　南 | 100.0 | 31.1 | 8.5 | 9.9 |
| 湖　北 | 100.0 | 30.4 | 6.9 | 10.6 |
| 湖　南 | 100.0 | 30.7 | 6.2 | 11.1 |
| 广　东 | 100.0 | 41.0 | 4.2 | 10.0 |
| 广　西 | 100.0 | 31.5 | 4.0 | 12.5 |
| 海　南 | 100.0 | 47.1 | 3.5 | 8.4 |
| 重　庆 | 100.0 | 34.6 | 6.7 | 9.0 |
| 四　川 | 100.0 | 36.0 | 7.3 | 9.6 |
| 贵　州 | 100.0 | 28.0 | 7.0 | 12.2 |
| 云　南 | 100.0 | 29.2 | 5.4 | 7.8 |
| 西　藏 | 100.0 | 36.5 | 17.0 | 3.8 |
| 陕　西 | 100.0 | 28.5 | 6.4 | 13.0 |
| 甘　肃 | 100.0 | 30.2 | 7.4 | 11.6 |
| 青　海 | 100.0 | 29.7 | 8.1 | 11.7 |
| 宁　夏 | 100.0 | 28.3 | 8.0 | 11.6 |
| 新　疆 | 100.0 | 28.9 | 10.0 | 12.7 |

2-3-4-8 续表

单位：%

| 地区 | 四、生活用品及服务支出 | 五、交通通信支出 | 六、教育文化娱乐支出 | 七、医疗保健支出 | 八、其他用品及服务支出 |
|---|---|---|---|---|---|
| **全国** | **7.2** | **17.1** | **13.2** | **10.1** | **2.2** |
| 北京 | 10.0 | 19.7 | 9.2 | 8.7 | 1.7 |
| 天津 | 7.6 | 17.8 | 8.5 | 11.7 | 2.0 |
| 河北 | 7.8 | 17.6 | 11.9 | 10.1 | 2.3 |
| 山西 | 5.7 | 14.3 | 14.9 | 11.3 | 1.9 |
| 内蒙古 | 5.3 | 19.1 | 15.8 | 11.0 | 2.2 |
| 辽宁 | 5.7 | 18.5 | 13.5 | 13.7 | 2.5 |
| 吉林 | 4.4 | 19.3 | 15.4 | 13.7 | 2.5 |
| 黑龙江 | 4.9 | 16.2 | 14.1 | 16.7 | 2.3 |
| 上海 | 6.7 | 17.1 | 7.0 | 5.4 | 2.9 |
| 江苏 | 6.8 | 21.5 | 11.3 | 8.9 | 2.3 |
| 浙江 | 6.8 | 19.1 | 11.6 | 8.8 | 2.0 |
| 安徽 | 7.5 | 15.0 | 12.5 | 8.7 | 2.5 |
| 福建 | 6.3 | 15.1 | 11.3 | 7.0 | 2.7 |
| 江西 | 7.3 | 14.7 | 13.9 | 7.8 | 2.0 |
| 山东 | 7.6 | 19.3 | 13.0 | 9.8 | 1.7 |
| 河南 | 8.1 | 14.9 | 14.2 | 11.4 | 1.9 |
| 湖北 | 7.5 | 17.1 | 13.7 | 10.7 | 3.0 |
| 湖南 | 7.5 | 14.4 | 16.8 | 11.3 | 1.9 |
| 广东 | 6.5 | 15.6 | 11.9 | 8.2 | 2.4 |
| 广西 | 6.8 | 18.6 | 15.2 | 9.8 | 1.8 |
| 海南 | 5.5 | 12.2 | 15.2 | 6.1 | 2.1 |
| 重庆 | 8.1 | 15.9 | 14.2 | 9.7 | 1.9 |
| 四川 | 8.5 | 16.0 | 9.5 | 10.8 | 2.3 |
| 贵州 | 7.9 | 19.0 | 16.2 | 7.8 | 1.9 |
| 云南 | 8.1 | 21.9 | 16.7 | 9.3 | 1.6 |
| 西藏 | 6.0 | 24.5 | 7.2 | 2.6 | 2.5 |
| 陕西 | 7.6 | 14.7 | 15.1 | 12.5 | 2.2 |
| 甘肃 | 6.8 | 14.3 | 15.9 | 11.8 | 2.1 |
| 青海 | 5.6 | 19.9 | 10.7 | 11.5 | 2.8 |
| 宁夏 | 7.0 | 19.3 | 13.8 | 10.3 | 1.8 |
| 新疆 | 7.6 | 16.3 | 12.5 | 10.8 | 1.2 |

# 2-3-4-9 2018年分地区农村居民家庭主要食品消费量

单位：公斤/人

| 地　区 | 粮食（原粮） | 谷物 | 食用油 | 植物油 | 蔬菜 | 肉类 | 猪肉 |
|---|---|---|---|---|---|---|---|
| **全　国** | **148.5** | **137.9** | **9.9** | **9.0** | **87.5** | **27.5** | **23.0** |
| 北　京 | 110.2 | 98.8 | 9.5 | 9.3 | 106.6 | 27.7 | 19.1 |
| 天　津 | 159.7 | 148.4 | 12.2 | 11.9 | 108.7 | 25.8 | 18.2 |
| 河　北 | 138.6 | 128.5 | 7.7 | 7.4 | 83.7 | 19.0 | 14.2 |
| 山　西 | 163.4 | 144.9 | 8.0 | 7.7 | 73.1 | 12.4 | 9.9 |
| 内蒙古 | 181.4 | 168.1 | 6.6 | 6.3 | 82.2 | 33.4 | 23.8 |
| 辽　宁 | 145.6 | 131.7 | 10.4 | 10.1 | 91.7 | 24.6 | 21.0 |
| 吉　林 | 152.4 | 137.6 | 10.9 | 10.7 | 86.6 | 25.1 | 22.0 |
| 黑龙江 | 160.8 | 146.8 | 14.0 | 13.9 | 80.0 | 23.5 | 19.7 |
| 上　海 | 148.5 | 137.2 | 10.4 | 9.8 | 99.9 | 39.2 | 30.8 |
| 江　苏 | 141.4 | 126.8 | 10.4 | 10.1 | 86.9 | 25.0 | 19.5 |
| 浙　江 | 158.9 | 143.8 | 12.5 | 11.7 | 92.8 | 30.0 | 25.4 |
| 安　徽 | 159.7 | 146.0 | 10.2 | 9.1 | 94.0 | 26.8 | 21.7 |
| 福　建 | 164.1 | 154.4 | 9.9 | 7.7 | 98.1 | 34.8 | 30.9 |
| 江　西 | 147.6 | 140.1 | 12.8 | 12.1 | 87.1 | 26.7 | 23.5 |
| 山　东 | 130.2 | 120.5 | 7.7 | 7.6 | 80.9 | 20.4 | 14.6 |
| 河　南 | 124.8 | 115.9 | 7.9 | 7.9 | 71.4 | 15.7 | 11.7 |
| 湖　北 | 136.1 | 125.3 | 12.3 | 11.9 | 113.8 | 26.8 | 23.4 |
| 湖　南 | 165.5 | 156.7 | 11.9 | 8.8 | 86.6 | 32.3 | 29.5 |
| 广　东 | 141.0 | 133.4 | 11.3 | 10.4 | 105.0 | 41.6 | 36.1 |
| 广　西 | 154.0 | 148.4 | 8.4 | 6.6 | 78.8 | 33.6 | 31.0 |
| 海　南 | 108.8 | 105.0 | 8.6 | 6.4 | 80.8 | 31.7 | 28.7 |
| 重　庆 | 187.5 | 170.1 | 14.1 | 10.7 | 144.8 | 44.0 | 41.4 |
| 四　川 | 178.6 | 166.5 | 12.0 | 10.4 | 113.5 | 45.2 | 41.2 |
| 贵　州 | 118.1 | 107.2 | 5.6 | 4.0 | 72.4 | 30.6 | 29.3 |
| 云　南 | 132.2 | 124.3 | 6.2 | 4.3 | 75.1 | 33.1 | 30.9 |
| 西　藏 | 209.5 | 205.1 | 14.5 | 8.0 | 27.1 | 20.8 | 4.7 |
| 陕　西 | 143.9 | 132.6 | 10.8 | 10.6 | 68.0 | 13.0 | 10.6 |
| 甘　肃 | 161.6 | 149.1 | 8.2 | 8.0 | 63.4 | 17.3 | 13.4 |
| 青　海 | 135.5 | 130.4 | 9.8 | 9.2 | 43.2 | 28.4 | 9.5 |
| 宁　夏 | 138.3 | 131.3 | 8.2 | 8.0 | 81.6 | 15.0 | 6.6 |
| 新　疆 | 169.9 | 168.6 | 13.4 | 13.2 | 78.5 | 22.3 | 1.4 |

2-3-4-9 续表 单位：公斤/人

| 地　区 | | | 禽类 | 水产品 | 蛋类 | 奶类 | 干鲜瓜果类 | 食糖 |
|---|---|---|---|---|---|---|---|---|
| | 牛肉 | 羊肉 | | | | | | |
| **全　国** | **1.1** | **1.0** | **8.0** | **7.8** | **8.4** | **6.9** | **39.9** | **1.3** |
| 北　京 | 2.2 | 3.1 | 5.3 | 7.0 | 14.4 | 16.0 | 66.0 | 1.2 |
| 天　津 | 1.0 | 2.2 | 4.7 | 13.9 | 15.3 | 11.0 | 77.3 | 1.7 |
| 河　北 | 0.5 | 0.7 | 3.9 | 4.2 | 11.8 | 7.5 | 55.0 | 1.1 |
| 山　西 | 0.2 | 0.7 | 1.7 | 1.3 | 10.1 | 11.0 | 40.7 | 1.1 |
| 内蒙古 | 1.8 | 6.0 | 4.9 | 3.8 | 7.2 | 12.5 | 40.2 | 1.4 |
| 辽　宁 | 0.9 | 0.6 | 3.1 | 6.8 | 8.7 | 5.2 | 34.9 | 1.0 |
| 吉　林 | 0.9 | 0.3 | 4.9 | 5.5 | 9.2 | 5.0 | 37.7 | 1.3 |
| 黑龙江 | 0.8 | 0.5 | 5.1 | 6.3 | 8.6 | 4.9 | 51.6 | 1.8 |
| 上　海 | 1.9 | 1.0 | 14.8 | 24.8 | 12.6 | 12.8 | 57.5 | 1.8 |
| 江　苏 | 1.4 | 0.7 | 8.5 | 13.5 | 9.2 | 11.0 | 31.9 | 1.1 |
| 浙　江 | 1.6 | 0.6 | 9.4 | 18.5 | 8.0 | 9.5 | 40.4 | 1.8 |
| 安　徽 | 1.5 | 0.8 | 11.6 | 10.9 | 10.8 | 9.2 | 46.9 | 1.1 |
| 福　建 | 1.1 | 0.5 | 12.8 | 20.7 | 8.4 | 7.5 | 39.5 | 2.1 |
| 江　西 | 1.2 | 0.2 | 7.1 | 9.5 | 6.0 | 5.9 | 29.2 | 1.0 |
| 山　东 | 0.5 | 0.6 | 5.5 | 7.2 | 14.6 | 10.7 | 60.6 | 0.9 |
| 河　南 | 0.7 | 0.6 | 5.2 | 2.7 | 11.3 | 7.0 | 46.2 | 1.2 |
| 湖　北 | 1.0 | 0.4 | 4.7 | 13.1 | 6.6 | 4.2 | 34.0 | 0.7 |
| 湖　南 | 1.1 | 0.5 | 10.7 | 9.3 | 7.7 | 3.3 | 47.5 | 1.3 |
| 广　东 | 1.4 | 0.4 | 23.9 | 19.8 | 7.0 | 4.0 | 27.0 | 1.9 |
| 广　西 | 1.0 | 0.5 | 17.5 | 7.3 | 4.6 | 2.6 | 29.1 | 1.0 |
| 海　南 | 1.3 | 0.6 | 18.0 | 24.1 | 3.9 | 1.7 | 16.7 | 0.9 |
| 重　庆 | 0.4 | 0.4 | 7.9 | 7.8 | 10.2 | 7.8 | 33.5 | 3.5 |
| 四　川 | 1.0 | 0.4 | 9.5 | 5.4 | 8.4 | 8.3 | 30.7 | 2.1 |
| 贵　州 | 0.6 | 0.2 | 3.2 | 1.3 | 2.5 | 2.0 | 24.1 | 0.8 |
| 云　南 | 1.2 | 0.4 | 6.4 | 2.3 | 3.9 | 2.2 | 18.3 | 1.0 |
| 西　藏 | 11.7 | 4.1 | 0.4 | 0.0 | 2.0 | 12.0 | 3.6 | 4.6 |
| 陕　西 | 0.3 | 1.0 | 1.7 | 0.8 | 5.4 | 6.9 | 26.9 | 0.9 |
| 甘　肃 | 0.6 | 2.1 | 4.0 | 1.0 | 5.9 | 6.3 | 73.2 | 1.9 |
| 青　海 | 10.2 | 8.2 | 2.5 | 0.6 | 2.2 | 12.5 | 15.1 | 1.9 |
| 宁　夏 | 4.4 | 3.5 | 7.7 | 1.4 | 4.6 | 8.5 | 72.0 | 1.6 |
| 新　疆 | 3.8 | 16.5 | 3.4 | 0.7 | 3.5 | 11.1 | 41.1 | 1.1 |

# 2-3-4-10　2018年分地区农村居民年末主要耐用消费品拥有量

单位：平均每百户

| 地　区 | 家用汽车（辆） | 摩托车（辆） | 电动助力车（辆） | 洗衣机（台） | 电冰箱(柜)（台） | 微波炉（台） | 彩色电视机（台） |
|---|---|---|---|---|---|---|---|
| **全　国** | **22.3** | **57.4** | **64.9** | **88.5** | **95.9** | **17.7** | **116.6** |
| 北　京 | 49.8 | 9.4 | 73.7 | 100.0 | 111.2 | 63.7 | 135.6 |
| 天　津 | 42.5 | 17.7 | 112.9 | 100.8 | 104.2 | 31.9 | 121.1 |
| 河　北 | 37.6 | 48.8 | 103.7 | 99.4 | 98.6 | 18.5 | 115.2 |
| 山　西 | 17.0 | 44.6 | 57.9 | 85.3 | 75.1 | 6.0 | 102.4 |
| 内蒙古 | 26.6 | 60.8 | 50.7 | 93.3 | 103.0 | 6.7 | 105.7 |
| 辽　宁 | 18.3 | 58.3 | 49.3 | 89.2 | 99.0 | 12.4 | 108.8 |
| 吉　林 | 23.3 | 59.5 | 19.9 | 91.6 | 95.4 | 7.7 | 104.3 |
| 黑龙江 | 13.9 | 45.9 | 23.7 | 89.6 | 94.2 | 5.8 | 102.8 |
| 上　海 | 28.1 | 6.5 | 128.5 | 82.6 | 101.1 | 74.8 | 162.1 |
| 江　苏 | 23.3 | 27.2 | 133.0 | 96.9 | 110.4 | 62.5 | 149.9 |
| 浙　江 | 28.8 | 22.2 | 94.2 | 84.2 | 105.6 | 34.2 | 175.7 |
| 安　徽 | 22.8 | 35.0 | 111.5 | 86.2 | 101.1 | 25.7 | 129.1 |
| 福　建 | 15.1 | 76.2 | 42.1 | 84.1 | 101.5 | 30.2 | 133.7 |
| 江　西 | 20.1 | 67.2 | 66.5 | 61.3 | 94.0 | 12.8 | 125.6 |
| 山　东 | 31.5 | 45.9 | 118.1 | 95.4 | 99.5 | 17.3 | 107.2 |
| 河　南 | 22.3 | 44.2 | 114.7 | 97.3 | 94.0 | 11.4 | 113.2 |
| 湖　北 | 21.6 | 82.2 | 39.8 | 84.5 | 102.1 | 12.7 | 121.0 |
| 湖　南 | 12.5 | 78.4 | 17.4 | 86.5 | 99.7 | 8.9 | 113.4 |
| 广　东 | 22.7 | 116.7 | 35.8 | 84.7 | 92.9 | 27.0 | 116.5 |
| 广　西 | 15.5 | 91.3 | 54.1 | 73.1 | 94.6 | 20.9 | 104.0 |
| 海　南 | 9.8 | 93.1 | 66.3 | 43.1 | 76.8 | 12.5 | 102.4 |
| 重　庆 | 13.2 | 38.5 | 16.5 | 82.2 | 100.6 | 17.7 | 114.4 |
| 四　川 | 17.8 | 49.0 | 30.7 | 90.1 | 95.8 | 10.4 | 112.8 |
| 贵　州 | 19.6 | 53.1 | 13.1 | 93.6 | 86.4 | 6.4 | 100.0 |
| 云　南 | 25.3 | 76.4 | 18.5 | 83.2 | 79.7 | 11.5 | 102.6 |
| 西　藏 | 32.1 | 90.9 | 19.5 | 77.0 | 71.7 | 2.7 | 104.9 |
| 陕　西 | 17.4 | 58.2 | 43.4 | 89.7 | 81.7 | 7.1 | 104.7 |
| 甘　肃 | 20.9 | 60.0 | 48.8 | 96.9 | 84.4 | 7.3 | 111.6 |
| 青　海 | 36.9 | 74.5 | 14.0 | 91.9 | 95.7 | 9.8 | 94.2 |
| 宁　夏 | 32.0 | 63.7 | 68.2 | 102.8 | 97.7 | 10.8 | 108.6 |
| 新　疆 | 19.4 | 60.3 | 77.0 | 94.9 | 101.8 | 7.6 | 101.0 |

2-3-4-10 续表 单位：平均每百户

| 地区 | 空调(台) | 热水器(台) | 排油烟机(台) | 移动电话(部) | 计算机(台) | 照相机(台) |
|---|---|---|---|---|---|---|
| **全国** | **65.2** | **68.7** | **26.0** | **257.0** | **26.9** | **2.5** |
| 北京 | 173.1 | 108.6 | 80.2 | 247.8 | 65.6 | 12.5 |
| 天津 | 121.6 | 92.4 | 59.1 | 233.4 | 35.9 | 3.7 |
| 河北 | 81.0 | 65.3 | 27.7 | 244.5 | 37.5 | 4.0 |
| 山西 | 18.7 | 27.0 | 14.2 | 212.0 | 26.6 | 0.9 |
| 内蒙古 | 2.7 | 23.2 | 15.5 | 236.8 | 21.2 | 1.4 |
| 辽宁 | 8.3 | 26.9 | 24.3 | 216.6 | 25.6 | 2.2 |
| 吉林 | 0.9 | 11.7 | 11.9 | 245.9 | 28.7 | 1.1 |
| 黑龙江 | 0.5 | 7.8 | 11.2 | 221.6 | 20.6 | 0.8 |
| 上海 | 142.0 | 85.4 | 48.8 | 196.7 | 37.1 | 7.1 |
| 江苏 | 142.8 | 95.7 | 38.6 | 244.3 | 34.5 | 4.2 |
| 浙江 | 139.6 | 95.4 | 66.5 | 244.5 | 45.5 | 5.8 |
| 安徽 | 108.9 | 91.4 | 30.8 | 265.6 | 25.6 | 2.9 |
| 福建 | 78.4 | 97.2 | 43.3 | 249.5 | 31.9 | 3.0 |
| 江西 | 62.6 | 76.1 | 28.0 | 272.6 | 23.6 | 1.6 |
| 山东 | 83.3 | 86.1 | 40.2 | 229.1 | 37.7 | 3.6 |
| 河南 | 94.3 | 70.1 | 16.6 | 262.7 | 29.2 | 1.3 |
| 湖北 | 86.2 | 84.7 | 30.4 | 268.1 | 31.9 | 2.6 |
| 湖南 | 65.8 | 73.7 | 28.3 | 285.6 | 27.4 | 2.2 |
| 广东 | 113.5 | 94.0 | 49.1 | 290.4 | 35.3 | 4.9 |
| 广西 | 37.4 | 73.9 | 11.4 | 294.4 | 20.0 | 0.9 |
| 海南 | 56.1 | 65.2 | 9.6 | 276.3 | 10.0 | 1.0 |
| 重庆 | 65.5 | 69.7 | 18.0 | 264.0 | 17.8 | 2.3 |
| 四川 | 49.4 | 69.3 | 14.5 | 255.3 | 17.0 | 2.4 |
| 贵州 | 5.0 | 52.8 | 7.7 | 287.5 | 11.1 | 0.8 |
| 云南 | 1.7 | 71.3 | 8.6 | 278.8 | 10.0 | 1.5 |
| 西藏 | 0.5 | 8.4 | 0.7 | 250.4 | 3.4 | 1.4 |
| 陕西 | 41.0 | 51.0 | 11.7 | 258.9 | 14.9 | 1.0 |
| 甘肃 | 1.9 | 35.3 | 13.3 | 300.8 | 21.2 | 1.8 |
| 青海 | 0.6 | 33.5 | 17.8 | 279.7 | 14.5 | 2.1 |
| 宁夏 | 2.2 | 98.6 | 21.9 | 288.0 | 23.2 | 1.7 |
| 新疆 | 3.0 | 44.1 | 14.1 | 202.7 | 13.6 | 0.9 |

## (五)2019年分地区农村居民收支主要数据

# 2-3-5-1 2019年分地区农村居民可支配收入

单位：元/人

| 地区 | 可支配收入 | 一、工资性收入 | 二、经营净收入 | 三、财产净收入 | 四、转移净收入 |
|---|---|---|---|---|---|
| **全国** | **16020.7** | **6583.5** | **5762.2** | **377.3** | **3297.8** |
| 北京 | 28928.4 | 21376.0 | 2262.2 | 2127.4 | 3162.8 |
| 天津 | 24804.1 | 14750.5 | 4984.6 | 1033.8 | 4035.3 |
| 河北 | 15373.1 | 8120.0 | 5099.1 | 323.0 | 1831.0 |
| 山西 | 12902.4 | 6098.1 | 3396.0 | 210.3 | 3197.9 |
| 内蒙古 | 15282.8 | 3173.8 | 8067.1 | 522.9 | 3519.1 |
| 辽宁 | 16108.3 | 6223.6 | 7012.7 | 284.5 | 2587.5 |
| 吉林 | 14936.0 | 3933.2 | 8264.3 | 307.2 | 2431.4 |
| 黑龙江 | 14982.1 | 3329.7 | 7196.1 | 758.7 | 3697.6 |
| 上海 | 33195.2 | 20019.8 | 2355.8 | 1295.4 | 9524.2 |
| 江苏 | 22675.4 | 11076.7 | 6291.5 | 825.0 | 4482.2 |
| 浙江 | 29875.8 | 18479.6 | 7296.5 | 851.8 | 3248.0 |
| 安徽 | 15416.0 | 5462.5 | 5952.6 | 283.0 | 3717.9 |
| 福建 | 19568.4 | 8949.3 | 7178.6 | 344.6 | 3095.8 |
| 江西 | 15796.3 | 6699.2 | 5701.2 | 257.4 | 3138.5 |
| 山东 | 17775.5 | 7165.2 | 7799.3 | 456.4 | 2354.5 |
| 河南 | 15163.7 | 5866.6 | 5076.8 | 231.3 | 3989.0 |
| 湖北 | 16390.9 | 5352.9 | 6807.7 | 210.7 | 4019.6 |
| 湖南 | 15394.8 | 6224.0 | 5268.3 | 208.8 | 3693.6 |
| 广东 | 18818.4 | 9698.7 | 4446.9 | 541.0 | 4131.7 |
| 广西 | 13675.7 | 4258.5 | 5619.1 | 340.3 | 3457.8 |
| 海南 | 15113.1 | 6316.6 | 5865.4 | 282.8 | 2648.4 |
| 重庆 | 15133.3 | 5316.7 | 5209.5 | 367.4 | 4239.6 |
| 四川 | 14670.1 | 4662.1 | 5641.1 | 456.5 | 3910.5 |
| 贵州 | 10756.3 | 4774.1 | 3427.5 | 121.0 | 2433.7 |
| 云南 | 11902.4 | 3600.6 | 6214.2 | 188.5 | 1899.0 |
| 西藏 | 12951.0 | 3907.0 | 6364.5 | 436.5 | 2243.1 |
| 陕西 | 12325.7 | 5024.6 | 3791.5 | 214.4 | 3295.1 |
| 甘肃 | 9628.9 | 2769.2 | 4322.0 | 129.5 | 2408.3 |
| 青海 | 11499.4 | 3617.3 | 4296.7 | 409.9 | 3175.5 |
| 宁夏 | 12858.4 | 4962.7 | 4976.1 | 388.1 | 2531.6 |
| 新疆 | 13121.7 | 3409.2 | 6762.4 | 259.8 | 2690.3 |

# 2-3-5-2 2019年分地区农村居民可支配收入构成

单位：%

| 地 区 | 可支配收入 | 一、工资性收入 | 二、经营净收入 | 三、财产净收入 | 四、转移净收入 |
|---|---|---|---|---|---|
| **全 国** | **100.0** | **41.1** | **36.0** | **2.4** | **20.6** |
| 北 京 | 100.0 | 73.9 | 7.8 | 7.4 | 10.9 |
| 天 津 | 100.0 | 59.5 | 20.1 | 4.2 | 16.3 |
| 河 北 | 100.0 | 52.8 | 33.2 | 2.1 | 11.9 |
| 山 西 | 100.0 | 47.3 | 26.3 | 1.6 | 24.8 |
| 内蒙古 | 100.0 | 20.8 | 52.8 | 3.4 | 23.0 |
| 辽 宁 | 100.0 | 38.6 | 43.5 | 1.8 | 16.1 |
| 吉 林 | 100.0 | 26.3 | 55.3 | 2.1 | 16.3 |
| 黑龙江 | 100.0 | 22.2 | 48.0 | 5.1 | 24.7 |
| 上 海 | 100.0 | 60.3 | 7.1 | 3.9 | 28.7 |
| 江 苏 | 100.0 | 48.8 | 27.7 | 3.6 | 19.8 |
| 浙 江 | 100.0 | 61.9 | 24.4 | 2.9 | 10.9 |
| 安 徽 | 100.0 | 35.4 | 38.6 | 1.8 | 24.1 |
| 福 建 | 100.0 | 45.7 | 36.7 | 1.8 | 15.8 |
| 江 西 | 100.0 | 42.4 | 36.1 | 1.6 | 19.9 |
| 山 东 | 100.0 | 40.3 | 43.9 | 2.6 | 13.2 |
| 河 南 | 100.0 | 38.7 | 33.5 | 1.5 | 26.3 |
| 湖 北 | 100.0 | 32.7 | 41.5 | 1.3 | 24.5 |
| 湖 南 | 100.0 | 40.4 | 34.2 | 1.4 | 24.0 |
| 广 东 | 100.0 | 51.5 | 23.6 | 2.9 | 22.0 |
| 广 西 | 100.0 | 31.1 | 41.1 | 2.5 | 25.3 |
| 海 南 | 100.0 | 41.8 | 38.8 | 1.9 | 17.5 |
| 重 庆 | 100.0 | 35.1 | 34.4 | 2.4 | 28.0 |
| 四 川 | 100.0 | 31.8 | 38.5 | 3.1 | 26.7 |
| 贵 州 | 100.0 | 44.4 | 31.9 | 1.1 | 22.6 |
| 云 南 | 100.0 | 30.3 | 52.2 | 1.6 | 16.0 |
| 西 藏 | 100.0 | 30.2 | 49.1 | 3.4 | 17.3 |
| 陕 西 | 100.0 | 40.8 | 30.8 | 1.7 | 26.7 |
| 甘 肃 | 100.0 | 28.8 | 44.9 | 1.3 | 25.0 |
| 青 海 | 100.0 | 31.5 | 37.4 | 3.6 | 27.6 |
| 宁 夏 | 100.0 | 38.6 | 38.7 | 3.0 | 19.7 |
| 新 疆 | 100.0 | 26.0 | 51.5 | 2.0 | 20.5 |

# 2-3-5-3 2019年分地区农村居民现金可支配收入

单位：元/人

| 地　区 | 现金可支配收入 | 一、工资性收入 | 二、经营净收入 | 三、财产净收入 | 四、转移净收入 |
|---|---|---|---|---|---|
| **全　国** | **15279.8** | **6540.2** | **5382.2** | **377.3** | **2980.2** |
| 北　京 | 28435.9 | 21338.4 | 2433.3 | 2127.4 | 2536.8 |
| 天　津 | 23769.5 | 14521.8 | 5387.1 | 1033.8 | 2826.9 |
| 河　北 | 15229.7 | 8106.0 | 5168.0 | 323.0 | 1632.6 |
| 山　西 | 12558.8 | 6064.1 | 3342.2 | 210.3 | 2942.3 |
| 内蒙古 | 15687.5 | 3169.7 | 8696.4 | 522.9 | 3298.6 |
| 辽　宁 | 15911.3 | 6164.6 | 7087.0 | 284.5 | 2375.2 |
| 吉　林 | 13210.8 | 3928.4 | 6753.6 | 307.2 | 2221.6 |
| 黑龙江 | 14146.7 | 3317.2 | 6621.6 | 758.7 | 3449.1 |
| 上　海 | 31192.9 | 19771.5 | 2407.8 | 1295.4 | 7718.2 |
| 江　苏 | 21861.3 | 11003.4 | 5895.3 | 825.0 | 4137.5 |
| 浙　江 | 29423.3 | 18406.0 | 7304.1 | 851.8 | 2861.4 |
| 安　徽 | 14576.2 | 5400.0 | 5408.1 | 283.0 | 3485.1 |
| 福　建 | 18980.5 | 8859.1 | 6919.0 | 344.6 | 2857.9 |
| 江　西 | 15835.1 | 6687.5 | 5960.4 | 257.4 | 2929.8 |
| 山　东 | 17686.1 | 7134.6 | 8070.1 | 456.4 | 2025.0 |
| 河　南 | 14404.9 | 5860.1 | 4588.5 | 231.3 | 3725.0 |
| 湖　北 | 15493.4 | 5328.8 | 6371.0 | 210.7 | 3582.9 |
| 湖　南 | 14309.5 | 6177.8 | 4570.7 | 208.8 | 3352.3 |
| 广　东 | 17833.4 | 9549.3 | 4063.8 | 541.0 | 3679.4 |
| 广　西 | 12449.1 | 4207.0 | 4904.3 | 340.3 | 2997.4 |
| 海　南 | 14621.0 | 6288.6 | 5692.6 | 282.8 | 2357.0 |
| 重　庆 | 13572.4 | 5293.5 | 3862.9 | 367.4 | 4048.6 |
| 四　川 | 13384.0 | 4589.4 | 4803.9 | 456.5 | 3534.3 |
| 贵　州 | 10096.3 | 4746.9 | 3070.4 | 121.0 | 2158.0 |
| 云　南 | 10645.7 | 3587.6 | 5232.7 | 188.5 | 1636.8 |
| 西　藏 | 12755.6 | 3906.8 | 6491.3 | 436.5 | 1921.0 |
| 陕　西 | 11566.4 | 5003.3 | 3344.7 | 214.4 | 3003.9 |
| 甘　肃 | 9128.6 | 2762.1 | 4095.6 | 129.5 | 2141.5 |
| 青　海 | 10927.2 | 3600.7 | 4140.3 | 409.9 | 2776.2 |
| 宁　夏 | 12644.2 | 4942.3 | 5199.9 | 388.1 | 2113.9 |
| 新　疆 | 11628.0 | 3384.2 | 5620.6 | 259.8 | 2363.4 |

# 2-3-5-4　2019年分地区农村居民现金可支配收入构成

单位：%

| 地　区 | 现金可支配收入 | 一、工资性收入 | 二、经营净收入 | 三、财产净收入 | 四、转移净收入 |
|---|---|---|---|---|---|
| **全　国** | **100.0** | **42.8** | **35.2** | **2.5** | **19.5** |
| 北　京 | 100.0 | 75.0 | 8.6 | 7.5 | 8.9 |
| 天　津 | 100.0 | 61.1 | 22.7 | 4.3 | 11.9 |
| 河　北 | 100.0 | 53.2 | 33.9 | 2.1 | 10.7 |
| 山　西 | 100.0 | 48.3 | 26.6 | 1.7 | 23.4 |
| 内蒙古 | 100.0 | 20.2 | 55.4 | 3.3 | 21.0 |
| 辽　宁 | 100.0 | 38.7 | 44.5 | 1.8 | 14.9 |
| 吉　林 | 100.0 | 29.7 | 51.1 | 2.3 | 16.8 |
| 黑龙江 | 100.0 | 23.4 | 46.8 | 5.4 | 24.4 |
| 上　海 | 100.0 | 63.4 | 7.7 | 4.2 | 24.7 |
| 江　苏 | 100.0 | 50.3 | 27.0 | 3.8 | 18.9 |
| 浙　江 | 100.0 | 62.6 | 24.8 | 2.9 | 9.7 |
| 安　徽 | 100.0 | 37.0 | 37.1 | 1.9 | 23.9 |
| 福　建 | 100.0 | 46.7 | 36.5 | 1.8 | 15.1 |
| 江　西 | 100.0 | 42.2 | 37.6 | 1.6 | 18.5 |
| 山　东 | 100.0 | 40.3 | 45.6 | 2.6 | 11.4 |
| 河　南 | 100.0 | 40.7 | 31.9 | 1.6 | 25.9 |
| 湖　北 | 100.0 | 34.4 | 41.1 | 1.4 | 23.1 |
| 湖　南 | 100.0 | 43.2 | 31.9 | 1.5 | 23.4 |
| 广　东 | 100.0 | 53.5 | 22.8 | 3.0 | 20.6 |
| 广　西 | 100.0 | 33.8 | 39.4 | 2.7 | 24.1 |
| 海　南 | 100.0 | 43.0 | 38.9 | 1.9 | 16.1 |
| 重　庆 | 100.0 | 39.0 | 28.5 | 2.7 | 29.8 |
| 四　川 | 100.0 | 34.3 | 35.9 | 3.4 | 26.4 |
| 贵　州 | 100.0 | 47.0 | 30.4 | 1.2 | 21.4 |
| 云　南 | 100.0 | 33.7 | 49.2 | 1.8 | 15.4 |
| 西　藏 | 100.0 | 30.6 | 50.9 | 3.4 | 15.1 |
| 陕　西 | 100.0 | 43.3 | 28.9 | 1.9 | 26.0 |
| 甘　肃 | 100.0 | 30.3 | 44.9 | 1.4 | 23.5 |
| 青　海 | 100.0 | 33.0 | 37.9 | 3.8 | 25.4 |
| 宁　夏 | 100.0 | 39.1 | 41.1 | 3.1 | 16.7 |
| 新　疆 | 100.0 | 29.1 | 48.3 | 2.2 | 20.3 |

# 2-3-5-5　2019年分地区农村居民消费支出

单位：元/人

| 地　区 | 消费支出 | 一、食品烟酒支出 | 二、衣着支出 | 三、居住支出 |
|---|---|---|---|---|
| **全　国** | **13327.7** | **3998.2** | **713.3** | **2871.3** |
| 北　京 | 21881.0 | 5541.6 | 1200.2 | 6298.2 |
| 天　津 | 17843.3 | 5499.3 | 1074.4 | 3366.6 |
| 河　北 | 12372.0 | 3298.0 | 793.0 | 2689.0 |
| 山　西 | 9728.4 | 2751.4 | 697.4 | 2171.5 |
| 内蒙古 | 13816.0 | 3768.5 | 731.1 | 2598.4 |
| 辽　宁 | 12030.2 | 3194.1 | 710.0 | 2385.5 |
| 吉　林 | 11456.6 | 3224.5 | 694.5 | 1833.7 |
| 黑龙江 | 12494.9 | 3349.7 | 834.2 | 1921.6 |
| 上　海 | 22448.9 | 8174.6 | 1292.2 | 4566.8 |
| 江　苏 | 17715.9 | 4647.4 | 880.9 | 4261.3 |
| 浙　江 | 21351.7 | 6528.6 | 1133.9 | 5338.5 |
| 安　徽 | 14545.8 | 4755.8 | 842.9 | 3311.5 |
| 福　建 | 16281.4 | 5784.0 | 774.5 | 3798.9 |
| 江　西 | 12496.7 | 3801.2 | 577.7 | 3410.0 |
| 山　东 | 12308.9 | 3423.1 | 671.4 | 2421.3 |
| 河　南 | 11546.0 | 3030.2 | 819.2 | 2478.8 |
| 湖　北 | 15328.0 | 4163.7 | 825.7 | 3277.9 |
| 湖　南 | 13968.8 | 4024.9 | 674.9 | 3152.9 |
| 广　东 | 16949.4 | 6289.3 | 552.0 | 3707.4 |
| 广　西 | 12045.0 | 3723.6 | 372.8 | 2668.9 |
| 海　南 | 12417.5 | 5179.7 | 361.8 | 2389.8 |
| 重　庆 | 13112.1 | 4574.6 | 691.6 | 2501.2 |
| 四　川 | 14055.6 | 4878.6 | 760.4 | 2747.5 |
| 贵　州 | 10221.7 | 2767.2 | 552.8 | 2229.3 |
| 云　南 | 10260.2 | 3264.8 | 396.2 | 2053.1 |
| 西　藏 | 8417.9 | 3004.1 | 1090.3 | 1257.9 |
| 陕　西 | 10934.7 | 2832.1 | 592.1 | 2528.6 |
| 甘　肃 | 9694.0 | 2827.0 | 551.9 | 1866.9 |
| 青　海 | 11343.1 | 3372.6 | 783.4 | 1965.1 |
| 宁　夏 | 11464.6 | 3144.6 | 745.0 | 1985.2 |
| 新　疆 | 10318.4 | 2988.8 | 813.6 | 2158.7 |

2-3-5-5 续表 单位：元/人

| 地 区 | 四、生活用品及服务支出 | 五、交通通信支出 | 六、教育文化娱乐支出 | 七、医疗保健支出 | 八、其他用品及服务支出 |
|---|---|---|---|---|---|
| **全 国** | **763.9** | **1836.8** | **1481.8** | **1420.8** | **241.5** |
| 北 京 | 1230.2 | 3384.5 | 1587.1 | 2246.9 | 392.3 |
| 天 津 | 1509.7 | 2532.1 | 1321.8 | 2104.3 | 435.2 |
| 河 北 | 795.7 | 1826.6 | 1367.0 | 1334.0 | 268.7 |
| 山 西 | 500.6 | 1057.0 | 1207.7 | 1169.1 | 173.8 |
| 内 蒙 古 | 545.7 | 2354.4 | 1795.7 | 1748.8 | 273.4 |
| 辽 宁 | 592.7 | 1770.3 | 1423.5 | 1657.1 | 297.1 |
| 吉 林 | 438.1 | 1700.7 | 1551.7 | 1736.9 | 276.4 |
| 黑 龙 江 | 501.4 | 1908.6 | 1778.7 | 1925.2 | 275.4 |
| 上 海 | 1320.4 | 3008.8 | 1401.9 | 2104.0 | 580.2 |
| 江 苏 | 1079.8 | 3112.9 | 1668.4 | 1675.2 | 390.1 |
| 浙 江 | 1016.4 | 2965.4 | 2225.6 | 1776.6 | 366.7 |
| 安 徽 | 846.3 | 1709.4 | 1470.7 | 1323.5 | 285.9 |
| 福 建 | 809.1 | 1903.4 | 1615.0 | 1210.4 | 386.1 |
| 江 西 | 743.4 | 1425.3 | 1394.7 | 964.4 | 180.0 |
| 山 东 | 837.8 | 1999.0 | 1428.7 | 1343.4 | 184.2 |
| 河 南 | 738.9 | 1369.0 | 1459.3 | 1461.8 | 188.8 |
| 湖 北 | 839.6 | 2228.8 | 1807.6 | 1921.8 | 262.8 |
| 湖 南 | 787.7 | 1642.9 | 1851.0 | 1614.5 | 220.1 |
| 广 东 | 817.9 | 2139.8 | 1602.7 | 1520.7 | 319.8 |
| 广 西 | 680.0 | 1715.6 | 1498.1 | 1231.2 | 154.8 |
| 海 南 | 555.5 | 1305.5 | 1519.1 | 918.4 | 187.7 |
| 重 庆 | 851.7 | 1585.6 | 1422.8 | 1262.3 | 222.3 |
| 四 川 | 917.3 | 1808.0 | 1065.1 | 1620.8 | 258.0 |
| 贵 州 | 576.9 | 1712.2 | 1335.8 | 878.3 | 169.2 |
| 云 南 | 574.1 | 1663.0 | 1254.1 | 936.3 | 118.6 |
| 西 藏 | 514.6 | 1427.6 | 479.8 | 355.9 | 287.7 |
| 陕 西 | 655.0 | 1360.3 | 1387.0 | 1382.6 | 197.0 |
| 甘 肃 | 577.6 | 1195.5 | 1330.5 | 1183.0 | 161.5 |
| 青 海 | 541.0 | 1886.3 | 1033.2 | 1485.8 | 275.8 |
| 宁 夏 | 696.3 | 1784.4 | 1378.8 | 1448.3 | 281.9 |
| 新 疆 | 685.5 | 1320.6 | 1143.8 | 1060.5 | 147.0 |

# 2-3-5-6 2019年分地区农村居民消费支出构成

单位：%

| 地　区 | 消费支出 | 一、食品烟酒支出 | 二、衣着支出 | 三、居住支出 |
|---|---|---|---|---|
| **全　国** | **100.0** | **30.0** | **5.4** | **21.5** |
| 北　京 | 100.0 | 25.3 | 5.5 | 28.8 |
| 天　津 | 100.0 | 30.8 | 6.0 | 18.9 |
| 河　北 | 100.0 | 26.7 | 6.4 | 21.7 |
| 山　西 | 100.0 | 28.3 | 7.2 | 22.3 |
| 内蒙古 | 100.0 | 27.3 | 5.3 | 18.8 |
| 辽　宁 | 100.0 | 26.6 | 5.9 | 19.8 |
| 吉　林 | 100.0 | 28.1 | 6.1 | 16.0 |
| 黑龙江 | 100.0 | 26.8 | 6.7 | 15.4 |
| 上　海 | 100.0 | 36.4 | 5.8 | 20.3 |
| 江　苏 | 100.0 | 26.2 | 5.0 | 24.1 |
| 浙　江 | 100.0 | 30.6 | 5.3 | 25.0 |
| 安　徽 | 100.0 | 32.7 | 5.8 | 22.8 |
| 福　建 | 100.0 | 35.5 | 4.8 | 23.3 |
| 江　西 | 100.0 | 30.4 | 4.6 | 27.3 |
| 山　东 | 100.0 | 27.8 | 5.5 | 19.7 |
| 河　南 | 100.0 | 26.2 | 7.1 | 21.5 |
| 湖　北 | 100.0 | 27.2 | 5.4 | 21.4 |
| 湖　南 | 100.0 | 28.8 | 4.8 | 22.6 |
| 广　东 | 100.0 | 37.1 | 3.3 | 21.9 |
| 广　西 | 100.0 | 30.9 | 3.1 | 22.2 |
| 海　南 | 100.0 | 41.7 | 2.9 | 19.2 |
| 重　庆 | 100.0 | 34.9 | 5.3 | 19.1 |
| 四　川 | 100.0 | 34.7 | 5.4 | 19.5 |
| 贵　州 | 100.0 | 27.1 | 5.4 | 21.8 |
| 云　南 | 100.0 | 31.8 | 3.9 | 20.0 |
| 西　藏 | 100.0 | 35.7 | 13.0 | 14.9 |
| 陕　西 | 100.0 | 25.9 | 5.4 | 23.1 |
| 甘　肃 | 100.0 | 29.2 | 5.7 | 19.3 |
| 青　海 | 100.0 | 29.7 | 6.9 | 17.3 |
| 宁　夏 | 100.0 | 27.4 | 6.5 | 17.3 |
| 新　疆 | 100.0 | 29.0 | 7.9 | 20.9 |

2-3-5-6 续表　　　　单位：%

| 地　区 | 四、生活用品及服务支出 | 五、交通通信支出 | 六、教育文化娱乐支出 | 七、医疗保健支出 | 八、其他用品及服务支出 |
|---|---|---|---|---|---|
| **全　国** | **5.7** | **13.8** | **11.1** | **10.7** | **1.8** |
| 北　京 | 5.6 | 15.5 | 7.3 | 10.3 | 1.8 |
| 天　津 | 8.5 | 14.2 | 7.4 | 11.8 | 2.4 |
| 河　北 | 6.4 | 14.8 | 11.0 | 10.8 | 2.2 |
| 山　西 | 5.1 | 10.9 | 12.4 | 12.0 | 1.8 |
| 内蒙古 | 4.0 | 17.0 | 13.0 | 12.7 | 2.0 |
| 辽　宁 | 4.9 | 14.7 | 11.8 | 13.8 | 2.5 |
| 吉　林 | 3.8 | 14.8 | 13.5 | 15.2 | 2.4 |
| 黑龙江 | 4.0 | 15.3 | 14.2 | 15.4 | 2.2 |
| 上　海 | 5.9 | 13.4 | 6.2 | 9.4 | 2.6 |
| 江　苏 | 6.1 | 17.6 | 9.4 | 9.5 | 2.2 |
| 浙　江 | 4.8 | 13.9 | 10.4 | 8.3 | 1.7 |
| 安　徽 | 5.8 | 11.8 | 10.1 | 9.1 | 2.0 |
| 福　建 | 5.0 | 11.7 | 9.9 | 7.4 | 2.4 |
| 江　西 | 5.9 | 11.4 | 11.2 | 7.7 | 1.4 |
| 山　东 | 6.8 | 16.2 | 11.6 | 10.9 | 1.5 |
| 河　南 | 6.4 | 11.9 | 12.6 | 12.7 | 1.6 |
| 湖　北 | 5.5 | 14.5 | 11.8 | 12.5 | 1.7 |
| 湖　南 | 5.6 | 11.8 | 13.3 | 11.6 | 1.6 |
| 广　东 | 4.8 | 12.6 | 9.5 | 9.0 | 1.9 |
| 广　西 | 5.6 | 14.2 | 12.4 | 10.2 | 1.3 |
| 海　南 | 4.5 | 10.5 | 12.2 | 7.4 | 1.5 |
| 重　庆 | 6.5 | 12.1 | 10.9 | 9.6 | 1.7 |
| 四　川 | 6.5 | 12.9 | 7.6 | 11.5 | 1.8 |
| 贵　州 | 5.6 | 16.8 | 13.1 | 8.6 | 1.7 |
| 云　南 | 5.6 | 16.2 | 12.2 | 9.1 | 1.2 |
| 西　藏 | 6.1 | 17.0 | 5.7 | 4.2 | 3.4 |
| 陕　西 | 6.0 | 12.4 | 12.7 | 12.6 | 1.8 |
| 甘　肃 | 6.0 | 12.3 | 13.7 | 12.2 | 1.7 |
| 青　海 | 4.8 | 16.6 | 9.1 | 13.1 | 2.4 |
| 宁　夏 | 6.1 | 15.6 | 12.0 | 12.6 | 2.5 |
| 新　疆 | 6.6 | 12.8 | 11.1 | 10.3 | 1.4 |

# 2-3-5-7 2019年分地区农村居民现金消费支出

单位：元/人

| 地　区 | 现金消费支出 | 一、食品烟酒支出 | 二、衣着支出 | 三、居住支出 |
|---|---|---|---|---|
| **全　国** | **10854.5** | **3538.2** | **712.9** | **1163.8** |
| 北　京 | 17263.9 | 5460.6 | 1200.1 | 2365.8 |
| 天　津 | 14876.1 | 5284.1 | 1073.5 | 1615.1 |
| 河　北 | 10755.3 | 3140.5 | 792.7 | 1429.1 |
| 山　西 | 8204.8 | 2499.6 | 696.9 | 1114.7 |
| 内蒙古 | 11958.7 | 3123.9 | 731.1 | 1603.9 |
| 辽　宁 | 10269.6 | 2904.8 | 709.4 | 1131.3 |
| 吉　林 | 9825.0 | 2861.3 | 694.4 | 773.9 |
| 黑龙江 | 11040.3 | 3102.2 | 834.2 | 961.5 |
| 上　海 | 17841.2 | 7789.9 | 1291.3 | 2180.4 |
| 江　苏 | 14672.1 | 4298.6 | 880.8 | 1919.1 |
| 浙　江 | 16780.3 | 6041.5 | 1133.3 | 1642.0 |
| 安　徽 | 11716.0 | 4454.9 | 842.4 | 1025.9 |
| 福　建 | 13132.8 | 5199.9 | 773.7 | 1476.1 |
| 江　西 | 9611.0 | 3421.0 | 577.4 | 1127.2 |
| 山　东 | 10575.3 | 3305.7 | 670.9 | 1138.6 |
| 河　南 | 9628.4 | 2920.5 | 819.2 | 933.4 |
| 湖　北 | 12431.5 | 3580.6 | 824.4 | 1398.8 |
| 湖　南 | 10999.6 | 3347.4 | 674.1 | 1199.8 |
| 广　东 | 13512.8 | 5765.5 | 551.6 | 1224.0 |
| 广　西 | 9297.1 | 2964.4 | 372.5 | 1080.8 |
| 海　南 | 10171.7 | 4717.5 | 361.8 | 847.1 |
| 重　庆 | 10270.2 | 3543.8 | 691.3 | 882.0 |
| 四　川 | 11033.0 | 3862.0 | 760.0 | 1091.4 |
| 贵　州 | 8153.1 | 2283.3 | 552.3 | 894.6 |
| 云　南 | 7518.2 | 2279.4 | 396.0 | 536.6 |
| 西　藏 | 6741.2 | 2580.8 | 1090.1 | 327.3 |
| 陕　西 | 9006.6 | 2572.7 | 592.0 | 1130.3 |
| 甘　肃 | 8083.1 | 2429.0 | 551.7 | 890.2 |
| 青　海 | 9687.6 | 2894.5 | 783.3 | 1150.9 |
| 宁　夏 | 9944.2 | 2832.0 | 744.9 | 1142.6 |
| 新　疆 | 8721.2 | 2470.9 | 811.8 | 1325.1 |

2-3-5-7 续表　　　　　　　　　　　　　　　　　　　　　　　　单位：元/人

| 地　区 | 四、生活用品及服务支出 | 五、交通通信支出 | 六、教育文化娱乐支出 | 七、医疗保健支出 | 八、其他用品及服务支出 |
|---|---|---|---|---|---|
| **全　国** | **748.9** | **1835.5** | **1481.3** | **1137.9** | **236.0** |
| 北　京 | 1223.8 | 3383.8 | 1587.1 | 1657.4 | 385.3 |
| 天　津 | 955.8 | 2518.5 | 1321.6 | 1720.3 | 387.3 |
| 河　北 | 792.9 | 1824.3 | 1367.0 | 1141.1 | 267.7 |
| 山　西 | 485.9 | 1056.6 | 1207.7 | 974.7 | 168.7 |
| 内蒙古 | 544.9 | 2354.4 | 1795.7 | 1531.6 | 273.3 |
| 辽　宁 | 588.1 | 1763.8 | 1423.5 | 1452.4 | 296.2 |
| 吉　林 | 435.3 | 1700.7 | 1551.6 | 1531.6 | 276.1 |
| 黑龙江 | 501.3 | 1908.4 | 1778.7 | 1679.5 | 274.4 |
| 上　海 | 1316.6 | 3008.8 | 1400.8 | 283.4 | 570.1 |
| 江　苏 | 1071.4 | 3108.5 | 1668.3 | 1341.3 | 384.1 |
| 浙　江 | 1006.7 | 2964.6 | 2225.5 | 1406.5 | 360.2 |
| 安　徽 | 837.8 | 1705.8 | 1469.8 | 1095.0 | 284.5 |
| 福　建 | 806.1 | 1903.1 | 1614.4 | 973.5 | 386.0 |
| 江　西 | 736.4 | 1424.7 | 1394.5 | 750.5 | 179.3 |
| 山　东 | 798.7 | 1997.6 | 1426.5 | 1055.4 | 181.9 |
| 河　南 | 733.3 | 1369.0 | 1459.3 | 1206.0 | 187.8 |
| 湖　北 | 838.9 | 2228.4 | 1807.5 | 1497.5 | 255.3 |
| 湖　南 | 779.6 | 1641.5 | 1850.8 | 1288.9 | 217.5 |
| 广　东 | 808.3 | 2139.0 | 1601.6 | 1106.6 | 316.3 |
| 广　西 | 605.3 | 1713.1 | 1497.4 | 920.4 | 143.1 |
| 海　南 | 553.9 | 1305.5 | 1519.0 | 680.9 | 185.9 |
| 重　庆 | 841.6 | 1585.3 | 1422.7 | 1084.4 | 219.1 |
| 四　川 | 899.0 | 1807.3 | 1064.6 | 1301.0 | 247.8 |
| 贵　州 | 570.3 | 1710.8 | 1335.6 | 643.4 | 162.8 |
| 云　南 | 567.8 | 1663.0 | 1254.0 | 703.8 | 117.6 |
| 西　藏 | 513.1 | 1427.6 | 478.6 | 212.3 | 111.5 |
| 陕　西 | 639.4 | 1358.7 | 1385.4 | 1138.0 | 190.1 |
| 甘　肃 | 574.0 | 1195.3 | 1328.8 | 956.1 | 158.0 |
| 青　海 | 540.0 | 1886.2 | 1033.2 | 1129.4 | 270.2 |
| 宁　夏 | 693.1 | 1784.1 | 1378.8 | 1102.3 | 266.4 |
| 新　疆 | 677.6 | 1317.8 | 1138.6 | 871.3 | 108.2 |

# 2-3-5-8　2019年分地区农村居民现金消费支出构成

单位：%

| 地　区 | 现金消费支出 | 一、食品烟酒支出 | 二、衣着支出 | 三、居住支出 |
|---|---|---|---|---|
| **全　国** | **100.0** | **32.6** | **6.6** | **10.7** |
| 北　京 | 100.0 | 31.6 | 7.0 | 13.7 |
| 天　津 | 100.0 | 35.5 | 7.2 | 10.9 |
| 河　北 | 100.0 | 29.2 | 7.4 | 13.3 |
| 山　西 | 100.0 | 30.5 | 8.5 | 13.6 |
| 内蒙古 | 100.0 | 26.1 | 6.1 | 13.4 |
| 辽　宁 | 100.0 | 28.3 | 6.9 | 11.0 |
| 吉　林 | 100.0 | 29.1 | 7.1 | 7.9 |
| 黑龙江 | 100.0 | 28.1 | 7.6 | 8.7 |
| 上　海 | 100.0 | 43.7 | 7.2 | 12.2 |
| 江　苏 | 100.0 | 29.3 | 6.0 | 13.1 |
| 浙　江 | 100.0 | 36.0 | 6.8 | 9.8 |
| 安　徽 | 100.0 | 38.0 | 7.2 | 8.8 |
| 福　建 | 100.0 | 39.6 | 5.9 | 11.2 |
| 江　西 | 100.0 | 35.6 | 6.0 | 11.7 |
| 山　东 | 100.0 | 31.3 | 6.3 | 10.8 |
| 河　南 | 100.0 | 30.3 | 8.5 | 9.7 |
| 湖　北 | 100.0 | 28.8 | 6.6 | 11.3 |
| 湖　南 | 100.0 | 30.4 | 6.1 | 10.9 |
| 广　东 | 100.0 | 42.7 | 4.1 | 9.1 |
| 广　西 | 100.0 | 31.9 | 4.0 | 11.6 |
| 海　南 | 100.0 | 46.4 | 3.6 | 8.3 |
| 重　庆 | 100.0 | 34.5 | 6.7 | 8.6 |
| 四　川 | 100.0 | 35.0 | 6.9 | 9.9 |
| 贵　州 | 100.0 | 28.0 | 6.8 | 11.0 |
| 云　南 | 100.0 | 30.3 | 5.3 | 7.1 |
| 西　藏 | 100.0 | 38.3 | 16.2 | 4.9 |
| 陕　西 | 100.0 | 28.6 | 6.6 | 12.6 |
| 甘　肃 | 100.0 | 30.0 | 6.8 | 11.0 |
| 青　海 | 100.0 | 29.9 | 8.1 | 11.9 |
| 宁　夏 | 100.0 | 28.5 | 7.5 | 11.5 |
| 新　疆 | 100.0 | 28.3 | 9.3 | 15.2 |

2-3-5-8 续表 单位：%

| 地区 | 四、生活用品及服务支出 | 五、交通通信支出 | 六、教育文化娱乐支出 | 七、医疗保健支出 | 八、其他用品及服务支出 |
|---|---|---|---|---|---|
| **全国** | **6.9** | **16.9** | **13.6** | **10.5** | **2.2** |
| 北京 | 7.1 | 19.6 | 9.2 | 9.6 | 2.2 |
| 天津 | 6.4 | 16.9 | 8.9 | 11.6 | 2.6 |
| 河北 | 7.4 | 17.0 | 12.7 | 10.6 | 2.5 |
| 山西 | 5.9 | 12.9 | 14.7 | 11.9 | 2.1 |
| 内蒙古 | 4.6 | 19.7 | 15.0 | 12.8 | 2.3 |
| 辽宁 | 5.7 | 17.2 | 13.9 | 14.1 | 2.9 |
| 吉林 | 4.4 | 17.3 | 15.8 | 15.6 | 2.8 |
| 黑龙江 | 4.5 | 17.3 | 16.1 | 15.2 | 2.5 |
| 上海 | 7.4 | 16.9 | 7.9 | 1.6 | 3.2 |
| 江苏 | 7.3 | 21.2 | 11.4 | 9.1 | 2.6 |
| 浙江 | 6.0 | 17.7 | 13.3 | 8.4 | 2.1 |
| 安徽 | 7.2 | 14.6 | 12.5 | 9.3 | 2.4 |
| 福建 | 6.1 | 14.5 | 12.3 | 7.4 | 2.9 |
| 江西 | 7.7 | 14.8 | 14.5 | 7.8 | 1.9 |
| 山东 | 7.6 | 18.9 | 13.5 | 10.0 | 1.7 |
| 河南 | 7.6 | 14.2 | 15.2 | 12.5 | 2.0 |
| 湖北 | 6.7 | 17.9 | 14.5 | 12.0 | 2.1 |
| 湖南 | 7.1 | 14.9 | 16.8 | 11.7 | 2.0 |
| 广东 | 6.0 | 15.8 | 11.9 | 8.2 | 2.3 |
| 广西 | 6.5 | 18.4 | 16.1 | 9.9 | 1.5 |
| 海南 | 5.4 | 12.8 | 14.9 | 6.7 | 1.8 |
| 重庆 | 8.2 | 15.4 | 13.9 | 10.6 | 2.1 |
| 四川 | 8.1 | 16.4 | 9.6 | 11.8 | 2.2 |
| 贵州 | 7.0 | 21.0 | 16.4 | 7.9 | 2.0 |
| 云南 | 7.6 | 22.1 | 16.7 | 9.4 | 1.6 |
| 西藏 | 7.6 | 21.2 | 7.1 | 3.1 | 1.7 |
| 陕西 | 7.1 | 15.1 | 15.4 | 12.6 | 2.1 |
| 甘肃 | 7.1 | 14.8 | 16.4 | 11.8 | 2.0 |
| 青海 | 5.6 | 19.5 | 10.7 | 11.7 | 2.8 |
| 宁夏 | 7.0 | 17.9 | 13.9 | 11.1 | 2.7 |
| 新疆 | 7.8 | 15.1 | 13.1 | 10.0 | 1.2 |

# 2-3-5-9　2019年分地区农村居民家庭主要食品消费量

单位：公斤/人

| 地　区 | 粮食（原粮） | 谷物 | 食用油 | 植物油 | 蔬菜 | 肉类 | 猪肉 |
|---|---|---|---|---|---|---|---|
| **全　国** | **154.8** | **142.6** | **9.8** | **9.0** | **89.5** | **24.7** | **20.2** |
| 北　京 | 107.2 | 95.0 | 8.1 | 7.9 | 108.9 | 25.4 | 16.7 |
| 天　津 | 148.2 | 135.2 | 11.6 | 11.4 | 103.5 | 23.2 | 16.1 |
| 河　北 | 157.6 | 144.4 | 7.4 | 7.1 | 83.3 | 16.8 | 12.2 |
| 山　西 | 164.6 | 145.1 | 7.8 | 7.6 | 83.2 | 12.0 | 9.4 |
| 内蒙古 | 217.9 | 199.3 | 5.9 | 5.4 | 86.2 | 32.5 | 23.1 |
| 辽　宁 | 149.7 | 134.9 | 10.2 | 10.0 | 92.2 | 22.8 | 19.2 |
| 吉　林 | 168.3 | 149.7 | 10.9 | 10.6 | 85.5 | 21.9 | 18.4 |
| 黑龙江 | 173.7 | 156.6 | 14.4 | 14.3 | 88.7 | 19.1 | 15.6 |
| 上　海 | 151.0 | 139.0 | 11.2 | 10.7 | 98.1 | 35.5 | 27.2 |
| 江　苏 | 143.3 | 127.5 | 10.6 | 10.4 | 93.2 | 21.5 | 16.0 |
| 浙　江 | 162.1 | 146.7 | 12.2 | 11.6 | 95.3 | 28.1 | 23.2 |
| 安　徽 | 169.2 | 153.2 | 9.4 | 8.4 | 99.3 | 24.9 | 19.8 |
| 福　建 | 162.1 | 151.2 | 9.9 | 8.4 | 92.2 | 27.5 | 23.6 |
| 江　西 | 148.4 | 138.9 | 12.5 | 12.0 | 85.4 | 24.5 | 21.4 |
| 山　东 | 134.2 | 123.4 | 8.0 | 8.0 | 82.5 | 19.1 | 13.8 |
| 河　南 | 137.1 | 126.0 | 7.7 | 7.6 | 76.3 | 14.8 | 10.9 |
| 湖　北 | 147.0 | 135.4 | 14.1 | 13.6 | 118.6 | 24.3 | 20.9 |
| 湖　南 | 178.0 | 168.6 | 11.6 | 9.2 | 88.3 | 28.0 | 25.2 |
| 广　东 | 149.4 | 139.9 | 10.4 | 9.6 | 106.8 | 37.1 | 31.1 |
| 广　西 | 165.7 | 158.9 | 8.7 | 7.2 | 79.0 | 27.5 | 24.8 |
| 海　南 | 123.7 | 110.1 | 8.7 | 7.3 | 91.5 | 22.6 | 19.5 |
| 重　庆 | 186.8 | 170.9 | 15.2 | 12.1 | 142.6 | 38.8 | 36.1 |
| 四　川 | 171.6 | 158.1 | 11.4 | 10.1 | 115.2 | 38.3 | 34.6 |
| 贵　州 | 118.7 | 107.4 | 6.0 | 4.6 | 71.8 | 28.2 | 27.0 |
| 云　南 | 141.0 | 131.5 | 6.0 | 4.0 | 74.4 | 33.9 | 31.6 |
| 西　藏 | 189.8 | 186.8 | 12.4 | 7.8 | 36.1 | 17.3 | 2.9 |
| 陕　西 | 146.6 | 133.3 | 11.3 | 10.9 | 70.4 | 12.2 | 9.6 |
| 甘　肃 | 171.3 | 158.6 | 8.0 | 7.9 | 60.4 | 17.7 | 14.1 |
| 青　海 | 122.6 | 116.6 | 10.0 | 9.1 | 44.8 | 24.0 | 8.5 |
| 宁　夏 | 128.3 | 121.5 | 8.3 | 8.2 | 80.9 | 15.5 | 5.9 |
| 新　疆 | 141.8 | 140.3 | 13.0 | 12.8 | 75.3 | 20.4 | 1.3 |

2-3-5-9 续表 单位：公斤/人

| 地 区 | 牛肉 | 羊肉 | 禽类 | 水产品 | 蛋类 | 奶类 | 干鲜瓜果类 | 食糖 |
|---|---|---|---|---|---|---|---|---|
| **全 国** | **1.2** | **1.0** | **10.0** | **9.6** | **9.6** | **7.3** | **43.3** | **1.4** |
| 北 京 | 2.3 | 2.7 | 5.8 | 8.7 | 15.2 | 14.6 | 75.3 | 1.2 |
| 天 津 | 1.0 | 1.8 | 5.1 | 15.0 | 17.1 | 10.2 | 86.8 | 1.6 |
| 河 北 | 0.5 | 0.8 | 4.3 | 4.8 | 14.3 | 8.4 | 63.6 | 1.3 |
| 山 西 | 0.2 | 0.6 | 2.0 | 1.6 | 12.2 | 11.7 | 44.9 | 1.2 |
| 内蒙古 | 2.1 | 5.6 | 6.1 | 4.9 | 9.1 | 15.2 | 48.7 | 1.6 |
| 辽 宁 | 1.0 | 0.5 | 3.7 | 7.7 | 9.6 | 5.7 | 39.1 | 1.1 |
| 吉 林 | 1.1 | 0.4 | 5.3 | 7.1 | 9.8 | 5.7 | 44.2 | 1.5 |
| 黑龙江 | 0.8 | 0.5 | 6.0 | 7.5 | 10.5 | 4.6 | 54.6 | 1.9 |
| 上 海 | 2.5 | 0.9 | 16.3 | 29.7 | 12.9 | 13.8 | 54.0 | 1.8 |
| 江 苏 | 1.5 | 0.6 | 10.8 | 15.2 | 10.9 | 10.6 | 33.8 | 1.1 |
| 浙 江 | 1.8 | 0.6 | 10.8 | 21.2 | 9.1 | 10.4 | 42.8 | 1.9 |
| 安 徽 | 1.6 | 0.7 | 14.5 | 13.8 | 12.1 | 9.7 | 56.9 | 1.1 |
| 福 建 | 1.3 | 0.5 | 15.2 | 23.0 | 9.2 | 8.1 | 38.8 | 2.2 |
| 江 西 | 1.5 | 0.2 | 9.3 | 12.8 | 7.1 | 6.1 | 34.7 | 1.0 |
| 山 东 | 0.5 | 0.7 | 6.2 | 8.1 | 16.8 | 10.7 | 65.9 | 0.8 |
| 河 南 | 0.8 | 0.5 | 5.7 | 3.3 | 13.0 | 8.0 | 52.8 | 1.4 |
| 湖 北 | 1.2 | 0.3 | 6.0 | 14.9 | 7.4 | 4.3 | 32.9 | 0.7 |
| 湖 南 | 1.3 | 0.4 | 13.7 | 11.7 | 9.2 | 3.7 | 50.3 | 1.3 |
| 广 东 | 2.1 | 0.4 | 30.5 | 26.6 | 7.7 | 4.5 | 32.5 | 1.9 |
| 广 西 | 1.1 | 0.4 | 24.9 | 10.6 | 5.7 | 2.3 | 30.8 | 1.1 |
| 海 南 | 1.6 | 0.6 | 25.6 | 30.3 | 4.2 | 2.0 | 20.2 | 1.0 |
| 重 庆 | 0.7 | 0.4 | 10.3 | 9.3 | 10.1 | 7.8 | 35.5 | 3.7 |
| 四 川 | 1.0 | 0.3 | 12.5 | 7.4 | 8.8 | 8.5 | 34.9 | 2.1 |
| 贵 州 | 0.5 | 0.2 | 4.0 | 1.8 | 2.8 | 2.0 | 27.0 | 0.7 |
| 云 南 | 1.1 | 0.4 | 7.5 | 3.0 | 4.2 | 2.6 | 22.7 | 1.1 |
| 西 藏 | 11.1 | 3.2 | 0.4 | 0.0 | 1.7 | 8.4 | 4.7 | 5.6 |
| 陕 西 | 0.4 | 1.0 | 2.1 | 1.2 | 7.0 | 7.7 | 30.0 | 1.1 |
| 甘 肃 | 0.6 | 2.0 | 5.2 | 1.3 | 5.7 | 5.9 | 37.5 | 2.0 |
| 青 海 | 8.9 | 6.2 | 2.7 | 0.7 | 2.6 | 14.6 | 18.1 | 2.0 |
| 宁 夏 | 5.4 | 3.7 | 8.4 | 1.5 | 4.7 | 8.7 | 72.8 | 1.6 |
| 新 疆 | 4.1 | 14.0 | 3.8 | 0.7 | 4.4 | 10.8 | 44.0 | 2.3 |

# 2-3-5-10 2019年分地区农村居民年末主要耐用消费品拥有量

单位：平均每百户

| 地区 | 家用汽车(辆) | 摩托车(辆) | 电动助力车(辆) | 洗衣机(台) | 电冰箱(柜)(台) | 微波炉(台) | 彩色电视机(台) |
|---|---|---|---|---|---|---|---|
| **全国** | **24.7** | **55.1** | **70.1** | **91.6** | **98.6** | **18.9** | **117.6** |
| 北京 | 49.6 | 8.5 | 82.8 | 102.3 | 111.8 | 65.7 | 136.4 |
| 天津 | 44.5 | 16.0 | 121.8 | 102.3 | 106.5 | 32.7 | 120.4 |
| 河北 | 38.5 | 39.9 | 112.3 | 100.3 | 97.2 | 16.8 | 112.1 |
| 山西 | 15.9 | 39.8 | 60.0 | 88.2 | 77.8 | 6.2 | 103.4 |
| 内蒙古 | 27.4 | 57.5 | 55.4 | 94.6 | 106.0 | 6.5 | 106.6 |
| 辽宁 | 20.4 | 55.9 | 53.1 | 90.1 | 100.3 | 12.9 | 108.7 |
| 吉林 | 25.0 | 57.2 | 23.1 | 92.2 | 96.6 | 8.5 | 104.7 |
| 黑龙江 | 18.3 | 41.7 | 26.6 | 92.5 | 97.5 | 6.2 | 102.4 |
| 上海 | 32.3 | 6.6 | 129.6 | 85.9 | 103.7 | 77.2 | 170.0 |
| 江苏 | 23.8 | 22.6 | 144.9 | 97.9 | 109.4 | 65.9 | 149.9 |
| 浙江 | 28.9 | 19.6 | 102.7 | 87.9 | 107.7 | 37.4 | 176.3 |
| 安徽 | 24.7 | 30.5 | 117.2 | 89.7 | 103.5 | 26.2 | 133.6 |
| 福建 | 16.7 | 78.7 | 51.8 | 89.6 | 104.0 | 35.5 | 136.0 |
| 江西 | 22.4 | 63.8 | 70.2 | 66.5 | 97.3 | 15.5 | 127.5 |
| 山东 | 39.4 | 43.2 | 124.3 | 96.0 | 101.5 | 18.6 | 107.7 |
| 河南 | 24.3 | 39.6 | 121.2 | 98.5 | 96.2 | 13.7 | 114.4 |
| 湖北 | 23.2 | 83.2 | 40.3 | 86.5 | 104.9 | 13.2 | 121.3 |
| 湖南 | 14.6 | 78.5 | 21.0 | 89.8 | 102.7 | 9.3 | 115.0 |
| 广东 | 26.0 | 116.6 | 40.5 | 90.0 | 97.0 | 29.1 | 116.5 |
| 广西 | 19.8 | 92.3 | 63.1 | 82.3 | 100.3 | 26.7 | 107.9 |
| 海南 | 10.3 | 82.9 | 91.1 | 50.8 | 84.7 | 9.4 | 104.0 |
| 重庆 | 16.2 | 36.7 | 19.3 | 87.8 | 105.4 | 18.9 | 117.3 |
| 四川 | 20.6 | 49.1 | 33.9 | 94.9 | 101.0 | 11.6 | 115.6 |
| 贵州 | 22.8 | 54.3 | 17.7 | 96.8 | 91.9 | 6.5 | 102.5 |
| 云南 | 26.7 | 78.9 | 20.8 | 88.2 | 86.1 | 11.6 | 102.6 |
| 西藏 | 32.3 | 92.3 | 21.5 | 78.8 | 77.8 | 2.8 | 111.2 |
| 陕西 | 18.5 | 55.5 | 46.7 | 92.9 | 84.5 | 7.2 | 105.0 |
| 甘肃 | 21.6 | 63.8 | 39.7 | 93.3 | 84.0 | 5.7 | 109.2 |
| 青海 | 47.0 | 68.2 | 17.4 | 96.1 | 103.8 | 13.8 | 100.5 |
| 宁夏 | 32.2 | 56.0 | 71.8 | 104.7 | 100.8 | 16.3 | 108.8 |
| 新疆 | 22.8 | 48.4 | 97.1 | 98.5 | 107.6 | 6.9 | 105.0 |

2-3-5-10 续表 单位：平均每百户

| 地　区 | 空调(台) | 热水器(台) | 排油烟机(台) | 移动电话(部) | 计算机(台) | 照相机(台) |
|---|---|---|---|---|---|---|
| **全　国** | **71.3** | **71.7** | **29.0** | **261.2** | **27.5** | **2.3** |
| 北　京 | 185.2 | 108.2 | 85.2 | 249.2 | 65.4 | 12.1 |
| 天　津 | 131.2 | 91.0 | 65.9 | 232.4 | 35.2 | 2.6 |
| 河　北 | 83.0 | 67.6 | 31.7 | 246.4 | 39.1 | 2.0 |
| 山　西 | 21.2 | 29.4 | 17.0 | 216.6 | 26.0 | 1.0 |
| 内蒙古 | 3.0 | 23.0 | 16.9 | 238.5 | 20.2 | 1.3 |
| 辽　宁 | 13.9 | 30.6 | 25.1 | 220.9 | 25.5 | 2.2 |
| 吉　林 | 1.3 | 13.0 | 13.6 | 247.4 | 27.4 | 1.2 |
| 黑龙江 | 0.9 | 9.4 | 10.6 | 236.1 | 20.3 | 0.8 |
| 上　海 | 155.6 | 89.9 | 54.8 | 203.5 | 40.0 | 8.5 |
| 江　苏 | 148.7 | 94.3 | 39.9 | 244.7 | 31.9 | 3.4 |
| 浙　江 | 145.4 | 97.5 | 68.4 | 249.6 | 46.1 | 5.1 |
| 安　徽 | 118.3 | 90.6 | 34.3 | 271.7 | 25.3 | 2.4 |
| 福　建 | 91.6 | 103.8 | 47.9 | 261.5 | 33.8 | 3.0 |
| 江　西 | 69.0 | 82.6 | 35.8 | 274.1 | 25.5 | 1.9 |
| 山　东 | 92.8 | 84.8 | 44.2 | 231.4 | 41.7 | 3.4 |
| 河　南 | 103.1 | 72.4 | 20.1 | 269.7 | 30.1 | 1.6 |
| 湖　北 | 88.1 | 87.2 | 32.2 | 270.8 | 33.6 | 2.6 |
| 湖　南 | 71.8 | 77.9 | 32.1 | 286.0 | 27.2 | 2.2 |
| 广　东 | 129.6 | 98.0 | 52.1 | 286.3 | 38.4 | 4.4 |
| 广　西 | 50.5 | 83.7 | 15.8 | 289.5 | 21.5 | 0.9 |
| 海　南 | 74.8 | 73.1 | 13.1 | 290.7 | 12.8 | 0.6 |
| 重　庆 | 76.5 | 75.4 | 22.1 | 269.3 | 20.1 | 2.8 |
| 四　川 | 59.3 | 76.1 | 17.4 | 260.5 | 17.7 | 2.7 |
| 贵　州 | 6.0 | 61.9 | 10.6 | 298.7 | 13.5 | 0.8 |
| 云　南 | 1.6 | 77.3 | 10.4 | 289.8 | 8.8 | 1.0 |
| 西　藏 | 0.6 | 8.8 | 1.4 | 258.0 | 4.6 | 1.0 |
| 陕　西 | 41.5 | 49.5 | 12.0 | 260.6 | 15.2 | 1.1 |
| 甘　肃 | 2.3 | 34.5 | 10.0 | 302.5 | 17.9 | 1.8 |
| 青　海 | 0.7 | 38.3 | 22.1 | 288.9 | 15.6 | 2.0 |
| 宁　夏 | 1.8 | 100.8 | 28.1 | 295.5 | 26.1 | 1.2 |
| 新　疆 | 3.4 | 64.0 | 28.7 | 226.1 | 9.7 | 0.9 |

## (六)2020年分地区农村居民收支主要数据

# 2-3-6-1　2020年分地区农村居民可支配收入

单位：元/人

| 地　区 | 可支配收入 | 一、工资性收入 | 二、经营净收入 | 三、财产净收入 | 四、转移净收入 |
|---|---|---|---|---|---|
| **全　国** | **17131.5** | **6973.9** | **6077.4** | **418.8** | **3661.3** |
| 北　京 | 30125.7 | 21173.8 | 1612.6 | 3103.3 | 4235.9 |
| 天　津 | 25690.6 | 14384.5 | 5568.4 | 1450.9 | 4286.7 |
| 河　北 | 16467.0 | 8598.4 | 5517.2 | 351.6 | 1999.8 |
| 山　西 | 13878.0 | 6347.2 | 3613.6 | 204.8 | 3712.4 |
| 内蒙古 | 16566.9 | 3352.9 | 8827.7 | 498.2 | 3888.1 |
| 辽　宁 | 17450.3 | 6511.3 | 7874.7 | 296.9 | 2767.5 |
| 吉　林 | 16067.0 | 4018.8 | 9141.1 | 364.5 | 2542.6 |
| 黑龙江 | 16168.4 | 3152.2 | 8452.5 | 847.7 | 3716.1 |
| 上　海 | 34911.3 | 21067.2 | 1944.0 | 1206.9 | 10693.2 |
| 江　苏 | 24198.5 | 11789.0 | 6444.5 | 895.1 | 5069.8 |
| 浙　江 | 31930.5 | 19509.7 | 7600.6 | 949.2 | 3871.0 |
| 安　徽 | 16620.2 | 5838.6 | 6222.6 | 334.3 | 4224.7 |
| 福　建 | 20880.3 | 9411.0 | 7509.8 | 392.9 | 3566.6 |
| 江　西 | 16980.8 | 7301.2 | 5866.0 | 279.1 | 3534.6 |
| 山　东 | 18753.2 | 7590.9 | 8094.8 | 485.2 | 2582.3 |
| 河　南 | 16107.9 | 6153.4 | 5174.9 | 237.7 | 4541.9 |
| 湖　北 | 16305.9 | 5271.6 | 6745.4 | 214.4 | 4074.5 |
| 湖　南 | 16584.6 | 6569.6 | 5804.0 | 231.7 | 3979.3 |
| 广　东 | 20143.4 | 10613.5 | 4584.9 | 616.1 | 4328.9 |
| 广　西 | 14814.9 | 4638.2 | 5867.7 | 352.2 | 3956.8 |
| 海　南 | 16278.8 | 6752.8 | 6124.4 | 306.8 | 3094.9 |
| 重　庆 | 16361.4 | 5740.5 | 5565.7 | 406.1 | 4649.1 |
| 四　川 | 15929.1 | 4977.8 | 6152.0 | 510.2 | 4289.1 |
| 贵　州 | 11642.3 | 4822.4 | 3444.6 | 188.5 | 3186.9 |
| 云　南 | 12841.9 | 3975.0 | 6522.6 | 197.6 | 2146.8 |
| 西　藏 | 14598.4 | 4778.3 | 6912.1 | 609.9 | 2298.1 |
| 陕　西 | 13316.5 | 5387.8 | 4150.0 | 228.6 | 3550.0 |
| 甘　肃 | 10344.3 | 2985.9 | 4650.5 | 135.3 | 2572.6 |
| 青　海 | 12342.5 | 4005.7 | 4884.9 | 414.2 | 3037.7 |
| 宁　夏 | 13889.4 | 5150.0 | 5549.4 | 393.5 | 2796.5 |
| 新　疆 | 14056.1 | 4024.0 | 6371.7 | 299.5 | 3360.9 |

# 2-3-6-2 2020年分地区农村居民可支配收入构成

单位：%

| 地 区 | 可支配收入 | 一、工资性收入 | 二、经营净收入 | 三、财产净收入 | 四、转移净收入 |
|---|---|---|---|---|---|
| **全 国** | **100.0** | **40.7** | **35.5** | **2.4** | **21.4** |
| 北 京 | 100.0 | 70.3 | 5.4 | 10.3 | 14.1 |
| 天 津 | 100.0 | 56.0 | 21.7 | 5.6 | 16.7 |
| 河 北 | 100.0 | 52.2 | 33.5 | 2.1 | 12.1 |
| 山 西 | 100.0 | 45.7 | 26.0 | 1.5 | 26.8 |
| 内蒙古 | 100.0 | 20.2 | 53.3 | 3.0 | 23.5 |
| 辽 宁 | 100.0 | 37.3 | 45.1 | 1.7 | 15.9 |
| 吉 林 | 100.0 | 25.0 | 56.9 | 2.3 | 15.8 |
| 黑龙江 | 100.0 | 19.5 | 52.3 | 5.2 | 23.0 |
| 上 海 | 100.0 | 60.3 | 5.6 | 3.5 | 30.6 |
| 江 苏 | 100.0 | 48.7 | 26.6 | 3.7 | 21.0 |
| 浙 江 | 100.0 | 61.1 | 23.8 | 3.0 | 12.1 |
| 安 徽 | 100.0 | 35.1 | 37.4 | 2.0 | 25.4 |
| 福 建 | 100.0 | 45.1 | 36.0 | 1.9 | 17.1 |
| 江 西 | 100.0 | 43.0 | 34.5 | 1.6 | 20.8 |
| 山 东 | 100.0 | 40.5 | 43.2 | 2.6 | 13.8 |
| 河 南 | 100.0 | 38.2 | 32.1 | 1.5 | 28.2 |
| 湖 北 | 100.0 | 32.3 | 41.4 | 1.3 | 25.0 |
| 湖 南 | 100.0 | 39.6 | 35.0 | 1.4 | 24.0 |
| 广 东 | 100.0 | 52.7 | 22.8 | 3.1 | 21.5 |
| 广 西 | 100.0 | 31.3 | 39.6 | 2.4 | 26.7 |
| 海 南 | 100.0 | 41.5 | 37.6 | 1.9 | 19.0 |
| 重 庆 | 100.0 | 35.1 | 34.0 | 2.5 | 28.4 |
| 四 川 | 100.0 | 31.2 | 38.6 | 3.2 | 26.9 |
| 贵 州 | 100.0 | 41.4 | 29.6 | 1.6 | 27.4 |
| 云 南 | 100.0 | 31.0 | 50.8 | 1.5 | 16.7 |
| 西 藏 | 100.0 | 32.7 | 47.3 | 4.2 | 15.7 |
| 陕 西 | 100.0 | 40.5 | 31.2 | 1.7 | 26.7 |
| 甘 肃 | 100.0 | 28.9 | 45.0 | 1.3 | 24.9 |
| 青 海 | 100.0 | 32.5 | 39.6 | 3.4 | 24.6 |
| 宁 夏 | 100.0 | 37.1 | 40.0 | 2.8 | 20.1 |
| 新 疆 | 100.0 | 28.6 | 45.3 | 2.1 | 23.9 |

# 2-3-6-3　2020年分地区农村居民现金可支配收入

单位：元/人

| 地　区 | 现金可支配收入 | 一、工资性收入 | 二、经营净收入 | 三、财产净收入 | 四、转移净收入 |
|---|---|---|---|---|---|
| **全　国** | **16394.5** | **6926.6** | **5720.3** | **418.8** | **3328.9** |
| 北　京 | 29525.5 | 21120.1 | 1756.0 | 3103.3 | 3546.0 |
| 天　津 | 25038.0 | 14188.3 | 5977.5 | 1450.9 | 3421.3 |
| 河　北 | 16358.9 | 8583.0 | 5683.0 | 351.6 | 1741.2 |
| 山　西 | 13337.4 | 6293.5 | 3463.8 | 204.8 | 3375.3 |
| 内蒙古 | 17116.3 | 3343.2 | 9573.1 | 498.2 | 3701.8 |
| 辽　宁 | 17321.7 | 6470.5 | 7991.8 | 296.9 | 2562.5 |
| 吉　林 | 15365.6 | 4011.8 | 8645.2 | 364.5 | 2344.0 |
| 黑龙江 | 16668.5 | 3124.7 | 9195.6 | 847.7 | 3500.6 |
| 上　海 | 33788.4 | 20712.1 | 1934.1 | 1206.9 | 9935.3 |
| 江　苏 | 23648.6 | 11730.6 | 6385.3 | 895.1 | 4637.6 |
| 浙　江 | 31727.2 | 19449.4 | 7821.2 | 949.2 | 3507.4 |
| 安　徽 | 14955.8 | 5775.5 | 4782.5 | 334.3 | 4063.4 |
| 福　建 | 20179.1 | 9303.4 | 7219.3 | 392.9 | 3263.5 |
| 江　西 | 16672.8 | 7290.0 | 5755.7 | 279.1 | 3348.0 |
| 山　东 | 18358.5 | 7557.1 | 8095.9 | 485.2 | 2220.3 |
| 河　南 | 15550.0 | 6141.0 | 4902.4 | 237.7 | 4269.0 |
| 湖　北 | 15377.5 | 5233.3 | 6304.8 | 214.4 | 3625.0 |
| 湖　南 | 14638.8 | 6511.9 | 4308.1 | 231.7 | 3587.1 |
| 广　东 | 19312.9 | 10462.6 | 4335.4 | 616.1 | 3898.7 |
| 广　西 | 13625.3 | 4577.8 | 5255.6 | 352.2 | 3439.7 |
| 海　南 | 15680.7 | 6679.8 | 5967.2 | 306.8 | 2727.0 |
| 重　庆 | 15018.5 | 5715.7 | 4495.3 | 406.1 | 4401.4 |
| 四　川 | 14377.9 | 4905.1 | 5061.6 | 510.2 | 3901.0 |
| 贵　州 | 10791.9 | 4787.1 | 2939.1 | 188.5 | 2877.2 |
| 云　南 | 12034.8 | 3955.3 | 6025.4 | 197.6 | 1856.5 |
| 西　藏 | 13217.3 | 4775.2 | 5781.5 | 609.9 | 2050.6 |
| 陕　西 | 12693.0 | 5365.8 | 3859.6 | 228.6 | 3238.9 |
| 甘　肃 | 9913.8 | 2980.0 | 4483.0 | 135.3 | 2315.4 |
| 青　海 | 12107.1 | 3952.4 | 5118.2 | 414.2 | 2622.2 |
| 宁　夏 | 13589.7 | 5112.9 | 5705.1 | 393.5 | 2378.2 |
| 新　疆 | 13135.6 | 4002.4 | 5961.9 | 299.5 | 2871.8 |

# 2-3-6-4 2020年分地区农村居民现金可支配收入构成

单位：%

| 地 区 | 现金可支配收入 | 一、工资性收入 | 二、经营净收入 | 三、财产净收入 | 四、转移净收入 |
|---|---|---|---|---|---|
| **全 国** | **100.0** | **42.2** | **34.9** | **2.6** | **20.3** |
| 北 京 | 100.0 | 71.5 | 5.9 | 10.5 | 12.0 |
| 天 津 | 100.0 | 56.7 | 23.9 | 5.8 | 13.7 |
| 河 北 | 100.0 | 52.5 | 34.7 | 2.1 | 10.6 |
| 山 西 | 100.0 | 47.2 | 26.0 | 1.5 | 25.3 |
| 内蒙古 | 100.0 | 19.5 | 55.9 | 2.9 | 21.6 |
| 辽 宁 | 100.0 | 37.4 | 46.1 | 1.7 | 14.8 |
| 吉 林 | 100.0 | 26.1 | 56.3 | 2.4 | 15.3 |
| 黑龙江 | 100.0 | 18.7 | 55.2 | 5.1 | 21.0 |
| 上 海 | 100.0 | 61.3 | 5.7 | 3.6 | 29.4 |
| 江 苏 | 100.0 | 49.6 | 27.0 | 3.8 | 19.6 |
| 浙 江 | 100.0 | 61.3 | 24.7 | 3.0 | 11.1 |
| 安 徽 | 100.0 | 38.6 | 32.0 | 2.2 | 27.2 |
| 福 建 | 100.0 | 46.1 | 35.8 | 1.9 | 16.2 |
| 江 西 | 100.0 | 43.7 | 34.5 | 1.7 | 20.1 |
| 山 东 | 100.0 | 41.2 | 44.1 | 2.6 | 12.1 |
| 河 南 | 100.0 | 39.5 | 31.5 | 1.5 | 27.5 |
| 湖 北 | 100.0 | 34.0 | 41.0 | 1.4 | 23.6 |
| 湖 南 | 100.0 | 44.5 | 29.4 | 1.6 | 24.5 |
| 广 东 | 100.0 | 54.2 | 22.4 | 3.2 | 20.2 |
| 广 西 | 100.0 | 33.6 | 38.6 | 2.6 | 25.2 |
| 海 南 | 100.0 | 42.6 | 38.1 | 2.0 | 17.4 |
| 重 庆 | 100.0 | 38.1 | 29.9 | 2.7 | 29.3 |
| 四 川 | 100.0 | 34.1 | 35.2 | 3.5 | 27.1 |
| 贵 州 | 100.0 | 44.4 | 27.2 | 1.7 | 26.7 |
| 云 南 | 100.0 | 32.9 | 50.1 | 1.6 | 15.4 |
| 西 藏 | 100.0 | 36.1 | 43.7 | 4.6 | 15.5 |
| 陕 西 | 100.0 | 42.3 | 30.4 | 1.8 | 25.5 |
| 甘 肃 | 100.0 | 30.1 | 45.2 | 1.4 | 23.4 |
| 青 海 | 100.0 | 32.6 | 42.3 | 3.4 | 21.7 |
| 宁 夏 | 100.0 | 37.6 | 42.0 | 2.9 | 17.5 |
| 新 疆 | 100.0 | 30.5 | 45.4 | 2.3 | 21.9 |

# 2-3-6-5　2020年分地区农村居民消费支出

单位：元/人

| 地　区 | 消费支出 | 一、食品烟酒支出 | 二、衣着支出 | 三、居住支出 |
|---|---|---|---|---|
| **全　国** | **13713.4** | **4479.4** | **712.8** | **2962.4** |
| 北　京 | 20912.7 | 5968.1 | 1035.6 | 6453.1 |
| 天　津 | 16844.1 | 5621.7 | 1002.2 | 3527.9 |
| 河　北 | 12644.2 | 3686.8 | 810.6 | 2711.1 |
| 山　西 | 10290.1 | 3247.6 | 720.9 | 2286.6 |
| 内蒙古 | 13593.7 | 4164.3 | 727.1 | 2632.6 |
| 辽　宁 | 12311.2 | 3660.3 | 698.6 | 2412.5 |
| 吉　林 | 11863.6 | 3730.5 | 716.4 | 1992.7 |
| 黑龙江 | 12360.0 | 4243.7 | 858.6 | 2046.8 |
| 上　海 | 22095.5 | 8647.8 | 1077.5 | 4439.3 |
| 江　苏 | 17021.7 | 5216.3 | 823.0 | 3785.6 |
| 浙　江 | 21555.4 | 6952.1 | 1043.1 | 5719.9 |
| 安　徽 | 15023.5 | 5145.8 | 867.5 | 3390.5 |
| 福　建 | 16338.9 | 6273.9 | 754.5 | 3943.0 |
| 江　西 | 13579.4 | 4557.1 | 602.6 | 3553.8 |
| 山　东 | 12660.4 | 3721.9 | 689.0 | 2434.7 |
| 河　南 | 12201.1 | 3396.7 | 873.1 | 2770.1 |
| 湖　北 | 14472.5 | 4304.5 | 780.4 | 3197.6 |
| 湖　南 | 14974.0 | 4635.9 | 674.4 | 3367.0 |
| 广　东 | 17132.3 | 6991.8 | 506.9 | 3829.2 |
| 广　西 | 12431.1 | 4296.9 | 354.2 | 2659.2 |
| 海　南 | 13169.3 | 5766.2 | 362.1 | 2529.2 |
| 重　庆 | 14139.5 | 5183.1 | 736.3 | 2630.9 |
| 四　川 | 14952.6 | 5478.1 | 753.3 | 2866.4 |
| 贵　州 | 10817.6 | 3214.3 | 595.7 | 2337.3 |
| 云　南 | 11069.5 | 3797.1 | 451.7 | 2115.4 |
| 西　藏 | 8917.1 | 3369.0 | 708.0 | 1908.6 |
| 陕　西 | 11375.7 | 3182.6 | 609.6 | 2715.4 |
| 甘　肃 | 9922.9 | 3065.4 | 608.1 | 1905.8 |
| 青　海 | 12134.2 | 3664.7 | 823.0 | 2154.9 |
| 宁　夏 | 11724.3 | 3331.1 | 656.0 | 2197.5 |
| 新　疆 | 10778.2 | 3473.3 | 713.3 | 2255.4 |

2-3-6-5 续表 单位：元/人

| 地区 | 四、生活用品及服务支出 | 五、交通通信支出 | 六、教育文化娱乐支出 | 七、医疗保健支出 | 八、其他用品及服务支出 |
|---|---|---|---|---|---|
| **全　国** | **767.5** | **1840.6** | **1308.7** | **1417.5** | **224.4** |
| 北　京 | 1120.6 | 2924.4 | 1142.7 | 1972.8 | 295.4 |
| 天　津 | 1026.1 | 2504.3 | 931.6 | 1858.2 | 372.1 |
| 河　北 | 782.9 | 1892.8 | 1154.6 | 1380.1 | 225.3 |
| 山　西 | 526.0 | 1145.0 | 967.4 | 1182.8 | 213.8 |
| 内蒙古 | 583.5 | 2152.1 | 1436.5 | 1667.0 | 230.8 |
| 辽　宁 | 529.6 | 1946.4 | 1109.1 | 1718.7 | 236.1 |
| 吉　林 | 488.9 | 1899.2 | 1177.4 | 1568.5 | 289.8 |
| 黑龙江 | 548.6 | 1680.9 | 1197.7 | 1562.9 | 220.8 |
| 上　海 | 1325.2 | 3495.5 | 1003.1 | 1655.3 | 451.8 |
| 江　苏 | 957.7 | 2786.9 | 1448.4 | 1712.2 | 291.6 |
| 浙　江 | 1225.5 | 2937.5 | 1776.3 | 1546.2 | 354.9 |
| 安　徽 | 855.0 | 1663.7 | 1422.0 | 1457.4 | 221.7 |
| 福　建 | 874.0 | 1688.3 | 1232.0 | 1270.9 | 302.1 |
| 江　西 | 686.6 | 1402.6 | 1477.6 | 1136.7 | 162.4 |
| 山　东 | 817.9 | 2112.0 | 1290.8 | 1413.4 | 180.7 |
| 河　南 | 783.2 | 1501.8 | 1285.6 | 1379.1 | 211.4 |
| 湖　北 | 790.9 | 2175.3 | 1382.3 | 1558.5 | 283.0 |
| 湖　南 | 853.0 | 1730.5 | 1783.8 | 1706.6 | 222.6 |
| 广　东 | 803.2 | 1958.1 | 1275.5 | 1517.9 | 249.8 |
| 广　西 | 667.0 | 1681.8 | 1408.2 | 1227.8 | 136.1 |
| 海　南 | 573.8 | 1412.4 | 1244.9 | 1077.3 | 203.5 |
| 重　庆 | 919.1 | 1591.5 | 1290.3 | 1560.1 | 228.3 |
| 四　川 | 905.4 | 1935.0 | 1106.5 | 1650.3 | 257.6 |
| 贵　州 | 603.9 | 1543.2 | 1377.8 | 959.4 | 185.9 |
| 云　南 | 569.9 | 1691.7 | 1324.2 | 980.6 | 138.8 |
| 西　藏 | 474.6 | 1386.2 | 380.1 | 402.5 | 288.2 |
| 陕　西 | 688.1 | 1460.9 | 1057.4 | 1490.7 | 170.9 |
| 甘　肃 | 588.8 | 1234.4 | 1211.4 | 1140.4 | 168.6 |
| 青　海 | 628.5 | 2146.7 | 989.2 | 1416.0 | 311.2 |
| 宁　夏 | 626.4 | 2022.4 | 1179.6 | 1478.0 | 233.3 |
| 新　疆 | 612.6 | 1344.2 | 1230.4 | 955.0 | 193.9 |

# 2-3-6-6　2020年分地区农村居民消费支出构成

单位：%

| 地　区 | 消费支出 | 一、食品烟酒支出 | 二、衣着支出 | 三、居住支出 |
|---|---|---|---|---|
| **全　国** | **100.0** | **32.7** | **5.2** | **21.6** |
| 北　京 | 100.0 | 28.5 | 5.0 | 30.9 |
| 天　津 | 100.0 | 33.4 | 6.0 | 20.9 |
| 河　北 | 100.0 | 29.2 | 6.4 | 21.4 |
| 山　西 | 100.0 | 31.6 | 7.0 | 22.2 |
| 内蒙古 | 100.0 | 30.6 | 5.3 | 19.4 |
| 辽　宁 | 100.0 | 29.7 | 5.7 | 19.6 |
| 吉　林 | 100.0 | 31.4 | 6.0 | 16.8 |
| 黑龙江 | 100.0 | 34.3 | 6.9 | 16.6 |
| 上　海 | 100.0 | 39.1 | 4.9 | 20.1 |
| 江　苏 | 100.0 | 30.6 | 4.8 | 22.2 |
| 浙　江 | 100.0 | 32.3 | 4.8 | 26.5 |
| 安　徽 | 100.0 | 34.3 | 5.8 | 22.6 |
| 福　建 | 100.0 | 38.4 | 4.6 | 24.1 |
| 江　西 | 100.0 | 33.6 | 4.4 | 26.2 |
| 山　东 | 100.0 | 29.4 | 5.4 | 19.2 |
| 河　南 | 100.0 | 27.8 | 7.2 | 22.7 |
| 湖　北 | 100.0 | 29.7 | 5.4 | 22.1 |
| 湖　南 | 100.0 | 31.0 | 4.5 | 22.5 |
| 广　东 | 100.0 | 40.8 | 3.0 | 22.4 |
| 广　西 | 100.0 | 34.6 | 2.8 | 21.4 |
| 海　南 | 100.0 | 43.8 | 2.7 | 19.2 |
| 重　庆 | 100.0 | 36.7 | 5.2 | 18.6 |
| 四　川 | 100.0 | 36.6 | 5.0 | 19.2 |
| 贵　州 | 100.0 | 29.7 | 5.5 | 21.6 |
| 云　南 | 100.0 | 34.3 | 4.1 | 19.1 |
| 西　藏 | 100.0 | 37.8 | 7.9 | 21.4 |
| 陕　西 | 100.0 | 28.0 | 5.4 | 23.9 |
| 甘　肃 | 100.0 | 30.9 | 6.1 | 19.2 |
| 青　海 | 100.0 | 30.2 | 6.8 | 17.8 |
| 宁　夏 | 100.0 | 28.4 | 5.6 | 18.7 |
| 新　疆 | 100.0 | 32.2 | 6.6 | 20.9 |

2-3-6-6 续表

单位：%

| 地　区 | 四、生活用品及服务支出 | 五、交通通信支出 | 六、教育文化娱乐支出 | 七、医疗保健支出 | 八、其他用品及服务支出 |
|---|---|---|---|---|---|
| **全　国** | **5.6** | **13.4** | **9.5** | **10.3** | **1.6** |
| 北　京 | 5.4 | 14.0 | 5.5 | 9.4 | 1.4 |
| 天　津 | 6.1 | 14.9 | 5.5 | 11.0 | 2.2 |
| 河　北 | 6.2 | 15.0 | 9.1 | 10.9 | 1.8 |
| 山　西 | 5.1 | 11.1 | 9.4 | 11.5 | 2.1 |
| 内 蒙 古 | 4.3 | 15.8 | 10.6 | 12.3 | 1.7 |
| 辽　宁 | 4.3 | 15.8 | 9.0 | 14.0 | 1.9 |
| 吉　林 | 4.1 | 16.0 | 9.9 | 13.2 | 2.4 |
| 黑 龙 江 | 4.4 | 13.6 | 9.7 | 12.6 | 1.8 |
| 上　海 | 6.0 | 15.8 | 4.5 | 7.5 | 2.0 |
| 江　苏 | 5.6 | 16.4 | 8.5 | 10.1 | 1.7 |
| 浙　江 | 5.7 | 13.6 | 8.2 | 7.2 | 1.6 |
| 安　徽 | 5.7 | 11.1 | 9.5 | 9.7 | 1.5 |
| 福　建 | 5.3 | 10.3 | 7.5 | 7.8 | 1.8 |
| 江　西 | 5.1 | 10.3 | 10.9 | 8.4 | 1.2 |
| 山　东 | 6.5 | 16.7 | 10.2 | 11.2 | 1.4 |
| 河　南 | 6.4 | 12.3 | 10.5 | 11.3 | 1.7 |
| 湖　北 | 5.5 | 15.0 | 9.6 | 10.8 | 2.0 |
| 湖　南 | 5.7 | 11.6 | 11.9 | 11.4 | 1.5 |
| 广　东 | 4.7 | 11.4 | 7.4 | 8.9 | 1.5 |
| 广　西 | 5.4 | 13.5 | 11.3 | 9.9 | 1.1 |
| 海　南 | 4.4 | 10.7 | 9.5 | 8.2 | 1.5 |
| 重　庆 | 6.5 | 11.3 | 9.1 | 11.0 | 1.6 |
| 四　川 | 6.1 | 12.9 | 7.4 | 11.0 | 1.7 |
| 贵　州 | 5.6 | 14.3 | 12.7 | 8.9 | 1.7 |
| 云　南 | 5.1 | 15.3 | 12.0 | 8.9 | 1.3 |
| 西　藏 | 5.3 | 15.5 | 4.3 | 4.5 | 3.2 |
| 陕　西 | 6.0 | 12.8 | 9.3 | 13.1 | 1.5 |
| 甘　肃 | 5.9 | 12.4 | 12.2 | 11.5 | 1.7 |
| 青　海 | 5.2 | 17.7 | 8.2 | 11.7 | 2.6 |
| 宁　夏 | 5.3 | 17.2 | 10.1 | 12.6 | 2.0 |
| 新　疆 | 5.7 | 12.5 | 11.4 | 8.9 | 1.8 |

# 2-3-6-7 2020年分地区农村居民现金消费支出

单位：元/人

| 地区 | 现金消费支出 | 一、食品烟酒支出 | 二、衣着支出 | 三、居住支出 |
|---|---|---|---|---|
| **全国** | **11097.2** | **3945.5** | **712.5** | **1195.3** |
| 北京 | 16015.7 | 5889.4 | 1035.1 | 2303.2 |
| 天津 | 14224.9 | 5434.1 | 1002.0 | 1672.4 |
| 河北 | 10997.6 | 3531.6 | 810.5 | 1468.1 |
| 山西 | 8604.2 | 2940.7 | 720.1 | 1196.3 |
| 内蒙古 | 11536.2 | 3360.6 | 727.1 | 1530.3 |
| 辽宁 | 10493.1 | 3371.6 | 698.4 | 1087.3 |
| 吉林 | 9954.0 | 3133.5 | 716.4 | 875.0 |
| 黑龙江 | 10831.6 | 3868.6 | 858.4 | 1107.0 |
| 上海 | 18590.2 | 8199.1 | 1075.9 | 2145.1 |
| 江苏 | 13893.0 | 4892.4 | 822.8 | 1414.1 |
| 浙江 | 16992.2 | 6455.2 | 1043.1 | 2015.4 |
| 安徽 | 12225.8 | 4844.8 | 867.3 | 1058.8 |
| 福建 | 12918.8 | 5641.4 | 754.2 | 1459.7 |
| 江西 | 10442.7 | 4053.7 | 602.4 | 1106.0 |
| 山东 | 10852.8 | 3577.0 | 688.7 | 1133.4 |
| 河南 | 10128.4 | 3266.0 | 872.9 | 1099.7 |
| 湖北 | 11407.0 | 3622.0 | 780.1 | 1263.4 |
| 湖南 | 11708.3 | 3747.6 | 673.9 | 1377.0 |
| 广东 | 13540.5 | 6430.8 | 506.6 | 1212.3 |
| 广西 | 9591.4 | 3364.7 | 353.4 | 1192.3 |
| 海南 | 10706.1 | 5170.0 | 361.7 | 921.6 |
| 重庆 | 11099.6 | 4013.8 | 735.8 | 1007.8 |
| 四川 | 11733.4 | 4339.5 | 753.0 | 1146.3 |
| 贵州 | 8383.8 | 2550.3 | 595.4 | 849.4 |
| 云南 | 8215.7 | 2839.8 | 451.5 | 505.1 |
| 西藏 | 5777.3 | 2024.2 | 706.4 | 348.1 |
| 陕西 | 9428.8 | 2902.1 | 609.4 | 1337.9 |
| 甘肃 | 8177.0 | 2517.8 | 607.7 | 932.5 |
| 青海 | 10331.2 | 3126.7 | 822.9 | 1257.7 |
| 宁夏 | 10140.1 | 2991.0 | 655.5 | 1307.2 |
| 新疆 | 8832.9 | 2877.8 | 711.7 | 1247.6 |

2-3-6-7 续表

单位：元/人

| 地　区 | 四、生活用品及服务支出 | 五、交通通信支出 | 六、教育文化娱乐支出 | 七、医疗保健支出 | 八、其他用品及服务支出 |
|---|---|---|---|---|---|
| **全　国** | **752.9** | **1839.3** | **1308.4** | **1125.4** | **217.9** |
| 北　京 | 1116.4 | 2924.4 | 1142.7 | 1372.3 | 232.3 |
| 天　津 | 970.8 | 2496.3 | 929.9 | 1446.0 | 273.3 |
| 河　北 | 770.2 | 1892.8 | 1154.6 | 1145.2 | 224.6 |
| 山　西 | 483.3 | 1145.0 | 967.3 | 961.3 | 190.3 |
| 内蒙古 | 574.1 | 2152.1 | 1436.5 | 1524.9 | 230.7 |
| 辽　宁 | 526.0 | 1946.0 | 1109.0 | 1520.2 | 234.6 |
| 吉　林 | 487.7 | 1899.2 | 1177.4 | 1375.0 | 289.8 |
| 黑龙江 | 547.9 | 1680.7 | 1197.7 | 1351.1 | 220.2 |
| 上　海 | 1317.2 | 3478.7 | 1002.8 | 929.3 | 442.1 |
| 江　苏 | 949.8 | 2786.4 | 1448.4 | 1289.6 | 289.4 |
| 浙　江 | 1210.1 | 2937.4 | 1773.8 | 1208.8 | 348.5 |
| 安　徽 | 842.1 | 1660.8 | 1419.2 | 1313.9 | 219.0 |
| 福　建 | 873.0 | 1688.3 | 1231.7 | 969.8 | 300.7 |
| 江　西 | 682.2 | 1402.5 | 1477.4 | 956.7 | 161.9 |
| 山　东 | 767.2 | 2111.6 | 1290.8 | 1093.9 | 190.3 |
| 河　南 | 775.5 | 1501.6 | 1285.6 | 1116.2 | 210.9 |
| 湖　北 | 789.5 | 2173.3 | 1381.9 | 1119.6 | 277.3 |
| 湖　南 | 844.3 | 1721.5 | 1783.8 | 1340.0 | 220.1 |
| 广　东 | 797.1 | 1956.7 | 1275.5 | 1114.9 | 246.5 |
| 广　西 | 606.6 | 1680.6 | 1407.8 | 856.5 | 129.5 |
| 海　南 | 569.0 | 1411.4 | 1244.8 | 824.9 | 202.7 |
| 重　庆 | 908.3 | 1591.2 | 1290.2 | 1325.5 | 226.9 |
| 四　川 | 893.5 | 1934.8 | 1106.3 | 1312.9 | 247.2 |
| 贵　州 | 592.0 | 1540.1 | 1377.7 | 704.9 | 174.2 |
| 云　南 | 562.5 | 1691.6 | 1324.2 | 702.6 | 138.3 |
| 西　藏 | 466.4 | 1386.1 | 380.1 | 340.0 | 126.0 |
| 陕　西 | 679.9 | 1460.3 | 1057.0 | 1214.5 | 167.8 |
| 甘　肃 | 585.4 | 1234.4 | 1209.9 | 924.6 | 164.8 |
| 青　海 | 621.7 | 2146.7 | 989.2 | 1060.8 | 305.5 |
| 宁　夏 | 623.6 | 2021.4 | 1179.5 | 1134.8 | 227.1 |
| 新　疆 | 594.3 | 1342.9 | 1229.9 | 742.9 | 85.6 |

# 2-3-6-8　2020年分地区农村居民现金消费支出构成

单位：%

| 地　区 | 现金消费支出 | 一、食品烟酒支出 | 二、衣着支出 | 三、居住支出 |
|---|---|---|---|---|
| **全　国** | **100.0** | **35.6** | **6.4** | **10.8** |
| 北　京 | 100.0 | 36.8 | 6.5 | 14.4 |
| 天　津 | 100.0 | 38.2 | 7.0 | 11.8 |
| 河　北 | 100.0 | 32.1 | 7.4 | 13.3 |
| 山　西 | 100.0 | 34.2 | 8.4 | 13.9 |
| 内蒙古 | 100.0 | 29.1 | 6.3 | 13.3 |
| 辽　宁 | 100.0 | 32.1 | 6.7 | 10.4 |
| 吉　林 | 100.0 | 31.5 | 7.2 | 8.8 |
| 黑龙江 | 100.0 | 35.7 | 7.9 | 10.2 |
| 上　海 | 100.0 | 44.1 | 5.8 | 11.5 |
| 江　苏 | 100.0 | 35.2 | 5.9 | 10.2 |
| 浙　江 | 100.0 | 38.0 | 6.1 | 11.9 |
| 安　徽 | 100.0 | 39.6 | 7.1 | 8.7 |
| 福　建 | 100.0 | 43.7 | 5.8 | 11.3 |
| 江　西 | 100.0 | 38.8 | 5.8 | 10.6 |
| 山　东 | 100.0 | 33.0 | 6.3 | 10.4 |
| 河　南 | 100.0 | 32.2 | 8.6 | 10.9 |
| 湖　北 | 100.0 | 31.8 | 6.8 | 11.1 |
| 湖　南 | 100.0 | 32.0 | 5.8 | 11.8 |
| 广　东 | 100.0 | 47.5 | 3.7 | 9.0 |
| 广　西 | 100.0 | 35.1 | 3.7 | 12.4 |
| 海　南 | 100.0 | 48.3 | 3.4 | 8.6 |
| 重　庆 | 100.0 | 36.2 | 6.6 | 9.1 |
| 四　川 | 100.0 | 37.0 | 6.4 | 9.8 |
| 贵　州 | 100.0 | 30.4 | 7.1 | 10.1 |
| 云　南 | 100.0 | 34.6 | 5.5 | 6.1 |
| 西　藏 | 100.0 | 35.0 | 12.2 | 6.0 |
| 陕　西 | 100.0 | 30.8 | 6.5 | 14.2 |
| 甘　肃 | 100.0 | 30.8 | 7.4 | 11.4 |
| 青　海 | 100.0 | 30.3 | 8.0 | 12.2 |
| 宁　夏 | 100.0 | 29.5 | 6.5 | 12.9 |
| 新　疆 | 100.0 | 32.6 | 8.1 | 14.1 |

2-3-6-8 续表　　单位：%

| 地　区 | 四、生活用品及服务支出 | 五、交通通信支出 | 六、教育文化娱乐支出 | 七、医疗保健支出 | 八、其他用品及服务支出 |
|---|---|---|---|---|---|
| **全　国** | **6.8** | **16.6** | **11.8** | **10.1** | **2.0** |
| 北　京 | 7.0 | 18.3 | 7.1 | 8.6 | 1.5 |
| 天　津 | 6.8 | 17.5 | 6.5 | 10.2 | 1.9 |
| 河　北 | 7.0 | 17.2 | 10.5 | 10.4 | 2.0 |
| 山　西 | 5.6 | 13.3 | 11.2 | 11.2 | 2.2 |
| 内蒙古 | 5.0 | 18.7 | 12.5 | 13.2 | 2.0 |
| 辽　宁 | 5.0 | 18.5 | 10.6 | 14.5 | 2.2 |
| 吉　林 | 4.9 | 19.1 | 11.8 | 13.8 | 2.9 |
| 黑龙江 | 5.1 | 15.5 | 11.1 | 12.5 | 2.0 |
| 上　海 | 7.1 | 18.7 | 5.4 | 5.0 | 2.4 |
| 江　苏 | 6.8 | 20.1 | 10.4 | 9.3 | 2.1 |
| 浙　江 | 7.1 | 17.3 | 10.4 | 7.1 | 2.1 |
| 安　徽 | 6.9 | 13.6 | 11.6 | 10.7 | 1.8 |
| 福　建 | 6.8 | 13.1 | 9.5 | 7.5 | 2.3 |
| 江　西 | 6.5 | 13.4 | 14.1 | 9.2 | 1.6 |
| 山　东 | 7.1 | 19.5 | 11.9 | 10.1 | 1.8 |
| 河　南 | 7.7 | 14.8 | 12.7 | 11.0 | 2.1 |
| 湖　北 | 6.9 | 19.1 | 12.1 | 9.8 | 2.4 |
| 湖　南 | 7.2 | 14.7 | 15.2 | 11.4 | 1.9 |
| 广　东 | 5.9 | 14.5 | 9.4 | 8.2 | 1.8 |
| 广　西 | 6.3 | 17.5 | 14.7 | 8.9 | 1.4 |
| 海　南 | 5.3 | 13.2 | 11.6 | 7.7 | 1.9 |
| 重　庆 | 8.2 | 14.3 | 11.6 | 11.9 | 2.0 |
| 四　川 | 7.6 | 16.5 | 9.4 | 11.2 | 2.1 |
| 贵　州 | 7.1 | 18.4 | 16.4 | 8.4 | 2.1 |
| 云　南 | 6.8 | 20.6 | 16.1 | 8.6 | 1.7 |
| 西　藏 | 8.1 | 24.0 | 6.6 | 5.9 | 2.2 |
| 陕　西 | 7.2 | 15.5 | 11.2 | 12.9 | 1.8 |
| 甘　肃 | 7.2 | 15.1 | 14.8 | 11.3 | 2.0 |
| 青　海 | 6.0 | 20.8 | 9.6 | 10.3 | 3.0 |
| 宁　夏 | 6.2 | 19.9 | 11.6 | 11.2 | 2.2 |
| 新　疆 | 6.7 | 15.2 | 13.9 | 8.4 | 1.0 |

# 2-3-6-9 2020年分地区农村居民家庭主要食品消费量

单位：公斤/人

| 地区 | 粮食（原粮） | | 食用油 | | 蔬菜 | 肉类 | |
|---|---|---|---|---|---|---|---|
| | | 谷物 | | 植物油 | | | 猪肉 |
| **全国** | **168.4** | **155.0** | **11.0** | **10.2** | **95.8** | **21.4** | **17.1** |
| 北京 | 120.1 | 106.9 | 8.9 | 8.7 | 114.1 | 25.1 | 16.5 |
| 天津 | 155.0 | 141.8 | 12.8 | 12.7 | 105.5 | 20.5 | 13.7 |
| 河北 | 166.1 | 151.3 | 8.1 | 7.9 | 91.8 | 15.8 | 10.8 |
| 山西 | 192.8 | 170.1 | 9.4 | 9.3 | 92.3 | 11.3 | 8.4 |
| 内蒙古 | 221.6 | 202.2 | 7.2 | 6.7 | 88.2 | 30.5 | 20.8 |
| 辽宁 | 178.5 | 162.2 | 11.3 | 11.1 | 101.5 | 20.5 | 16.1 |
| 吉林 | 192.7 | 173.8 | 11.2 | 11.0 | 104.5 | 15.1 | 12.7 |
| 黑龙江 | 213.6 | 192.6 | 19.1 | 19.0 | 106.1 | 20.0 | 15.3 |
| 上海 | 154.9 | 142.3 | 12.7 | 12.4 | 99.8 | 32.9 | 24.7 |
| 江苏 | 146.1 | 129.8 | 11.8 | 11.5 | 100.1 | 20.7 | 15.5 |
| 浙江 | 163.5 | 147.9 | 12.7 | 12.0 | 95.1 | 24.8 | 20.2 |
| 安徽 | 170.4 | 154.3 | 9.5 | 8.6 | 102.0 | 21.4 | 16.8 |
| 福建 | 167.1 | 156.2 | 10.6 | 9.4 | 96.3 | 22.8 | 19.3 |
| 江西 | 178.2 | 166.3 | 15.7 | 15.2 | 100.3 | 25.4 | 22.3 |
| 山东 | 142.0 | 131.1 | 8.2 | 8.2 | 83.3 | 15.6 | 10.9 |
| 河南 | 163.4 | 150.4 | 9.1 | 9.0 | 82.0 | 12.7 | 8.8 |
| 湖北 | 150.7 | 136.3 | 14.6 | 14.2 | 134.5 | 19.9 | 16.1 |
| 湖南 | 191.6 | 181.5 | 13.0 | 10.9 | 97.8 | 23.0 | 20.2 |
| 广东 | 172.0 | 160.9 | 11.8 | 11.1 | 111.5 | 31.9 | 26.3 |
| 广西 | 175.1 | 167.7 | 9.7 | 8.4 | 83.5 | 21.8 | 19.8 |
| 海南 | 128.3 | 123.5 | 10.2 | 9.1 | 98.1 | 18.9 | 16.0 |
| 重庆 | 192.9 | 174.7 | 15.9 | 12.7 | 128.8 | 33.5 | 30.9 |
| 四川 | 177.7 | 164.2 | 11.9 | 10.4 | 115.1 | 30.4 | 27.2 |
| 贵州 | 127.1 | 114.7 | 7.5 | 5.9 | 78.5 | 22.6 | 21.5 |
| 云南 | 159.0 | 146.9 | 7.1 | 5.1 | 82.8 | 30.4 | 28.5 |
| 西藏 | 204.5 | 201.8 | 15.9 | 10.2 | 37.5 | 21.9 | 3.8 |
| 陕西 | 159.8 | 145.2 | 12.8 | 12.5 | 77.8 | 12.1 | 9.5 |
| 甘肃 | 176.7 | 162.0 | 10.0 | 9.9 | 64.1 | 14.8 | 11.4 |
| 青海 | 130.2 | 124.2 | 8.9 | 8.1 | 49.9 | 24.5 | 7.9 |
| 宁夏 | 142.5 | 135.2 | 9.5 | 9.4 | 79.2 | 15.1 | 5.1 |
| 新疆 | 173.9 | 171.9 | 14.2 | 14.1 | 94.1 | 21.7 | 1.1 |

2-3-6-9 续表　　　　　　　　　　　　　　　　　　　　　　　　　　　　单位：公斤/人

| 地　区 | | | 禽类 | 水产品 | 蛋类 | 奶类 | 干鲜瓜果类 | 食糖 |
|---|---|---|---|---|---|---|---|---|
| | 牛肉 | 羊肉 | | | | | | |
| **全　国** | **1.3** | **1.0** | **12.4** | **10.3** | **11.8** | **7.4** | **43.8** | **1.4** |
| 北　京 | 2.1 | 3.0 | 6.8 | 8.4 | 17.6 | 15.1 | 71.7 | 1.4 |
| 天　津 | 0.9 | 1.8 | 6.3 | 14.7 | 20.9 | 10.4 | 83.3 | 1.6 |
| 河　北 | 0.7 | 0.8 | 5.9 | 5.2 | 16.1 | 8.9 | 66.1 | 1.4 |
| 山　西 | 0.2 | 0.7 | 3.2 | 1.7 | 15.5 | 12.0 | 47.3 | 1.4 |
| 内蒙古 | 2.5 | 5.1 | 7.8 | 4.7 | 12.8 | 14.7 | 47.1 | 1.7 |
| 辽　宁 | 1.3 | 0.6 | 4.9 | 8.2 | 14.1 | 6.1 | 42.6 | 1.2 |
| 吉　林 | 0.9 | 0.2 | 7.0 | 7.6 | 12.2 | 6.1 | 47.1 | 1.6 |
| 黑龙江 | 1.3 | 0.8 | 9.3 | 8.5 | 15.6 | 5.3 | 60.6 | 2.2 |
| 上　海 | 2.7 | 0.8 | 17.9 | 29.8 | 14.4 | 16.8 | 57.0 | 1.7 |
| 江　苏 | 1.4 | 0.6 | 12.2 | 15.8 | 13.1 | 11.0 | 34.8 | 1.3 |
| 浙　江 | 2.0 | 0.5 | 11.8 | 21.2 | 9.8 | 11.3 | 43.8 | 1.9 |
| 安　徽 | 1.6 | 0.7 | 15.5 | 13.1 | 14.2 | 9.1 | 50.2 | 1.0 |
| 福　建 | 1.0 | 0.5 | 19.5 | 24.2 | 10.7 | 8.3 | 37.6 | 2.1 |
| 江　西 | 1.6 | 0.2 | 12.4 | 13.3 | 9.3 | 6.8 | 37.2 | 1.1 |
| 山　东 | 0.5 | 0.8 | 7.9 | 11.2 | 19.5 | 11.1 | 67.3 | 0.7 |
| 河　南 | 0.8 | 0.6 | 7.8 | 4.0 | 18.0 | 8.4 | 54.2 | 1.3 |
| 湖　北 | 1.6 | 0.5 | 6.8 | 16.5 | 9.5 | 4.8 | 33.7 | 0.9 |
| 湖　南 | 1.4 | 0.4 | 16.8 | 11.8 | 11.1 | 4.1 | 46.0 | 1.2 |
| 广　东 | 2.1 | 0.4 | 38.0 | 29.9 | 9.1 | 4.7 | 33.8 | 1.9 |
| 广　西 | 0.9 | 0.3 | 32.2 | 10.9 | 7.1 | 2.6 | 29.6 | 1.1 |
| 海　南 | 1.6 | 0.5 | 34.0 | 30.3 | 4.9 | 2.3 | 20.9 | 1.0 |
| 重　庆 | 0.7 | 0.4 | 12.3 | 10.0 | 12.0 | 8.0 | 35.3 | 3.8 |
| 四　川 | 1.3 | 0.3 | 14.7 | 7.5 | 9.9 | 6.6 | 35.5 | 1.9 |
| 贵　州 | 0.4 | 0.1 | 5.1 | 2.0 | 3.9 | 2.0 | 25.6 | 0.8 |
| 云　南 | 0.8 | 0.4 | 9.3 | 3.6 | 5.2 | 2.8 | 26.2 | 1.4 |
| 西　藏 | 12.5 | 5.5 | 0.4 | 0.0 | 1.0 | 4.5 | 5.5 | 4.3 |
| 陕　西 | 0.4 | 1.1 | 2.9 | 1.2 | 8.2 | 8.6 | 30.9 | 1.1 |
| 甘　肃 | 0.9 | 1.5 | 5.8 | 1.1 | 7.3 | 6.9 | 40.3 | 1.9 |
| 青　海 | 10.3 | 5.8 | 2.7 | 0.8 | 3.5 | 10.5 | 19.3 | 2.0 |
| 宁　夏 | 5.1 | 4.3 | 9.7 | 1.5 | 5.5 | 7.9 | 63.8 | 1.8 |
| 新　疆 | 4.0 | 14.8 | 5.5 | 0.9 | 5.9 | 7.6 | 45.3 | 1.3 |

# 2-3-6-10 2020年分地区农村居民年末主要耐用消费品拥有量

单位：平均每百户

| 地　区 | 家用汽车(辆) | 摩托车(辆) | 电动助力车(辆) | 洗衣机(台) | 电冰箱(柜)(台) | 微波炉(台) | 彩色电视机(台) |
|---|---|---|---|---|---|---|---|
| **全　国** | **26.4** | **53.6** | **73.1** | **92.6** | **100.1** | **19.7** | **117.8** |
| 北　京 | 51.8 | 7.7 | 81.8 | 103.0 | 113.4 | 66.4 | 136.5 |
| 天　津 | 46.3 | 14.9 | 122.7 | 102.0 | 106.1 | 32.5 | 120.0 |
| 河　北 | 40.8 | 43.0 | 118.9 | 105.9 | 103.7 | 17.5 | 112.8 |
| 山　西 | 16.3 | 38.6 | 59.0 | 87.1 | 78.3 | 6.3 | 103.7 |
| 内蒙古 | 30.1 | 51.7 | 62.9 | 95.0 | 106.0 | 7.0 | 106.7 |
| 辽　宁 | 21.7 | 54.5 | 53.8 | 90.7 | 100.5 | 12.5 | 108.3 |
| 吉　林 | 26.8 | 52.3 | 26.8 | 92.4 | 97.5 | 8.6 | 104.9 |
| 黑龙江 | 21.6 | 39.9 | 29.8 | 93.8 | 99.7 | 5.8 | 103.1 |
| 上　海 | 35.3 | 5.6 | 132.4 | 84.8 | 102.5 | 74.2 | 160.9 |
| 江　苏 | 24.7 | 23.6 | 148.6 | 99.5 | 111.3 | 69.2 | 152.8 |
| 浙　江 | 33.0 | 20.3 | 103.0 | 87.8 | 109.2 | 37.4 | 175.9 |
| 安　徽 | 26.1 | 28.1 | 120.2 | 90.7 | 104.4 | 27.2 | 134.8 |
| 福　建 | 18.5 | 75.2 | 53.1 | 89.7 | 104.6 | 36.8 | 134.4 |
| 江　西 | 22.5 | 62.9 | 73.9 | 68.0 | 97.9 | 15.2 | 125.5 |
| 山　东 | 40.0 | 38.4 | 126.8 | 96.7 | 101.0 | 17.7 | 107.6 |
| 河　南 | 26.6 | 38.6 | 124.1 | 99.1 | 97.1 | 14.4 | 115.0 |
| 湖　北 | 24.7 | 82.7 | 43.6 | 86.9 | 106.7 | 13.1 | 121.9 |
| 湖　南 | 21.0 | 77.4 | 22.3 | 90.6 | 104.6 | 9.9 | 115.9 |
| 广　东 | 27.7 | 115.5 | 42.4 | 90.3 | 97.5 | 29.5 | 115.9 |
| 广　西 | 20.0 | 89.4 | 69.5 | 84.8 | 101.4 | 32.4 | 107.3 |
| 海　南 | 10.5 | 79.9 | 96.2 | 52.1 | 85.2 | 8.9 | 102.7 |
| 重　庆 | 17.7 | 35.8 | 20.3 | 90.4 | 104.7 | 17.6 | 117.0 |
| 四　川 | 22.3 | 46.8 | 36.7 | 96.0 | 102.5 | 12.2 | 116.4 |
| 贵　州 | 23.4 | 52.8 | 20.5 | 98.0 | 93.6 | 6.5 | 102.0 |
| 云　南 | 29.9 | 80.0 | 22.7 | 88.9 | 88.9 | 14.7 | 102.5 |
| 西　藏 | 35.2 | 90.3 | 23.4 | 78.2 | 82.4 | 4.4 | 113.3 |
| 陕　西 | 20.3 | 53.0 | 53.1 | 92.8 | 87.2 | 8.1 | 106.1 |
| 甘　肃 | 21.3 | 56.4 | 44.9 | 96.5 | 84.5 | 7.0 | 109.5 |
| 青　海 | 50.7 | 68.2 | 21.3 | 99.7 | 107.7 | 19.4 | 103.0 |
| 宁　夏 | 33.5 | 55.1 | 77.6 | 105.8 | 102.1 | 16.7 | 111.0 |
| 新　疆 | 22.7 | 43.5 | 110.4 | 101.9 | 112.1 | 7.2 | 105.2 |

2-3-6-10 续表　　　　单位：平均每百户

| 地　区 | 空调（台） | 热水器（台） | 排油烟机（台） | 移动电话（部） | 计算机（台） | 照相机（台） |
|---|---|---|---|---|---|---|
| **全　国** | **73.8** | **76.2** | **30.9** | **260.9** | **28.3** | **2.2** |
| 北　京 | 186.3 | 110.3 | 86.0 | 251.1 | 66.6 | 12.1 |
| 天　津 | 132.9 | 95.5 | 67.0 | 232.6 | 35.9 | 2.3 |
| 河　北 | 88.7 | 71.0 | 34.1 | 250.9 | 36.1 | 2.5 |
| 山　西 | 20.6 | 29.3 | 17.4 | 211.9 | 25.5 | 1.1 |
| 内蒙古 | 3.5 | 29.6 | 20.2 | 236.3 | 21.8 | 1.5 |
| 辽　宁 | 14.1 | 31.5 | 25.9 | 219.6 | 26.3 | 2.1 |
| 吉　林 | 1.6 | 14.1 | 14.4 | 245.7 | 27.4 | 1.2 |
| 黑龙江 | 1.0 | 11.4 | 11.7 | 236.8 | 22.0 | 1.0 |
| 上　海 | 151.5 | 91.6 | 53.1 | 207.0 | 40.6 | 7.3 |
| 江　苏 | 151.2 | 97.5 | 44.1 | 248.6 | 33.2 | 3.1 |
| 浙　江 | 149.0 | 99.1 | 69.5 | 253.1 | 48.2 | 4.9 |
| 安　徽 | 122.8 | 95.2 | 37.0 | 272.7 | 26.5 | 2.4 |
| 福　建 | 95.2 | 106.6 | 50.0 | 253.6 | 35.9 | 3.1 |
| 江　西 | 72.2 | 88.0 | 36.0 | 269.2 | 27.6 | 2.2 |
| 山　东 | 95.0 | 90.1 | 45.1 | 231.0 | 42.0 | 3.2 |
| 河　南 | 107.5 | 77.6 | 24.1 | 271.0 | 31.7 | 1.6 |
| 湖　北 | 93.8 | 91.4 | 34.4 | 274.9 | 34.3 | 2.6 |
| 湖　南 | 72.4 | 81.9 | 32.3 | 288.4 | 27.7 | 1.9 |
| 广　东 | 132.7 | 101.7 | 53.6 | 277.8 | 39.7 | 3.6 |
| 广　西 | 55.5 | 88.1 | 17.4 | 283.4 | 20.8 | 0.7 |
| 海　南 | 78.7 | 77.8 | 12.3 | 283.8 | 12.7 | 0.6 |
| 重　庆 | 78.2 | 82.9 | 22.6 | 268.3 | 21.8 | 2.2 |
| 四　川 | 64.2 | 83.1 | 19.4 | 259.2 | 18.5 | 2.5 |
| 贵　州 | 5.7 | 67.9 | 11.2 | 299.8 | 13.4 | 0.7 |
| 云　南 | 1.3 | 84.4 | 14.3 | 290.0 | 10.8 | 1.1 |
| 西　藏 | 0.7 | 11.9 | 1.2 | 262.8 | 5.3 | 1.1 |
| 陕　西 | 49.2 | 56.8 | 14.8 | 259.9 | 16.7 | 0.9 |
| 甘　肃 | 1.9 | 37.6 | 12.1 | 302.3 | 20.0 | 1.2 |
| 青　海 | 0.9 | 42.6 | 25.6 | 291.9 | 16.9 | 2.1 |
| 宁　夏 | 2.0 | 104.0 | 33.0 | 292.9 | 27.7 | 1.2 |
| 新　疆 | 4.5 | 82.1 | 31.5 | 236.5 | 12.2 | 1.1 |

# 3

# 历年全国居民收支与生活状况主要数据

# 3-1-1 1978-2020年全体居民人均可支配收入增长情况

| 年 份 | 人均可支配收入<br>(元) | 比上年名义增长<br>(%) | 比上年实际增长<br>(%) | 指数<br>1978年=100 |
|---|---|---|---|---|
| 1978 | 171.2 | — | — | 100.0 |
| 1979 | 206.6 | 20.7 | 18.4 | 118.4 |
| 1980 | 246.8 | 19.5 | 11.1 | 131.6 |
| 1981 | 279.3 | 13.1 | 10.4 | 145.3 |
| 1982 | 326.1 | 16.8 | 14.5 | 166.4 |
| 1983 | 364.9 | 11.9 | 9.7 | 182.5 |
| 1984 | 423.6 | 16.1 | 13.1 | 206.3 |
| 1985 | 478.6 | 13.0 | 3.4 | 213.2 |
| 1986 | 540.8 | 13.0 | 6.1 | 226.2 |
| 1987 | 599.2 | 10.8 | 3.3 | 233.6 |
| 1988 | 708.9 | 18.3 | -0.4 | 232.6 |
| 1989 | 804.0 | 13.4 | -3.9 | 223.6 |
| 1990 | 903.9 | 12.4 | 9.1 | 243.8 |
| 1991 | 975.8 | 8.0 | 4.4 | 254.6 |
| 1992 | 1125.2 | 15.3 | 8.4 | 275.9 |
| 1993 | 1385.1 | 23.1 | 7.3 | 296.1 |
| 1994 | 1869.6 | 35.0 | 8.8 | 322.1 |
| 1995 | 2363.3 | 26.4 | 7.9 | 347.6 |
| 1996 | 2813.9 | 19.1 | 9.9 | 382.2 |
| 1997 | 3069.8 | 9.1 | 6.1 | 405.6 |
| 1998 | 3254.1 | 6.0 | 6.9 | 433.4 |
| 1999 | 3484.6 | 7.1 | 8.6 | 470.7 |
| 2000 | 3721.3 | 6.8 | 6.4 | 500.7 |
| 2001 | 4070.4 | 9.4 | 8.6 | 543.8 |
| 2002 | 4531.6 | 11.3 | 12.2 | 610.4 |
| 2003 | 5006.7 | 10.5 | 9.2 | 666.3 |
| 2004 | 5660.9 | 13.1 | 8.8 | 725.1 |
| 2005 | 6384.7 | 12.8 | 10.8 | 803.4 |
| 2006 | 7228.8 | 13.2 | 11.5 | 896.2 |
| 2007 | 8583.5 | 18.7 | 13.3 | 1015.4 |
| 2008 | 9956.5 | 16.0 | 9.5 | 1112.2 |
| 2009 | 10977.5 | 10.3 | 11.0 | 1234.8 |
| 2010 | 12519.5 | 14.0 | 10.4 | 1363.3 |
| 2011 | 14550.7 | 16.2 | 10.3 | 1503.3 |
| 2012 | 16509.5 | 13.5 | 10.6 | 1662.5 |
| 2013 | 18310.8 | 10.9 | 8.1 | 1797.1 |
| 2014 | 20167.1 | 10.1 | 8.0 | 1940.5 |
| 2015 | 21966.2 | 8.9 | 7.4 | 2084.4 |
| 2016 | 23821.0 | 8.4 | 6.3 | 2216.1 |
| 2017 | 25973.8 | 9.0 | 7.3 | 2378.4 |
| 2018 | 28228.0 | 8.7 | 6.5 | 2532.1 |
| 2019 | 30732.8 | 8.9 | 5.8 | 2679.7 |
| 2020 | 32188.8 | 4.7 | 2.1 | 2737.3 |

注：①表3-1-1、表3-1-2、表3-1-3中2013-2020年人均可支配收入来源于住户收支与生活状况调查，1978-2012年数据根据历史数据按照新口径推算获得。
②可支配收入绝对数按当年价格计算，指数按可比价计算。

# 3-1-2 1978-2020年城镇居民人均可支配收入增长情况

| 年　份 | 人均可支配收入（元） | 比上年名义增长（%） | 比上年实际增长（%） | 指数 1978年=100 |
|---|---|---|---|---|
| 1978 | 343.4 | — | — | 100.0 |
| 1979 | 405.0 | 17.9 | 15.7 | 115.7 |
| 1980 | 477.6 | 17.9 | 9.7 | 127.0 |
| 1981 | 500.4 | 4.8 | 2.2 | 129.9 |
| 1982 | 535.3 | 7.0 | 4.9 | 136.3 |
| 1983 | 564.6 | 5.5 | 3.9 | 141.5 |
| 1984 | 652.1 | 15.5 | 12.2 | 158.7 |
| 1985 | 739.1 | 13.3 | 1.1 | 160.4 |
| 1986 | 900.9 | 21.9 | 13.9 | 182.7 |
| 1987 | 1002.1 | 11.2 | 2.2 | 186.8 |
| 1988 | 1180.2 | 17.8 | -2.4 | 182.3 |
| 1989 | 1373.9 | 16.4 | 0.1 | 182.5 |
| 1990 | 1510.2 | 9.9 | 8.5 | 198.1 |
| 1991 | 1700.6 | 12.6 | 7.1 | 212.4 |
| 1992 | 2026.6 | 19.2 | 9.7 | 232.9 |
| 1993 | 2577.4 | 27.2 | 9.5 | 255.1 |
| 1994 | 3496.2 | 35.6 | 8.5 | 276.8 |
| 1995 | 4283.0 | 22.5 | 4.9 | 290.3 |
| 1996 | 4838.9 | 13.0 | 3.8 | 301.6 |
| 1997 | 5160.3 | 6.6 | 3.4 | 311.9 |
| 1998 | 5418.2 | 5.0 | 5.6 | 329.4 |
| 1999 | 5838.9 | 7.8 | 9.2 | 359.7 |
| 2000 | 6255.7 | 7.1 | 6.3 | 382.3 |
| 2001 | 6824.0 | 9.1 | 8.3 | 414.1 |
| 2002 | 7652.4 | 12.1 | 13.3 | 469.1 |
| 2003 | 8405.5 | 9.8 | 8.9 | 510.6 |
| 2004 | 9334.8 | 11.1 | 7.5 | 549.0 |
| 2005 | 10382.3 | 11.2 | 9.5 | 600.9 |
| 2006 | 11619.7 | 11.9 | 10.3 | 662.5 |
| 2007 | 13602.5 | 17.1 | 12.0 | 742.2 |
| 2008 | 15549.4 | 14.3 | 8.2 | 803.5 |
| 2009 | 16900.5 | 8.7 | 9.7 | 881.0 |
| 2010 | 18779.1 | 11.1 | 7.7 | 948.5 |
| 2011 | 21426.9 | 14.1 | 8.4 | 1028.1 |
| 2012 | 24126.7 | 12.6 | 9.6 | 1126.8 |
| 2013 | 26467.0 | 9.7 | 7.0 | 1205.4 |
| 2014 | 28843.9 | 9.0 | 6.8 | 1287.1 |
| 2015 | 31194.8 | 8.2 | 6.6 | 1371.5 |
| 2016 | 33616.2 | 7.8 | 5.6 | 1448.0 |
| 2017 | 36396.2 | 8.3 | 6.5 | 1541.6 |
| 2018 | 39250.8 | 7.8 | 5.6 | 1627.6 |
| 2019 | 42358.8 | 7.9 | 5.0 | 1708.4 |
| 2020 | 43833.8 | 3.5 | 1.2 | 1728.4 |

# 3-1-3 1978-2020年农村居民人均可支配收入增长情况

| 年 份 | 人均可支配收入（元） | 比上年名义增长（%） | 比上年实际增长（%） | 指数 1978年=100 |
|---|---|---|---|---|
| 1978 | 133.6 | — | — | 100.0 |
| 1979 | 160.2 | 19.9 | 19.2 | 119.2 |
| 1980 | 191.3 | 19.5 | 16.6 | 139.0 |
| 1981 | 223.4 | 16.8 | 15.4 | 160.4 |
| 1982 | 270.1 | 20.9 | 19.9 | 192.3 |
| 1983 | 309.8 | 14.7 | 14.2 | 219.6 |
| 1984 | 355.3 | 14.7 | 13.6 | 249.5 |
| 1985 | 397.6 | 11.9 | 7.8 | 268.9 |
| 1986 | 423.8 | 6.6 | 3.2 | 277.6 |
| 1987 | 462.6 | 9.2 | 5.2 | 292.0 |
| 1988 | 544.9 | 17.8 | 6.4 | 310.7 |
| 1989 | 601.5 | 10.4 | -1.6 | 305.7 |
| 1990 | 686.3 | 14.1 | 1.8 | 311.2 |
| 1991 | 708.6 | 3.2 | 2.0 | 317.4 |
| 1992 | 784.0 | 10.6 | 5.9 | 336.2 |
| 1993 | 921.6 | 17.6 | 3.2 | 346.9 |
| 1994 | 1221.0 | 32.5 | 5.0 | 364.3 |
| 1995 | 1577.7 | 29.2 | 5.3 | 383.6 |
| 1996 | 1926.1 | 22.1 | 9.0 | 418.1 |
| 1997 | 2090.1 | 8.5 | 4.6 | 437.3 |
| 1998 | 2171.2 | 3.9 | 4.7 | 458.1 |
| 1999 | 2229.1 | 2.7 | 4.2 | 477.5 |
| 2000 | 2282.1 | 2.4 | 2.5 | 489.6 |
| 2001 | 2406.9 | 5.5 | 4.7 | 512.3 |
| 2002 | 2528.9 | 5.1 | 5.3 | 539.2 |
| 2003 | 2690.3 | 6.4 | 4.8 | 564.9 |
| 2004 | 3026.6 | 12.5 | 7.3 | 606.1 |
| 2005 | 3370.2 | 11.4 | 6.7 | 646.6 |
| 2006 | 3731.0 | 10.7 | 7.9 | 697.6 |
| 2007 | 4327.0 | 16.0 | 10.0 | 767.7 |
| 2008 | 4998.8 | 15.5 | 8.5 | 833.1 |
| 2009 | 5435.1 | 8.7 | 9.0 | 908.3 |
| 2010 | 6272.4 | 15.4 | 11.4 | 1012.1 |
| 2011 | 7393.9 | 17.9 | 11.4 | 1127.4 |
| 2012 | 8389.3 | 13.5 | 10.7 | 1248.1 |
| 2013 | 9429.6 | 12.4 | 9.3 | 1364.5 |
| 2014 | 10488.9 | 11.2 | 9.2 | 1490.5 |
| 2015 | 11421.7 | 8.9 | 7.5 | 1602.3 |
| 2016 | 12363.4 | 8.2 | 6.2 | 1702.1 |
| 2017 | 13432.4 | 8.6 | 7.3 | 1825.5 |
| 2018 | 14617.0 | 8.8 | 6.6 | 1945.3 |
| 2019 | 16020.7 | 9.6 | 6.2 | 2066.0 |
| 2020 | 17131.5 | 6.9 | 3.8 | 2144.2 |

# 3-1-4 1998-2020年全体居民可支配收入

单位：元/人

| 年份 | 可支配收入 | 一、工资性收入 | 二、经营净收入 | 三、财产净收入 | 四、转移净收入 |
|---|---|---|---|---|---|
| 1998 | 3254.1 | 1739.7 | 1030.0 | 67.5 | 416.9 |
| 1999 | 3484.6 | 1901.3 | 1011.5 | 71.3 | 500.6 |
| 2000 | 3721.3 | 2039.8 | 1019.0 | 84.2 | 578.4 |
| 2001 | 4070.4 | 2254.6 | 1038.3 | 94.1 | 683.4 |
| 2002 | 4531.6 | 2697.6 | 1067.2 | 83.8 | 683.0 |
| 2003 | 5006.7 | 3060.9 | 1122.4 | 118.6 | 704.8 |
| 2004 | 5660.9 | 3451.8 | 1277.0 | 150.9 | 781.2 |
| 2005 | 6384.7 | 3859.3 | 1410.1 | 192.7 | 922.6 |
| 2006 | 7228.8 | 4426.1 | 1511.2 | 259.7 | 1031.8 |
| 2007 | 8583.5 | 5222.4 | 1710.9 | 402.0 | 1248.3 |
| 2008 | 9956.5 | 5840.6 | 2081.7 | 484.4 | 1549.8 |
| 2009 | 10977.5 | 6480.6 | 2154.1 | 588.9 | 1753.8 |
| 2010 | 12519.5 | 7319.9 | 2402.2 | 778.4 | 2019.0 |
| 2011 | 14550.7 | 8313.1 | 2845.8 | 1047.4 | 2344.5 |
| 2012 | 16509.5 | 9378.9 | 3172.2 | 1231.0 | 2727.4 |
| 2013 | 18310.8 | 10410.8 | 3434.7 | 1423.3 | 3042.1 |
| 2014 | 20167.1 | 11420.6 | 3732.0 | 1587.8 | 3426.8 |
| 2015 | 21966.2 | 12459.0 | 3955.6 | 1739.6 | 3811.9 |
| 2016 | 23821.0 | 13455.2 | 4217.7 | 1889.0 | 4259.1 |
| 2017 | 25973.8 | 14620.3 | 4501.8 | 2107.4 | 4744.3 |
| 2018 | 28228.0 | 15829.0 | 4852.4 | 2378.5 | 5168.1 |
| 2019 | 30732.8 | 17186.2 | 5247.3 | 2619.1 | 5680.3 |
| 2020 | 32188.8 | 17917.4 | 5306.8 | 2791.5 | 6173.2 |

注：表3-1-4、表3-1-5、表3-1-6中2013-2020年可支配收入及分项数据来源于住户收支与生活状况调查，1998-2012年数据根据历史数据按照新口径推算获得。

# 3-1-5 1998-2020年城镇居民可支配收入

单位：元/人

| 年 份 | 可支配收入 | 一、工资性收入 | 二、经营净收入 | 三、财产净收入 | 四、转移净收入 |
|---|---|---|---|---|---|
| 1998 | 5418.2 | 4074.5 | 144.1 | 143.2 | 1056.3 |
| 1999 | 5838.9 | 4293.5 | 165.4 | 148.5 | 1231.5 |
| 2000 | 6255.7 | 4404.7 | 254.7 | 158.9 | 1437.3 |
| 2001 | 6824.0 | 4722.7 | 283.4 | 179.4 | 1638.5 |
| 2002 | 7652.4 | 5610.0 | 345.6 | 144.3 | 1552.4 |
| 2003 | 8405.5 | 6224.3 | 422.8 | 209.0 | 1549.3 |
| 2004 | 9334.8 | 6899.6 | 520.4 | 271.0 | 1643.8 |
| 2005 | 10382.3 | 7456.3 | 719.3 | 351.7 | 1855.1 |
| 2006 | 11619.7 | 8305.1 | 859.8 | 484.2 | 1970.5 |
| 2007 | 13602.5 | 9560.8 | 998.2 | 757.9 | 2285.7 |
| 2008 | 15549.4 | 10437.7 | 1546.6 | 904.8 | 2660.3 |
| 2009 | 16900.5 | 11333.1 | 1631.2 | 1087.8 | 2848.5 |
| 2010 | 18779.1 | 12372.2 | 1825.6 | 1414.2 | 3167.0 |
| 2011 | 21426.9 | 13673.4 | 2344.9 | 1902.7 | 3506.0 |
| 2012 | 24126.7 | 15246.8 | 2715.0 | 2231.0 | 3934.0 |
| 2013 | 26467.0 | 16617.4 | 2975.3 | 2551.5 | 4322.8 |
| 2014 | 28843.9 | 17936.8 | 3279.0 | 2812.1 | 4815.9 |
| 2015 | 31194.8 | 19337.1 | 3476.1 | 3041.9 | 5339.7 |
| 2016 | 33616.2 | 20665.0 | 3770.1 | 3271.3 | 5909.8 |
| 2017 | 36396.2 | 22200.9 | 4064.7 | 3606.9 | 6523.6 |
| 2018 | 39250.8 | 23792.2 | 4442.6 | 4027.7 | 6988.3 |
| 2019 | 42358.8 | 25564.8 | 4840.4 | 4390.6 | 7563.0 |
| 2020 | 43833.8 | 26380.7 | 4710.8 | 4626.5 | 8115.8 |

# 3-1-6　1998-2020年农村居民可支配收入

单位：元/人

| 年　份 | 可支配收入 | 一、工资性收入 | 二、经营净收入 | 三、财产净收入 | 四、转移净收入 |
|---|---|---|---|---|---|
| 1998 | 2171.2 | 571.5 | 1473.3 | 29.6 | 96.9 |
| 1999 | 2229.1 | 625.6 | 1462.6 | 30.0 | 110.8 |
| 2000 | 2282.1 | 696.7 | 1453.0 | 41.7 | 90.7 |
| 2001 | 2406.9 | 763.5 | 1494.4 | 42.6 | 106.4 |
| 2002 | 2528.9 | 828.6 | 1530.3 | 45.0 | 125.0 |
| 2003 | 2690.3 | 904.9 | 1599.2 | 56.9 | 129.3 |
| 2004 | 3026.6 | 979.7 | 1819.6 | 64.7 | 162.6 |
| 2005 | 3370.2 | 1147.0 | 1930.9 | 72.8 | 219.5 |
| 2006 | 3731.0 | 1336.1 | 2030.1 | 80.8 | 284.1 |
| 2007 | 4327.0 | 1543.0 | 2315.3 | 100.1 | 368.5 |
| 2008 | 4998.8 | 1765.6 | 2556.1 | 111.7 | 565.4 |
| 2009 | 5435.1 | 1940.0 | 2643.5 | 122.1 | 729.5 |
| 2010 | 6272.4 | 2277.6 | 2977.6 | 144.0 | 873.3 |
| 2011 | 7393.9 | 2734.1 | 3367.2 | 157.1 | 1135.5 |
| 2012 | 8389.3 | 3123.5 | 3659.6 | 165.0 | 1441.2 |
| 2013 | 9429.6 | 3652.5 | 3934.9 | 194.7 | 1647.5 |
| 2014 | 10488.9 | 4152.2 | 4237.4 | 222.1 | 1877.2 |
| 2015 | 11421.7 | 4600.3 | 4503.6 | 251.5 | 2066.3 |
| 2016 | 12363.4 | 5021.8 | 4741.3 | 272.1 | 2328.2 |
| 2017 | 13432.4 | 5498.4 | 5027.8 | 303.0 | 2603.2 |
| 2018 | 14617.0 | 5996.1 | 5358.4 | 342.1 | 2920.5 |
| 2019 | 16020.7 | 6583.5 | 5762.2 | 377.3 | 3297.8 |
| 2020 | 17131.5 | 6973.9 | 6077.4 | 418.8 | 3661.3 |

# 3-1-7 不同时期城乡居民人均可支配收入增速

| 报告期 | 城镇居民收入年均实际增速(%) | 农村居民收入年均实际增速(%) |
|---|---|---|
| **五年规划期** | | |
| “六五”时期 | 4.8 | 14.1 |
| “七五”时期 | 4.3 | 3.0 |
| “八五”时期 | 7.9 | 4.3 |
| “九五”时期 | 5.7 | 5.0 |
| “十五”时期 | 9.5 | 5.7 |
| “十一五”时期 | 9.6 | 9.4 |
| “十二五”时期 | 7.7 | 9.6 |
| “十三五”时期 | 4.7 | 6.0 |
| **十年规划期** | | |
| 1981-1990 | 4.5 | 8.4 |
| 1991-2000 | 6.8 | 4.6 |
| 2001-2010 | 9.5 | 7.5 |
| 2011-2020 | 6.2 | 7.8 |
| **近年** | | |
| 1979－2020 | 7.0 | 7.6 |
| 1993－2020 | 7.4 | 6.8 |
| 2001－2020 | 7.8 | 7.7 |
| 2013－2020 | 5.5 | 7.0 |

注：2013-2020年人均可支配收入来源于住户收支与生活状况调查，1978-2012年数据根据历史数据按照新口径推算获得。

# 3-1-8 1978-2020年全体居民人均消费支出增长情况

| 年 份 | 人均消费支出(元) | 比上年名义增长(%) | 比上年实际增长(%) | 指数 1978年=100 |
|---|---|---|---|---|
| 1978 | 151.0 | — | — | 100.0 |
| 1980 | 210.7 | — | — | 127.4 |
| 1981 | 244.4 | 16.0 | 13.2 | 144.2 |
| 1982 | 273.2 | 11.8 | 9.6 | 158.0 |
| 1983 | 304.0 | 11.3 | 9.1 | 172.4 |
| 1984 | 339.5 | 11.7 | 8.8 | 187.5 |
| 1985 | 401.8 | 18.3 | 8.3 | 203.0 |
| 1986 | 465.3 | 15.8 | 8.7 | 220.7 |
| 1987 | 521.4 | 12.0 | 4.4 | 230.5 |
| 1988 | 638.6 | 22.5 | 3.1 | 237.6 |
| 1989 | 712.4 | 11.6 | -5.5 | 224.7 |
| 1990 | 768.0 | 7.8 | 4.6 | 234.9 |
| 1991 | 844.5 | 10.0 | 6.3 | 249.8 |
| 1992 | 937.1 | 11.0 | 4.3 | 260.5 |
| 1993 | 1145.0 | 22.2 | 6.5 | 277.5 |
| 1994 | 1539.8 | 34.5 | 8.4 | 300.7 |
| 1995 | 1957.1 | 27.1 | 8.5 | 326.4 |
| 1996 | 2287.6 | 16.9 | 7.9 | 352.3 |
| 1997 | 2436.8 | 6.5 | 3.6 | 365.1 |
| 1998 | 2516.2 | 3.3 | 4.1 | 380.0 |
| 1999 | 2657.9 | 5.6 | 7.1 | 407.1 |
| 2000 | 2914.0 | 9.6 | 9.2 | 444.6 |
| 2001 | 3138.8 | 7.7 | 7.0 | 475.5 |
| 2002 | 3547.7 | 13.0 | 13.9 | 541.8 |
| 2003 | 3888.6 | 9.6 | 8.3 | 586.8 |
| 2004 | 4395.3 | 13.0 | 8.8 | 638.4 |
| 2005 | 5035.4 | 14.6 | 12.5 | 718.4 |
| 2006 | 5634.4 | 11.9 | 10.2 | 792.0 |
| 2007 | 6591.9 | 17.0 | 11.6 | 884.1 |
| 2008 | 7547.7 | 14.5 | 8.1 | 955.9 |
| 2009 | 8376.6 | 11.0 | 11.8 | 1068.4 |
| 2010 | 9378.3 | 12.0 | 8.4 | 1158.0 |
| 2011 | 10819.6 | 15.4 | 9.5 | 1267.5 |
| 2012 | 12053.7 | 11.4 | 8.6 | 1376.3 |
| 2013 | 13220.4 | 9.7 | 6.9 | 1471.2 |
| 2014 | 14491.4 | 9.6 | 7.5 | 1581.0 |
| 2015 | 15712.4 | 8.4 | 6.9 | 1690.6 |
| 2016 | 17110.7 | 8.9 | 6.8 | 1804.9 |
| 2017 | 18322.1 | 7.1 | 5.4 | 1902.3 |
| 2018 | 19853.1 | 8.4 | 6.2 | 2019.7 |
| 2019 | 21558.9 | 8.6 | 5.5 | 2131.6 |
| 2020 | 21209.9 | -1.6 | -4.0 | 2046.3 |

注：①表3-1-8、表3-1-9、表3-1-10中2013-2020年人均消费支出来源于住户收支与生活状况调查，1978-2012年数据根据历史数据按照新口径推算获得。
②消费支出绝对数按当年价格计算，指数按可比价计算。

# 3-1-9 1978-2020年城镇居民人均消费支出增长情况

| 年 份 | 人均消费支出（元） | 比上年名义增长（%） | 比上年实际增长（%） | 指数 1978年=100 |
| --- | --- | --- | --- | --- |
| 1978 | 311.2 | — | — | 100.0 |
| 1980 | 412.4 | — | — | 121.0 |
| 1981 | 456.8 | 10.8 | 8.2 | 130.9 |
| 1982 | 471.0 | 3.1 | 1.1 | 132.3 |
| 1983 | 505.9 | 7.4 | 5.3 | 139.3 |
| 1984 | 559.4 | 10.6 | 7.7 | 150.0 |
| 1985 | 673.2 | 20.3 | 7.5 | 161.2 |
| 1986 | 799.0 | 18.7 | 10.9 | 178.8 |
| 1987 | 884.4 | 10.7 | 1.7 | 182.0 |
| 1988 | 1104.0 | 24.8 | 3.4 | 188.1 |
| 1989 | 1211.0 | 9.7 | -5.7 | 177.5 |
| 1990 | 1278.9 | 5.6 | 4.3 | 185.1 |
| 1991 | 1453.8 | 13.7 | 8.2 | 200.3 |
| 1992 | 1671.7 | 15.0 | 5.9 | 212.0 |
| 1993 | 2110.8 | 26.3 | 8.8 | 230.6 |
| 1994 | 2851.3 | 35.1 | 8.1 | 249.1 |
| 1995 | 3537.6 | 24.1 | 6.2 | 264.6 |
| 1996 | 3919.5 | 10.8 | 1.8 | 269.5 |
| 1997 | 4185.6 | 6.8 | 3.6 | 279.1 |
| 1998 | 4339.7 | 3.7 | 4.3 | 291.1 |
| 1999 | 4633.4 | 6.8 | 8.2 | 315.0 |
| 2000 | 5026.7 | 8.5 | 7.6 | 338.9 |
| 2001 | 5349.7 | 6.4 | 5.7 | 358.3 |
| 2002 | 6088.5 | 13.8 | 14.9 | 411.8 |
| 2003 | 6587.1 | 8.2 | 7.2 | 441.5 |
| 2004 | 7280.5 | 10.5 | 7.0 | 472.4 |
| 2005 | 8067.7 | 10.8 | 9.1 | 515.5 |
| 2006 | 8850.7 | 9.7 | 8.1 | 557.3 |
| 2007 | 10195.7 | 15.2 | 10.2 | 614.3 |
| 2008 | 11489.0 | 12.7 | 6.7 | 655.6 |
| 2009 | 12557.7 | 9.3 | 10.3 | 723.2 |
| 2010 | 13820.7 | 10.1 | 6.6 | 771.0 |
| 2011 | 15554.0 | 12.5 | 6.8 | 823.4 |
| 2012 | 17106.6 | 10.0 | 7.1 | 881.9 |
| 2013 | 18487.5 | 8.1 | 5.3 | 928.9 |
| 2014 | 19968.1 | 8.0 | 5.8 | 982.7 |
| 2015 | 21392.4 | 7.1 | 5.5 | 1037.2 |
| 2016 | 23078.9 | 7.9 | 5.7 | 1096.0 |
| 2017 | 24445.0 | 5.9 | 4.1 | 1141.4 |
| 2018 | 26112.3 | 6.8 | 4.6 | 1194.0 |
| 2019 | 28063.4 | 7.5 | 4.6 | 1248.6 |
| 2020 | 27007.4 | -3.8 | -6.0 | 1174.1 |

# 3-1-10 1978-2020年农村居民人均消费支出增长情况

| 年 份 | 人均消费支出(元) | 比上年名义增长(%) | 比上年实际增长(%) | 指数 1978年=100 |
|---|---|---|---|---|
| 1978 | 116.1 | — | — | 100.0 |
| 1979 | 134.5 | 15.9 | 13.6 | 113.6 |
| 1980 | 162.2 | 20.6 | 15.5 | 131.2 |
| 1981 | 190.8 | 17.6 | 15.2 | 151.2 |
| 1982 | 220.2 | 15.4 | 13.6 | 171.7 |
| 1983 | 248.3 | 12.7 | 11.4 | 191.3 |
| 1984 | 273.8 | 10.3 | 7.1 | 204.9 |
| 1985 | 317.4 | 15.9 | 7.7 | 220.6 |
| 1986 | 357.0 | 12.5 | 6.0 | 233.9 |
| 1987 | 398.3 | 11.6 | 5.1 | 245.8 |
| 1988 | 476.7 | 19.7 | 1.9 | 250.5 |
| 1989 | 535.4 | 12.3 | -5.9 | 235.7 |
| 1990 | 584.6 | 9.2 | 4.5 | 246.3 |
| 1991 | 619.8 | 6.0 | 3.6 | 255.2 |
| 1992 | 659.0 | 6.3 | 1.6 | 259.3 |
| 1993 | 769.7 | 16.8 | 2.7 | 266.3 |
| 1994 | 1016.8 | 32.1 | 7.1 | 285.2 |
| 1995 | 1310.4 | 28.9 | 9.7 | 312.8 |
| 1996 | 1572.1 | 20.0 | 11.2 | 347.9 |
| 1997 | 1617.2 | 2.9 | 0.4 | 349.2 |
| 1998 | 1603.8 | -0.8 | 0.1 | 349.7 |
| 1999 | 1604.4 | 0.0 | 1.6 | 355.2 |
| 2000 | 1714.3 | 6.8 | 7.0 | 380.0 |
| 2001 | 1803.2 | 5.2 | 4.3 | 396.4 |
| 2002 | 1917.1 | 6.3 | 6.8 | 423.2 |
| 2003 | 2049.6 | 6.9 | 5.3 | 445.5 |
| 2004 | 2326.5 | 13.5 | 8.3 | 482.6 |
| 2005 | 2748.8 | 18.2 | 12.6 | 543.6 |
| 2006 | 3072.3 | 11.8 | 10.1 | 598.7 |
| 2007 | 3535.5 | 15.1 | 9.2 | 653.6 |
| 2008 | 4054.0 | 14.7 | 7.6 | 703.6 |
| 2009 | 4464.2 | 10.1 | 10.5 | 777.1 |
| 2010 | 4944.8 | 10.8 | 6.9 | 830.7 |
| 2011 | 5892.0 | 19.2 | 12.6 | 935.4 |
| 2012 | 6667.1 | 13.2 | 10.4 | 1032.7 |
| 2013 | 7485.1 | 12.3 | 9.2 | 1127.8 |
| 2014 | 8382.6 | 12.0 | 10.0 | 1240.7 |
| 2015 | 9222.6 | 10.0 | 8.6 | 1347.5 |
| 2016 | 10129.8 | 9.8 | 7.8 | 1452.5 |
| 2017 | 10954.5 | 8.1 | 6.8 | 1550.6 |
| 2018 | 12124.3 | 10.7 | 8.4 | 1681.2 |
| 2019 | 13327.7 | 9.9 | 6.5 | 1790.4 |
| 2020 | 13713.4 | 2.9 | -0.1 | 1788.6 |

# 3-1-11 1998-2020年全体居民消费支出

单位：元/人

| 年份 | 消费支出 | 一、食品烟酒支出 | 二、衣着支出 | 三、居住支出 |
|---|---|---|---|---|
| 1998 | 2516.2 | 1208.0 | 224.7 | 307.1 |
| 1999 | 2657.9 | 1210.0 | 225.4 | 334.7 |
| 2000 | 2914.0 | 1231.2 | 238.0 | 419.2 |
| 2001 | 3138.8 | 1270.1 | 256.5 | 448.1 |
| 2002 | 3547.7 | 1390.9 | 285.4 | 527.3 |
| 2003 | 3888.6 | 1482.8 | 310.1 | 605.9 |
| 2004 | 4395.3 | 1703.8 | 339.3 | 674.2 |
| 2005 | 5035.4 | 1876.7 | 404.1 | 796.2 |
| 2006 | 5634.4 | 2002.4 | 459.4 | 980.3 |
| 2007 | 6591.9 | 2346.1 | 538.6 | 1176.3 |
| 2008 | 7547.7 | 2740.7 | 600.7 | 1453.7 |
| 2009 | 8376.6 | 2874.9 | 666.4 | 1698.0 |
| 2010 | 9378.3 | 3136.8 | 759.1 | 1927.9 |
| 2011 | 10819.6 | 3632.6 | 902.6 | 2198.7 |
| 2012 | 12053.7 | 3982.6 | 991.7 | 2479.9 |
| 2013 | 13220.4 | 4126.7 | 1027.1 | 2998.5 |
| 2014 | 14491.4 | 4493.9 | 1099.3 | 3200.5 |
| 2015 | 15712.4 | 4814.0 | 1164.1 | 3419.2 |
| 2016 | 17110.7 | 5151.0 | 1202.7 | 3746.4 |
| 2017 | 18322.1 | 5373.6 | 1237.6 | 4106.9 |
| 2018 | 19853.1 | 5631.1 | 1288.9 | 4646.6 |
| 2019 | 21558.9 | 6084.2 | 1338.1 | 5054.8 |
| 2020 | 21209.9 | 6397.3 | 1238.4 | 5215.3 |

注：表3-1-11、表3-1-12、表3-1-13中2013-2020年消费支出及分项数据来源于住户收支与生活状况调查，1998-2012年数据根据历史数据按照新口径推算获得。

3-1-11 续表 单位：元/人

| 年 份 | 四、生活用品及服务支出 | 五、交通通信支出 | 六、教育文化娱乐支出 | 七、医疗保健支出 | 八、其他用品及服务支出 |
|---|---|---|---|---|---|
| 1998 | 174.0 | 108.7 | 194.7 | 212.9 | 86.2 |
| 1999 | 191.8 | 129.6 | 223.0 | 244.9 | 98.5 |
| 2000 | 184.3 | 210.9 | 365.8 | 173.2 | 91.4 |
| 2001 | 214.3 | 237.3 | 387.0 | 193.2 | 132.4 |
| 2002 | 202.1 | 315.4 | 487.1 | 236.5 | 103.0 |
| 2003 | 215.5 | 377.5 | 527.5 | 267.8 | 101.6 |
| 2004 | 223.6 | 449.6 | 585.9 | 305.2 | 113.8 |
| 2005 | 257.7 | 547.4 | 657.2 | 365.7 | 130.6 |
| 2006 | 293.2 | 640.0 | 717.9 | 394.8 | 146.4 |
| 2007 | 359.3 | 761.7 | 787.4 | 451.9 | 170.5 |
| 2008 | 418.1 | 808.3 | 814.3 | 519.2 | 192.6 |
| 2009 | 486.2 | 953.5 | 895.6 | 585.5 | 216.5 |
| 2010 | 569.0 | 1129.6 | 999.9 | 625.2 | 230.8 |
| 2011 | 674.6 | 1258.8 | 1136.2 | 743.7 | 272.4 |
| 2012 | 741.0 | 1450.8 | 1261.8 | 838.4 | 307.5 |
| 2013 | 806.5 | 1627.1 | 1397.7 | 912.1 | 324.7 |
| 2014 | 889.7 | 1869.3 | 1535.9 | 1044.8 | 358.0 |
| 2015 | 951.4 | 2086.9 | 1723.1 | 1164.5 | 389.2 |
| 2016 | 1043.7 | 2337.8 | 1915.3 | 1307.5 | 406.3 |
| 2017 | 1120.7 | 2498.9 | 2086.2 | 1451.2 | 447.0 |
| 2018 | 1222.7 | 2675.4 | 2225.7 | 1685.2 | 477.5 |
| 2019 | 1280.9 | 2861.6 | 2513.1 | 1902.3 | 524.0 |
| 2020 | 1259.5 | 2761.8 | 2032.2 | 1843.1 | 462.2 |

# 3-1-12　1998-2020年城镇居民消费支出

单位：元/人

| 年　份 | 消费支出 | 一、食品烟酒支出 | 二、衣着支出 | 三、居住支出 |
|---|---|---|---|---|
| 1998 | 4339.7 | 1918.4 | 477.0 | 434.0 |
| 1999 | 4633.4 | 1914.1 | 474.1 | 511.8 |
| 2000 | 5026.7 | 1940.1 | 486.3 | 679.6 |
| 2001 | 5349.7 | 1979.5 | 515.3 | 696.4 |
| 2002 | 6088.5 | 2216.2 | 563.6 | 841.6 |
| 2003 | 6587.1 | 2337.3 | 600.0 | 997.1 |
| 2004 | 7280.5 | 2608.9 | 640.5 | 1107.5 |
| 2005 | 8067.7 | 2786.4 | 737.0 | 1292.5 |
| 2006 | 8850.7 | 2948.0 | 818.2 | 1527.7 |
| 2007 | 10195.7 | 3422.7 | 936.8 | 1761.8 |
| 2008 | 11489.0 | 3963.4 | 1029.1 | 2168.7 |
| 2009 | 12557.7 | 4136.4 | 1119.4 | 2458.4 |
| 2010 | 13820.7 | 4402.0 | 1242.2 | 2815.6 |
| 2011 | 15554.0 | 5022.7 | 1426.5 | 3146.0 |
| 2012 | 17106.6 | 5472.1 | 1535.0 | 3511.0 |
| 2013 | 18487.5 | 5570.7 | 1553.7 | 4301.4 |
| 2014 | 19968.1 | 6000.0 | 1627.2 | 4489.6 |
| 2015 | 21392.4 | 6359.7 | 1701.1 | 4726.0 |
| 2016 | 23078.9 | 6762.4 | 1739.0 | 5113.7 |
| 2017 | 24445.0 | 7001.0 | 1757.9 | 5564.0 |
| 2018 | 26112.3 | 7239.0 | 1808.2 | 6255.0 |
| 2019 | 28063.4 | 7732.6 | 1831.9 | 6780.2 |
| 2020 | 27007.4 | 7880.5 | 1644.8 | 6957.7 |

3-1-12 续表 单位：元/人

| 年 份 | 四、生活用品及服务支出 | 五、交通通信支出 | 六、教育文化娱乐支出 | 七、医疗保健支出 | 八、其他用品及服务支出 |
|---|---|---|---|---|---|
| 1998 | 356.1 | 203.7 | 255.7 | 501.3 | 193.3 |
| 1999 | 393.8 | 241.9 | 306.7 | 571.1 | 219.9 |
| 2000 | 371.7 | 414.5 | 650.9 | 320.7 | 162.8 |
| 2001 | 436.1 | 442.3 | 669.6 | 348.6 | 262.0 |
| 2002 | 385.0 | 599.0 | 867.5 | 437.5 | 178.2 |
| 2003 | 404.2 | 682.5 | 890.4 | 484.2 | 191.3 |
| 2004 | 401.1 | 793.3 | 979.6 | 539.9 | 209.7 |
| 2005 | 438.0 | 928.3 | 1033.3 | 615.3 | 237.1 |
| 2006 | 485.9 | 1056.2 | 1121.6 | 635.1 | 257.9 |
| 2007 | 586.2 | 1242.4 | 1234.0 | 719.3 | 292.5 |
| 2008 | 667.0 | 1278.4 | 1244.6 | 805.4 | 332.3 |
| 2009 | 755.3 | 1502.7 | 1338.7 | 878.4 | 368.4 |
| 2010 | 867.0 | 1753.0 | 1466.7 | 894.7 | 379.5 |
| 2011 | 976.1 | 1889.2 | 1660.6 | 999.4 | 433.4 |
| 2012 | 1060.9 | 2138.8 | 1810.2 | 1099.2 | 479.4 |
| 2013 | 1129.2 | 2317.8 | 1988.3 | 1136.1 | 490.4 |
| 2014 | 1233.2 | 2637.3 | 2142.3 | 1305.6 | 532.9 |
| 2015 | 1306.5 | 2895.4 | 2382.8 | 1443.4 | 577.5 |
| 2016 | 1426.8 | 3173.9 | 2637.6 | 1630.8 | 594.7 |
| 2017 | 1525.0 | 3321.5 | 2846.6 | 1777.4 | 651.5 |
| 2018 | 1629.4 | 3473.5 | 2974.1 | 2045.7 | 687.4 |
| 2019 | 1689.3 | 3671.3 | 3328.0 | 2282.7 | 747.2 |
| 2020 | 1640.0 | 3474.3 | 2591.7 | 2172.2 | 646.2 |

# 3-1-13　1998-2020年农村居民消费支出

单位：元/人

| 年　份 | 消费支出 | 一、食品烟酒支出 | 二、衣着支出 | 三、居住支出 |
|---|---|---|---|---|
| 1998 | 1603.8 | 852.5 | 98.4 | 243.6 |
| 1999 | 1604.4 | 834.5 | 92.7 | 240.2 |
| 2000 | 1714.3 | 828.6 | 97.0 | 271.3 |
| 2001 | 1803.2 | 841.5 | 100.2 | 298.0 |
| 2002 | 1917.1 | 861.2 | 106.9 | 325.6 |
| 2003 | 2049.6 | 900.5 | 112.5 | 339.3 |
| 2004 | 2326.5 | 1054.8 | 123.3 | 363.5 |
| 2005 | 2748.8 | 1190.7 | 153.0 | 421.9 |
| 2006 | 3072.3 | 1249.2 | 173.5 | 544.3 |
| 2007 | 3535.5 | 1433.1 | 200.9 | 679.8 |
| 2008 | 4054.0 | 1656.9 | 221.0 | 819.9 |
| 2009 | 4464.2 | 1694.5 | 242.6 | 986.5 |
| 2010 | 4944.8 | 1874.2 | 277.1 | 1041.9 |
| 2011 | 5892.0 | 2185.8 | 357.3 | 1212.7 |
| 2012 | 6667.1 | 2394.7 | 412.5 | 1380.7 |
| 2013 | 7485.1 | 2554.4 | 453.8 | 1579.8 |
| 2014 | 8382.6 | 2814.0 | 510.4 | 1762.7 |
| 2015 | 9222.6 | 3048.0 | 550.5 | 1926.2 |
| 2016 | 10129.8 | 3266.1 | 575.4 | 2147.1 |
| 2017 | 10954.5 | 3415.4 | 611.6 | 2353.5 |
| 2018 | 12124.3 | 3645.6 | 647.7 | 2660.6 |
| 2019 | 13327.7 | 3998.2 | 713.3 | 2871.3 |
| 2020 | 13713.4 | 4479.4 | 712.8 | 2962.4 |

3-1-13续表　　单位：元/人

| 年　份 | 四、生活用品及服务支出 | 五、交通通信支出 | 六、教育文化娱乐支出 | 七、医疗保健支出 | 八、其他用品及服务支出 |
|---|---|---|---|---|---|
| 1998 | 82.8 | 61.1 | 164.2 | 68.6 | 32.6 |
| 1999 | 84.1 | 69.8 | 178.4 | 71.0 | 33.7 |
| 2000 | 77.9 | 95.3 | 203.9 | 89.4 | 50.8 |
| 2001 | 80.3 | 113.4 | 216.4 | 99.3 | 54.1 |
| 2002 | 84.7 | 133.4 | 243.0 | 107.5 | 54.7 |
| 2003 | 86.9 | 169.7 | 280.1 | 120.3 | 40.5 |
| 2004 | 96.3 | 203.1 | 303.6 | 136.9 | 45.1 |
| 2005 | 121.7 | 260.1 | 373.7 | 177.5 | 50.3 |
| 2006 | 139.7 | 308.5 | 396.3 | 203.3 | 57.5 |
| 2007 | 166.9 | 354.1 | 408.7 | 225.1 | 67.0 |
| 2008 | 197.4 | 391.6 | 433.0 | 265.6 | 68.7 |
| 2009 | 234.4 | 439.5 | 480.9 | 311.5 | 74.3 |
| 2010 | 271.5 | 507.5 | 534.0 | 356.2 | 82.4 |
| 2011 | 360.8 | 602.5 | 590.3 | 477.7 | 104.8 |
| 2012 | 399.9 | 717.4 | 677.2 | 560.5 | 124.2 |
| 2013 | 455.1 | 874.9 | 754.6 | 668.2 | 144.2 |
| 2014 | 506.5 | 1012.6 | 859.5 | 753.9 | 163.0 |
| 2015 | 545.6 | 1163.1 | 969.3 | 846.0 | 174.0 |
| 2016 | 595.7 | 1359.9 | 1070.3 | 929.2 | 186.0 |
| 2017 | 634.0 | 1509.1 | 1171.3 | 1058.7 | 200.9 |
| 2018 | 720.5 | 1690.0 | 1301.6 | 1240.1 | 218.3 |
| 2019 | 763.9 | 1836.8 | 1481.8 | 1420.8 | 241.5 |
| 2020 | 767.5 | 1840.6 | 1308.7 | 1417.5 | 224.4 |

# 4

# 全国及分地区农村住户固定资产投资情况

## 一、农村住户固定资产投资和结构

# 4-1-1 2015-2020年全国农村住户固定资产投资情况

单位：亿元

| 指　　标 | 2015年 | 2016年 | 2017年 | 2018年 | 2019年 | 2020年 |
|---|---|---|---|---|---|---|
| **农村住户固定资产投资完成额** | **10409.8** | **9964.9** | **9554.4** | **10039.2** | **9396.2** | **8363.3** |
| **一、按投资构成分** | | | | | | |
| 1、建筑工程 | 8426.4 | 7903.0 | 7339.9 | 7632.1 | 7065.7 | 6041.9 |
| # 水利 | 41.4 | 36.9 | 40.9 | 54.5 | 51.5 | 59.3 |
| 住宅 | 7501.7 | 7010.3 | 6424.3 | 6645.4 | 5991.9 | 4778.8 |
| 2、安装工程 | 8.8 | 8.0 | 7.9 | 7.9 | 7.7 | 7.1 |
| 3、设备工器具购置 | 1587.4 | 1529.1 | 1589.9 | 1622.0 | 1567.5 | 1327.2 |
| # 生产设备 | 1562.9 | 1515.6 | 1575.9 | 1608.3 | 1536.5 | 1322.5 |
| 4、其他 | 387.2 | 524.9 | 616.7 | 777.3 | 755.3 | 987.0 |
| **二、按投资方向分** | | | | | | |
| # 农林牧渔业 | 1980.3 | 2079.2 | 2069.7 | 2254.1 | 2286.9 | 2577.6 |
| 采矿业 | 0.6 | 0.6 | 1.2 | 1.6 | 1.7 | 1.3 |
| 制造业 | 137.0 | 126.1 | 94.3 | 127.3 | 135.6 | 118.1 |
| 电力、热力、燃气及水的生产和供应业 | 13.1 | 11.8 | 11.4 | 14.8 | 16.6 | 6.4 |
| 建筑业 | 59.9 | 37.5 | 191.0 | 68.8 | 106.8 | 62.6 |
| 批发和零售业 | 243.5 | 227.8 | 238.1 | 309.5 | 262.4 | 119.7 |
| 交通运输、仓储和邮政业 | 225.2 | 261.9 | 264.0 | 324.1 | 289.3 | 507.1 |
| 住宿和餐饮业 | 42.4 | 28.9 | 38.3 | 119.4 | 71.7 | 35.3 |
| 房地产业 | 7578.1 | 7075.7 | 6491.9 | 6681.4 | 6031.2 | 4839.8 |
| 租赁和商务服务业 | 12.1 | 26.2 | 52.9 | 34.8 | 53.1 | 8.5 |
| 居民服务、修理和其他服务业 | 102.1 | 74.3 | 66.5 | 79.8 | 77.4 | 76.0 |

注：表4-1-1到4-3-7为农村住户固定资产投资抽样调查资料。

# 4-1-2　2015年分地区农村住户固定资产投资结构情况

单位：亿元

| 地　区 | 投资额 | 建筑工程 | #住宅 | 设备工器具购置 | #生产设备 |
|---|---|---|---|---|---|
| **全　国** | **10409.8** | **8426.4** | **7501.7** | **1587.4** | **1562.9** |
| 北　京 | 50.0 | 46.6 | 44.7 | 1.8 | 1.8 |
| 天　津 | 17.4 | 11.3 | 7.1 | 5.4 | 5.4 |
| 河　北 | 542.5 | 456.9 | 402.4 | 77.8 | 77.8 |
| 山　西 | 329.6 | 228.7 | 217.0 | 86.3 | 86.3 |
| 内蒙古 | 173.1 | 106.5 | 91.0 | 53.0 | 53.0 |
| 辽　宁 | 277.5 | 197.7 | 133.7 | 52.1 | 52.1 |
| 吉　林 | 196.7 | 109.5 | 97.8 | 71.5 | 71.5 |
| 黑龙江 | 298.7 | 112.8 | 104.2 | 170.0 | 170.0 |
| 上　海 | 3.3 | 3.0 | 2.8 | 0.3 | 0.3 |
| 江　苏 | 341.7 | 299.5 | 248.3 | 39.1 | 39.1 |
| 浙　江 | 658.6 | 621.7 | 572.1 | 35.0 | 35.0 |
| 安　徽 | 582.0 | 435.5 | 409.6 | 142.8 | 142.8 |
| 福　建 | 327.4 | 290.4 | 276.8 | 31.5 | 22.2 |
| 江　西 | 394.2 | 354.2 | 331.8 | 30.3 | 30.3 |
| 山　东 | 931.0 | 652.2 | 444.1 | 258.1 | 251.2 |
| 河　南 | 709.1 | 641.4 | 556.9 | 59.6 | 57.6 |
| 湖　北 | 477.5 | 399.6 | 353.1 | 63.7 | 63.7 |
| 湖　南 | 720.9 | 625.5 | 567.2 | 69.7 | 69.7 |
| 广　东 | 392.6 | 367.5 | 358.7 | 23.0 | 23.0 |
| 广　西 | 572.8 | 417.1 | 399.5 | 81.7 | 81.7 |
| 海　南 | 95.8 | 92.4 | 87.6 | 2.0 | 2.0 |
| 重　庆 | 145.1 | 125.9 | 110.4 | 7.0 | 7.0 |
| 四　川 | 560.3 | 479.9 | 432.9 | 50.8 | 50.8 |
| 贵　州 | 268.8 | 211.3 | 201.9 | 36.1 | 36.1 |
| 云　南 | 431.2 | 373.2 | 346.5 | 30.0 | 30.0 |
| 西　藏 | | | | | |
| 陕　西 | 351.2 | 310.5 | 293.6 | 28.6 | 28.6 |
| 甘　肃 | 127.6 | 87.3 | 66.8 | 33.8 | 27.6 |
| 青　海 | 66.5 | 53.2 | 49.7 | 11.9 | 11.9 |
| 宁　夏 | 79.0 | 63.1 | 57.3 | 8.9 | 8.9 |
| 新　疆 | 287.6 | 251.9 | 236.4 | 25.7 | 25.7 |

# 4-1-3 2016年分地区农村住户固定资产投资结构情况

单位：亿元

| 地区 | 投资额 | 建筑工程 | #住宅 | 设备工器具购置 | #生产设备 |
|---|---|---|---|---|---|
| **全国** | **9964.9** | **7903.0** | **7010.3** | **1529.1** | **1515.6** |
| 北京 | 55.2 | 53.4 | 51.0 | 0.8 | 0.8 |
| 天津 | 23.0 | 12.2 | 9.7 | 9.3 | 9.3 |
| 河北 | 409.9 | 357.4 | 295.2 | 42.8 | 42.8 |
| 山西 | 338.6 | 229.7 | 217.3 | 93.5 | 93.5 |
| 内蒙古 | 186.1 | 121.2 | 97.4 | 46.4 | 46.4 |
| 辽宁 | 255.9 | 168.2 | 112.7 | 57.2 | 57.2 |
| 吉林 | 150.0 | 55.4 | 40.9 | 64.5 | 64.5 |
| 黑龙江 | 215.8 | 53.2 | 39.2 | 141.1 | 141.1 |
| 上海 | 4.2 | 4.2 | 4.1 | 0.0 | 0.0 |
| 江苏 | 292.4 | 204.7 | 190.3 | 44.4 | 44.4 |
| 浙江 | 705.1 | 640.0 | 597.7 | 56.5 | 56.5 |
| 安徽 | 456.0 | 344.2 | 304.1 | 106.3 | 106.3 |
| 福建 | 309.4 | 232.5 | 220.1 | 62.5 | 62.5 |
| 江西 | 315.5 | 272.9 | 253.4 | 36.9 | 36.9 |
| 山东 | 958.4 | 684.2 | 463.2 | 261.9 | 254.9 |
| 河南 | 661.2 | 584.3 | 535.0 | 61.7 | 61.7 |
| 湖北 | 507.8 | 423.3 | 382.6 | 42.2 | 42.2 |
| 湖南 | 664.9 | 578.7 | 536.5 | 75.9 | 75.9 |
| 广东 | 356.3 | 337.4 | 325.4 | 16.4 | 16.4 |
| 广西 | 583.8 | 445.5 | 416.3 | 85.3 | 85.3 |
| 海南 | 143.4 | 130.3 | 122.8 | 11.5 | 11.5 |
| 重庆 | 116.3 | 104.5 | 85.0 | 4.5 | 4.5 |
| 四川 | 582.2 | 488.3 | 434.2 | 46.0 | 46.0 |
| 贵州 | 274.8 | 192.7 | 185.6 | 35.3 | 35.3 |
| 云南 | 456.9 | 387.4 | 356.4 | 30.4 | 30.4 |
| 西藏 | | | | | |
| 陕西 | 350.4 | 322.3 | 302.9 | 17.3 | 17.3 |
| 甘肃 | 129.9 | 87.5 | 67.9 | 35.9 | 29.5 |
| 青海 | 72.5 | 63.6 | 61.0 | 3.1 | 3.1 |
| 宁夏 | 85.2 | 61.1 | 56.4 | 17.5 | 17.5 |
| 新疆 | 303.7 | 262.7 | 246.1 | 21.7 | 21.7 |

# 4-1-4　2017年分地区农村住户固定资产投资结构情况

单位：亿元

| 地　区 | 投资额 | 建筑工程 | #住宅 | 设备工器具购置 | #生产设备 |
|---|---|---|---|---|---|
| **全　国** | **9554.4** | **7339.9** | **6424.3** | **1589.9** | **1575.9** |
| 北　京 | 63.1 | 59.3 | 56.2 | 0.3 | 0.3 |
| 天　津 | 14.2 | 7.2 | 5.5 | 6.1 | 6.1 |
| 河　北 | 394.6 | 335.1 | 284.3 | 38.8 | 38.8 |
| 山　西 | 318.4 | 202.1 | 197.2 | 101.6 | 101.6 |
| 内蒙古 | 185.3 | 117.8 | 90.7 | 33.7 | 33.7 |
| 辽　宁 | 232.0 | 149.5 | 101.5 | 54.5 | 54.5 |
| 吉　林 | 153.0 | 56.4 | 42.1 | 72.0 | 72.0 |
| 黑龙江 | 212.3 | 51.4 | 35.8 | 145.4 | 145.4 |
| 上　海 | 5.7 | 5.7 | 5.1 | 0.0 | 0.0 |
| 江　苏 | 276.8 | 178.3 | 166.1 | 50.2 | 50.2 |
| 浙　江 | 570.0 | 500.4 | 490.2 | 25.6 | 25.6 |
| 安　徽 | 458.7 | 356.9 | 311.2 | 96.0 | 96.0 |
| 福　建 | 305.9 | 257.4 | 237.7 | 15.8 | 15.8 |
| 江　西 | 314.9 | 265.2 | 245.0 | 43.8 | 43.8 |
| 山　东 | 966.7 | 690.8 | 454.1 | 265.5 | 258.0 |
| 河　南 | 606.6 | 524.1 | 463.8 | 44.0 | 44.0 |
| 湖　北 | 409.8 | 331.0 | 310.1 | 62.0 | 62.0 |
| 湖　南 | 631.1 | 544.2 | 505.7 | 68.8 | 68.8 |
| 广　东 | 357.8 | 322.1 | 304.1 | 24.0 | 24.0 |
| 广　西 | 590.8 | 451.7 | 420.9 | 81.7 | 81.7 |
| 海　南 | 119.0 | 114.5 | 109.9 | 3.2 | 3.2 |
| 重　庆 | 96.5 | 83.3 | 70.6 | 9.3 | 9.3 |
| 四　川 | 666.2 | 558.8 | 456.1 | 58.1 | 58.1 |
| 贵　州 | 215.8 | 142.0 | 138.3 | 33.9 | 33.9 |
| 云　南 | 461.1 | 307.3 | 281.1 | 134.4 | 134.4 |
| 西　藏 | | | | | |
| 陕　西 | 351.2 | 299.0 | 266.3 | 38.2 | 38.2 |
| 甘　肃 | 131.4 | 88.1 | 68.4 | 36.6 | 30.1 |
| 青　海 | 63.7 | 49.2 | 47.7 | 12.9 | 12.9 |
| 宁　夏 | 88.3 | 68.1 | 61.5 | 13.4 | 13.4 |
| 新　疆 | 293.5 | 223.1 | 197.0 | 20.1 | 20.1 |

# 4-1-5　2018年分地区农村住户固定资产投资结构情况

单位：亿元

| 地　区 | 投资额 | 建筑工程 | #住宅 | 设备工器具购置 | #生产设备 |
|---|---|---|---|---|---|
| **全　国** | **10039.2** | **7632.1** | **6645.4** | **1622.0** | **1608.3** |
| 北　京 | 63.2 | 61.2 | 60.1 | 1.7 | 1.7 |
| 天　津 | 17.6 | 9.9 | 7.0 | 5.6 | 5.6 |
| 河　北 | 362.3 | 274.7 | 238.6 | 39.9 | 39.9 |
| 山　西 | 257.7 | 148.2 | 138.9 | 96.3 | 96.3 |
| 内蒙古 | 166.0 | 63.8 | 43.0 | 61.4 | 61.4 |
| 辽　宁 | 205.8 | 131.1 | 87.6 | 50.6 | 50.6 |
| 吉　林 | 151.7 | 46.8 | 30.9 | 73.2 | 73.2 |
| 黑龙江 | 217.8 | 53.5 | 32.0 | 148.3 | 148.3 |
| 上　海 | 6.5 | 6.3 | 6.1 | 0.2 | 0.2 |
| 江　苏 | 258.0 | 156.8 | 137.7 | 55.3 | 55.3 |
| 浙　江 | 863.6 | 796.3 | 749.8 | 41.9 | 41.9 |
| 安　徽 | 554.9 | 439.2 | 408.8 | 84.9 | 84.9 |
| 福　建 | 301.1 | 242.0 | 231.3 | 17.9 | 17.9 |
| 江　西 | 308.6 | 260.0 | 200.9 | 41.8 | 41.8 |
| 山　东 | 958.6 | 682.9 | 440.7 | 264.8 | 256.4 |
| 河　南 | 629.2 | 542.4 | 466.0 | 52.2 | 52.2 |
| 湖　北 | 501.8 | 406.4 | 377.9 | 39.3 | 39.3 |
| 湖　南 | 705.7 | 568.8 | 524.3 | 107.9 | 107.9 |
| 广　东 | 368.3 | 310.8 | 304.8 | 19.5 | 19.5 |
| 广　西 | 596.2 | 454.9 | 423.4 | 83.3 | 83.3 |
| 海　南 | 97.4 | 91.4 | 80.7 | 2.4 | 2.4 |
| 重　庆 | 95.5 | 67.8 | 54.9 | 11.1 | 11.1 |
| 四　川 | 678.8 | 584.7 | 493.7 | 56.0 | 56.0 |
| 贵　州 | 280.5 | 187.0 | 179.1 | 60.3 | 60.3 |
| 云　南 | 469.6 | 422.2 | 388.6 | 27.7 | 27.7 |
| 西　藏 | | | | | |
| 陕　西 | 358.3 | 277.7 | 224.9 | 56.5 | 56.5 |
| 甘　肃 | 132.3 | 87.8 | 71.4 | 37.7 | 32.4 |
| 青　海 | 54.4 | 45.5 | 42.8 | 4.4 | 4.4 |
| 宁　夏 | 89.6 | 54.9 | 54.1 | 33.3 | 33.3 |
| 新　疆 | 288.2 | 157.3 | 145.3 | 46.7 | 46.7 |

# 4-1-6 2019年分地区农村住户固定资产投资结构情况

单位：亿元

| 地区 | 投资额 | 建筑工程 | #住宅 | 设备工器具购置 | #生产设备 |
|---|---|---|---|---|---|
| **全国** | **9396.2** | **7065.7** | **5991.9** | **1567.5** | **1536.5** |
| 北京 | 76.8 | 73.5 | 72.6 | 2.0 | 2.0 |
| 天津 | 18.0 | 8.7 | 5.1 | 8.1 | 8.1 |
| 河北 | 316.8 | 231.2 | 205.3 | 52.3 | 52.3 |
| 山西 | 178.9 | 97.2 | 86.8 | 70.8 | 70.8 |
| 内蒙古 | 154.2 | 68.7 | 44.0 | 45.8 | 48.8 |
| 辽宁 | 221.0 | 112.9 | 53.9 | 58.3 | 58.3 |
| 吉林 | 114.1 | 24.6 | 18.6 | 45.4 | 45.4 |
| 黑龙江 | 221.2 | 44.7 | 31.7 | 135.8 | 135.8 |
| 上海 | 6.9 | 6.4 | 6.2 | 0.5 | 0.5 |
| 江苏 | 236.5 | 149.2 | 128.5 | 45.3 | 45.3 |
| 浙江 | 665.0 | 576.5 | 544.4 | 37.9 | 37.9 |
| 安徽 | 501.6 | 406.5 | 369.5 | 59.8 | 59.8 |
| 福建 | 248.1 | 218.8 | 209.5 | 19.9 | 19.9 |
| 江西 | 345.9 | 285.1 | 274.1 | 54.0 | 54.0 |
| 山东 | 943.8 | 671.1 | 426.4 | 261.4 | 251.7 |
| 河南 | 580.1 | 463.4 | 415.3 | 73.7 | 73.7 |
| 湖北 | 433.8 | 367.1 | 270.5 | 59.1 | 59.1 |
| 湖南 | 638.9 | 537.3 | 491.6 | 80.6 | 80.6 |
| 广东 | 423.4 | 407.2 | 389.6 | 12.2 | 12.2 |
| 广西 | 619.4 | 437.6 | 409.6 | 103.2 | 103.2 |
| 海南 | 117.0 | 110.2 | 97.3 | 4.3 | 4.3 |
| 重庆 | 90.5 | 58.1 | 43.6 | 16.6 | 16.6 |
| 四川 | 630.5 | 555.7 | 478.4 | 35.0 | 35.0 |
| 贵州 | 215.5 | 135.7 | 124.1 | 42.3 | 42.3 |
| 云南 | 479.9 | 401.7 | 367.5 | 29.8 | 30.2 |
| 西藏 | | | | | |
| 陕西 | 355.1 | 292.6 | 147.7 | 47.6 | 47.6 |
| 甘肃 | 136.6 | 90.0 | 73.0 | 39.4 | 14.8 |
| 青海 | 73.5 | 56.5 | 52.5 | 10.6 | 10.6 |
| 宁夏 | 65.3 | 29.8 | 20.3 | 17.9 | 17.9 |
| 新疆 | 288.0 | 147.6 | 134.3 | 97.8 | 97.8 |

# 4-1-7 2020年分地区农村住户固定资产投资结构情况

单位：亿元

| 地区 | 投资额 | 建筑工程 | #住宅 | 设备工器具购置 | #生产设备 |
|---|---|---|---|---|---|
| **全国** | **8363.3** | **6041.9** | **4778.8** | **1327.2** | **1322.5** |
| 北京 | 82.6 | 82.3 | 77.2 | 0.2 | 0.2 |
| 天津 | 14.9 | 7.8 | 3.4 | 4.9 | 4.9 |
| 河北 | 267.2 | 181.7 | 153.1 | 48.2 | 48.2 |
| 山西 | 122.4 | 80.8 | 52.3 | 36.9 | 36.9 |
| 内蒙古 | 144.3 | 37.5 | 16.2 | 60.1 | 60.1 |
| 辽宁 | 208.6 | 92.7 | 26.3 | 52.8 | 52.8 |
| 吉林 | 119.8 | 15.1 | 11.4 | 54.6 | 54.6 |
| 黑龙江 | 216.9 | 40.4 | 26.1 | 124.4 | 124.4 |
| 上海 | 6.3 | 6.3 | 6.3 | | |
| 江苏 | 181.4 | 133.9 | 108.9 | 20.1 | 20.1 |
| 浙江 | 665.3 | 612.1 | 446.7 | 31.3 | 31.3 |
| 安徽 | 398.8 | 296.5 | 245.0 | 59.5 | 59.5 |
| 福建 | 206.6 | 183.4 | 172.4 | 19.5 | 19.5 |
| 江西 | 342.4 | 296.8 | 294.5 | 44.5 | 44.5 |
| 山东 | 863.6 | 614.8 | 374.0 | 238.4 | 230.8 |
| 河南 | 510.8 | 399.5 | 353.1 | 54.9 | 54.9 |
| 湖北 | 274.9 | 184.3 | 149.1 | 53.0 | 53.0 |
| 湖南 | 590.4 | 485.2 | 443.7 | 84.6 | 84.6 |
| 广东 | 379.8 | 379.8 | 346.0 | 0.0 | 0.0 |
| 广西 | 585.6 | 431.1 | 368.5 | 77.5 | 77.5 |
| 海南 | 98.9 | 92.7 | 80.9 | 1.1 | 1.1 |
| 重庆 | 81.1 | 51.4 | 43.6 | 15.4 | 15.4 |
| 四川 | 616.6 | 447.0 | 340.2 | 60.8 | 60.8 |
| 贵州 | 239.3 | 145.9 | 127.0 | 20.6 | 20.6 |
| 云南 | 436.3 | 286.5 | 239.5 | 42.2 | 42.2 |
| 西藏 | | | | | |
| 陕西 | 267.0 | 224.1 | 94.5 | 42.7 | 42.7 |
| 甘肃 | 116.9 | 75.1 | 51.6 | 31.5 | 31.5 |
| 青海 | 45.1 | 28.7 | 25.1 | 3.1 | 3.1 |
| 宁夏 | 81.6 | 36.9 | 23.9 | 16.3 | 19.3 |
| 新疆 | 197.9 | 91.7 | 78.4 | 28.1 | 28.1 |

## 二、农村住户固定资产投资和投向

# 4-2-1　2015-2020年分地区农村住户固定资产投资完成额

单位：亿元

| 地　区 | 2015年 | 2016年 | 2017年 | 2018年 | 2019年 | 2020年 |
|---|---|---|---|---|---|---|
| **全　国** | **10409.8** | **9964.9** | **9554.4** | **10039.2** | **9396.2** | **8363.3** |
| 北　京 | 50.0 | 55.2 | 63.1 | 63.2 | 76.8 | 82.6 |
| 天　津 | 17.4 | 23.0 | 14.2 | 17.6 | 18.0 | 14.9 |
| 河　北 | 542.5 | 409.9 | 394.6 | 362.3 | 316.8 | 267.2 |
| 山　西 | 329.6 | 338.6 | 318.4 | 257.7 | 178.9 | 122.4 |
| 内蒙古 | 173.1 | 186.1 | 185.3 | 166.0 | 154.2 | 144.3 |
| 辽　宁 | 277.5 | 255.9 | 232.0 | 205.8 | 221.0 | 208.6 |
| 吉　林 | 196.7 | 150.0 | 153.0 | 151.7 | 114.1 | 119.8 |
| 黑龙江 | 298.7 | 215.8 | 212.3 | 217.8 | 221.2 | 216.9 |
| 上　海 | 3.3 | 4.2 | 5.7 | 6.5 | 6.9 | 6.3 |
| 江　苏 | 341.7 | 292.4 | 276.8 | 258.0 | 236.5 | 181.4 |
| 浙　江 | 658.6 | 705.1 | 570.0 | 863.6 | 665.0 | 665.3 |
| 安　徽 | 582.0 | 456.0 | 458.7 | 554.9 | 501.6 | 398.8 |
| 福　建 | 327.4 | 309.4 | 305.9 | 301.1 | 248.1 | 206.6 |
| 江　西 | 394.2 | 315.5 | 314.9 | 308.6 | 345.9 | 342.4 |
| 山　东 | 931.0 | 958.4 | 966.7 | 958.6 | 943.8 | 863.6 |
| 河　南 | 709.1 | 661.2 | 606.6 | 629.2 | 580.1 | 510.8 |
| 湖　北 | 477.5 | 507.8 | 409.8 | 501.8 | 433.8 | 274.9 |
| 湖　南 | 720.9 | 664.9 | 631.1 | 705.7 | 638.9 | 590.4 |
| 广　东 | 392.6 | 356.3 | 357.8 | 368.3 | 423.4 | 379.8 |
| 广　西 | 572.8 | 583.8 | 590.8 | 596.2 | 619.4 | 585.6 |
| 海　南 | 95.8 | 143.4 | 119.0 | 97.4 | 117.0 | 98.9 |
| 重　庆 | 145.1 | 116.3 | 96.5 | 95.5 | 90.5 | 81.1 |
| 四　川 | 560.3 | 582.2 | 666.2 | 678.8 | 630.5 | 616.6 |
| 贵　州 | 268.8 | 274.8 | 215.8 | 280.5 | 215.5 | 239.3 |
| 云　南 | 431.2 | 456.9 | 461.1 | 469.6 | 479.9 | 436.3 |
| 西　藏 | | | | | | |
| 陕　西 | 351.2 | 350.4 | 351.2 | 358.3 | 355.1 | 267.0 |
| 甘　肃 | 127.6 | 129.9 | 131.4 | 132.3 | 136.6 | 116.9 |
| 青　海 | 66.5 | 72.5 | 63.7 | 54.4 | 73.5 | 45.1 |
| 宁　夏 | 79.0 | 85.2 | 88.3 | 89.6 | 65.3 | 81.6 |
| 新　疆 | 287.6 | 303.7 | 293.5 | 288.2 | 288.0 | 197.9 |

# 4-2-2 2015年分地区农村住户固定资产投资投向情况

单位：亿元

| 地区 | 投资额 | 农林牧渔业 | 制造业 | 建筑业 | 交通运输、仓储和邮政业 | 房地产业 | 居民服务、修理和其他服务业 |
|---|---|---|---|---|---|---|---|
| **全国** | **10409.8** | **1980.3** | **137.0** | **59.9** | **225.2** | **7578.1** | **102.1** |
| 北京 | 50.0 | 1.7 | 0.2 | 0.1 | 0.3 | 44.7 | 0.0 |
| 天津 | 17.4 | 1.5 | 5.7 | 0.2 | 1.4 | 7.1 | 0.5 |
| 河北 | 542.5 | 89.7 | 1.1 | 1.6 | 41.8 | 402.4 | 1.4 |
| 山西 | 329.6 | 63.6 | 0.3 | 0.7 | 32.0 | 217.1 | 3.3 |
| 内蒙古 | 173.1 | 72.9 | | | | 91.0 | 2.9 |
| 辽宁 | 277.5 | 91.0 | 2.8 | 11.2 | 8.2 | 133.7 | 8.7 |
| 吉林 | 196.7 | 91.8 | 0.0 | 0.0 | 5.7 | 97.8 | 0.3 |
| 黑龙江 | 298.7 | 172.6 | 1.3 | 0.7 | 9.4 | 104.9 | 0.0 |
| 上海 | 3.3 | 0.5 | | | | 2.8 | 0.0 |
| 江苏 | 341.7 | 69.1 | 20.2 | | 3.5 | 248.3 | |
| 浙江 | 658.6 | 53.8 | 29.9 | 0.1 | 1.4 | 572.1 | 0.1 |
| 安徽 | 582.0 | 140.9 | 2.9 | 0.6 | 9.8 | 409.6 | 0.5 |
| 福建 | 327.4 | 21.8 | 5.7 | 4.1 | | 277.0 | 2.5 |
| 江西 | 394.2 | 46.2 | 1.5 | 3.7 | 5.0 | 331.8 | 4.5 |
| 山东 | 931.0 | 295.2 | 47.2 | 1.8 | | 482.4 | 9.9 |
| 河南 | 709.1 | 72.5 | 6.6 | 4.6 | 31.2 | 559.3 | 23.3 |
| 湖北 | 477.5 | 103.9 | 3.6 | 0.2 | 15.1 | 353.1 | 1.3 |
| 湖南 | 720.9 | 100.0 | 3.5 | 1.1 | | 567.2 | 1.9 |
| 广东 | 392.6 | 24.8 | | 0.0 | | 358.8 | 1.9 |
| 广西 | 572.8 | 112.8 | 3.2 | 0.6 | 23.8 | 399.5 | 29.2 |
| 海南 | 95.8 | 6.9 | | 1.3 | | 87.6 | |
| 重庆 | 145.1 | 19.7 | 0.0 | 2.3 | 2.7 | 110.4 | 0.5 |
| 四川 | 560.3 | 98.3 | | 2.7 | 13.3 | 432.9 | 2.0 |
| 贵州 | 268.8 | 28.5 | 0.5 | 16.9 | | 210.4 | 0.4 |
| 云南 | 431.2 | 72.3 | 0.6 | 1.2 | 5.9 | 346.8 | 1.4 |
| 西藏 | | | | | | | |
| 陕西 | 351.2 | 34.0 | | | 11.9 | 294.9 | |
| 甘肃 | 127.6 | 22.6 | | 3.4 | | 88.2 | 5.3 |
| 青海 | 66.5 | 4.1 | | 0.8 | | 52.9 | 0.2 |
| 宁夏 | 79.0 | 18.8 | 0.1 | | 2.8 | 57.3 | |
| 新疆 | 287.6 | 48.8 | | | | 236.4 | 0.1 |

# 4-2-3　2016年分地区农村住户固定资产投资投向情况

单位：亿元

| 地　区 | 投资额 | 农林牧渔业 | 制造业 | 建筑业 | 交通运输、仓储和邮政业 | 房地产业 | 居民服务、修理和其他服务业 |
|---|---|---|---|---|---|---|---|
| **全　国** | **9964.9** | **2079.2** | **126.1** | **37.5** | **261.9** | **7075.7** | **74.3** |
| 北　京 | 55.2 | 1.7 | 1.2 | 0.3 | 0.2 | 51.0 | 0.2 |
| 天　津 | 23.0 | 3.2 | 1.3 | 0.4 | 7.6 | 9.7 | 0.2 |
| 河　北 | 409.9 | 88.7 | 1.9 | 2.5 | 14.0 | 295.2 | 1.0 |
| 山　西 | 338.6 | 72.9 | 0.3 | 0.8 | 30.9 | 217.3 | 3.1 |
| 内蒙古 | 186.1 | 79.8 | | | | 101.5 | 1.3 |
| 辽　宁 | 255.9 | 113.9 | | | 8.5 | 112.7 | 0.0 |
| 吉　林 | 150.0 | 98.5 | 1.3 | | 7.3 | 40.9 | 0.5 |
| 黑龙江 | 215.8 | 169.6 | | | 6.7 | 39.2 | |
| 上　海 | 4.2 | 0.1 | | | | 4.1 | |
| 江　苏 | 292.4 | 70.8 | 13.2 | 1.4 | 8.7 | 190.3 | |
| 浙　江 | 705.1 | 46.8 | 38.3 | | 4.5 | 597.7 | 10.9 |
| 安　徽 | 456.0 | 120.3 | 7.5 | 0.6 | 14.3 | 304.1 | 4.1 |
| 福　建 | 309.4 | 73.9 | 0.8 | 0.9 | 6.9 | 220.1 | 1.3 |
| 江　西 | 315.5 | 46.8 | 0.1 | 6.5 | 7.1 | 253.4 | 0.2 |
| 山　东 | 958.4 | 308.6 | 44.4 | 1.8 | | 495.0 | 9.7 |
| 河　南 | 661.2 | 90.7 | 4.2 | | 9.9 | 535.0 | 1.5 |
| 湖　北 | 507.8 | 71.3 | | 0.4 | 38.8 | 382.6 | 2.8 |
| 湖　南 | 664.9 | 98.2 | | 7.8 | | 536.5 | 6.0 |
| 广　东 | 356.3 | 21.5 | | 1.3 | | 325.4 | 0.2 |
| 广　西 | 583.8 | 116.2 | 2.7 | 0.7 | 25.9 | 416.3 | 18.5 |
| 海　南 | 143.4 | 16.1 | | | | 122.8 | 0.1 |
| 重　庆 | 116.3 | 18.9 | 0.0 | 2.0 | 1.8 | 86.8 | 0.4 |
| 四　川 | 582.2 | 99.9 | 6.6 | 0.1 | 33.6 | 434.2 | 1.0 |
| 贵　州 | 274.8 | 45.4 | 0.7 | 4.5 | | 190.4 | 0.7 |
| 云　南 | 456.9 | 76.9 | | 1.4 | 17.0 | 356.4 | 3.7 |
| 西　藏 | | | | | | | |
| 陕　西 | 350.4 | 29.2 | 0.1 | 0.4 | 8.0 | 302.9 | 0.0 |
| 甘　肃 | 129.9 | 23.7 | | 3.5 | | 89.1 | 5.5 |
| 青　海 | 72.5 | 5.2 | | 0.3 | | 62.5 | 0.2 |
| 宁　夏 | 85.2 | 16.5 | 1.5 | | 10.2 | 56.4 | 0.1 |
| 新　疆 | 303.7 | 54.0 | | 0.0 | | 246.3 | 0.9 |

# 4-2-4 2017年分地区农村住户固定资产投资投向情况

单位：亿元

| 地　区 | 投资额 | 农林牧渔业 | 制造业 | 建筑业 | 交通运输、仓储和邮政业 | 房地产业 | 居民服务、修理和其他服务业 |
|---|---|---|---|---|---|---|---|
| **全　国** | **9554.4** | **2069.7** | **94.3** | **191.0** | **264.0** | **6491.9** | **66.5** |
| 北　京 | 63.1 | 2.5 | 1.2 | 0.7 | 0.7 | 56.2 | 0.2 |
| 天　津 | 14.2 | 2.3 | 0.5 | 0.1 | 5.0 | 5.5 | 0.0 |
| 河　北 | 394.6 | 77.0 | 4.6 |  | 19.2 | 284.3 | 0.6 |
| 山　西 | 318.4 | 71.1 | 0.3 | 0.8 | 31.7 | 197.2 | 3.3 |
| 内蒙古 | 185.3 | 78.9 |  |  |  | 100.7 | 1.3 |
| 辽　宁 | 232.0 | 105.9 |  |  | 6.1 | 101.5 | 0.1 |
| 吉　林 | 153.0 | 102.4 | 0.1 |  | 6.7 | 42.1 |  |
| 黑龙江 | 212.3 | 166.8 |  | 5.9 | 2.2 | 35.8 | 0.9 |
| 上　海 | 5.7 | 0.5 |  |  |  | 5.1 |  |
| 江　苏 | 276.8 | 75.8 | 15.5 | 3.6 | 7.8 | 166.1 | 4.1 |
| 浙　江 | 570.0 | 15.0 | 4.3 | 18.9 | 1.5 | 490.6 | 2.6 |
| 安　徽 | 458.7 | 119.1 | 1.1 | 19.8 | 3.2 | 311.3 | 0.6 |
| 福　建 | 305.9 | 32.9 | 1.2 | 0.8 | 3.4 | 237.7 | 1.4 |
| 江　西 | 314.9 | 55.6 |  | 1.8 | 10.8 | 245.0 | 0.2 |
| 山　东 | 966.7 | 315.4 | 45.5 | 1.8 |  | 485.4 | 9.5 |
| 河　南 | 606.6 | 101.8 | 3.2 | 0.6 | 11.0 | 464.2 | 1.8 |
| 湖　北 | 409.8 | 47.5 | 0.3 | 0.1 | 47.2 | 310.1 | 0.6 |
| 湖　南 | 631.1 | 83.3 | 2.4 | 7.2 |  | 505.7 | 5.5 |
| 广　东 | 357.8 | 50.6 |  | 1.7 |  | 304.6 |  |
| 广　西 | 590.8 | 125.7 | 2.3 | 0.8 | 24.0 | 420.9 | 13.5 |
| 海　南 | 119.0 | 7.4 | 0.0 |  |  | 109.9 | 0.1 |
| 重　庆 | 96.5 | 18.0 | 0.0 | 0.2 | 0.2 | 70.6 | 0.1 |
| 四　川 | 666.2 | 141.1 | 8.7 | 7.2 | 25.7 | 456.1 | 10.1 |
| 贵　州 | 215.8 | 31.7 | 0.8 | 20.2 |  | 140.4 | 0.4 |
| 云　南 | 461.1 | 59.0 | 2.2 | 92.1 | 23.5 | 281.3 | 0.2 |
| 西　藏 |  |  |  |  |  |  |  |
| 陕　西 | 351.2 | 54.2 |  | 2.9 | 21.8 | 266.3 | 1.5 |
| 甘　肃 | 131.4 | 24.5 |  | 3.6 |  | 89.4 | 5.5 |
| 青　海 | 63.7 | 4.0 | 0.0 | 0.3 |  | 49.1 | 0.1 |
| 宁　夏 | 88.3 | 13.2 | 0.0 |  | 12.4 | 61.5 | 0.1 |
| 新　疆 | 293.5 | 86.6 |  | 0.0 |  | 197.4 | 2.2 |

# 4-2-5　2018年分地区农村住户固定资产投资投向情况

单位：亿元

| 地　　区 | 投资额 | 农林牧渔业 | 制造业 | 建筑业 | 交通运输、仓储和邮政业 | 房地产业 | 居民服务、修理和其他服务业 |
|---|---|---|---|---|---|---|---|
| **全　　国** | **10039.2** | **2254.1** | **127.3** | **68.8** | **324.1** | **6681.4** | **79.8** |
| 北　　京 | 63.2 | 1.0 | | | 0.2 | 60.1 | 0.7 |
| 天　　津 | 17.6 | 3.7 | 1.4 | | 2.7 | 7.0 | 1.1 |
| 河　　北 | 362.3 | 70.6 | 1.0 | 1.1 | 31.7 | 238.6 | 1.6 |
| 山　　西 | 257.7 | 70.2 | 0.3 | 0.8 | 29.8 | 138.9 | 3.3 |
| 内 蒙 古 | 166.0 | 118.2 | | | | 43.0 | 1.1 |
| 辽　　宁 | 205.8 | 101.4 | | | 5.5 | 87.6 | 0.1 |
| 吉　　林 | 151.7 | 115.4 | | | 3.7 | 30.9 | 0.1 |
| 黑 龙 江 | 217.8 | 175.0 | | 1.1 | 2.2 | 32.0 | 0.3 |
| 上　　海 | 6.5 | 0.4 | 0.1 | | | 6.1 | |
| 江　　苏 | 258.0 | 73.4 | 10.7 | | 8.5 | 137.7 | 5.9 |
| 浙　　江 | 863.6 | 56.7 | 25.5 | | 17.3 | 749.8 | 0.7 |
| 安　　徽 | 554.9 | 98.7 | 2.9 | 2.4 | 7.1 | 408.8 | 6.9 |
| 福　　建 | 301.1 | 23.3 | 5.4 | 3.7 | 30.9 | 231.3 | 0.4 |
| 江　　西 | 308.6 | 63.4 | | 2.5 | 6.6 | 232.9 | 0.4 |
| 山　　东 | 958.6 | 306.9 | 45.2 | 1.8 | | 475.9 | 10.1 |
| 河　　南 | 629.2 | 113.9 | 3.2 | 7.6 | 14.1 | 466.0 | 9.5 |
| 湖　　北 | 501.8 | 65.7 | 6.0 | 0.7 | 36.5 | 377.9 | 6.4 |
| 湖　　南 | 705.7 | 89.6 | 11.2 | 10.2 | | 524.3 | 4.4 |
| 广　　东 | 368.3 | 16.0 | 1.4 | 6.8 | | 304.8 | 0.2 |
| 广　　西 | 596.2 | 128.6 | 2.1 | 0.8 | 25.2 | 423.4 | 12.3 |
| 海　　南 | 97.4 | 13.2 | 0.1 | | 2.4 | 80.7 | 0.0 |
| 重　　庆 | 95.5 | 20.6 | 0.6 | 1.5 | 11.9 | 54.9 | 0.1 |
| 四　　川 | 678.8 | 150.6 | 0.1 | 2.0 | 25.9 | 493.7 | 0.0 |
| 贵　　州 | 280.5 | 30.2 | | 16.1 | | 179.1 | 2.2 |
| 云　　南 | 469.6 | 97.4 | 7.8 | 5.5 | 19.4 | 334.7 | 0.4 |
| 西　　藏 | | | | | | | |
| 陕　　西 | 358.3 | 79.9 | 2.4 | | 21.5 | 224.9 | 1.5 |
| 甘　　肃 | 132.3 | 20.6 | | 3.9 | | 91.8 | 6.9 |
| 青　　海 | 54.4 | 5.4 | | 0.1 | | 45.1 | 0.4 |
| 宁　　夏 | 89.6 | 13.6 | 0.0 | | 20.8 | 54.1 | 0.1 |
| 新　　疆 | 288.2 | 130.3 | | 0.3 | | 145.3 | 2.7 |

# 4-2-6 2019年分地区农村住户固定资产投资投向情况

单位：亿元

| 地　区 | 投资额 | 农林牧渔业 | 制造业 | 建筑业 | 交通运输、仓储和邮政业 | 房地产业 | 居民服务、修理和其他服务业 |
|---|---|---|---|---|---|---|---|
| **全　国** | **9396.2** | **2286.9** | **135.6** | **106.8** | **289.3** | **6031.2** | **77.4** |
| 北　京 | 76.8 | 0.9 | | | 2.0 | 72.6 | 0.2 |
| 天　津 | 18.0 | 6.9 | | 1.2 | 3.1 | 5.1 | 0.3 |
| 河　北 | 316.8 | 44.9 | 16.9 | 0.0 | 30.7 | 205.3 | 7.5 |
| 山　西 | 178.9 | 54.0 | 0.3 | 0.7 | 20.9 | 86.8 | 3.2 |
| 内蒙古 | 154.2 | 105.3 | | 0.6 | | 44.0 | 1.5 |
| 辽　宁 | 221.0 | 142.3 | 0.4 | 3.1 | 9.6 | 53.9 | 0.1 |
| 吉　林 | 114.1 | 92.7 | | | | 18.6 | |
| 黑龙江 | 221.2 | 136.7 | 0.1 | 0.8 | 11.1 | 31.7 | 0.4 |
| 上　海 | 6.9 | 0.2 | | | 0.5 | 6.2 | |
| 江　苏 | 236.5 | 68.5 | 10.8 | | 7.5 | 128.5 | 5.2 |
| 浙　江 | 665.0 | 36.1 | 33.3 | 11.2 | 10.2 | 545.3 | 5.9 |
| 安　徽 | 501.6 | 78.2 | 1.5 | 25.1 | 17.8 | 369.9 | 1.1 |
| 福　建 | 248.1 | 26.5 | 4.3 | 0.3 | 6.9 | 209.5 | 0.4 |
| 江　西 | 345.9 | 67.4 | | 1.8 | 5.9 | 269.1 | 0.4 |
| 山　东 | 943.8 | 291.5 | 44.9 | 1.8 | | 467.3 | 11.2 |
| 河　南 | 580.1 | 83.4 | 4.1 | 5.7 | 55.4 | 415.3 | 3.5 |
| 湖　北 | 433.8 | 137.7 | | 9.8 | 9.3 | 270.5 | 0.0 |
| 湖　南 | 638.9 | 73.1 | 10.2 | 10.4 | | 475.7 | 5.4 |
| 广　东 | 423.4 | 25.3 | | 4.0 | | 389.6 | 1.0 |
| 广　西 | 619.4 | 156.1 | 2.3 | 1.0 | 31.6 | 408.8 | 14.9 |
| 海　南 | 117.0 | 16.0 | 0.0 | | 0.7 | 97.9 | 1.0 |
| 重　庆 | 90.5 | 24.5 | 0.6 | 1.8 | 10.1 | 45.0 | 0.1 |
| 四　川 | 630.5 | 133.2 | 0.7 | 3.1 | 6.1 | 478.4 | 0.6 |
| 贵　州 | 215.5 | 28.8 | 2.2 | 5.1 | | 124.1 | 0.5 |
| 云　南 | 479.9 | 74.7 | 0.1 | 2.5 | 16.0 | 367.5 | 5.1 |
| 西　藏 | | | | | | | |
| 陕　西 | 355.1 | 164.5 | 1.0 | 5.5 | 21.2 | 147.7 | 0.6 |
| 甘　肃 | 136.6 | 30.8 | 1.4 | 3.7 | 8.2 | 88.0 | 3.9 |
| 青　海 | 73.5 | 8.3 | | 7.2 | | 54.4 | 0.0 |
| 宁　夏 | 65.3 | 38.6 | 0.4 | | 4.4 | 20.3 | 0.9 |
| 新　疆 | 288.0 | 140.0 | | 0.3 | | 134.3 | 2.7 |

# 4-2-7 2020年分地区农村住户固定资产投资投向情况

单位：亿元

| 地区 | 投资额 | 农林牧渔业 | 制造业 | 建筑业 | 交通运输、仓储和邮政业 | 房地产业 | 居民服务、修理和其他服务业 |
|---|---|---|---|---|---|---|---|
| **全国** | **8363.3** | **2577.6** | **118.1** | **62.6** | **507.1** | **4839.8** | **76.0** |
| 北京 | 82.6 | 5.1 | | | 0.0 | 77.2 | 0.1 |
| 天津 | 14.9 | 5.7 | | 1.4 | 2.8 | 3.4 | 0.1 |
| 河北 | 267.2 | 55.3 | 4.9 | 0.4 | 44.8 | 153.1 | 0.8 |
| 山西 | 122.4 | 48.0 | 0.1 | 0.4 | 11.6 | 52.3 | 2.1 |
| 内蒙古 | 144.3 | 126.1 | | | 1.5 | 16.2 | 0.1 |
| 辽宁 | 208.6 | 156.0 | 0.4 | 2.5 | 12.2 | 26.3 | 0.1 |
| 吉林 | 119.8 | 100.7 | | | 5.8 | 11.4 | |
| 黑龙江 | 216.9 | 178.9 | | | 9.8 | 26.1 | 0.1 |
| 上海 | 6.3 | | | | | 6.3 | |
| 江苏 | 181.4 | 59.3 | 4.9 | 0.1 | 0.1 | 108.9 | 2.1 |
| 浙江 | 665.3 | 175.4 | 20.1 | 6.5 | 9.7 | 446.9 | 2.4 |
| 安徽 | 398.8 | 47.8 | 26.9 | 18.4 | 49.6 | 245.0 | 8.9 |
| 福建 | 206.6 | 20.9 | | 0.0 | 0.8 | 172.4 | 5.1 |
| 江西 | 342.4 | 41.3 | | 0.2 | 5.2 | 294.5 | 0.4 |
| 山东 | 863.6 | 286.9 | 44.9 | 1.8 | 107.4 | 395.8 | 10.8 |
| 河南 | 510.8 | 114.3 | 3.0 | 2.8 | 17.5 | 353.1 | 4.3 |
| 湖北 | 274.9 | 109.9 | | 0.4 | 7.6 | 149.1 | 0.0 |
| 湖南 | 590.4 | 78.3 | 8.4 | 9.3 | 24.4 | 443.7 | 3.6 |
| 广东 | 379.8 | 33.8 | | | 0.0 | 346.0 | 0.0 |
| 广西 | 585.6 | 145.3 | 1.5 | 1.4 | 35.0 | 385.1 | 12.4 |
| 海南 | 98.9 | 12.4 | | | 3.7 | 80.9 | |
| 重庆 | 81.1 | 21.4 | 0.5 | 1.5 | 7.2 | 43.6 | 0.1 |
| 四川 | 616.6 | 169.6 | 0.3 | 10.7 | 81.8 | 340.2 | 1.3 |
| 贵州 | 239.3 | 52.4 | 1.6 | 1.2 | 17.9 | 127.0 | 20.3 |
| 云南 | 436.3 | 166.9 | 0.1 | 2.4 | 19.5 | 239.5 | 0.0 |
| 西藏 | | | | | | | |
| 陕西 | 267.0 | 165.3 | 0.3 | | 2.4 | 94.5 | 0.5 |
| 甘肃 | 116.9 | 34.9 | | 0.4 | 4.6 | 71.6 | 0.0 |
| 青海 | 45.1 | 11.0 | 0.3 | 0.0 | 5.1 | 27.3 | 0.1 |
| 宁夏 | 81.6 | 42.6 | | 0.4 | 13.3 | 23.9 | 0.0 |
| 新疆 | 197.9 | 111.8 | | 0.2 | 5.8 | 78.4 | 0.3 |

## 三、农村住户固定资产投资和建房

# 4-3-1 1985-2020年全国农村住户固定资产投资和建房情况

| 年 份 | 投资总额（亿元） | #竣工房屋投资 | #住宅 | 房屋施工面积（万平方米） | 房屋竣工面积（万平方米） | #住宅 | 竣工房屋造价（元/平方米） | #住宅 |
|---|---|---|---|---|---|---|---|---|
| 1985 | 478.4 | 350.1 | 313.2 | | 78973.0 | 69542.0 | 44.0 | 45.0 |
| 1990 | 876.5 | 777.1 | 649.8 | 76819.0 | 71136.0 | 67812.0 | 109.0 | 96.0 |
| 1995 | 2007.9 | 1709.4 | 1349.9 | 78192.0 | 73522.0 | 66230.0 | 233.0 | 204.0 |
| 1996 | 2544.0 | 2250.9 | 1766.4 | 96115.0 | 87277.0 | 79531.0 | 258.0 | 222.0 |
| 1997 | 2691.2 | 2405.8 | 1890.7 | 89309.0 | 85888.0 | 77287.0 | 280.0 | 245.0 |
| 1998 | 2681.5 | 2402.2 | 1907.2 | 89099.0 | 83864.0 | 77031.0 | 286.0 | 248.0 |
| 1999 | 2779.6 | 1908.2 | 1799.1 | 89050.0 | 83244.0 | 76758.0 | 229.2 | 234.4 |
| 2000 | 2904.3 | 1969.3 | 1846.8 | 88231.8 | 81270.2 | 75515.3 | 242.3 | 244.6 |
| 2001 | 2976.6 | 1908.2 | 1775.0 | 81048.2 | 74517.5 | 68799.3 | 256.1 | 258.0 |
| 2002 | 3123.2 | 1956.5 | 1858.1 | 80345.0 | 75125.7 | 69841.0 | 260.4 | 266.0 |
| 2003 | 3201.0 | 2053.2 | 1926.9 | 81123.7 | 75683.6 | 69741.1 | 271.3 | 276.3 |
| 2004 | 3362.7 | 2031.0 | 1933.4 | 71112.1 | 65801.5 | 62303.5 | 308.7 | 310.3 |
| 2005 | 3940.6 | 2190.6 | 2083.1 | 73109.2 | 66604.2 | 62292.4 | 328.9 | 334.4 |
| 2006 | 4436.2 | 2620.1 | 2490.2 | 76189.4 | 69237.9 | 64563.7 | 378.4 | 385.7 |
| 2007 | 5123.3 | 3228.3 | 3022.0 | 86665.6 | 78321.2 | 72676.4 | 412.2 | 415.8 |
| 2008 | 5951.8 | 3748.5 | 3547.1 | 91911.4 | 84407.0 | 78585.7 | 444.1 | 451.4 |
| 2009 | 7434.5 | 5029.9 | 4743.3 | 116099.4 | 105683.0 | 95570.5 | 475.9 | 496.3 |
| 2010 | 7886.0 | 5247.0 | 4931.7 | 106679.8 | 94114.8 | 87947.1 | 557.5 | 560.8 |
| 2011 | 9089.1 | 5983.7 | 5636.0 | 118455.2 | 103053.2 | 94939.1 | 580.6 | 593.6 |
| 2012 | 9840.6 | 6395.3 | 6051.6 | 105516.6 | 94187.8 | 87775.9 | 679.0 | 689.4 |
| 2013 | 10546.7 | 7249.6 | 6735.9 | 109242.0 | 92661.7 | 85953.0 | 782.4 | 783.7 |
| 2014 | 10755.8 | 7387.5 | 6843.0 | 103672.9 | 90287.4 | 83769.6 | 818.2 | 816.9 |
| 2015 | 10409.8 | 7157.1 | 6709.6 | 98376.7 | 85316.8 | 79380.2 | 838.9 | 845.2 |
| 2016 | 9964.9 | 6812.6 | 6331.3 | 92039.7 | 79649.1 | 73051.4 | 855.3 | 866.7 |
| 2017 | 9554.4 | 6446.3 | 5899.3 | 84395.0 | 72727.0 | 66870.0 | 886.4 | 882.2 |
| 2018 | 10039.2 | 6369.0 | 5885.0 | 79898.2 | 67861.3 | 62189.8 | 938.5 | 946.3 |
| 2019 | 9396.2 | 5732.2 | 5256.3 | 69488.9 | 60049.9 | 55571.7 | 954.6 | 945.9 |
| 2020 | 8363.3 | 4667.9 | 4244.5 | 58072.3 | 48839.9 | 43392.5 | 955.8 | 978.2 |

# 4-3-2 2015年分地区农村住户固定资产投资和建房情况

| 地区 | 投资总额(亿元) | #竣工房屋投资 | #住宅 | 房屋施工面积(万平方米) | 房屋竣工面积(万平方米) | #住宅 | 竣工房屋造价(元/平方米) | #住宅 |
|---|---|---|---|---|---|---|---|---|
| **全国** | **10409.8** | **7157.1** | **6709.6** | **98376.7** | **85316.8** | **79380.2** | **838.9** | **845.2** |
| 北京 | 50.0 | 43.7 | 43.0 | 329.5 | 303.8 | 296.2 | 1438.3 | 1451.5 |
| 天津 | 17.4 | 13.7 | 12.1 | 138.9 | 97.0 | 82.8 | 1414.3 | 1459.2 |
| 河北 | 542.5 | 382.1 | 351.4 | 5296.8 | 4752.2 | 4158.5 | 804.1 | 845.1 |
| 山西 | 329.6 | 218.8 | 215.9 | 2907.4 | 2707.6 | 2535.0 | 808.3 | 851.8 |
| 内蒙古 | 173.1 | 94.5 | 90.4 | 995.5 | 987.5 | 878.9 | 957.3 | 1029.0 |
| 辽宁 | 277.5 | 168.9 | 140.7 | 3110.2 | 2883.6 | 2296.6 | 585.6 | 612.6 |
| 吉林 | 196.7 | 99.7 | 97.6 | 762.6 | 759.1 | 731.1 | 1313.1 | 1334.7 |
| 黑龙江 | 298.7 | 104.7 | 100.4 | 795.2 | 750.1 | 703.7 | 1395.1 | 1426.4 |
| 上海 | 3.3 | 2.6 | 2.5 | 17.4 | 15.4 | 15.0 | 1661.4 | 1662.9 |
| 江苏 | 341.7 | 269.7 | 269.5 | 2777.0 | 2549.3 | 2547.2 | 1058.0 | 1058.0 |
| 浙江 | 658.6 | 433.1 | 404.5 | 4444.0 | 2890.7 | 2694.4 | 1498.2 | 1501.4 |
| 安徽 | 582.0 | 335.3 | 323.9 | 5820.8 | 4339.0 | 4186.0 | 772.7 | 773.8 |
| 福建 | 327.4 | 204.7 | 202.1 | 2697.8 | 1899.4 | 1871.5 | 1077.5 | 1080.1 |
| 江西 | 394.2 | 290.2 | 276.4 | 5220.2 | 4353.1 | 4178.8 | 666.6 | 661.3 |
| 山东 | 931.0 | 525.8 | 441.4 | 10498.0 | 10191.0 | 8932.0 | 516.0 | 494.2 |
| 河南 | 709.1 | 493.9 | 462.6 | 7123.4 | 6437.1 | 6135.3 | 767.3 | 753.9 |
| 湖北 | 477.5 | 343.9 | 319.4 | 4289.2 | 3666.8 | 3404.8 | 938.0 | 938.2 |
| 湖南 | 720.9 | 537.7 | 511.9 | 7131.0 | 6064.2 | 5833.3 | 886.7 | 877.6 |
| 广东 | 392.6 | 332.7 | 325.0 | 3388.2 | 2761.5 | 2716.4 | 1204.7 | 1196.4 |
| 广西 | 572.8 | 339.0 | 332.2 | 6164.2 | 5631.2 | 5424.9 | 602.1 | 612.3 |
| 海南 | 95.8 | 71.9 | 64.8 | 833.5 | 611.5 | 589.4 | 1175.8 | 1099.2 |
| 重庆 | 145.1 | 100.1 | 93.1 | 1397.3 | 1197.4 | 1134.8 | 836.0 | 820.7 |
| 四川 | 560.3 | 417.6 | 386.7 | 5404.4 | 4685.4 | 4292.2 | 891.2 | 900.9 |
| 贵州 | 268.8 | 198.9 | 191.9 | 2779.0 | 2533.0 | 2427.0 | 785.2 | 790.9 |
| 云南 | 431.2 | 466.0 | 425.3 | 5702.1 | 4721.5 | 4253.7 | 987.0 | 999.9 |
| 西藏 | | | | | | | | |
| 陕西 | 351.2 | 242.2 | 234.6 | 3006.5 | 2444.6 | 2416.0 | 990.7 | 971.0 |
| 甘肃 | 127.6 | 74.0 | 66.8 | 1320.0 | 1252.0 | 1110.0 | 591.4 | 601.4 |
| 青海 | 66.5 | 52.9 | 49.7 | 741.7 | 670.1 | 614.7 | 789.1 | 808.3 |
| 宁夏 | 79.0 | 63.0 | 56.2 | 434.0 | 434.0 | 368.0 | 1451.8 | 1527.8 |
| 新疆 | 287.6 | 235.9 | 217.6 | 2851.2 | 2727.9 | 2552.2 | 864.7 | 852.6 |

# 4-3-3 2016年分地区农村住户固定资产投资和建房情况

| 地区 | 投资总额（亿元） | #竣工房屋投资 | #住宅 | 房屋施工面积（万平方米） | 房屋竣工面积（万平方米） | #住宅 | 竣工房屋造价（元/平方米） | #住宅 |
|---|---|---|---|---|---|---|---|---|
| **全国** | **9964.9** | **6812.6** | **6331.3** | **92039.7** | **79649.1** | **73051.4** | **855.3** | **866.7** |
| 北京 | 55.2 | 50.0 | 48.9 | 443.5 | 417.3 | 403.7 | 1198.6 | 1210.6 |
| 天津 | 23.0 | 9.5 | 8.7 | 104.2 | 80.2 | 72.1 | 1191.1 | 1211.7 |
| 河北 | 409.9 | 323.4 | 281.0 | 4362.9 | 3751.9 | 3279.6 | 861.9 | 856.9 |
| 山西 | 338.6 | 209.0 | 205.5 | 3007.9 | 2851.7 | 2685.8 | 732.9 | 765.2 |
| 内蒙古 | 186.1 | 104.2 | 94.8 | 1096.0 | 1103.0 | 959.4 | 945.1 | 988.4 |
| 辽宁 | 255.9 | 121.4 | 105.7 | 1403.4 | 1309.5 | 925.6 | 927.3 | 1141.7 |
| 吉林 | 150.0 | 42.4 | 40.7 | 478.9 | 463.9 | 434.0 | 914.2 | 938.0 |
| 黑龙江 | 215.8 | 40.0 | 35.5 | 497.6 | 455.4 | 365.0 | 878.5 | 971.8 |
| 上海 | 4.2 | 3.4 | 3.3 | 35.0 | 25.9 | 25.1 | 1322.9 | 1325.1 |
| 江苏 | 292.4 | 174.4 | 168.2 | 2215.0 | 1990.1 | 1874.0 | 876.1 | 897.3 |
| 浙江 | 705.1 | 440.8 | 432.9 | 4332.3 | 3111.8 | 3022.3 | 1416.6 | 1432.3 |
| 安徽 | 456.0 | 276.6 | 257.3 | 4959.6 | 3907.5 | 3596.8 | 707.8 | 715.3 |
| 福建 | 309.4 | 174.0 | 166.5 | 2299.6 | 1521.7 | 1494.2 | 1143.7 | 1114.5 |
| 江西 | 315.5 | 237.0 | 227.9 | 3721.6 | 3230.1 | 2932.4 | 733.6 | 777.3 |
| 山东 | 958.4 | 541.4 | 455.6 | 10810.0 | 10461.0 | 9198.0 | 517.5 | 495.3 |
| 河南 | 661.2 | 526.2 | 494.0 | 6686.4 | 6017.9 | 5570.1 | 874.4 | 886.8 |
| 湖北 | 507.8 | 372.0 | 349.9 | 4305.5 | 3799.3 | 3556.2 | 979.3 | 984.0 |
| 湖南 | 664.9 | 534.8 | 503.6 | 5406.9 | 4749.6 | 4434.7 | 1126.0 | 1135.6 |
| 广东 | 356.3 | 303.7 | 297.1 | 3073.2 | 2453.2 | 2405.2 | 1237.9 | 1235.3 |
| 广西 | 583.8 | 359.9 | 353.3 | 6552.5 | 5977.5 | 5769.3 | 602.1 | 612.3 |
| 海南 | 143.4 | 110.4 | 104.4 | 1272.3 | 861.4 | 783.7 | 1282.1 | 1332.3 |
| 重庆 | 116.3 | 87.1 | 83.6 | 1139.1 | 957.3 | 872.0 | 910.2 | 959.3 |
| 四川 | 582.2 | 461.5 | 397.0 | 5255.6 | 4569.3 | 4133.7 | 1009.9 | 960.4 |
| 贵州 | 274.8 | 182.0 | 177.3 | 2414.9 | 2235.8 | 2164.9 | 813.9 | 819.0 |
| 云南 | 456.9 | 492.7 | 450.7 | 7322.6 | 5777.3 | 5195.4 | 852.9 | 867.4 |
| 西藏 | | | | | | | | |
| 陕西 | 350.4 | 261.2 | 244.5 | 3039.1 | 2588.1 | 2448.5 | 1009.2 | 998.5 |
| 甘肃 | 129.9 | 76.0 | 67.9 | 1349.0 | 1270.0 | 1123.0 | 598.5 | 604.2 |
| 青海 | 72.5 | 60.3 | 58.5 | 717.1 | 663.9 | 635.9 | 908.1 | 919.9 |
| 宁夏 | 85.2 | 34.5 | 26.5 | 456.0 | 456.0 | 399.0 | 756.2 | 663.4 |
| 新疆 | 303.7 | 202.7 | 190.5 | 3281.8 | 2591.6 | 2291.7 | 782.2 | 831.5 |

# 4-3-4 2017年分地区农村住户固定资产投资和建房情况

| 地区 | 投资总额（亿元） | #竣工房屋投资 | #住宅 | 房屋施工面积（万平方米） | 房屋竣工面积（万平方米） | #住宅 | 竣工房屋造价（元/平方米） | #住宅 |
|---|---|---|---|---|---|---|---|---|
| **全国** | **9554.4** | **6446.3** | **5899.3** | **84395.0** | **72727.0** | **66870.0** | **886.4** | **882.2** |
| 北京 | 63.1 | 54.1 | 53.0 | 450.0 | 421.0 | 413.0 | 1286.0 | 1282.8 |
| 天津 | 14.2 | 7.3 | 6.8 | 73.0 | 65.0 | 61.0 | 1119.9 | 1108.7 |
| 河北 | 394.6 | 295.4 | 264.9 | 2817.0 | 2561.0 | 2233.0 | 1153.4 | 1186.2 |
| 山西 | 318.4 | 181.2 | 179.4 | 2758.0 | 2568.0 | 2463.0 | 705.5 | 728.2 |
| 内蒙古 | 185.3 | 110.1 | 88.4 | 1021.0 | 1012.0 | 819.0 | 1088.2 | 1078.9 |
| 辽宁 | 232.0 | 110.9 | 98.0 | 1257.0 | 1200.0 | 856.0 | 924.6 | 1144.7 |
| 吉林 | 153.0 | 42.1 | 40.8 | 428.0 | 413.0 | 398.0 | 1020.6 | 1026.3 |
| 黑龙江 | 212.3 | 36.3 | 34.3 | 414.0 | 393.0 | 368.0 | 922.5 | 932.2 |
| 上海 | 5.7 | 4.6 | 4.0 | 41.0 | 34.0 | 33.0 | 1353.9 | 1213.8 |
| 江苏 | 276.8 | 148.7 | 138.4 | 1933.0 | 1729.0 | 1645.0 | 859.9 | 841.6 |
| 浙江 | 570.0 | 457.5 | 450.8 | 3960.0 | 3126.0 | 3078.0 | 1463.6 | 1464.5 |
| 安徽 | 458.7 | 332.3 | 267.3 | 4947.0 | 3868.0 | 3714.0 | 859.1 | 719.8 |
| 福建 | 305.9 | 193.9 | 187.6 | 2314.0 | 1685.0 | 1674.0 | 1151.0 | 1120.8 |
| 江西 | 314.9 | 195.3 | 183.8 | 3013.0 | 2476.0 | 2344.0 | 788.7 | 784.2 |
| 山东 | 966.7 | 552.9 | 432.3 | 10903.0 | 10568.0 | 8883.0 | 523.2 | 486.6 |
| 河南 | 606.6 | 493.1 | 437.2 | 5399.0 | 4973.0 | 4631.0 | 991.5 | 944.0 |
| 湖北 | 409.8 | 287.3 | 272.7 | 3424.0 | 3098.0 | 3017.0 | 927.2 | 904.0 |
| 湖南 | 631.1 | 474.2 | 442.5 | 5009.0 | 3977.0 | 3744.0 | 1192.4 | 1182.0 |
| 广东 | 357.8 | 273.1 | 263.9 | 4195.0 | 2600.0 | 2307.0 | 1050.4 | 1143.8 |
| 广西 | 590.8 | 365.7 | 357.7 | 6638.0 | 6052.0 | 5839.0 | 604.2 | 612.7 |
| 海南 | 119.0 | 106.4 | 91.5 | 994.0 | 747.0 | 747.0 | 1424.9 | 1224.4 |
| 重庆 | 96.5 | 67.6 | 64.0 | 1032.0 | 856.0 | 791.0 | 789.6 | 809.6 |
| 四川 | 666.2 | 423.7 | 399.7 | 5771.0 | 4695.0 | 4310.0 | 902.5 | 927.5 |
| 贵州 | 215.8 | 134.6 | 132.6 | 1739.0 | 1638.0 | 1599.0 | 821.8 | 829.4 |
| 云南 | 461.1 | 488.5 | 430.6 | 5955.0 | 4775.0 | 4225.0 | 1023.0 | 1019.2 |
| 西藏 | | | | | | | | |
| 陕西 | 351.2 | 260.1 | 255.4 | 2564.0 | 2398.0 | 2259.0 | 1084.5 | 1130.4 |
| 甘肃 | 131.4 | 76.9 | 68.4 | 1367.0 | 1288.0 | 1135.0 | 597.3 | 602.7 |
| 青海 | 63.7 | 48.0 | 45.4 | 624.0 | 598.0 | 570.0 | 803.1 | 796.7 |
| 宁夏 | 88.3 | 36.7 | 29.0 | 538.0 | 538.0 | 451.0 | 682.1 | 642.9 |
| 新疆 | 293.5 | 187.6 | 178.8 | 2817.0 | 2375.0 | 2264.0 | 790.1 | 789.9 |

# 4-3-5 2018年分地区农村住户固定资产投资和建房情况

| 地区 | 投资总额（亿元） | #竣工房屋投资 | #住宅 | 房屋施工面积（万平方米） | 房屋竣工面积（万平方米） | #住宅 | 竣工房屋造价（元/平方米） | #住宅 |
|---|---|---|---|---|---|---|---|---|
| **全国** | **10039.2** | **6369.0** | **5885.0** | **79898.2** | **67861.3** | **62189.8** | **938.5** | **946.3** |
| 北京 | 63.2 | 54.5 | 53.7 | 491.0 | 446.6 | 426.2 | 1220.0 | 1260.0 |
| 天津 | 17.6 | 4.3 | 4.2 | 54.1 | 46.2 | 42.2 | 932.8 | 985.4 |
| 河北 | 362.3 | 264.1 | 239.8 | 2810.8 | 2232.2 | 1937.2 | 1183.0 | 1238.1 |
| 山西 | 257.7 | 142.8 | 136.6 | 1916.8 | 1861.1 | 1701.4 | 767.0 | 803.0 |
| 内蒙古 | 166.0 | 63.4 | 41.5 | 541.9 | 643.3 | 472.8 | 985.5 | 878.2 |
| 辽宁 | 205.8 | 101.5 | 86.0 | 1121.6 | 1085.3 | 736.6 | 935.3 | 1168.1 |
| 吉林 | 151.7 | 31.6 | 30.9 | 367.0 | 367.0 | 367.0 | 861.2 | 842.9 |
| 黑龙江 | 217.8 | 35.9 | 31.8 | 532.8 | 513.7 | 362.9 | 698.4 | 877.3 |
| 上海 | 6.5 | 5.0 | 4.8 | 51.3 | 35.4 | 34.4 | 1410.2 | 1389.2 |
| 江苏 | 258.0 | 133.0 | 125.2 | 1600.0 | 1414.0 | 1309.0 | 940.5 | 956.8 |
| 浙江 | 863.6 | 551.7 | 542.3 | 4884.6 | 3252.1 | 3180.9 | 1696.5 | 1704.9 |
| 安徽 | 554.9 | 338.0 | 324.7 | 4677.6 | 3561.7 | 3367.2 | 948.9 | 964.2 |
| 福建 | 301.1 | 187.2 | 180.6 | 2393.6 | 1669.1 | 1609.9 | 1121.3 | 1121.6 |
| 江西 | 308.6 | 232.8 | 214.0 | 3253.7 | 2438.0 | 2326.0 | 954.9 | 920.2 |
| 山东 | 958.6 | 535.7 | 405.8 | 10592.9 | 9973.9 | 8232.9 | 537.1 | 492.9 |
| 河南 | 629.2 | 463.1 | 428.6 | 5824.0 | 5351.0 | 5017.0 | 865.5 | 854.4 |
| 湖北 | 501.8 | 369.6 | 354.0 | 4404.8 | 3512.5 | 3337.2 | 1052.1 | 1060.9 |
| 湖南 | 705.7 | 465.3 | 447.7 | 3978.6 | 3246.9 | 3062.4 | 1433.2 | 1462.0 |
| 广东 | 368.3 | 232.2 | 227.2 | 2410.2 | 1548.2 | 1498.2 | 1500.0 | 1516.8 |
| 广西 | 596.2 | 372.6 | 364.2 | 6684.8 | 6142.4 | 5915.1 | 606.6 | 615.7 |
| 海南 | 97.4 | 89.8 | 84.5 | 856.2 | 693.7 | 662.5 | 1294.4 | 1275.3 |
| 重庆 | 95.5 | 54.3 | 49.6 | 758.7 | 618.6 | 553.8 | 877.9 | 895.0 |
| 四川 | 678.8 | 461.6 | 419.7 | 5830.7 | 4810.3 | 4339.1 | 959.6 | 967.3 |
| 贵州 | 280.5 | 173.5 | 170.8 | 1979.0 | 1859.0 | 1830.0 | 933.6 | 933.1 |
| 云南 | 469.6 | 484.5 | 422.5 | 5341.0 | 4346.3 | 4065.3 | 1114.7 | 1039.4 |
| 西藏 | | | | | | | | |
| 陕西 | 358.3 | 222.3 | 214.3 | 2277.1 | 2101.6 | 1998.2 | 1058.0 | 1072.6 |
| 甘肃 | 132.3 | 78.1 | 71.4 | 1377.0 | 1292.0 | 1163.0 | 604.6 | 613.6 |
| 青海 | 54.4 | 44.5 | 42.2 | 499.3 | 492.1 | 452.2 | 903.8 | 932.3 |
| 宁夏 | 89.6 | 29.4 | 28.1 | 458.0 | 458.0 | 450.0 | 641.7 | 624.3 |
| 新疆 | 288.2 | 146.8 | 138.1 | 1929.0 | 1849.1 | 1739.4 | 794.0 | 794.0 |

# 4-3-6 2019年分地区农村住户固定资产投资和建房情况

| 地区 | 投资总额（亿元） | #竣工房屋投资 | #住宅 | 房屋施工面积（万平方米） | 房屋竣工面积（万平方米） | #住宅 | 竣工房屋造价（元/平方米） | #住宅 |
|---|---|---|---|---|---|---|---|---|
| **全国** | **9396.2** | **5732.2** | **5256.3** | **69488.9** | **60049.9** | **55571.7** | **954.6** | **945.9** |
| 北京 | 76.8 | 69.2 | 69.0 | 572.5 | 477.2 | 476.1 | 1451.0 | 1450.1 |
| 天津 | 18.0 | 8.7 | 3.8 | 54.7 | 52.1 | 29.8 | 1678.8 | 1263.4 |
| 河北 | 316.8 | 204.0 | 176.5 | 1826.3 | 1565.3 | 1486.7 | 1303.1 | 1187.4 |
| 山西 | 178.9 | 92.8 | 87.8 | 1247.9 | 1226.0 | 1210.8 | 756.7 | 725.0 |
| 内蒙古 | 154.2 | 43.5 | 41.7 | 530.9 | 489.1 | 458.2 | 889.1 | 910.9 |
| 辽宁 | 221.0 | 67.6 | 54.3 | 740.1 | 737.7 | 516.4 | 916.6 | 1051.3 |
| 吉林 | 114.1 | 15.8 | 15.8 | 190.8 | 161.5 | 161.5 | 980.5 | 980.5 |
| 黑龙江 | 221.2 | 34.5 | 31.6 | 455.4 | 461.9 | 362.3 | 747.1 | 872.7 |
| 上海 | 6.9 | 4.9 | 4.7 | 47.4 | 33.3 | 32.8 | 1479.3 | 1423.9 |
| 江苏 | 236.5 | 126.4 | 117.6 | 1580.0 | 1395.7 | 1222.0 | 905.4 | 961.9 |
| 浙江 | 665.0 | 410.8 | 396.8 | 3328.2 | 2062.5 | 1983.0 | 1991.8 | 2001.1 |
| 安徽 | 501.6 | 338.7 | 281.3 | 4209.8 | 3426.9 | 3268.6 | 988.4 | 860.5 |
| 福建 | 248.1 | 179.6 | 178.2 | 2112.9 | 1569.0 | 1556.7 | 1145.0 | 1144.6 |
| 江西 | 345.9 | 249.7 | 237.2 | 3281.7 | 2854.3 | 2738.9 | 874.9 | 865.9 |
| 山东 | 943.8 | 503.4 | 379.9 | 10342.9 | 9381.5 | 7826.2 | 536.6 | 485.4 |
| 河南 | 580.1 | 401.1 | 376.7 | 5281.6 | 4784.9 | 4553.4 | 838.2 | 827.3 |
| 湖北 | 433.8 | 308.4 | 256.8 | 2686.1 | 3240.9 | 3005.1 | 951.5 | 854.5 |
| 湖南 | 638.9 | 472.3 | 452.6 | 3719.5 | 3160.0 | 3008.9 | 1494.6 | 1504.2 |
| 广东 | 423.4 | 268.1 | 262.2 | 2876.5 | 1601.5 | 1555.5 | 1674.4 | 1685.4 |
| 广西 | 619.4 | 365.2 | 355.8 | 6423.5 | 6020.1 | 5778.8 | 606.6 | 615.7 |
| 海南 | 117.0 | 87.1 | 84.5 | 855.1 | 652.0 | 631.9 | 1335.7 | 1336.8 |
| 重庆 | 90.5 | 43.6 | 43.5 | 615.1 | 541.3 | 528.6 | 804.8 | 823.0 |
| 四川 | 630.5 | 463.0 | 425.3 | 4756.4 | 4138.0 | 3832.8 | 1118.9 | 1109.6 |
| 贵州 | 215.5 | 123.8 | 118.4 | 1461.0 | 1351.0 | 1307.0 | 916.3 | 906.3 |
| 云南 | 479.9 | 417.2 | 399.0 | 4758.8 | 3677.7 | 3388.4 | 1134.3 | 1177.7 |
| 西藏 | | | | | | | | |
| 陕西 | 355.1 | 148.3 | 141.6 | 1520.3 | 1414.5 | 1353.3 | 1048.4 | 1046.4 |
| 甘肃 | 136.6 | 82.3 | 72.8 | 1276.0 | 1101.0 | 998.0 | 747.2 | 729.9 |
| 青海 | 73.5 | 42.8 | 40.9 | 520.2 | 427.0 | 385.8 | 1001.9 | 1059.0 |
| 宁夏 | 65.3 | 23.2 | 20.0 | 270.0 | 196.0 | 148.0 | 1186.1 | 1353.4 |
| 新疆 | 288.0 | 136.2 | 130.0 | 1947.2 | 1850.3 | 1766.3 | 736.0 | 736.0 |

# 4-3-7 2020年分地区农村住户固定资产投资和建房情况

| 地区 | 投资总额（亿元） | #竣工房屋投资 | #住宅 | 房屋施工面积（万平方米） | 房屋竣工面积（万平方米） | #住宅 | 竣工房屋造价（元/平方米） | #住宅 |
|---|---|---|---|---|---|---|---|---|
| **全国** | **8363.3** | **4667.9** | **4244.5** | **58072.3** | **48839.9** | **43392.5** | **955.8** | **978.2** |
| 北京 | 82.6 | 67.2 | 66.2 | 629.6 | 537.5 | 529.9 | 1250.2 | 1250.0 |
| 天津 | 14.9 | 6.4 | 3.3 | 43.8 | 33.0 | 23.6 | 1945.2 | 1408.1 |
| 河北 | 267.2 | 141.6 | 135.9 | 1223.0 | 1020.6 | 960.8 | 1387.5 | 1414.6 |
| 山西 | 122.4 | 45.4 | 41.5 | 918.0 | 742.0 | 635.0 | 612.3 | 654.1 |
| 内蒙古 | 144.3 | 22.1 | 16.8 | 274.6 | 251.3 | 139.5 | 879.1 | 1206.5 |
| 辽宁 | 208.6 | 47.3 | 26.1 | 558.2 | 543.1 | 261.2 | 870.8 | 998.7 |
| 吉林 | 119.8 | 10.3 | 10.3 | 124.0 | 104.9 | 104.9 | 980.5 | 980.5 |
| 黑龙江 | 216.9 | 26.7 | 25.1 | 326.6 | 367.0 | 261.0 | 726.4 | 963.4 |
| 上海 | 6.3 | 4.1 | 4.1 | 38.5 | 28.3 | 28.0 | 1454.7 | 1468.7 |
| 江苏 | 181.4 | 112.8 | 97.0 | 1348.1 | 1024.7 | 999.7 | 1101.1 | 969.9 |
| 浙江 | 665.3 | 365.8 | 341.8 | 3061.9 | 2146.3 | 1973.2 | 1704.3 | 1732.4 |
| 安徽 | 398.8 | 220.7 | 202.5 | 4044.3 | 2398.2 | 2210.5 | 920.3 | 916.1 |
| 福建 | 206.6 | 148.0 | 147.2 | 1802.7 | 1276.5 | 1268.6 | 1159.5 | 1160.1 |
| 江西 | 342.4 | 224.6 | 224.6 | 2440.6 | 2080.1 | 2080.1 | 1079.7 | 1079.7 |
| 山东 | 863.6 | 435.3 | 327.2 | 9323.1 | 8120.6 | 6852.6 | 536.0 | 477.4 |
| 河南 | 510.8 | 343.1 | 327.9 | 4295.0 | 3975.0 | 3810.0 | 863.2 | 860.7 |
| 湖北 | 274.9 | 155.6 | 137.8 | 1427.3 | 1255.7 | 1155.2 | 1238.9 | 1192.9 |
| 湖南 | 590.4 | 400.4 | 369.7 | 3629.2 | 3086.5 | 2930.9 | 1297.4 | 1261.5 |
| 广东 | 379.8 | 256.8 | 246.9 | 3199.5 | 1764.5 | 1629.5 | 1455.5 | 1515.2 |
| 广西 | 585.6 | 383.7 | 381.4 | 6106.0 | 5747.4 | 5680.2 | 667.7 | 671.5 |
| 海南 | 98.9 | 58.3 | 56.0 | 631.5 | 395.6 | 379.0 | 1474.2 | 1478.6 |
| 重庆 | 81.1 | 41.0 | 37.8 | 572.3 | 455.1 | 403.4 | 901.2 | 936.0 |
| 四川 | 616.6 | 350.6 | 300.1 | 3495.9 | 3008.6 | 2538.2 | 1165.4 | 1182.4 |
| 贵州 | 239.3 | 108.6 | 100.3 | 1178.4 | 1072.5 | 1014.7 | 1013.0 | 988.0 |
| 云南 | 436.3 | 394.6 | 350.8 | 4267.6 | 4513.3 | 3013.4 | 874.2 | 1164.3 |
| 西藏 | | | | | | | | |
| 陕西 | 267.0 | 97.6 | 91.7 | 1077.5 | 1006.3 | 939.1 | 969.8 | 976.5 |
| 甘肃 | 116.9 | 72.8 | 66.1 | 734.2 | 711.8 | 602.3 | 1022.7 | 1097.1 |
| 青海 | 45.1 | 27.2 | 25.0 | 274.0 | 271.7 | 242.6 | 1000.8 | 1031.3 |
| 宁夏 | 81.6 | 25.6 | 19.2 | 261.6 | 261.0 | 169.0 | 980.2 | 1139.2 |
| 新疆 | 197.9 | 73.7 | 64.0 | 765.5 | 640.9 | 556.7 | 1149.4 | 1149.4 |

# 5

# 住户调查其他数据

# 5-1 全国居民人均可支配收入基尼系数

| 年 份 | 基尼系数 |
|---|---|
| 2003 | 0.479 |
| 2004 | 0.473 |
| 2005 | 0.485 |
| 2006 | 0.487 |
| 2007 | 0.484 |
| 2008 | 0.491 |
| 2009 | 0.490 |
| 2010 | 0.481 |
| 2011 | 0.477 |
| 2012 | 0.474 |
| 2013 | 0.473 |
| 2014 | 0.469 |
| 2015 | 0.462 |
| 2016 | 0.465 |
| 2017 | 0.467 |
| 2018 | 0.468 |
| 2019 | 0.465 |
| 2020 | 0.468 |

# 5-2 农村贫困状况

| 年　份 | 1978年标准 |  | 2008年标准 |  | 2010年标准 |  |
|---|---|---|---|---|---|---|
|  | 贫困人口（万人） | 贫困发生率（%） | 贫困人口（万人） | 贫困发生率（%） | 贫困人口（万人） | 贫困发生率（%） |
| 1978 | 25000 | 30.7 |  |  | 77039 | 97.5 |
| 1980 | 22000 | 26.8 |  |  | 76542 | 96.2 |
| 1981 | 15200 | 18.5 |  |  |  |  |
| 1982 | 14500 | 17.5 |  |  |  |  |
| 1983 | 13500 | 16.2 |  |  |  |  |
| 1984 | 12800 | 15.1 |  |  |  |  |
| 1985 | 12500 | 14.8 |  |  | 66101 | 78.3 |
| 1986 | 13100 | 15.5 |  |  |  |  |
| 1987 | 12200 | 14.3 |  |  |  |  |
| 1988 | 9600 | 11.1 |  |  |  |  |
| 1989 | 10200 | 11.6 |  |  |  |  |
| 1990 | 8500 | 9.4 |  |  | 65849 | 73.5 |
| 1991 | 9400 | 10.4 |  |  |  |  |
| 1992 | 8000 | 8.8 |  |  |  |  |
| 1994 | 7000 | 7.7 |  |  |  |  |
| 1995 | 6540 | 7.1 |  |  | 55463 | 60.5 |
| 1997 | 4962 | 5.4 |  |  |  |  |
| 1998 | 4210 | 4.6 |  |  |  |  |
| 1999 | 3412 | 3.7 |  |  |  |  |
| 2000 | 3209 | 3.5 | 9422 | 10.2 | 46224 | 49.8 |
| 2001 | 2927 | 3.2 | 9029 | 9.8 |  |  |
| 2002 | 2820 | 3.0 | 8645 | 9.2 |  |  |
| 2003 | 2900 | 3.1 | 8517 | 9.1 |  |  |
| 2004 | 2610 | 2.8 | 7587 | 8.1 |  |  |
| 2005 | 2365 | 2.5 | 6432 | 6.8 | 28662 | 30.2 |
| 2006 | 2148 | 2.3 | 5698 | 6.0 |  |  |
| 2007 | 1479 | 1.6 | 4320 | 4.6 |  |  |
| 2008 |  |  | 4007 | 4.2 |  |  |
| 2009 |  |  | 3597 | 3.8 |  |  |
| 2010 |  |  | 2688 | 2.8 | 16567 | 17.2 |
| 2011 |  |  |  |  | 12238 | 12.7 |
| 2012 |  |  |  |  | 9899 | 10.2 |
| 2013 |  |  |  |  | 8249 | 8.5 |
| 2014 |  |  |  |  | 7017 | 7.2 |
| 2015 |  |  |  |  | 5575 | 5.7 |
| 2016 |  |  |  |  | 4335 | 4.5 |
| 2017 |  |  |  |  | 3046 | 3.1 |
| 2018 |  |  |  |  | 1660 | 1.7 |
| 2019 |  |  |  |  | 551 | 0.6 |

注：①1978年标准：1978–1999年称为农村贫困标准，2000–2007年称为农村绝对贫困标准。
②2008年标准：2000–2007年称为农村低收入标准，2008–2010年称为农村贫困标准。
③2010年标准：即现行农村贫困标准。现行农村贫困标准为每人每年生活水平2300元(2010年不变价)。
④2020年我国现行农村贫困标准下的农村贫困人口全部脱贫。

# 5-3 分地区农村贫困人口

(2010年标准) 单位：万人

| 地区 | 2014年 | 2015年 | 2016年 | 2017年 | 2018年 | 2019年 |
|---|---|---|---|---|---|---|
| **全国总计** | **7017** | **5575** | **4335** | **3046** | **1660** | **551** |
| 北京 | . | . | . | . | . | . |
| 天津 | . | . | . | . | . | . |
| 河北 | 320 | 241 | 188 | 124 | 63 | . |
| 山西 | 269 | 223 | 186 | 133 | 74 | 16 |
| 内蒙古 | 98 | 76 | 53 | 37 | 14 | . |
| 辽宁 | 117 | 86 | 59 | 39 | 24 | . |
| 吉林 | 81 | 69 | 57 | 41 | 26 | 9 |
| 黑龙江 | 96 | 86 | 69 | 50 | 27 | . |
| 上海 | . | . | . | . | . | . |
| 江苏 | 61 | . | . | . | . | . |
| 浙江 | 45 | . | . | . | . | . |
| 安徽 | 371 | 309 | 237 | 158 | 67 | . |
| 福建 | 50 | 36 | 23 | . | . | . |
| 江西 | 276 | 208 | 155 | 107 | 63 | . |
| 山东 | 231 | 172 | 140 | 60 | . | . |
| 河南 | 565 | 463 | 371 | 277 | 168 | 51 |
| 湖北 | 271 | 216 | 176 | 114 | 67 | . |
| 湖南 | 532 | 434 | 343 | 232 | 105 | 42 |
| 广东 | 82 | 47 | . | . | . | . |
| 广西 | 540 | 452 | 341 | 246 | 140 | 51 |
| 海南 | 50 | 41 | 32 | 23 | 7 | . |
| 重庆 | 119 | 88 | 45 | 21 | 13 | . |
| 四川 | 509 | 400 | 306 | 212 | 98 | 52 |
| 贵州 | 623 | 507 | 402 | 295 | 173 | 53 |
| 云南 | 574 | 471 | 373 | 279 | 179 | 66 |
| 西藏 | 61 | 48 | 34 | 20 | 13 | 4 |
| 陕西 | 350 | 288 | 226 | 169 | 83 | 17 |
| 甘肃 | 417 | 325 | 262 | 200 | 121 | 46 |
| 青海 | 52 | 42 | 31 | 23 | 10 | 5 |
| 宁夏 | 45 | 37 | 30 | 19 | 9 | 4 |
| 新疆 | 212 | 180 | 147 | 113 | 64 | 20 |

注：①“.”表示数值较小，统计上不显著。
②2020年我国现行农村贫困标准下的农村贫困人口全部脱贫。

# 5-4 农民工数量及收入水平

| 年 份 | 一、农民工总量(万人) | 1. 外出农民工(万人) | (1)省内流动(万人) | (2)跨省流动(万人) | 2. 本地农民工(万人) | 二、农民工月收入水平(元/人) |
|---|---|---|---|---|---|---|
| 2008 | 22542 | 14041 | — | — | 8501 | 1340 |
| 2009 | 22978 | 14533 | 7092 | 7441 | 8445 | 1417 |
| 2010 | 24223 | 15335 | 7618 | 7717 | 8888 | 1690 |
| 2011 | 25278 | 15863 | 8390 | 7473 | 9415 | 2049 |
| 2012 | 26261 | 16336 | 8689 | 7647 | 9925 | 2290 |
| 2013 | 26894 | 16610 | 8871 | 7739 | 10284 | 2609 |
| 2014 | 27395 | 16821 | 8954 | 7867 | 10574 | 2864 |
| 2015 | 27747 | 16884 | 9139 | 7745 | 10863 | 3072 |
| 2016 | 28171 | 16934 | 9268 | 7666 | 11237 | 3275 |
| 2017 | 28652 | 17185 | 9510 | 7675 | 11467 | 3485 |
| 2018 | 28836 | 17266 | 9672 | 7594 | 11570 | 3721 |
| 2019 | 29077 | 17425 | 9917 | 7508 | 11652 | 3962 |
| 2020 | 28560 | 16959 | 9907 | 7052 | 11601 | 4072 |

注：本表数据来源于农民工监测调查资料。

# 住户调查简介

# 住户收支与生活状况调查简介

住户收支与生活状况调查是由国家统计局负责组织实施的一项重要民生调查，调查数据是测量分析收入分配、多维贫困和居民福祉状况的基础，调查结果是各级政府制定各项民生政策的重要依据。住户收支与生活状况调查过去一直按照城镇和农村分别组织实施，城镇统计居民可支配收入，农村统计农民纯收入。从 2012 年四季度起，国家统计局对分别进行的城乡住户调查实施了一体化改革，统一了城乡居民收入指标名称、分类和统计标准，建立了城乡统一的全国住户收支与生活状况调查。

## 一、调查目的

为全面、准确、及时了解全国和各地区城乡居民收入、消费及其他生活状况，客观监测居民收入分配格局和不同收入层次居民的生活质量，更好地满足研究制定城乡统筹政策和民生政策的需要，为国民经济核算和居民消费价格指数权重制定提供基础数据，依照《中华人民共和国统计法》规定，开展全国住户收支与生活状况调查（以下简称住户调查）。

## 二、调查对象

住户调查的调查对象为我国境内的住户，既包括以家庭形式居住的住户，也包括以集体形式居住的住户。无论户口性质和户口登记地，所有居民均以户为单位，在常住地参加调查。

## 三、调查组织

住户调查以省为总体进行抽样。国家统计局统一领导住户调查，负责制定调查方案，组织调查实施，监督调查过程，审核、处理、汇总调查数据，发布全国和分省城乡居民收入、消费和生活状况数据。国家统计局各调查总队按照本方案规定，负责组织本省住户调查工作。

## 四、调查内容

住户调查主要收集城乡居民的收入和消费情况，同时收集反映居民就业、社会保障参与、住房状况、家庭经营和生产投资以及收入分配影响因素的调查内容。

## 五、样本抽选

住户调查以省为总体，采用分层、多阶段、与人口规模大小成比例的概率抽样方法，随机抽选调查住宅，确定调查户。全国共抽选出 1800 个县(市、区)的 1.6 万个调查小区，对抽中小区中的 160 多万户进行全面摸底调查，在此基础上随机等距抽选出约 16 万住户参加记账调查。在 95%的置信度下，全国居民人均可支配收入和人均消费支出的抽样误差小于 1%。

## 六、数据采集与处理

住户调查主要采用调查户记日记账的方式采集居民收支数据，同时辅之以统一的调查问卷，收集与收入支出有关的其他调查内容。所有调查工作由国家统计局派驻各地的调查队独立完成。由市县级调查队使用统一的方法和数据处理程序对原始调查资料进行编码、审核、录入，然后将分户基础数据直接传输至国家统计局进行统一汇总计算。国家统计局以数据库形式保存所有调查户信息、记账资料、问卷调查资料等基础数据和汇总计算结果。

## 七、数据主要变化情况

根据全国住户收支与生活状况调查，2013年及以后新口径的城镇和农村居民人均可支配收入等数据的覆盖人群主要变化：一是计算城镇居民人均可支配收入时分母包括了在城镇地区常住的农民工，计算农村居民人均可支配收入时分母不包括在城镇地区常住的农民工；二是由本户供养的在外学生视为常住人口。新口径的城镇居民和农村居民人均可支配收入及消费等的指标口径变化主要是：计算城镇居民和农村居民人均可支配收入和消费支出时，包括了自有住房折算租金。

## 八、数据发布

住户调查结果数据按年度和季度发布。全国和分省数据由国家统计局发布。

## 九、数据质量控制

住户调查实行全过程质量控制。国家统计局建立全过程质量控制制度，规范方案设计，科学抽选样本，认真组织培训，严格流程管理，加强监督检查。定期随机抽取部分调查户进行电话回访，检查核实各地上报的数据。同时，也采用现场抽查等多种质量控制办法。

# 住户调查主要收支指标解释

## 一、2013 年及以后的住户收支与生活状况调查指标解释

## 一、住户收支与生活状况调查指标解释

从 2012 年四季度起，国家统计局对分别进行的城乡住户调查实施了一体化改革，统一了城乡居民收入指标名称、分类和统计标准，建立了城乡统一的全国住户收支与生活状况调查，并据此采集全国居民有关数据。

（一）居民可支配收入

居民可支配收入指居民可用于最终消费支出和储蓄的总和，即居民可用于自由支配的收入。既包括现金收入，也包括实物收入。按照收入的来源，可支配收入包含四项，分别为：工资性收入、经营净收入、财产净收入和转移净收入。

**工资性收入**　指就业人员通过各种途径得到的全部劳动报酬和各种福利，包括受雇于单位或个人、从事各种自由职业、兼职和零星劳动得到的全部劳动报酬和福利。

**经营净收入**　指住户或住户成员从事生产经营活动所获得的净收入，是全部经营收入中扣除经营费用、生产性固定资产折旧和生产税之后得到的净收入。计算公式具体为：

经营净收入=经营收入-经营费用-生产性固定资产折旧-生产税

**财产净收入**　指住户或住户成员将其所拥有的金融资产、住房等非金融资产和自然资源交由其他机构单位、住户或个人支配而获得的回报并扣除相关的费用之后得到的净收入。财产净收入包括利息净收入、红利收入、储蓄性保险净收益、转让承包土地经营权租金净收入、出租房屋净收入、出租其他资产净收入和自有住房折算净租金等。财产净收入不包括转让资产所有权的溢价所得。

**转移净收入**　计算公式为：

转移净收入=转移性收入-转移性支出

**转移性收入**　指国家、单位、社会团体对住户的各种经常性转移支付和住户之间的经常性收入转移。包括养老金或退休金、社会救济和补助、政策性生产补贴、政策性生活补贴、救灾款、经常性捐赠和赔偿、报销医疗费、住户之间的赡养收入，本住户非常住成员寄回带回的收入等。转移性收入不包括住户之间的实物馈赠。

**转移性支出**　指居民家庭对国家、单位、住户或个人的经常性或义务性转移支付。包括缴纳的税款、各项社会保障支出、赡养支出、经常性捐赠和赔偿支出以及其他经常转移支出等。

（二）居民消费支出

居民消费支出是指居民用于满足家庭日常生活消费需要的全部支出，既包括现金消费支出，也包括实物消费支出。消费支出可划分为食品烟酒、衣着、居住、生活用品及服务、交通通信、教育文化娱乐、医疗保健以及其他用品及服务八大类。

**食品烟酒**　指用于各种食品和烟草、酒类的支出。

**衣着**　指与居民穿着有关的支出，包括服装、服装材料、鞋类、其他衣类及配件、衣着相关加工服务的支出。

**居住**　指与居住有关的支出，包括房租、水、电、燃料、物业管理等方面的支出，也包括自有住房折算租金。

**生活用品及服务**　指家庭及个人的各类生活品及家庭服务。包括家具及室内装饰品、家用器具、家用纺织品、家庭日用杂品、个人用品和家庭服务。

**交通通信**　指用于交通和通信工具及相关的各种服务费、维修费和车辆保险等支出。

**教育文化娱乐**　指用于教育、文化和娱乐方面的支出。

**医疗保健** 指用于医疗和保健的药品、用品和服务的总费用。包括医疗器具及药品，以及医疗服务。

**其他用品及服务** 指无法直接归入上述各类支出的其他用品与服务支出。

**服务性消费** 指住户用于各种生活服务的消费支出，包括餐饮服务、衣着鞋类加工服务、居住服务、家庭服务、交通通信服务、教育文化娱乐服务、医疗服务和其他服务等。

## 二、分组等指标

（一）收入五等份分组方法

是将所有调查户按人均可支配收入水平由低到高排队，按20%、20%、20%、20%、20%的比例依次分成为：低收入组、中间偏下收入组、中间收入组、中间偏上收入组、高收入组五组。

（二）四大经济区域

**东部地区**：包括北京、天津、河北、上海、江苏、浙江、福建、山东、广东、海南10个省（市）。

**中部地区**：包括山西、安徽、江西、河南、湖北、湖南6个省。

**西部地区**：包括内蒙古、广西、重庆、四川、贵州、云南、西藏、陕西、甘肃、青海、宁夏、新疆12个省（区、市）。

**东北地区**：包括辽宁、吉林、黑龙江3个省。

（三）基尼系数

指在全部居民收入中，用于进行不平均分配的那部分收入占总收入的比例。基尼系数最大为“1”，最小为“0”。前者表示居民之间的收入分配绝对不平均，即100%的收入被一个单位的人全部占有；而后者则表示居民之间的收入分配绝对平均，即人与人之间收入完全平等，没有任何差异。通常这两种情况在实际生活中不会出现。因此，基尼系数的实际数值只能介于0~1之间。本书中，基尼系数使用住户收支与生活状况调查的全部样本人均可支配收入的分户数据计算。

（四）中位数

人均可支配收入中位数，指将所有调查户按人均可支配收入水平从低到高顺序排列，处于最中间位置调查户的人均可支配收入。